perspektiven des demokratischen sozialismus
Zeitschrift für Gesellschaftsanalyse
und Reformpolitik
42. Jahrgang 2025 Heft 2
ISBN 978-3-7410-0297-7 (Print)
ISBN 978-3-7410-0307-3 (eBook)
ISSN 0939-3013

Herausgegeben im Auftrag der Hochschulinitiative Demokratischer Sozialismus (HDS) e. V. von Hermann Adam, Nils Diederich, Helga Grebing (†), Leo Kißler, Richard Saage und Karl Theodor Schuon

Redaktion dieser Ausgabe: Lina-Marie Eilers, Hendrik Küpper, Laura Clarissa Loew, Kira Ludwig, Carl Julius Reim, Klaus-Jürgen Scherer, Lukas Thum
Gestaltung: Erik Schüßler

Geschäftsstelle der Hochschulinitiative
Demokratischer Sozialismus
WBH, Wilhelmstr. 141
10963 Berlin
Verantw. Klaus-Jürgen Scherer:
kjs@hochschulinitiative-ds.de

Weitere Informationen unter:
www.hochschulinitiative-ds.de

Verlag und Abo-Vertrieb:
Schüren Verlag GmbH,
Universitätsstr. 55 | D-35037 Marburg
Informationen zu *perspektivends* und zum Verlagsprogramm des Schüren Verlags finden Sie im Internet:
www.schueren-verlag.de
info@schueren-verlag.de
Die *perspektivends* erscheinen zweimal im Jahr.
Einzelpreis €16,90, Jahresabo €30,00 incl. Versand.
Der Bezugspreis für HDS-Mitglieder ist im Mitgliedsbeitrag enthalten.

Anzeigenverwaltung: Schüren Verlag
Druck: Bookpress, Olsztyn
Printed in Poland

Der demokratische Sozialismus bleibt für uns die Vision einer freien, gerechten und solidarischen Gesellschaft, deren Verwirklichung für uns eine dauernde Aufgabe ist. Das Prinzip unseres Handelns ist die soziale Demokratie.
– Hamburger Grundsatzprogramm der SPD

Programmdebatten gegen die Rückkehr der Katastrophe

perspektivends
2/25

SCHÜREN

INHALT

HOCHSCHULPERSPEKTIVEN

JUNGE PERSPEKTIVEN

REZENSIONEN UND BERICHTE

EDITORIAL

Die SPD hat beschlossen, sich bis 2027 einmal mehr ein neues Grundsatzprogramm zu geben. Eine kurze Frist und ein hoher Anspruch gemessen an den wichtigen Programmtexten, die zu ihrer Zeit vieles klärten: Da war der «freie Volksstaat» des Eisenacher Programms (1869), das die Politökonomie von Karl Marx und reformpolitische Forderungen zusammenbringende Erfurter Programm (1891) und das Europa und Wirtschaftsdemokratie beschwörende Heidelberger Programm (1925). Da war in der Bundesrepublik das paradigmatische Godesberger Programm (1959), das problembewusste Berliner Programm (1989), sowie schließlich das die Partei zusammenhaltende Hamburger Programm (2007).

Jetzt, zu Zeiten des Zusammenrückens der schmalbrüstiger gewordenen demokratischen «Parteien der Mitte», hält die SPD-Führung einmal mehr die Erarbeitung eines Grundsatzprogrammes für notwendig. Nicht nur haben sich die Zeiten gewendet, auch hat sich manche Zukunftsprognose verdüstert. Wir nennen unseren Schwerpunkt daher, hoffentlich zu reißerisch, *Programmdebatten gegen die Rückkehr der Katastrophe*.

Ja die vergangenen Großkatastrophen, vor allem die beiden Weltkriege, die Nazi-Barbarei und den Stalinismus, haben wir in Europa noch vor Augen. Putin verkündete 2005, der Zusammenbruch der Sowjetunion sei die größte geopolitische Katastrophe des 20. Jahrhunderts, und intensiviert seitdem seine katastrophenträchtige außenpolitische Aggression. Jetzt nach einem Viertel des neuen Jahrhunderts sind die schlimmsten Grundübel: Krieg, Faschismus und Entgrenzung des Kapitalismus irgendwie alle wieder da. Natürlich nicht in altem Gewande, denn die Geschichte wiederholt sich nicht eins zu eins. Die «Polykrise» (Adam Tooze) und die drohenden Katastrophen sind anders gelagert, allerdings keineswegs weniger bedrohlich.

Manche halten sogar einen neuerlichen großen Krieg, jetzt mit atomarer Eskalationsgefahr, für möglich – auf jeden Fall gewinnen fast allerorten nationales Denken, Feindbilder und Militärlogik wieder an Kraft. Die naturwissenschaftlich prognostizierte Erderhitzung wird kaum noch abwendbar sein. Der Aufstieg unfreier, autokratischer, postfaschistischer und völkischer Regierungen setzt sich fort. Bedrohungen der Menschheit durch die Entfesselung der Künstlichen Intelligenz sind schwer einzuschätzen. Ökonomische und politische Macht konzentrieren sich wie noch nie in den Händen weniger, die den Lauf der Welt bestimmen wollen. In reformsozialistischer Denktradition fanden wir, dass die strategischen Schlussfolgerungen der Analysen des *Staatsmonopolistischen Kapitalismus* in die Irre führen.[1] Doch

1 Die StaMoKap-Theorie behauptete eine Verschmelzung des imperialistischen Staates mit der durch Monopole geführten Wirtschaft unter Führung der Finanzoligarchie. Sie sah darin das Endstadium des Kapita-

jetzt gilt es, das die Demokratie und die Freiheit zerstörende Zusammenspiel von autokratischen Führungen und oligopolistischen Kapitalkonzentrationen – von Russland über China bis zu den USA – neu zu verstehen.

Programmdebatten gegen die Rückkehr der Katastrophe: Unserer Überschrift liegt die Vermutung zugrunde, dass wirksame Politik mit programmatischer Orientierung besser ist als ohne: trotz des Rückzugs fester Weltbilder, trotz des digitalen Medienzeitalters, trotz situativem, dem Konsumismus folgenden Wählerverhaltens, trotz aller Personalisierung und Theatralisierung des Politischen. Diese Überschrift verweist auch darauf, dass die Phase der Debatte, also der *diskursiven Erarbeitung* mindestens genauso wichtig sein dürfte, wie der fertige Programmtext selbst.

Eine solche Programmdebatte kann auch ein Mittel gegen Zukunftsängste und Untergangsszenarien sein. Denn sie macht eigentlich keinen Sinn, wäre da nicht doch noch ein gewisser historischer Gestaltungsoptimismus übrig geblieben. Es muss eben immer noch möglich sein, Systemfragen zu stellen und in Gesellschaftsstrukturen historische Phänomene zu sehen, die überwunden werden können. In diesem Sinne dichtete das Godesberger Programm so schön: «Darum ist die Hoffnung der Welt eine Ordnung, die auf den Grundwerten des demokratischen Sozialismus aufbaut, der eine menschenwürdige Gesellschaft, frei von Not und Furcht, frei von Krieg und Unterdrückung schaffen will, in Gemeinschaft mit allen, die guten Willens sind.»

Es geht um den Zusammenhang von Theorie und Praxis, darum Grundwerte, Weltbild, Gesellschaftsanalyse und «Wege aus der Gefahr» (Erhard Eppler) zusammenzubringen. Schließlich verbindet sich mit einer re-formulierten Programmatik die vage Hoffnung, den «Niedergang der SPD»[2] zu stoppen und wieder neue Anziehungskraft zu gewinnen, auch wenn die Schwäche der demokratischen Linken ein europaweiter – wenn nicht gar globaler – Trend ist. Ein solcher Programmprozess macht nur Sinn, wenn damit das Profil SPD-pur wieder besser erkennbar wird. Denn in der schwarzroten Koalition, wo die SPD in antagonistischer Kooperation gefangen ist, können viele ihrer eigentlichen Ziele – von der Bürgerversicherung bis zur steuerlichen Umverteilung von oben nach unten – nicht sichtbar werden.

Die sozialdemokratischen Reformkräfte dabei zu unterstützen, ihre gesellschaftsverändernde und handlungsorientierte Programmatik zu entwickeln, war von Anfang an ein Ziel der Hochschulinitiative Demokratischer Sozialismus. Diese feierte am 18. Oktober 2025 im Gustav-Stresemann-Institut in Bonn ihr fünfzigjähriges Bestehen. Natürlich mit Beiträgen und Erinnerungen an manche Debatte, an regelmäßige Tagungen, an die Jahrgänge dieser 1984 erstmals erschienen Zeitschrift, an Bände der Schriftenreihe.

lismus, diese monopolistische Herrschaft müsse dann nur noch durch die Herrschaft der revolutionären Partei ersetzt werden. Reformsozialisten widersprachen dieser Vereinfachung vielschichtiger Klassenverhältnisse, Interessenlagen und Bewusstseinsstrukturen, und warfen den StaMoKaps eine Geringschätzung von Demokratie und sozialer Gerechtigkeit vor, da hier lediglich der Staatsapparat in andere Hände gelange, im Grunde eine autoritäre und ausbeuterische Herrschaft nur durch eine andere ersetzt werde.

2 Siehe Richard Stöss, der nicht mehr nur wie weit verbreitet von *Krise*, sondern von *Niedergang* spricht. Richard Stöss: Der Niedergang der SPD. Anmerkungen zur neueren Entwicklung der Partei anlässlich der Bundestagswahl 2025, in: *Sozialismus.de. Supplement zu Heft* 9, Hamburg 2025.

Natürlich konnte man den Lauf der Zeit nicht wirklich ändern, mischte sich jedoch lange 50 Jahre in Fragen um Gesellschaftsanalyse und Reformpolitik ein – immer ohne vordergründig machtpolitisches Interesse. Sogar die beiden ursprünglichen Kristallisationspunkte der HDS, der *demokratische Sozialismus* und die herausragende Bedeutung von *Eduard Bernstein*, standen auf dem Prüfstand. So hält mancher wie *Thomas Meyer* in diesem Heft (anders als bis zuletzt der verstorbene *Horst Heimann*) die soziale Demokratie seit 1989/90 für treffender. Unstrittig aber bleibt die Verteidigung des Begriffs des demokratischen Sozialismus, als freiheitlich, reformistisch, konstruktiv und grundwerteorientiert gegen diejenigen, die ihn für dogmatische, revolutionäre oder gar leninistische Konzepte missbrauchen.

Dass das Spektrum der aktuellen Programmdebatte breit ist, wird anhand von zwei zentralen Beiträgen dieser Ausgabe deutlich: *Hermann Adam* plädiert für eine pragmatische Politik des sicheren Lebens ohne große Zukunftsvision. Und *Rolf Reißig* analysiert auf der anderen Seite die «blockierte Transformation» und entwirft alternative Zukunftsszenarien.

Über die Alternative militärische Stärke *versus* Diplomatie wurde seit Beginn des völkerrechtswidrigen russischen Angriffskrieges gegen die Ukraine kontrovers gestritten. «Russlandversteher» gegen «Kriegstreiber», bösartiger konnten Spaltungen kaum sein, und auch unter den Mitgliedern der HDS gibt es divergierende Meinungen. Kann man in der Ostausdehnung der NATO eine geopolitische Provokation Russlands sehen? Ist es nicht ein selbstverständliches Recht osteuropäischer staatlicher Souveränität (zudem einst von Russland anerkannt), sich jedem Bündnis eigener Wahl anzuschließen? Zum Redaktionsschluss ist in den Friedensverhandlungen viel Bewegung, wird zwischen den USA, den Europäern und Russland darum gerungen, ob eine Beendigung der Kriegshandlungen gelingen kann. Jede Lösung wird daran zu messen sein, ob sie dem unendlichen Leid des Krieges, der die Ukraine immer mehr in die Niederlage treibt, ein Ende setzt. Und daran, wieweit ukrainische und europäische Interessen eine Rolle spielen, dass nicht alles in einen Diktatfrieden mündet, der den russischen Imperialismus belohnt und US-amerikanische Profitinteressen bedient. Sicherheitsgarantien für die Ukraine und Gebietsabtretungen an Russland erweisen sich als entscheidende Säulen eines jeden Kompromisses.

Diese *perspektivends* enthalten Analysen zum Krieg in Europa aus unterschiedlichen Blickwinkeln. Hätte der Westen und vor allem die EU einem schwachen, von Oligarchen geplünderten und chaotisch-neoliberalen[3] Russland anders die Hand reichen sollen? Hatten wir die despotische und imperialistische Brutalisierung des russischen Regimes, wie sie sich bereits nach der Jahrtausendwende in den Kriegen in Tschetschenien und Georgien abzeichnete, zu lange nicht sehen wollen?

Peter Steinbach gewann grundsätzliche Überlegungen zu *Diktatur und Demokratie* auch aus historischer Beschäftigung mit Nationalsozialismus und Stalinismus, die helfen heutige autokratische Entwicklungen von Wladimir Putin bis zu Donald Trump besser zu verstehen.

3 Vgl. Philipp Ther: *Die neue Ordnung auf dem alten Kontinent. Eine Geschichte des neoliberalen Europa*, Berlin 2014.

Auf der Herbsttagung am 21.–23. November 2025 in Birkenwerder schilderte der junge Deutschrusse *Kevin Lick* anschaulich die selbst erlebten freiheitsfeindlichen Zustände in Russland, dessen grausame Kriegsverbrechen und Menschenrechtsverletzungen. So schwer es der pazifistischen Seele fällt, mit militärischer Unterstützung Putin aufzuhalten, ist dies für Europas Zukunft notwendig – und der rasche Aufbau einer gemeinsamen europäischen Verteidigungsfähigkeit muss hinzukommen.[4]

Marc Saxer skizzierte auf derselben Tagung, wie ein schwaches Europa riskiert von beiden Seiten, von den USA und von Russland (und China), autokratisch in die Zange genommen zu werden. «Die weitere politische Integration wenigstens im Kern der Europäischen Union war für uns noch nie so überlebenswichtig wie heute. Und noch nie so unwahrscheinlich», so gleichzeitig die «beschwörende Schlussfolgerung» eines Jürgen Habermas.[5]

Wenn es auch derzeit unrealistisch klingt, *in the long run* muss ein gewandeltes Russland wieder in Konzepte gemeinsamer Sicherheit eingebunden werden und sich zivil und friedlich in das «gemeinsame Haus Europas» (Gorbatschow) einbringen. Dazu ist der Dialog mit Demokraten der russischen Opposition, wie mit einem Kevin Lick, eine wichtige Voraussetzung.

Zum Schwerpunkt dieses Heftes passen auch diesmal die von *Lina-Marie Eilers, Hendrik Küpper, Laura Clarissa Loew, Carl Julius Reim, Lukas Thum* edierten *jungen perspektiven*, die ebenfalls über Themen der Sicherheits-, Verteidigungs- und Außenpolitik nachdenken und generationsspezifisch – wie sie selbst schreiben: «Räume zwischen (vermeintlich) sicheren Überzeugungen ausloten».

In den Vorstandsneuwahlen der Hochschulinitiative Demokratischer Sozialismus wurden Prof. Dr. Nils Diederich, Martin Gorholt, Prof. Dr. Klaus Kost, Prof. Dr. Christian Krell, Hendrik Küpper, Kira Ludwig, Prof. Dr. Ralf Ludwig, Prof. Dr. Sibylle Reinhardt, Dr. Klaus-Jürgen Scherer, Prof. Dr. Wolfgang Schroeder, Dr. Carsten Schwäbe, Stefan Stader, Prof. Gert Weißkirchen bestätigt. An Stelle des verstorbenen Dr. Horst Heimann, sowie von Andreas Müggenburg und Prof. Dr. Lars Rensmann, denen unser Dank für ihre langjährige Vorstandsmitgliedschaft gilt, wurden *Leona Krause, Prof. Dr. Simon Obenhuber und Prof. Dr. Carsten Schlüter-Knauer* neu in den Vorstand der HDS gewählt.

Klaus-Jürgen Scherer

4 Übrigens forderte dies das HDS-Gründungsmitglied Hermann Scheer bereits in den 1990er-Jahren: «OSZE und eigenständige EU-Sicherheit als Alternative zur NATO», siehe: Hermann Scheer: *Zurück zur Politik. Die archimedische Wende gegen den Zerfall der Demokratie*, München 1995, S. 222ff.

5 Jürgen Habermas: «Von hier an müssen wir alleine weitergehen. Angesichts der neuen Machtverhältnisse auf dieser Welt ist die weitere politische Integration Europas so überlebenswichtig wie noch nie. Eine bittere Bilanz. Und eine Hoffnung», in: *Süddeutsche Zeitung* 21. November 2025, S. 9.

AKTUELL

Armin Pfahl-Traughber

Zohran Mamdani als demokratischer Sozialist

Einordnung von Einstellungen und Faktoren des Wahlerfolgs

1 Einleitung und Fragestellung

«Ein in Afrika geborener muslimischer Sozialist» – wer eine solche Antwort auf die Frage, wer denn der nächste Bürgermeister von New York werden würde, am 1. Januar 2025 formuliert hätte, der wäre wohl als Träumer oder Verrückter tituliert worden. Als derartiger Bürgermeister wird aber am 1. Januar 2026 mit Zohran Mamdani eine solche Person tätig werden. Berücksichtigt man noch weitere Aspekte in der Kombination miteinander, dann wirkt dieses Ergebnis auch im Nachhinein noch unwahrscheinlicher: Er wurde als «Islamist» und «Kommunist» in der Öffentlichkeit diffamiert, seine Gegner erhielten Millionen-Spenden zur Unterstützung, der US-Präsident drohte mit finanziellen Sperrungen bei dessen Wahl. Am Beginn seiner Kampagne war Mamdani so gut wie unbekannt, lediglich ein Prozent hätten sich seinerzeit eine Wahlentscheidung für ihn vorstellen können. Elf Monate später votierten aber über 50 Prozent der Wähler für ihn. Diese Entwicklung bzw. Geschichte wirkt im Kontrast wie die Realisierung eines «amerikanischen Traums».

Doch was wohl selbst in einem Hollywoodfilm angesichts eines mangelnden Realismus nicht mehr vorstellbar gewesen wäre, wurde durch die deutliche und eigenständige Stimmenmehrheit dann politische Wirklichkeit. Aus dem Blick auf diese Entwicklung ergeben sich daher erkenntnisleitende Fragen, die in der folgenden Abhandlung einer Erörterung unterzogen werden sollen: Ganz allgemein geht es zunächst um Fragen zur Person, die sich auf die Herausbildung seiner politischen Positionen beziehen. Ein allgemeines Interesse gilt dann der inhaltlichen, organisatorischen und strategischen Prägung des Wahlkampfs, aber auch den öffentlichen und politischen Rahmenbedingungen bei dieser besonderen Wahl. Nur bei Berücksichtigung derartiger Faktoren in Kombination miteinander wird verständlich, warum es zu dem in den Dimensionen ungewöhnlichen Ergebnis bei einer Wahlkandidatur kommen konnte. Es erinnert darüber hinaus an die in einer Demokratie bestehenden Möglichkeiten, der

Politik auch andere Richtungen geben zu können.

Um Antworten auf die angedeuteten Fragen zu geben, widmet sich die Abhandlung folgenden Gesichtspunkten: Zunächst geht es um frühe biografische Aspekte und politische Einflüsse (2.) und das politische Engagement für die eigene Orientierung (3.). Dem folgen Ausführungen zu den sozialpolitischen Forderungen und dem Programm im Wahlkampf (4.). Da dies in der öffentlichen Debatte von besonderer Relevanz war, soll die negative Einstellung zu Israel noch Thema sein (5.). Gleiches gilt für die Bezeichnung als angeblicher Kommunist (6.). Danach wird eine Einordnung des vertretenen Modelles eines demokratischen Sozialismus vorgenommen (7.). Anschließend fällt der Blick auf die gesellschaftlichen und politischen Rahmenbedingungen für den Wahlerfolg (8.). Die relevanten persönlichen Eigenschaften als Erfolgsfaktoren (9.), aber auch die Besonderheiten bei Finanzierung, Themenwahl und Unterstützern stehen danach im Zentrum. Und dann geht es noch um weitere Einflüsse politischer Kontexte auf die Wahlentscheidung (11.).

2 Frühe biografische Aspekte und politische Einflüsse

Am Beginn steht der Blick auf das frühe Leben von Mamdani[1], wobei für seine politische Ausrichtung auch der familiäre Hintergrund wichtig war. Geboren wurde Zohran Kwame Mamdani am 18. Oktober 1991, indessen in Kampala in Uganda. Bereits dieses Detail ist wichtig, erlaubt es ihm doch nicht, für eine US-Präsidentschaft zu kandidieren. Denn das Amt setzt voraus, in den USA geboren zu sein. Er entstammt einer formal hoch gebildeten Familie, die soziale Not nicht kannte. Dieser Gesichtspunkt ist relevant, weil damit einhergehende Fragen gleichwohl für ihn politisch wichtig wurden. Beide Elternteile sind öffentlich bekannte Persönlichkeiten, die in ihren Berufsfeldern hohe Reputation genießen: die Filmregisseurin Mira Nair einerseits und Mahmood Mamdani als Politologie-Professor andererseits. Letzterer lehrt an der Columbia University und ist spezialisiert auf Postkoloniale Studien. Deren Ausrichtung prägte auch das politische Denken des Sohnes, was bezogen auf außenpolitische Auffassungen für seine Positionen noch gesondert ein Thema sein wird.

Gleichwohl sollen allgemeine Gesichtspunkte bereits an dieser Stelle angesprochen werden: Die genannte Forschungsrichtung kennt unterschiedliche Schwerpunkte, meist geht es aber um die Fernwirkungen des historischen Kolonialismus. Hierbei kommt einem aktivistischen Element häufig eine gewisse Relevanz zu, was hinsichtlich der Einstellung zu Israel erkennbar ist. Die damit einhergehende Deutung sieht für die Gegenwart eine Kolonialmacht bestehen, was wiederum gegenüber den Palästinensern eine besondere Sichtweise als Unterdrückte nach sich zog. Deutlich lassen sich hier Einseitigkeiten und Stereotype erkennen, welche aber in dieser Abhandlung kein näherer Gegenstand sein können.[2] Bedeutsam für die oben skizzierte Fragestellung ist,

1 Eine deutsch- oder englischsprachige Biografie über Mamdani liegt nicht vor. Vgl. als Beispiele für ausführlichere Darstellungen in deutschsprachigen Publikationsorganen: Nicola Abé: «Sein amerikanischer Traum», in: *Der Spiegel*, Nr. 45 vom 30. Oktober 2025, S. 52–56; Xifan Yang: «Der rote Zohran», in: *Die ZEIT*, Nr. 46 vom 30. Oktober 2025, S. 6.

2 Vgl. Jan Gerber (Hrsg.): *Die Untiefen des Postkolonialismus*, Berlin 2021; Armin Pfahl-Traughber: *Antisemitismus und Israelfeindlichkeit: Postkolonialismus als Rezeptionskontext. Darstellung und Kommentierung einzelner Positionen* (20. Mai 2025), in: www.bpb.de.

dass sich Zohran Mamdani in diesem Sinne positionierte. Dies erklärt sein frühes politisches Engagement in organisatorischen Kontexten. So gehörte er zu den Gründern einer Ortsgruppe der «Students for Justice in Palestine» (SJP), was in einem anderen Kontext noch einmal Thema sein soll.

Das erste Lebensjahrzehnt von Mamdani war von Umzügen geprägt, wobei es um Länder und nicht nur um Städte ging. So besuchte er Bildungseinrichtungen in Südafrika, aber auch in Uganda oder den USA. Seit seinem siebten Lebensjahr lebt Mamdani in New York, wo er sich für Fragen der Gleichberechtigung bereits als Schüler engagierte. Afrikastudien bildeten später den Schwerpunkt seines Studiums, womit auch ein für das politische Denken wichtiger Gesichtspunkt bis in die Gegenwart hinein erkennbar ist. Bezogen auf innenpolitische Aspekte lässt sich ein Engagement seit der zweiten Hälfte der 2010er-Jahre feststellen. Deutlich macht dies der Beitritt zu den «Democratic Socialists of America» (DSA)[3], die als gesonderter Aspekt für die Einordnung von Mamdani gelten können. Er engagierte sich fortan für deren Kandidaten bei Kommunalwahlen in New York, womit auch viele Erfahrungen für derartige politische Kampagnen verbunden waren. Später sollten sie für Mamdani selbst nützlich sein, was seine eigene Wahlkampagne veranschaulichte.

3 Politische Einflüsse für die eigene Orientierung

Der Beitritt zu den DSA macht deutlich, dass sich Mamdani bereits damals ausdrücklich als demokratischer Sozialist verstand. Warum er sich genau in diese Richtung entwickelt hat, erschließt sich aus dem öffentlichen Wissen um ihn nicht. Seinerzeit war das Engagement für die Palästinenser für ihn noch wichtig, weniger die soziale Frage in New York. Gleichwohl machte er eigene Erfahrungen bei den erwähnten Kampagnen, die auch zugunsten von Kandidaten mit palästinensischen Prägungen erfolgten. Möglicherweise verkoppelten sich im politischen Denken beide Gesichtspunkte, die angesichts einer Identitäts- und einer Soziallinken seinerzeit noch eher getrennte Sphären darstellten. Dafür würde das anschließende Engagement vom Mamdani gegen Zwangsräumungen sprechen, wovon insbesondere arme Migranten in New York betroffen waren. Damalige Erfahrungen und Sensibilisierungen dürften mit erklären, warum bei seiner späteren Bürgermeister-Kampagne auch thematisch die Wohnungsfrage sehr wichtig wurde.

Besondere geistige Anknüpfungspunkte an den demokratischen Sozialismus waren und sind indessen nicht erkennbar, kommt so etwas doch in öffentlichen Bekundungen wie etwa Reden nur selten vor. Eine Ausnahme stellte die nach der Bürgermeisterwahl gehaltene Siegesrede dar, die mit einer Aussage von Eugene V. Debs begann: «Ich sehe die Morgendämmerung eines besseren Tages für die Menschheit.»[4] Bekanntlich war Debs früher ein mehrfacher Präsidentschaftskandidat der «Sozialistischen Partei von Amerika», allerdings Anfang des 20. Jahrhunderts in den ersten beiden Jahrzehnten. Auffällig war der Jubel über die Na-

3 Vgl. Armin Pfahl-Traughber: «Der demokratische Sozialismus der Democratic Socialists of America. Auffassungen und Entwicklung der größten sozialistischen Organisation in den USA», in: *perspektivends*, 36. Jg., Nr. 2/2019, S. 118–129. Dieser Beitrag wurde noch vor dem internen Umbruch geschrieben. Vgl. zu den gegenwärtigen internen Konflikten: Max Böhnel: «‹Reformer› gegen ‹Revolutionäre›» (12. August 2025), in: www.nd-aktuell.de.

4 Vgl. Zohran Mamdani's victory speech follwing historic NYC mayoral win (5. November 2025), in: www.youtube.com.

mensnennung im Publikum, obwohl Debs in der Gegenwart kaum noch breiteren Kreisen bekannt sein dürfte. Dies müsste ebenso für die jüngeren Anhänger von Mamdani gelten. Für ihn selbst war auch dies eher eine Ausnahme, wohl mehr motiviert durch die pathetische Dimension, die mit den formulierten Erlösungsmethapern einherging. Ähnliche Bezüge auf Klassiker des demokratischen Sozialismus erfolgen ansonsten nicht.

Blickt man demgegenüber auf andere Figuren aus der amerikanischen Geschichte, so fällt der gelegentliche Bezug auf Franklin D. Roosevelt auf. Dieser hatte bei diversen Gelegenheiten bei seinen Kampagnen problematisiert, dass der Einfluss auf politische Entwicklungen durch Superreiche zu hoch sei. Er nahm diesbezüglich eine kämpferische Haltung ein, welche aber nicht unbedingt seiner realen Politik entsprach. Gleichwohl führte Roosevelt die USA aus der Wirtschaftskrise, wobei eine von staatlichen Interventionen geprägte links-keynesianische Politik von Relevanz war.[5] Ähnliche Auffassungen lassen sich bei Mamdani konstatieren. Gleiches gilt für den starken Einfluss von einem gegenwärtigen Politiker: Bernie Sanders.[6] Dieser bewarb sich 2016 zwar erfolglos um die für die Demokraten ausgeschriebene Präsidentschaftskandidatur, gleichwohl fand er gerade unter Jüngeren bedeutende Unterstützung und Zustimmung.[7] In der Kampagne von Mamdani engagierte sich der genannte Senator von Vermont später auch selbst.

4 Sozialpolitische Forderungen und Programm im Wahlkampf

Einen besseren Einblick in Mamdanis politische Positionen geben demgegenüber der inhaltliche Wahlkampf und das dazugehörige Wahlprogramm.[8] Dabei kam sozial- und wirtschaftspolitischen Aspekten eine herausragende Rolle zu, dominierten diese doch die inhaltliche Präsenz in der öffentlichen Wahrnehmung. Ausgangspunkt war hierbei die Feststellung, dass das Leben in New York zu teuer geworden sei. Insbesondere die Angehörigen der unteren sozialen Schichten seien von diesen negativen Umständen betroffen. Daraus wurden konkrete Forderungen für spezifische Lebensbereiche von Mamdani abgeleitet, die er auch immer wieder in Kontinuität als Schlagworte im Wahlkampf vortrug. Dabei ging es insbesondere um den öffentlichen Busverkehr, der kostenlos für alle Nutzer sein sollte, und die Mieten, die auf einem gewissen Stand eingefroren werden sollten. Zahlreiche Bürger waren von entsprechenden Missständen betroffen, womit derartige Forderungen auch auf große öffentliche Zustimmung stießen.

Die beiden bekanntesten Forderungen ergänzten noch andere sozialpolitische Pro-

5 Vgl. David M. Kennedy: *Freedom from Fear. The American People in Depression and War 1929–1945*, Oxford 1999; Steffen Lehndorff: *New Deal heißt Mut zum Konflikt. Was wir von Roosevelts Reformpolitik der 1930er Jahre heute lernen können*, Hamburg 2020.

6 Vgl. Hadas Thier: «We Have an Obligation to Ensure That Justice Is Not Defined by the Borders of Our District» (Interview mit Zohran Mamdani, 9. Februar 2021), in: www.jacobinmag.com.

7 Vgl. Bernie Sanders *Our Revolution. A Future to Believe* in, New York 2016; Bernie Sanders: *Where We Go from Here. Two Years in the Resistance*, New York 2018.

8 Vgl. die Kampagnenseite von Mamdani: «A New Era for New York City», in: www.transition.com. Auf bedeutsame Details kann hier aus nachvollziehbaren Raumgründen nicht näher eingegangen werden.

grammpunkte: Dazu gehörten ein aus 30 Dollar bestehender Mindestlohn, die Förderung öffentlicher Kinderbetreuung, die Gründung von fünf städtischen Lebensmittelgeschäften oder ein Schuldenerlass für Taxifahrer. Eine differenzierte Besteuerungspolitik sollte zur Finanzierung dienen: So wären demnach in den Außenbezirken die jeweiligen Hausbesitzer zu entlasten, während die Vermieter in den wohlhabenderen Wohnvierteln mehr zahlen sollten. Ganz allgemein diente zur Finanzierung im Programm, aber auch darüber hinaus, perspektivisch die Steuerpolitik, plante er doch eine massive Erhöhung für einschlägige Firmen, die einen jährlichen Gewinn von einer Million und mehr verzeichneten. Damit war auch eine entsprechende politische wie soziale Frontstellung verbunden, äußerte doch Mamdani öffentlich: «Ich glaube nicht, dass wir Milliardäre haben sollten.»[9] Es ging ihm erkennbar um eine Steuerpolitik zur sozialen Umverteilung.

Derartige Auffassungen und Forderungen waren indessen keineswegs neu, auch wenn es überzeichnende Formulierungen wie «Zoranomics» nahelegen.[10] Dies macht der Blick auf frühere Bürgermeister von New York deutlich, welche direkt oder indirekt für Mamdani mit ihrer Politik als Vorbilder gelten können: So führte etwa Fiorello La Guardia, der von 1934 bis 1945 Bürgermeister von New York war, bereits 1940 bis heute bestehende städtische Supermärkte ein. Dort müssen Händler die Lebensmittelpreise niedrig halten, um auf diesen Märkten einen Stand zu haben. Und Bill de Blasio, der von 2014 bis 2021 Bürgermeister von New York war, führte etwa zugunsten ärmerer Mieter gegenüber deren Vermietern gesonderte Wohngutscheine ein. Diese gewährten den Empfängern hinsichtlich der Mietsicherheit einschlägige Rechte. Blickt man auf die konkreten Forderungen von Mamdani, einhergehend mit der früheren Entwicklung in der Stadt, aber auch in anderen Metropolen in den USA, so können diese Vorstellungen weder als radikal noch ungewöhnlich gelten.

5 Negative Einstellung zu Israel mit kursierenden Vorwürfen

Bevor die Auffassungen von Mamdani hinsichtlich eines demokratischen Sozialismus weiter thematisiert werden sollen, sei noch ein Blick auf seine Einstellungen zum Nahost-Konflikt geworfen, führten diese doch zu Einordnungen seiner Person als einem antisemitischen Protagonisten. Gleichzeitig erklären sich so die Behauptungen, er sei eigentlich ein «Islamist», wofür es ebenso wenige Belege wie für die vorgenannte Deutung gibt. Gleichwohl spielten derartige Aussagen eine bedeutende Rolle im Wahlkampf. Dabei bestand mit einem undifferenziert negativen Israelbild ein wahrer Kern, woraus sich aber nicht die Einordnung als Judenfeind ergibt. Ausgangspunkt für diese Betrachtung ist die Prägung, die aus dem Elternhaus bezüglich der Orientierung am Postkolonialismus einherging. Daraus entwickelte sich schon früh eine negative Einstellung gegen Israel, das pauschal als Kolonialmacht gegenüber den Palästinensern wahrgenommen wurde. Geringe Beachtung fand dabei demgegenüber das

9 Vgl. Chelsia Rose Marcius: «We Shouldn't Have Billionaires, Mamdani Says» (29. Juni 2025), in: www.nytimes.com.

10 Vgl. John Cassidy: «The Case for Zohranomics» (30. Juni 2025), in: www.newyorker.com.

für Israelis bestehende legitime Sicherheitsinteresse.

Der frühe Beitritt zu den «Democratic Socialists of America» (DSA) sei eben durch diese Einstellung erfolgt, so bekundete es Mamdani zumindest in der Öffentlichkeit in späteren Statements.[11] Er hatte sich bereits zuvor in pro-palästinensischen Gruppierungen während seiner Studienzeit engagiert, eben den bereits erwähnten «Students for Justice in Palaestine». In derartigen Gruppen, die insbesondere an Hochschulen in westlichen Ländern aktiv sind, tummeln sich verdeckt nicht selten islamistische Protagonisten. Sie beabsichtigen junge Akademiker als westliche Bündnispartner zu vereinnahmen. Gleiches gilt für die Aktivisten der «Boycott, Desinvestment, Sanctions» (BDS)-Bewegung.[12] Für bzw. in beiden Gruppierungen war in jungen Jahren auch Mamdani aktiv, er hat zunächst kritiklos die jeweiligen Deutungen akzeptiert und nicht einer kritischen Prüfung ausgesetzt. Insofern kann man ihn bis in die Gegenwart als einen hier einseitig und undifferenziert orientierten Kommentator des Nahost-Konflikts in einem eher israelfeindlichen Sinne ansehen.

Aus dieser Einsicht lässt sich aber ebenfalls weder eine antisemitische noch islamistische Orientierung ableiten. Bezogen auf den letztgenannten Aspekt sei darauf hingewiesen, dass er die Hamas und das «schreckliche Kriegsverbrechen» vom 7. Oktober 2023 verurteilte.[13] Gegenüber einer DSA-Gruppe, die bei einer Kundgebung diese Morde feierte, bemerkte Mamdani, dies sei «nicht angemessen für eine Bewegung, welche die universellen Menschenrechte unterstützt.»[14] Gleichwohl sprach er pauschal von «Apartheid» und «Genozid» gegenüber Israel, womit in der Begriffswahl unangemessene Überzeichnungen erfolgten. Es kann aber nicht von einem Antisemiten gesprochen werden, gibt es doch keine judenfeindlichen Aussagen von Mamdani. Darüber hinaus wollten ihn mehr als ein Drittel der Juden in New York wählen, von den jüngeren Juden sogar mehr als die Hälfte, folgt man einschlägigen Umfragen noch vor der Wahl. Ein Antisemit dürfte kaum von so vielen Juden unterstützt werden, auch wenn das ein öffentlicher Brief vieler Rabbiner anders sah.[15]

6 Einschätzung der Einordnung als angeblicher Kommunist

Bevor eine gesonderte Einschätzung zu Mamdanis demokratischem Sozialismus vorgenommen wird, sei noch auf die diffamierend gemeinte Einordnung von ihm als angeblichen «Kommunisten» von gegneri-

11 Vgl. Michael Starr: «Mamdani in 2021: Anti-Israel BDS activism brought me to socialist political movement» (27. ktober 2025), in: www.jpost.com.

12 Vgl. Alex Feuerherdt / Florian Markl: *Die Israel-Boykottbewegung. Alter Hass im neuen Gewand*, Leipzig 2020; Armin Pfahl-Traughber: «Die BDS-Kampagne zum Israel-Boykott. Eine Analyse zur Angemessenheit von Antisemitismus-Vorwürfen», in: *perspektivends*, 38. Jg., Nr. 2/2021, S. 149–167.

13 Vgl. Katie Glueck / Lisa Lerer: «Mamdani's Success Spotlights a Deepening Rupture Among U. S. Jews» (25. Juni 2025), in: www.nytimes.com.

14 Zit. nach: Jakob Kornbluh: «Why Zohran Mamdani believes he'll win over Jewish voters, as Israel critic surges to second behind Cuomo in NYC mayoral race» (28. April 2025), in: www.forward.com.

15 Vgl. Armin Pfahl-Traughber: «Bestehen antisemitische und israelfeindliche Einstellungen bei Zohran Mamdani?» (5. November 2025), in: www.hagalil.com; Frauke Steffens: «Visionär unter Beobachtung», in: *Frankfurter Allgemeine Sonntagszeitung* vom 20. Juli 2025, S. 33.

scher Seite eingegangen. Eine derartige Behauptung wurde etwa von Präsident Trump vorgenommen, was angesichts seiner politischen Bedeutung von großem Interesse war. Eine noch deutlichere, weil auch symbolische Etikettierung erfolgte durch die *New York Post*. Dabei handelt es sich um ein konservatives Boulevardblatt, das die älteste und viertgrößte Tageszeitung der USA ist. Nach der Bürgermeisterwahl druckte sie Mamdani auf der Titelseite, eingerahmt mit «The Red Apple» als Formulierung sowie Hammer und Sichel als Symbolik.[16] Es gab darüber hinaus in anderen Kontexten ähnliche Zuschreibungen, die aber keine nähere Aufmerksamkeit verdienen, da auch ebendort keine Begründung erfolgte. Erkennbar diente die politische Bezeichnung als «Kommunist» einer negativen Stereotypisierung.

Gleichwohl sollen dazu Ausführungen folgen, warum diese Einordnung inhaltlich nicht angemessen ist. Zunächst sei hier folgende Erläuterung zum Gemeinten vorausgeschickt: Es geht dabei um die Berufung auf einen Marxismus-Leninismus, der den existenten Kapitalismus zugunsten eines diktatorischen Systems überwinden will. Einschlägige Gruppen und Parteien existieren auch in den USA, wozu die dortige «Communist Party USA» sowie einige trotzkistische Organisationen zählen. Ihnen gehörte Mamdani indessen nie an, er erhielt von dort auch keine politische Unterstützung. Ganz im Gegenteil, insbesondere trotzkistischen Gruppierungen kritisierten ihn. Demnach würde seine Kandidatur von der Notwendigkeit einer Revolution ablenken, trete er doch für die Demokraten als Partei des bürgerlichen Systems an. Er schüre damit politische Illusionen und lenke von revolutionären Schritten ab. Ähnliche Deutungen waren zuvor gegen Bernie Sanders erhoben worden.[17] Dies macht für beide die inhaltlichen Differenzen zum politischen Kommunismus deutlich.

Auch darüber hinaus lassen sich keine derartigen Bezüge bei Mamdani erkennen, noch nicht einmal eine Berufung auf Marx. Ideen- und realgeschichtliche Anspielungen bezogen sich bei ihm entweder eher auf demokratische oder gelegentlich auf sozialistische Politiker in den USA. Bedeutsam sind bei diesem Aspekt auch die außenpolitischen Positionierungen, hätte es doch bei gegenteiliger Orientierung bestimmte politische Vorbilder gegeben. Naheliegend sind in diesem Kontext politische Wertschätzungen, die gegenüber den gegenwärtigen Kuba und Venezuela erhoben worden wären. Dazu schwieg Mamdani für eine gewisse Zeit, sprach dann aber deutlich von Diktaturen in einem abwertenden Sinne. Gleichzeitig kritisierte er aber die Embargo-Politik der USA, habe diese doch negative Wirkungen für die dortige Zivilbevölkerung.[18] Bilanzierend betrachtet handelt es sich demnach um eine unangemessene Einordnung von Positionen, die erkennbar gegen ihn als diffamierendes Element für eine öffentliche Negativ-Wirkung vorgebracht wurden.

16 Vgl. *New York Post* vom 5. November 2025, S. 1: «The Red Apple. On your Marx, get set, Zo! Socialist Mamdani wins race for mayor».

17 Vgl. Socialist Equality Party (US): «Die politischen und Klassenfragen beim Sieg Mamdanis in New York City» (6. November 2025), in: www.wsws.org; Barry Grey: «Im Gespräch mit der New York Times verbreitet Bernie Sanders nationalistisches Gift» (10. November 2025), in: www.wsws.org.

18 Vgl. Alicia Civita / Matias Civita: «Mamdani Breaks Silence About Maduro and Cuban President Diaz-Canel» (28. September 2025), in: www.latintimes.com.

7 Einordnung des vertretenen Modells eines demokratischen Sozialismus

Demnach geht es bei Mamdani um das besondere Modell eines demokratischen Sozialismus, das in der Gesamtschau einige Konturen trotz inhaltlicher Lücken aufweist.[19] Bevor dazu eine bilanzierende Einschätzung formuliert wird, soll zunächst eine klarstellende Definition vorgetragen werden, kursieren dazu doch unterschiedlichste Verständnisse. Gemeint ist eine für die folgenden politischen und sozialen Positionen nutzbare Sammelbezeichnung: Es geht um eine angestrebte Erhöhung der sozialen Gleichheit von Menschen in einer Sozialordnung, wobei diesem Ansinnen die Basiswerte einer modernen Demokratie als Primat übergeordnet sind. Die Definition schließt gegenüber dem Gleichheitsideal aus, dass es durch Diktatur und Repression umgesetzt werden soll. Demgegenüber bilden Abwahlmöglichkeit und Gewaltenteilung, Menschenrechte und Pluralismus, Rechtsstaatlichkeit und Volkssouveränität die konstitutiven Werte. Gleiches gilt für die strategische Ausrichtung an schrittweiser Reformpolitik statt gewalttätiger Revolution als politischem Weg.

Blickt man mit dieser Begriffsbestimmung auf Mamdani hinsichtlich seiner Person und Positionen, so besteht für beides ein Einklang mit den vorgenannten Kriterien des demokratischen Sozialismus. Seine Auffassungen sind auf die öffentliche Daseinsfürsorge konzentriert, welche bekanntlich in einem sozialstaatlichen Sinne in den USA unterentwickelt ist. Es geht ihm auch nicht um die Abschaffung des Kapitalismus, sondern um eine soziale Marktwirtschaft mit gerechterer Verteilung. Insbesondere in der Ausrichtung der Steuerpolitik und der Sozialstaatlichkeit werden dafür Wirkmechanismen gesehen. Dafür bestanden auch Ansätze in der Geschichte der USA, die wie in New York selbst häufig als politische Optionen in Vergessenheit gerieten.[20] Erst durch die Kampagnen von Bernie Sanders, der zweimal um die Kandidatur für die Präsidentschaftswahlen warb, wurden ebendort derartige Traditionen und Vorstellungen wiederbelebt. Damit einhergehende Erfahrungen motivierten auch die Kandidatur von Mamdani in New York.

Mit europäischem Blick erinnert dabei vieles an dortige Konzeptionen mit den sozialdemokratischen Prägungen eines demokratischen Sozialismus, wofür etwa Willy Brandt in Deutschland oder Olof Palme in Schweden standen. Beachtet man noch einmal die Einflüsse bei Mamdani, so finden sich dabei mehr Pragmatiker als Theoretiker. Dazu gehörten etwa Victor Berger, der als «American Bernstein» gilt und 1910 erster sozialistischer Kongressabgeordneter der USA wurde, oder Daniel Hoan, der gar von 1916 bis 1940 sozialistischer Bürgermeister von Milwaukee war.[21] Für die Gegenwart verwies Mamdani auf Brandon Scott und Michelle Wu, die in Baltimore und Boston jeweils Bürgermeister sind.[22] Letztere ist eine Befürworterin des kostenlosen öf-

19 Vgl. Zohran Mamdani: Socialism. Explained in One Minute (20. Juni 2020), in: www.youtube.com, als frühes Statement zum Thema. Darin wird nicht von einer Enteignung der Produktionsmittel oder der Option einer Revolution gesprochen. Es geht allgemein um die Frage einer öffentlichen Unterstützung und einer gerechten Verteilung.

20 Vgl. Gary Dorrien: *American Democratic Socialism. History, Politics, Religion, and Theory*, New Haven 2021; Jack Ross: *The Socialist Party of America. A Complete History*, Nebraska 2015.

21 Vgl. Ross Barkan: «The rise and rise of Zohran Mamdani» (17. September 2025), in: www.newstatesman.com.

22 Vgl. Jason Beeferman: «Mamdani's Victory Would Signal Seismic Shift In National Politics And Test For Socialist Movements» (24. Juni 2025), in: www.politico.com.

fentlichen Nahverkehrs, also genau dem von Mamdani ebenso priorisierten Projekt. Auch derartige Bezüge veranschaulichen hinsichtlich der politischen Positionierung, dass es sich bei ihm nicht um einen dogmatischen Kommunisten, sondern einen pragmatischen Sozialisten handelt.

8 Gesellschaftliche und politische Rahmenbedingungen für den Wahlerfolg

Wodurch erklärt sich aber nun in der Bilanz sein Erfolg in New York, stimmten ebendort doch mehr als 50 Prozent für einen demokratischen Sozialisten? Eine Antwort auf diese Frage muss differenzieren, wobei zunächst die Bedingungsfaktoren hinsichtlich der externen und internen Gesichtspunkte unterschieden werden müssen. Gemeint sind mit den erstgenannten Aspekten die gesellschaftlichen und politischen Rahmenbedingungen, also die Bedingungsfaktoren außerhalb von Mamdanis Wirken. Auch diesbezüglich bedarf es der Differenzierungen, bezogen sowohl auf New York als Stadt wie die USA als überregionaler Zusammenhang. Beides greift in einer Gesamtschau ineinander, aber um eben diesen Kontext zu verstehen, bedarf es zunächst einer separaten Rahmenanalyse. Dabei fällt der Blick zunächst auf die soziale Lage in New York, hier bei gleichzeitiger Aufmerksamkeit für den komparativen Blick auf andere Großstädte. Das Interesse konzentriert sich dabei auf die für Mamdani relevanten Themen seiner Wahlkampagne:

Es lässt sich allgemein für das Land von einer Negativentwicklung sprechen, die aber ein besonders hohes Ausmaß in New York angenommen hat: Das Bruttoinlandsprodukt sank landesweit von 2024 2,5 auf 2025 1,4 Prozent, in der Stadt war dies von 3,6 auf 1,9 Prozent. Die Armutsrate stieg 2023 landesweit auf 13, in New York auf 25 Prozent. Blickt man auf die Einkommensungleichheit in den Städten der USA 2023, so lag New York hier an dritthöchster Stelle mit 0,555, während die Daten in Los Angeles bei 0,521 und in San Francisco bei 0,527 lagen. Und mit 4.400 Dollar bei dem Median-Mietpreis nahm New York im Oktober 2025 sogar den landesweiten Spitzenplatz ein. Als Beispiele für den vergleichenden Blick seien mit 2.250 Dollar Los Angeles und 2.200 Dollar Washington genannt.[23] Diese Angaben vermitteln als bloße quantitative Daten nicht unbedingt das damit einhergehende gesellschaftliche Klima in der Stadt. Gleichwohl können sie einen Eindruck davon als abstrakter Rahmen der sozialen Realität in den ganzen USA vermitteln.

Bezogen auf die Bürgermeisterwahl in New York ergab sich folgende politische Situation: Eric Adams war als Bürgermeister 2021 für die Demokraten gewählt worden. Gegen ihn kam es zu einer Anklage wegen Korruption, die indessen später vom Justizministerium zurückgezogen wurde. Adams Nähe zu Trump schien dabei wichtig gewesen zu sein, was zu weiteren Konflikten und Rücktrittsforderungen führte. Um die Bürgermeister-Kandidatur für die Demokraten bewarben sich danach Andrew Cumo und eben Mamdani. Ersterer war zuvor Gouverneur von New York gewesen, außerdem unter Bill Clinton der Wohnungsbauminister.

Er galt als Polit-Profi. Sexuelle Belästigungen von Frauen einerseits, aber auch eine kritikwürdige Corona-Politik andererseits ließen indessen sein öffentliches Image in einem negativen Licht erscheinen. Daher

23 Die Daten entstammen: Roland Lindner: «Arbeiterfreund in New York» (7. November 2025), in: www.faz.de.

sahen viele Anhänger der Demokraten offenkundig in ihm keinen mehrheitsfähigen Kandidaten, verlor doch Cuomo überraschend gegen den politisch unerfahreneren wie unbekannteren Mamdani die entscheidende Wahl.

9 Persönliche Eigenschaften als Erfolgsfaktoren

Bevor noch ein anderer externer Erfolgsfaktor ein Thema sein soll, geht es genauer um die internen Erfolgsfaktoren, die wiederum im Lichte einer besonderen politischen Rahmensituation gesehen werden müssen. Dazu sei zunächst auf Mamdani als Person verwiesen, und zwar unabhängig von seiner politischen Positionierung und Programmatik. Darauf wird anschließend ausführlicher eingegangen. Es geht zunächst um seine Herkunft und Religionszugehörigkeit, die beide offenbar in einem negativen Sinne bei der Wahlentscheidung nicht relevant waren. Er ist Migrant und Muslim. Beides bekundete er häufig offensiv als persönliche Eigenschaft, meist um damit gegen kursierende Minderheitenfeindlichkeit anzugehen. Ansonsten fanden sich in seinen öffentlichen Ausführungen kaum Bezüge auf sein Muslimsein, etwa einschlägige islamische Inhalte oder Wertvorstellungen. Da seine Eltern beide indischstämmig sind, gab es derartige Thematisierungen. Diese waren aber in der Gesamtschau nicht von großer Relevanz.

Darüber hinaus sind andere Aspekte als persönliche Eigenschaften von Mamdani relevanter geworden: Er kommt aus einem formal hoch gebildeten Elternhaus und hatte von daher viele Kompetenzen erworben, welche sowohl durch seine persönlichen Erfahrungen wie das Studium verstärkt wurden. Gleichwohl ging damit keine Abgehobenheit in öffentlichen Diskussionen oder Wirkungen einher. Mamdani erwies sich dabei aber als guter Redner, der durch Rhetorik und Schlagfertigkeit zu glänzen wusste. Auf die Aussage von Cuomo, er habe zu wenig Erfahrung in der Politik, antwortete Mamdani, er habe tatsächlich keine Erfahrung mit falscher Politik, welche eben mit seinem Kontrahenten offenkundig als Makel verbunden war. Damit erodierte ein durchaus berechtigter Einwand, gleichzeitig hatte er dadurch einen kommunikativen Punkt gemacht. Auch präsentierte sich Mamdani als guter Rhetoriker, der mit Pathos emotionale Wirkung entfalten konnte, etwa wenn moralische und politische Autoritäten wie Nelson Mandela passend zitiert wurden.

Und dann fällt bei seiner Person das nonverbale Verhalten bei der öffentlichen Wirkung auf. Ein schwarzer Anzug mit weißem Hemd und schwarzer Krawatte bildeten die Standardkleidung, die er in allen möglichen Kontexten als Seriositätsmerkmal trug. Gleichzeitig wurde ein Dauerlächeln präsentiert, das bei Mamdani nicht aufgesetzt wirkte. Darüber hinaus war ihm der direkte Bürgerkontakt wichtig, was noch durch die darauf ausgerichtete Social-Media-Präsenz verstärkt wurde. Sie zeigt Mamdani mit schnellen Schritten durch die Straßen eilen, dabei mit einem Händeschütteln und typischem Lächeln auf unterschiedlichsten Passanten zugehend. Auch die hier zum Ausdruck kommende symbolische Dynamik und persönliche Nähe lösten entsprechende Wirkungen aus. Die Betonung dieser Gesichtspunkte mag verwundern, derartige Faktoren gelten häufig als von geringer Relevanz. Dabei wird aber die emotionale und persönliche Dimension der direkten oder indirekten Kommunikation bei und mit politischer Werbung unterschätzt.

10 Besonderheiten bei Finanzierung, Themenwahl und Unterstützern

Gleichzeitig artikulierten sich gegenüber den Gegnern aus dem etablierten Politikmilieu die entsprechenden Unterschiede, auch bezogen auf das öffentliche Auftreten und nicht nur hinsichtlich der vertretenen Positionen. Hinzu kam noch ein anderer Gesichtspunkt für politische Kampagnen, die insbesondere von finanziellen Mitteln für den Wahlkampf abhängig sind. Cuomo erhielt Millionen an Spenden, um eben den Erfolg von Mamdani bei den Wahlen zu verhindern. Es trat auch noch ein dritter Bewerber bei der Bürgermeisterwahl an, der für die Republikaner kandidierende Curtis Silwa. Bereits früh stellte sich dessen Chancenlosigkeit heraus, was alle Umfragen deutlich veranschaulichten. Gleichwohl hätte Cuomo bei dessen Rückzug noch wichtige Stimmen erhalten können, was zu Angeboten von Millionen für Silwa führte. Dieser erklärte indessen seine fehlende Bereitschaft, sich für seinen Verzicht bezahlen zu lassen. Unabhängig von dieser Entscheidung von Silwa wäre es doch nicht anders gekommen, erhielt Mamdani doch knapp über fünfzig Prozent.

Diese besondere Geschichte verdeutlicht indessen, wie wichtig die finanziellen Mittel waren. Mamdani erhielt verständlicherweise keine Millionenspenden. Er setzte demgegenüber von Anfang an bei seiner Kampagne auf Kleinspender, die er als Bestandteile einer Graswurzelbewegung ansah. Dabei kopierte Mamdani bewusst Sanders, der ebenso bei seinen Kampagnen für die Präsidentschaftskandidatur vorgegangen war. Beide entfachten größere Begeisterung in der Gesellschaft, wobei sie sowohl auf örtliche Aktivisten wie viele Kleinspender setzten. Bezogen auf den erstgenannten Aspekt bedarf es aber noch einer Erläuterung: Gemeint sind Anhänger, die einen Haustür-Wahlkampf führen. Die jeweiligen Akteure gehen dabei von Haus zu Haus und klopfen entsprechend an den Türen, um mit den Bewohnern über die Entscheidung zur anstehenden Wahl zu sprechen. Dieser direkte Kontakt entfachte entsprechende Wirkung. Die Anzahl der unbezahlten Freiwilligen bei der Kampagne soll bei Mamdani knapp über 100.000 Personen gelegen haben.

Und dann dürfen als Bedingungsfaktoren für den Erfolg auch nicht die konkreten Themen ignoriert werden: Nicht identitätslinken Auffassungen hatte sich Mamdani verschrieben, was in der gegenwärtigen politischen Linken von großer Relevanz ist. Ähnliches wäre auch angesichts des Postkolonialismus als bedeutsames Thema seines Vaters vorstellbar gewesen. Demgegenüber setzte er auf die soziale Frage und einschlägige Probleme in der Stadt. Gerade der Gesichtspunkt des bezahlbaren Lebens in New York war hier von Wichtigkeit. Das Ansprechen der hohen Mieten dürfte dabei das herausragende Thema gewesen sein. Bei dieser Ausrichtung ignorierte Mamdani indessen nicht, dass er sich für die Rechte von Transgenderpersonen einsetzte. Gleichwohl standen wie bei den Kandidaturen von Sanders die sozialen Themen im Zentrum. Seine eigene Entwicklung in einem akademischen Kontext führte demnach bei Mamdani nicht dazu, die auf vielen Feldern auszumachenden gegenwärtigen Fragen sozialer Ungleichheit zu ignorieren.

11 Auswirkungen politischer Kontexte auf die Wahlentscheidung

Und dann soll abschließend noch ein anderer externer Bedingungsfaktor für den Erfolg thematisiert werden, wobei es um die

Gegner von Mamdani geht. Mitunter können auch nicht überzeugende Alternativen oder negative Kampagnen entgegengesetzte Wirkungen entfalten. Genau derartige Gesichtspunkte spielten in unterschiedlichen Kontexten auch eine bedeutende Rolle: Bereits bei der Abstimmung über die Kandidatenfrage waren derartige Rahmenbedingungen wichtig. Dazu sei zunächst auf eine Besonderheit von New York als politischem Ort verwiesen, handelt es sich doch für die Demokraten um eine Hochburg mit kontinuierlichen Mehrheiten. Demnach ist perspektivisch die Frage entscheidender, wer deren Kandidat ist als die eigentliche Wahl. Anders formuliert: Der Erfolg bei der Kandidatenabstimmung ließ bereits für Mamdani einen späteren Sieg erwarten. Gleichwohl bestand hier kein Automatismus, da eben Cuomo selbst noch einmal antrat, wollte er doch als Unabhängiger siegen. Immerhin erreichte er über 40 Prozent der Stimmen.

Aber viele andere Gesichtspunkte sprachen gegen ihn als letztendlichen Sieger: Dazu gehörten die bei seiner Corona-Politik auszumachenden Fehler ebenso wie sein offenkundiges Fehlverhalten gegen Frauen. Außerdem wirkte er angesichts seines dynamischen und jungen Konkurrenten wie der sprichwörtliche alte weiße Mann. Die Arroganz des Erfahrenen gegenüber dem Jüngeren erhöhte nicht seine Siegeschancen. Bedeutsam dürften darüber hinaus die finanziellen und politischen Förderer gewesen sein. Cuomo erhielt direkt oder indirekt Millionenbeiträge von Superreichen, die den Erfolg von Mamdani mit derartigen Mitteln zu verhindern versuchten. Die öffentliche Bekanntheit dieser Geldzuwendungen blieb den potenziellen Wählern nicht verborgen. Und genau auf diesen Gesichtspunkt konnte Mamdani verweisen, um sich als Stimme des einfachen Volkes zu präsentieren. Die Aussage «New York Is Not For Sale» war nicht zufällig eine wichtige Wahlkampfparole. Sie kritisierte den Einfluss des großen Geldes auf die Politik in der Stadt.

Einen anderen bedeutsamen externen Faktor bildete Trump, mischte sich der Präsident doch offen in den Wahlkampf ein. Dabei nahm er nicht nur eine diffamierende und falsche politische Einordnung von Mamdani vor, sondern sprach sich direkt und persönlich für Cuomo als Wahlalternative aus. Selbst diesem waren derartige Aussagen unangenehm, relativierte er die Bekundungen doch damit, dass der Präsident sich nicht für ihn, sondern gegen seinen Widersacher ausgesprochen habe. Gleichwohl bestand ein öffentlich wahrnehmbarer Einklang, selbst bezogen auf die Superreichen unter den Trump-Unterstützern, die gegen Mamdani mehrere Millionen von Spenden zur Verfügung stellten. Es wurden sogar öffentliche Drohungen des Präsidenten an die Wähler ausgesprochen, wollte er doch die Bundesunterstützung für New York stoppen, wenn Mamdani den Sieg davon tragen würde. Da das politische Ansehen des Präsidenten aber gerade einen Tiefpunkt erreicht hatte, schlugen derartige Drohungen offenkundig in ihr Gegenteil bei den Wählern um.

12 Schlusswort und Zusammenfassung

Hätte sich Mamdani nicht selbst als demokratischer Sozialist öffentlich vorgestellt, wäre aus ideengeschichtlicher Blickrichtung nicht unbedingt eine solche Einordnung erfolgt. Zwar gehört die Aufmerksamkeit für die Bezahlbarkeitsproblematik in mittleren und unteren sozialen Schichten zu einem zentralen Thema in diesem Zusammenhang. Indessen gab es bereits vor ihm ähnliche politische Bestrebungen in den USA, auch ohne dass sich die Protagonisten als demokratische Sozialisten verstanden. Da er den DSA auch als Mitglied angehört, war dies aber ein eindeutiges Bekenntnis von Mamdani. Seine politischen und sozialen Forderungen zielen indessen nicht auf gravierende politische und wirtschaftliche Veränderungen ab. Gerade diese Ausrichtung ist jeweils im negativen oder im positiven Sinne mit dem Terminus verbunden. Die Bezeichnung selbst hat auch in Deutschland eher ein negatives Image, umso mehr ist dies der Fall mit dem «S-Wort»[24] in den USA. Gleichwohl hatte die Begriffswahl erkennbar für die Wahlentscheidung keine abschreckende Wirkung.

Für die Ausrichtung von Mamdanis Politik dürfte seine «Realpolitik» wichtig werden. Angesichts der Kampagnen gegen seine Person, die mit falschen Einordnungen und persönlichen Schmähungen verbunden waren, standen reale Probleme bislang weniger im Zentrum. Dazu gehört erstens die Finanzierungsfrage für seine ambitionierten Projekte: durch kommunale Anleihen und Spitzensteuersatzerhöhungen. Dabei stellt sich die Frage, wie die Unternehmen darauf reagieren. Es kann dadurch ein zusätzliches Erpressungspotenzial entstehen, um einschlägige Reformen zu verhindern. Nicht nur bei den politischen Gegnern wie den Republikanern hofft man hier längerfristig auf ein Scheitern, da erkennbar aktuell alternative politische Optionen zu Wahlerfolgen führen können. Ein anderer bedeutender Problempunkt ist zweitens in folgendem Sachverhalt zu sehen: Auch der Bürgermeister einer Großstadt kann viele Reformen nicht allein umsetzen, er bewegt sich in einem Geflecht von komplexen Regeln und Zuständigkeiten.

Inwieweit Mandami auch beim Regieren erfolgreich sein kann, wird spätestens bei der nächsten Wahl die Zukunft zeigen. Bereits jetzt hat bei allen Besonderheiten, welche seinen Erfolg möglich gemacht haben, dieser eine Offenheit veranschaulicht: Ein bekennender demokratischer Sozialist konnte in einer der größten Städte der Welt obsiegen. Dies geschah ausgerechnet in einem Land, das in diesem Sinne nur über eine unterentwickelte Tradition verfügt. Die zwar gescheiterten Kampagnen von Sanders hatten derartige Trends erkennen lassen, sie ließen realistische Erfolgsoptionen für einschlägige Orientierungen bei Wahlen erkennen. Die vorstehenden Ausführungen zu Finanzierung, Themenwahl und Unterstützer veranschaulichten, dass Mamdani hier ein Schüler des Senators aus Vermont war.[25] Gegen derartige Entwicklungen sprechen indessen innerlinken Konflikte, die etwa aus den DSA eine gespaltene Organisation machten. Eine andere Ausrichtung könnte indessen Erfolge – wie eben bei Mamdani ersichtlich – trotz ungünstiger Rahmenbedingungen verzeichnen.

Anhang: Soziale Besonderheiten von Mamdanis Wählerschaft

Bei der Bürgermeisterwahl in New York am 4. November 2025 kam es zu einer hohen Wahlbeteiligung, seit zwei Jahrzehnten erstmals wieder mit über zwei Millionen als

24 Diese Formulierung spielt auf folgendes Standardwerk an: John Nichols: *The «S» Word. A Short History of an American Tradition*... Socialism, London 2011.

25 Vgl. Becky Bond / Zack Exley: *Rules for Revolutionaries. How Big Organizing can Change Everything*, White River Junction 2016; Heather Gautney: *Crashing the Party. From the Bernie Sanders Campaign to a Progressive Movement*, London 2018.

höchstem Wert. Der für die Demokraten antretende Mamdani erhielt 50,4 Prozent, Andrew Cuomo als sein unabhängiger Konkurrent 41,6 Prozent und der für die Republikaner kandidierende Curtis Silwa nur 7,1 Prozent der Stimmen. Eine Besonderheit der Kandidaturen bestand darin, dass sich die den Demokraten zurechenbare Wählerschaft entscheiden musste, ob sie den aktuellen oder einen früheren Kandidaten ihrer Partei wählen sollten. Da für die Demokraten eben seit langem dort eine Hochburg besteht, kann das schlechte Ergebnis für die Republikaner und Silwa nicht verwundern. Demgegenüber wurde allgemein für Mamdani ein Sieg erwartet, indessen nicht in der eindeutigen Höhe von fast neun Prozent Unterschied. Er hatte sogar knapp eine eigene Mehrheit der Stimmen hinter sich gebracht. Diesbezüglich stellt sich die Frage: Welche sozialen Gruppen wählten Mamdani überdurchschnittlich?

Als Antwort sei auf die jeweiligen Besonderheiten geblickt.[26] Dabei soll es zunächst um das Geschlechterverhältnis gehen, wobei sich eine eindeutige Schwerpunktsetzung feststellen lässt: Von den Frauen stimmten für Mamdani lediglich 37 Prozent, während es von den Männern 51 Prozent waren. Bei Cuomo verhielt es in der Verteilung genau umgekehrt, es waren bei den Frauen 45 und bei den Männern 33 Prozent. Offenbar hatten Cuomo die Medienberichte über sexuelle Übergriffe kaum oder nicht geschadet. Auch bezogen auf das Alter ließ sich eine eindeutige Verteilung mit entsprechendem Zusammenhang konstatieren: Die Älteren wählten überdurchschnittlich Cuomo, die Jüngeren überdurchschnittlich Mamdani. Bezogen auf die Altersverteilung 18 bis 29, 30 bis 44, 45 bis 64 und über 65 Jahre ergaben sich für Mamdani folgende Werte: 62, 53, 36 und 29 Prozent. Bei Cuomo verlief die Entwicklung entgegengesetzt, hier von 23 auf 34 und von 43 auf 54 Prozent. Demnach waren die Jüngeren für Mamdani die entscheidende Wählergruppe.

Eine andere Besonderheit lässt sich in den ethnischen Prägungen der jeweilige Wähler erkennen: Mamdani wurde überdurchschnittlich stark von den Minderheitenangehörigen gewählt, während er nur 37 Prozent von den Weißen erhielt. Demgegenüber waren es bei den Asiatischstämmigen 59, bei den Schwarzen 48 und bei den Hispanics 44 Prozent. Bei Cuomo verhielt es sich in der Verteilung wieder genau umgekehrt: Er erhielt 45 Prozent von den Weißen, demgegenüber waren es bei den Asiatischstämmigen 26, bei den Hispanics 37 und bei den Schwarzen 42 Prozent. Und dann sei noch der Blick auf die Einkommensverhältnisse der Wähler geworfen, zeichneten sich doch bei den jeweiligen Gruppen ebenfalls Spezifika ab. Dabei geht es um diejenigen mit einem niedrigen, mittleren und hohen Verdienst: In der ersten und dritten Gruppe erhielt Mamdani 45 und 48 Prozent, in der mittleren Gruppe nur 36 Prozent. Demgegenüber konnte Cuomo in der ersten und dritten Gruppe 36 und 39 Prozent für sich verbuchen, in der mittleren Gruppe aber 43 Prozent.

Welche Erkenntnisse ergeben sich daraus für Mamdanis Sieg? Folgen daraus Einsichten in einem allgemeinen Sinne? Diese Frage darf in der Gesamtschau eher verneint werden, was mit dem besonderen Ort der Wahl zu tun hat. Für die Demokraten besteht dort eine Hochburg, darüber hinaus kandidierten zwei Demokraten in Konkur-

26 Die Daten entstammen: Kiko Llaneras / Sebatián Casse / Daniele Grasso: «Who voted for Mamdani? The New York election in seven charts» (5. November 2025), in: www.english-elpais.com.

renz gegeneinander. Mamdani konnte insbesondere bei den Minderheiten punkten, die in New York bedeutende Wählergruppen bilden. Da dies an anderen Orten der USA nicht so ist, würde es dort bei den Stimmabgaben wohl zu einer anderen Verteilung kommen. Erstaunlich ist der geringe Frauenanteil in Mamdanis Wählerschaft, wofür aktuell zur Erklärung noch keine genauen Gründe oder Motive genannt werden können. Demgegenüber fallen zwar die hohen Anteile in den jüngeren Gruppen auf, hier überdurchschnittlich bei den zwischen 18- und 44-Jährigen. Demgegenüber war es nur ein Drittel bei den zwischen 45 und über 65-Jährigen unter den Wählern. Eine altersübergreifende breite und hohe Akzeptanz gab es demnach nicht. ■

SCHWERPUNKT
PROGRAMMDEBATTEN GEGEN DIE RÜCKKEHR DER KATASTROPHE

Gesine Schwan

Freiheit, Gerechtigkeit und Solidarität in der Transformation

Zum neuen SPD-Grundsatzprogramm[1]

I.

Einen schönen guten Abend, danke schön für die Einladung. Ich bin neugierig auf den Abend, denn wir können ja alle eigentlich nur lernen. Das ist, glaube ich, die wichtigste Aufgabe, die wir zurzeit haben. Wie die SPD in Wahlen und Prognosen dasteht, das war in letzter Zeit nicht doll. Da stellt sich als Erstes die Frage, hat es uns an der Programmatik gefehlt oder hat es uns an Vertrauen gefehlt? Ich sage ganz eindeutig, es hat uns nicht an Programmatik gefehlt. Wir hatten eine gute Programmatik, selbst bei der Bundestagswahl. Aber es fehlt uns, wie vielen Parteien zurzeit, an Vertrauen.

Das ist ein Problem besonders für die SPD, weil sie in den Konstellationen, in denen sie regierte – in der Ampel, aber auch vorher als Juniorpartner in einer Großen Koalition – auf viele nicht wirklich so gewirkt hat, dass ihre Botschaft klar ist, dass sie etwas Bestimmtes bewirken will und dass sie auch nicht nachgibt, wenn es schwierig wird. Mit meinen beiden Stellvertretern, Gustav Horn und Henning Meyer, haben wir das ja auch in der Grundwertekommission zu Papier gebracht, was man im Internet nachlesen kann. Wenn diese Diagnose richtig ist, dann ist die Frage: Lag das nur an diesen verschiedenen Regierungskonstellationen, oder woran lag es, dass wir so viel Vertrauen verbrannten?

Einen Vertrauensverlust beobachten wir nämlich seit dem Jahr 2000 konstant. Das war nicht nur ein Wahlkampf oder eine Per-

1 Überarbeitete Rede, Impuls vor einer Podiumsdiskussion mit Evelyn Berger (DGB-Ostbrandenburg), Martin Gorholt (ehem. SPD-Bundesgeschäftsführer, ehem. Staatssekretär in Brandenburg) und Werner Krause (Politikwissenschaftler, Universität Potsdam). Auftakt der Tagung «Unsere Welt im Umbruch» von HDS e.V. und FES-Brandenburg, Rathaus Birkenwerder am 21. November 2025.

son, die da das Entscheidende ausmacht. Unsere Deutung ist, wir haben, wie auch Tony Blair damals in Großbritannien, gedacht, wir könnten von einer Volkspartei und Grundwertepartei übergehen zu einer Partei, die die verschiedenen Gruppen in der Gesellschaft, die eben nicht mehr dieselben wie im 19. Jahrhundert sind, einsammelt, indem wir erfragen, was braucht ihr? Was brauchen die Rentner? Was brauchen die Kinder? Was brauchen die Jugendlichen? Und so weiter.

Wir nennen das «Transaktionspartei», das heißt, wir bieten etwas an und dafür wählt Ihr uns. Und wenn wir diesen Gedanken, dass wir Sachen anbieten, die wir in der Politik machen wollen, zu Ende denken, geht es um ein Tauschgeschäft. Man tut nur so, als wenn man das eigene Exponat ernst nimmt, und wenn ich jetzt ein Wähler bin, warum soll ich dieser Partei vertrauen? Denn sie bietet mir ja nur etwas an, damit ich ihr Macht erteile, was nichts damit zu tun hat, dass ich wirklich auf sie bauen kann. Sondern sie macht nur das, was ihr am besten zur Macht verhilft. Das heißt, diese Grundstruktur, ich verspreche Euch im Programm dies und das, wenn ihr uns die Macht gebt, ist an sich schon restriktiv für das Vertrauen. Also das ist meine erste These, wir haben Vertrauen verloren.

II.

Dass wir jetzt ein neues Grundsatzprogramm auf den Weg bringen, ist schön. Ich bezweifele aber, dass es gegen Vertrauensverlust hilft. Denn wenn man Vertrauen verliert, sind es nur Personen, die Vertrauen wieder etablieren können, es sind nie Programme. Man hat kein Vertrauen in ein Programm, nicht in ein Papier, da steht alles Mögliche darauf, wir haben Vertrauen in Personen.

Nun gut, es stimmt schon, dass wir eine ganze Reihe von Punkten haben, die seit dem Hamburger Programm von 2007 neu sind. Obwohl viele Regelungen dieses Programmes nach wie vor gültig und gut sind. So war das auch beim Bundestagswahlprogramm. Auch da sind viele Sachen gut und gültig. Doch wir haben jetzt die Entscheidung für ein neues Programm, weil es neue Themen und Punkte gibt, ganz besonders wird immer die Digitalisierung genannt, aber natürlich auch der Umbruch in der internationalen Welt.

Was bedeuten nun Freiheit, Gerechtigkeit und Solidarität in der Transformation heute? Sie sind in der derzeitigen Transformation zu Recht unser Orientierungsmodell. Eben für die neu aufgetretenen Fragen, da ist markant nun einmal die Frage der Digitalisierung, aber auch die ganze veränderte weltpolitische Konstellation, die geopolitische Sache, die Kriege, alles das, was sich verändert hat. Prinzipiell ist es nicht neu, dass es Kriege gibt, aber der Krieg um die Ukraine hat sehr viel Kraft und Finanzen und alles Mögliche absorbiert und hat unsere europäische und völkerrechtliche Sicherheitsarchitektur zerstört, da hat sich also viel geändert. Und insofern ist es schon ganz vernünftig, dass wir uns da noch einmal grundsätzliche Gedanken machen.

Die Prozedur selbst, wie das geschehen soll, will ich jetzt nicht weiter groß ausführen. Da ist ein bürokratischer Prozess vorgesehen, mit dem Präsidium ganz oben, einer Steuerungsgruppe, einem Grundsatzprogramm-Rat, einer Verzahnung mit den verschiedenen Parteigliederungen. Inhaltlich gibt das Präsidium Themen vor, die dann von oben irgendwie eingespeist werden. Das ist die eine Säule. Ganz schön kompliziert. Und die andere Säule ist, dass wir ganz viel außerhalb der Partei machen wollen. Und das soll alles auch irgendwie in die Partei eingespeist werden. Wir haben als Grundwertekommission daraus die Konsequenz gezogen, dass wir erst einmal zu den Themen, die wir für wichtig halten, etwas liefern und schon mal «food for thought», wie man so sagt, bieten, damit man darüber diskutieren kann.

Lars Klingbeil hat gerade seine China-Reise sehr gut mit vorzüglichem Echo absolviert. Doch grundsätzlich ist es schon ein Problem, wenn die beiden Parteivorsitzenden zwei wichtige Ämter in der Regierung innehaben. Da geht es eigentlich gar nicht anders, dass die Partei nur als Unterstützerpartei ohne eigenes Gesicht auftritt. Das ist keine Frage, wozu man als Parteivorsitzender intellektuell in der Lage ist, da geht es nicht um personale Kritik, man kann solche verschiedenen Rollen einfach nicht gleichzeitig spielen.

Dabei wird die Partei nur ihrer Aufgabe gerecht, wenn es um mehr geht, als die jeweils aktuelle Regierung zu unterstützen. Ich bin davon überzeugt, die Partei muss in der Öffentlichkeit und bei den Wählern wie eine Bewegung wirken, deren Mitglieder von etwas getrieben sind, was sie besser machen wollen in der Welt. Deren Mitglieder eine Vorstellung davon haben, wie es über die aktuelle Tagespolitik hinaus geht, nicht nur sozusagen als Fan-Club, sondern als eigenständige Gruppe und Organisation. Wenn das nicht gelingt, dann wird die SPD weiter niedergehen. Denn die Wähler der SPD sind nicht die Wähler der CDU, die sich noch nie sehr viel für Inhalte interessiert haben. Die Wähler der SPD dagegen schon. Und die SPD auch.

Das heißt, es ist nicht leicht, in dieser schwierigen Situation wieder hochzukommen, in der die beiden Vorsitzenden in entscheidenden Ämtern der Regierung sind und sich nicht, wie es notwendig wäre, der Partei widmen können. Das kann der Generalsekretär Tim Klüssendorf, so sehr er besten Willens ist und sehr gute Arbeit macht, nicht ersetzen. Seine schwierige Aufgabe ist ja auch, der Partei als lebendiger Organisation Impulse zu geben und diejenigen zu unterstützen, die herumlaufen und ihre Nachbarschaft zu überzeugen versuchen, wen sie wählen sollen.

Wie kann da die SPD ihre Form finden? Das ist nicht leicht. Aber es hilft nicht, herumzumeckern. Man muss immer konstruktive Lösungen finden. Jedenfalls ist das meine Lebensdevise. Und deswegen – und das ist eine wirklich sehr positive Erfahrung seit Matthias Miersch – wird die Grundwertekommission plötzlich für wichtig gehalten. Das war zuvor nicht immer so, ich bin ja seit den 1970er-Jahren in dieser Kommission, zwischendurch einmal herausgeflogen, aber dann wieder hineingeholt. Früher hatte sich mancher aus der Parteiführung nicht gekümmert, es hieß gar einmal, das ist die «Kommission fürs Höhere» – also für das praktisch Unwichtige. Die Parteiführung war so im Alltag der Politik gefangen, dass sie meinte nicht lange nachdenken zu können. Reicht es nicht, wenn sich Politik, von Tag zu Tag gemacht, nur vage auf etwas einstellen muss? Sollte ihr Kompass nicht schön flexibel sein, sodass man immer auf jede Situation reagieren kann? Ich glaube, dass das nicht reicht, um Vertrauen zu gewinnen.

Vielmehr glaube ich, dass Vertrauen nur entsteht, wenn nicht nur die Regierung und die Vertretung im Parlament, sondern auch die Partei auf ihre Umwelt so wirkt, dass die Menschen sagen, ja, diese Partei ist etwas Besonderes. In der Nazizeit, die ich auch nicht erlebt habe, weil ich 1943 geboren bin, aber ich habe es oft berichtet bekommen, war sozusagen das Adjektiv für die Sozialdemokraten: «das sind die anständigen Leute». Da wurden nicht die Grundwerte aufgezählt, aber die Partei hatte eine besondere Qualität, da ist ein Anstand drin, die verraten nicht sofort, die haben ein bisschen Mut in der Politik und so weiter. Das ist so eine ethische Qualität der Einzelnen.

Das brauchen wir auch heute, dass Sozialdemokraten diese Grundwerte Freiheit, Gerechtigkeit und Solidarität ernst nehmen und daraus auch persönlich Konsequenzen ziehen und diese nicht verbiegen. Das ist im Moment auf einem Feld besonders schwer, dem der Migration. Da kann man als Sozialdemokratin kaum hingucken. Die Migrationspolitik ist unsinnig, sie ist unmenschlich, sie wirkt nur zerstörerisch. Wir müssen den Mund halten und diese mitmachen, weil es in der Demokratie auch wichtig ist, dass man diese Koalition nicht dauernd im Streit sehen lässt. Aber das, was Minister Dobrindt macht, ist absolut nicht das, was Sozialdemokraten klugerweise in der Migration machen wollen. Da geht es gar nicht nur um Moral, es geht um Interessen. Und dies alles müssen wir momentan vergessen, um in diese parlamentarische und pluralistische Demokratie Stabilität zu bringen, was nämlich auch ein Wert ist.

III.

Aber die Grundwerte, können sie denn etwas bewirken? Willy Brandt hatte damals 1973 die Grundwertekommission gegründet, weil er sagte, wir brauchen für die neuen Geschehnisse und Umbrüche Wissenschaftler – in jener Zeit meist männliche (ein paar weibliche waren auch schon dabei) –, die aus der Distanz beobachten, gleichsam eine abgesonderte Crew sind. Die z.B. darüber nachdenken, was sind die Konsequenzen ökologischer Grenzen, der Club of Rome wurde damals schon wichtig. Das war der Sinn der Grundwertekommission. Inzwischen glaube ich, müssen wir vor allen Dingen noch sehr viel praktischer werden. Wir schreiben immer Papiere. Ich fürchte, kaum jemand sieht sie an, auch wenn sie leicht zugänglich sind. Ich versuche immer, die Generalsekretäre dazu zu bringen, eine Aufforderung an die Ortsvereine zu schicken, dass sie die Papiere doch lesen sollen, darüber diskutieren sollen. Da ist ja viel Gehirnschmalz drin. Wir besprechen die Themen intensiv. Was bleibt vom Westen zum Beispiel? Nach Afghanistan und noch bis zum Beginn des Ukraine-Kriegs haben wir dieses Thema behandelt. Also was sind die Werte, die wir brauchen? Das ist zum Beispiel zentral bei der wichtigen Friedensdiskussion.

Ich persönlich bin wirklich sehr befreundet mit Ralf Stegner, der jetzt den Erhard-Eppler-Kreis leitet, und habe trotzdem deren Papier nicht unterschrieben. So etwas muss möglich sein, dass man befreundet ist und trotzdem einen Dissens hat. Und der Dissens war nicht einmal so sehr zwischen ihm und mir, sondern zu dem, was teilweise in dem Papier stand. Da wurde suggeriert, eigentlich habe Putin die Ukraine angegriffen, weil er auch ein bisschen provoziert wurde. Nein, Putin hat nicht angegriffen, weil er provoziert wurde. Das kann man faktisch historisch nicht sagen. Da gehört für mich die Frage der Freiheit hinein. Sozialdemokraten müssen sich überlegen, bei allen Schwierigkeiten der Diplomatie und der Ausdifferenziertheit, dass es um die verfassungsmäßige Freiheit einer Demokratie geht. Auch wenn deutlich wurde, dass es viel Korruption gibt in der Ukraine, übrigens in Russland natürlich auch, das ist klar, bei uns ein bisschen weniger, möglicherweise aber nur, weil wir Institutionen und Traditionen haben, die dagegen in Freiheit angehen können.

Also Freiheit ist ein ganz wichtiger Grundwert. Aber Gerechtigkeit eben auch. Und da kommt eine neue Diskussion, die wir auch in Angriff genommen haben. Immer wenn die SPD viele Mitglieder oder Wähler an die AfD verliert, hören wir vor allem aus dem konservativen Lager, die SPD müsste doch alle diese Arbeiter integrieren, letztlich sei es Schuld der SPD, dass die AfD zulegt.

Wir haben in dem Grundsatzprogrammrat zum Eintritt schon überlegt, sind wir eine Klassenpartei, eine Arbeiterpartei, oder sind wir eine Partei der Arbeit, was nicht genau dasselbe ist, sondern da ist Arbeit viel umfassender begriffen. Sind wir eine linke Volkspartei, wie das im Godesberger-Programm naheliegt, oder sind wir eine Partei der sozialen Demokratie? Auch dieser Vorschlag war da. Wir haben dazu jetzt schon mal ein Papier erarbeitet, das wir weiter diskutieren werden. Es soll auch öffentlich klärend wirken, denn da darf man keine falschen Kämpfe kämpfen. Wir sind nicht eine Partei des klassischen Industrieproletariats des 19. Jahrhunderts, weil es das nicht mehr gibt. Wir sind aber eine Partei, wo sehr viele ihr Leben in der Arbeit verbringen. Aber das ist dann auch Pflege, das ist nicht nur das Industrieproletariat. Die Berlin-Brandenburgische Akademie der Wissenschaften und die Leopoldina haben gerade eine Broschüre ausgearbeitet, wo sie sich über die ganz breiten Facetten von Arbeit Gedanken machen. Dazu gehört auch technische Arbeit, und man darf kein schlechtes Gewissen haben, wenn ein Professor in der SPD ist, das gehört auch zur Arbeit. Wir sind eine ausdifferenzierte Gesellschaft und sollten uns nicht einreden lassen, dass nur der oder die eine gute Sozialdemokratin ist, die eine klassische Industriearbeiterin ist.

Uns leiten die Werte, dass ein Leben für alle möglich sein muss, in Freiheit, also selbstbestimmt, in Gerechtigkeit, also nicht, dass die einen am Hungertuche nagen und die anderen wissen gar nicht, wohin mit dem Geld, und in Solidarität, nicht vereinzelt, nicht nur auf sich bezogen, sondern im Verbund mit den anderen, um sich verbindlich für die anderen zu erklären und einzusetzen. Das sind wir.

Auch die Gewerkschaft hat die Aufgabe, sehr unterschiedliche Arbeitstypen zusammenzubringen. Solidarität ist angesichts der verschiedenen Facetten von Arbeit ein wichtiger Punkt. Da werden die Werte wichtig, da muss man gegen die Trägheiten des Herzens angehen und deutlich machen, und zwar auch nicht nur instrumentell, das ist keine wirkliche Solidarität, nur wenn wir zusammenhalten, werden wir politisch stärker als die anderen. Es muss eine Grundüberzeugung geben dafür, dass es solidarisch zugehen muss. Also die ganze Frage der Arbeit ist zentral und wir müssen uns darüber verständigen, dass die Arbeit sich sehr ausdifferenziert, genauso wie die Gesellschaft. Und deswegen müssen wir als eine Partei der Arbeit, um eine linke Volkspartei zu bleiben, diese parallele Entwicklung der Ausdifferenzierung von Gesellschaft und Arbeitsverhältnissen im Blick haben.

Linke Volkspartei heißt nicht, dass wir 50 Prozent Wählerstimmen erhalten, sondern dass die gesamte Gesellschaft adressiert ist und nicht nur die Hotellerie oder ein bestimmter Bauernverband. Die Sozialdemokratie macht Politik für die gesamte Gesellschaft. Das heißt nicht, dass wir die Unternehmer pampern, die schon viel Geld haben, sondern dass wir sie in die Pflicht nehmen, dass sie als Unternehmer für die gesamte Gesellschaft – in der Klimafrage, aber auch in der sozialen Frage – Verantwortung tragen. Das sind sozusagen die Grundausrichtungen der Sozialdemokraten, die von den Schwierigkeiten der Arbeiterklasse ausgegangen war.

IV.

Die SPD musste und wollte sich erweitern. Nun ist es nicht so, dass die SPD Schwierigkeiten hat, sich wiederzufinden, weil sie ihren Job schon erledigt hat, wie Dahrendorf das gesagt hatte. Das stimmt nicht. Wir haben neue Verhältnisse im Arbeitsbereich, die ganz schlimm sind, die ausbeutend und unrechtmäßig sind, wo du keine vernünftigen Tarifverträge hast. Alles das, das geht längst hinter das zurück, was wir schon erreicht hatten.

Ganz zu schweigen von der Ausbeutung, die es in der Welt gibt. Und da kommt ein weiterer schwieriger Punkt. Solidarität, ist das nur die Solidarität in meiner Nachbarschaft? Ist das nur die Solidarität in meinem Land? Oder ist das auch internationale Solidarität? Ich glaube, die Sozialdemokratie ging immer von internationaler Solidarität aus. Nie von nur nationaler. Das, was Mette Frederiksen in Dänemark macht, ist gerade nicht die Tradition der Sozialdemokratie. Auch wenn jetzt viele in der Migrationspolitik meinen, sie macht das genau richtig. Da zeigen sehr viele Beobachtungen, wenn man genauer hinschaut, dass sie die sozialdemokratischen Grundwerte missachtet. Denn die internationale Solidarität ist wichtig. Und zwar nicht nur, und das ist mir auch ein wichtiger Punkt, weil dieser Wert für uns verbindlich ist, sondern auch, weil es in unserem Interesse liegt. Sie ist z.B. die Grundlage für den Frieden.

Ich glaube, unsere Werte kommen in der langen Fluchtlinie mit dem sogenannten wohl verstandenen langfristigen Interesse zusammen. Das kurzfristige Interesse steht oft gegen die Werte. Aber wenn ich mir überlege, dass ich eine Welt will, die nachhaltig friedlich wird, dann ist das eine Welt, in der wir als freie Menschen gleichberechtigt, partnerschaftlich auf Augenhöhe miteinander leben und uns auch füreinander einsetzen, miteinander verpflichtet sind, miteinander verbindlich handeln. Dann ist das ein ganz wichtiger Punkt, den wir durchhalten müssen in unserem Leben, in unserer Lebensweise. Und da können wir jetzt nicht einfach so tun, als würden wir sagen, das ist jetzt erst mal nur wichtig für uns Deutsche. Denn ich meine, die deutsche Volksgemeinschaft war schon mal der Gegenstand von Solidarität. Diese Art von Solidarität, die andere ausschließt, die wollen wir nicht.

Was nicht heißt, dass man das eine gegen das andere ausspielen soll. Zum Beispiel habe ich auch unserer Partei immer wieder vorgeschlagen, dass Kommunen, die die Hauptaufgabe der Integration von Geflüchteten tragen, genauso viel Geld, wie sie bekommen, um Geflüchtete gut aufzunehmen, ihnen Arbeitsmöglichkeiten, Wohnungsmöglichkeiten so was zu bieten, dass sie dieselbe Summe für Vorhaben bekommen müssen, die mit diesen Geflüchteten nichts zu tun haben. Damit es nicht immer wieder emotional heißt, die kriegen alles und wir, wir haben ja auch Arme, die kriegen nichts.

So hätten wir im deutschen Recht von Anfang an das machen können, was wir in anderen Fällen machen, zum Beispiel wenn Kommunen spezielle Inklusionsaufgaben erfüllen, dass sie etwas dazubekommen, wenn sie die Ziele übererfüllen. Genau das könnten wir bei der Migration auch machen.

Damit der Neid, damit der Ärger, damit die Konkurrenz aufhört, Unfrieden zu stiften.

Das heißt, wir sind alle keine Götter. Wir wollen die Werte befolgen. Aber diese Werte müssen auch mit unseren vertretbaren Interessen zusammengehen. Und das gehen sie, wenn wir diese Interessen langfristig sehen. Aus dem vielfältigen Umbruch, von dem jetzt die Rede ist, nehme ich nochmals das sehr schwierige Klimathema. Wir wissen abstrakt, dass die Verteuerung von Produktion durch neue Kriterien und alles Mögliche die Klimafrage für die, die wenig Geld haben, nicht gerade sympathischer macht. Das ist erkennbar. Hier müssen wir Wege finden, dass erstens der Eindruck entsteht, gerade die, die nicht so viel Geld haben, können da mitbestimmen. Aber zweitens auch, dass in der Gesetzgebung gerade auch an sie gedacht wird. Denn langfristig ist es in aller Interesse, wenn nicht Fluten das Ahrtal zerstören und nicht diese schrecklichen Orkane die Inseln in der Karibik zerstören. Sondern, wenn wir uns gemeinsam schützen können vor den wahnsinnigen Ausschlägen des Klimas, die unser Leben zur Hölle machen können.

Deswegen wird von uns Transformation verlangt, was schon heißt, dass unsere Lebensbedingungen und Lebensverhältnisse sich massiv ändern. Dass Gewohnheiten, die wir für normal und gut halten, nicht mehr genügen, um den Herausforderungen gerecht zu werden, dass sie plötzlich abgewertet werden. Und wenn das so ist, dass in einer solchen Transformation sich die Prioritäten stark ändern, dann ist das ohne Rebellion und Widerstand in der Gesellschaft nur zu machen, wenn Menschen vor allem auf der kommunalen Ebene an den politischen Entscheidungen beteiligt werden. Das heißt, wir müssen als Sozialdemokraten unsere repräsentative Demokratie partizipatorisch weiterentwickeln, ohne in Konkurrenz zu ihr zu gehen. Gerade wegen der Umbrüche. Und gerade, um handfest und konkret Freiheit, Gerechtigkeit und Solidarität zu leben und dann auch zu vollziehen.

V.

So, was folgt daraus? Wir können nicht einfach aus der Trias Freiheit, Gerechtigkeit und Solidarität ableiten, dass für die Bundespolitik ABC folgt. So einfach ist es nicht. Aber wir müssen verstehen, dass aus diesen drei Werten, die miteinander zusammenhängen, die man auch nicht einfach separat voneinander betrachten kann, etwa eine Wohnungsbaupolitik der Privatisierung, wie wir sie als Sozialdemokraten in Berlin massiv betrieben haben, ihre großen Haken und Ösen hat. Wir hatten damals viele Defizite im Haushalt und die sozialdemokratische Finanzsenatorin wollte diese Löcher stopfen und griff auf die Reichtümer des kommunalen Wohnungsbaus zurück. Auf diese Weise sind wir sehr in die Klemme geraten durch die Vernichtung von Sozialwohnungen. Daraus müssen wir lernen. Es ist wichtig, ernst zu nehmen, dass Freiheit, Gerechtigkeit und Solidarität in den einzelnen Politikfeldern Bedeutung haben. Dabei ist nie ganz eindeutig, was richtig ist. Da muss man als Mensch, der aktiv in der Politik ist, viel auf seine Kappe nehmen, muss Verantwortung übernehmen. Das muss klar sein. Und ich habe immer großen Respekt vor den politischen Akteuren, die dabei abwägen müssen. Aber die Grundwerte müssen wirklich ernsthaft abgerufen werden.

Damit habe ich als Einstieg in die Debatte ein paar Bilder und Skizzen davon gegeben, was in meiner Sicht wichtig ist, wenn wir über Freiheit, Gerechtigkeit und Solidarität in der Transformation sprechen. Vielen Dank. ■

Thomas Meyer

Was bleibt vom Demokratischen Sozialismus?

Nach 50 Jahren: Der Kern des Projekts Demokratischer Sozialismus bleibt aktuell, nur der Begriff wurde problematisch[1]

Die HDS-Gründung fand im Oktober 1975 statt, ich war unvermeidlich dabei, denn ich hatte die anderen Gründer in die Gustav-Heinemann-Akademie der Friedrich-Ebert-Stiftung in Freudenberg eingeladen, wo wir über alle Voraussetzungen für ein mehrtägiges Treffen verfügten. Nach der Gründung traf sich die HDS dann jahrelang am selben Ort zu ihren Arbeitssitzungen und Konferenzen.

Sehr gelungen finde ich, dass über der Einladung zur heutigen Jubiläumssitzung steht «*Freiheit durch demokratischen Sozialismus*». Viele glauben ja und andere wollen glauben lassen, es gäbe einen prinzipiellen Widerspruch zwischen Freiheit und Sozialismus. Doch der Kern des demokratischen Sozialismus (ich selbst nenne das damit gemeinte Projekt mittlerweile lieber «Soziale Demokratie» aus Gründen, die noch zu erläutern sind), ist und bleibt die Freiheit. Und zwar die Freiheit in ihrem vollwertigen Verständnis, in dem ihre negativen und ihre positiven Bedingungen zusammengehören: einerseits die *negative*, die abwehrende Freiheit, die Freiheit von willkürlichen Eingriffen in die selbstbestimmte Handlungsmacht der Person, zugleich aber ebenso die *positive* Freiheit, die Freiheit als *reale Ermöglichung* selbstbestimmten Handelns durch den garantierten Zugang zu den materiellen Ressourcen, die jede Person für die Realisierung ihrer Entscheidungen braucht. Es geht bei dem Projekt Demokratischer Sozialismus / Soziale Demokratie vor allem anderen um diesen *Zusammenhang von negativer und positiver Freiheit*.

Die umfassende Freiheit in diesem Sinn ist das wesentliche Ziel der sozialen Demokratie bzw. des demokratischen Sozialismus, wie er in der Sozialdemokratie immer verstanden worden ist. Das hatte auch Willy Brandt im Sinn, als er bei seinem Abschied vom Vorsitz der SPD klarstellte: «wenn ich sagen soll, was mir neben dem Frieden das Wichtigste sei, dann lautet meine Antwort: Freiheit.» Wenn im Godesberger Programm von 1959 der Gleichheitsbegriff nicht auftaucht, dann liegt dies am Inhalt des dort präsentierten Begriffs von *Gerechtigkeit*. Eingebracht von der für den Grundwerteteil des Programms verantwortlichen Schülerin des sozialistischen Neukantianers Leonard Nelson und Universitätsprofessorin für Philosophie und Mathematik, Grete Henry-Hermann, enthielt er in seiner Definition als *gleiche Freiheit* das demokratisch-sozialistische Gleichheitsverständnis in einer weniger «verhetzbaren» Version in enger Verschmelzung mit dem Freiheitsbegriff. Dies und einige andere Bestimmungen waren in der verabschiedeten Fassung des Godesber-

1 Überarbeitete und erweiterte Fassung eines Vortrags im Gustav-Stresemann-Institut in Bonn am 18. Oktober 2025 zum 50-jährigen Bestehen der Hochschulinitiative Demokratischer Sozialismus (HDS e. V.).

ger Programms nicht mehr deutlich genug zu erkennen, nachdem sein Vorentwurf wegen seiner Überlänge auf Wunsch des Parteivorstandes von einem Journalisten radikal gekürzt und auf leichtere Lesbarkeit hin umformuliert worden war.

Erst nachdem die demokratische Revolution der DDR 1989 vollzogen und die ehemalige Staatspartei SED durch die in Windeseile vollzogene Änderung ihres Namens in «Partei des Demokratischen Sozialismus» die Spuren ihrer Vergangenheit verwischt und ihr Überleben in der Demokratie damit zu sichern versucht hatte, dass sie sich plötzlich in «Partei des demokratischen Sozialismus» umbenannte, erschien dieser Begriff in Deutschland zweideutig und damit beschädigt. Er war damit für die verhetzende Denunziationen ihrer politischen Gegner auf der Rechten einladend anfällig geworden. In der Grundwertekommission der SPD gewann daraufhin nach schwierigen Diskussionen der Vorschlag Unterstützung, dem Beispiel der SPÖ zu folgen und die notwendige Klarstellung des Unterschieds zwischen der in ihren Absichten noch nicht erkennbaren Post-SED und der Sozialdemokratie durch die Aufwertung des ja ebenfalls in der demokratisch-marxistischen Tradition wurzelnden, aber speziell auf die im Grundgesetz der Bundesrepublik wirksam gewordene Tradition des einflussreichen demokratisch-sozialistischen Theoretikers Hermann Heller geprägten Leitbegriff der «*Sozialen Demokratie*» zu erreichen. Es handelte sich dabei nicht um einen inhaltlichen Richtungswechsel, sondern eine Entscheidung der *strategischen politischen Semantik*, die vermeiden wollte, dass Sozialdemokraten künftig erwartungsgemäß genötigt würden, jedes Mal, wenn ihr Leitbegriff fällt, zunächst lang und breit zu rechtfertigen, was von ihnen alles *nicht damit* gemeint war, bevor sie darlegen können, was sie tatsächlich sagen wollen.

Wenn ich also heute gefragt werde, was bleibt denn nun von der Idee des demokratischen Sozialismus, dann sage ich als Verfechter der Bevorzugung des Leitbegriffs «Sozialen Demokratie»: *Es bleibt inhaltlich alles Wesentliche, außer dem Begriff selbst.* Darüber haben wir damals lange diskutiert. Helga Grebing hat zu guter Letzt einen listigen, aber nicht alle überzeugenden Vorschlag gemacht: Wir mögen, wenn wir unter uns sind, weiterhin «Demokratischer Sozialismus» sagen, aber «nach draußen» doch besser «soziale Demokratie». Das wäre wohl am Ende die schlechteste Lösung gewesen, weil dann natürlich alle, die die Sache verhetzen wollen, sofort sagen konnten: «da sieht man mal, diese Linken müssen sogar verheimlichen, auf was sie eigentlich hinauswollen».

Inhaltlich, im Kern des politischen Projekts bleibt unter dem Leitbegriff «*Soziale Demokratie*» dabei alles Grundlegende gültig, was in der sozialdemokratischen Tradition «demokratischer Sozialismus» hieß. Der Inhalt dieser großen Idee ist ja noch lange nicht abgegolten. Er ist in den wichtigsten Punkten heute eher wieder aktueller geworden, als er es seit den Anfängen des Kapitalismus immer schon war. Und wir haben in der Zwischenzeit, zumal in der neoliberalen Phase, erlebt, wie vieles von dem, was im Namen dieser Idee schon erreicht war, bei passender Gelegenheit dann wieder demontiert worden ist.

Der seinerzeitige FDP-Vordenker Ralf Dahrendorf, dessen Vater im Kampf gegen Hitler als mutiger und geachteter Sozialdemokrat wirkte, dekretierte in einem einflussreichen Aufsatz 1983, das «sozialdemokratische Jahrhundert ist zu Ende». In Deutschland seien alle großen Forderungen der Sozialdemokratie erfüllt und manche sogar im Übermaß, die Sozialdemokratie habe sich folglich überlebt. Der demokratische Sozialismus sterbe ab, er werde nicht mehr gebraucht. Nun sei vielmehr eine neue Epoche des Liberalismus fällig. Er hatte mit dieser Parole bis in die Sozialdemokratie hinein großen Erfolg. Die neoliberale Wende in der Wirtschafts- und Sozialpolitik, die in Europa und anderswo um die Jahrhundertwende folgte, hat dann viele Erfolge der bis dahin erreichten sozialdemokratischen Politik demontiert, abgeschwächt oder gar ins Gegenteil verkehrt. Um die Rekonstruktion des demontierten sozialen Bestandes der Bundesrepublik bemüht sich die SPD bis heute, mangels eigener politischer Mehrheit mit begrenztem Erfolg.

Bei vielem, das da im Bereich der sozialen Sicherung schon abgebaut worden war, geht es mittlerweile darum, zu verteidigen, was noch da ist, und zurückzugewinnen oder neu zu erringen, was verschüttet oder demontiert wurde. Zusätzlich gilt es heute, eine sozialdemokratische Politik der *ökologischen Nachhaltigkeit* zu entwickeln und zu praktizieren, die zugleich auch alle sozialen Anforderungen einer sozialen Demokratie der gleichen Freiheit erfüllt. All dies ging ein in das in dieser Hinsicht fortgeltende Berliner Programm der SPD von 1989. Die HDS hat diese Fragen auf ihren Veranstaltungen kontinuierlich eigenständig erörtert und in ihrer gewichtigen Zeitschrift *perspektivends* viele ihrer Arbeitsergebnisse für die SPD und eine weitere Öffentlichkeit zur Diskussion gestellt. Bei ihren ersten Tagungen vor 50 Jahren in Freudenberg gehörte der spätere Stammautor dieser Zeitschrift, der kürzlich verstorbene Horst Heimann als Inspirator vieler Debatten und diskursiver Vermittler stets zum Kern der Organisation und vieler Debatten. Auch ihm ging es vor allem um die Revitalisierung der «revisionistischen» Tradition der Theorie des demokratischen Sozialismus im Rahmen des viel geschmähten, aber kaum rezipierten «konstruktiven Sozialismus» von Eduard Bernstein, der auch zu den Pionieren des in Deutschland lange unterschätzten *Links-Kantianismus* gehört, der u. a. als eine der theoretischen Grundlagen des Godesberger Programms der SPD gelten kann und als theoretische Grundorientierung viele interessante Überschneidungen mit der politischen Dimension der Kritischen Theorie Habermas'scher Prägung enthält. Das hat für die ernsthaft an einer *Praxis des Demokratischen Sozialismus* interessierte Theoriebildung nichts von seiner Bedeutung verloren.

Bernstein gehört zu den Persönlichkeiten in der Geschichte des Geistes, der politischen Ideen und vor allem des Sozialismus, die am wenigsten gelesen, aber in automatenhafter Routine schon bei der Nennung ihres Namens stets schärfstens kritisiert wurden – je geringer die Lektüre, desto heftiger die Kritik. Beim näheren Hinschauen war indessen mit Händen zu greifen, dass das, was er wirklich getan, gesagt und geschrieben hat, mit der ritualisierten dogmatisch-marxistischen Kritik an ihm fast nichts zu tun hat. Die pauschale Bernstein-Verurteilung, ja geradezu seine Verdammnis hatten sich in einflussreichen linken Milieus zu einem eigenen selbstgenügsamen Erkennungsritual verselbstständigt. Einige Aktive in der HDS, kontinuierlich Horst Heimann und dieser Autor, später dann im selben Geist Klaus-Jürgen Scherer haben daher das «Bernstein-Renaissance»-Projekt durch Buch- und Aufsatzpublikationen sowie Vorträge kontinuierlich gefördert. Nach unserem großen Bernsteinkongress in Freudenberg kurz nach Gründung der HDS wurde die Entdeckung Bernsteines und die Prüfung seiner Kritik an einem dogmatisierten Marxismus Kautsky-Engelsscher Prägung konsequent vor allem in Publikationen und Seminaren mit engagierten Jungsozialisten weitergeführt. Mittlerweile liegt als Ergebnis dieser Arbeit eine ansehnliche Zahl substanzieller Texte vor, die als Bausteine einer an Bernsteins «konstruktiven Sozialismus» orientierten *praxisnahen* Theorie des Demokratischen Sozialismus gelten können. Ihnen liegt die gemeinsame Überzeugung zugrunde, dass eine erfolgreiche sozialistische Praxis ohne eine gute, für Kritik offene Theorie nicht gelingen kann. Der seinerzeit hochgeschätzte sozialdemokratischen SPD-Spitzenpolitiker Ignaz Auer gab Bernstein im Sinne der Parteispitze den freundschaftlichen Rat: «Ede, Du bist ein alter Esel, was Du da machst, das sagt man nicht, das schreibt man nicht, das tut man». Das war freilich der Rat für den Marsch in die Sackgasse. Denn ohne praxisorientierte theoretische Klärung wusste die Partei dann, als sie 1918/19 die politische Macht zum Handeln gewann, gar nicht, was mit der «Vergesellschaftung der Produktionsmittel» eigentlich gemeint war, die sie in ihrem marxistischen Erfurter Programm von 1891 als Schlüssel zur Erfüllung ihrer politischen Versprechen deklariert hatte.

Darum aber genau ging es Bernstein und darum geht es immer noch. Er selbst hat sich deshalb bis zuletzt als «Marxist» verstanden, aber ohne ökonomischen Dogmatismus, ohne historischen Determinismus und offen für die kritische Beobachtung der tatsächlichen Veränderungen des Kapitalismus und deren Konsequenzen für Theorie und Praxis eines demokratischen Sozialismus. Im Grunde hat er eine legitime Lesart des praktisch-strategischen Teils der Marxschen Theorie formuliert, die für Kritik und Weiterentwicklung geöffnet blieb. Er selbst, gegen den in Deutschland infolge des Sozialistengesetzes zwischen 1878 und 1890 ein Haftbefehl vorlag, lebte damals im Exil in London, im steten freundschaftlichen Kontakt mit dem ebenfalls dort sesshaften Friedrich Engels. In London gab es zu dieser Zeit eine sehr interessante und bis heute einflussreiche sozialistische Gruppe mit herausragenden Intellektuellen, die in Deutschland kaum bekannt wurde: die *Fabian Society*. Unter deren Einfluss und ihren wöchentlichen Vorträgen und Diskussionsrunden hat Bernstein jahrelang mit großem Interesse und wachsender Zuneigung gestanden.

Die Fabian Society hat ihren programmatischen Namen nach dem berühmten römischen Feldherrn *Quintus Fabius Maximus*, genannt *Cunctator*, der Zauderer, dessen strategisches Hauptmotto war: *Auf den rechten Augenblick musst du warten können, aber dann entschlossen zugreifen und gut vorbereitet handeln. Nur so wirst Du Deine Ziele erreichen.* Der *sozialistische Reformismus* dieses Ansatzes basierte auf einem historischen Verständnis des Rechtinstituts «*Privateigentum*», vor allem im Hinblick auf das Eigentum an Produktionsmitteln. Im Kern besagt diese Theorie, dass die Bedeutung von «Eigentum» dem historischen Wandel unterliegt und dessen konkreter Inhalt letzten Endes immer eine politische Angelegenheit der jeweiligen politischen Rechtssetzung auf der Grundlage gemachter Erfahrung ist: welche Rechte und Pflichten in Bezug auf das Objekt des «Eigentums» unter jeweils gesellschaftlichen Verhältnissen dem «Eigentümer» zugeschrieben werden, unterliegt dem gesellschaftlichen Wandel und den politischen Machtverhältnissen.

Für die Gegenwart und die sozialistische Bewegung bedeutet dies zu unterscheiden, welches der im gegenwärtigen Kapitalismus gegebenen nahezu unbegrenzten *Verfügungsrechte* des Eigentums über die Produktionsmittel» auf welche gesellschaftlichen oder staatlichen Instanzen bzw. Interessen übertragen werden müssen, um der sozialen Demokratie näher zu kommen. Das ist die eigentliche Schlüsselfrage des reformerischen Sozialismus. Die bloße «revolutionäre Abschaffung» des Privateigentums an den Produktionsmitteln überwindet das Manko des Kapitalismus nicht, weil Ungleichheit und Ausbeutung ebenso gut von anderen Eigentümern verursacht oder sogar noch gesteigert werden können, insbesondere auch vom Staat. Auch eine pauschale Abschaffung der Märkte, um Wirtschaftskrisen zu verhindern, ist ohne Klärung der Frage nach der neuen Struktur der Verfügungsrechte über die Unternehmensentscheidungen kein sicherer Weg zum sozialistischen Ziel, solange ungeklärt bleibt, was genau in den unterschiedlichen wirtschaftlichen Sektoren an ihre Stelle treten kann, wer die maßgeblichen Unternehmensentscheidungen an ihrer Stelle vornehmen darf und welche sozialen Instanzen dabei mit welchen Rechten mitwirken sollen. Bernsteins Vorstellung, dass die Erreichung der sozialistischen Ziele letztlich nur aus einer schrittweisen Demokratisierung der Entscheidungs- und Beteiligungsverhältnisse in allen Bereichen von Wirtschaft und Gesellschaft nach dem «Prinzip der *Genossenschaftlichkeit*» erwartet werden kann, beruht auf dieser Einsicht. «Genossenschaftlichkeit» nicht im Sinne einer bestimmen Organisationsform, sondern als Prinzip der Gewährleistung gleichberechtigter Mitentscheidungsmöglichkeiten und materiellen Teilhabechancen aller Beteiligten im jeweiligen sozialen Handlungsbereich und damit letztlich auch in der Gesellschaft im Ganzen.

Interessant an diesem Konzept ist vor allem, dass es den Hauptpunkt der eigentlich für den demokratischen Sozialismus wesentlich war, nämlich die Frage des Eigentums an Produktionsmitteln, anders behandelte als die marxistische Sozialdemokratie, was im Grunde Marxscher Denkweise näher lag. Das *fabianische* Verständnis des Eigentums an Produktionsmitteln lief wie von selbst auf ein reformerisches Verständnis des Sozialismus hinaus, für das die schrittweise Übertragung des problematischen Teils der Eigentumsrechte auf die jeweils am besten geeigneten gesellschaftlichen Instanzen einen Weg der Demokratisierung ohne Verlust der wirtschaftlichen Funktionstüchtigkeit der Gesamtwirtschaft versprach. Daraus entwickelten sich in der politischen Ökonomie des Demokratischen Sozialismus eine Konzeption des Zusammenwirkens von *paritätischer Mitbestimmung in Betrieb und Unternehmen*, *Tarifautonomie*, *politischer Einbettung der Märkte* und *keynesianischer Globalsteuerung* der Wirtschaft durch den demokratischen Staat anstelle der im dogmatischen Partei-Marxismus bevorzugten Instrumente einer pauschalen Ersetzung der Rechtsform des Privateigentums an Produktionsmitteln durch *Staatseigentum* und *zentralistischer Planung der Gesamtwirtschaft*. Korrekturoffen soll beim reformerischen Weg der wirtschaftlichen Demokratisierung gesamtgesellschaftlich jeweils im Einzelnen geregelt werden, welcher verbleibende Spielraum für die private Verfügung über Produktionsmitteln gesellschaftlich nützlich bleibt und welche anderen, von den Entscheidungen betroffenen gesellschaftlichen Instanzen sinnvoll an der Ausübung der Verfügungsrechte zu beteiligen sind.

Auf dieser Basis hat Bernstein seine differenzierte und praxisfähige Alternative zu dem in der Sozialdemokratie damals geltenden marxistischen Sozialismusverständnis formuliert, gedacht als Anstoß zu einer fälligen Debatte. Stattdessen erfolgte aber sofort die vernichtende Zurückweisung, verbunden mit dem Vorwurf von August Bebel und anderen, das sei ein Verrat an der SPD und damit an der Arbeiterklasse. Für Bebel und Karl Kautsky, dem amtierenden sozialdemokratischen Theoriepapst stand fest: Die Partei verfügt mit dem Marxismus in ihrem politischen Kampf über die Siegesgewissheit eines «wissenschaftlichen Sozialismus», die durch eine solche Ketzerei nur gefährdet werden kann. Das schwäche vor allem das Selbstvertrauen und die Handlungskraft der in der feindseligen bürgerlichen Gesellschaft isolierten, benachteiligten und bekämpften Partei. Statt einer Debatte gab es daher für Bernsteins erstes Buch *Die Voraussetzungen des Sozialismus und die Aufgaben der Sozialdemokratie* von 1899, in dem er auch die empirischen Wirtschaftsprognosen der Krisen- und Verelendungstheorie des Parteimarxismus einer kritischen Prüfung unterzog, heftige Zurückweisung bis hin zur Schmähung. Bernstein war nicht wirklich bewusst, dass der an Friedrich Engels' Lesart orientierte *Parteimarxismus* des Erfurter Programms von 1891 auch noch ganz andere Funktion erfüllen sollte, als aufzuklären, die Welt zu verstehen und zu verändern. Er fungierte vielmehr im psychosozialen Sinne als eine «wissenschaftliche Weltanschauung», die in der sozialdemokratischen Arbeiterklasse ein kollektives Überlegenheitsbewusstsein nach dem Motto schuf und nährte: *Wir sind mit der Geschichte im Bunde. Egal was die Kapitalisten, ihr Staat und seine bürgerlichen Wissenschaftler der Sozialdemokratie und ihren Zielen heute entgegensetzen, Marx hat mit seinem Sozialismus als Wissenschaft bewiesen, dass die Zukunft auf unserer Seite und der Kapitalismus todgeweiht ist. Wir lassen da keine Zweifel in unseren eigenen Reihen zu.*

Diese Blockade ist lange stabil geblieben und der unverzagte Bernstein hat unter dem Missverständnis und dem Stigma des Ketzers sehr gelitten, weil er sich bis ans Ende seines Lebens als treuer Sozialist und als kritischer Marx-Jünger sah, der aber ebenso hartnäckig im Interesse einer realitätstüchtigen Sozialdemokratie erreichen wollte, dass die *empirischen* Aussagen von Marx *empirisch* geprüft und gegebenenfalls revidiert werden: Wachsende Konzentration in der Wirtschaft mit zunehmend sich verschärfenden Krisen bis hin zum Zusammenbruch des Systems? Zunehmende Verelendung der Arbeiterklasse mit wachsender Revolutionsbereitschaft? Wachsende, schärfer werdende Krisen und schwindende Möglichkeiten ihrer Regulierung? Ist das alles der Fall? Wenn nicht, wie entwickeln sich Kapitalismus und Arbeiterklasse tatsächlich und was bedeutet das für den «*Sozialismus und die nächsten Aufgaben der Sozialdemokratie*»? Die Impulse und Einsichten seiner Theorie eines reformerisch-konstruktiven Sozialismus sind dann von anderen sozialistischen Sozialwissenschaftlern weitergeführt worden.

Bernstein hat das eigentliche Ziel des Sozialismus als die umfassende gesellschaftliche und wirtschaftliche Realisierung des Prinzips der Genossenschaftlichkeit, also als umfassende gesellschaftliche und wirtschaftliche Demokratisierung im Rahmen der politischen Demokratie beschrieben. Das Parteiprogramm und die offizielle Rhetorik der SPD hielten indessen unverzagt an der vieldeutigen Pauschalforderung einer «Vergesellschaftung der Produktionsmittel» als ihrem eigentlichen Ziel fest, ohne genau zu klären, was das bedeuten könnte. Man wartete gemäß dem Rat von Friedrich Engels ab, was «die Geschichte» in dieser Hinsicht zu bieten haben würde («revolutionärer Attentismus»). Als der Partei im Laufe der Revolution von 1918/19 dann für einige Zeit auf demokratischem Weg die Staatsmacht zufiel, hatte sie folgerichtig keinerlei Vorstellungen, was zur Einlösung der Zauberformel «Vergesellschaftung» aus ihrem Erfurter Programm von 1891 denn nun praktisch zu tun sei. Die Verlegenheit war groß, man einigte sich schließlich auf die Bildung einer «Sozialisierungskommission». Als diese sehr viel später ihre Ergebnisse vorlegte, war der Partei längst die Macht entglitten. Man versprach aber, in den folgenden Jahren in der neuen Republik auf eine «Wirtschaftsdemokratie» hinzuwirken, was allenfalls in minimalen Ansätzen der Mitbestimmung gelang. Immerhin führten einzelne herausragende sozialdemokratische Autoren und die Gewerkschaften diese «verschenkte» Diskussion in der Folgezeit weiter und legten überzeugende Konzepte für eine praxisfähige politische Ökonomie des Demokratischen Sozialismus und eine funktionsfähige Wirtschaftsdemokratie vor, auf die sich, wie im Folgenden noch gezeigt wird, eine Praxis der Sozialen Demokratie in der Gegenwart stützen kann.

Es ging damals, wie heute ungebrochen um die Verwirklichung der realen Bedingungen für die gleiche Freiheit aller im Bereich der Organisation der gesellschaftlichen Arbeit und der Verteilung des durch sie erzeugten gesellschaftlichen Reichtums – die Gleichheit beim Geben, Haben und Sagen. Demokratischer Sozialismus in diesem Sinne ist also der «Prozess der gesamtgesellschaftlichen Demokratisierung aller öffentlichen Lebensbereiche in den für jeden Bereich angemessenen Formen». Das war Bernsteins Vorstellung und das ist noch immer der Kern der Zielbestimmung des demokratischen Sozialismus bzw. der Sozialen Demokratie in den aktuellen Programmen der Sozialdemokratie. In der Sache hat das auch Willy Brandt stets so formuliert. Seit den 1970er-Jahren und den Veröffentlichungen des *Club of Rom* wird das klassische sozialdemokratische Konzept der gesellschaftlichen und wirtschaftlichen Demokratisierung konkretisiert und erweitert durch neue Erfahrungen, Forschungen und viele Debatten mit dem Ziel der Gewährleistung der ökologischen Nachhaltigkeit. Dies hat auf prinzipieller Ebene in den geltenden Grundsatz- und Aktionsprogrammen der Sozialdemokratie seither einen deutlichen, in der politischen Praxis aber bisher nur einen unzureichenden Niederschlag gefunden. Die Debatte darüber ist naturgemäß infolge immer neuer Erkenntnisfortschritte, Technologien und Erfahrungen nicht abgeschlossen und wohl auch kaum abschließbar. Ähnliches gilt für den universalistischen Sozialstaat der sozialen Demokratie, der allen Teilen der Gesellschaft unter allen Umständen die materiellen Voraussetzungen eines menschenwürdigen Lebens (positive Freiheit) und die Chance zur aktiven Teilhabe am gesellschaftlichen Leben garantiert und infolge des tiefgreifenden Wandels im Arbeitsleben, der Gesundheitsversorgung und der Altersstruktur der Gesellschaft stets wieder neu auf den Prüfstand treten muss.

In die Präzisierung des demokratisch sozialistischen Ziels einer umfassenden gesellschaftlichen und wirtschaftlichen Demokratisierung wurden seit der vertanen Chance der Revolution von 1918/19 von sozialistischen Wissenschaftlern und Intellektuellen in theoretischer und praktisch-konzeptioneller Hinsicht hochinteressante Beiträge vorgelegt, die in Vergessenheit zu geraten drohen und selbst in der sozialdemokratischen Programmatik kaum angemessenen Widerhall gefunden haben. Sie schufen eine gewichtige, wenn auch kaum angemessen gewürdigte praxisnahe konzeptionelle Tradition. Wenn es um die Frage geht, was heute vom Demokratischen Sozialismus bleibt, ist es unerlässlich, wenigstens die wichtigsten dieser Autoren und Etappen dieser Entwicklung in Erinnerung zu rufen. Es wäre ein großer Schritt nach vorn, wenn es der Sozialdemokratie gelänge, an sie aufs Neue anzuknüpfen, und sie den neuen Herausforderungen der Gegenwart entsprechend weiterzuführen.

Der Wirtschaftsexperte des Allgemeinen Deutschen Gewerkschaftsbundes Fritz Naphtali hat schon 1928 sein programmatisches Buch *Wirtschaftsdemokratie. Ihr Wesen, Weg und Ziel* vorgelegt. Darin zeigt er, was es im Einzelnen bedeutet, wenn die verschiedenen betroffenen gesellschaftlichen Gruppen an den wichtigsten wirtschaftlichen Entscheidungen in den Betrieben und Unternehmen auf demokratische Art und Weise systematisch beteiligt werden. Dass dann daraus eine umfassende Wirtschaftsdemokratie entsteht, in der Markt und Plan, Mitbestimmung, Staatseinfluss, gesellschaftlich eingebettetes Privateigentum und unterschiedliche Formen des öffentlichen Eigentums einen Platz haben und produktiv zusammenwirken. Die Idee wird dann zwar in der Weimarer Reichsverfassung erwähnt, ihre Realisierung ist aber in den Krisen dieser unvollständigen Demokratie versäumt worden.

In dieser Tradition steht auch die Kibbuz-Bewegung in den frühen Jahren Israels als dies ein Land mit einem durchaus demokratisch-sozialistischen Anspruch war. Die konzeptionelle Inspiration dazu kam explizit von reformsozialistisch orientierten jüdischen Wissenschaftlern und Intellektuellen wie Eduard Bernstein, Fritz Naphtali und dem Begründer des linken, sozialistischen Zionismus Moses Hess (*Rom und Jerusalem* 1862). Hess hatte in seinem Buch angeregt, einen demokratischen Sozialismus als Wirtschafts- und Gesellschaftsform von unten her neu aufzubauen, wenn die Bedingungen dafür gegeben sind. Dies fand im linken Arbeiterzionismus der frühen Jahre des neu gegründeten Israel hoffnungsvolle Resonanz, ebenso wie das Sozialismusverständnis Bernsteins, mit dem es ja bestens harmonierte. Das hat lange Zeit sehr gut funktioniert und ist von Besuchern aus aller Welt bestaunt und bewundert worden. Unglücklicherweise ist dieser Impuls aber unter dem wachsenden Einfluss ganz anderer zionistischer Strömungen in Israel fast erloschen.

Die für den demokratischen Sozialismus zentrale Idee der Wirtschaftsdemokratie, die ja einen großen Spielraum der praktischen Ausgestaltung lässt, ist in der Zwischenzeit durch eine Reihe gewichtiger wissenschaftlicher Beiträge und weiterer praktischer Experimente bereichert worden. Dazu gehört besonders auch das jugoslawische Modell der Arbeiterselbstverwaltung. Marschall Jossip Tito hatte mit den Erfolgen seiner Partisanenarmee im Kampf gegen die deutsche Wehrmacht dafür gesorgt, dass nicht die Rote Armee und Stalin zu den Befreiern Jugoslawiens wurden, sondern der jugoslawische Widerstand selbst. Da er unter großen Opfern die Hitlerarmee aus dem Land vertrieben hatte, konnten seine Repräsentanten Stalins Herrschaftsansprüche erfolgreich zurückweisen und einen eigenen, vom sowjetischen sehr verschiedenen Weg des Sozialismus einschlagen. Sie haben diese Entscheidung zur Eigenständigkeit durch Rückgriff auf die Entfremdungstheorie der Marxschen Frühschriften und ihr darauf gestütztes Experiment der

Arbeiterselbstverwaltung in einer Marktwirtschaft ohne Privateigentum an Produktionsmitteln und staatliche Zentralplanung theoretisch untermauert und mit großer internationaler Attraktionskraft praktisch demonstriert – und damit einige Jahrzehnte einen beträchtlichen Einfluss auf die Anhänger des Demokratischen Sozialismus in Ost- und Westeuropa ausgeübt. Die in Zagreb erscheinende Theoriezeitschrift *Praxis* und jährliche Tagungen auf der Adriainsel Korcula haben das jugoslawische Modell bis in die 1970er-Jahre hinein zu einem Fokus vieler Debatten über die Zukunft des demokratischen Sozialismus jenseits des Ost-West-Konfliktes werden lassen.

Unter Einbeziehung internationaler Forschungsinstitute sind dabei zwei höchst interessante Erfahrungen zu Protokoll gegeben worden, die von bleibender Bedeutung für das demokratische-sozialistische Konzept der Wirtschaftsdemokratie sind. Eine genauere Analyse der Ursache einer auffallenden Reinvestitionsschwäche vieler selbstverwalteter Unternehmen ließ nämlich deutlich werden, dass eine vollständige Arbeiterselbstverwaltung zu einer Schwächung der Verantwortungsbereitschaft der Unternehmensleitungen führt und die Bereitschaft der Belegschaft zur Reinvestition eines nachhaltigen Teils der erzielten Unternehmensgewinne mit sich bringt. Das führte zu der Schlussfolgerung, dass es sozial und ökonomisch produktiver ist, die *dominante* Kontrolle des Privateigentums über die Produktionsmittel zwar zu überwinden, aber ein ins Gewicht fallendes *Mitentscheidungsrecht für private Investoren* im Interesse der Nachhaltigkeit des Unternehmens zu gewährleisten. In diesem Sinne ist die jugoslawische Erfahrung der Arbeiterselbstverwaltung für die politische Ökonomie des Demokratischen Sozialismus von bleibendem Interesse.

Im Jahr 1968 überraschte der Prager Frühling die Welt. Er weckte in der demokratischen Linken, gerade auch in Deutschland neue Hoffnungen. Es bildete sich eine optimistische linke Stimmung heraus, von der dann etwas später auch die Gründung der HDS inspiriert war. Der demokratische Sozialismus rückte auf der politischen Tagesordnung vielerorts in Europa spürbar nach oben. Im Prager Frühling 1968 gab es neben den wohlbekannten politischen Köpfen wie *Alexander Dubcek* und *Zdenek Mlynar* einige herausragende Wirtschaftswissenschaftler mit praktikablen Vorstellungen für eine sozialistische Marktwirtschaft, die auf den jugoslawischen Erfahrungen aufbauten und mit den einschlägigen westeuropäischen Diskussionen vertraut waren. Maßgeblich waren *Ota Šik* und unser Freund *Jiří Kosta*. Sie entwickelten das Modell der Wirtschaftsdemokratie weiter und begannen, ihre Ideen in die Praxis umzusetzen, als dann sehr schnell die Panzer der «befreundeten sozialistischen Nachbarländer» in ihr Land kamen und allen Hoffnungen ein gewaltsames Ende setzten. Den neu entfachten Impuls, dass eine demokratisch-sozialistische Umgestaltung der Gesellschaft greifbar nahe schien, konnten die Panzer freilich nicht niederwalzen.

Es gab zu dieser Zeit ja auch schon seit Längerem ein anderes attraktives sozialdemokratisches Modell, das schwedische, das von einem sehr interessanten Theoretiker inspiriert und erklärt worden, der international kaum bekannt war: *Gunnar Adler-Karlsson* mit seiner Theorie des *Funktionalen Sozialismus*. Er schloss nahtlos an die von der Fabian Society und Bernstein begründeten Theorie der funktionalen «Vergesellschaftung» des Eigentums an den Produktionsmitteln an und vertiefte sie auf praxisnahe Weise. Er zeigte sehr überzeugend, dass es für die demokratische gesellschaftliche Kontrolle der Produktionsmittel nicht auf die formal-rechtliche Vergesellschaftung ankommt. Sondern auf die effektiv-praktische Kontrolle seiner maßgeblichen Funktionen durch die jeweils am besten dafür geeigneten unterschiedlichen gesellschaftlichen Instanzen: Für Investitionen handelt es sich dabei um den Gesetzgeber, die staatliche Wirtschaftspolitik und die Gewerkschaften durch Mitbestimmung im *Unternehmen*; bei der Regelung der Arbeitsbedingungen um die staatliche Gesetzgebung und die paritätische Mitbestimmung der Arbeitnehmervertreter im *Betrieb*, bei der Verteilung des Unternehmensgewinns um die *staatliche Steuerpolitik* und um die *Tarifautonomie* der Unternehmer- und Gewerkschaftsverbände und bei den Investitionen wiederum um die *Gewerkschaften* in der Unternehmensmitbestimmung und der staatlichen Wirtschaftspolitik. Die gründlichsten, ungebrochen aktuellen akademischen Beiträge zur Fundierung dieses gesamten Themenkreises und der hier geschilderten Position lieferte schon in der Weimarer Republik und dann nach Rückkehr aus dem Exil 1945 an der Hamburger Universität der sozialistische Wirtschafts- und Sozialwissenschaftler *Eduard Heimann*.

Dies sind verschiedene Ideen und Erfahrungen, die alle eine Rolle spielen. Eine programmierte Wirtschaftsdemokratie steht weiterhin weit oben auf der politischen Tagesordnung des Demokratischen Sozialismus. Wie auch immer sie in gegebener Lage konkret verfasst sein wird, eine Schlüsselrolle müssen immer die folgenden Elemente spielen: Lenkung und Steuerung des Wirtschaftsprozesses durch sozialökologisch orientierte Makroökonomie, umfangreiche öffentliche sozialinklusive Güter, an egalitärer Gerechtigkeit orientierte Steuerpolitik, aktuell eine akzentuierte Reichen- und Erbschaftssteuer. Es geht auch darum, die ökologische Dimension in neueren Modellen zu aktualisieren. Staatseigentum jedoch scheint nach aller Erfahrung nur als Übergangslösung in bestimmten Krisensituationen zielführend. Dazu bedarf es auch dauerhaft starker Gewerkschaften sowie ökologisch orientierter Bürgerinitiativen und Parteien. In diesem Sinne ist die Godesberger Formel «der demokratische Sozialismus ist eine dauernde Aufgabe» eine immer aktuelle Erinnerung. Das gilt für die Theorie nicht weniger als für die Praxis.

Abschließend ist hinzuzufügen: Das Wichtigste, das eine Partei des Demokratischen Sozialismus in der gegenwärtigen Mediendemokratie benötigt, wenn sie Mehrheiten überzeugen will, sind mehr noch als gute Programme *repräsentative Persönlichkeiten*, die ihre «Narrative» nicht nur geschickt erzählen können, sondern seinen Geist und seine Grundwerte selbst *verkörpern*. Wenn es daran fehlt, ist nichts zu gewinnen. Verkörpern können sie diese nur, wenn sie davon durchdrungen sind. Dazu muss das sozialdemokratische Narrativ in sich schlüssig, lebendig, überzeugend, in der Öffentlichkeit präsent sein und in der Realisierbarkeit seiner Forderungen naheliegend und machbar erscheinen. Wenn das nicht der Fall ist, dann nützen auch die schönsten Programme nichts. Erhard Eppler hat aus seinen vielfältigen positiven und negativen Erfahrungen mit Parteiprogrammen, ihrer Erstellung und mangelhaften Umsetzung die treffende Konsequenz gezogen, dass der kollektive *Prozess*, in dem das Programm einer Partei entsteht und vermittelt wird, für sein Gelingen in der Praxis noch wichtiger sei als der Text selbst. Das sollte sich vor allem bei denen herumsprechen, die in der Sozialdemokratie wieder einmal den Prozess für ein nächstes Grundsatzprogramm organisieren. ■

Hendrik Küpper

Gespräch mit Horst Heimann (†)

Die Sozialdemokratie muss zum Demokratischen Sozialismus als politische Idee zurückfinden!

Als ich Horst Heimann 2017 das erste Mal während einer Tagung der von ihm 1975 mitgegründeten «Hochschulinitiative Demokratischer Sozialismus» (HDS) in Bad Malente traf, hatte ich von Eduard Bernstein und Jean Jaurès noch nicht viel gelesen. Als junger Student begeisterte mich, mit welcher Leidenschaft Horst dafür plädierte, dass sich die Sozialdemokratie stärker an Bernstein erinnern müsse, um in Anspielung auf Jaurès das Feuer wieder zu entfachen (zur Weitergabe reiche es nicht mehr, da dieses in der SPD erloschen sei) und nicht weiter die Asche anzubeten. Am Abend sprachen wir dann noch länger über Bernstein, die politische Linke und den Demokratischen Sozialismus – er bevorzugte diese Schreibweise, um zu unterstreichen, dass Demokratie und Sozialismus untrennbar zusammengehören. Beeindruckt von der klugen, witzigen, offenen und freundlichen Art sowie von seiner Leidenschaft für Sozialdemokratie, Bernstein und politische Theorie hielten Horst und ich Kontakt und trafen uns seitdem regelmäßig auf Tagungen der HDS, in Berlin oder ich besuchte ihn in seiner Dortmunder Wohnung. Regelmäßig tauschten wir uns über Bernstein, die Sozialdemokratie und den Demokratischen Sozialismus aus. So auch während unseres letzten Treffens am 28.3.2024 in seiner Dortmunder Wohnung, in der dieses Gespräch entstanden ist, das ich mit seiner Erlaubnis aufgezeichnet hatte und das bislang noch nicht veröffentlicht wurde.

Hendrik Küpper: **Lieber Horst, seit ich Dich kenne, bemängelst Du, dass es von den drei politischen Grundströmungen zwar den Liberalismus und den Konservativismus noch gibt, der Sozialismus aber aus der politischen Landschaft verschwunden ist. Was ist denn für Dich eigentlich Sozialismus und warum ist diese Entwicklung aus deiner Sicht so fatal?**

Horst Heimann: Man kann empirisch leicht zeigen, was es bedeutet, dass es den Begriff Sozialismus als politische Bewegung nicht mehr gibt. Alle politischen Parteien bekennen sich zu mehr Gerechtigkeit und zu mehr Gleichheit. Aber seit Ende der 1970er-Jahre steigt die Ungleichheit und die Ungerechtigkeit wird größer, obwohl alle dagegenreden. Und das ist ein Beweis dafür, dass allein der politische Wille, etwas gegen Ungleichheit und Ungerechtigkeit zu tun, nichts bringt. Was die Politik aktiv beeinflussen und verändern kann, das sind politische Ideen. Das haben die Sozialdemokraten leider verlernt. Die sozialdemokratische Partei ist die einzige Partei, die keinerlei Beziehung zu ihrer Geschichte und den ursprünglichen Ideen, mit denen sie angetreten ist, hat. Und mit dieser Idee des Demokratischen Sozialismus in der Tradition von Eduard Bernstein hatte sie zwei Jahrzehnte lang die deutsche Geschichte bestimmt und zum Besseren verändert.

Du hast Eduard Bernstein angesprochen, der ja auch eine Schlüsselfigur der Hochschulinitiative Demokratischer Sozialismus ist. Wie kam es denn damals eigentlich zur Grün-

dung der HDS, bei der Bernsteins Ideen ja auch schon eine zentrale Rolle spielten? Und was war die Motivation und die Intention der Gründung der HDS?

Das Gründungsmotiv war bereits damals das Wegbrechen der Idee des Demokratischen Sozialismus und die Absicht, den Demokratischen Sozialismus als politische Bewegung einer Partei zu retten und politisch wieder wirksam werden zu lassen. Aus heutiger Sicht ist uns das leider nur zum Teil gelungen. Wir können heute sagen, dass es inoffiziell starke demokratisch-sozialistische Kräfte im Sinne von Bernstein zwar gibt. Aber in der offiziellen SPD und in den öffentlichen politischen Diskursen werden diese Ideen rund um Bernstein und den Demokratischen Sozialismus einfach ignoriert oder gar nicht erst zur Kenntnis genommen.

Mit Blick auf die politische Idee des Demokratischen Sozialismus hast du sehr überzeugend schon dargestellt, warum es wichtig ist, dass man sich daran erinnert, wo man herkommt ....

Ja, und besonders wo man hinwill!

Genau, auch die Richtung darf selbstverständlich nicht vergessen werden. Aber welche Rolle spielt aus deiner Sicht denn der Begriff als solcher? Mit Thomas Meyer gibt es ja einen Gründungsvater der HDS, der damals mit Dir auch den Kongress zu Bernstein in den 1970ern mitorganisiert hat, der mittlerweile aber eher den Begriff der Sozialen Demokratie verwendet. Warum kämpfst du so für die Erhaltung des Begriffs und was würdest du Thomas Meyer entgegnen?

Der Begriff *Soziale Demokratie* knüpft nicht an die systemverändernde Zielsetzung des Demokratischen Sozialismus an. Soziale Demokratie ist etwas, was alle Parteien fordern – sogar bis hin zur AfD. Aber was wir brauchen, ist wieder eine Theorie, die die gesellschaftliche Wirklichkeit realistisch analysiert und eine Zielvorstellung formuliert: «Wie muss eine Theorie aussehen, damit sie zur Veränderung und schließlich zur Überwindung des Kapitalismus beitragen kann?» Es ist ja in Wirklichkeit so – das ist meine These –, dass der Marxismus nicht nur zum Totengräber des Kapitalismus geworden ist, sondern auch zum Totengräber des Sozialismus. Es ist tatsächlich dieser revolutionär-marxistischen Theorie zu verdanken, dass die Politik keine wirksamen Maßnahmen gegen den Kapitalismus ergreifen kann. Vielmehr: Die gesamte politische Linke hat fast immer nur Politik gemacht auf der Grundlage dieser marxistischen Theorie, die den Kapitalismus stärkt und den Sozialismus überwindet.

Das ist eine spannende These. Und genau dem hat sich ja auch Eduard Bernstein damals gewidmet, der die Verhältnisse erst mal empirisch in den Blick genommen hat, um dann daraus an Werten orientiert strukturüberwindende Reformen ableiten zu können. Was kann und was sollte man von Bernstein aus deiner Sicht heute noch lernen?

Das Allerwichtigste ist, dass man die angesprochene realistische politische Analyse und empirische Prüfung der gesellschaftlichen Wirklichkeit benötigt. Die Theorie, zu der sich viele der sozialistischen Akademiker bekannten, war – wie bereits ausgeführt – schlichtweg nicht geeignet, den Kapitalismus wenigstens zurückzudrängen, sondern im Gegenteil: Nachdem zwei Jahrzehnte tatsächlich der Demokratische Sozialismus in der Tradition Bernsteins die Mehrheitstheorie der SPD war, ist tatsächlich auch die Gleichheit größer geworden und Ungerechtigkeit geringer, was in der SPD aber ignoriert wird. Bereits Ende der 1970er-Jahre endete diese erfolgreiche Bernsteinphase in der SPD mit dem Sieg des Stamokap-Flügels bei den Jusos. Dieser Sieg des Stamokap-Flügels bei den Jusos ist irgendwie ein für mich unerklärliches Phänomen. Und zwar aus folgendem Grund: Ich kenne alle sogenannten Juso-Fürsten, die damals Stamokaps waren. Aber keiner dieser Juso-Fürsten war persönlich so verblödet, wie er hätte sein müssen, um zu glauben: «Wenn wir jetzt die Wissenschaft des untergehenden Realsozialismus im Sowjetkommunismus zur Theorie der SPD machen, dass wir dann nicht mehr 45,5 Prozent der Wähler gewinnen, wie wir das mit der Theorie des demokratischen Sozialismus geschafft haben. Sondern dass wir dann vielleicht 80 Prozent bekommen.» Keiner hat so einen absoluten Schwachsinn geglaubt. Und ich habe damals in der Diskussion eben auch eingebracht, dass die Linken mit dieser Stamokap-Theorie tatsächlich zurückgefallen sind in das Mittelalter. Für die Jusos vom Stamokap-Flügel galt damals: «Cuius regio, eius religio.» Also was die Herrschaft ist, das ist auch der Glaube. Das habe ich so mal in einer Diskussion bei den Jusos gesagt und wurde dafür bekämpft. Zwar konnte ich im Nachhinein mit damaligen Weggefährten über die Auseinandersetzungen von früher schon lachen, aber in Wirklichkeit war und ist das natürlich nicht zum Lachen. Denn mit dem Sieg der Stamokap-Jusos endete der Theoriebeitrag der SPD für die Überwindung des Kapitalismus.

Du hast gerade schon die Stamokaps angesprochen. Ein ganz prominenter Vertreter war ja auch Olaf Scholz, der neben anderen dafür steht, dass der Begriff des Demokratischen Sozialismus zwar noch im Hamburger Grundsatzprogramm enthalten ist, inhaltlich aber in der praktischen Politik nicht mehr mit Leben und politischem Handeln gefüllt wird. Wie beurteilst Du den Zustand der derzeitigen SPD mit Blick auf ihre Geschichte? Was müsste die SPD ändern, um aus ihrer Existenzkrise, in der sie sich ja befindet, herauszukommen?

Die SPD muss als politische Partei wieder Kontakt finden zu der politischen Idee, von der sie kommt. Und das war der Demokratische Sozialismus. Der demokratische Sozialismus in der Tradition Bernsteins war leider nur für zwei Jahrzehnte die Mehrheitstheorie der SPD. Und zwar seit dem Godesberger Programm 1959, bis in die 1970er-Jahre. Und da hat die SPD tatsächlich einmal die Geschichte, den Ablauf der Gesellschaftspolitik in Deutschland bestimmt. Und zwar so, dass sie erstmalig und letztmalig in der Geschichte des Kapitalismus die Ungleichheit verringern und die Gleichheit vergrößern konnte. Das wollte man damals ändern und hat es auch geschafft: Von 45,5 Prozent auf inzwischen 13 bis 16 Prozent ist die SPD ohne den Demokratischen Sozialismus im Sinne Bernsteins zurückgegangen. Aber darüber denkt in der offiziellen SPD derzeit keiner nach. Und das ist wirklich eine moralische Bankrotterklärung der SPD-Machthaber, nicht der SPD-Mitglieder. Und wenn die SPD da zwischendurch auch mal mit viel Glück einen Olaf Scholz an die Regierung gebracht hat, dann ist das eben auf diese zwei Jahrzehnte Demokratischer Sozialismus als Leitidee zurückzuführen, für die die SPD noch immer bei einigen Menschen einen guten Ruf genießt, wenngleich dieser durch ihre praktische Politik immer weiter Schaden nimmt.

Deine Hoffnung scheint sich auf die SPD-Basis oder auch die Linken in der SPD zu richten. Was würdest du dir von dieser wünschen und wie müssten sie sich gerade organisieren und auch inhaltlich aufstellen, damit sie die SPD wieder zu ihren kapitalismuskritischen und -überwindenden Wurzeln zurückführen können?

Das ist tatsächlich die entscheidende Frage. Man muss auf jeden Fall wissen, dass der Begriff des Demokratischen Sozialismus bereits bei der Verabschiedung des Hamburger Grundsatzprogramms von der SPD-Führung so gut wie gestrichen werden sollte. Dagegen gab es damals noch breiten Widerstand, auch in der Basis. Der Begriff und die Idee müssen verteidigt werden. Leider vergisst aber auch dann die Führung der SPD sehr schnell, was sie da eigentlich verabschiedet hat und was ihre politische Idee ist. Daran muss sie erinnert werden.

Zum Abschluss und mit Blick nach vorne noch mal einen Schritt zurück: Du sagst, dass man zunächst einmal einen Begriff von der Sache benötige, um die Sache selbst irgendwann erreichen zu können. Was lässt sich daraus konkret folgern?

Dass es ein Irrtum der SPD-Akademiker ist, dass politische Meinungsbildung über konkrete politische Forderungen erfolgt. Sondern die Meinungsbildung, die Entscheidung, SPD zu wählen, folgt aus den Ideen, die die Partei anbietet. Das weiß man heutzutage überhaupt nicht mehr in der Partei und ignoriert das einfach, weil man eben gar nicht mehr versteht, welche Bedeutung politische Theorie hat. Das wusste man früher in den 1960er- und 70er-Jahren, das weiß man aber jetzt leider nicht mehr. Man muss also dieses Wissen wieder beleben, den Menschen bekannt machen. Die SPD ist stärkste Partei geworden, nicht durch ihre konkreten guten politischen Forderungen, sondern durch diesen theoretischen, intellektuellen Begriff. ■

Hermann Adam

Orientierungslosigkeit oder Pragmatismus?

Gedanken zur (fehlenden?) Theoriedebatte der Sozialdemokratie

Im August 2019 haben Felix Butzlaff und Robert Pausch in den «Blättern» der SPD eine narrative Leere vorgeworfen. Die Sozialdemokraten wüssten nicht mehr, was sie wollen, und auch nicht mehr, was sie wollen sollen. Früher hätte die Sozialdemokratie ihr Handeln in einen großen Sinnzusammenhang gestellt, jetzt fehle ihr die «große Erzählung».[1]

Hatte die SPD in der Vergangenheit wirklich eine konkrete Idee von der Zukunft der Gesellschaft? Und kann die SPD unter den heutigen politischen und ökonomischen Rahmenbedingungen eine Idee von der Zukunft formulieren? Diesen Fragen soll in diesem Beitrag nachgegangen werden.

Die sozialdemokratische Erzählung im 19. Jahrhundert

Mit einer Erzählung berichten Menschen über ihre Vergangenheit, beschreiben damit ihre Gegenwart und leiten daraus ab,

1 Vgl. Felix Butzlaff, Robert Pausch: «Partei ohne Erzählung: Die Existenzkrise der SPD», in: *Blätter für deutsche und internationale Politik*, Heft 8/2019, S. 81 ff. – Ähnlich der Juso-Vorsitzende Bayerns, Benedict Lang, in einem Interview mit dem *Vorwärts* am 25.7.2025: «Der SPD fehlt die große Erzählung.»

was bleiben und was sich wie verändern soll. Eine Erzählung besteht somit zum einen aus einer Analyse der Gesellschaft. Zum anderen gehört zu einer Erzählung eine Idee, wie eine andere Gesellschaft aussehen soll und wie man zu dieser neuen, besseren Gesellschaft kommt.[2]

In ihren Anfängen basierte die Gesellschaftsanalyse der SPD auf dem marxistischen Ansatz:

> In der heutigen Gesellschaft sind die Arbeitsmittel Monopol der Kapitalistenklasse; die hierdurch bedingte Abhängigkeit der Arbeiterklasse ist die Ursache des Elends und der Knechtschaft in allen Formen.[3]

Das in wenigen Händen konzentrierte Privateigentum an den Produktionsmitteln wurde als Wurzel allen Übels angesehen. Daraus leitete die Partei in ihrem Gothaer Programm von 1875 u.a. folgenden Weg zu einer neuen Gesellschaft ab:

> Die Befreiung der Arbeit erfordert die Verwandlung der Arbeitsmittel in Gemeingut der Gesellschaft und die genossenschaftliche Regelung der Gesamtarbeit mit gemeinnütziger Verwendung und gerechter Verteilung des Arbeitsertrages. ...Die Sozialistische Arbeiterpartei Deutschlands fordert ... die Errichtung von sozialistischen Produktivgenossenschaften mit Staatshilfe unter der demokratischen Kontrolle des arbeitenden Volkes. ...
>
> Die Sozialistische Arbeiterpartei Deutschlands fordert als Grundlagen des Staates
>
> Allgemeines, gleiches, direktes Wahl- und Stimmrecht mit geheimer und obligatorischer Stimmabgabe aller Staatsangehöriger vom 20. Lebensjahr an für alle Wahlen und Abstimmungen in Staat und Gemeinde. ...[4]

Der Kern der Erzählung der SPD im 19. Jahrhundert bestand somit darin, die politische Demokratie – allgemeines, gleiches und direktes Wahlrecht für alle – und die Vergesellschaftung der Produktionsmittel zu fordern. An die Stelle privatwirtschaftlicher, profitorientierter Konzerne sollten gemeinwohlorientierte Genossenschaften treten. Was sich allerdings konkret im alltäglichen Leben für die Arbeiter bei politischer Demokratie und gemeinwohlorientierten Unternehmen ändern sollte, wurde nicht im Detail ausgeführt, sondern blieb ungewiss.

Gesellschaftsanalyse und Zukunftsperspektive von damals liegen nun 150 Jahre zurück. Erfahrungen mit der Demokratie gab es im damaligen Deutschen Kaiserreich nicht. Eine Politikwissenschaft, die die Mechanismen des politischen Machterwerbs, der Machtausübung und der Machtkontrolle in der Demokratie analysiert, war noch nicht etabliert.[5] Eine Soziologie, die sich mit dem Zusammenleben der Menschen in kleinen und großen sozialen Einheiten befasst, befand sich erst in den Anfängen.[6] Damals fehlte ein breites Spektrum sozialwissen-

2 Ebenda.

3 Gothaer Programm der Sozialistischen Arbeiterpartei Deutschlands, beschlossen 1875 in Gotha.

4 Ebenda.

5 Die Politikwissenschaft als eigenständiges akademisches Fach wurde in (West)Deutschland erst nach dem Zweiten Weltkrieg etabliert.

6 Als Begründer der Soziologie in Deutschland gilt Ferdinand Tönnies, dessen Werk *Gemeinschaft und Gesellschaft* 1887 erschienen ist.

schaftlicher Analysen, auf die sich die SPD hätte stützen können. Das erklärt die damalige Orientierung der Partei allein an der marxistischen Gesellschaftsanalyse.

Politische Demokratie in der Weimarer Republik – aber keine Mehrheit für die SPD

Am 19. Januar 1919 fanden in der Weimarer Republik die ersten allgemeinen und gleichen Wahlen zum Reichstag statt. Der Wunsch der SPD, eine politische Demokratie mit einem Parlament, dessen Abgeordnete auch Arbeiter und Frauen gleichberechtigt mitwählen durften, ging in Erfüllung.

Die Erwartung, eine gesetzgeberische Mehrheit im neugebildeten Reichstag zu erringen, erfüllte sich jedoch nicht. Zwar wurde die SPD mit 37,9 Prozent der Stimmen stärkste Partei. Aber eine Alleinregierung und die Verabschiedung von Gesetzen, die Wirtschaft und Gesellschaft nach den Vorstellungen der SPD umgestaltet hätten, war nicht möglich. Selbst wenn sie eine Koalition mit der USPD oder später mit der KPD gebildet hätte[7], wären keine absoluten Mehrheiten erreicht worden.

Bei der zweiten Reichstagswahl am 6. Juni 1920 machte die SPD zum ersten (und nicht zum letzten Mal!) die Erfahrung, was es heißt, eine Koalitionsregierung mit bürgerlichen Parteien einzugehen und Kompromisse schließen zu müssen. Sie verlor einen Teil ihrer Wähler, die sich enttäuscht von ihr abwandten und entweder gar nicht zur Wahl gingen oder für eine Partei links von der SPD stimmten. Zwar gibt es für die damaligen Wahlen noch nicht die heute übliche Wählerwanderungsanalyse. Der Absturz der SPD von 37,6 Prozent (Wahl am 19. Januar 2019) auf 21,9 Prozent (Wahl am 6. Juni 1920) und der gleichzeitige Anstieg der USPD von 7,6 Prozent auf 17,6 Prozent sowie der Einzug der KPD in den Reichstag mit 2,1 Prozent lässt aber vermuten, dass ein Teil der SPD-Wähler von 1919 bei der Wahl 1920 zur USPD übergewechselt ist.

Die SPD zog daraus die Konsequenz, nicht mehr den Kanzler zu stellen und sich bis 1924 auch nicht mehr an allen Regierungen zu beteiligen. Von 1924 bis 1928 trat sie, obwohl stärkste Fraktion, gar nicht mehr in eine Koalition ein, sondern blieb in der Opposition. Sie erholte sich wieder und kletterte bei der Reichstagswahl 1928 auf 29,8 Prozent, ohne damit jedoch an das Ergebnis von 1919 anknüpfen zu können. Von 1928 bis 1930 führte die SPD mit Hermann Müller als Reichskanzler erneut die Weimarer Koalition. Sie zerbrach im März 1930 an der Frage, ob die Beiträge zur Arbeitslosenversicherung, wie die SPD vorschlug, um 0,5 Prozentpunkte erhöht oder stattdessen die Leistungen gekürzt werden sollten, wofür die den Unternehmern nahestehende Deutsche Volkspartei (DVP) plädierte. SPD-Kanzler Hermann Müller wäre bereit gewesen, den Kompromissvorschlag des Vorsitzenden des Zentrums, Heinrich Brüning, zu akzeptieren, die Entscheidung zu vertagen und die Arbeitslosenversicherung vorübergehend aus Steuermitteln zu bezuschussen. Dazu war die SPD-Reichstagsfraktion nicht bereit. Hermann Müller trat deshalb als Reichskanzler zurück, der Reichstag wurde aufgelöst, und es kam am 14. September 1930 zu Neuwahlen.

Das war der Anfang vom Ende der Weimarer Republik. Bei der Neuwahl verlor die

7 Das ist eine rein theoretische Betrachtung, denn die Parteien waren in den 1920er-Jahren hoffnungslos verfeindet.

SPD zehn Sitze und fiel von 29,8 Prozent (1928) auf 24,5 Prozent (1930) zurück. Dafür stieg der Stimmenanteil der NSDAP von 2,6 Prozent auf 18,3 Prozent. Es folgten noch vier Regierungen ohne parlamentarische Mehrheit, die sich auf den Notstandsartikel 48 der Weimarer Verfassung stützen mussten.[8] Das starre Festhalten der SPD-Fraktion an Prinzipien, statt Kompromisse zu schließen, hatte sich für die Demokratie nicht ausgezahlt.

Zwischenfazit: Aus der Opposition heraus ließ sich in der Weimarer Republik keine andere Wirtschafts- und Gesellschaftsordnung schaffen – in einer Koalition mit bürgerlichen Parteien aber auch nicht. Insofern erwies sich die Erzählung, über das allgemeine Wahlrecht und die parlamentarische Demokratie eine neue, bessere Gesellschaft schaffen zu können, als Fehleinschätzung.

Von der Arbeiter- zur Volkspartei, vom Klassenbewusstsein zur Wertegemeinschaft

Verstand sich die SPD im Kaiserreich noch als Arbeiterpartei[9], vollzog sie bereits in der Weimarer Republik ihre Wandlung zur Arbeitnehmerpartei. Das Görlitzer Programm von 1921 beginnt mit den Sätzen:

> Die Sozialdemokratische Partei Deutschlands ist die Partei des arbeitenden Volkes in Stadt und Land. Sie erstrebt die Zusammenfassung aller körperlich und geistig Schaffenden, die auf den Ertrag eigener Arbeit angewiesen sind, zu gemeinsamen Erkenntnissen und Zielen, zur Kampfgemeinschaft für Demokratie und Sozialismus.[10]

Damit wurden nicht nur Angestellte und Beamte als «geistig Schaffende» ausdrücklich als Zielgruppe einbezogen, sondern auch vom marxistischen Bild einer Zwei-Klassen-Gesellschaft Abstand genommen und anerkannt, dass es neben Arbeitern und Kapitalisten auch Mittelschichten gibt und die Gesellschaft hierarchisch aufgebaut ist.

Im SPD-Aktionsprogramm von 1952 wurde den Mittelschichten, die in kleinen und mittleren Betrieben des Handwerks, des Handels, des übrigen Gewerbes und in den freien Berufen selbstständig tätig sind, sogar ein eigener Abschnitt gewidmet und ihre volkswirtschaftliche Bedeutung hervorgehoben.[11] Die Öffnung zur Volkspartei wurde wie folgt bekräftigt:

> Die Sozialdemokratie ist aus der Partei der Arbeiterklasse, als die sie entstand, zur Partei des Volkes geworden. Die Arbeiterschaft bildet dabei den Kern ihrer Mitglieder und Wähler. Der Kampf und die Arbeit der Sozialdemokratie aber liegen im Interesse aller, die … für soziale Gerechtigkeit,

8 Nach Art. 48 der Weimarer Verfassung konnte der Reichspräsident die zur Wiederherstellung der öffentlichen Sicherheit und Ordnung nötigen Maßnahmen ohne Beschluss des Reichstages treffen, erforderlichenfalls mithilfe der bewaffneten Macht einschreiten. Zu diesem Zwecke durfte er Grundrechtsartikel wie die Freiheit der Person, die Unverletzlichkeit der Wohnung, das Briefgeheimnis, die Meinungsfreiheit, die Versammlungsfreiheit und das Eigentumsrecht ganz oder zum Teil außer Kraft setzen.

9 «Diesen Kampf der Arbeiterklasse zu einem bewussten und einheitlichen zu gestalten … ist Aufgabe der Sozialdemokratischen Partei» (Erfurter Programm 1891).

10 Görlitzer Programm von 1921, abgedruckt in: *Programme der deutschen Sozialdemokratie*, Hannover 1963, S. 83.

11 Aktionsprogramm der Sozialdemokratischen Partei Deutschlands vom 28. September 1952, abgedruckt in: *Programme der deutschen Sozialdemokratie*, Hannover 1963, S. 149.

> für politische und wirtschaftliche Demokratie, für geistige Freiheit und Toleranz ... eintreten.[12]

Vollendet wurde der Schwenk zur Volkspartei mit dem Godesberger Programm von 1959. Darin bezeichnete sich die SPD als eine «Gemeinschaft von Menschen, die aus verschiedenen Glaubens- und Denkrichtungen kommen. Ihre Übereinstimmung beruht auf gemeinsamen sittlichen Grundwerten und gleichen politischen Zielen.»[13] Damit wurde im Parteiprogramm die Pluralität der Begründungen sozialdemokratischer Politik verankert, die Kurt Schumacher, der erste Vorsitzende der SPD nach dem Zweiten Weltkrieg, bereits in seiner ersten großen Rede am 6. Mai 1945 verkündet hatte. Für ihn waren das Kommunistische Manifest, die Bergpredigt und humanistische Ideen gleichermaßen legitim, um daraus sozialdemokratische Positionen abzuleiten.[14]

Der Schritt zur Volkspartei, einer Wertegemeinschaft mit gleichen politischen Zielen, ging mit einer weiteren Abkehr vom marxistischen Gesellschaftsbild einher. Weder im Vorwort von Kurt Schumacher, noch im umfangreichen Aktionsprogramm von 1952 tauchte der Begriff der «Lohnabhängigkeit» auf. Zwar beschreibt «Lohnabhängigkeit» zutreffend den Zwang, für Lohn oder Gehalt arbeiten zu müssen, um seinen Lebensunterhalt bestreiten zu können. Doch diesem Zwang, viele Jahre im Leben arbeiten zu müssen, unterliegen – von ganz wenigen Ausnahmen abgesehen – fast alle Menschen. Er wird bei einer Vergesellschaftung der Produktionsmittel nicht beseitigt. Denn Maschinen allein, selbst wenn sie der Gesellschaft gehören, erwirtschaften kein Sozialprodukt. Nur Arbeit schafft Werte und Wohlstand.

Zwischenfazit: Die marxistische Vision einer Gesellschaft, in der es keine Lohnabhängigkeit mehr gibt und alle Menschen sich aussuchen können, *ob* sie arbeiten und *was* sie arbeiten, ist zwar faszinierend: Jeder soll nur das arbeiten, was ihm Spaß macht, und trotzdem sollen alle ihre Bedürfnisse befriedigen können. Doch dieser Endzustand der kommunistischen Gesellschaft[15], in der Milch und Honig fließen und in der die Menschen von jedweden Zwängen befreit sind, ist eine Utopie.

Freiheit, einer der drei Grundwerte der SPD, kann also nicht bedeuten, dass die Menschen nicht mehr ihren Lebensunterhalt durch Arbeit verdienen müssen, also nicht lohnabhängig sind. Insofern ist niemand, abgesehen von einigen Wenigen, die von den Erträgen ihres Vermögens leben können, völlig frei, sondern fast alle sind zur Arbeit gezwungen.

12 Aktionsprogramm von 1952, a. a. O., S. 126.

13 Godesberger Programm der SPD von 1959, abgedruckt in: *Programme der deutschen Sozialdemokratie*, Hannover 1963, S. 187.

14 Siehe Bernd Faulenbach: *Zu Leben und Wirken Kurt Schumachers*, library.fes.de: https://is.gd/I9BO2R (zuletzt aufgerufen am 20.7.2025).

15 Marx beschrieb die kommunistische Gesellschaft wie folgt: «... während in der kommunistischen Gesellschaft, wo Jeder nicht einen ausschließlichen Kreis der Tätigkeit hat, sondern sich in jedem beliebigen Zweig ausbilden kann, die Gesellschaft die allgemeine Produktion regelt und mir eben dadurch möglich macht, heute dies, morgen jenes zu tun, morgens zu jagen, nachmittags zu fischen, abends Viehzucht zu treiben, nach dem Essen zu kritisieren, wie ich gerade Lust habe, ohne je Jäger, Fischer, Hirt oder Kritiker zu werden.» Quelle: Institut für Marxismus-Leninismus beim ZK der SED (Hg.): Karl Marx, Friedrich Engels, Band 3: *Die deutsche Ideologie*, Berlin (Ost) 1978, S. 33.

Die Erzählung in der expansiven Wachstumsphase der Nachkriegszeit

Nach dem Zweiten Weltkrieg akzeptierte die SPD grundsätzlich die Marktwirtschaft. Bereits im Aktionsprogramm von 1952 findet sich der Satz: «Wettbewerb so weit wie möglich, Planung so weit wie möglich.»[16] Eine Vergesellschaftung der Produktionsmittel wurde nur noch für die Grundstoffwirtschaft (Kohle, Eisen, Stahl und Energie) als sinnvoll erachtet.[17] Das Ziel einer klassenlosen Gesellschaft, noch im Erfurter Programm von 1891 und im Heidelberger Programm von 1925 enthalten[18], wurde fallengelassen, auch eine Angleichung der Einkommen abgelehnt.[19] Stattdessen heißt es: «Höhere Leistung soll durch höheres Einkommen anerkannt werden» und der Grundsatz «Gleicher Start für alle» sollte die Verteilungspolitik der SPD kennzeichnen.[20]

Soziale Gerechtigkeit bedeutet seitdem im Verständnis der SPD nicht mehr die Überwindung sozialer Ungleichheit an sich. Vielmehr geht es um die Kombination von Leistungsgerechtigkeit und Chancengerechtigkeit.[21] Nicht die klassenlose Gesellschaft mit egalitärer Einkommens- und Vermögensverteilung ist das Ziel. Vielmehr werden Unterschiede der Einkommen und der Vermögen als gerechtfertigt angesehen, wenn sie auf eigener Leistung beruhen und alle die gleichen Chancen haben, diese Leistung zu erbringen.

Vollbeschäftigung und ein höherer Lebensstandard für alle (!) stellten sich aber in den Folgejahren auch unter der CDU-Regierung ein, ohne dass die von der SPD ursprünglich geforderten Maßnahmen wie Überführung der Grundstoffwirtschaft in Gemeineigentum oder «die Neuordnung des Wirtschaftsablaufs durch Verbindung von volkswirtschaftlicher Planung und einzelwirtschaftlichem Wettbewerb»[22] umgesetzt wurden. 1960 waren die durchschnittlichen realen Nettoeinkommen der Arbeitnehmer im Vergleich zu 1950 um fast 70 Prozent höher, zudem war mit einer Arbeitslosenquote von 1,3 Prozent Vollbeschäftigung erreicht (1961 sank die Arbeitslosenquote sogar auf 0,8 Prozent).

Als es 1966 in der alten Bundesrepublik zur ersten kleinen Rezession kam, stürzte die CDU/CSU-FDP-Koalition unter Kanzler Ludwig Erhard über Differenzen in der Haushaltspolitik, und die SPD trat in die erste Große Koalition unter Kanzler Kurt Georg Kiesinger (CDU) ein. Die Vorstellungen der SPD von einer aktiven staatlichen Konjunktursteuerung wurden im Gesetz zur Förderung der Stabilität und des Wachstums der Wirtschaft[23] verankert und dann auch von Wirtschaftsminister Karl Schiller (SPD) und Finanzminister Franz Josef Strauß (CSU) erfolgreich umgesetzt.

16 Aktionsprogramm von 1952, a. a. O., S, 142.

17 Ebenda, S. 147.

18 Ebenda, S. 79 und S. 93.

19 Ebenda, S. 145.

20 Aktionsprogramm von 1952, a. a. O. S. 145.

21 Ausführlich zu den unterschiedlichen Verständnissen von sozialer Gerechtigkeit der langjährige wissenschaftliche Mitarbeiter der SPD-Bundestagsfraktion Thomas Ebert: *Soziale Gerechtigkeit. Ideen – Geschichte – Kontroversen, Schriftenreihe der Bundeszentrale für politische Bildung*, Band 1571, 2. Aufl., Bonn 2015.

22 Aktionsprogramm von 1952, a. a. O., S. 145.

23 BGBl. Nr. 32/13. Juni 1967, S. 582ff.

1969 wurde die Vollbeschäftigung mit einer Arbeitslosenquote von nur 0,9 Prozent wieder erreicht. Die Nettorealeinkommen der Arbeitnehmer stiegen von 1969 bis 1972 um mehr als 33 Prozent. Dazu erklärte die SPD in ihrem Programm zur Bundestagswahl 1972:

> Grundlage dieser wirtschaftlichen Entwicklung war und ist die marktwirtschaftliche Ordnung, zu ihr bekennen wir uns. Dazu gehört die Tarifautonomie ebenso wie die Freiheit der Unternehmer am Markt. Diese Ordnung wollen wir stärken und ausbauen.[24]

Wahlerfolge und -niederlagen haben bekanntlich immer mehrere Ursachen und können nicht monokausal erklärt werden. Die Person Willy Brandts und seine Ostpolitik haben bei der Bundestagswahl 1972 mit Sicherheit eine wichtige Rolle für das gute Abschneiden der SPD gespielt. Gleichwohl sollte es allen, die von der SPD eine kritische Distanz gegenüber dem Kapitalismus fordern, zu denken geben: Das historisch beste Ergebnis bei Bundestagswahlen hat die SPD 1972 mit 45,8 Prozent erzielt, als sie in ihrem Programm ohne Wenn und Aber ein Bekenntnis zur Marktwirtschaft und zum freien Unternehmertum ablegte!

In der Anfangsphase der 1969 beginnenden sozialliberalen Koalition herrschte die Auffassung, mit antizyklischer Finanzpolitik die Wirtschaft krisenfrei steuern, Arbeitslosigkeit vermeiden und ständigen Wohlstandszuwachs für alle sichern zu können.[25] Hohe Wachstumsraten brachten zudem steigende Steuereinnahmen, mit denen auch expansive sozialpolitische Maßnahmen wie z.B. 1972 die Einführung der sehr populären flexiblen Altersgrenze finanziert werden konnten. Sie ermöglichte damals schon nach 35 Versicherungsjahren den Renteneintritt ab dem 63. Lebensjahr ohne Abschläge.[26]

Doch der Glaube, mit Hilfe antizyklischer Finanzpolitik und Strukturkeynesianismus[27] eine krisenfreie Wirtschaftsentwicklung sichern zu können, erwies sich als Illusion. Ende 1973 – Willy Brandt hatte nach seinem triumphalen Wahlsieg 1972 gerade das erste Jahr seiner zweiten Amtszeit als Kanzler hinter sich – drosselten die OPEC-Staaten ihre Öllieferungen, um Druck auf die Länder auszuüben, die Israel im Jom-Kippur-Krieg unterstützten. Binnen Kurzem vervierfachte sich der Ölpreis. Das löste in den westlichen Industriestaaten, die stark von Ölimporten abhingen, so auch in der alten Bundesrepublik, eine Rezession aus.[28]

24 Wahlprogramm der SPD. Mit Willy Brandt für Frieden, Sicherheit und eine bessere Qualität des Lebens, beschlossen vom Außerordentlichen Parteitag, Dortmund, 13. Oktober 1972, Broschüre, S. 22.

25 Vgl. Günther Schmid: «Der kurze Traum der Vollbeschäftigung. Was lehren 55 Jahre deutsche Arbeitsmarkt- und Beschäftigungspolitik», in: Manfred G. Schmidt, Reimut Zohlnhöfer (Hg.): *Regieren in der Bundesrepublik Deutschland. Innen- und Außenpolitik seit 1949,* Wiesbaden 2006, S. 177ff. – Burkhart Lutz: *Der kurze Traum immerwährender Prosperität. Eine Neuinterpretation der industriell-kapitalistischen Entwicklung im Europa des 20. Jahrhunderts,* Frankfurt a.M. / New York 1989.

26 Derzeit müssen für eine vorzeitige Rente ohne Abschläge 45 Versicherungsjahre erreicht sein. Außerdem gilt dies 2025 nur für Versicherte ab einem Alter von 64 Jahren und zwei Monaten, d.h. für Personen bis zum Geburtsjahrgang 1961. Denn die Regelaltersgrenze, ab der keine Abschläge in Kauf genommen werden müssen, lag 2025 bei 66 Jahren + 2 Monaten, galt also bis zum Geburtsjahrgang 1959.

27 Mit Strukturkeynesianismus bezeichnet man ein schuldenfinanzierte, auf mehrere Jahre ausgerichtetes, schuldenfinanziertes staatliches Ausgabenprogramm, das gleichzeitig strukturpolitische Ziele verfolgt.

28 Vgl. Hermann Adam: «Zwischen ökonomischen Zwängen und Systemveränderungswünschen. Sozialdemokratische Wirtschafts- und Finanzpolitik von 1966 bis 1982», in: *perspektivends,* Heft 1/2019, S. 119.

Seitdem gab es immer wieder von exogenen Schocks ausgelöste kleinere und größere Wirtschaftskrisen, ohne dass die Politik dafür verantwortlich war: die zweite Ölkrise 1981/82, das Platzen der Dotcom-Blase im Jahr 2000, die Finanzmarktkrise 2007/08, die Eurokrise 2010/11, die Flüchtlingskrise 2015/16, die Coronapandemie 2020/21, die wirtschaftlichen Auswirkungen des russischen Angriffskrieges auf die Ukraine und derzeit die Folgen der Zoll-Politik von US-Präsident Trump. Jedes Mal kam es zu Wachstumseinbußen mit Arbeitsplatzverlusten. Gleichzeitig verschlechterten sich die Finanzierungsspielräume für Sozialpolitik, weil bei sinkendem Bruttoinlandsprodukt und höherer Arbeitslosigkeit auch die Einnahmen aus Steuern und Sozialversicherungsbeiträgen wegbrechen.

Die Steuerungsmöglichkeiten der Politik sind also begrenzt. Auch wenn das Wirtschaftsgeschehen nicht allein dem Markt überlassen wird, sondern der Staat mit modernen wirtschaftspolitischen Instrumenten lenkend und korrigierend eingreift, lassen sich Wirtschaftskrisen und Wachstumseinbrüche nicht vermeiden.[29] Hinzu kommen ständige technische Innovationen, die immer wieder zum Niedergang ganzer Branchen führen, dafür aber neue Wirtschaftszweige entstehen lassen.[30] Auch die weltwirtschaftlichen Rahmenbedingungen können sich ändern und das Wachstum der stark vom Export abhängigen deutschen Wirtschaft erheblich beeinträchtigen, ohne dass letztlich die Politik dafür verantwortlich ist.

Zwischenfazit: Auch die Erzählung der SPD, eine krisenfreie Entwicklung der Wirtschaft garantieren und einen ständigen materiellen Wohlstandszuwachs für alle sichern zu können, erwies sich als unerfüllbarer Traum.

Gemeinwirtschaftliche Unternehmen – Ernüchterung in den 1980er-Jahren

Allein die Erfahrungen der 1970er-Jahre, die gezeigt haben, dass der Handlungs- und Gestaltungsspielraum der Politik begrenzt ist[31], hätte die SPD nachdenklich stimmen müssen. Die 1980er-Jahre brachten für SPD und Gewerkschaften und ihrer «Erzählung» einen weiteren herben Rückschlag.

Als Antwort auf die Frage, welche Wirtschafts- und Gesellschaftsordnung der SPD vorschwebt, konnte in der Nachkriegszeit auf die gemeinwirtschaftlichen Unternehmen der Gewerkschaften verwiesen werden. Alle, die damals einen SPD-Parteitag oder einen Gewerkschaftskongress besuchten, konnten die Informations- und Werbestände der gewerkschaftseigenen Unternehmen im Foyer des Veranstaltungssaales bewundern. Mit der Bank für Gemeinwirtschaft (BfG), der Volksfürsorge Versicherung und der Wohnungsbaugesellschaft

29 Planwirtschaften sind ebenso wenig krisenfrei! Sie sind in aller Regel eine dauerhafte Mangelwirtschaft. Die Versorgung mit Gütern ist unzureichend, und da die Preise staatlich festgelegt sind und deshalb ihre Funktion als Knappheitsindikator nicht erfüllen können, ist Mangel ein Dauerproblem.

30 Dazu näher Hermann Adam: «Ökonomischer Strukturwandel. Herausforderung für Politik und Gesellschaft», in: *perspektivends*, Heft 1/2025, S. 35ff.

31 Siehe dazu Hermann Adam: «Zwischen ökonomischen Zwängen und Systemveränderungswünschen. Sozialdemokratische Wirtschafts- und Finanzpolitik von 1966 bis 1982», in: *perspektivends*, Heft 1/2019, S. 107ff. sowie Ders.: «Grenzen der Umverteilung im föderalen Sechs-Parteien-Staat», in: *Wirtschaftsdienst*, Heft 4/2020, S. 250ff.

Neue Heimat (NH), um nur die wichtigsten zu nennen, wollten die Gewerkschaften demonstrieren, wie Unternehmen nicht Profitmaximierung für ihre Eigentümer betreiben müssen, sondern im Interesse des Gemeinwohls handeln können. Sie galten als wesentliches Element einer gemischten Wirtschaftsordnung, die Gewerkschaften und SPD anstrebten.

Unbestritten ist: Diese Unternehmen haben für die Arbeiterbewegung wichtige Leistungen erbracht[32]:

- Eine Gewerkschaftsbank war notwendig, um die Mitgliedsbeiträge «parken» und bei Streiks jederzeit darauf zurückgreifen zu können. Damit die Gewerkschaftsbank bei langen Streiks nicht illiquide wurde, musste sie allerdings ihre Geschäftstätigkeit auf weitere Felder ausweiten (heute Diversifikation genannt) und konnte nicht allein als Hausbank der Gewerkschaften fungieren.[33]
- Die Volksfürsorge war lange Zeit die einzige Versicherung, die auch kleine Verträge über geringe Summen abschloss. Den großen privaten Versicherungen war das millionenfache Kleingeschäft nicht ertragreich genug. So konnten sich schon in der Weimarer Republik – die Volksfürsorge wurde 1913 gegründet – auch viele Geringverdiener gegen die Lebensrisiken in gewissem Umfang absichern.
- Der schnelle Wiederaufbau von Wohnungen in der Nachkriegszeit wäre ohne die Neue Heimat der Gewerkschaften nicht gelungen. Allein die Neue Heimat hat von 1950 bis 1982 mehr als 460.000 Wohnungen in der alten Bundesrepublik errichtet.[34]

Was «Gemeinwirtschaftlichkeit» letztlich bedeutete, wurde trotz einiger theoretischer Abhandlungen[35] nicht so recht klar. Der den Gewerkschaften und der SPD nahestehende Kölner Sozialpolitik-Professor Theo Thiemeyer schrieb dazu: «Es zeigt sich, daß ... ‹Gemeinwirtschaftlichkeit› ein Begriff ohne konkreten, bestimmten Inhalt ist, eine Leerformel also ...Und nichts schließt aus, daß sich hinter der Behauptung, man handele ‹gemeinnützig›, ein recht handfestes privatwirtschaftliches Interesse verbirgt, sich die Rede von der ‹Gemeinnützigkeit› also als eine Interessenideologie enthüllt.»[36] Gewiss: Die Gewerkschaften als Eigentümer verzichteten auf die maximale Verzinsung ihres eingesetzten Kapitals und gaben sich mit einer Rendite von vier Prozent zufrieden. Der Rest des Gewinns musste wieder für gemeinwirtschaftliche Zwecke re-investiert werden. Die Re-Investition der Gewinne ist allerdings kein Spezifikum gemeinwirtschaftlicher Unternehmen. Auch private kapitalistische Unternehmen verwenden den überwiegenden Teil ihrer Gewinne (nach Ausschüttung der Dividenden an die Aktionäre) für Investitionen und nicht zur Finanzierung eines Luxuslebens ihrer Eigentümer oder Manager.

32 Vgl. zum Folgenden Kurt Hirche: *Die Wirtschaftsunternehmen der Gewerkschaften*, Düsseldorf/Wien 1966

33 Vgl. Achim von Loesch, Renate Beck: *Materialien Gemeinwirtschaft. Fragen und Antworten*, Frankfurt a. M. 1976 (Hg.: Bank für Gemeinwirtschaft), S. 96.

34 Vgl. Hilde Strobl: «Hohe Häuser, lange Schatten. Die Bauten des Gewerkschaftsunternehmens Neue Heimat», in: Andres Lepik, Hilde Strobl (Hg.): *Die Neue Heimat (1950–1982). Eine sozialdemokratische Utopie und ihre Bauten*, München 2019, S. 9.

35 Vgl. z. B. Achim von Loesch: *Die gemeinwirtschaftliche Unternehmung*, Köln 1977.

36 Theo Thiemeyer: «Zur Theorie der Gemeinwirtschaft in den Wirtschaftswissenschaften», in: *Gewerkschaftliche Monatshefte*, Heft 3/1972, S. 131.

Die Gewerkschaftsmitglieder erwarteten, dass die Produkte der gemeinwirtschaftlichen Unternehmen, sprich die Guthabenzinsen der BfG, die Prämien der Volksfürsorge und die Mieten der Neuen Heimat, günstiger waren als die der privatwirtschaftlichen Konkurrenten. Doch diese Erwartung konnte nicht erfüllt werden. Bessere Arbeitsbedingungen für die Beschäftigten einerseits – es galten für die Beschäftigten der gemeinwirtschaftlichen Unternehmen Haustarifverträge mit günstigeren Regelungen – und gleichzeitig preisgünstigere Produkte – das wäre einer Quadratur des Zirkels gleichgekommen.

Das böse Erwachen kam, als der Spiegel Anfang 1982 die persönliche Bereicherung des Vorstandsvorsitzenden der Neuen Heimat, Albert Vietor, aufdeckte.[37] Die falsche Einschätzung des Wohnungsmarktes, die zum Konkurs der Neuen Heimat führte, riss den gesamten gemeinwirtschaftlichen Komplex in den Untergang. Daraus sollte ein für alle Mal die ehrliche Schlussfolgerung gezogen werden:

- Sozialdemokraten oder Gewerkschafter sind nicht die besseren Manager. Sie können genauso wie private CEOs den Markt falsch einschätzen, Fehlentscheidungen treffen und ein Unternehmen in den Konkurs führen – mit all den negativen Folgen für die Arbeitnehmer und die betroffene Region.[38]
- Sozialdemokraten sind auch nicht die besseren Menschen mit einer höheren Moral. Manche unterliegen genauso wie andere der Versuchung, den eigenen materiellen Vorteil über das Gemeinwohl zu stellen.
- Ökonomische Zwänge lassen sich nicht außer Kraft setzen. Es ist unmöglich, zu höheren Kosten (= zu höheren Löhnen und Gehältern) zu produzieren und gleichzeitig zu niedrigeren Preisen zu verkaufen.

Zwischenfazit: Weder die Vergesellschaftung der Produktionsmittel noch sog. «gemeinwirtschaftliche, nicht-profitorientierte Unternehmen», die von Gewerkschaftern und Sozialdemokraten geführt wurden, haben sich in der Praxis als brauchbare Alternative zum eingehegten Kapitalismus erwiesen – von den Planwirtschaften des Realsozialismus ganz zu schweigen. Was die Sozialdemokraten früher als konkretes, d.h. realisierbares Wirtschafts- und Gesellschaftsmodell ansahen, hat sich als Schimäre erwiesen.

Neue Gesellschaft – alte Erzählung

In den 1980er-Jahren endete die expansive Wachstumsphase, und die Wirtschafts- und Erwerbstätigenstruktur änderte sich grund-

37 Vgl. «Gut getarnt im Dickicht der Firmen. Neue Heimat: Die dunklen Geschäfte von Vietor und Genossen», in: *Der Spiegel* Nr. 6/1982, spiegel.de: https://is.gd/UxJSe9 (zuletzt abgerufen am 10.06.2024). Ausführlich dazu Peter Kramper: «Das Ende der Gemeinwirtschaft. Krisen und Skandale gewerkschaftseigener Unternehmen in den 1980er-Jahren», in: *Archiv für Sozialgeschichte* 52 (2012), S. 116ff.

38 Auch die Geschichte der staatlichen Westdeutschen Landesbank ist kein Ruhmesblatt. Sie hat u.a. in größerem Umfang strukturierte Papiere gekauft, die in der Finanzmarktkrise wertlos wurden und sich Anfang der 2010er-Jahre an Cum-Ex-Geschäften beteiligt, die den Fiskus viele Mrd. Euro Steuerverlust kosteten. Johannes Rau (SPD) hatte als Ministerpräsident von Nordrhein-Westfalen ein enges Verhältnis zum langjährigen Vorstandsvorsitzenden der WestLB, Friedel Neuber, der auf Landesebene Karriere in der SPD gemacht hatte und von 1981 bis 2001 Vorstandsvorsitzender der WestLB war. Siehe *WestLB. Eine Geschichte von Skandalen*, finanzwende.de: https://is.gd/QZhvwV.

legend. Der Anteil der Industrie an der gesamtwirtschaftlichen Wertschöpfung sank, dafür gewann der Dienstleistungssektor immer mehr an Bedeutung. Gleichzeitig ging der Anteil der Arbeiter an den Erwerbstätigen immer weiter zurück, parallel dazu wuchs vor allem der Anteil der Angestellten. Das hatte gravierende Folgen für die Gesellschaft und nicht zuletzt für die SPD.

Arbeiter haben ein dichotomisches Gesellschaftsbild: «Die da oben, wir hier unten». Eine Verbesserung ihrer sozialen Lage ist für sie nicht durch einen individuellen sozialen Aufstieg möglich, sondern nur durch geschlossenes Auftreten gegenüber den Arbeitgebern, mit dem verbesserte Arbeits- und Lebensbedingungen für die gesamte Arbeiterklasse durchgesetzt werden können. Nicht Wettbewerb untereinander, sondern Solidarität mit den Kollegen gilt als selbstverständliches Verhalten.[39]

Angestellte haben dagegen ein hierarchisches Gesellschaftsbild. Denn ihre Arbeitskollegen stehen nicht wie die der Arbeiter auf der gleichen Hierarchiestufe, sondern es gibt Über- und Unterordnungen. In der Beamtenschaft ist diese Hierarchie besonders ausgeprägt. Der Schulabschluss entscheidet weitgehend darüber, ob der Beamte zum einfachen (Hauptschule), mittleren (Mittlere Reife, Realschulabschluss), gehobenen (Abitur) oder höheren Dienst (Hochschulabschluss) gehört. In jeder Gruppe gibt es wieder hierarchische Abstufungen. In vielen Unternehmen der freien Wirtschaft, speziell in Großunternehmen, wurden Titel eingeführt, um eine Hierarchie zu schaffen, innerhalb derer man im Laufe seines Berufslebens aufsteigen kann. Angestellte sehen deshalb ihre Arbeitskollegen nicht «als in gleicher Klassenlage sich befindend», wie es sich die Marxisten wünschen, sondern betrachten sie als Konkurrenten um den eigenen sozialen Aufstieg innerhalb des Unternehmens. Nicht Zusammenhalt und Solidarität, weil man sich in der gleichen Klassenlage befindet, sondern Konkurrenzdenken und -verhalten dominieren.

Wenn eine soziale Gruppe wie die der Arbeiter, die in den 1970er-Jahren fast die Hälfte der Bevölkerung gestellt hat, auf zuletzt (2023) rund 10 Prozent schrumpft und andere soziale Gruppen wie die Angestellten mit einem gänzlich anderen Gesellschaftsbild als die Arbeiter an ihre Stelle treten, bleibt das nicht ohne Folgen für das Verhalten der Menschen in der gesamten Gesellschaft. Der Gedanke der Solidarität, der Markenkern der Arbeiterbewegung[40], hat seine frühere Bedeutung verloren. Dafür haben Individualismus und Konkurrenzverhalten immer mehr um sich gegriffen. Das wird von den Menschen auch so wahrgenommen. 66 Prozent der mittleren Generation (30–59-Jährige) empfanden laut einer Umfrage des Instituts für Demoskopie Allensbach von 2019 Deutschland als Ellenbogengesellschaft, im Osten waren es gar mehr als drei Viertel. 81 Prozent beobachteten eine zunehmende Aggressivität, 73 Prozent einen steigenden Egoismus.[41]

Abbildung 1 zeigt, wie der Rückgang des Anteils der Arbeiter an den Erwerbstätigen und der Stimmenanteil der SPD bei Bundes-

39 Vgl. dazu näher Heinrich Popitz / Hans P. Bahrdt / Ernst A. Jüres / Hanno Kesting: *Das Gesellschaftsbild des Arbeiters. Soziologische Untersuchungen in der Hüttenindustrie,* Wiesbaden 2018 (Lizenzausgabe der 5. unveränderten Auflage 1977, erschienen bei Mohr Siebeck, Tübingen).

40 Solidarität besagt: Alle Menschen sollen aufeinander Rücksicht nehmen und füreinander einstehen, auch wenn sich daraus kein eigener Vorteil ergibt.

41 *Bonner Generalanzeiger,* 13.09.2019, ga.de: https://is.gd/CwdihO (zuletzt aufgerufen am 19.07.2025).

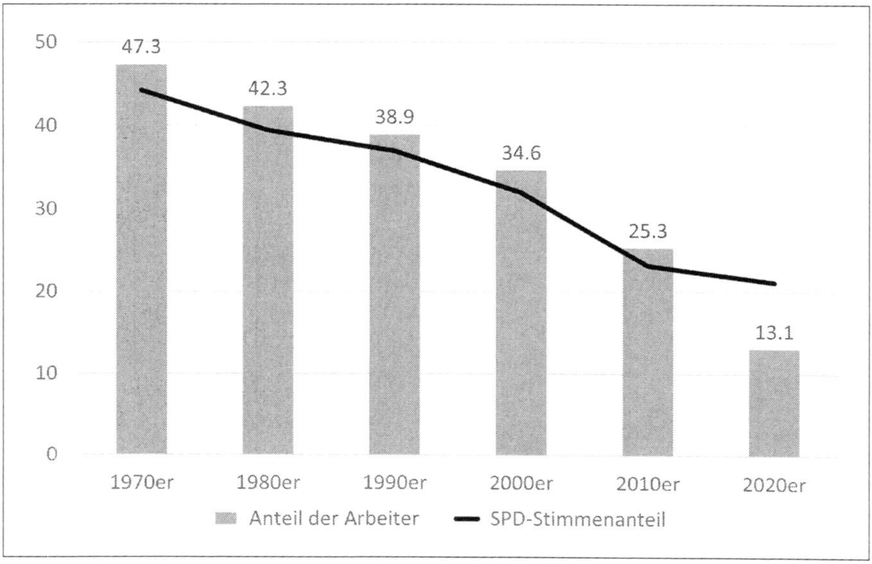

1 Anteil der Arbeiter an den Erwerbstätigen und SPD-Stimmenanteil bei Bundestagswahlen
Quelle: Statistisches Bundesamt, Bundesagentur für Arbeit

tagswahlen annähernd parallel verlaufen. Die SPD hat ihre einstige Kernklientel, die Arbeiterschaft, also nicht deshalb verloren, weil sie nicht mehr für die Interessen der Arbeiter eintritt, sondern weil es kaum noch Fabrikarbeiter im klassischen Sinne gibt.[42] Die sozialdemokratischen Parteien in anderen Ländern befinden sich in einer ähnlich schwierigen Lage. Denn die klassische Arbeiterschaft ist in allen reichen Industrieländern geschrumpft, sodass überall die frühere Kernklientel der sozialdemokratischen Parteien weggebrochen und damit der Solidaritätsgedanke ausgehöhlt worden ist.

Obwohl das Schrumpfen der Arbeiterschaft Ende der 1980er-Jahre bereits eingesetzt hatte (siehe Abbildung 1), wurde die dadurch bedingte Aushöhlung des Solidaritätsgedankens in der Bevölkerung von der SPD nicht so recht wahrgenommen. Das am 20. Dezember 1989 verabschiedete umfangreiche Berliner Grundsatzprogramm enthielt zwar eine umfassende Beschreibung der Probleme und Herausforderungen für Deutschland und für die ganze Welt. Zur schwindenden Solidarität heißt es lediglich an einer Stelle:

> Unter den Arbeitnehmern und Arbeitnehmerinnen verschärft sich die Konkurrenz. Solidarität wird erschwert. (S. 23)

Auch aus den in der sozialliberalen Koalition gemachten Erfahrungen über die begrenzten politischen Gestaltungsmöglichkeiten (Nicht alles ist machbar!) wurden so gut wie

42 Zwar ist auch unter den verbliebenen Arbeitern der Anteil der SPD-Wähler stark gesunken. Die Stimmenverluste der SPD wären aber nicht so groß, wenn die Zahl der Arbeiter insgesamt nicht auch so gesunken wäre.

keine Schlussfolgerungen gezogen. Mit dem Satz im Abschnitt über «Unser Verständnis von Politik»

> Politik, die mehr sein will als der Vollzug wirklicher oder angeblicher Sachzwänge, muß getragen und durchgesetzt werden vom Bewußtsein und Engagement der Bürgerinnen und Bürger. (S. 8)

wurde zwar zugestanden, dass politisches Handeln auch Sachzwängen unterliegt. Gleichzeitig aber wurde von «angeblichen» Sachzwängen gesprochen, die sich überwinden lassen, wenn die Bürgerinnen und Bürger das nötige Bewusstsein entwickeln und sich engagieren. Was tatsächliche oder nur angebliche Sachzwänge sind, wird nicht weiter ausgeführt. Es scheint die Hoffnung vorzuherrschen, dass sich «angebliche Sachzwänge» überwinden lassen, wenn sich die Zivilgesellschaft mehr engagiert und von der Basis Druck ausgeübt wird.

Relativiert wird das Ganze aber wieder durch folgenden Satz auf S. 51:

> Wir versprechen nicht das Paradies auf Erden. Aber gemeinsam können wir Gefahren abwehren, Risiken mindern und eine neue, bessere Ordnung erreichen …

Insofern war das Grundsatzprogramm von 1989 realistischer als die «Alles-ist-machbar-Erzählung», die noch während der sozialliberalen Koalition, wenn auch nicht im Programm formuliert, aber doch in den Köpfen vorherrschte. Es endete mit dem Satz:

> Unser Programm läßt sich nur im kritischen Dialog verwirklichen. Wir rufen alle, die uns dabei helfen wollen, auf, die Sozialdemokratische Partei Deutschlands durch ihre Mitarbeit, ihre Solidarität, ihre Kritik und ihre Phantasie anzuspornen und zu stärken.

Zwischenfazit: Die Partei ist sich zumindest teilweise der begrenzten Gestaltungsmöglichkeiten der Politik bewusst geworden und hoffte, im Dialog mit der Bevölkerung Lösungen für die anstehenden Probleme zu finden. Offen blieb aber weiterhin, welche inhaltlich andere politische Entscheidungen sie sich konkret beispielsweise von Wirtschaftsdemokratie[43] versprach.

Hamburger Programm 2007 – Selbstbestimmung für alle?

Als das derzeit noch gültige Hamburger Programm Ende 2007 das Berliner Programm von 1989 ablöste, hatte die Partei sieben Jahre rot-grüner Bundesregierung hinter sich und befand sich in der ersten, von Angela Merkel (CDU) geführten Großen Koalition. Während der rot-grünen Ära war die Arbeitslosigkeit auf fast 4,9 Mio. (13 Prozent) gestiegen. Gerhard Schröder (SPD) hatte als Kanzler gegen heftigen Widerstand des linken Parteiflügels eine Reform der Grundsicherung (später Hartz IV genannt) durchgesetzt. Zudem hatte der Bundestag im Frühjahr 2007 die von Arbeits- und Sozialminister Franz Müntefering (SPD) eingebrachte schrittweise Anhebung der

43 Mit Wirtschaftsdemokratie ist neben der Mitbestimmung durch Betriebsräte und der paritätischen Besetzung der Aufsichtsräte großer Kapitalgesellschaften vor allem die Bildung paritätisch besetzter Wirtschaftsausschüsse auf regionaler, Landes- und Bundesebene gemeint – früher auch als Wirtschafts- und Sozialräte bezeichnet.

Regelaltersgrenze in der Gesetzlichen Rentenversicherung auf 67 Jahre beschlossen.

Hintergrund dieser Sozialstaatsreformen war die demografische Entwicklung. Von 1991 bis 2006 war das Erwerbspersonenpotenzial von 41 Mio. auf rund 45 Mio. angewachsen, die Nachfrage nach Arbeitskräften hatte sich jedoch nur um knapp 2,7 Mio. erhöht. Zwischen dem Angebot an und der Nachfrage nach Arbeitsplätzen klaffte eine Lücke von 5,8 Mio. Die hohe Arbeitslosigkeit drückte auf die Einnahmen der Sozialsysteme. Hinzu kam der gestiegene Rentnerquotient: 1960 gab es 15,78 Mio. Beitragszahler, die für 4,16 Mio. Rentner aufkommen mussten, 2007 standen 29,16 Mio. Beitragszahlern 14,18 Mio. Rentner gegenüber. Die Relation von Beitragszahlern zu Rentnern hatte sich also von vier auf zwei verschlechtert.[44] Reformen waren daher unerlässlich.

Das Hamburger Programm erwähnt den demografischen Wandel jedoch nur an zwei Stellen (S. 11 und S. 56), ohne dass erläutert wird, welche Folgen sich daraus konkret für die Sozialsysteme und damit das Leben der Menschen in der Zukunft ergeben. Selbst wenn zukünftig das vorhandene Erwerbspersonenpotenzial voll ausgeschöpft würde, beispielsweise indem ein flächendeckendes ausreichendes Kitaangebot geschaffen wird und die heute nur teilzeitbeschäftigten Frauen Vollzeit arbeiten können, müssten entweder die Renten-, Kranken und Pflegeversicherungsbeiträge erhöht werden, was weniger Netto vom Brutto bedeutet.[45] Oder das Rentenniveau für künftige Rentner müsste gesenkt werden, was weniger Rente im Verhältnis zum vorherigen Erwerbseinkommen zur Folge hätte. Auch höhere staatliche Zuschüsse an die Sozialsysteme kämen infrage. Das ginge dann aber zulasten anderer, dringend notwendiger Staatsausgaben.

Die «Erzählung» des Hamburger Programms formuliert die sozialpolitischen Ziele wie folgt:

> Die zentralen Ziele des vorsorgenden Sozialstaates sind Sicherheit, Teilhabe und Emanzipation.
>
> Sicherheit bedeutet den Schutz der Menschen vor existenzieller Not ... vor elementaren Lebensrisiken. ... Zugleich schafft Sicherheit überhaupt erst die Voraussetzung für ein selbstbestimmtes Leben.
>
> Teilhabe aller Menschen an der wirtschaftlichen, kulturellen, sozialen und politischen Entwicklung ist das Ziel sozialdemokratischer Politik. ...
>
> Emanzipation setzt Sicherheit und Teilhabe voraus. Die Menschen wollen ihr eigenes Leben frei und selbstbestimmt gestalten. ...[46]

Schutz vor existenzieller Not als Ziel des Sozialstaates ist nichts Neues. Denn eine Grundsicherung gibt es seit 1961, als das Bundessozialhilfegesetz verabschiedet wurde. Es garantiert seitdem als letztes Auffangnetz allen Menschen das lebensnotwendige Existenzminimum, wurde 2005 von Hartz IV abgelöst und heißt seit 2023 Bürgergeld. Die Grundsicherung hat aber nie ein freies, selbstbestimmtes Leben ermöglicht. Denn ihre Höhe orientiert sich an

44 Vgl. Deutsche Rentenversicherung (Hg.): *Rentenversicherung in Zeitreihen*, Berlin 2024, S. 254.

45 Der Anstieg der Beiträge könnte durch eine Arbeitsmarktpolitik, die das vorhandene Erwerbspersonenpotenzial ausschöpft, gedämpft, aber nicht völlig vermieden werden. Vgl. dazu Rudolf Zwiener / Florian Blank / Camille Logeay / Erik Türk / Josef Wöss: «Demografischer Wandel und Renten: Beschäftigungspotenziale erfolgreich nutzen», in: *Wirtschaftsdienst*, Heft 1/2020, S. 35 ff.

46 Hamburger Grundsatzprogramm der SPD von 2007, S. 58.

den Waren, die die unteren 20 Prozent der Haushalte (= Referenzhaushalte) dringend brauchen. Damit lassen sich keine großen Sprünge machen. Soziale Sicherheit im Sozialstaat bedeutet also nicht freies, selbstbestimmtes Leben für alle, sondern lediglich: Der Staat sichert allen ein Dach über dem Kopf und garantiert die Versorgung mit dem Allernötigsten wie Lebensmittel, Kleidung, Hausrat, Strom und Körperpflege (= Schutz vor elementaren Lebensrisiken, s. o.).

Soziale Sicherheit wird aber von den meisten Menschen viel umfassender verstanden als der bloße Schutz vor existenzieller Not. Sie sehen im sozialen Sicherungssystem eine Art Vollkaskoversicherung für alle: Bei Eintritt eines der Lebensrisiken – Alter, Krankheit, Erwerbsunfähigkeit, Arbeitslosigkeit, Pflegebedürftigkeit – soll der Staat dafür sorgen, dass der bereits erreichte Lebensstandard beibehalten werden kann.[47]

So bezeichneten 2015 in einer repräsentativen Erhebung viele das Niveau der sozialen Absicherung als nicht mehr ausreichend. Die meisten sehen die Verantwortung für eine adäquate Absicherung des Lebensstandards (und nicht nur des Existenzminimums!) bei sozialen und gesundheitlichen Risiken beim Staat. Einschränkungen bei den Sozialleistungen lehnt eine große Mehrheit der Bevölkerung ab. Im Gegenteil: Über alle Bevölkerungsgruppen hinweg wünscht sich eine Mehrheit der Deutschen eher noch eine Expansion der Sozialausgaben.[48]

Die Erwartung, der Staat solle nicht nur den Ärmsten das Existenzminimum, sondern auch den Besitzstand der Bezieher mittlerer Einkommen sichern, drückte sich jüngst in einer SINUS-Umfrage vom September 2022 aus. Gefragt, ob die Entlastungen gegen die steigenden Lebensmittel- und Energiepreise wie ÖPNV-Ticket, Tankrabatt, höhere Pendlerpauschale oder Gaspreisdeckel für alle oder nur für die Haushalte mit niedrigen Einkommen gelten sollen, sprachen sich mehr als zwei Drittel dafür aus, sie solle allen zugutekommen.[49] Egal also, welches Ereignis von außen die Bürger finanziell belastet, der Staat soll nach Auffassung breiter Bevölkerungsschichten alle äußeren Einflüsse auf das Leben der Menschen fernhalten und stets allen ihren Besitzstand garantieren.

Zwischenfazit: Teilhabe, Emanzipation und selbstbestimmtes Leben für alle sind zu hoch gesteckte Ziele für einen Sozialstaat. Sie wecken die Hoffnung auf eine inklusive, egalitäre Gesellschaft mit Vollkasko-Charakter. Statussicherung für alle in jeder politischen und ökonomischen Situation ist aber nicht realisierbar.

Eine konkrete Gesellschaftsutopie?

Bisher wurden in Grundsatzprogrammen vor allem die Instrumente wie z. B. volkswirtschaftliche Rahmenplanung (National-

47 So kürzlich Dominic Afscharian / Nicholas Czichi-Welzer: «Was der Sozialstaat leistet: Plädoyer für eine gesellschaftliche Errungenschaft», abrufbar unter: *Was der Sozialstaat leistet – Zentrum neue Sozialpolitik* (zuletzt aufgerufen am 02.09.2025). Sie schreiben: «Er (der Sozialstaat, H. A.) sichert nicht nur die grundlegendste Existenz, sondern ... auch das, was man im Laufe des Lebens erreicht.» Das stimmt eben nicht! Selbst in den wirtschaftlichen Blütezeiten lag das Rentenniveau nur bei 70 Prozent und das Arbeitslosengeld nur bei 68 Prozent des vorherigen Netto-Erwerbseinkommens. Beide waren also nie eine Vollkaskoversicherung!

48 Vgl. Roberto Heinrich / Sven Jochem / Nico A. Siegel: *Die Zukunft des Wohlfahrtsstaates. Einstellungen zur Reformpolitik in Deutschland,* Bonn 2016, S. 3.

49 Vgl. Knut Bergmann / Matthias Diermeier / Tim Gensheimer / Judith Niehues / Silke Borgstedt: «Mitte ohne Maß? Widersprüchliche Entlastungsforderungen», in: *Wirtschaftsdienst*, Heft 2/2023, S. 131.

budget), Mitbestimmung der Arbeitnehmer und ihrer Gewerkschaften auf allen politischen Ebenen, Vergesellschaftung marktbeherrschender Unternehmen oder – in der Bildungspolitik – die Gesamtschule aufgezählt. Aber es wurde nie beschrieben, d.h. operational definiert[50], wie eine neue, bessere Gesellschaft konkret aussehen sollte.[51] Zwei Beispiele:

1 Gerechte Verteilung

Wie weit soll die ökonomische Ungleichheit verringert werden? Steuerpolitische Vorschläge wie ein höherer Spitzensatz bei der Einkommensteuer, eine höhere Erbschaftsteuer oder die Wiederbelebung der Vermögensteuer liefern darauf keine Antwort. Denn ein Spitzensteuersatz von 49, 53, 56 oder 60 Prozent sagt nichts darüber aus, wie groß die Einkommensspreizung in einer neuen, besseren Gesellschaft sein sollte. Soll der Abstand eines Bürgergeldempfängers zum reichsten Bürger der Bundesrepublik 1 zu 5, 1 zu 10, 1 zu 20, 1 zu 50 oder noch größer sein?[52]

2 Gleiche Startchancen und vertikale soziale Mobilität

Jeder sollte unabhängig von seiner Herkunft, seiner Hautfarbe, seiner Religion oder seines Geschlechts die gleiche Chance für eine gute Schulausbildung haben und bis in die Spitzenpositionen von Politik, Wirtschaft und Gesellschaft aufsteigen können. Die Überwindung des dreigliedrigen Schulsystems sowie die Abschaffung von Schulgeld und Studiengebühren[53] galten dafür der SPD als das geeignete Mittel.

Doch wie hat man sich eine Gesellschaft vorzustellen, wenn völlig gleiche Startchancen gegeben wären und alle das Abitur hätten, wie es der sozialdemokratische Bildungspolitiker Joachim Lohmann vorgeschlagen hat?[54] An der arbeitsteilig organisierten Gesellschaft mit angenehmen und weniger angenehmen Tätigkeiten wird das Abitur für alle nichts ändern. Somit stellt sich die Frage, wer welche Jobs bekäme und wie vertikale soziale Mobilität sichergestellt werden könnte. Da es in jeder Gesellschaft nur eine begrenzte Zahl an Führungspositionen gibt – nur einer kann an der Spitze des

50 In den Sozialwissenschaften spricht man von einer operationalen Definition, wenn einem Begriff eine messbare Größe zugeordnet wird. Vgl. dazu näher Markus Tausendpfund: *Quantitative Methoden in der Politikwissenschaft. Eine Einführung*, Wiesbaden 2018, S. 107ff.

51 Thomas Meyer hat zwar einen Index der Sozialen Demokratie entwickelt. Er listet neun messbare Kriterien auf, die Soziale Demokratie ausmachen, z.B. Sozialstaatsquote, Mitbestimmung, Armutsquote, und fügt sie zu einem Index der Sozialen Demokratie zusammen. Das ermöglicht, 20 Länder miteinander zu vergleichen und ein Ranking aufzustellen. Schweden war danach das Land mit der höchsten inklusiven Sozialen Demokratie, die USA dagegen waren eine exklusive/libertäre Demokratie. Dieser Index macht zwar den Grad Sozialer Demokratie empirisch messbar, aber er ist rein deskriptiv und nicht normativ. Er sagt nichts darüber aus, wann Soziale Demokratie zu 100 Prozent umgesetzt wäre. Vgl. Thomas Meyer unter Mitarbeit von Jan Turowski: *Praxis der Sozialen Demokratie*, Wiesbaden 2006, S. 486ff.

52 In der Beamtenschaft beträgt die Einkommensspanne zwischen dem höchsten Beamten wie z.B. den Staatssekretären oder den Präsidenten einer obersten Bundesbehörde und den einfachen Beamten wie z.B. einem Hauptamtsgehilfen oder Oberwachtmeister rund 6 zu 1.

53 Noch bis in die 1960er-Jahre mussten für den Besuch von Gymnasien Schulgeld und für den Besuch von Universitäten Studiengebühren bezahlt werden.

54 Vgl. Joachim Lohmann: «Oberstufe wie Studium für möglichst alle», in: *zwd-POLITIKMAGAZIN* vom 22.10.2019, zwd.info: https://is.gd/8kVIZd (zuletzt aufgerufen am 25.8.2025)

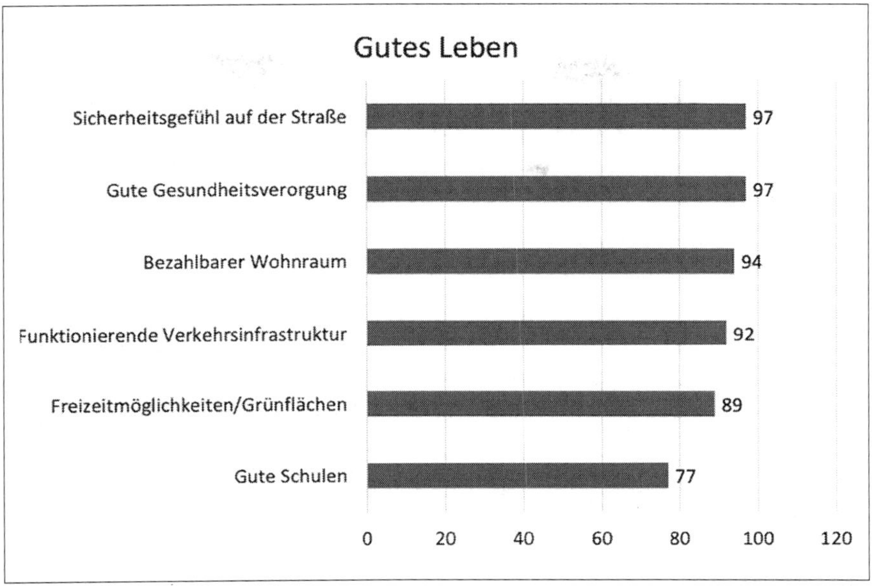

2 Wichtigkeit für ein gutes Leben (Antworten: sehr wichtig/wichtig – Umfrage Mitte 2024
Quelle: pollytix strategic research gmbh/Friedrich Ebert Stiftung

VW-Konzerns oder der Deutschen Bank stehen, nur einer Torwart von Bayern München sein – könnte der Aufstieg aller in die bestdotierten Stellen, wenn überhaupt, nur über die Zeit und von Generation zu Generation stattfinden. Heißt: Die Kinder der Manager oder der Ärzte, Rechtsanwälte und Steuerberater dürften keine gesellschaftliche Spitzenposition einnehmen, sondern müssten sozial absteigen und sich mit einem Job z.B. als Paketzusteller oder Gebäudereiniger zufriedengeben. Dafür wiederum könnten die Kinder von beispielsweise alleinerziehenden Friseurinnen oder Bäckereifachverkäuferinnen hoch dotierte Berufe ergreifen und sozial aufsteigen.

Denkt man die Konsequenzen völlig gleicher Startchancen für alle zu Ende, wird deutlich: Nicht alle können sozial aufsteigen. In jeder Gesellschaft muss es Menschen geben, die auch die weniger angenehmen und nicht besonders gut bezahlten Tätigkeiten ausüben.[55] Das ist jedoch kein großes Problem. Denn nicht alle Menschen wollen große Verantwortung übernehmen und in Spitzenpositionen aufsteigen. Das Ergebnis einer Studie über die Lebensträume der Menschen, die im Auftrag der Friedrich-Ebert-Stiftung Mitte 2024 durchgeführt wurde, lautet vielmehr:

> Man wünscht sich an erster Stelle ein gesundes Leben in Sicherheit mit einer glück-

55 Selbst in der Gesellschaftsutopie von Thomas Morus gibt es nicht nur Freie und Gleiche, sondern auch Sklaven, denen mehr Arbeiten auferlegt werden als normal üblich. Vgl. Thomas Morus: *Utopia*, Berliner Ausgabe, 4. Aufl. 2015, S. 74ff.

> lichen Familie. Nach wie vor zählt die Idee, durch Bildung aufzusteigen und durch Fleiß und Leistung einen gewissen Wohlstand aufzubauen. Man wünscht sich ein gelungenes Leben in der Mittelschicht, wie es auch viele andere führen. Man möchte in einem demokratischen und freien Land leben, auf dessen Wirtschaftsstärke und Ansehen in der Welt man zählen kann, in dem Gerechtigkeit und Ordnung herrschen. Ein Land, das funktioniert.[56]

Gewünscht wird also nur ein «gewisser Wohlstand». Nicht alle möchten superreich werden! Man orientiert sich vielmehr an den Menschen in der unmittelbaren Umgebung und wünscht sich ein Leben in der Mittelschicht – geht somit davon aus, dass die Gesellschaft sozial geschichtet bleibt, es also auch eine Unterschicht gibt, zu der man selbst allerdings nicht gehören möchte, und eine Oberschicht, die weit weg ist und unerreichbar bleibt.

Die deutsche Gesellschaft ist mittlerweile stark fragmentiert. Deshalb gibt es in der Bevölkerung – so stellt die Studie weiter fest – auch keine gemeinsame Zukunftsvision. Das bedeutet: Früher konnten die beiden ehemals großen Parteien CDU/CSU und SPD jeweils eine beachtliche Zahl von Menschen mit ähnlichen Werten und Vorstellungen an sich binden und in der Politik repräsentieren. Diese ehemals großen Gruppen Gleichgesinnter existieren heute nicht mehr. Soziologen sprechen nicht mehr von Schichten oder Klassen, sondern von Milieus. In keinem sozialen Milieu hat die SPD heute noch einen Schwerpunkt. Denn SPD-Wähler verteilen sich mittlerweile ziemlich gleichmäßig über die sozialen Milieus, befinden sich in verschiedenen sozio-ökonomischen Lagen und haben divergierende Erwartungen an die SPD.[57] Kurz: Die Gesellschaft hat sich radikal verändert, ein typisch sozialdemokratisches Milieu wie noch in den 1970er-Jahren gibt es nicht mehr. Wir haben es mit einer «Gesellschaft der Singularitäten»[58] zu tun, in der die Individualisierung der Menschen und die Pluralisierung der Lebenswelten vorherrschen.

Unabhängig davon zeigen sich jedoch Übereinstimmungen, wenn man die Menschen danach fragt, was für sie persönlich ein gutes Leben ausmacht. Sich auch auf der Straße sicher fühlen (gemeint ist nicht das Vermeiden von Verkehrsunfällen, sondern die Sicherheit vor Überfällen und Terroranschlägen), eine gute Gesundheitsversorgung, bezahlbarer Wohnraum, eine funktionierende Verkehrsinfrastruktur sind für fast alle das Wichtigste (Abbildung 2). Das sind banale und nachvollziehbare Dinge, die die Menschen von der Politik erwarten.

Zwischenfazit: Ein «großer Sinnzusammenhang», in den die SPD ihre Politik stellen soll, interessiert die «Normalwähler» nicht. Ihnen geht es um handfeste, alltägliche Dinge, die wieder in Ordnung gebracht werden müssen. Und wenn es offenbar der

56 Lennart Hagemeyer / Lutz Ickstadt / Rainer Faus / Annika Arnold / Catrina Schläger / Jan Niklas Engels: *Welche Träume bewegen Deutschland?* Studie i.A. der Friedrich-Ebert-Stiftung, Bonn 2025, S. 2.

57 Vgl. Rita Müller-Hilmer / Jérémie Gagné: *Was verbindet, was trennt die Deutschen? Werte und Konfliktlinien in der deutschen Wählerschaft im Jahr 2017*, Forschungsförderungsreport Nr. 2 der Hans-Böckler-Stiftung, Düsseldorf 2018, S. 20. Die Autoren dieser Studie verwenden nicht die Sinus-Milieus, sondern eigene neun politische Typen, die den Sinus-Milieus aber sehr ähnlich sind.

58 Heinrich Oberreuter: «In der Gesellschaft der Singularitäten: Wandlungen des Parteiensystems», in: Volker Kronenberg / Jakob Horneber (Hg.), *Die repräsentative Demokratie in Anfechtung und Bewährung, Studien der Bonner Akademie für Forschung und Lehre praktischer Politik*, Wiesbaden 2019, S. 23ff.

Politik in den letzten 25 Jahren schon Probleme bereitet hat, so banale Dinge wie die Schultoiletten oder die die Straßen und Eisenbahnschienen in gutem Zustand zu halten, dann ist es für die Bürger wenig glaubwürdig zu versprechen, einen idealen Endzustand der Gesellschaft erreichen zu können. Das mag etwas für eine Diskussion in einem politikwissenschaftlichen Oberseminar sein, geht aber an den Erwartungen der meisten Bürger an die Politik vorbei.

Zusammenfassung und Schlussfolgerungen

In ihren Grundsatz- und Aktionsprogrammen hat die SPD nie operational definiert, wie die von ihr erstrebte Soziale Demokratie bzw. der Demokratische Sozialismus im Endzustand konkret aussehen soll. Stets wurden nur steuer-, sozial- und bildungspolitische Instrumente und Maßnahmen aufgezählt, die zu einer besseren und gerechteren Gesellschaft führen sollten. Insofern ist der Vorwurf, der SPD fehle neuerdings eine «große Erzählung», unberechtigt. Es hat sie nie gegeben! Sie wurde nur immer in die Grundsatzprogramme hineininterpretiert, vermutlich deshalb, weil manche die frühere marxistische Vision einer klassenlosen Gesellschaft im Hinterkopf hatten.

Die Wähler erwarten jedoch keine große Zukunftsvision, wie die zitierte Studie über die Träume[59] gezeigt hat. Im Gegenteil: Viele wären schon zufrieden, wenn sie wieder in einem Land leben könnten, das funktioniert und in dem sie sich wohlfühlen (s. o.).

Aus einer Industriegesellschaft mit einem hohen Anteil an Arbeitern, die eine weitgehend homogene Gruppe bildeten, relativ arm waren und zur Unterschicht zählten, ist eine Dienstleistungsgesellschaft mit einem hohen Anteil an Angestellten geworden, die hinsichtlich ihrer sozio-ökonomischen Merkmale wie Bildung und Einkommen sowie ihrer gesellschaftspolitischen Auffassungen heterogen zusammengesetzt sind. Sie fühlen sich der Mittelschicht zugehörig, konkurrieren in «ihrem» Unternehmen gegeneinander um sozialen Aufstieg und legen Wert darauf, dass der Abstand zu der in prekären Verhältnissen lebenden Unterschicht erhalten bleibt. Ein typisch sozialdemokratisches Milieu, das wie früher in einer «Erzählung» die Welt erklärt bekommen möchte, existiert nicht mehr. Auf das eher individualistische als solidarische Denken der neuen Mittelschichten, die etwas andere Vorstellungen vom Leben haben als die Arbeiter, hat sich die SPD nicht eingestellt. Sie adressiert immer noch vorwiegend die Armen und Benachteiligten, obwohl diese heute – anders als die frühere Arbeiterschaft, die lange Zeit die Armen waren und die Hälfte der Erwerbstätigen ausmachten – eine Minderheit darstellen und bei Wahlen eher nicht für die SPD stimmen.

Eine Gesellschaft, die allen in jeder Wirtschaftslage den einmal erreichten Lebensstandard (Besitzstand) sichert, ist eine unrealistische Erwartung an den Sozialstaat. Bei geringem Wirtschaftswachstum und ständigem Strukturwandel wird es immer Verlierer geben, die sozial absteigen und ihren Besitzstand einbüßen.[60] Zudem erzwingt der demografische Wandel bei nur noch geringfügigem Wachstum

59 Vgl. Lennart Hagemeyer u. a., a. a. O. (Fn. 55).

60 Siehe dazu ausführlicher Hermann Adam: «Ökonomischer Strukturwandel. Herausforderung für Politik und Gesellschaft», in: *perspektivends*, Heft 1/2025, S. 35 ff.

eine andere Verteilung des Bruttoinlandsprodukts zwischen denen, die es erarbeiten (den Erwerbstätigen) und denen, die es nicht (Kinder, Arbeitslose, nicht in den Arbeitsmarkt integrierte Migranten) oder nicht mehr (Rentner, Pensionäre) erwirtschaften. Das bedeutet: Sowohl die verfügbaren Realeinkommen der Erwerbstätigen als auch die Renten und Pensionen werden zukünftig langsamer steigen als früher und bei ungünstiger Wirtschaftslage sogar real sinken.

In einer Zeit schnellen technologischen Wandel ist es unmöglich vorauszusehen, wie die Gesellschaft in zehn oder 15 Jahren aussehen wird. Das wusste schon August Bebel. Er schrieb:

> Kein Mensch kann heute im Detail übersehen, wie künftige Generationen ihre Einrichtungen treffen, ihre Bedürfnisse am vollkommensten befriedigen werden. In der Gesellschaft befindet sich, wie in der Natur, alles im beständigen Fluss, das eine kommt, das andere vergeht, Altes, Abgestorbenes wird durch Neues, Lebensfähigeres ersetzt. Erfindungen, Entdeckungen und Verbesserungen der zahlreichsten und verschiedensten Art werden gemacht, treten in Wirksamkeit und revolutioniren und umgestalten je nach ihrer Bedeutung die menschliche Lebensweise, die Gesellschaft.[61]

Das gilt heute unverändert. Hätten wir uns beispielsweise im Jahr 2000 vorstellen können, dass 20 Jahre später eine Pandemie das wirtschaftliche und gesellschaftliche Leben fast völlig lahmlegt, kein Flugzeug mehr fliegt, Büros, Schulen, Kinos und Theater geschlossen bleiben und viele Arbeiten im Homeoffice erledigt werden? Wohl kaum, zumal im Jahr 2000 noch nicht mal die Hälfte der Haushalte einen Computer besaß und flächendeckendes Internet noch fehlte. Auch Smartphones gab es 2000 noch nicht. Sie erlebten erst ab 2007 eine weitere Verbreitung.

Deshalb macht es wenig Sinn, eine Idee von der Zukunft zu formulieren. Denn «wir leben in einer Zeit, in der nichts mehr voraussagbar und kein Unternehmen oder Job mehr sicher ist.»[62] Zudem sind «Erzählungen» zumeist sehr schlicht, damit sie von allen verstanden werden. Sie können die Komplexität der heutigen polit-ökonomischen Zusammenhänge nicht abbilden, sondern laufen meist auf eine monokausale Erklärung der Probleme und «einfache Lösungen» hinaus.[63] Realitäten akzeptieren und pragmatisches Handeln werden deshalb auch zukünftig den Kurs der SPD bestimmen müssen.[64] Das alles steht schon im Hamburger Programm von 2007:

> Die Zukunft ist offen. Wir versprechen niemandem, dass wir eine Welt voller Kon-

61 August Bebel: *Die Frau in der Vergangenheit, Gegenwart und Zukunft*, 7. Aufl., Hottingen, Zürich, Schweizerische Volksbuchh. 1887, S. 151.

62 So der renommierte Zukunftsforscher Pero Mićić: «SpeakerPage01Intro, Future Management Group AG (FMG)», abrufbar unter: futuremanagementgroup.com: https://is.gd/TC51ZX (zuletzt aufgerufen am 22.10.2025).

63 Typisch sind beispielsweise die «Erzählung» der AfD, wonach die Zuwanderung Ursache aller Probleme ist, oder die der Linken, für die nach wie vor die Abschaffung des Kapitalismus die Lösung schlechthin darstellt.

64 Die FDP hat in der Ampel ihre alte marktliberale Ideologie verfolgt, statt sich pragmatisch den veränderten Verhältnissen anzupassen. Dafür hat sie bei der Bundestagswahl 2025 ihre Quittung bekommen. Die SPD läuft Gefahr, früher oder später das gleiche Schicksal zu erleiden, wenn sie sich nicht den veränderten gesellschaftlichen Realitäten anpasst.

> flikte und Widersprüche in ein irdisches Paradies verwandeln können. Wir erkennen Realitäten an, finden uns aber nicht mit den Verhältnissen ab, wie sie sind. Wir wollen den Weg in eine lebenswerte Zukunft gehen. Wir wollen unser Land zukunftsfähig machen.[65]

Eine langwierige, SPD-interne Grundsatzdiskussion dürfte kaum zu einem anderen Ergebnis führen. Doch die Partei braucht in Abständen immer derartige Selbst-Reflexionen, um vor allem die jüngeren Mitglieder und diejenigen, die mit der Partei hadern, wieder mit «ihrer SPD» zu versöhnen. Besonders wichtig bei der Programmdiskussion ist allerdings, nichts zu versprechen, was politisch nicht umsetzbar ist. Denn die Wähler und die Medien – das zeigen Untersuchungen – sind sehr sensibel geworden und verlieren zunehmend das Vertrauen in die Politik, wenn nach der Wahl anders gehandelt wird als vor der Wahl angekündigt.[66] ■

65 Hamburger Programm der SPD von 2007, S. 67 (Abschnitt: «Unser Weg»).

66 Siehe dazu die einschlägigen Studien von Theres Matthieß: «Retrospective pledge voting: A comparative study of the electoral consequences of government parties' pledge fulfilment», in: *European Journal of Political Research* 59 (2020), S. 774ff. – Evelyn Bytzek / Julia C. Dupont / Melanie C. Steffens / Nadine Knab / Frank M. Schneider: «Do Election Pledges Matter? The Effects of Broken and Kept Election Pledges on Citizens' Trust in Government», in: *Politische Vierteljahresschrift* 2024, link.springer.com: https://is.gd/jJwGkM (zuletzt aufgerufen am 23.8.2025).

Rolf Reißig

Zeitdiagnose (2.0)

Historischer Bruch – Übergänge in eine andere Gesellschafts- und Weltordnung

Die Frage nach Zeit und Gesellschaft stellt sich heute drängender denn je. Denn diese unsere Zeit ist charakterisiert durch einen Umbruch der Epoche, der Gesellschaft, der Weltordnung. Und angesichts der sich damit zuspitzenden Konflikte, Krisen und Kriege nehmen Verunsicherung und Ängste in der Bevölkerung zu. Der individuelle und gesellschaftliche Bedarf an Zeitdiagnosen ist seit Längerem enorm gewachsen. Aber eine öffentliche gesellschaftliche, unvoreingenommene und aufklärende Debatte findet gegenwärtig zu selten und meist nur vereinzelt statt.

Bei Zeitdiagnosen geht es um den Versuch, wie Hegel es formulierte, «Die Zeichen der Zeit» zu verstehen und auf den Punkt zu bringen. Angesichts eines komplexen, spannungsgeladenen und widerspruchsvollen Geschehens sicher keine leichte, aber doch eine drängende Herausforderung.

Ausgangspunkt für Zeitdiagnosen ist ein unvoreingenommener, analytischer Blick auf die Realität im nationalen und globalen Rahmen. Denn Zeitdiagnosen versuchen den Zustand der Gesellschaft (incl. Weltgesellschaft), den kritischen Punkt und möglichen historischen Bruch zu erfassen. Zeitdiagnosen sind zugleich bestrebt, den Zusammenhang von Vergangenheit, Gegenwart und möglicher Zukunft zu ergründen. Das erfordert einen ganzheitlichen Ansatz und deshalb bedingen zeitdiagnostische Analysen immer auch ein theoretisches Fundament. Zeitdiagnosen verwenden Leitbegriffe wie Gesellschaft, Epoche, Krise, Bruch, Kipppunkte, Übergänge, Hegemonie, Transformation.

Die Aufgabe, den Zustand der gegenwärtigen Gesellschaft und Weltgesellschaft zu erfassen, die neuen Konfliktstrukturen, Brüche und Übergänge zu definieren, hat beträchtlich an Gewicht gewonnen. Denn Tempo und Tiefe der nationalen und globalen Veränderungen vollziehen sich rapide. Die jüngeren zeitdiagnostischen Analysen und Beschreibungen (u.a. Reißig 2024 a und b) finden in Bezug zu den neuen Realitäten Bestätigung, bedürfen aber auch der kritischen Überprüfung und Weiterführung. In den Fokus rückt immer mehr die Frage, wie die Gesellschaften und die jeweiligen Akteurskoalitionen mit dieser historischen Umbruchepoche und den damit einhergehenden Herausforderungen umgehen, wie sie sich «anpassen», wandeln oder blockieren und welche möglichen gesellschaftlichen Entwicklungsperspektiven und Zukunftsszenarien sich heute abzeichnen. Darauf zielt auch der folgende zeitdiagnostische Text.

1 Zeit historischen Bruchs

Meiner Suche nach einer gegenwärtigen Zeit- und Gesellschaftsdiagnose (s. Reißig 2024 a, b) liegt zunächst ein spezifisches Zeitmodell zugrunde, ein doppelter Zeitbegriff. Zum einen: Zeit als historische Umbruchzeit, als Übergang zu einer neuen sozialen Formation. Zum anderen: Zeit als Wechsel sozioökonomischer und soziopolitischer Entwicklungszyklen innerhalb einer Gesellschaftsformation. Ein solches Zeitmodell ermöglicht den Zugang sowohl zum Verständnis des Geschichtsprozesses als auch der heutigen Zeit.

Der Blick auf die Gegenwartsgesellschaft ist dabei nicht allein auf Deutschland gerichtet, sondern auf die «Westliche Gesellschaft» insgesamt (bei dieser Zeitdiagnose vor allem auf Europa und die USA), die trotz vieler Unterschiede gegenwärtig überall vor ähnlichen Brüchen, Herausforderungen und Problemen stehen. Und dieser Wandel des Westens ist wiederum nur innerhalb des globalen Rahmens zu verstehen und zu deuten. Gleichzeitig erhält dieser globale Rahmen mit seinen geopolitischen Umwälzungen auch für den Wandel der westlichen Gesellschaften heute mehr denn je eine neue, strategische Dimension.

In welcher Zeit, in welcher Epoche leben wir – das ist die Ausgangsfrage jeder Zeitdiagnose. Die heutige Zeit, die heutige Epoche ist mit «Zeit historischen Umbruchs» am adäquatesten zu analysieren und zu deuten. Es geht in dieser neuen historischen Umbruch-Epoche des 21. Jahrhunderts nicht mehr nur um innersystemische Spannungen, Konflikte, sondern letztlich um einen neuen, zukunftsträchtigen wirtschaftlichen, sozialen, kulturellen Entwicklungspfad. In diesem Sinne ist Bruch bzw. Umbruch (und nicht schlechthin sozialer Wandel) *der* kritische Ausgangspunkt zeitdiagnostischer Analysen, das allgemeine, übergreifende und alles bestimmende Merkmal zur Erfassung dieser heutigen Zeit, dieser heutigen

Gesellschaft. In dieser Sichtweise verschränken sich zwei miteinander verbundene Perspektiven: die entwicklungstheoretische Perspektive des Umbruchs und Übergangs und die praxistheoretische Perspektive des Möglichen und Unmöglichen. Mithin die Wechselwirkung von System- und Handlungszusammenhängen (vgl. auch Institut für Sozialforschung/Perspektiven [IfS] Frankfurt a. M. 2024).

Erstens: Der Kristallisationspunkt dieser heutigen Widerspruchs- und Umbruchskonstellation ist der Umbruch der globalen Welt, der alle Bereiche der Gesellschaft und des Lebens erfasst. Es ist ein historischer, evolutionärer Epochenbruch, -wechsel, der auf einen grundlegenden Wandel im Verhältnis von Mensch-Natur-Produktion basiert. Unsere Gegenwart hat ihren Anfang in der fossilen Revolution, und deren Anfang ist nach über 500-jähriger Entwicklung nun an einen Wendepunkt gekommen. Nach der Neolithischen Revolution (Übergang von der Jäger- und Sammlergesellschaft zur Agrargesellschaft) und der Industriellen Revolution (Übergang zur Industriegesellschaft) geht es nun um eine neue Epoche in der Entwicklung der Menschheitsgeschichte, um einen fundamentalen Wandel des unhaltbar gewordenen gesellschaftlichen Naturverhältnisses und damit der bislang dominierenden Produktions- und Lebensweise.

Es geht gerade für die Gesellschaften westlichen Typs um den Übergang von der expansiven industriell-kapitalistischen Spät-Moderne mit ihrem ungebremsten Dynamisierungs- und Steigerungszwang (vgl. Rosa 2005) zu einer ökologischen und nachhaltigen Entwicklungsweise. Denn dieser permanente Beschleunigungs- und Steigerungszwang erzeugt ein Aggressionsverhältnis zur Welt, provoziert eine fortschreitende Ausbeutung der Natur sowie die Zerstörung der Umwelt und führt zu einer sich vertiefenden ökologischen Krise (vgl. Rosa 2016). Es geht deshalb um Herausforderungen, mit denen die westlichen Gesellschaften es in dieser Art und Weise noch nie zu tun hatten. Zumal dieser Übergang zugleich mit einer neuen «Produktivkraft-Revolution» (Digitalisierung, Kybernetik, KI) verbunden ist.

Die Rede von einer «Zeit historischen Umbruchs» ist deshalb nicht die Fixierung subjektiv erfundener Zustände, sondern widerspiegelt die Eigenlogik epochaler und zeithistorischer Entwicklungsverläufe.

Zweitens ist diese heutige Zeit durch einen Bruch im Gesellschaftszyklus, durch einen Einschnitt im sozioökonomischen und soziopolitischen Entwicklungspfad charakterisiert.

Für die Zeit nach dem Ende des Zweiten Weltkrieges lassen sich im Prinzip für alle westlichen Gesellschaften zwei solche aufeinanderfolgende Entwicklungszyklen/-pfade identifizieren: Zum einen der, der mit der New Deal-Transformation (beginnend in den USA der 1930er-Jahre und nach dem 2. Weltkrieg sich in allen entwickelten kapitalistischen Ländern verbreitend) vollzogene Übergang zu einem «Teilhabekapitalismus» (Busch/Land: 2013) bzw. zur «Sozialen Moderne» (Nachtwey); zum anderen der, der sich seit Mitte/Ende der 1970er-Jahre durchsetzte und als ein «Marktradikaler/Neoliberaler Pfad» bezeichnet wird. Die heutige Zeit ist nun charakterisiert durch die Erosion dieses jahrzehntelang dominierenden neoliberalen Regulations- und Entwicklungspfades und die Entstehung einer sogenannten Zwischen- bzw. Übergangszeit. Zeitdiagnostisch können diese Entwicklungszyklen auch als «Aufstiegsgesellschaft» (nach 1945), als neoliberale «Marktgesellschaft» (seit den 1980er-/1990er-Jahren) und seit den 2000er-

Jahren als eine umkämpfte postneoliberale Übergangsgesellschaft definiert werden. All diese Wandlungen vollzogen sich zwar innerhalb der bestehenden Gesellschaftsformation, aber waren doch mit beachtlichen Veränderungen von Produktion, Arbeit, Kultur und Lebensweise verbunden (s. Reißig 2019).

Drittens ist diese Zeit durch einen Umbruch der bestehenden Weltordnung charakterisiert.

Einerseits sind Klima, Demokratie, soziale Polarisation, Energie, Nahrungsmittel, Migration und Fluchtbewegungen die großen Probleme und Herausforderungen des 21. Jahrhunderts, die zu globaler und regionaler Zusammenarbeit drängen; andererseits ist die heutige Weltordnung durch Wettrüsten, hegemoniale Kämpfe und imperiale Kriege zerstört. Die Weltgesellschaft steht in ihrer heutigen Verfasstheit vor einer «Scheidewegsituation» (Club of Rome 2022), ja vor einem Kipppunkt. Das Schlüsselwort dieser Zeit müsste heute mehr denn je «Frieden und Entwicklung», Zusammenarbeit, Nachhaltigkeitstransformation weltweit, global heißen.

Der dreifache Bruch und Umbruchprozess stellt sich damit – soziologisch formuliert – dar als tiefer Einschnitt im Evolutionszyklus (Epoche), im Gesellschaftszyklus (Wechsel sozioökonomischer und soziopolitischer Entwicklungspfade) und im geopolitischen Hegemonialzyklus (Struktur und Machtgefüge der Weltordnung).

2 Gesellschaft vor neuen Herausforderungen und Wandlungen in Zeiten eines historischen und globalen Bruchs

Seit dem Ende des 20. und dem Beginn des 21. Jahrhunderts wird auch in der Praxis immer deutlicher, dass weltweit grundlegende sozioökonomische und soziopolitische Wandlungen und gesellschaftliche Veränderungen und Übergänge anstehen (s. auch Wallerstein 2002). Den Schnittpunkt dieser Entwicklung bildete die weltweite Finanz- und Wirtschaftskrise 2007/2008, die den finanzmarktgetriebenen Entwicklungspfad in ein tiefes Dilemma stürzte. Die Reserven des Neoliberalismus waren erschöpft, seine Versprechungen nach mehr Freiheit und Wohlstand verloren an Wirkung. Der Markt, auf den alles konzentriert war, versagte. Die gesellschaftlichen Protestbewegungen wuchsen mehr und mehr an und erlangten erstmals wieder globalen Charakter (u. a. Weltsozialforen, weltweite Occupy World Street-Bewegung). Ein gesellschaftliches Gefühl, dass etwas zu Ende geht und etwas Neues erforderlich, aber auch möglich wird, machte sich breit. Nachhaltigkeit, Ökologie, Umwelt und Gerechtigkeit wurden zu wichtigen gesellschaftlichen Themen (vgl. auch *Die ZEIT* Nr. 32/2007 mit ihren umfassenden empirischen Daten- und Umfragematerialien).

Neue Transformation

In den Sozialwissenschaften vollzog sich eine Renaissance in der Beschäftigung mit Fragen des «Sozialen Wandels». Zum Dreh- und Angelpunkt in entsprechenden Arbeiten – bei allen Unterschieden – wurden dieser historische Bruch und die neuartige Krisen- und Konfliktsituation (Polykrise, Tooze) und deren Folgen für die Gesellschaft. Wie würde die Gesellschaft diese neuen Herausforderungen und Konfliktstrukturen verarbeiten und wie würde das Gesicht der sich wandelnden, der «nächsten Gesellschaft» aussehen? Das Thema Transformation – nicht mehr als postsozialistische Anpassungstransformation im Osten, sondern als Suche nach einem zukunftsfähigen Entwicklungsmodus in der westlichen und globalen Welt – kehrte so in die Zeitgeschichte und den sozialwissenschaftlichen Diskurs zurück. Fukuyamas Zeitdiagnose (1993) vom «Ende der Geschichte» und dem endgültigen Sieg der liberalen Demokratie des Westens war schon nach kurzer Zeit wieder passé. Erarbeitet wurde nun als theoretische Reflexion und strategische Antwort auf diese neue historische Umbruchsituation und zur Zukunft moderner Gesellschaften das Konzept einer «Großen Transformation» im 21. Jahrhundert. Dazu zählen Arbeiten (hier nach der Jahreszahl ihres Erscheinens) wie die *Gesellschafts-Transformation im 21. Jahrhundert. Ein neues Konzept sozialen Wandels* (Reißig 2009), die Studie des Wissenschaftlichen Beirates der Bundesregierung (WBGU) *Globale Umweltveränderungen. Welt im Wandel: Gesellschaftsvertrag für eine Große Transformation* (2011), die Arbeit *Das Morgen tanzt im Heute. Transformation im Kapitalismus und über ihn hinaus* (Klein 2013) und der Band *Futuring. Perspektiven der Transformation im Kapitalismus über ihn hinaus* (Brie [Hg.] 2014). Und der Club of Rom unterbreitete mit seiner Studie *2052: Der neue Bericht* (2012) neue Erkenntnisse und Orientierungen zum globalen Wandel und führte damit seinen Bericht von 1972 *(Grenzen des Wachstums)* fort.

In der Folgezeit erschienen weitere renommierte Forschungsergebnisse zur Transformation als komplexer und in sich differenzierter Umwandlungsprozess von Wirtschaft, Gesellschaft und Kultur (u. a. Wright 2017, Schneidewind [Hg.] 2018, Dörre/Rosa et. al. [Hg.] 2019).

Diese Arbeiten zur Begründung einer neuen, großen Transformation im 21. Jahrhundert zeichneten sich durch unterschiedliche Ansätze und auch Zielsetzungen aus. Doch gemeinsam war ihnen der Ausgangspunkt einer neuen Zeit (Epoche), einer aufbrechenden multiplen Krise mit ihren sich dynamisierenden Konfliktstrukturen und besonders der sich zuspitzende Klimawandel. Charakterisiert wurde diese neue Transformation – hier nur als typische Charakteristika benannt – als «postfossile», «umweltkompatible», «nachhaltige», «gemeinwohlorientierte», «solidarische» Entwicklung. Es handelte sich um Erfordernisse einer globalen Transformation unter dem normativen Leitbild Nachhaltigkeit (verstanden als Wandel der Wirtschaftsweise, der sozialen Entwicklung und der Lebensweise), wie sie auch die Wertegemeinschaft (193 Staaten 2015) mit der «UN-Agenda 2030» und ihren 17 Nachhaltigkeitszielen formulierte. Bei aller mehrdimensionalen Herangehensweise an das Ziel «Nachhaltigkeit» war doch Konsens, dass die Frage der Ökologie als Wandel der Produktions- und Lebensweise die zentrale Herausforderung dieses gesellschaftlichen Umwandlungsprozesses sei. Insbesondere die gesellschaftskritische Strömung der Transformationsforschung sprach dann bald von einer «Sozial-ökologischen Transformation», die die Eigentums- und Machtfragen nicht ausklammern dürfe. Damit sollte auch die viel zu allgemein gehaltene Nachhaltigkeitsvision inhaltlich stärker fokussiert werden (s. auch Brand 2021/2022). Als zeitdiagnostische Begriffe dieses gesellschaftlichen Zwischenstadiums fungierten im damaligen Diskurs «Umbruchgesellschaft», «Transformationsgesellschaft», «Post-neoliberale Übergangsgesellschaft», «Neue Moderne».

Zu jener Zeit sprachen selbst Regierungen und einflussreiche Unternehmerkreise von der Notwendigkeit einer «Ökologischen Modernisierung», einer «Grünen Transformation» (noch im Koalitionsvertrag der bundesdeutschen Ampel-Regierung), eines «Green Deal» (EU).

Es schien damals, als würde sich zumindest ein Fenster für einen ökologischen und sozialen Wandel öffnen.

Blockierte Transformation

Heute, rund 15 Jahre später, kann eine Zeitdiagnose, die einen Rückblick auf die vergangenen eineinhalb Jahrzehnte wahrnimmt, nicht mehr übersehen: die auf der historischen Umbruch-Agenda stehende Öffnung zu einem nachhaltigen, sozialökologischen Entwicklungspfad hat sich – bei allen grünen und halbherzigen sozial-ökologischen Reformen – nicht vollzogen. Selbst eine ökologische Modernisierung vollzog sich nur in Ansätzen. Wir haben es mit einer «Blockierten Transformation» zu tun.

Die Frage ist, wie es kommt, dass eine hochgradig von Widersprüchen, Krisen, sozialen und ökologischen Gefährdungspotenzialen geprägte Gesellschaft sich – und trotz vorliegender Alternativen und strategischer Konzepte – immer wieder von Neuem reproduzieren kann. Dies steht im Raum und bedarf neuer Überlegungen und Forschungen (so auch das IfS Frankfurt a.M. 2024).

In diesem Text sollen nur in Stichworten und ohne nähere analytische Begründungen auf einige Ursachen dieser Entwicklung verwiesen werden. Allgemein formuliert ist diese entstandene Blockade machtzentriert, ökonomisch, politisch und nicht zuletzt kulturell-mental begründet. Die herrschende Eigenlogik sich modernisierender systemischer Entwicklung des Bestehenden war (wieder einmal) stärker. Was sich in diesem Zeitraum zugleich vollzog, war eine Verschiebung der politischen und gesellschaftlichen Kräftekonstellationen und ein tiefgreifender Wandel der geistigen Situation (vgl. dazu auch Reißig 2024 a, b).

Mit der aufbrechenden multiplen Krise/Polykrise (2007/2008), der Euro- und Migrationskrise (2015), der Corona-Krise (2020ff.), der Energie- und Rohstoffkrise (2024ff.) gewannen vor allem die konservativ-regressiven Kräfte mit ihrer Art des Krisenmanagements, d.h. den Versuchen einer Stabilisierung des Alten vor Umbau zu Neuem, national und international die Dominanz. Statt Umbau der «enthemmten Finanzmarktökonomie» (Schirrmacher, Mitherausgeber der FAZ) – «gekaufte Zeit» (Streeck 2013), statt ökologischer Transformation und sozialer Modernisierung eine Politik des Rückzugs und der Verunsicherung; statt Suche nach einem gesellschaftlichen Konsens für nachhaltigen Wandel – Orientierung an vergangener «Normalität» (Lessenich 2022); statt «Transformationsfähigkeit» – Proklamierung einer «Kriegsfähigkeit». Alles in allem eine Entwicklung, die zu Stillstand und gar Rückschritten bei der Bewältigung der sozial-ökologischen Herausforderungen führte, wie auch die UN 2023 für die globale Transformation feststellte. Und mit dem Ukraine-Krieg und der damit einhergehenden Ost-West-Konfrontation, Militarisierung und Aufrüstung entstanden das Gegenstück und der Bremsklotz für eine Nachhaltigkeitstransformation im globalen und nationalen Maßstab. Nicht zuletzt wandelte sich die «geistige Situation» (vgl. auch Habermas 1978) in der Gesellschaft, von linksliberal zu rechts-konservativ. Klimakrise und sozialökologische Wende gerieten in der öffentlichen Debatte in den Hintergrund, dagegen Migration, Sicherheit, Kriegsfähigkeit in den Vordergrund. Und die Transformationskräfte vermochten es nicht, ein handhabbares Transformationsprojekt zu entwickeln und ein gesellschaftliches Wandlungsbündnis zu formieren. Sie gerieten mit ihren Botschaften allmählich in die Defensive.

Das Ziel der Transformation, schrittweise eine Gesellschaft der Nachhaltigkeit zu kreieren, konnte sich so nicht verwirklichen. Eine aktuelle Gegenwartsdiagnose muss daher konstatieren: Aus der Umbruch- oder Übergangsgesellschaft entstand keine Gesellschaft der Nachhaltigkeit. Auch kann die heutige Zeit nicht mehr als «Interregnum» (Gramsci), als eine «Zeit gesellschaftlichen Vakuums» charakterisiert werden, wie das noch mit dem Ende des «neoliberalen Zeitalters» möglich war. Die Logik des bedingungslosen Steigerungsdrangs, Wettstreits, Profits dominiert die wirtschaftliche, soziale, kulturelle Realität. Und Nachhaltigkeit, nachhaltige Entwicklung, Ökologisierung, Emanzipation, Demokratie und Kultur des Miteinanders wurden als Leit- und Orientierungsbegriffe weitgehend verdrängt. Die gegenwärtige Situation ist in der Tat durch eine doppelte Krise gekennzeichnet: Krise der bestehenden Ordnung der Nicht-Nachhaltigkeit und zugleich Krise des Projekts der Nachhaltigkeit (Blühdorn 2024). Doch ist dies schon das (neue) Grundgesetz der Moderne? Oder gibt es Gegenbewegungen? Und bleibt die Geschichte der Moderne offen und muss die soziologische Theorie nicht nur als Dystopie erzählt werden? (Haselbach 2024).

Um darauf eine ausgewogene Antwort zu finden, sollte eine aktuelle Gegenwartsdiagnose zuerst erkennen: Im dritten Jahrzehnt des 21. Jahrhunderts ist eine neue, widerspruchsvolle gesellschaftliche und globale Situation entstanden, die es zu analysieren und zu deuten gilt; auch um eine neue, besser eine weiterentwickelte Zeitdiagnose zu entwerfen.

Doch das, was hier zu Recht als «neue gesellschaftliche und globale Situation» bezeichnet wird, ist nicht plötzlich entstanden, sondern bereits im vorangegangenen Entwicklungsstadium begründet und gereift. Kontinuitäten können im Geschichtsprozess nicht selten in neue Qualitäten umschlagen. Und in unserem Falle sogar innerhalb einer Gesellschaftsformation, wodurch die unterschiedlichen, ja entgegengesetzten Prozesse und Tendenzen oft eng miteinander verbunden sind.

3 Neue gesellschaftliche und strategische Situation im dritten Jahrzehnt des 21. Jahrhunderts

3.1 Veränderte gesellschaftliche Situation und neue Konfliktlinien

Eine solche Zeitdiagnose erfordert – mit Blick zurück – vor allem eine neue Konfliktdefinition und eine adäquate Beschreibung der neuen Konfliktlinien und -strukturen. Wie sich heute zeigt, hat die sich herausgebildete «Blockierte Transformation» keine der grundlegenden gesellschaftlichen Probleme und Herausforderungen – Klima, Umwelt, Ökologie, soziale Polarisierung, Erosion der Demokratie – gelöst, sondern im Gegenteil den Konfliktzustand der Gesellschaft verschärft. Denn was sich nun deutlicher offenbart ist eine tiefe Krise der Gesellschaft selbst, mehr noch ein Zerbrechen dessen, was als «liberales Gesellschafts- und globales Ordnungsmodell» bezeichnet wurde. Und das in einem Momentum, wo die Gesellschaft als Dreh- und Angelpunkt bei der Bewältigung der Krisen- und Gefahrenpotenziale und der Sicherung von Zukunft mehr denn je herausgefordert ist. Tatsächlich aber ist die bürgerliche Gesellschaft heute in sich sozial-strukturell, sozial-politisch und kulturell-mental tiefer denn je gespalten, ja zerrissen. Das klassische Integrationspotenzial – Wirtschaftswachstum als Grundlage sozialer Wohlfahrt – funktioniert nicht mehr. Und ein übergeordnetes gesellschaftliches Paradigma, wie es in der Vergangenheit mit «Aufstiegsgesellschaft» («Teilhabekapitalismus», «Soziale Moderne» 1945 bis Mitte der 1970er-Jahre) und selbst noch mit «Neoliberaler Dynamisierung, Pluralisierung und Singularisierung» (1980er-/1990er-Jahre) wirkte, gibt es nicht mehr. Der alte gesellschaftliche Konsens ist Geschichte. «Fortschritt» als das bisherige Zukunftsnarrativ der Moderne ist erodiert und «Verlust» ist das heutige typische Merkmal der Spätmoderne (Reckwitz 2024).

Statt sozialer und ökologischer Entwicklung vollzieht sich ein autokratischer und autoritärer Umbau von Staat und Gesellschaft – vorangetrieben durch einflussreiche Kreise der herrschenden Elite, die damit versuchen, der multiplen Krise Herr zu werden. Vor allem die autokratische Ausrichtung der Politik verstärkt sich nach Innen und Außen. Nach innen: Umbau des Staates als Wettbewerbs- und Sicherheitsstaat, Verschärfung der Asylgesetzgebung, Rückbau sozialstaatlicher Leistungen, Steuersenkungen im Interesse großer Unternehmen, Abwicklung klimapolitischer Maßnahmen (u.a. Klimageld, Heizungsgesetze) und Finanzierung marktabhängiger und -konformer Klimapolitik.

Und nach außen: «Zeitenwende» als strategische Umorientierung von «Friedensfähigkeit» zu «Kriegstüchtigkeit», eine bislang nicht gekannte Aufrüstungswelle mit entsprechender immenser Erhöhung des Verteidigungshaushalts. Statt Politik des Dialogs und der Entspannung zunehmende Elemente konfrontativer Politik zur «Lösung» globaler Konflikte.

Die autokratisch-autoritären Umwandlungen der Gesellschaft werden vor allem auch im Wandel des Diskurses und des Zeitgeistes sichtbar. Sozio-kulturelle progressive Werte und Einstellungen wie Weltoffenheit, Offenheit für gesellschaftlichen Wandel, Vielfalt gesellschaftlicher Meinungen, Nachhaltigkeit, Klimaneutralität, globale Verantwortung für Frieden und Entwicklung, Solidarität verloren immer mehr an gesellschaftlicher Relevanz und wurden durch eine konservativ-autoritäre Diskursgestaltung und Politik mehr und mehr verbannt und marginalisiert sowie durch Abschottung, Sicherheit, Angst vor Fremden, Veränderungsskepsis, Misstrauen, Hervorhebung traditioneller Hierarchien ersetzt und in den letzten Jahren vor allem durch Freund-Feind-Denken, Kriegspropaganda, militaristische Denkstrukturen überlagert.

Zunehmende geopolitische Umwälzungen und die damit verbundene Konfrontation und Militarisierung im globalen Maßstab schlagen in Konfrontation und Militarisierung im Innern der Gesellschaft um. In dem Maße wie Krieg wieder als Normalzustand betrachtet und Kriegsfähigkeit als gesellschaftliche Orientierungs- und Zielgröße gilt und die Klimakatastrophe nicht mehr auszuschließen sei, bewegen wir uns – so der renommierte Soziologe Hartmut Rosa – «hin zu einem gesellschaftlichen Abgrund.» (Rosa: Interview *Berliner Zeitung* 12./13. Juli 2025, S. 24–25)

Das Besondere dieser neuen gesellschaftlichen und globalen Situation im dritten Jahrzehnt des 21. Jahrhunderts ist, dass die westliche Hegemonialmacht USA heute den Vorreiter dieses Weges in die Autokratie und den Autoritarismus spielt. Was sich mit der Machtübernahme durch Trump und den damit verbundenen Elitenwechsel seitens Rechtspopulisten (Trump und Co.), ‹Libertärem Techno-Feudalismus› (Elon Musk, Peter Thiel) und Post-Liberaler (J.D. Vance und sein Ideengeber Patrick Deneen) abzeichnet, ist ein «zunehmender Autoritarismus und Niedergang der Demokratie», wie es der bekannte Journalist David H. Graham in seinem neuen Buch beschreibt (Graham 2025). Diese Entwicklung sei nicht sofort und überall spürbar. Vielmehr werde das System langsam von innen kollabieren (ebd.). Der Masterplan, die Blaupause für diese Entwicklung wurde im «Project 2025» (900 S.) der erzkonservativen, christlich-nationalistischen und wirtschaftsliberalen US-Stiftung Heritage-Foundation entworfen und seitdem von Trump und seinen Gefolgsleuten ins Werk gesetzt. Zwei große politische Ziele werden dabei verfolgt: zum einen der Staatsumbau, der darauf zielt, so viel Macht wie möglich beim Präsidenten zu konzentrieren. Zum anderen das gesellschaftspolitische Projekt, das darauf zielt, eine Gesellschaft zu forcieren, die christlich-konservativ ist, mit traditionalistischen Geschlechterrollen und die vor allem nach innen schaut und nicht von Einwanderern dominiert werde (Graham in: *Die ZEIT*: 2025, Nr. 18). Ins Werk setzen, d. h. für die Trump-Administration Stärkung der Exekutive und Einschränkung der Legislative und der Rechtsordnung, Deregulierung der Wirtschaft und der Finanzaufsicht, die Förderung fossiler Rohstoffe und die Abkehr von den Erneuerbaren, die Migrationsbekämpfung (Budget von 150 Mrd. US-Dollar für die nächsten vier Jahre) und die brutale Abschiebung von Migranten, die starke Kürzung der Mittel für Soziales, Gesundheit und Bildung (Trumps Gesetz «Big Beautiful Bill»), der Austritt aus dem Pariser Klima-Abkommen, die De-facto-Abwicklung von Institutionen wie USAID (Entwicklungsinstitution und -projekte) und des Wetterdienstes NOAA, die politischen und finanziellen Sanktionen gegen renommierte Bildungsinstitutionen wie u. a. die Harvard Universität und nicht zuletzt das Vorgehen gegen kritische Medien. Sind die Praktiken und Übereinstimmungen zwischen dem Project 2025 und der Trump-Administration in der Innenpolitik nicht zu übersehen, so zeigen sich in der Verteidigungs- und Kriegspolitik manche Nuancen. Die Autoren des Projects gehen davon aus, dass die nächste Phase der Weltgeschichte ein Zeitalter des Wettbewerbs der Großmächte sein wird und die Vereinigten Staaten sich weniger – wie in Zeiten des Kalten Krieges – in «kleine Kriege» verwickeln sollten und vielmehr auf größere Bodenkonflikte vorbereitet sein müssten. Vor allem China gerät dabei ins Visier. So oder so, der Verteidigungshaushalt muss – so das Projekt 2025 – massiv aufgestockt werden.

Was die neue amerikanische Machtelite und Oligarchie (Trump, Vance, Musk, Thiel) eint, ist ihre radikale Abkehr vom und Absage an den «gesetzlichen Liberalismus». Vor allem Vizekanzler Vance – gespeist durch Patrick Deneen, Philosophie-Professor an der Katholischen Universität Notre Dame – macht sich in Ideologie und Praxis zum Fürsprecher eines «Post-Liberalismus», d. h. eines Abbaus der bürgerlich-parlamentarischen Demokratie und einer grundlegenden Erneuerung der Gesellschaft im Sinne eines allmählichen «Regimechance». Ziel ist die Errichtung einer neuen postliberalen, gemeinschaftlich (besonders Familie) und zugleich hierarchisch (Führungsprinzip) geprägten Gesellschaft. Trumps Herrschaftssystem – so das Fazit eines langjährigen Demokratieforschers – nähme immer deutlicher «sultanistische Formen» (Max Weber) an. Denn es sei personal und nicht legalistisch-rational organisiert; Institutionen spielten keine handlungsleitende Rolle; staatliche Positionen würden nach Maßgabe der jeweiligen Loyalität zum Herrscher vergeben, der nach eigenem Ermessen und mit dem Doppelprinzip «Furcht und Belohnung» regiere (Merkel 2025: 14–17).

Die gegenwärtige Entwicklung in den USA wie auch in anderen Ländern des Westens zeigt die Fragilität der liberalen Demokratie im 21. Jahrhundert; und dass der Kapitalismus als dominantes Wirtschafts- und Eigentumsverhältnis in verschiedenen politisch-institutionellen Herrschaftsformen existieren und sich entwickeln kann: in liberalen, post-liberalen, neo-konservativen. Der Kapitalismus funktioniert aber auch ohne Demokratie, ohne Umweltgesetze, ohne Menschenrechte; d. h. in oligarchischen oder verschiedenen autoritären Formen.

Noch scheint die Frage des grundlegenden Richtungswechsels nicht endgültig entschieden zu sein. Noch sind Brüche und verschiedene Alternativen möglich, noch ringen Kräfte der Demokratie, der Zivilgesellschaft, der Transformation in den USA wie in verschiedenen Ländern des Westens um die Verhinderung eines autoritären Weges aus der multiplen Krise und für soziale und demokratische Alternativen. Doch das hier angedeutete Momentum des Zerbrechens der liberalen Ordnung und des Richtungswechsels – hin zu einer «Autokratisch-autoritären Ordnung», einem «Post-Liberalismus», einer «Post-Demokratie» – hat vor allem in den USA heute die Dominanz erlangt. Aber es ist auch eine seit Längerem zu beobachtende internationale Tendenz. «Innerhalb der westlichen Demokratien verliert der Liberalismus nach fast einem Jahrhundert seine Dominanz» (Saxer 2024: 15). Nach Untersuchungen des schwedischen Demokratie-Instituts – auf der Basis zahlreicher nationaler und internationaler Demokratiestudien – ist die Demokratie weltweit im Rückzug und leben heute rund 70 Prozent der Weltbevölkerung in autokratischen bzw. autoritären Staatsformen (V.-Dem. Institut 2025, online).

Geopolitische Umwälzungen und neue Konfliktstrukturen

Zu den neuen Konfliktlinien und -strukturen im dritten Jahrzehnt des 21. Jahrhunderts gehören vor allem die geopolitischen Umwälzungen und die damit verbundenen neuen Konkurrenzverhältnisse, Auseinandersetzungen, regionalen und globalen Kämpfe um Macht und Einflusssphären.

Im Rückblick wird deutlich: Die multipolare Nachkriegsordnung mit ihren Stabilitäten, Brüchen und Krisen ist Geschichte. Ende der 1980er-Jahre gab es noch manch Zeichen der Hoffnung. Es war das Ende der in Ost und West geteilten Welt und des Kalten Krieges. Die «Charta von Paris» von 1990 orientierte auf ein neues, starkes und gemeinsames Europa. Doch sie blieb Papier wie auch das von der Palme Kommission 1982 entwickelte Konzept der «Gemeinsamen Sicherheit». Die USA fungierten seit dem Ende der Nachkriegszeit als neuer Hegemon und nahmen allein ihre Interessen zur Grundlage geopolitischen Handelns und Strebens. Unwiderruflich vorbei ist aber inzwischen auch die unipolare Vormacht der USA. Die USA haben sich – wie Marc Saxer zu Recht feststellt – in ihrer Hegemonie überdehnt; militärisch durch Kriege in Afghanistan und dem Irak; ökonomisch durch den selbst verschuldeten Finanzkollaps; strukturell, indem sie der wachsenden Nachfrage nach globalen öffentlichen Ressourcen in der Welt nicht mehr gerecht werden können (Saxer, *IPG* 26.6.2025). Vor allem aber der Aufstieg von China, Indien, Russland bedingte den Abstieg des Westens. Eine Tendenz, die mit dem Erstarken der BRICS-Staaten weiter zunimmt.

Niemand kann heute sagen, wie die neue Weltordnung morgen aussehen wird oder ob es überhaupt eine geben wird (Saxer). Klar ist allerdings, dass die geopolitischen

Umbrüche und damit verbundene strategische Unsicherheiten die Rahmenbedingungen für äußere Sicherheit und für die innere Ordnung grundlegend verändern.

Für die USA unter Trump ist nicht nur die «liberale Demokratie», sondern gerade auch die «liberale Weltordnung» obsolet geworden. Ihr Hegemonialstreben um Machtpositionen soll in der «neuen Weltordnung» jedoch nicht preisgegeben, sondern vor allem mit allen Mitteln – ökonomischen, politischen, ideologischen und auch militärischen – ausgebaut werden. China wird dabei zum Hauptgegner der USA im 21. Jahrhundert erklärt, auf den sich vor allem konzentriert werden soll.

Eine Zeitdiagnose muss deshalb die geopolitischen Umwälzungen und neuen Zusammenhänge zwischen den globalen Umbrüchen und dem Wandel der Rahmenbedingungen innerhalb von Gesellschaften betrachten, erklären und in ihren Konsequenzen beschreiben. Denn in den letzten Jahren ist noch deutlicher geworden, dass diese globalen Brüche und Konfliktstrukturen wie der Ukraine-Krieg, das neue Wettrüsten, die zunehmende Militarisierung die Gesellschaften weiter spalten und transformative Wandlungen erheblich blockieren.

Die Folgen der «blockierten Transformation» sind mithin gravierend. Die sozial-ökologische Krise wurde zur *Gesellschaftskrise.* Die Gesellschaften befinden sich in einer Phase historischen Umbruchs, der auch als Paradigmenwechsel zu bezeichnen ist. Das Gesicht der Gesellschaften wandelt sich zusehends. Autokratie und autoritäre Strukturen und Entwicklungen nehmen zu. Was einst als Stärke bürgerlich-demokratischer Gesellschaften und auch als Grundlage sozial-ökologischen Wandels betrachtet wurde – Demokratie, Freiheit, zivile Gesellschaft und liberale Weltordnung als Grundlage gesellschaftlichen Konsens' – zerbricht unter dem Druck der multiplen Krise und dem Agieren konservativer, rechtspopulistischer und autoritärer Kräfte. Und die Frage stellt sich: «Blockierte Transformation», «Wege der Nicht-Nachhaltigkeit», «Autoritäre Herrschaftsstrukturen», «Post-Demokratie» – eine unaufhaltsame Entwicklung spätmoderner bürgerlich-kapitalistischer Gesellschaften? Wie die Geschichte gerade der vielfältigen Transformationsfälle (Reißig 2019, 2025) aber auch zeigt, vollziehen sich gesellschaftliche Wandlungsprozesse nicht als deterministischer «Sachzwang», sondern als Zusammenspiel systemischer, eigendynamischer Faktoren und dem Handeln von politischen sowie gesellschaftlichen Akteuren. Je nachdem kann das eingeschlagene Pfade stärken oder auch Richtungsänderungen ermöglichen.

3.2 Neue Akteurskonstellationen und -koalitionen in der Gegenwartsgesellschaft

Das dritte Jahrzehnt des 21. Jahrhunderts – also unsere unmittelbare Gegenwart – ist durch Veränderungen besonders auch in den politischen und gesellschaftlichen Akteurskonstellationen gekennzeichnet. Dazu gehört vor allem,

- dass der «liberale Block der Mitte» zerbricht (Brie);
- dass eine Ablehnungs- und «Weiter so»-Front entstanden ist, die gerade in Fragen sozial-ökologischer Alternativen so oder so inzwischen eine Mehrheit in der Gesellschaft hinter sich weiß;
- dass die rechtspopulistische und -extremistische Bewegung sich in einem zunehmenden Aufstieg befindet und in einigen Ländern bereits das Machtzentrum dominiert;
- und dass das plurale Transformations-

bündnis erodiert, zerrieben ist und sich in der Defensive befindet.

Das alles ist mit tiefgreifenden Veränderungen der Gegenwartsgesellschaft und ihrer politischen und mentalen Verfasstheit verbunden.

Das Zerbrechen des «liberalen Blocks der Mitte» ist als Tendenz in der westlichen Welt seit Längerem sichtbar. So in Frankreich am Zerfall der republikanischen Kräfte; in Italien am Niedergang und Verschwinden der einst so mächtigen Christ-Demokratischen Partei, die über Jahrzehnte auch die Regierung stellte; in den USA in der Radikalisierung der Republikanischen Partei und der tiefen Krise der Demokraten. Und auch in der Bundesrepublik vollzog sich dieser Niedergang des «liberalen Blocks», der parteipolitisch über Jahrzehnte von CDU/CSU, SPD, FDP und Grünen gebildet wurde. Selbst sogenannte «Große Koalitionen» von CDU/CSU und SPD haben heute, wie die jetzige Merz-Regierung, keine Mehrheit mehr im Parlament und schon gar nicht in der Bevölkerung. Deutlich wurde diese Tendenz auch in der EU, wo sich ein Rechtsruck (Parlament, Kommission, Rat) vollzog und die Mitte-Links-Koalition im Parlament ihre frühere Mehrheit verlor und die gesamte politische Agenda veränderte. So wurde auch das Kernprojekt des «European Green Deal» zu einem «Clean Industrial Deal» umgewandelt.

Dieses Zerreißen der «liberalen Mitte» ist eine Folge des Niedergangs des Neoliberalismus, der multiplen Krisen sowie der tiefen geopolitischen Umwälzungen – und der Tatsache geschuldet, dass die traditionellen konservativen und sozial-liberalen Kräfte keine angemessenen Antworten darauf fanden und ihre Politik diese polit-ökonomischen und sozialen Krisen und gesellschaftlichen Konflikte nur noch verstärkten. Das Zerbrechen des «liberalen Blocks» ist aber auch dadurch gekennzeichnet, dass viele der einst zu ihm gehörenden Kräfte und Gruppierungen längst ins rechtspopulistische und nationalistische Lagern abwanderten. Und wichtiger noch, dass der einst geheiligte Boden ihrer Politik – die bürgerliche Gesellschaft, die Demokratie, der plurale Meinungsstreit – preisgegeben wurden und sich autoritär-hierarchische Strukturen etablieren.

Schaut man tiefer in das widerspruchsvolle Geflecht von Akteursbildungen und -handlungen in der Gegenwartsgesellschaft, so sind (etwas idealtypisch) drei Akteurskonstellationen und -koalitionen auf diesem Hintergrund auszumachen.

Ablehnungsfront, Status quo- und «Weiter-so»-Koalition

Ablehnung bezieht sich vor allem auf sozial-ökologische, grün-transformative Umwandlungen. Sprach sich z. B. der von der Merkel-Regierung initiierte WBGU noch für eine «Große Transformation» aus, die Ampel-Koalition dazu nur noch für eine Transformation als ökologische Modernisierung und grün-technischem Umbau, so ist im Koalitionsvertrag der Regierung unter Kanzler Merz ein Konzept ökologisch-sozialer Umwandlungen vergebens zu suchen. Darin widerspiegelt sich zum einen die strukturelle, interessengeleitete Haltung konservativer Kreise, aber auch der zunehmende Verlust der Gestaltungs- und Steuerungsfähigkeit der politischen und wirtschaftlichen Elite. Infolge fehlerhafter politischer Entscheidungen der verschiedenen Regierungen ist eine Situation entstanden, die dazu führte, dass Transformation in breiten Kreisen der Gesellschaft heute als Bedrohung wahrgenommen, als Verlust des mühsam erzielten Lebensstandards verstanden wird.

Ablehnung sozio-ökologischer Umwandlungen durch die «Weiter so»-Kräfte verbindet sich mit bestimmten Anpassungen – so bei marktabhängigen grünen Technologien, bei der Nutzung der KI zur Forcierung des Wirtschaftswachstums, für wissenschaftliche und technologische Innovationen zur Erhöhung der Wettbewerbsfähigkeit im globalen Konkurrenzkampf. Diese Kreise in den wirtschaftlichen und politischen Eliten gehören auch zu jenen, die die Demokratie durch weniger Regulierung, Teilhabe, Aushandeln, Kompromissfindungen «effektiver» machen möchten und letztlich autokratische und autoritäre Lösungen bevorzugen. Nicht zuletzt kommt aus diesen konservativ-elitären Akteursgruppierungen die große Unterstützung für die «Zeitenwende» als gesellschaftlicher Habituswechsel hin zu einer Politik der Hochrüstung, der Verteidigungsfähigkeit als Kriegsfähigkeit und der Verunglimpfung der Entspannungspolitik als realitätsferne Haltung.

Herausbildung eines neuen autoritären Rechtsbündnisses

Verkörpert wird dieses Bündnis durch rechtspopulistische und nationalistische Bewegungen und Konzepte, die auf Verteidigung vor allem der fossilistischen Produktions- und Lebensweise sowie patriotisch-nationalistisch gefüllten Schwerpunktthemen wie «Nation», «Familie» und «Staat» als Abschottungs- und Ordnungsfaktor gegen «drohende Überfremdung» setzen. Rechtspopulismus und -extremismus sind im Aufwind und haben ihren Einfluss und ihre Machtpositionen immer weiter ausgebaut – so unter anderem in Italien, Frankreich, Türkei, Niederlande, Belgien, Ungarn, Polen, Schweden, Argentinien. Zu der neuen strategisch-politischen Situation in dieser Gegenwartsgesellschaft gehört auch die zunehmend autoritäre Ausprägung dieser Bewegung, das Entstehen neuer Rechtsbündnisse mit dem Ziel, den Staat sozio-politisch und die Gesellschaft sozio-kulturell nach ihren Vorstellungen umzubauen. Am deutlichsten wird diese neue Konstellation – wie gezeigt – in den USA, wo ein solches Bündnis bereits die Macht übernommen hat und ihr Programm ins Werk setzt. Die FAZ sah sich sogar veranlasst, von einer «Rechtspopulistischen Revolution» zu sprechen, die sich in Nordamerika, Europa, Japan vollziehe (FAZ 5.9.2025: 1).

Diese Entwicklung kann nicht mehr als Zufall, als kurzfristige Erscheinung betrachtet werden, sondern ist eine Reaktion auf die herausgebildeten Umstände einer Polykrise und einer offiziellen Politik, die die Bedürfnisse, Interessen vor allem der unteren Schichten der Bevölkerung ignoriert, ja missachtet.

Das autoritäre Rechtsbündnis oder auch als «Neue Rechte» im Westen bezeichnet, strebt wie ihr «Vorbild» in den USA, nach Überwindung der «liberalen Demokratie» und der «liberalen Weltordnung». Autokratische und autoritäre Herrschaftsformen nach innen, eine neue Weltordnung als Beendigung der «Globalisierung» und «Liberalisierung» und als neue Aufteilung der Welt – verkleidet in das Bild einer «neuen westlicher Zivilisation».

Freilich gibt es diese «Neue Rechte» nicht nur im Westen, sondern ebenso im Osten wie im Norden und Süden. Neben den dominierenden Gemeinsamkeiten werden zwischen ihnen zugleich Unterschiede und Besonderheiten sichtbar, die vor allem national und historisch bedingt sind.

Eine besondere Gefährdung für Demokratie und Gesellschaft bestünde in einem Zusammengehen, einem Bündnis der «Weiter-so-Koalition» und der «Neuen Rechten».

Dafür gab und gibt es in mehreren westlichen Ländern nicht nur Anzeichen, sondern auch praktische Schritte – so in Italien, Niederlande, Belgien, Österreich, Schweden. Und auch in der Bundesrepublik sind solche Avancen aus der CDU gegenüber der AfD nicht mehr zu übersehen.

Kräfte des sozial-ökologischen Wandels und der globalen Kooperation

Wie schon gezeigt, wurde das einst einflussreiche gesellschaftliche und politische «Transformations-Bündnis» (hier bezogen auf die Bundesrepublik) im Zuge der regressiven Gesamtentwicklung auf nationaler und internationaler Ebene zerrieben und in die Defensive gedrängt. Eine Tendenz, die bislang nicht gestoppt werden konnte und sich fortsetzte. Dass das auch mit eigenen Schwächen und Fehlern zu tun hatte, war nicht zu übersehen und wird auch in sozialwissenschaftlichen Arbeiten konstatiert. Doch auch heute gibt es diese Kräfte und Bewegungen, verkörpert durch vielfältige ökologische und soziale Bewegungen und Verbände, durch Teile der Gewerkschaften, durch linksorientierte politische Kräfte wie auch durch gesellschaftskritische Kreise in Kultur und Wissenschaft. Sie unterbreiten ihre Vorschläge zum sozial-ökologischen Wandel, zur Verteidigung und zum Ausbau der Demokratie und des Sozialstaats, zum Abbau der gefahrvollen globalen Konfliktstrukturen und zur Beilegung regionaler und globaler Kriege sowie zur Entwicklung einer kooperativen und sicheren Weltgemeinschaft. Doch sie bilden gegenwärtig im politischen und gesellschaftlichen Raum eine Minderheit.

Gerade Wandlungs- und Transformationskräfte sind heute mit dieser neuen gesellschaftlichen und strategischen Situation konfrontiert («Blockierte Transformation», «Zerbrechen des liberalen Blocks», «Wandel der geistigen Situation», Aufstieg der «Neuen Rechten», «Zerstörte globale Weltordnung» mit ungewissem Ausgang), auf die sie neue Antworten finden müssen, eingebunden in einen neuen Suchprozess nach Schneisen alternativer und gangbarer Wege eines demokratischen, ökologischen, sozialen Wandels.

4 Mögliche gesellschaftliche Entwicklungsperspektiven und Zukunftsszenarien

Unsere Zeit ist – wie gezeigt – durch einen radikalen Bruch (Epoche, Weltordnung, Gesellschaftsentwicklung) gekennzeichnet. Die Gesellschaften, in diese Phase historischen Umbruchs eingebettet, sind schon bislang durch eine Veränderung ihrer sozialen, politischen und ökologischen Verfasstheit gekennzeichnet. Die Dramatik der Gegenwart äußert sich in drei Dimensionen. Zum einen in einer eskalierenden *Umweltkrise*. Zum anderen in einer aufbrechenden und sich vertiefenden *Gesellschaftskrise*. Und schließlich und nicht zuletzt in einer sich zuspitzenden *Krise der globalen (Welt) Ordnung* mit ihrem multipolaren Wettrüsten, Hegemonie- und Machtkämpfen und Kriegen. Die eingesetzten Mittel zur Bewältigung dieser Krisen bewirkten bislang eher ihre Verschärfung (multiple Krise, Polykrise).

Diese Dramatik der neuen Situation ist aber nicht allein den neuen, objektiven und risikovollen Umbruchkonstellationen geschuldet, sondern – wie gezeigt – auch den bestehenden Handlungs- und Akteurskonstellationen. Konservative, Rechte, nationalistische Bewegungen dominieren die Gesellschaft und blockierten mögliche Wege der Anpassung und des demokratischen, sozialen, ökologischen Wandels. Und die

Gegenbewegungen sind bislang zu schwach, um diese Blockade zu überwinden und politischen, sozialen, kulturellen Wandel zu bewirken.

Doch bleiben die Geschichte und unsere Zukunft auch heute noch immer offen. Bedingt sowohl durch die tiefen und oft nicht vorhersehbaren evolutionären und strukturellen Prozesse der nationalen und globalen Entwicklung als auch durch neue Formierungsprozesse gesellschaftlicher Akteure bleiben Brüche und Öffnungen möglich.

Generell sind längerfristig – ausgehend von den heutigen Bedingungen und Verhältnissen – zwei Entwicklungsperspektiven, -szenarien möglich. Gestärkt werden diese meine Überlegungen und Ausführungen auch durch eine unlängst (Juli 2025) veröffentlichte Studie des vom Club of Rome getragenem und unterstütztem internationalem Forschungsteam «Earth 4 All project» mit dem Titel *Menschheit im Jahr 2100: «Gigant Leap» (GL)* statt «Great Reset» (Club of Rome 2025, vgl. auch Moegling 2025). Und bereits im Oktober 2024 hatte der Club of Rome gemeinsam mit dem Wuppertaler Institut für Klima, Umwelt und Energie die Studie *Earth for All Deutschland* herausgegeben (Club of Rome 2024).

In dieser meiner hier skizzierten Zeitdiagnose geht es natürlich nicht um eine Zukunftsprognose mit dem Blick auf das Jahr 2100, sondern um Überlegungen und Aussagen für mögliche künftige Entwicklungsszenarien – ausgehend von den Realitäten der heutigen gesellschaftlichen und globalen Gegenwart.

Entwicklungsperspektive und -szenario Eins: «Weiter so» – mit riskanten Folgen für Gesellschaft und Natur

Dieses Szenario bedeutet ein «Weiter so» wie bisher und eine Beibehaltung der alten systemimmanenten Entscheidungs- und Machtstrukturen. Die Stabilisierungs- und Status quo-Koalition behält auch in Zukunft die Dominanz in der Gesellschaft. Ein neues, zeitgemäßes und gar zukunftsfähiges Gesellschaftsprojekt wird nicht entwickelt.

Mit technischen Innovationen und KI («digitale Revolution») soll die Wettbewerbsfähigkeit im globalen Konkurrenzkampf gestärkt werden. Bestimmte sozialökologische Maßnahmen werden ergriffen, um gesellschaftliche Hemmnisse zu beseitigen und wirtschaftliche Entwicklungspotenziale freizusetzen. Eine Wende aber zu einer wirtschaftlichen, ökologischen und sozialen Nachhaltigkeit wird nicht vollzogen. Der einst (2012) im WBGU-Plan geforderte sozial-ökologische Pfadwechsel ist Geschichte und obsolet geworden. Die Klimaerwärmung und Klimakrise werden so nicht verhindert. Das Pariser Klimaabkommen von 2015, den Temperaturanstieg auf 1,5 Grad Celsius, mindestens aber unter zwei Grad Celsius im Vergleich zum vorindustriellen Zeitalter zu beschränken, wird verfehlt. Nach Expertenmeinung wird die Erderwärmung um etwa drei Grad wahrscheinlich. Die Folge sind – worauf der Club of Rome aufmerksam macht – Dürre, Überschwemmungen, großflächige Brände, Erdrutsche und damit zusammenhängend Flucht, Vertreibung, Ernteausfälle, Hunger. Kipppunkte der Biosphäre werden erreicht. Die Umweltschäden nehmen ein bedrohliches Ausmaß an (Club of Rome 2025).

Doch auch die soziale Ungleichheit wird mit diesem Entwicklungspfad – nicht zuletzt wegen des Verzichts auf ein gerechtes Steuersystem und des Verzichts auf Vermögens- und Erbschaftsteuer – weiter anwachsen: national und international. Und das – wo bereits heute 10 Prozent der oberen Bevölkerungsschichten über 86 Prozent des Gesamtvermögens besitzen (Allianz

Global Wealth Report 2022). Auch bei steigendem Bruttoinlandsprodukt und Privateinkommen pro Kopf sinkt der Wohlstandsindex und nimmt die soziale Unsicherheit zu (Club of Rome, Earth 4 All).

Zu einem neuen und zunehmenden Konfliktpotenzial wird die Entwicklung der Demokratie. Autokratische und autoritäre Entscheidungs- und Herrschaftsstrukturen werden mit diesem Entwicklungsweg sich weltweit weiter verstärken, gerade auch im Westen. Das Bürgerliche kippt ins Autoritäre um. Was diesbezüglich heute vor allem in den USA geschieht, wird Schule machen und die Demokratiefrage noch stärker ins Zentrum gesellschaftlicher Entwicklung und Auseinandersetzung rücken. Insgesamt vertieft sich die Spaltung der Gesellschaft – sozial, ökonomisch, politisch und kulturell-mental. Vor allem das Vertrauen in die Institutionen und in die Politik insgesamt – also das soziale Kapital der Gesellschaft – nimmt rapide ab. Zukunftshoffnungen schwinden zusehends.

Der Zerfall des «liberalen Blocks» schreitet voran und die autoritär-rechtspopulistische, rechtsextreme Richtung gewinnt in Staat und Gesellschaft sowie auf globaler Ebene weiter an Einfluss und Macht.

Das Zerbrechen der liberalen Demokratie wird dann zur neuen Realität. Mit diesem Entwicklungsszenario würde die nächste Gesellschaft eine

- kapitalzentrierte,
- nicht nachhaltige,
- autokratische und autoritäre.

Auf globaler Ebene wäre mit dem Fortschreiten des «Weiter-so» nicht nur mit verschärftem Konkurrenzverhalten der rivalisierenden Mächte, sondern mit neuen Krisen, Kriegen und mit Chaos zu rechnen. In Zuspitzung dieses Entwicklungsweges wären ökologische und soziale Kollapse, wären ein Crash und ein Zusammenbruch der bestehenden Gesellschaftsformation nicht mehr auszuschließen. Modernisierungstheoretiker sprechen in diesem Fall von einer «akuten Systemkrise» und einem «Zusammenbruch der Moderne» (Reckwitz 2024).

Entwicklungsperspektive und -szenario Zwei: Trendumkehr – mit Chancen für nachhaltige Entwicklung

Der Ausgang des Ringens um den Zustand der Erde und der Entwicklung menschlicher Zivilisation ist noch nicht entschieden.

Dieses Szenario geht davon aus, dass eine Trendumkehr noch möglich ist, wenn «außergewöhnliche und transformative Maßnahmen» ergriffen und «zeitnah umgesetzt werden» (Earth 4 All); und wenn, so gilt es hinzuzufügen, dafür gesellschaftliche Kräfte und Koalitionen (von Unten und Oben) entstehen und eintreten.

Trendumkehr – nicht in Richtung einer neuen großen Transformation, sondern – ausgehend von den heutigen Gegebenheiten – im Sinne einer Eindämmung und Zurückdrängung des gefahrvollen Weges eines «Weiter-so»; erster Schritte eines politischen, sozialen, ökologischen Wandels; und eines «Offenhaltens» der Gegenwart für künftige gesellschaftliche Reform- und Entwicklungsperspektiven. Das hieße *Maßnahmen und Schritte* gegen

- die zunehmende Krise der Demokratie und ihrer autokratischen und autoritären Umformung durch Verteidigung und Ausbau der demokratischen Institutionen, Entfaltung öffentlicher Debatten und Entwicklung vielfältiger Formen der demokratischen Teilhabe;
- die ökologische Krise durch Umbau der Energiesysteme, regenerative Energieversorgung, Ausbau der erneuerbaren

Energie und der ökologischen Landwirtschaft;
- gegen den Abbau des Sozialstaates für dessen Verteidigung und Ausbau durch mehr Gleichheit und Gerechtigkeit im Sinne der Förderung der öffentlichen und besonders der regionalen/kommunalen Daseinsvorsorge (Bildung, Gesundheit, Wohnen, Mobilität, Sicherheit); der Begrenzung des immensen Reichtums der kleinen Oberschicht durch Einkommens- und Vermögenssteuerung;
- die zunehmende Militarisierung und Kriegsgefahr durch Maßnahmen und Eintreten für eine gewaltfreie Bearbeitung der Konflikte, für Abrüstung und für eine stabile europäische und globale Friedens- und Sicherheitsordnung.

Ein solches Szenario erfordert grundlegende Reformen zum Wandel der heute dominierenden hierarchischen und machtzentrierten Entscheidungsstrukturen (s. auch Moegling 2025).

Diese Maßnahmen würden das Gesicht der gegenwärtigen Gesellschaft verändern, aber noch keine Gesellschaft nachhaltiger ökologischer, wirtschaftlicher, sozialer und kultureller Entwicklung hervorbringen. Noch immer bestünden ökologische Gefährdungen, tiefe soziale Ungleichheiten, globale Spannungen und Kämpfe um Macht und Einflusssphären und noch immer gäbe es eine Dominanz der globalen Finanzmärkte.

Es geht in der entstandenen neuen historischen und strategischen Situation heute aber erst einmal um Anpassungen, Reformen und Reparaturen der vorhandenen Gesellschaft und Wirtschaft. D.h. Eindämmung des rechtspopulistisch-rechtsextremen Kurses, Verhinderung einer Klimakatastrophe und imperialer Kriege; und damit um Erhaltung und Bewahrung des Lebens – und, wie gesagt – längerfristig um das Offenhalten einer Perspektive partiell-transformativer nachhaltiger Entwicklungsrichtungen. Kluger Pragmatismus ist zu einem Kennzeichen langfristiger transformativer Wandlungspolitik geworden.

Dieses Szenario sieht heute vor allem im *Lokalen* und *Regionalen* den Raum für solche beginnende praktische Veränderungen und den Ort, wo soziale und politische Kräfte und Handlungspotenziale dafür bestehen. Letzteres u.a. im Engagement zivilgesellschaftlicher Initiativen und Organisationen, im Agieren regionaler Politik und lokaler Unternehmungen.

Aber auch auf *gesamtgesellschaftlicher Ebene* gibt es für solche Wandlungen Möglichkeiten und Chancen. Es zeigt sich nämlich, dass die gesellschaftliche Realität – trotz der Kapitalverhältnisse und der Dominanz der Weiter-so-Koalition – durch den Widerstreit unterschiedlicher politischer, sozialer, wirtschaftlicher, ökologischer Tendenzen gekennzeichnet ist. Dazu gehören bestimmte, oft recht ambivalente gesellschaftliche Entwicklungen und Schritte, die sich unter dem Label Anpassung an die radikal veränderten strukturellen Bedingungen vollziehen; so in Gestalt einer *Dekarbonisierung* der Wirtschaft, eines Ausbaus *erneuerbarer Energie*, verschiedener Maßnahmen zum *Klimaschutz*, der Schritte in Richtung einer Stärkung der *Resilienz*; sowie der Entwicklung einer funktionierenden, bislang stark ramponierten, öffentlichen *Daseinsvorsorge*. Es sind sozio-ökonomische Entwicklungen und sozio-politische Maßnahmen, die von den transformativen Kräften schon früher und nachdrücklicher gefordert wurden und an die sie heute anknüpfen können und versuchen sollten, diese in tatsächlich nachhaltige und alternative Richtungen weiterzuführen.

Die herausgebildete «blockierte Transformation» kann sich nicht zuletzt auf eine Koalition zwischen den unmittelbaren Gegnern einer Klimapolitik (besonders aus dem oberen gesellschaftlichen Segment) und den von der bisherigen (marktliberalen) Klimapolitik Frustrierten (besonders aus dem unteren gesellschaftlichen Segment) stützen. Um diese Koalition aufzulösen, ist durch die Wandlungs- und Transformationskräfte eine Klimapolitik anzustreben, die vor allem den unteren Schichten Nutzen bringt. Dafür stünden Alternativen wie grüne Jobs, Klimageld, kostenloser Nahverkehr, eine Wärmedämmung, die den Mietern zugutekommt und nicht zuletzt eine Besteuerung der fossilen Energieträger. Nur so wäre es möglich, eine über das sozial-ökologische Milieu (nach Eversbergs Milieustudie ca. 25 Prozent der Bevölkerung) hinausgehende Zustimmung zum sozial-ökologischen Wandel zu erzielen (Eversberg [Hg.] 2021).

Vom Hier und Heute auszugehen und das Gegenwärtige mit dem normativen Ziel einer Gesellschaft der Nachhaltigkeit sinnvoll zu verbinden, ist ein wesentliches Element dieses Szenarios. Denn Abwarten und Passivität oder gar das Setzen auf eine Apokalypse ist für dieses Szenario die falsche Antwort auf Blockaden und gesellschaftlichen Rückschritt. Gefragt sind vielmehr realitätskonforme Prioritäten, offene und flexible Einzelprojekte und machbare Alternativen, für die auch heute schon große Teile der Bevölkerung in den entwickelten Ländern plädieren. Es geht deshalb mehr denn je in dieser heutigen Situation um eine Ökonomie des Alltags, um praktisches Alltagshandeln, in denen die Probleme, Bedürfnisse der breiten Bevölkerungsschichten den Ausgangs- und Bezugspunkt bilden. Dieses Szenario geht – analytisch und strategisch – von der Praxis aus. Und doch ist dieses praktische Handeln in eine längerfristige Reformperspektive zu bündeln und in ein überzeugendes, optimistisches Zukunftsnarrativ einzubinden; gerade in einer Zeit, wo die Politik ohne attraktives Leitbild agiert und auch kritisches Zukunftsdenken und linke Narrative sich seit Längerem in der Defensive befinden (s. dazu auch Scherer 2025). In diesem Sinne setzt dieses Szenario auch auf die kritische Reflexions- und Lernfähigkeit der Wandlungs- und Transformationskräfte.

Praxis und die damit einhergehenden Wandlungsprozesse sind in diesem Szenario auch ein Ausgangspunkt bei der Betrachtung der globalen Ebene und ihren Entwicklungsmöglichkeiten. Die heutige Weltlage mit ihren hegemonialen und imperialen Auseinandersetzungen und Kämpfen ist voller Unsicherheiten und großer Gefahren. Aber es gibt auch hier widersprüchliche und entgegengesetzte Tendenzen. Dazu gehören u.a. die vielfältigen Beispiele und Projekte alternativer und nachhaltiger Entwicklung in den verschiedenen Bereichen und Orten der globalen Welt (s. dazu Erik Wright 2017, Karl-Werner Brand 2017, 2021). Und dazu gehört vor allem eine Veränderung der globalen Kräftekonstellationen. Die USA haben ihre einstige globale Vormacht verloren und die Welt kann nicht mehr nach dem Willen des Westens geformt werden. Der globale Süden und besonders die BRICS-Staaten (z.Z. 10 Staaten mit China, Russland, Indien, Brasilien, Südafrika und mit ca. 40 Prozent des weltweiten Bruttoinlandsprodukts) befinden sich im Aufwind. Diese werden mit ihrer Kraft und ihrem Agieren zu einer einflussreichen Alternative im Ringen um eine neue, multilaterale Welt mit gleichberechtigten Entwicklungschancen für alle Länder. Und sie können sich dabei auf solche zentralen Beschlüsse wie die von 195 Staaten unterschriebene «UN-Agenda 2030» oder das Pariser Klimaabkommen stützen – und auch darauf, dass sich eine Mehrheit der Weltbevölkerung in allen repräsentativen Umfragen für Frieden, gleichberechtigte Zusammenarbeit, soziale Gerechtigkeit und nachhaltige Entwicklung ausspricht. Das ist natürlich keine Garantie, aber doch eine Chance zu einer möglichen globalen Trendumkehr.

Wenn man beide möglichen Entwicklungsszenarien betrachtet und miteinander vergleicht, so kann gegenwärtig keine verlässliche Prognose, welches der beiden Szenarien sich mit hoher Wahrscheinlichkeit durchsetzen könnte, formuliert werden. Das scheint mir unter Sozialwissenschaftlern sowie Zukunftsforschern die dominierende Auffassung. Doch gibt es auch Autoren, die im Kontext eines «Negativszenarios» recht bestimmt von einer sich vertiefenden und unumkehrbaren Nicht-Nachhaltigkeit auf dem Weg zu einer anderen Moderne ausgehen (Blühdorn 2024). In Weiterführung dieses Ansatzes sind einige auch von einem unvermeidlichen Szenario des Kollapses und eines Zusammenbruchs infolge des Überschreitens von absoluten ökologischen und sozialen Kipppunkten überzeugt (vgl. dazu Adloff 2022). Doch auch in die andere Richtung («Positivszenario») gibt es Arbeiten und Überlegungen, die eher ein sich durchsetzendes «Regime der Anpassung» (Staab 2022) erwarten oder gar eine «Reparatur und Neujustierung der (gegebenen) Moderne» (Reckwitz 2024) als Zukunftsszenario prophezeien.

Bei allen Unsicherheiten über das Gesicht der nächsten Gesellschaft – was heute auf alle Fälle gesagt werden kann, ist, dass der historische Bruch und Umbruch mit ihren Folgen und hervorgerufenen politisch-institutionellen Reaktionen Wege in eine andere Gesellschaft – in diese oder jene Richtung – geöffnet und initiiert haben.

Noch ist das Gesicht dieser anderen, dieser nächsten Gesellschaft und Weltordnung nicht genau zu beschreiben, schon weil es heute noch immer durch verschiedene und unterschiedliche Gesichtszüge gekennzeichnet ist. Und auch weil die Auseinandersetzung um Struktur und Gesicht dieser nächsten Gesellschaft im vollen Gange ist. Nur dass sich diese Gesellschaft von der bisherigen Struktur und Verfasstheit der «liberalen Gesellschafts- und Weltordnung», der «heutigen Moderne» recht deutlich unterscheiden wird, ist schon nicht mehr zu übersehen. Je nachdem, welches Entwicklungs- und Zukunftsszenario sich letztlich durchsetzen wird, lässt sich aus heutiger Perspektive verallgemeinernd festhalten: Mit dem *Szenario Eins* entstünde eine Gesellschaft, die kapitalzentriert, nicht nachhaltig und autokratisch-autoritär geprägt wäre. Mit dem *Szenario Zwei* entstünde eine Gesellschaft transformativer Anpassung zur Verhinderung eines ökologischen und sozial-politischen Kollapses, eine Gesellschaft der Resilienz als Zusammenspiel von Entwicklung, Widerstandsfähigkeit und Transformation; und eine Gesellschaft, die das Heute zukunftsfähig für das Morgen macht.

Gemeinwohlorientierte und zirkulare Ökonomie, eine klimaneutrale Entwicklung, eine demokratische und sozial gerechte Gesellschaft sowie eine europäische und globale Friedens- und Sicherheitsordnung bleiben – trotz der heutigen immensen gesellschaftlichen Blockierungen, Risiken und globalen Gefährdungen – ein Leit- und Zukunftsbild für die Kräfte des transformativen Wandels.

Optimisten hoffen auf Entwicklungen und Veränderungen im positiven Sinne, Pessimisten sehen Zerstörung und Chaos als nicht mehr aufhaltbar. Realisten und «öffentliche Soziologen» (Habermas) sind bemüht, die Komplexität der gesellschaftlichen Wirklichkeit und die Widersprüchlichkeit der sich vollziehenden Entwicklungen in dieser historischen Umbruchepoche möglichst nüchtern und vorurteilsfrei zu betrachten, zu deuten und sich damit der öffentlichen Debatte – und so der Kritik und der Korrektur – zu stellen.

Literatur

Adloff, Frank (2022): «Gesellschaftlicher Kollaps und Kollapsologie, in: Ibrahim, Youssef; Rödder, Simone (Hg.): *Schlüsselwerke der sozialwissenschaftlichen Klimaforschung*, S. 339–347. Bielefeld.

Allianz Global Wealth. *Report 2022.*

Beck, Ulrich (1986): *Risikogesellschaft. Auf dem Weg in eine andere Moderne*. Frankfurt a. M.

Beck, Ulrich (2007): *Weltrisikogesellschaft. Auf der Suche nach der verlorenen Sicherheit*. Frankfurt a. M.

Beckert, Jens (2024): *Verkaufte Zukunft. Warum der Kampf gegen den Klimawandel zu scheitern droht*. Frankfurt a. M.

Blühdorn, Ingolfur (2024): *Unhaltbarkeit. Auf dem Weg in eine andere Moderne*. Frankfurt a. M.

Brand, Karl-Werner (2017): *Die sozial-ökologische Transformation der Welt. Ein Handbuch*. Frankfurt a. M.

Brand, Karl-Werner (2021): «‹Große Transformation› oder ‹Nachhaltige Nicht-Nachhaltigkeit›?», in: *Leviathan*, H. 2. S. 189–214.

Brundtland, Go Harlem (1987): *Report of the World Commission on environment and development*. Our Commission Future United Nations.

Busch, Ulrich / Land, Rainer (2013): *Teilhabekapitalismus. Aufstieg und Niedergang eines Regimes wirtschaftlicher Entwicklung am Fall Deutschland 1950 bis 2010*. Norderstedt.

Brie, Michael (2014) (Hg.): *Futuring. Perspektiven der Transformation im Kapitalismus über ihn hinaus*. Münster.

Club of Rome (2012): *2052. Der neue Bericht*. Berlin.

Club of Rome (2022): *Report*. Berlin.

Club of Rome (Hg.) (2024): *Studie «Earth 4 All Deutschland»*.

Club of Rome (Hg.) (2025): *Studie «Earth 4 All project (Wie sieht unsere Welt 2100 aus?)*.

Die ZEIT (2007), Nr. 32, 9.8.2007. Hamburg.

Dörre, Klaus / Rosa, Hartmut et. al. (2019): *Große Transformation? Zur Zukunft moderner Gesellschaften*. Wiesbaden.

Eversberg, Dennis et. al. (2024): *Der neue sozial-ökologische Klassenkonflikt. Mentalitäts- und Interessengegensätze im Streit um Transformation*. Frankfurt a. M.

Fukuyama, Francis (1993): *Das Ende der Geschichte. Wo stehen wir?* München.

Frankfurter Allgemeine Zeitung: «Rechtspopulistische Revolution», 5.9.2025, S. 1.

Graham, David A. (2025): *Der Masterplan der Trump-Regierung. Wie ein radikales Netzwerk in Amerika die Macht übernimmt*. Frankfurt a. M.

Graham, David A. (2025): «Wir haben die Blaupause, für das was Trump tun wird», in: *Die ZEIT* 2025, Nr. 18.

Habermas, Jürgen (Hg.) (1979): *1. Band: Stichworte zur Geistigen Situation der Zeit; 2. Band: Politik und Kultur*. Frankfurt a. M.

Haselbach, Dieter (2024): «Rezension zu Blühdorn, Ingolfur (2024): Unhaltbarkeit», in: *Kieler Sozialwissenschaftliche Revue* H. 2/2024, S. 212–215.

Heiser, Patrick (2021) (Hg.): *Soziologische Zeitdiagnosen in der Mitte des 20. Jahrhunderts bis heute*. Fernuniversität Hagen.

Institut für Sozialforschung: *Perspektiven 2024*. Frankfurt a. M.

IPCC (2023): *Climate Change 2023. Synthesis Report*. Genf.

Klein, Dieter (2013): *Das Morgen tanzt im Heute. Transformation im Kapitalismus und über ihn hinaus*. Hamburg.

Klimakonvention der Vereinten Nationen: *Übereinkommen von Paris 2015*.

Lessenich, Stephan (2022): *Nicht mehr normal. Gesellschaft am Rande des Nervenzusammenbruchs*. Berlin.

Meadows, Donella H. et. al. (1972): *Grenzen des Wachstums*. Stuttgart.

Metzler, Gabriele (2004): Pathos der Ernüchterung. Zeitdiagnostische «Stichworte» vor 25 Jahren, in: *Zeithistorische Forschungen*, H. 1, S. 154–158.

Merkel, Wolfgang (2025): «Das Herrschaftssystem des Donald Trump», in: *Neue Gesellschaft / Frankfurter Hefte* H. 9/2025, S.14–19. Frankfurt a. M.

Moegling, Klaus (2025): «Kommentar zu Club of Rome-Studie ‹Menschheit im Jahre 2100›», in: *Telepolis* 31.6.2025 (online).

Müller, Hans-Peter (2021): *Krise und Kritik. Klassiker der soziologischen Zeitdiagnose*. Berlin

Neckel, Sieghard (2023): «Das Dilemma der sozial-ökologischen Gleichzeitigkeit», in: *Merkur*, H. 894, S. 4–14.

Piketty, Thomas (2022): *Eine kurze Geschichte der Gleichheit*. Berlin.

Randers, Jørgen (2012): *2052 – Der neue Bericht an den Club of Rome. Eine globale Prognose für die nächsten 40 Jahre*. München.

Reckwitz, Andreas (2024): «Die reparierte Moderne», in: *Blätter für deutsche und internationale Politik*, H. 12/2024, S. 45–56. Berlin.

Reißig, Rolf (2009): *Gesellschafts-Transformation im 21. Jahrhundert. Ein neues Konzept sozialen Wandels*. Wiesbaden.

Reißig, Rolf (2019): *Transformation von Gesellschaften. Eine vergleichende Betrachtung von Geschichte, Gegenwart und Zukunft. Marburg.*

Reißig, Rolf (2024a): *Die Umbruch-Gesellschaft. Anatomie einer Zeit- und Gesellschaftsdiagnose*. Hamburg.

Reißig, Rolf (2024b): «Was für eine Zeit, was für eine Gesellschaft? Zeitdiagnose als Erklärungs- und Orientierungsversuch», in: *perspektivends*, H. 2/2024, S. 17–31. Marburg.

Rifkin, Jeremy (2022): *Das Zeitalter der Resilienz*. Frankfurt a. M.

Rosa, Hartmut (2005): *Beschleunigung. Die Veränderung der Zeitstruktur in der Moderne*. Frankfurt a. M.

Rosa, Hartmut (2016): *Resonanz. Eine Soziologie der Weltbeziehung*. Berlin.

Rosa, Hartmut (2025): «Interview», in: *Berliner Zeitung*, 12./13.07.2025, S. 24–25.

Saxer, Marc (2024): «Neoliberalismus, kalifornischer Liberalismus, Neue Rechte und Sozialdemokratie», in: *perspektivends*, H. 2/2024, S. 10–16. Marburg.

Saxer, Marc (2025): «Willkommen in der Wolfswelt», in: *IPG* 26.6.2025 (online).

Scherer, Klaus-Jürgen (2025): «Vier Mutmaßungen zur aktuellen Orientierungslosigkeit», in: *perspektivends* H. 1/2025, S. 8–16.

Schneidewind, Uwe (2018): *Die große Transformation. Eine Einführung in die Kunst gesellschaftlichen Wandels*. Wiesbaden.

Staab, Phillip (2022): *Anpassung. Leitmotiv der nächsten Gesellschaft*. Berlin.

Streeck, Wolfgang (2013): *Gekaufte Zeit. Die vertagte Krise des demokratischen Kapitalismus*. Berlin.

UN (2015): *SDG: Ziele für eine nachhaltige Entwicklung. Agenda 2030*. Berlin.

Variety of Democracy (V.Dem.): *Bericht 2025*. Stockholm (online).

Wallerstein, Immanuel (2002): *Utopistik. Historische Alternativen des 21. Jahrhunderts*. Wien.

WGBU (2011): *Globale Umweltveränderung. Welt im Wandel: Gesellschaftsvertrag für eine Große Transformation*. Berlin.

Wright, Erik O. (2017): *Reale Utopien. Wege aus dem Kapitalismus*. Berlin.

Peter Steinbach

Diktatur oder Demokratie – das ist hier die Frage!

Seit 2022 und dem Ukraine-Krieg, seit dem Gaza-Krieg und seit der Wahl von Trump scheinen wir in einer anderen Welt aufzuwachen. Die Kommissionspräsidentin der Europäischen Union besucht den amerikanischen Präsidenten in Schottland, weil der sein Golfspiel unterbrochen hat. Die Spitzengruppe europäischer Ministerpräsidenten umschmeichelt Trump. Der Außenminister besucht Indien, obwohl dessen Staatschef sich mit Xi, Putin und anderen Staatsoberhäuptern und Regierungschefs trifft, die mit dem autoritären Verfassungswandel nicht nur liebäugeln, sondern ihn repräsentieren. Die Transformation des amerikanischen Verfassungssystems erweckt den Eindruck, als wenn führende Politiker, die eine Disruption anstreben, Karl Dietrich Brachers *Stufen der Machtergreifung* von 1960 genau studiert hätten. Es geht also nicht nur um Vergangenheit, sondern um die Gegenwart, wenn man sich an den achtzehnten Brumaire (des Louis Bonaparte von Karl Marx) erinnert fühlt, weil sich Geschichte zwar nicht zu wiederholen scheint – aber ob diesmal die Wiedergängerei eines Umsturzes des Systems eine Farce bleibt, ist offen.

Es lohnt sich deshalb, einen Blick auf Verfassungswandel und Umsturzbestrebungen zu lenken, nicht, um zu vergleichen, sondern sich bereit zu machen, was der Philosoph Hans-Georg Gadamer Wahrnehmungsverschmelzung nannte.

Die Geschichte des 20. Jahrhunderts lässt sich letztlich als die Konsequenz des Versuches deuten, mit diktatorischen Mitteln neue Gesellschaften zu schaffen. Der Wunsch, das Überkommene zu überwinden und das Neue sogar mit angeblich demokratischen Mittel durchzusetzen, ist ein Grundzug des 20. Jahrhunderts, von der Jugendbewegung, dem Jugendstil und der neuen Sachlichkeit über die Revolutionen, die mit ganz unterschiedlicher Stoßrichtung initiiert wurden, bis hin zu den Proklamationen eines neuen Menschen, einer neuen Gesellschaft, eines neuen Staates. Ausdruck einer scheinbar demokratisch legitimierten politischen Absicht, die überkommenen Verhältnisse in fast jeder Hinsicht zu ändern, ist die moderne Diktatur, die «Massendiktatur». Als einer der ersten hat die «moderne Diktatur» als Ausdruck einer gelungenen Institutionalisierung der Massenbewegungen Ende der 1930er-Jahre der Heidelberger Soziologie Emil Lederer erforscht. Er war von den Nationalsozialisten aus Deutschland vertrieben worden und hatte 1940 in den USA die deutschen Entwicklungen analysiert. Dabei fragte er nach den Voraussetzungen nationalsozialistischer Herrschaft, nach den typischen Kennzeichen des neuen Diktaturtyps, näherte sich einer Interpretation totalitärer Diktaturen an, fragte nach ihren Grenzen und auch nach ihren Folgen sowie nach der Chance der Überwindung soziostruktureller Veränderungen, die diktatorisch induziert waren.

Im Vergleich zu den anderen geschlossenen Deutungen des NS-Staates von Ernst Fraenkel und Franz Neumann, aber auch von Sebastian Haffner, ist Lederers Interpretation des nationalsozialistischen Massenstaates bisher nur selten beleuchtet worden, obgleich Jürgen Kocka in einer Sammlung wichtiger Studien aus seiner Feder auch einen Abschnitt aus *The State of the Masses* publiziert hatte. Eine vor wenigen Jahren in der Grazer Bibliothek sozialwissenschaftlicher Emigranten publizierte Übersetzung dieses zeitdiagnostischen Werkes hat verhältnismäßig geringe Resonanz gefunden, obgleich die totalitarismustheoretischen Erklärungen von Lederer vom Ende der 1930er-Jahre bei jenen, die diese Theorie, aus welchen Gründen auch immer, neu für sich erschließen wollen, viel Aufmerksamkeit hätten finden müssen.

Diese Überlegungen sollen sich nicht auf die Deutung des sehr komplex analysierten neuen Massenstaates durch Lederer beziehen, sondern den Aspekt politischer Herrschaftsanalyse in den Blick rücken. Dabei interessiert auch die Auseinandersetzung des Sozialwissenschaftlers mit einer Veränderung, die ihn zur Parteinahme herausfordert, die sich vor seinen Augen vollzieht, ihn zum Objekt nationalsozialistischer Politik hat werden lassen und einlud, reflektierend in der Rekonstruktion der Wirklichkeit dieses Staates auch das eigene, ganz persönliche Erleben in die Urteilsbildung einzubeziehen. Lederer ist unter diesem Gesichtspunkt sowohl Zeitdiagnostiker als auch Vertreter einer politikwissenschaftlichen Zugangsweise, die sich als historisch-orientierte Politikwissenschaft bezeichnen lässt.

Meine Überlegungen knüpfen an die Feststellung an, dass diese «moderne Diktatur» durch ihren umfassenden Anspruch auf das Recht zur gewaltsamen Veränderung der Gesellschaft nicht nur einen eigenen Staatstyp ausgebildet hat, der eine «illiberale Demokratie» (Viktor Orbán) etablieren oder autoritäre Staatsstrukturen durchsetzen soll. Er fordert die sich zur Freiheit und Gewaltenteilung bekennenden westlichen verfassungsstaatlichen Demokratien heraus und gefährdet sie. Er gibt diesen verfassungsstaatlichen Gemeinwesen aber auch die Möglichkeit zu einer gegen Diktaturen gerichteten antitotalitären oder antidiktatorischen Selbstdefinition. Dies wirkt sich auch auf den Widerstand in Diktaturen aus, denn ihre Träger suchen immer den Kontakt zu Vertretern verfassungsstaatlicher Systeme, orientieren sich an diesen und setzen sich so in besonderer Weise der Gefahr aus, als Instrument einer «fünften Kolonne» verfolgt zu werden.

Dieser Hinweis soll aber auch die Tatsache in den Blick rücken, dass «moderne Diktaturen» durch ihre Eingriffe in soziale Strukturen permanent die Voraussetzungen für die Auseinandersetzung mit diesen politischen Systemen in einer Weise verändern, dass sich nicht nur die Bedingungen für den Widerstand gegen Diktaturen verschlechtern, sondern auch die strukturellen Voraussetzungen für Widerständigkeit und Selbstbehauptung, für Protest und Auflehnung ganz entscheidend wandeln. Deshalb verändern sich mit der Dauer von Diktaturen zugleich die Bedingungen für die Widerständigkeit, denn im Zeitablauf nimmt die Eigenständigkeit und Eigengewichtigkeit resistenter Traditionen und Milieus ab, kommt es mit der Zerstörung sozialer Strukturen auch zur Veränderung von Handlungs- und Verhaltensbedingungen des widerständigen Individuums.

Denn die Überwindung des Überkommenen und Alten bedeutete immer die Träger alter Strukturen, die Anhänger überkommener Vorstellungen und die Vertreter politischer Ziele, die angeblich auf eine weit zurückliegende Zeit verwiesen, an den Rand zu drängen, sie zu neutralisieren, zu marginalisieren oder gar zu eliminieren. Im Repräsentanten des sozialrevolutionär abgelehnten «Überkommenen» wurde nicht mehr prinzipiell der Mitmensch gesehen, sondern der Vertreter eines feindlichen Prinzips, der Gegenmensch. Er war zu bekämpfen, indem man seine Wurzeln, seine Bindungen und Kontexte zerstörte. Dieser Anspruch wird bereits in der neuen politischen Terminologie der Endgültigkeit sichtbar. «Ausmerzung», «Endlösung» stehen neben «Endsieg» oder auch «Übergangsepoche» – und wem klänge nicht in den Ohren, dass die Berliner Mauer noch in einhundert Jahren stünde? So gesehen lässt sich das 20. Jahrhundert durchaus als Jahrhundert eines Weltbürgerkriegs bezeichnen, der seinen Ausdruck im prinzipiellen Gegensatz von Diktaturen und Demokratien fand.

Damit ist aber auch ein anderes Kennzeichen des letzten Jahrhunderts bezeichnet, als der so viel beschworene Terror, als Unterdrückung und Zwang. Es ist der politisch mit vielen, nicht selten mit allen Mitteln induzierte soziale und politische Strukturwandel, es ist der in der Regel gewaltsam betriebene Versuch, durch massive Eingriffe die Strukturen der abgelehnten vordiktatorischen Gesellschaftssysteme völlig zu verändern. Dies ist der Hintergrund der Formel von der durch Diktaturen noch einmal forcierten Beschleunigung des sozialen Wandels im 20. Jahrhundert, den Sozialhistoriker mit der Industriellen Revolution beginnen lassen. Dieser Wandel darf nicht mit Prozessen verwechselt werden, die wir in allen Gesellschaften finden, die sich veränderten Bedingungen anpassen wollen und Krisen als Steigerung ihrer eigenen «Anpassungskapazität» begreifen, als Herausforderungen, die bewältigt werden, um Stabilität im Wandel zu erreichen. Denn diktatorisch legitimierter Wandel ist immer sozialrevolutionär, er strebt nicht nach Anpassung und Reform, sondern nach dem Neuen, das nur in der radikalen, geschichtsfeindlichen Absetzung gegen das Alte plausibel gemacht werden kann.

Der Preis für diese Eingriffe wird in unserem Jahrhundert besonders sichtbar, denn sie stehen in doppelter Hinsicht im Bann von Diktaturen: zum einen durch die unmittelbare Konfrontation, dann aber auch durch die Notwendigkeit, in nachdiktatorischen Epochen die Folgen einer diktatorisch verantworteten Politik zu bewältigen. Politisch gewaltsam durchgesetzte sozialgeschichtliche Wandlungen verlangten in der Regel einen hohen Preis und richten einen großen Schaden an, die Sozialwissenschaftler gern mit dem neutralen Begriff der «Kosten» bezeichnen. Denn die politischen Kräfte, die diesen Wandel wollten, setzten sich nicht nur über Widerstände hinweg, sie gingen nicht nur über die Leichen ihrer politischen Gegner, sondern sie schreckten nicht einmal vor Massenmord, vor Klassenmord und Völkermord zurück, um ihr sozialutopisches Bild von der neuen Gesellschaft zu verwirklichen. «Es zittern die morschen Knochen, wenn alles in Scherben fällt» sangen manche Zeitgenossen[1] und dagegen klang das «mit uns zieht die neue Zeit»[2] geradezu gemäßigt. Mit Hobelspänen waren die Opfer dieser Umwandlungen nicht mehr zu vergleichen...

Gegen die Methoden, die Folgen und die ebenso absehbaren wie spürbaren Nachwirkungen dieser sozialrevolutionären Eingriffe, die sich nicht selten durch die Verherrlichung des Neuen sogar moralisch legitimieren wollten, regte sich jedoch in allen Diktaturen Widerstand, aus unterschiedli-

1 Populäres NS-Marschlied «Es zittern die morschen Knochen» von Hans Baumann.

2 Zentrale Zeile des Arbeiterliedes «Mit uns zieht die neue Zeit» von Hermann Claudius, beliebt nicht nur in der SPD, auch in der DDR, zu Beginn der 1950er-Jahre spielten die drei DDR-Radiosender die ersten vier Takte als Pausenzeichen (d. Red.).

chen Gründen, aber doch in der Regel aus einem gemeinsamen Credo heraus:

- als Folge einer nicht ganz verdrängten Betonung der Würde des Menschen, die durch Menschen- und Minderheitenrechte gesichert wird,
- aus der Bereitschaft, Mitmenschlichkeit auch stellvertretend für jene zu praktizieren, die nicht in der Lage waren, zu reagieren,
- aus dem Willen zur Verteidigung von Ordnungsprinzipien des freiheitlichen Verfassungsstaates und
- als Konsequenz der Absicht, durch Diktaturen verdrängte, aus den «Herzen der Mitbürger» entfernte Wertvorstellungen wieder bewusst zu machen und so zum kulturellen Neuaufbau nach der Befreiung von Diktaturen beizutragen.

Was kennzeichnet nun diese modernen Diktaturen?

Die Antwort ist nicht leicht und hängt entscheidend von dem Sinn ab, den wir dem Attribut geben können. Zwar ist die Diktatur als Herrschaftsform alt, uralt, aber der Rückgriff auf die Formen der alten, der antiken Diktaturen können keine Klarheit schaffen bei dem Versuch, die Diktaturen des 20. Jahrhunderts zu bestimmen. Diese antiken Diktaturen stehen in der Regimetypologie in unmittelbarer Nachbarschaft zur Tyrannis und zur Despotie, also den Entartungsformen der Monarchie. Nur der Name verweist auf den institutionell gelungenen und wagemutigen Versuch der Römer, in Notlagen der res publica in der Diktatur einen Ausweg aus Schwierigkeiten zu suchen, denn das Merkmal der römischen Diktatur ist die prinzipielle zeitliche Befristung der notweise übertragenen Gewalt.

Unsere Vorstellung von moderner Diktatur enthält immer auch Momente der Ochlokratie (der Pöbelherrschaft) und der Timokratie (der Herrschaft nach Vermögen), und sie kommt auch nicht ohne Momente der auf den eigenen Vorteil versessenen Volksherrschaft aus, also der Demokratie, die Aristoteles von der Politie, der gemeinwohlorientierten Herrschaft der Vielen unterscheidet. Politie, das ist die höchste Form politischer Herrschaft, denn hier üben alle Herrschaft aus und unterwerfen sich in einem Zuge ihrer eigenen Herrschaft. Politie oder Demokratie, das ist die Herrschaft der Beherrschten über sich selbst. So gesehen, sichert nur die Demokratie die Herrschaft der Vielen über sich selbst, sichert Selbstbindung, Selbstverpflichtung und Mäßigung der Begehrlichkeiten.

Der Regelfall ist diese gelungene Form politischer Herrschaft nicht. Sie ist nicht einmal ein selten gelungener historischer Ausnahmefall. Sie stellt eigentlich nur ein Ideal dar, die «ideale Polis», die übrigens personifiziert wird in Sokrates. Auch diese Personifizierung ergibt einen Sinn, wenn man berücksichtigt, dass die Polis der Mensch im Großen, der Mensch aber die Polis im Kleinen ist. Weil die «ideale», die auf das Gemeinwohl orientierte Polis, dazu neigt, rasch zu zerfallen, haben sich viele Überlegungen politischer Theoretiker auf Hilfsmittel konzentriert.

Das wichtigste Mittel zur Eindämmung negativer Tendenzen, die aus der Natur des Menschen, seiner Maßlosigkeit, seinem Egoismus, seiner Schlechtigkeit resultieren, sind politische Institutionen. Sie regulieren Verhalten, auch das der Herrschenden, schaffen Berechenbarkeit und Sicherheit. Allerdings sind auch Institutionen auf Menschen angewiesen, die sie tragen, respektieren, verteidigen. Diktaturen zeichnen sich in der Regel nicht durch den Respekt vor überkommenen Institutionen aus, ihr Kennzeichen ist vielmehr eine institutionelle Entdifferenzierung. Sie missachten das Eigentum, die persönlichen Sphären, auch die Wahrheit. Deshalb können sich in der Diktatur noch mehr als sonst in der Politik Gruppen der Macht bedienen und sich nicht selten schamlos bereichern.

Die Träger von Diktaturen verteidigen ihre Stellung und wollen ihre Macht weder teilen noch ihre Herrschaft befristen. Deshalb beschäftigt keine Frage die Menschen so wie die nach der guten Herrschaft. Die Schwierigkeit ist: «gute Herrschaft» lässt sich kaum definieren. Aber es lässt sich plausibel machen, was schlechte Herrschaft ist, so wie sich – Jean Bodin hat es gesagt – «Unrecht» leichter bestimmen lässt als Recht. Dennoch treibt diese Frage die Menschen um.

Der Versuch einer Antwort hat vor allem in den 1950er-Jahren die Politikwissenschaftler beschäftigt, solange sie in der Diktatur den Gegensatz zum Verfassungsstaat sahen. Einer der immer noch großartigen, weil funktional orientierten Erklärungsversuche hängt übrigens eng mit der Geschichte der Politikwissenschaft an der FU Berlin zusammen, deren Geschichte sich als Manifestation eines Widerstands gegen den Zugriff eines diktatorisch verfestigten Systems deuten lässt.

Für Neumann sind moderne Diktaturen ausnahmslos totalitäre Diktaturen. Sie zeichnen sich durch folgende Kriterien aus:

1. Die Umwandlung eines Rechtsstaates in *den* – in der Tat: «in den» – Polizeistaat. Die Folgen dieser Transformation für den Einzelnen sind unübersehbar: «Die Herrschaft des Rechts ist» nach Neumann «eine Vermutung für die Rechte des Bürgers und gegen die Zwangsgewalt des Staates» und kehrt sich in modernen, in totalitären Diktaturen um in eine Vermutung für die Zwangsgewalt des Staates gegen die Rechte des Bürgers.

2. Kennzeichen moderner Diktaturen ist die Machtkonzentration. Dadurch unterscheiden sie sich vom Postulat der Machtaufteilung in liberalen Staaten, ähneln aber absoluten Monarchien. Machtkonzentration stoppt den Prozess einer Differenzierung in Institutionen und intermediäre Prozesse und führt zu einer Entdifferenzierung, die Diktaturen letztlich an der Wirklichkeit scheitern lässt.

3. Ein spezifisches Kennzeichen moderner Diktaturen ist nach Neumann die Existenz einer monopolistischen Staatspartei. Dieser Parteityp sei notwendig, weil traditionelle Zwangsinstrumente die Kontrolle der industriellen Gesellschaft nicht gewährleisten könnten. Neumann gilt die monopolistische Partei geradezu als eine «Entsprechung» der Massengesellschaft. Mit diesem Begriff von Partei wird übrigens ein weiteres Kennzeichen der modernen Diktatur verbunden, der Begriff der umfassenden Kontrolle der Gesellschaft. Umfassende Kontrolle ist für Neumann Ausdruck fehlender Differenz zwischen Staat und Gesellschaft. Stoßrichtung und Konsequenz «umfassender Kontrolle» sind antipluralistisch und somit totalitär. In der neueren Forschung spricht man in diesem Zusammenhang gern von «durchherrschter Gesellschaft», denn für eine Partei mit einem umfassenden Anspruch auf Kontrolle wird Herrschaft über die Gesellschaft nun ebenso wichtig wie Herrschaft über den Staat.

Zum Zweck der Kontrolle bedient sich die moderne Diktatur bestimmter Techniken. Sie proklamiert das Führerprinzip und setzt so eine zentralistische Steuerung der Gesellschaft durch eine politische Führung durch. Verantwortlichkeit von Funktionsträgern wird nicht gegenüber der gesamten Bevölkerung, sondern gegenüber dieser Führung proklamiert. Stabilität soll die Konsequenz einer politischen und kulturellen Homogenisierung sein, die auf die Gleichschaltung «aller sozialen Organisationen» zielt. Autonome Institutionen, Parteien, Verbände, Kirchen werden so nicht nur kontrolliert, sondern sie werden dem «Staat» dienstbar gemacht.

Schließlich wird nach Neumann ein System «gestufter Eliten» geschaffen. Gestufte Eliten werden durch Privilegierungen gebunden; sie haben nicht mehr die Aufgabe, in die Konkurrenz um die Durchsetzung von Wertentscheidungen zu treten, denn diese Frage wird in Diktaturen entschieden. Mit dem Begriff «gestufter Eliten» will Neumann nicht nur das Prinzip weitgehender Kontrolle durch Bürokratien beschreiben, sondern er zielt auf die Tatsache einer weitgehenden politischen und sozialen Integration durch staatlich entkoppelte, d. h. private Macht- und Führungsgruppen.

4. Das nächste Hauptmerkmal berührt die Stellung des Individuums in der modernen Diktatur. Neumann konstatierte mit der Atomisierung zugleich die Isolierung des Einzelnen, wohlgemerkt nicht so sehr in der Massengesellschaft als insbesondere in der Massendiktatur. Diese Vereinzelung ist die Folge der Zerstörung sozialer Gruppen und der durch diese geschaffenen Verbindungen. Insofern tragen moderne Diktaturen zunächst einmal zur Entsolidarisierung der vordiktatorischen Gesellschaft bei. Parteien werden ausgeschaltet, Bündnisse neu organisiert, die Funktion von Verbänden radikal verändert.

Es lohnt sich, Neumann hier zu zitieren, denn seine Argumentation wird wichtig für die Begründung des Widerstands in und gegen moderne Diktaturen. Soziale Einheiten konstituieren sich durch Bindungen und Traditionen, die als «natürlich» empfunden werden. Eine der wichtigsten Bindungen, die nicht durch den Staat gestaltet werden darf, ist durch Konfession und Religion bestimmt. Aber auch gemeinsame Arbeit und Muße schafft eigene Bindungen und prägt eine gegenüber dem staatlichen Einfluss eigenständige Sub- oder Gegenkultur aus. Besonders deutlich wurde dies am Beispiel der differenzierten Arbeiterkultur.

Diese Bindungen werden attackiert, aber nicht zerstört; sie entfalten langfristige Bindewirkungen und führen zu ganz unterschiedlichen Manifestationen eigenständiger Tradition, zu Gesinnungsgemeinschaften, zur konspirativen Gruppenbildung, nicht selten sogar zur Kreiselei und «Vereinsmeierei» (Hans Rothfels). So werden Reste geistiger, kultureller und moralischer Unabhängigkeit bewahrt, die sich schließlich vor allem gegen den Durchdringungs- und Durchherrschungsanspruch moderner Diktaturen behauptet. Damit, dies sei vorab bemerkt, spricht Franz Neumann gerade jene Bindungen an, aus denen sich die Bereitschaft, die Kraft und auch die Konsequenz des Widerstandes in modernen Diktaturen erklärt.

5. Weil sich die Träger moderner Diktaturen durch die Bindewirkungen sozialer Einheiten ebenso herausgefordert wie verunsichert fühlen müssen, zielen sie auf die Entschärfung dieser Bindewirkungen durch eigene Massenorganisationen. Sie haben die Gesellschaft neu zu strukturieren und zu organisieren. Massenorganisationen haben die Aufgabe, das Individuum von sei-

nen überkommenen Bindungen zu lösen, in neue zu integrieren und auf diese Weise um so leichter beeinflussen oder manipulieren zu können. Dieser Anspruch kann sich sogar auf die Kirchen erstrecken, denn moderne Diktaturen haben unausweichlich den Anspruch, einen ganz eigenen Sinn zu stiften. Natürlich versuchen moderne Diktaturen auch, Kirchen unmittelbar zu beeinflussen. Dies fällt beim Protestantismus insofern leichter, als hier demokratische Elemente im Gemeindewesen ausgeprägter sind.

Moderne Diktaturen repräsentieren neue Staatsreligionen und zelebrieren eigene Staatsfeiern, sie nehmen sakrale Formen auf und rücken diese in Verbindung zu Endzeitvorstellungen. So wird letztlich ein Anspruch auf eine übergeschichtlich und überstaatlich begründete Legitimierung einer politischen Ordnung begründet, die sich bei Eingriffen in gegenwärtige Strukturen keinerlei Beschränkung auferlegen will. Dies ist eine bedrängende Voraussetzung eines Widerstands unter erheblich erschwerten Bedingungen. Denn aller Widerspruch wird gemessen an Vorgaben; eine Wendung ins Prinzipielle ist nur dann möglich, wenn eine grundlegend abweichende Orientierung erfolgt. Deshalb finde ich den Begriff eines «fundamental begründeten Widerstands» nicht nur angemessen, sondern sogar spezifisch. Nur wer sich nicht einlässt, hat eine Chance, sich nicht innerhalb des Netzes zu verfangen, das moderne Diktaturen ausbilden.

Deshalb kann es nach Neumann in modernen Diktaturen eigentlich keine Kultur, sondern nur Propaganda geben. Wenn Manifestationen der Kultur aber zur «Ware» werden, d.h. durch ihren Nutzen für die Träger politischer Herrschaft bestimmt werden, erstrecken sich sehr schnell Einflüsse der Diktatur in die letzten Bereiche individueller Autonomie, die immer wieder geschaffen, verteidigt oder gefüllt werden durch eine Gruppe, die man als Künstler, als Wissenschaftler, als Intellektuelle bezeichnet, also durch Menschen, die ihre innere Rechtfertigung aus eigenen Prämissen und Entscheidungen ableiten.

Diktaturen zeichnen sich durch die systematische Verletzung von Menschenrechten und durch die keineswegs voraussetzungslose Gewährung von (Staats-)Bürgerrechten aus. Diktaturen müssen alle Ansätze zerstören, die auf eine Begrenzung der Staatsmacht abzielen. So gibt es keine vertikale und keine horizontale Gewaltenteilung, es gibt keine Periodizität der Herrschaftsbegrenzung und keinen ständigen Zwang auf Neulegitimierung einer auf Zeit übertragenen Herrschaft. Verfassungsstaatliche Demokratien hingegen setzen den Grundsatz durch, dass über die Regierung eines Staates in Wahlen entscheiden wird. Diese Wahlen sichern die Auswahl zwischen konkurrierenden Ideen, Parteien, Programmen, Eliten und politischer Führung. Und sie unterwerfen sich freiwillig Grenzsetzungen. Grundrechtsgarantien legen ebenso wie Prinzipien des Minderheitenschutzes fest, dass Regierende nicht machen können, was sie wollen. Sie werden an Gesetz, an Recht und an die Verfassung gebunden. Die Missachtung der Rechte eines einzelnen oder einer Minderheitsgruppe bereitet den Ausnahmefall des Verfassungsstaates vor, keiner darf kurzerhand in die Rechtlosigkeit gedrängt werden.

In Diktaturen gibt es auch keinen Zwang zur konkreten Rechtfertigung des politischen Tuns politischer Führungsgruppen, indem sie periodisch erreichte Leistungen zur Abstimmung oder sich selbst mit ihren Parteien zur Wahl stellen. Abstimmungen haben hier lediglich die Aufgabe, moderne Diktaturen zu stabilisieren, die «Massen zu mobilisieren und zu formieren» nicht aber, Alternativen zu entwickeln. Deshalb werden aus Wahlgängen Plebiszite, also Bestätigungen, deshalb werden aus «Urnengängen» Abstimmungen, und deshalb gibt es in Diktaturen keine Möglichkeiten, durch öffentliche Diskussionen Alternativen zu entwickeln, sie als Entscheidungsdispositionen aufzubauen oder gar zu Alternativen zu entwickeln.

Die politischen Konsequenzen moderner Diktaturen sind in der Regel unabhängig von den Zielen, denen sie sich verschreiben. Insofern ist die Unterscheidung zwischen Funktionstypen wie Erziehungs-, Vorbereitungs-, gar Sicherungs- und Entwicklungsdiktatur unerheblich, zumindest für das Individuum und seine Einbindung in soziale Gruppen. Unausweichlich und unvermeidlich dringen Diktaturen in private Sphären vor; insofern heben sie die Trennung der Sphären von Individuum, Familie, Gesellschaft und Staat auf. Dies ist der Kern der Durchpolitisierung von Gesellschaften und ihrer Durchstaatlichung. Das Ergebnis ist nicht allein die Verstaatlichung der Gesellschaft als Folge einer Vergesellschaftung des Staates, sondern die Preisgabe des Individuums.

Deshalb gibt es letztlich in modernen Diktaturen keinen Schutz privater Lebens- und Entfaltungsräume, bestenfalls Nischen, die zu Freiräumen ausgebaut, aber jederzeit eingeengt werden können und deshalb jederzeit verteidigt werden müssen. Deshalb ist es problematisch, Nischengesellschaften als stabile Systeme zu bezeichnen, in denen die Bürger angeblich selbstzufrieden ihre kleinen Lebensbereiche verteidigen. Nischengesellschaften lassen sich durch eine Labilität charakterisieren, die eine Konsequenz fehlender Zusammenhänge ist. Nischengesellschaften kennen kaum Prioritäten, denn alle Bedürfnisse können Probleme bereiten, deren Folgen nicht absehbar sind. Die Verteidigung von Nischen richtet sich mithin gegen Einengungsvorgänge, in denen sich Diktaturerfahrungen konstituieren.

Nischen entstehen im Zuge einer Zerstörung traditioneller Milieus und nach dem Verlust überkommener Traditionen; sie bilden fast eine Ersatzstruktur. Verengungs- und Disziplinierungsversuche, die Diktaturen charakterisieren, richten sich gegen den Anspruch auf die Entfaltung des Individuums. In diesem Sinne lassen sich «moderne Diktaturen» als staatlich verfasste Antizivilgesellschaften beschreiben. Sie heben die Trennung von Sphären auf und zerstören auf diese Weise institutionell gesicherte Freiheit.

Die Erfahrung der Träger von Diktaturen mit dem Widerstand ist die Konfrontation mit Menschen, die sich gerade dem wichtigsten Begleitumstand ihrer Feindschaftserklärungen, ihres permanenten inneren Kampfkurses und ihrer inszenierten Massenmobilisierung entziehen, weil sie ihre Angst überwinden und ihre Furcht beherrschen. Widerstand symbolisiert in diesem Zusammenhang allerdings die geradezu regimestürzenden Wirkungen der Angstfreiheit.

Neumann hat die Frage nach der Funktion von Angst und Furcht in der Politik nachdrücklich gestellt. Er stand auch in dieser Hinsicht unter dem Einfluss der Arbeiten von Hannah Arendt, die lange vor ihrer Analyse moderner Diktaturen und totalitärer Systeme die Furcht angesichts geforderter Nachfolgebereitschaft in der Weise deutete, dass sie den Familienvater in seiner Folgebereitschaft geradezu als Abenteurer des 20. Jahrhunderts bestimmte. Er hat Angst und funktioniert. Gerade dadurch stürzt er sich in Abenteuer. Wer die Angst abschüttelt, macht sich in Diktaturen nahezu unangreifbar.

Weniger normative, stattdessen funktionale Komparatistik

Die bisherigen Bemerkungen über die Eigenschaften, Funktionen und Nachwirkungen moderner Diktaturen zeigen, dass es beim Diktaturenvergleich niemals, wie in der geschichtspolitischen Debatte oftmals betont wird, allein oder auch nur vorwiegend um identifizierende Gleichsetzung der unterschiedlichen Diktaturen unseres Jahrhunderts gehen kann; diese Gleichsetzungen lohnen sich nur für denjenigen, der sich um geschichtslegitimierende oder -entlegitimierende Diskussionen im politischen Raum bemüht.

Analytisch hingegen sind derartige Debatten über die Statthaftigkeit oder Unstatthaftigkeit angeblicher Gleichsetzungen für den Diktaturenvergleich hingegen fruchtlos, denn es ist doch offensichtlich, dass etwa der SED-Staat nicht der NS-Staat ist, so sehr ich Diktaturen in Phänomenen der Massenmobilisierung, der Selbstlegitimierung, der Ausformung einer Alltagskultur, eines Freizeitverhaltens gleichen. Es geht nicht um Gleichsetzungen, es geht auch nicht um Unterschiede, sondern es geht um Funktionen von Institutionen im politischen Prozess, um Kompensationen zerstörter oder abgeschaffter Funktionsmöglichkeiten, um Funktionsweisen in diktatorischen Systemen, die sich in ihren Legitimationsmustern unterscheiden, in ihrem Selbstbild ähneln können und die sich allemal nahe sind, weil in jedem politischen Prozess Funktionen erfüllt werden müssen.

Deshalb sollte es beim Vergleich von unterschiedlichen diktatorisch gelenkten Systemen darauf ankommen, Funktionsweisen und langfristige Wirkungen moderner Diktatoren zu erkennen. Dann ist von entscheidender Bedeutung der Versuch, ein Endziel zu erreichen, sei es durch Krieg, sei es durch innere Umwälzung, also einen revolutionären Prozess, der bürgerkriegsähnlich legitimiert wird. Dann ist es entscheidend, dass Diktaturen immer versuchen, die ihnen preisgegebenen Gesellschaften zu homogenisieren. Dabei verzichtet keine auf die «Präparierung» von Gegnern, die sehr schnell Opfer der Diktaturen werden können. Und damit erzeugt jede Diktatur unausweichlich ihre eigene Gegnerschaft.

Der Kampf gegen diese Gegner, gegen ihre Vereine, Verbände und Parteien, gegen ihre Kultur, ihre Milieus und schließlich gegen ihre Traditionen dient der Selbstmobilisierung moderner Diktaturen und ihrer Selbstlegitimierung dieser gesellschaftlichen Angleichung, indem auf Kategorien des Rassen- oder des Klassenkampfes zurückgegriffen wird. Keine der Diktaturen verzichtet dabei auf seine angeblich demokratische Legitimation, sei es durch Plebiszite, sei es durch Wahlen, und insofern ist auch der Gegensatz von Diktatur und Demokratie immer dann problematisch, wenn es nicht um verfassungsstaatliche, machtbegrenzende Ordnung geht. Im Zuge eines Vergleichs wird auch der Versuch analysiert und bewertet werden müssen, Gesellschaft strukturell zu verändern, ihre Mitglieder umfassend zu disziplinieren und zu kontrollieren, sei es durch denunziatorische, repressive oder terroristische Instrumente.

Kennzeichen moderner Diktaturen ist die Herrschaft einer kleinen Gruppe, die sich als Vertreter des übergeordneten Interesses sieht und darstellt, dieses Selbstbild propagandistisch durchsetzt und gewaltsam verbindlich macht. Höhere Legitimationen vor allem durch die Geschichte selbst macht Diktaturen nicht selten erträglich, lässt sie sogar als eine – wie Franz Neumann sagte – «höhere und edlere Form der Demokratie» erscheinen. Ausdruck dieser Tendenz wurde nach der Befreiung Europas der Begriff der «Volksdemokratie», dieses Synonym einer Diktatur, die lediglich formaldemokratische Charakteristika verteidigt, ansonsten aber eine totalitäre, auf die Gesamtkontrolle der Gesellschaft und deren Veränderung abzielende Diktatur ist.

Die Bevölkerung orientiert sich nicht nur an geschichtsphilosophisch orientierten Zielen, sondern erliegt unter ihrem Eindruck der eigenen Furcht vor der Zukunft und der Angst gegenüber der Gegenwart. Aus Furcht und Angst, aber auch aus der Neigung zur Unterwerfung und Übereinstimmung mit den sozialrevolutionären Zielen moderner Diktaturen erträgt ein großer Bevölkerungsteil Mobilisierung, Repression, Verfolgung Andersdenkender, den inneren Kampfkurs und auch die Gleichschaltung. Gerade diese kommt ja der Neigung der meisten Menschen entgegen, sich im Einklang mit der Mehrheit zu wissen, mit allen anderen, mit dem «Volk» oder der «Volksgemeinschaft».

Die volle Einsicht in den Charakter moderner Diktaturen nach ihrer Errichtung braucht somit in der Regel Zeit wie nach ihrem Zusammenbruch und erklärt, weshalb sich Diktaturen im 20. Jahrhundert zunächst schlagartig und erfolgreich etablieren und den Prozess des Gesellschaftsumbaus so problemlos einleiten können. Widerstand ist erst der zweite Schritt und reflektiert die Diktaturerfahrungen jener, die sich nicht in den Sog der Stimmungen begeben können, weil sie sich nicht den diktatorisch vermitteln Zielen anpassen können und wollen.

Diese Anpassung erklärt sich nicht allein aus der Faszination, die politische Utopien ausüben, also aus dem «Korporatismus», der «Volksgemeinschaft» und der Vision einer klassenlosen Gesellschaft, sondern aus einer anfänglichen Übereinstimmung der Mehrheit, die rückblickend allein entschuldigend auf ursprüngliche Erwartungen, Hoffnungen, negative Erfahrungen mit den Vorgängerregimen diktatorischer Ordnungen und Enttäuschungen verweisen kann und dadurch jene diskreditiert, die sich von vornherein des Unrechtscharakters diktatorischer Herrschaft bewusst waren.

Die Zerstörung von Rechtsstaatlichkeit und Minderheitenschutz, die völlige Veränderung von Kommunikationsstrukturen, die Zerstörung aller Grundlagen einer unabhängigen Willensbildung findet in der Regel keinen Widerspruch. Diktaturenerfahrungen sind deshalb in weit stärkerem Maße als die erwartete Zerstörung verfassungsstaatlicher Grundsätze durch soziale Verfolgungserfahrungen geprägt, die in der Regel durch Diktaturen politisiert werden. Im Zuge der Verfolgung, der Entrechtung, der Diffamierung werden die Schutzansprüche wieder neu begründet und münden in einen antidiktatorischen und antitotalitären Konsens jener, die nackter Macht ausgesetzt waren, aber nicht davor gefeit sind, nach dem Sturz diktatorischer Systeme selbst, wie im Falle der Kommunisten, selbst sehr schnell nach der unbegrenzten Macht zu greifen.

Die entscheidende Wirkung moderner Diktaturen ist darin zu sehen, dass sie soziale Strukturen verändern und die dadurch geprägten politischen, kulturellen und konfessionellen Traditionen und Milieus zu zerstören versuchen. Deshalb ist die Dauer diktatorischer Herrschaft eine entscheidende Voraussetzung für die Existenz von Resistenzpotenzialen. Nach etwa zwanzig Jahren moderner Diktatur werden diese Potenziale entscheidend geschwächt. Sie können sich zwar immer wieder in der Auseinandersetzung mit den Herrschaftsansprüchen moderner Diktaturen bilden, aber häufiger situativ als planvoll. Glücklich wirken sich von außen kommende Einflüsse aus, die erleichtern, die Ziele verfassungsstaatlicher Systeme kritisch gegen Diktaturen zu wenden. Dies war ohne Zweifel in den Staaten Ostmitteleuropas und in der DDR der Fall.

In der Regel richtet sich die soziale Veränderung gegen die Angehörigen klar definierter sozialer, konfessioneller und politischer Gruppen. In diesen Gruppen entsteht deshalb häufig auf der zweiten Stufe diktatorisch indizierten Wandels, nach der politischen die soziale Veränderung von sozialen Strukturen, ein neuer milieugeprägter Widerstand. Träger der bedrängten sozialen Gruppen und Schichten werden in der Regel durch die Beschwörung der geschichtspolitisch legitimierten angeblichen Notwendigkeiten, Unvermeidlichkeiten und Ziele ausgegrenzt. Ihre Reaktionen auf Ausgrenzungen und Einengungen ihrer sozialen Entfaltungsräume werden deshalb als Ausdruck eines fundamentalen Gegensatzes erklärt. Gegen diese Stigmatisierung reagieren die Ausgegrenzten in der Regel mit Entschiedenheit. Sie nutzten die Möglichkeiten vorgängiger Strukturen, reagieren situativ durch Protest, schließlich dysfunktional, durch Verweigerung, und geraten so gerade in die Isolation. Diffamierungskampagnen folgt entweder die Resignation, die Suche nach der Nische, oder die Flucht.

So entstehen zwar Widerständigkeiten, so verbreitert sich die Grundlage des Widerspruchs, so wachsen Differenz und Distanz und steigern sich zum Widerstand in allen seinen Schattierungen von der Verweigerung über den Protest und die Flucht bis zur aktiven Konspiration. Und zugleich wird deutlich, dass nach der Durchsetzung der diktatorisch gesetzten Ziele eine weitere Schwächung der Widerstands- und Resistenzpotenziale erfolgen kann, die vor allem von der Dauer diktatorischer Herrschaft abhängt.

Widerspruch und Widerstand

Moderne Diktaturen erzeugen deshalb unvermeidlich die Voraussetzungen für Manifestationen des Widerspruchs, des abweichenden politischen Verhaltens, der Suche nach tradierten Überzeugungen. Sie definieren abweichendes Verhalten als Widerstand und schaffen sich auf diese Weise ein Instrument zur Kriminalisierung und Poenalisierung abweichenden Verhaltens. Sie erzeugen aber auch die Voraussetzungen für Absonderungen und Ausgrenzungen. Insofern ist die Diktaturerfahrung vieler Verfolgter die Erfahrung eines Scheiterns, einer Erfolglosigkeit, die wiederum nur bewältigt werden kann, indem Traditionen gepflegt werden, die ihren Bezugspunkt nicht in den Idealen einer modernen Diktatur haben. So führt der Weg in die Zirkelbildung, in die Suche nach anderen Gleichempfindenden, mit denen sich die «Gesinnung pflegen» lässt, indem man diskutiert und über das Danach nachdenkt.

Moderne Diktaturen zerstören auch diese geringen Reste einer Diskussionskultur, denn sie ertragen nicht nur keinen Widerspruch, sie missbilligen ihn und fühlen sich durch ihn im Kern herausgefordert. Deshalb gehen sie mit vielfältigen Methoden dagegen vor. Widerspruch erscheint nicht nur eine Verletzung der Forderung der politischen Gemeinsamkeit. Widerspruch verrät augenscheinlich eine Gesinnung, die Diktaturen letztlich nicht ertragen können. Deshalb wird Abweichung, Verweigerung, Passivität sehr bald als eine Art Angriff auf den Kern des Rechts- und Verwaltungsstaates gedeutet. Diese Deutung birgt den Keim einer Dynamisierung in sich. Dies bedeutet, dass moderne Diktaturen auf von ihnen als widerständig gedeutete Verhaltensweisen ganz unterschiedlich reagieren. Dies macht den Widerstand unkalkulierbar und zum Risiko. Dabei kommt den Trägern der Diktaturen entgegen, dass sie ihr Verhalten nicht durch Normen und Verfahrensweisen kanalisiert wissen wollen. Deshalb verletzten sie stets die Erwartung einer angemessenen Verwendung von Mitteln.

Diktaturen ergreifen deshalb verschiedenste Maßnahmen, die sich gegen völlig unterschiedliche Verhaltensweisen richten können. Diese reaktiven Vorgehensweisen können auf die Diffamierung und Stigmatisierung in der Öffentlichkeit zielen, sie können soziale, berufliche, bildungsmäßige Benachteiligungen umfassen, die sich sogar gegen Angehörige der Opponenten erstrecken. Unübersehbar wird die Angst der Herrschenden vor den von ihnen Beherrschten. Deshalb werden die Überwachungseinrichtungen ausgebaut, denn die Träger von Diktaturen setzen oftmals auf Infiltration und Provokation und ergreifen «Maßnahmen», die sich schließlich auf Gegner außerhalb des eigentlichen Staatsgebietes erstrecken. Das Kampffeld wird ausgeweitet, ins Vorfeld verlegt. So kommt es zu langfristig angelegten Destruktionsvorgängen, zu Verschleppungen in den eigenen Machtbereich unter Verletzung des Völkerrechts.

Nicht zuletzt erstrecken sich Reaktionen bis hinein in Privatsphäre und Alltag. So werden nachbarschaftliche Verbindungen tangiert und lädiert. Gerade in der Reaktion auf Widerspruch und Widerstand zerstören moderne Diktaturen die Formen des Politischen und individualisieren soziale und politische Beziehungen. Denn es geht im Kampf gegen Widerspruch und Widerstand für Diktaturen um das buchstäblich «Ganze und Letzte». Hier wirkt sich der holistische und historizistische Anspruch moderner Diktaturen endgültig aus.

Das Ende dieses Misstrauens der Regierenden gegen die Untertanen ist die Wendung der Träger moderner Diktaturen gegen die Bevölkerung. Dies ist die entscheidende Diktaturerfahrung: ausgeliefert zu sein einem übermächtigen Staat, der Normen verletzt, seine eigenen Selbstbegrenzungen aufhebt und die Ziele staatlicher und bürgerlicher Vergesellschaft bewusst verletzt. Moderne Diktaturen sind so eine Mischung aus Überwachungs- und Vormundschaftsstaat.

Zivilgesellschaftliche Legitimationen, die Ergebnis einer vertraglich begründeten Begrenzung von Staatsgewalt sind, werden deshalb aufgehoben. Dies bedeutet aber im Lichte von Gesellschafts- und Herrschaftsverträgen, dass Widerstand gerade geboten ist oder gerechtfertigt wird. Denn Diktaturen respektieren kein Sicherheitsbedürfnis und kein Lebensrecht – damit schaffen sie selbst den Widerstandsfall. Und weil Gesellschafts- und Herrschaftsverträge zwar Staatsziele und Staatszwecke definieren, aber auf die vergangenen Erfahrungen und die Gestaltung der Gegenwart beschränken, lassen sich Verletzungen dieser Verträge auch nicht durch die Zukunft legitimieren.

Dies ist der Kern eines verfassungsstaatlich geprägten Widerstandsverständnisses. Im Verfassungsstaat ist Widerspruch und Widerstand legitim, beide werden auf vielfältige Weise in den Abwehrrechten domestiziert oder brechen sich in geordneter Weise – etwa durch das Petitions- und das Wahlrecht, aber auch im Zuge der Verwaltungsgerichtsbarkeit Bahn. Nur der Zugriff der Diktaturen greift weit über die Gegenwart hinaus in eine ferne Zukunft. Widerstand gegen moderne Diktaturen holt die

Prinzipien gesellschaftlicher und staatlicher Bindung zurück, erinnert an die Bedeutung des Rechts für die politische Ordnung, die Zähmung des Leviathans und die Selbstverpflichtung eines jeden Trägers von Herrschaft. Vor diesem Hintergrund einer gelungenen, institutionell gebundenen Herrschaft wird deutlich, weshalb Hannah Arendt moderne Diktaturen als totalitäre Systeme bezeichnet. Damit deutete sie die Eigenschaft an, die sie vor allem auszeichnet: vorzugeben, im Einklang mit der geschichtlichen Entwicklung zu stehen. Ihre Gegner werden deshalb in letzter Konsequenz als Schädlinge oder Verräter bezeichnet.

Im nächsten Schritt ist zu fragen, wie Anspruch und Eigenschaften moderner Diktaturen auf diejenigen wirken, die mit ihnen ihre Erfahrungen sammeln und machen. Grundlegend ist dabei für den Einzelnen keineswegs allein das Gefühl seiner Entrechtung aufgrund eines politischen Gegensatzes zu den Trägern der Diktatur, denn es ist zu erwarten, dass nach Machtergreifungen und Machtübernahmen Rechnungen aufgemacht, die «Rache legalisiert» wird. Politische Gegner der Träger moderner Diktaturen wussten in der Regel, was sie erwartete, und sie richteten sich darauf ein. Deshalb beklagten sie sich in der Regel nicht, wenn sie verfolgt und unterdrückt wurden. Diktaturen legitimieren sich in ihrer Vorbereitungsphase durch politische Gegensätze.

Im Zuge ihrer Konsolidierung setzt aber bereits ein Umbau der Gesellschaft ein, der durch fundamentale Entrechtungen oder durch Eingriffe in Strukturprinzipien der abgelehnten Gesellschafts- und Verfassungsordnung legitimiert wird. Dabei kommt den Kräften der Diktatur ihr Bewegungscharakter und ihr proklamierter revolutionärer Charakter, aber auch die Passivität jener Gesellschaften zugute, die sich durch das Gebot der Nichteinmischung in die inneren Verhältnisse anderer Staaten sowohl beruhigen als auch lähmen. Gegen Gleichschaltungsprozesse richtet sich der erste Widerstand.

Destruktion statt Disruption

Auf die Zerstörung kultureller Manifestationen und Organisationen folgt in der Regel ein neuer Schub oppositionellen Verhaltens. Auch Versuche, mit den sozialen Strukturen Milieus zu verändern, ziehen Widerspruch nach sich und mobilisieren neue Energien der Selbstbehauptung. Nun werden Traditionen immer wichtiger, denn sie legitimieren den Protest, den Widerspruch, können aber auch dem Leiden einen Sinn geben. Diese Traditionen sind teilweise milieuspezifisch. Dies zeigt sich im Widerstand von Bauern, von Arbeitern, von Liberalen, Konservativen, Sozialdemokraten, Gewerkschaften, also von allen, die durch die politischen Veränderungen im Kern nicht nur ihres Selbstverständnisses, sondern auch ihrer Gruppenexistenz getroffen werden soll.

Diktaturen setzen alles darauf, aus diesen überkommenen Strukturen erwachsende Muster der Gemeinsamkeit, der gruppenspezifischen Solidarität zu zerstören. Deshalb diffamieren sie diese Gruppen als Verantwortliche eines nationalen Unglücks – die Juden wurden ebenso wie die Weimarer Republikaner als Novemberverbrecher diffamiert, Mittelstand, Bauern, Bildungsbürger werden als faschistoid bezeichnet. Konsequenz dieser Diffamierung, Entrechtung, Ächtung, Enthausung ist eine Radikalisierung, die sich auf die tradierten und milieuspezifischen Prägungen des eigenen Selbstverständnisses zurückzieht und das Recht auf die eigene Entfaltung, den eigenen Weg beschwört, der konsequent bis ans Ende zu gehen ist. Diktaturerfahrung überlagert sich so mit der Widerstandserfahrung, einer Erfahrung allerdings, der zunächst der Begriff fehlt. Aber im Widerstand entwickelt sich eine Tendenz, die Diktaturen überlebt.

Diese Deutung wird auch nicht durch nachträgliche Versuche relativiert, Widerstand legitimatorisch auf Gruppen und Institutionen zu beziehen, denn unbestreitbar ist, dass Regimegegner und Widerstandskämpfer immer wieder ohne Deckung handeln mussten und allein blieben, von Weißler bis Brüsewitz, von Delp bis Bonhoeffer. Kann er sich zunächst noch des Rückhaltes in wichtigen Bezugsgruppen, etwa der Kirchen, versichern, so handelt er zunehmend ohne Deckung. Dies setzt die Fähigkeit zur Einsamkeit ebenso wie zu einer Radikalisierung voraus, die von der eigenen Person und von der Rücksicht auf Angehörige absieht. Und weil der Anspruch der Diktaturen weit ausgreifend ist, wird der Rückzug auf die eigene Person, auf das ganz persönliche Gewissen Kennzeichen eines Widerstands, der nicht nur individuelle Freiräume durchsetzen will, sondern eine Systemfrage stellt, die geradezu zum Gegenbild der diktatorisch atomisierten Gesellschaft wird.

Es geht seit dem Angriff auf die Ukraine wie schon bei der Besetzung der Krim 2014 nicht um Territorialfragen, sondern um den Angriff auf die Kultur des westlichen freiheitlichen Verfassungsstaates. Dramatisch ist so nicht nur das autoritäre Bündnis, das sich abzeichnet, sondern sind die verfassungsfeindlichen Grundüberzeugungen, die in vielen der Dekrete zum Ausdruck kommen, die Trump so medienwirksam unterzeichnete. Vielleicht lernen die in der Wahl geschlagenen Demokraten, dass sie sich auf ihre Kraft, besinnen, dass Sie der Disruption ihres Systems entgegentreten und ein Durchhaltevermögen aufbauen, das sich auf antidiktatorische und antitotalitäre Überzeugungen stützt. Die *Midterm Elections* können zum Symbol individueller Selbstbehauptung werden und sich auf Menschenrechte und Minderheitenschutz berufen. Denn in den freiheitlichen Verfassungsstaaten manifestiert sich ein Zivilcourage voraussetzender und verlangender Selbstbehauptungswillen, der angesichts bestehender Gefahren vor Umdeutungen bewahrt werden muss. ■

Dirk Rochtus

«Sagen, was ist»: eine andere Ethik zur Rettung der Demokratie

Was uns ein Vergleich mit Belgien lehrt

Hatte Friedrich Nietzsche recht mit seiner Aussage in *Zur Genealogie der Moral*: «Nur das, was keine Geschichte hat, kann definiert werden»? Was Demokratie als politisches System bedeutet, lässt sich tatsächlich schwer definieren – in diesem Sinne schwebt sie in einem Zustand zwischen Geschichtlich-Statischem und Prozesshaftem. Trotzdem sind schon viele Versuche unternommen worden, sie zu definieren. Hier kann das nur bruchstückhaft geschehen und ohne die Ambition, den unzähligen Büchern und Artikeln gerecht zu werden, in denen namhafte Geisteswissenschaftler sich tastend an eine Definition herangewagt haben.

Verwiesen sei hier ganz kurz auf die Überlegungen des Politikwissenschaftlers Wolfgang Merkel, der «drei Gruppen von Demokratietheorien», das minimalistische, das mittlere und das maximalistische Modell, unterscheidet. Das minimalistische Modell ist dasjenige, das den meisten Bürgern vor Augen schwebt, wenn sie auf den Begriff «Demokratie» stoßen. Merkel schreibt dazu: «Minimalisten wie der einflussreiche Ökonom und Demokratietheoretiker Joseph A. Schumpeter (1950) gehen davon aus, dass freie, gleiche und geheime Wahlen nicht nur der Kern der Demokratie, sondern diese selbst sind.»[1] Dieses Modell ist auch dasjenige, mit dem die Bürger als Wahlberechtigte turnusmäßig konfrontiert werden, aber die gelebte Praxis lässt sie erahnen, dass es nicht mehr als Erfahrungshorizont reicht. Die endlosen Debatten und Streitgespräche in den klassischen und den sozialen Medien machen den Bürgern bewusst, dass es nicht reicht, sich mit der minimalistischen Auffassung abzufinden, Demokratie würde die Möglichkeit beinhalten, die Regierenden abzuwählen, oder wie der polnisch-amerikanische Politikwissenschaftler Adam Przeworski bündig sagte: «Democracy is a system in which Parties lose elections.»[2] Die Demokratie lebt auch von demjenigen, was sich zwischen zwei Wahlgängen abspielt; die Bürger sollten sich andauernd kritisch aufstellen gegenüber der Arbeit, die die von ihnen gewählten Abgeordneten und die aus dem Wahlergebnis hervorgegangenen Regierungen leisten. Zu gleicher Zeit sollten sie dies auch tun können, ohne Angst vor Verfolgung – auf welche Weise auch immer: Haft, Cancel-Culture, Entlassungsgefahr oder Karrierebehinderung – haben zu müssen. Anders ausgedrückt: Demokratie bedeutet auch Abwesenheit der Furcht vor Mächtigeren.

Fragen lässt sich auch, welche Folgen der «Druck der Straße» – wie er sich im media-

1 Wolfgang Merkel: «Ist die Krise der Demokratie eine Erfindung?», in: akademie-forum-masonicum.de: https://is.gd/deY1nr.

2 Adam Przeworski: *Democracy and the Market: Political and Economic Reforms in Eastern Europe and Latin America*, New York 1991, S. 10.

len Bereich und in Demonstrationen ereignet – auf die repräsentative Demokratie zeitigt. Auch wenn dieser «Druck» an sich berechtigt ist und der Gesellschaft ein politisches Bewusstsein einflößt, kann er unter Umständen illiberales Gedankengut in die Diskussion hineinbringen und die repräsentative Demokratie erschüttern und sogar bedrohen. Aus dieser Begebenheit heraus können sich auch illiberale Strömungen der Schalthebel der Macht bemächtigen und die Demokratie zu einem Instrument der Akklamation ihrer neugewonnenen Herrschaft umwandeln. Angesichts dieser Gefahr und gerade deswegen wird die Demokratie, wie man sie in den letzten Jahrzehnten im Westen gekannt hat, als eine «liberale» gekennzeichnet. Das hinzugefügte Eigenschaftswort «liberal» verdeutlicht die Spannungen, denen die parlamentarische Demokratie ausgesetzt ist. Was sich zuerst als eine Tautologie hätte anhören können – ist Demokratie nicht per definitionem liberal? –, betont den verletzlichen Charakter des parlamentarisch-demokratischen Systems. Verletzlich, im prozesshaften Sinne, da der liberalen Demokratie die Fundamente entraubt werden können, und im ergebnishaften Sinne, da nach der Installation des Antiliberalen nicht mal die Möglichkeit der «Abwahl» bestünde.

Die historische Brille

Das Jahr 1933, wie man es aus der deutschen Geschichte kennt, erinnert modellhaft an diese Gefahr. Nicht so sehr die «Machtergreifung» der Nationalsozialisten am 30. Januar 1933 beinhaltete an sich die Gefahr der endgültigen Zerstörung der Demokratie, sondern das «Ermächtigungsgesetz» vom 23. März desselben Jahres. Wenn es bei der «Machtergreifung» geblieben wäre – in Wahrheit war sie eine Machtübertragung durch die konservativen Kräfte –, hätte Adolf Hitler der Demokratie zwar viel Schaden zufügen können, aber seine Herrschaft wäre episodisch gewesen, d.h. die Chance war nicht imaginär, dass er eines Tages abgewählt worden wäre. Schließlich erlebte sein Regime auch schwere Krisen, wie die Regimekrise im Frühjahr 1934, als «der Aufschwung auf halber Höhe steckengeblieben zu sein [schien]» und «täglich die Zahl derer [wuchs], die ihre Unzufriedenheit auch deutlich artikulierten», wie der Historiker Norbert Frei festgestellt hat.[3]

Es war – nicht unverständlich, jedoch aus einem dogmatisch-deterministischen Geschichtsverständnis heraus – auch die Auffassung der damaligen KPD, Hitler wäre «eine Übergangsfigur des kapitalistischen Systems»[4]. Nach ihrer Auffassung schloss sich die beginnende Kanzlerschaft von Hitler dem autoritären Geist an, der sich ab 1930 der Regierungsebene bemächtigt hatte. Der springende Punkt ist aber, dass das Ermächtigungsgesetz Hitler erlaubte, den Rechtsstaat aus den Angeln zu heben und die Demokratie in einen Führerstaat umzuwandeln. Symptomatisch dafür ist das «Gesetz zur Wiederherstellung des Berufsbeamtentums» vom 7. April 1933. Das Ermächtigungsgesetz beinhaltete mehr als nur Vollmachten, die an sich auch von einer demokratisch operierenden Regierung ausgeübt werden können, und wie es auch

3 Norbert Frei: *Der Führerstaat. Nationalsozialistische Herrschaft 1933 bis 1945*, München 2013, S. 9.

4 Dirk Rochtus: *«Hitler muss fallen, ...» Widerständiges deutsches Denken und Handeln 1933–1945*, Leipzig 2024, S. 15.

schon in der Weimarer Republik vorgekommen war. Verfassungsänderungen mithilfe einer Zweidrittelmehrheit gehören auch zum parlamentarisch-demokratischen System; verfassungsdurchbrechende Gesetze, wie sie Hitlers «Ermächtigungsgesetz» ermöglichte, sind da anderer, zerstörerischer Qualität. Diese Möglichkeit war es, die die wahre Gefahr für die Demokratie heraufbeschwor und Wirklichkeit werden ließ, nicht so sehr die Ernennung zum Reichskanzler, die im Wesen ohne das später erfolgte und zur Rechtsbeugung instrumentalisierte «Ermächtigungsgesetz» gegebenenfalls ein episodischer Machtwechsel in der Wilhelmstraße hätte bleiben können.

Diese Betrachtungsweise mag Deutschen als befremdlich erscheinen, schauen sie doch auf die Gegenwart durch ihre eigentümliche historische Brille, so als stünde beim Anwachsen der rechtsradikalen oder rechtsextremistischen Kräfte ein neues «1933» vor der Tür. Auch in Belgien hat die parlamentarische Demokratie eine ähnliche Gefahr gespürt, als die faschistische Partei REX bei den Parlamentswahlen im Mai 1936 mit 12 % der Stimmen einen elektoralen Durchbruch erlebte, um dann am Vorabend des Einmarsches der Wehrmacht wieder abzuflauen, und während der deutschen Militärverwaltung rein als Instrument der Mobilisierung für die «Ostfront» zu dienen.

Parallelen zwischen Vlaams Belang und AfD

Nach dem Zweiten Weltkrieg haben die traditionellen Parteien Belgiens wieder die Oberhand bekommen und den öffentlichen Raum quasi-total besetzt, bis sich 1978 im flämischen Landesteil aufs Neue eine rechtsradikale Partei formierte. Der Vlaams Blok, eine Partei mit Wurzeln im autoritären Teil des flämischen Nationalismus – nach dem Verbot von mit ihm liierten Organisationen ab 2004 Vlaams Belang (VB) geheißen, also unter Beibehaltung desselben, allgemein bekannten Kürzels – wuchs im Laufe der Zeit zur zweitstärksten Kraft in Flandern – wohlbemerkt nur in Flandern, weil Belgiens Parteien nach den jeweiligen Regionen – Flandern und Wallonien – aufgefächert sind und nicht unitarisch organisiert sind. Was die Bundesrepublik jetzt mit der Alternative für Deutschland (AfD) erlebt, ist in Flandern/Belgien schon seit Jahrzehnten gelebte Erfahrung. Parallelen liegen auf der Hand: Beide Parteien verdanken der Nicht-Beantwortung seitens des «Establishments» von multiplen, durch Globalisierung und Migration ausgelösten oder verstärkten Krisen ihren Erfolg.[5] Die Reaktion der klassischen Parteien besteht darin, die vom Rechtspopulismus genährten Kräfte als «undemokratisch» und «rechtsextrem» abzustempeln und über sie ein «Cordon sanitaire» (Belgien) oder eine «Brandmauer» (Deutschland) zu verhängen. Das heißt: Regierungsbeteiligung der rechtsradikalen Partei kommt in beiden Fällen nicht in Frage, ebenso wenig wie ein Sich-Dulden-Lassen oder ein Mittragen einer Resolution oder einer Anfrage aus dieser Ecke. Der Preis, den die demokratischen Parteien dafür zahlen, ist manchmal hoch im Sinne von schwieriger oder langwieriger Regierungsbildung. Das «Cordon sanitaire» und die «Brandmauer» haben ja weder den VB noch die AfD abbremsen können.

5 Siehe auch Dirk Rochtus: «Rechtspopulismus in Belgien. Der Vlaams Belang als Nutznießer des Unbehagens», in: Frank Decker / Bernd Henningsen / Marcel Lewandowsky / Philipp Adorf (Hrsg.): *Aufstand der Außenseiter. Die Herausforderung der europäischen Politik durch den neuen Populismus*, Baden-Baden 2022, S. 201–213.

«Cordon sanitaire» erzeugt das Bild der VB-Wähler als «krankhafte», zu heilende Masse, «Brandmauer» das einer tödlichen Gefahr, die von den AfD-Wählern ausginge. Im letzteren Fall schwingt auch die volkspädagogisch vermittelte Erinnerung an «1933» mit. Die VB-Wähler in Belgien werden trotzdem so gut wie nie pauschal als «Faschisten» bezeichnet. Die Partei wird oft auch eher als rechtsradikal denn als rechtsextrem bezeichnet. Diese semantische Behutsamkeit passt zur Definition, die der deutsche Politikwissenschaftler Hans-Gerd Jaschke in Bezug auf den Rechtsextremismus vornimmt: als das Anstreben einer ethnisch homogenen Gesellschaft in einem starken Nationalstaat und das Ablehnen und Bekämpfen von Multikulturalismus und Pluralismus.[6] Es würde sich also um ein politisches Anliegen handeln, die Verfassung zu durchbrechen zwecks Ersetzung des parlamentarisch-demokratischen Systems durch einen diktatorialen Ordnungs- oder sogar Führerstaat. Dem VB kann man solche Aspirationen nicht anlasten. In der Bundesrepublik aber wird der AfD solches unterstellt – bestimmte Führungspersönlichkeiten wie Björn Höcke geben dieser Pauschalverurteilung Auftrieb – und daraus wird manchmal auch geschlussfolgert, die (meisten) AfD-Wähler würden ganz bewusst mit ihrer Stimme für einen faschistischen Machtwechsel optieren. Das Wählervotum für diese beiden Parteien ist jedoch zurückzuführen auf ein Unvermögen des demokratischen Systems, bestimmte, in der Gesellschaft kursierende «Fragen» und Probleme zu lösen, geschweige denn zur Kenntnis zu nehmen. In seinen *Erinnerungen* bemerkt der Historiker Heinrich August Winkler: «In Deutschland waren es die Parteien links der Mitte, obenan die Grünen, aber auch die Sozialdemokraten und die Partei Die Linke, die nicht grundlos den Vorwurf auf sich zogen, sie interessierten sich mehr für die Bedürfnisse kleiner abgehobener Minderheiten als für die Alltagssorgen des ‹kleinen Mannes›.»[7] Wenn sich dazu das Ausschließen dieser Parteien aus dem demokratischen Willensbildungsprozess gesellt, erweckt dies – allerdings in Flandern – ein atavistisches, gegen die «Mächtigen» gerichtetes Sympathiegefühl für den «Underdog». Es entwickelt sich ein populistischer Anti-Establishment-Reflex aus dem Gefühl heraus, nicht demokratisch behandelt zu werden.

Ein eventuelles Verbot erweist sich als eine Schimäre, so lange solche Parteien nicht klipp und klar gegen die Verfassung oder die freiheitlich-demokratische Grundordnung verstoßen. Abgesehen von einer kontraproduktiven Wirkung, die im Gang in den «Untergrund» bestünde, würde es Bitterkeit auslösen, zumal solche Parteien inzwischen sowohl in Flandern wie in der Bundesrepublik jeweils von fast einem Viertel der Bürger gewählt werden. Es würde fast an Verhältnisse wie in der Türkei erinnern, als die Regierungspartei (!) AKP knapp einem Parteiverbot entging, weil nur sechs statt sieben der elf Richter des türkischen Verfassungsgerichts (T.C.Anayasa Mahkemesi) dafür stimmten.[8] Wolfgang Merkel lehnt ein Parteiverbot mit Hinsicht auf das liberale Wesen der Demokratie ab: «Die AfD verbieten zu wollen, würde gleichwohl bedeuten,

6 Hans-Gerd Jaschke: *Rechtsextremismus und Fremdenfeindlichkeit. Begriffe, Positionen, Praxisfelder*, Wiesbaden 2001², S. 20.

7 Heinrich August Winkler: *Warum es so gekommen ist. Erinnerungen eines Historikers*, München 2025, S. 159 f.

8 mena-watch.com: https://is.gd/Whdoc3.

dem Illiberalismus mit illiberalen Methoden zu begegnen. Auch demokratietheoretisch wäre es nicht unproblematisch, etwa 20 Prozent des Elektorats die gewählte Repräsentanz zu nehmen; erhebliche Teile des demokratischen Souveräns würden so in ihren Wahlpräferenzen eingeschränkt.»[9] In Belgien selber hat sich der Gedanke an ein Verbot des VB allerdings erledigt: Der Partei steht sowieso der Vorsitz bestimmter Ausschüsse im «Vlaams Parlement», dem Regionalparlament Flanderns, zu.

Heißt das nun, dass solche Parteien normalisiert werden sollten? Nein, normalisiert werden sollte der Umgang mit den Fragen und Problemen, die so viele Wähler in deren Arme treibt, statt sie unter den Teppich zu kehren oder mit einem Tabu zu belegen. In Flandern hatte der VB bei den Regionalwahlen 2009 und den Föderalwahlen 2010 eine große Schlappe erlitten, als eine demokratische flämische-nationalistische Partei, die Nieuw-Vlaamse Alliantie (N-VA), unter der charismatischen Führung von Bart De Wever, ihm den Wind aus den Segeln nahm. In den darauffolgenden Jahren ist der VB wieder zur zweitstärksten Partei in Flandern geworden, gerade weil die Probleme, da sie von globaler Art sind, nicht so einfach strukturell im kleinteiligen Raum, der Belgien nun halt ist, gelöst werden können. Nur weil die N-VA in einem Kopf-an-Kopf-Rennen mit dem VB ein Prozent mehr erlangte bei den Föderal- und Regionalwahlen im Jahre 2024, kam ihr die Regierungsbildung sowohl auf föderaler als regional-flämischer Ebene zu. Dies erklärt den surrealistisch anmutenden Umstand, dass ein vom Ursprung her flämischer Nationalist wie Bart De Wever im Januar 2025 nach monatelangen Verhandlungen der Premier Belgiens wurde.

Links in der Defensive?

Mit Ferdinand Lassalle kommt es darauf an «zu sagen, was ist», auf dass die demokratische Gesellschaft nicht gezwungen wird, auf von vielen Leuten als «undemokratisch» empfundene Maßnahmen zwecks ihrer Rettung zurückzugreifen. Die Rettung liegt ja in der Enttabuisierung der Probleme, nicht im Weiter-Lodern-Lassen des Feuers hinter einer Brandmauer oder im Verborgenen. Das leitet herüber zur Frage, ob die Linke (hier nicht im Sinne der Linkspartei) dazu imstande ist oder ob sie sich in der Defensive befindet. Drei Bemerkungen ließen sich daran anknüpfen. Erstens: Um welche Form der Linken handelt es sich? Um welche Strömung? Die marxistische, die sozialdemokratische oder die postmodern-grünwoke? Die belgische Erfahrung lehrt, dass gerade die Parteien im Aufwind sind, die den Problemen nicht aus dem Wege gehen. Das gilt sowohl für die N-VA (Mitte-Rechts) und VB (rechtsradikal) als für die linksradikalen «Partij van de Arbeid» (PVDA) und «Parti du Travail» (PTB) in Flandern bzw. dem frankofonen Teil Belgiens. Jede dieser Parteien redet auf ihre Art und ihrem «Bereich» Klartext in Bezug auf die unterschiedlichen Probleme, welche die Bürger berühren. In Belgien befindet Links sich in der Gestalt der linksradikalen PVDA und PTB gerade nicht in der Defensive, und Ähnliches gilt für Deutschland in Bezug auf Die Linke. Die Sozialdemokratie aber schon: In Belgien betrifft es dabei die sozialdemokratischen Parteien «Vooruit» (wortwörtlich: «Vorwärts») an der flämischen und Parti Socialiste (PS) an der wallonischen Seite. In Deutschland leidet die SPD dabei unter dem Umstand, dass sie als eine Partei des «Esta-

9 Wolfgang Merkel: «Wie resilient ist unsere Demokratie?», in: *Aus Politik und Zeitgeschichte* 27/2024, S. 21.

blishments» und solcherweise als verkrustet gilt. Zwar ist «Vooruit» Teil der föderalen Regierungskoalition, aber auch sie kämpft gegen die Konkurrenz an ihrer linken Flanke an, während sie schon ab den 1990er-Jahren anfing, große Teile der Arbeiterklasse an den VB zu verlieren. Das Bild, das die linken Parteien mit Rücksicht auf die politische Macht von sich abgeben, ist zwiespältig: «Vooruit», PS und SPD in der Defensive, PVDA, PTB und Die Linke im Aufwind. Bestimmte Teile der Linken mögen sich parteimäßig auf dem Rückzug befinden, aber gilt dies zweitens auch für sie als gesellschaftlich-kulturelle Strömung, als Phänomen der civil society? Hier ist das Bild mehr nuanciert, ist die Linke doch stark vertreten in den Medien, den Universitäten und dem Kultursektor, übt sie hier die kulturelle Hegemonie im Sinne Gramscis aus. Bedeutet «Defensive» drittens, dass die Linke sich mühsam verteidigen muss gegen den prophezeiten Rechtsruck in der Gesellschaft, oder dass sie nicht genügend um die Vormachtstellung in der Gesellschaft kämpft und sich der Resignation ergibt? Vielleicht müsste man sich bei der Klärung dieser Frage rückbesinnen auf den Unterschied, den Max Weber in *Politik als Beruf* (1919) zwischen Gesinnungs- und Verantwortungsethik macht. Zum Schutz der Demokratie genügt nicht das Selbstbild, sich auf der richtigen Seite der Geschichte zu befinden – dies wäre Gesinnungsethik als eine Form der Selbstgerechtigkeit –, sondern vonnöten ist die Bereitschaft, sich dem eisigen Wind der gesellschaftlichen Probleme zu stellen und Verantwortungsethik zu praktizieren. ■

Nikolas Dörr / Thomas Waldvogel

Zeitenwende unter Bewährungsdruck

Deutschlands Außen- und Sicherheitspolitik seit dem Ende des Kalten Krieges

Die internationale Politik hat seit 1990 Zyklen der Öffnung und der Verhärtung erlebt. Für Deutschland bedeutete dies den Übergang von stabilitätsorientierter Einbettung zu wehrhafter Vernetzung. Spätestens seit 2015 treffen Fluchtmigration, Brexit, die Präsidentschaften Donald Trumps, die Covid-Pandemie, Chinas Aufstieg, der russische Angriffskrieg gegen die Ukraine und der Gaza-Krieg auf ein Land, das seine außen- und sicherheitspolitische Identität neu austarieren muss. Die Frage lautet nicht mehr, ob Deutschland führt, sondern wie es führt und mit welchen Mitteln.

Zeitenwende als Epochenbruch und als Verdichtung von Krisen

Der US-Psychologe Abraham Maslow hat 1943 das Konzept der Bedürfnishierarchie geprägt. Zentrales menschliches Grundbedürfnis ist demnach die Sicherung des Überlebens.[1] Das impliziert militärische Sicherheit und Sicherheit im Innern vor Gewalt. Sicherheit muss gewährleistet werden und die Wirtschaft muss funktionieren, um die staatlichen Aufgaben erfüllen zu können. Alles andere kommt danach, insbesondere individuelle Selbstverwirklichung. Ist die Sicherheit gefährdet, muss eine Prioritätensetzung in diese Richtung stattfinden.

Nach dem Ende des Kalten Krieges bauten die Europäische Union und die NATO ihre Ordnung durch Erweiterung und Recht aus. Deutsche Außenpolitik kombinierte ökonomische Offenheit, militärische Zurückhaltung und europäische Einbindung. Die eingangs genannten Krisen relativierten diese Gewissheiten. Handel erwies sich nicht als Sicherheitsersatz. Energie aus Russland und Vorprodukte aus China wurden zunehmend zu einem geopolitischen Risiko, weil sie Abhängigkeiten von Diktaturen zementierten.[2] Die nach Ende des Kalten Krieges prägenden Schulen der Internationalen Beziehungen, die wie die Interdependenztheorie davon ausgingen, dass gemeinsame (Wirtschafts-) Beziehungen Demokratie und Frieden stärken würden, verloren innerhalb kürzester Zeit an Attraktivität.

Der russische Großangriff auf die Ukraine vom 24. Februar 2022 beendete schließlich vollends die Annahme, Sicherheit sei ein Nebenprodukt der Integration. Seither steht die Fähigkeit zur Abschreckung wieder im Zentrum der Sicherheitspolitik.

Solange die Möglichkeit russischer Gewalt gegen EU- und NATO-Staaten real bleibt, muss militärische Sicherheit innerhalb der NATO dementsprechend Vorrang vor dialogorientierten Formaten besitzen. Die Nationale Sicherheitsstrategie und europäische Leitdokumente bekräftigen den Nordatlantikpakt als primären Garant gegen militärische Bedrohungen. Dialog wirkt nur, wenn er glaubwürdig durch Fähigkeiten, Bereitschaft und industrielle Tiefe hinterlegt ist.

Der von Bundeskanzler Olaf Scholz geprägte Begriff der «Zeitenwende» steht nicht nur für eine Kurskorrektur. Gemeint ist ein Epochenwechsel, der die Architektur europäischer Sicherheit auf eine neue Grundlage stellt. Zugleich gibt es eine zweite Lesart, die die Jahre seit 2015 als Verdichtung sozialer, ökonomischer und geopolitischer Krisen versteht. Pandemie, Inflation, Fluchtwellen, Klimawandel und Energiepreisschocks veränderten die Erwartungshorizonte von Politik und Gesellschaft innerhalb kürzester Zeit. Speziell für Deutschland ist darüber hinaus die seit fast drei Jahren andauernde Wirtschaftsflaute zu nennen – die längste in der bundesdeutschen Geschichte. Der Angriff Russlands war der Katalysator, der diese Entwicklungen bündelte und sichtbar machte. Beide Lesarten ergänzen sich. Sie erklären, warum ein breiter Konsens über den Ernst der Lage entstand und warum die Bundesregierung in kurzer Zeit Positionen räumen musste, die zuvor als stabil galten.

Europa zwischen Ambition und Realität

Die Ära Merkel stand für diplomatische Krisenmoderation, europäische Kohäsion und moderate Sanktionspolitik gegenüber Moskau im Zuge der gewaltsamen Annexion der Krim bei fortgesetzter Energieverflechtung inklusive des Festhaltens an Nord Stream 2.

1 Abraham Maslow: «A Theory of Human Motivation», in: *Psychological Review*, 50 (4) 1943, S. 370–396.

2 Vgl. Holger Wolf: «Zeitenwende Meets Energiewende», in: *German Politics and Society*, 42 (3) 2024, S. 1–20.

Die Hoffnung auf «Wandel durch Handel» prägte weiterhin das Verhältnis zu Russland (und ebenso zur Volksrepublik China). Im Ergebnis war es jedoch nur «Handel ohne Wandel».[3] Militärisch blieb Deutschland lange unterambitioniert, was Fähigkeitslücken der Bundeswehr massiv vergrößerte. Die Ampel-Koalition trat 2021 mit einem wertegeleiteten Anspruch an und musste durch den russischen Angriff auf die Ukraine dann nach wenigen Monaten in der Regierung mit etablierten Routinen brechen. Olaf Scholz erklärte die Zeitenwende, legte ein Sondervermögen auf und versprach strukturelle Mehrausgaben für die militärische Sicherheit. Sichtbar wurde auch eine neue Rollenaufteilung im Kabinett. Hervor sticht seit dem Wechsel der unglücklich agierenden Christine Lambrecht (SPD) zu Boris Pistorius (SPD) im Januar 2023 der Verteidigungsminister durch klare Prioritätensetzung. International wird er als Antreiber einer realistischen Zeitenwende wahrgenommen, innenpolitisch als Pragmatiker, der Haushaltsdisziplin und Fähigkeitsaufbau vermittelt. Seine Linie macht deutlich, dass die NATO und militärische Sicherheit Vorrang haben müssen, solange Russland die europäische Friedensordnung offen und verdeckt angreift.

Die EU verfügt bis heute über keine gemeinsame Armee und über keine kohärente verteidigungspolitische Gesamtstrategie, die eine einheitliche Kommandokette mit exekutiver Verantwortung vorsieht. Die Gemeinsame Sicherheits- und Verteidigungspolitik bleibt weitestgehend intergouvernemental. Kräfte werden national bereitgestellt. Das Brüsseler Hauptquartier ist auf kleine Missionen ausgelegt. Der Strategische Kompass von 2022 setzte als sicherheits- und verteidigungspolitisches Leitdokument der EU-Ziele wie eine Rapid Deployment Capacity, ersetzte aber keine operative Kommandostruktur. PESCO, EDA, EDF und CARD verbessern Koordination und Rüstungsökonomie, ändern jedoch nicht die nationale Dominanz der Entscheidung.[4] Das oft zitierte und (obwohl nie belegt) Henry Kissinger zugeschriebene Bonmot, Europa habe keine Telefonnummer, bringt die aktuelle Lage sicherheitspolitisch auf den Punkt.

Historisch reicht die Idee einer europäischen Armee weit zurück. Die Europäische Verteidigungsgemeinschaft hätte in den 1950er-Jahren einen echten supranationalen Verband schaffen sollen, scheiterte jedoch 1954 im französischen Parlament. Die Folge war eine Rückkehr zur NATO als Träger kollektiver Verteidigung, während die spätere EU zunächst nur Krisenmissionen koordinierte. Diese Pfadentscheidung prägt die Gegenwart.[5]

Seit Ende 2024 besitzt die Kommission immerhin erstmals ein eigenständiges Verteidigungsressort. Der Kommissar für Verteidigung und Raumfahrt, der Litauer Andrius Kubilius, soll Investitionen bündeln,

3 Bastian Matteo Scianna: *Sonderzug nach Moskau. Geschichte der deutschen Russlandpolitik seit 1990*, München 2024, S. 253–275.

4 Einen Fortschritt stellt hingegen die im Oktober 2025 von der Europäischen Kommission und dem Europäischen Rat verabschiedete Defence Readiness Roadmap 2030 dar, die mit den Kernpunkten European Drone Defence Initiative, Eastern Flank Watch, European Air Shield und European Space Shield die EU-Mitgliedsstaaten auf gemeinsame Sicherheitsprojekte festlegen soll.

5 Vgl. Jeffrey D. Rathke / Theresa Luetkefend: «The Institutional Dimension: NATO, the EU, and Multinational Cooperation», in: John R. Deni / Jeffrey D. Rathke (Hg.): *Assessing the Zeitenwende: Implications for Germany, the United States, and Transatlantic Security*, Carlisle 2025, S. 81–95.

europäische Lieferketten im Bereich der Rüstung enger verknüpfen und die industrielle Kooperation mit Partnern wie der Ukraine vertiefen. Das erhöht die Sichtbarkeit europäischer Verteidigungspolitik und ergänzt sinnvoll die 2009 erfolgte Etablierung des Hohen Vertreters der Europäischen Union für Außen- und Sicherheitspolitik, ändert aber nicht den intergouvernementalen Kern zentraler Entscheidungen. Warnsignale für eine raschere Fähigkeitserhöhung lagen seit Jahren vor. Der russische Krieg gegen Georgien 2008, die Krimannexion 2014, der Brexit und die offene Kritik an der NATO in Donald Trumps erster Amtszeit hätten den Aufbau gemeinsamer Ressourcen beschleunigen müssen. Europa reagierte, aber zu langsam und zu kleinteilig.

Russland verstehen, ohne zu beschönigen

Die Autokratisierung Russlands verlief seit 1999 schrittweise, seit den frühen 2010er-Jahren jedoch mit wachsender Geschwindigkeit. Repression im Innern, Unterdrückung der Zivilgesellschaft, gezielte Tötungen von Oppositionellen, Agentengesetze und der Ausbau eines propagandistisch gestützten Sicherheitsstaats sind keine Randphänomene, sondern Strukturmerkmale. Nach außen standen Kriege in Tschetschenien, der Angriff auf Georgien, die Annexion der Krim, die Intervention in Syrien, Cyberattacken auf westliche Staaten, Sabotageaktionen, Drohnenangriffe, Spionage und die Invasion der Ukraine für eine imperiale Stoßrichtung, die auf Revision der europäischen Ordnung seit Ende des Kalten Krieges zielt. Diese Abfolge widerlegt die Vorstellung, der Bruch sei erst 2022 entstanden. Er kulminierte 2022, doch die Vorzeichen waren seit Jahren sichtbar.

Alle Sicherheitsbehörden in Deutschland und der EU bestätigen die Gefahr laufender Destabilisierungsversuche und die fortgesetzte Aufrüstung durch Russland. Zusammen mit dem ebenfalls autoritär regierten Weißrussland Alexander Lukaschenkos bildet Putins Russland in Europa einen gefährlichen, hochgerüsteten Block. International kommen Staaten wie China, Nordkorea und Iran hinzu, die aggressive Ziele verfolgen.

Deutschland setzte bis zum Überfall Russlands auf die Ukraine auf zivilgesellschaftliche und ökonomische Vernetzung. Gemeinsame Handelsbeziehungen, Dialogforen, Jugend- und Geschichtsprojekte, Stiftungsarbeit und Kooperationen mit russischen Nichtregierungsorganisationen sollten Vertrauen schaffen und Pluralität stärken. Vieles war im Kleinen erfolgreich. Die Autokratisierung verhinderte es jedoch nicht. Die Lehre ist ernüchternd. Ohne Machtbalance und klare rote Linien bleiben gesellschaftliche Brücken verletzlich. Die Entscheidung für Nord Stream 2 scheint in diesem Licht besonders fragwürdig.[6] Energierohre ersetzten keine Sicherheit. Der rechtzeitige Ausbau erneuerbarer Quellen in der Ära Merkel hätte zugleich Klima, Industrie und Sicherheit gestärkt.

Der Umgang mit Autokratien bleibt ein Dilemma. Viele der zentralen Exportländer für Energie und Rohstoffe sind keine Demokratien.[7] Der weltweite Demokratieindex verzeichnet seit Jahren nur eine Minderheit voll funktionsfähiger Demokratien. Wer die

6 Vgl. Reinhard Bingener / Markus Wehner: *Die Moskau-Connection. Das Schröder-Netzwerk und Deutschlands Weg in die Abhängigkeit*, München 2023.

7 Vgl. Viktoriia Kravchyk / Sergiy Gerasymchuk: *Zeitenwende: Perspectives from Germany and Central Europe*, Kiew 2024, S. 6.

eigene Versorgung absichert, wird Realpolitik nicht vermeiden können. Entscheidend ist, diese Abhängigkeiten zu diversifizieren, Transparenz zu schaffen und Missbrauchsspielräume zu begrenzen. Der qualitative Unterschied liegt in der Aggression gegen souveräne Nachbarn und in der geografischen Nähe. Der russische Angriff überschritt in dieser Hinsicht eine Grenze, die den europäischen Sicherheitskern berührt.

Wissenschaftliche Befunde und der theoretische Rahmen

Drei Befunde prägen die aktuelle Forschung. Erstens bleibt Abschreckung gegenüber revisionistischen Akteuren die Voraussetzung für wirksame Diplomatie. Das Zwei-Prozent-Ziel für die NATO-Beiträge ist Mindestbedingung, die von den NATO-Mitgliedern beschlossene Erhöhung auf 3,5 Prozent des BIP erscheint sinnvoll. Zweitens relativiert die Theorie komplexer Interdependenz die Hoffnung, Handel ersetze Machtpolitik. Verflechtungen schaffen Wohlstand, können aber auch als Zwangsmittel, vor allem hinsichtlich Energieabhängigkeiten, missbraucht werden. Drittens ist Abschreckung auch ein Kommunikationsgut. Glaubwürdigkeit entsteht durch klare Signale und planbare Ressourcen, nicht durch Ad-hoc-Gesten.

Auf der Theorieebene rückt somit der Neo-Realismus wieder ins Zentrum.[8] Nach dem Ende des Kalten Krieges gewannen liberale und konstruktivistische Ansätze an Terrain. Institutionen, Normen, internationale Kooperationen und Organisationen galten als Friedensgaranten. Spätestens seit 2014 und erst recht seit 2022 setzt sich in vielen Analysen wieder die Perspektive durch, die Anarchie des Systems, das Sicherheitsdilemma und die Verteilung harter Macht in den Mittelpunkt stellt. Realismus interpretiert das Verhalten von Großmächten als Suche nach regionaler Vorherrschaft. Die Rückkehr zu einem realistischen Grundton bedeutet nicht, dass Normen irrelevant werden. Es heißt, dass ihre Wirksamkeit von der Balance der Fähigkeiten abhängt. Für die deutsche Debatte folgt daraus, dass Diplomatie ohne militärische Unterfütterung erwartbar scheitert.

Die zweite Präsidentschaft Donald Trumps verschiebt allerdings Lasten im Bündnis. Aus Washington kommen Forderungen nach stärkerer europäischer Eigenleistung, begleitet von Unklarheit über Umfang und Modalitäten künftiger Unterstützung für die Ukraine. In Teilen der US-Öffentlichkeit wird Zurückhaltung mit geografischer Distanz und innenpolitischen Prioritäten begründet. Wer in dieser Logik denkt, erwartet, dass Europa seine Nachbarschaftsbedrohungen stärker selbst trägt, während die USA Probleme in ihrer Hemisphäre priorisieren. Das verweist auf unterschiedliche Problemhierarchien im Bündnis. Sicherheitspolitisch bleibt jedoch klar, dass Abschreckung in Europa auf absehbare Zeit nicht ohne die USA funktioniert. US-Amerikanische Zurückhaltung erzwingt daher europäische Aufrüstung und eine robuste NATO-Verankerung.

Deutschland ist seit 2022 militärisch, finanziell und humanitär ein Hauptunterstützer der Ukraine. Politisch umkämpft bleiben Eskalationsrisiken und Takt bei bestimmten Waffensystemen. Strategisch entscheidend ist der Aufbau industrieller Tiefe durch ge-

8 Kenneth Walt: *Theory of International Politics*, Boston 1979; Ders.: *Realism and International Politics*, New York 2008.

meinsame Produktion, europäische Munitionsbündnisse, Instandsetzungshubs und langfristige Abnahmegarantien. Gleichzeitig ist die Verzahnung mit EU-Beitrittsperspektiven, dem Weimarer Dreieck und der Bukarest-Neun zentral. Solange sich russische Angriffe gegen Estland, Lettland, Litauen, Polen oder gar Deutschland nicht ausschließen lassen, muss deutsche Außenpolitik militärische Handlungsfähigkeit und Bündnisfestigkeit vor jede rein dialogorientierte Annäherungslogik stellen.

Die Rolle der SPD in der deutschen Sicherheitspolitik

Die SPD trägt ein doppeltes Erbe. Auf der einen Seite stehen Willy Brandts Ostpolitik und Egon Bahrs Formel des «Wandels durch Annäherung», die Dialog, Verflechtung und Rüstungskontrolle als tragende Instrumente der Entspannung verstanden. Auf der anderen Seite steht die Verantwortungsethik einer Regierungspartei, die im Zweifel die Sicherheit des Landes priorisieren muss. Genau an dieser Bruchstelle erzeugt der russische Angriffskrieg einen inneren Reibungsverlust.[9] Das auf Dialog fokussierte sozialdemokratische Traditionsnarrativ kollidiert mit einer internationalen Lage, in der Abschreckung, militärische Fähigkeiten und resiliente Allianzen wieder Grundfunktion werden.

Für die deutsche Sozialdemokratie bedeutet dies einen Lernprozess. Nach 1945 dominierten in der SPD pazifistische Positionen. Sie lehnte Wiederbewaffnung und NATO-Beitritt ab – nicht zuletzt aus Sorge um die deutsche Einheit und angesichts der in den 1950er-Jahren verfolgten NATO-Strategie der «massiven Vergeltung». Dabei wurde vom linken Flügel der Partei ignoriert, dass die NATO auch ein sozialdemokratisches Konstrukt ist und auch die westeuropäische Sozialdemokratie vor einem kommunistischen Überfall schützen sollte.[10] Ende der 1950er-Jahre setzte sich eine sicherheitspolitische Neuorientierung durch, getragen von Vordenkern wie Fritz Erler und Helmut Schmidt, die schließlich in die Akzeptanz der Westbindung inklusive der bundesdeutschen NATO-Mitgliedschaft im Godesberger Programm 1959, bestätigt vom Parteitag in Hannover 1960, mündete. Mit Helmut Schmidt stellte die SPD dann ab 1969 erstmals den Bundesverteidigungsminister. Als Bundeskanzler initiierte und trieb er seit 1977 die Debatte um die eurostrategische Balance voran, die 1979 im NATO-Doppelbeschluss kulminierte. In der SPD formierte sich zugleich eine friedensbewegte Opposition – prominent unter anderem durch Oskar Lafontaine und Erhard Eppler vertreten –, die vor allem die geplante Stationierung neuer Mittelstreckenwaffen ablehnte. Bis zum Regierungswechsel 1982 blieb die offizielle Linie der SPD-geführten Regierung pro Doppelbeschluss, trotz zunehmender innerparteilicher Konflikte. Erst in der Oppositionszeit ab 1983 profilierte sich die SPD programmatisch deutlicher gegen die Stationierung, was schließlich in ihrer Ablehnung auf dem Kölner Parteitag 1983 gipfelte. Sicherheitsorientierter war die Phase der rot-grünen Bundesregierung unter Bundeskanzler Gerhard Schröder. In einer historisch bedeutsamen Entschei-

9 Vgl. Nikolas Dörr: «Zeitenwende und Ostpolitik. So viel Idealismus wie möglich, so viel Realpolitik wie nötig», in: *Indes. Zeitschrift für Politik und Gesellschaft*, 10 (01/02) 2022, S. 136–146. (doi:10.13109/inde.2022.10.1-2.136).

10 Vgl. Stefan Müller: «Die NATO – eine sozialdemokratische Idee?», in: fes.de: https://is.gd/mPxVR2 (26.10.2025).

dung sprachen sich Bundestag und Regierung 1999 für den ersten Kampfeinsatz der Bundeswehr im Kosovokrieg aus. Und nach den Anschlägen vom 11. September 2001 beteiligte sich Deutschland militärisch am Afghanistaneinsatz. Innenpolitisch setzte die Regierung nach den Terroranschlägen vom 11. September 2001 zwei Anti-Terror-Pakete durch, die Sicherheitsbehörden neue Befugnisse gaben und die Architektur der Terrorismusbekämpfung ausweiteten. Außenpolitisch markant war das, trotz massiven US-amerikanischen Drucks, deutliche Nein der SPD-geführten Regierung zum Irakkrieg 2003. Mit dem Ausbruch des Ukrainekrieges war die deutsche Sozialdemokratie als größte Regierungspartei in einer entscheidenden Rolle. Grundsätzlich bekennt sich die Partei seitdem zur zivilen und militärischen Unterstützung der Ukraine sowie zur neuen Wertigkeit von robuster Sicherheit generell. Innerparteilich gibt es jedoch Streit über das Ausmaß.[11] Dies betrifft insbesondere die Ablehnung der Lieferung von Taurus-Marschflugkörpern an die Ukraine. Den bisherigen Höhepunkt der innerparteilichen Kritik stellte das Manifest *Friedenssicherung in Europa durch Verteidigungsfähigkeit, Rüstungskontrolle und Verständigung* dar, das zahlreiche, auch namhafte, Sozialdemokratinnen und Sozialdemokraten unterzeichnet haben.[12] Es ist in höchstem Maße zu kritisieren und stellt einen Tiefpunkt sozialdemokratischer Sicherheitspolitik dar. Die Mischung aus sicherheitspolitischer Naivität und Offenheit gegenüber einer Diktatur, die wiederholt Kriegsverbrechen begeht und mit Georgien und der Ukraine innerhalb von 15 Jahren zwei souveräne Staaten in Europa überfallen hat, ist deutlich zu kritisieren.[13] Russlandnähe ist in dieser Situation keine Option mehr für eine demokratische Partei. Diese Funktion erfüllen bereits AfD und BSW.[14]

Fazit

Seit dem Ende des Kalten Krieges verstand Deutschland Sicherheit vor allem als Funktion von Einbettung. Die Jahre seit 2014 und besonders seit 2022 erzwingen den Umbau in Richtung wehrhafte Interdependenz. Die Ampel hat Instrumente geschaffen, doch Verstetigung und Priorisierung entscheiden über Erfolg. Führung heißt heute, Risiken zu teilen, Verwundbarkeit zu senken und NATO-Fähigkeiten in den Vordergrund zu stellen, während Dialog und Kooperation an Bedingungen glaubwürdiger Abschreckung gebunden bleiben.

Für die SPD folgt daraus eine Profilierungschance: In der öffentlichen Wahrnehmung gilt sie traditionell als Partei der sozialen Sicherheit.[15] Sinnvoller wäre es jedoch, wenn die Partei generell als «Partei der Si-

11 Vgl. hierzu exemplarisch die Positionen der Grundwertekommission und des Geschichtsforums beim SPD-Parteivorstand: grundwertekommission.spd.de: https://is.gd/1etrpW; geschichtsforum.spd.de: https://is.gd/G5RIfW (26.10.2025). Vgl. auch die abweichende Position von Jan C. Behrends / Nikolas Dörr / Ulrich Mählert «Für Eure und unsere Freiheit!» hierzu: geschichtsforum.spd.de: https://is.gd/G5RIfW (26.10.2025).

12 erhard-eppler-kreis.de: https://is.gd/xcLvest (9.9.2025). Zur Debatte um das Manifest vgl. auch: vorwaerts.de: https://is.gd/75TqM8 (25.10.2025).

13 Vgl. hierzu auch das Interview mit Jan C. Behrends in *Der Spiegel*: spiegel.de: https://is.gd/rjQth9 (24.10.2025).

14 Vgl. Thomas Waldvogel / Nikolas Dörr: «Nothing left? Die Positionierung des Bündnis Sarah Wagenknecht in der deutschen Parteienlandschaft zur Europawahl 2024», in: *Zeitschrift für Politik*, 72 (1) 2025, S. 3–21 (doi.org/10.5771/0044-3360-2025-1-3).

15 Vgl. Nikolas Dörr: «‹Sie haben die volle Unterstützung der SPD-Bundestagsfraktion für diese Politik. Die

cherheit» perzipiert würde – Schutz vor sozialen Risiken, aber auch vor Cyberattacken, Sabotageakten, militärischen Angriffen und Destabilisierungsversuchen von außen sowie vor Kriminalität, Extremismus und Terrorismus im Innern. Die SPD hatte und hat Persönlichkeiten, die militärische Sicherheit glaubhaft vermitteln, ohne in eine aggressive Kriegsrhetorik à la Trump zu verfallen, so zum Beispiel Helmut Schmidt, Georg Leber, Hans Apel, Peter Struck und Boris Pistorius.

Ebenso zentral ist der Blick auf die Ukraine: Die Ukraine alleine entscheidet, ob sie den Krieg beenden will oder nicht, ob sie in diplomatische Gespräche geht oder weiterkämpft. Das Land ist grundlos überfallen worden und wird wiederholt Opfer von Kriegsverbrechen wie in Butscha. Solange die Ukrainerinnen und Ukrainer kämpfen wollen, sollten wir sie – soweit es unsere Möglichkeiten zulassen – unterstützen, auch militärisch mit allen erforderlichen Mitteln. ■

Veränderung des sozialpolitischen Leitbilds während der rot-grünen Regierung und die sozialdemokratische Bundestagsfraktion», in: Peter Beule (Hg.): *Im Zentrum der Demokratie. Zur Geschichte und politischen Arbeit der SPD-Bundestagsfraktion, Beiträge zur Geschichte des Parlamentarismus und der politischen Parteien/190*, Düsseldorf 2024, S. 587 f.

Gert Weißkirchen

Ende in Sicht?

Trump und Putin: Konkurrenz versus Konvergenz?

2. November 2025. Donald Trump, vor einem Jahr gewählter Präsident der USA erklärt Journalisten auf die Frage, ob er Tomahawks in die Ukraine transferiert: «No, not really … things can change, but this moment, I´am not.»

2. November 2025. Peskov zu TASS über ein bevorstehendes Treffen von Trump und Putin: «Hypothetically speaking, (a meeting) is possible, but at this point, no need for it.»

In der letzten Oktoberwoche 2025 erlitt die Ukraine eine mörderische Beschleunigung von Angriffen aus der Luft. 1500 Kampfdrohnen, 1170 Lenkbomben und mehr als 70 Raketen zielten auf die Zerstörung der Energieversorgung. Sie trafen auch auf die Zivilbevölkerung. Wenige Monate zuvor schienen beide Präsidenten sich anzunähern. Sie träufelten Erwartungen in die Szenerie der Beobachter, als könne ein Stillstand des russischen Überfalls auf die Ukraine in Aussicht stehen.

Die Wahl der Worte entlarvt die Haltung beider Präsidenten: Kein Moment, kein Punkt ist derzeit in Sicht, dass die Waffen schweigen könnten. Putin eskaliert den brutalen Einsatz seiner militärischen Gewalt. Trump hält die Fähigkeiten der USA zum Einsatz militärischer Unterstützung für die Ukraine zurück. Die Asymmetrie der Gewalt wirkt versteinert. Das Spiel mit Worten in Alaska, von Trump fortgesetzt mit dem Versuch, Putin zu einem Treffen zu bewegen, damit eine Waffenruhe möglich wird, lässt Putin beantworten mit dem gleichklingenden Wortspiel – nicht jetzt, nicht nötig. Keine Not? Beide Zitate sind durchtränkt von der zynischen Haltung derer, die sie sprechen. In der Ukraine wird das Ende des Krieges ersehnt. Auch in Russland wächst die Zahl derer, die sein Ende wünschen. Putin und Trump scheinen in manchen Teilen, wegen der schäumenden Überschätzungen ihrer eigenen Fähigkeiten, egomanisch zu konvergieren. Zugleich jedoch sind sie Konkurrenten, die sich in den Projektionen ihrer vorgestellten Rolle in einer sich ändernden globalen Machtkonstellation als Konkurrenten gegenüberstehen.

Trump und Putin: Beide sind antiliberale und populistische Ideologen. Zu beiden radikal agierenden Präsidenten gesellen sich Einflüsterer, die sich intellektuell verbrämen. Einflussreich geriert sich in Russland Alexander Dugin. In seinem jüngsten Buch vermengt er die Trump-Revolution mit dem imperialen Anspruch Putins, Eurasien in sein hegemoniales Denken einzugliedern. Beide sollten sich wechselseitig ihrer Führerschaft versichern, ihre traditionellen Werte verteidigen, ihr Imperium durch Assimilierungsdruck festigen und, so gestärkt, eine neue Ordnung von Großmächten schaffen. Ihre neue Machtordnung beruht auf dem Recht des Stärkeren. Sie verhöhnt die Stärke des Rechts.[1] Diese neue Ordnung wird getragen von «Zvilisations-Staaten», die Nationen und Staaten an sich ziehen. Sie binden sich aneinander, weil sie ein gemeinsames zivilisatorisches Paradigma teilen. Sie werden sich einig darin, die kulturelle und normative Dominanz des Westens aufzubrechen. Das Beste jedoch wäre, wenn der «zivilisatorische Klassenkampf» gegen den Westen aus seinem Inneren von nationalistischen Führern angenommen wird und somit zu seiner «Entthronung» beiträgt.

Curtis Yarvin, einer der Neo-Reaktionäre, folgt den ideologischen Spuren Steve Bannons. Er begleitete die Rückkehr Donald Trumps an die präsidentielle Macht. Sein erklärtes Ziel ist es, die «Cathedrale», die kulturelle Hegemonie der Liberalen zu zertrümmern, die besonders in die Universitäten eingezogen seien. Die liberale Demokratie soll verschwinden und ersetzt werden durch eine oligarchische Herrschaft, die geführt wird von Cyber-Libertarians in den digitalen Technologien.[2]

Putin hatte seinen vollständigen Überfall auf die Ukraine am 24.2.2022 öffentlich noch mit der Täuschung versucht, der Westen wolle Russland zerstören, er habe die «totale Russophobie zu ihrer Waffe gemacht» und habe die Ukraine zum «Schicksal eines antirussischen Brückenkopfs vorgesehen».[3] Zuvor hatte das Außenministerium in Moskau am 17.12.2021 als Ziel Russlands gefordert, die USA müssten ihre Atomwaffen über den Atlantik zurückziehen und die NATO ihre Soldaten aus dem vormaligen Ostblock abziehen. Joe Biden ging darauf nicht ein. Wenige Wochen danach wollte

1 Alexander Dugin: *The Trump Revolution. A New Order of Great Powers*, London 2025.

2 Vgl. David Columbia: *Cyberlibertarianism. The Right-Wing Politics of Digital Technology*, Minneapolis, London, 2024.

3 Wladimir Putin: Rede zur Teilmobilisierung, 21.9.2022, in: *ZEIT online*.

Putin die ukrainische Hauptstadt mit russischen Panzern erobern – und der fürchterliche Krieg begann.

*

Europa fühlt sich in die Zange genommen. Trump hat sich von dem Kontinent abgewendet, aus dem seine Vorfahren stammen und lässt die NATO in Unsicherheit zurück. Putins Imperialismus will sich die ganze Ukraine einverleiben und öffnet im europäischen Osten Schleusen der Angst vor seiner imperialen großrussischen Gewalt. Die Sorgen, die von Putin und Trump ausgehen, haben einen stärker werdenden Druck ausgelöst, der die Mitgliedstaaten der Europäischen Union zur Aufrüstung zwingt. Sie passen sich dem, von der «Zeitenwende» politisch neu definierten politischen Rahmen an, damit ihre Bevölkerungen auch künftig sicher leben werden. Souveränität bedeutet seither auch, dass Sicherheit prägnanter als in den Jahren der «Friedensdividende» militärisch bestimmt werden muss. Die politischen Prioritäten haben sich verschoben. Der gesellschaftliche Diskurs hat das Momentum des «doppelten Geschichtsbruchs» aufgenommen.[4] Noch aber mangelt es daran, den zunächst disparat erscheinenden Momenten einen neuen Sinn zu verleihen. Die politischen Akteure sind aufgerufen, wissenschaftlich fundierte Beiträge zu erarbeiten und überzeugende Antworten auf die Fragen zu finden, die sich aus der «Zeitenwende» ergeben.

Herfried Münkler hat jüngst beschrieben, wie der europäische Begriff vom Frieden, der festgefügt schien, gegenwärtig von Putin verunklart wird: er «sucht die europäische Ordnung von Krieg oder Frieden zu unterlaufen, indem er den Abschluss eines Friedensvertrags mit der Ukraine zur Voraussetzung für den Waffenstillstand im Donbass erklärt – wissend, dass das auf einen Kapitulationsfrieden für die Ukraine als Vorbedingung für die Einstellung der Kämpfe hinauslaufen würde.»[5] Bereits zu Beginn des Krieges täuschte er vor, mit der militärischen Operation gegen Ukraine solle das faschistische Regime, verkörpert durch seinen jüdisch geborenen Präsidenten, beseitigt werden. Ohne jeden Skrupel setzt er «Nostalgie als Waffe» ein, wie Olga Bubich nachweisen kann.[6] Seither setzt er seine Täuschungsversuche fort, «um den Krieg so lange fortführen zu können, bis ... seine Ziele erreicht» sind, so Herfried Münkler (s.o.).

*

Mit dem Krieg Russlands gegen Ukraine treffen wir auf eine grausame Realität. Unmittelbar nach der Vollinvasion hat uns Olaf Scholz analytisch die Augen geöffnet. Als der erste Schock verebbt war, ist deutlich geworden, dass auch unsere Freiheit existenziell mit dem Recht der Ukraine verbunden ist, einen von ihr selbstbestimmten Weg frei wählen zu können. Das Selbstbestimmungsrecht einer jeden Nation war einmütiger Konsens, der in der Pariser Charta von allen europäischen Staaten 1991 bekundet worden war. Die nachfolgenden Übereinkünfte sicherten bis ans Ende der 1990er-

4 Vgl. Peter Brandt / Dieter Segert / Gert Weißkirchen (Hg.): *Doppelter Geschichtsbruch. Der Wandel in Osteuropa nach der Helsinki-Konferenz 1975 und die Zukunft der europäischen Sicherheit*, Bonn 2024.

5 *Süddeutsche Zeitung*, 3.11.2025, S. 9.

6 Olga Bubich: «Nostalgie als Waffe. Wie Russland Geschichte benutzt, um Krieg zu führen», in: *Blätter für deutsche und internationale Politik*, Heft 11, 25, S. 75 ff.

Jahre des letzten Jahrhunderts jene Grundpfeiler der europäischen Friedensordnung, von Russland mitgestaltet, die Ukraine eingeschlossen. Falls Putin glauben mochte, der europäische Westen werde, wenn er der Gewalt ins Auge blickt, die er der Ukraine zufügte, einer Politik des Appeasements den Vorzug geben – dann hat er sich getäuscht. Fast vier Jahre nach der Vollinvasion vollzieht sich ein struktureller Wandel. Die russische Kriegswirtschaft hat begonnen, die Ressourcen des Landes aufzuzehren. Die Eruptionen der Gewalt, die Putin entfesselt hat, kehren Schritt für Schritt zu dem zurück, der das Feuer gelegt hat. Seine Antwort ist eine zunehmend sich enthemmende Diktatur. Jegliche Regung aus der Zivilgesellschaft und sei sie auch noch so zaghaft, wird mit dem Einsatz brutaler Staatsgewalt gestoppt. Hunderttausende Bürgerinnen und Bürger sind aus Russland geflüchtet. Viele von ihnen haben begonnen, im Exil über die Zukunft ihres Landes nachzudenken.

Eine ihrer profiliertesten Gruppen ist die für ihren Friedenseinsatz ausgezeichnete Nobelpreisträgerin MEMORIAL. Sie hat in Berlin ihren Platz gefunden. 2022 war sie vom Regime Putins als «ausländische Agentenorganisation» diffamiert und aufgelöst worden. Hier setzt sie als «Zukunft MEMORIAL e. V.» ihren Kampf um die Erinnerung unerschrocken fort. Dereinst wird sie mithelfen, die Demokratie in ihrem Heimatland auf festem Boden neu zu gründen.

«Frieden, Fortschritt, Menschenrechte»: die Leitmotive des demokratischen Aufbruchs nach der Mitte der 1980er-Jahre des vergangenen Jahrhunderts, hatte bereits 1975 Andrei Sacharow in seiner Rede verkündet, als er mit dem Friedensnobelpreis ausgezeichnet wurde. Mit diesem programmatischen Dreiklang wurde Memorial im Januar 1989 in Moskau gegründet. Andrei Sacharow wurde der erste Vorsitzende. «Über tausend Menschen aus den damaligen Unionsrepubliken» reisten zur Gründungskonferenz an, wie Irina Scherbakowa berichtet.[7] Sie stärkten von unten in ihren lokalen Arbeitsfeldern den verheißungsvollen Beginn einer neuen Zeit. Zugleich vernetzten sie sich über Ländergrenzen hinweg und legten so eine verlässliche Basis für einen schnell wachsenden kulturellen Austausch zwischen zivilen Gesellschaften anderer Nationen, auch im europäischen Westen. Mit dem Ende der Ära Jelzin und mit dem Aufstieg Putins verloren sich die Hoffnungen, die in Reformjahren Gorbatschows aufgekeimt waren. Die Gewaltexplosionen der beiden Kriege in Tschetschenien warfen grelle Blitze in die Jahre, die im 21. Jahrhundert folgten.

In der halben Dekade von 1986 bis 1991 füllte sich ein Schatz progressiver Erfahrungen. Sie prägten das Bewusstsein vieler Menschen in Russland. Der Weg in eine gute Zukunft schien offen. Dies gilt es über die Diktatur Putins hinaus zu bewahren. Demnächst mag hierin ein Schlüssel sein, der mithelfen wird, das Tor zum «anderen Russland» neu zu öffnen. Das Symbol des Schlüssels hat auch Irina Scherbakowa in ihrem soeben erschienenen Buch beschrieben.[8] Zwar verwendet sie es, um ihre privaten Erinnerungen zu beleuchten, jedoch mag es auch im übertragenen Sinne Geltung beanspruchen. Der russische Kriegs-

7 In: Irina Scherbakowa / Filipp Dzyadko / Elena Zhemkova (Hrsg.): *MEMORIAL, Erinnern ist Widerstand*, München 2025.

8 Irina Scherwakowa: *Der Schlüssel würde noch passen. Moskauer Erinnerungen*, München 2025.

führungsstaat hat den «Westen» zu seinem Feind erklärt. Jedoch stößt auch seine Fähigkeit zur Mobilisierung an seine staatskapitalistischen Grenzen. Zweifel wachsen daran, wie lange die Ressourcen Russlands im Angesicht der sich beschleunigenden Plünderung standhalten können.[9]

Was können wir bis dorthin tun, damit das «andere Russland» an Kraft gewinnt? Noch ist ein Ende der Gewaltorgie, die Putin in Gang gesetzt hat, nicht abzusehen. Und doch: Russland wird immer unser östlicher Nachbar sein. Welche Wünsche richten wir an das größte Land der Erde? Unter welchem Zeichen mag es gelingen, gewaltfreie Formen von Begegnungen wieder zu entwickeln? Macht es nicht Sinn, mit Repräsentanten des russischen Exils einen dauerhaften Diskurs zu führen, damit wir uns mit ihnen darüber verständigen, wie der künftige Weg Russlands aussehen kann? So kann eine Debatte organisiert werden, die antwortet auf Fragen, die «das andere Russland» an uns stellt. Warum haben wir nicht früh genug das autokratische Entgleisen Putins erkannt? Wie können wir uns gemeinsam vorbereiten auf die Gestalt, die Russland im Transit einnehmen wird? Was kann getan werden, damit Informationen zwischen Akteuren diesseits und jenseits von Landesgrenzen ausgetauscht werden können? Welche Möglichkeiten gibt es, zivilgesellschaftliche Gruppen in Russland zu unterstützen?

*

Dergestalt werden Beziehungen von unten geschaffen, die mithelfen, «Totschky opory», feste Punkte zu bauen. Sie miteinander verbunden zu haben, wird entscheidend sein, wenn Putins Herrschaft fällt. Adam Balcer, Pavel Havlicek und Ales Khol haben dazu ein kluges Konzeptpapier geschrieben, wie eine Partnerschaft prodemokratischer Akteure entwickelt werden kann.[10]

Die deutsche Sozialdemokratie musste nach Prag flüchten und später nach London, nachdem Hitler die Macht übertragen wurde. Willy Brandt und Bruno Kreisky und mit ihnen viele andere Demokraten aus dem Exil heraus haben Wege erdacht, die zum neuen demokratischen Europa führten. Sie konnten sich verlassen auf die Solidarität, mit denen sie in ihren Fluchtorten empfangen wurden.

Unsere Aufgabe heute ist es, dem russischen Exil die gleiche Solidarität anzubieten. Das gemeinsame Ziel ist: die Demokratie in unseren Gesellschaften starkzumachen. ■

9 Katharina Bluhm: *Russland und der Westen. Ideologie, Ökonomie und Politik seit dem Ende der Sowjetunion,* Berlin 2023, S. 388.

10 Adam Balcer / Pavel Havlicek / Ales Khol: «EU-Russia. Relations in the Area of People to People Ties: New Strategic Framework for Cooperation in the Future», in: *Paper* / 07, September 2025, *AMO.CZ Policy.*

Simone Lück-Hildebrandt / Reinhard Hildebrandt

Trump und die (Ent-)Täuschungen der Europäer[1]

Schon seit über einem Jahr wirbelt Donald Trump die internationalen Beziehungen durcheinander und hält vor allem die westliche Welt mit seinen verschiedensten Ankündigungen, Dekreten, geplanten «Deals», von denen er dann wieder Abstand nimmt, in Atem. Bereits auf der Münchner Sicherheitskonferenz im Februar 2025 sorgten der US-Vizepräsident sowie der US-Verteidigungsminister für Verstörung. Vance bezeichnete die Situation der Demokratie in Europa als besorgniserregender als der Krieg in der Ukraine, populistischen Parteien von links wie von rechts werde offiziell keinen Raum gegeben. Obwohl Verteidigungsminister Rubio gewillt schien, die Ukraine weiterhin zu unterstützen, machte sich unter den Europäern Panik breit angesichts der Ankündigungen, den Ukraine-Konflikt einzufrieren bzw. auf Friedensverhandlungen zuungunsten der Ukraine zu drängen. Notdürftig verschleiert die EU seither ihre große Verunsicherung mit markigen Sätzen wie: «Putin hat das Gegenteil erreicht von dem, was sein Ziel war, nämlich die Europäer zu spalten und damit zu schwächen. Im Gegenteil: die Einheit der Europäer war nie größer als jetzt.» Oder: «Dann müssen wir eben europäische Truppenkontingente an die ukrainisch-russische Grenze zur Friedenssicherung schicken.» Ob diese Ankündigungen der Realität entsprechen bzw. wie schnell eine solche vermeintliche Friedenssicherung umsetzbar ist, bleibt sehr zu fragen. Oder in Bezug auf die Trumpsche Zollpolitik: «Wir sind vorbereitet auf diesen wirtschaftlichen Affront zu antworten.» Was tatsächlich passierte, war ein «Buhlen» um die Gunst von Trump doch ja die europäische Industrie zu schonen. Hinter der zwischen von der Leyen und Trump beschlossenen Zolleinigung auf 15 % Ende Juli 2025 verbarg sich die Zusage, dass die EU für 750 Millionen Dollar Energie von den USA kauft. Das, was von der Leyen als Erfolg verkaufte, erwies sich «bei Tageslicht besehen» als ein Einknicken der Europäer vor den USA.

Angesichts der verschiedensten Konfliktlagen – Ukraine-Konflikt, die Situation in Gaza, die Bedrohung durch Cyberangriffe auf europäischem Territorium – lässt sich trotz der beschworenen europäischen Einigkeit deren Brüchigkeit kaum verstecken: Mal schert Ungarn aus. Ein anderes Mal erklären Spanien und Portugal, dass der Ukraine-Krieg nicht ihr Krieg sei und sie nicht in der Lage sind, die angestrebten zwei Prozent für Rüstungsausgaben zu leisten. Mit dem Sieg von Babis in Tschechien Anfang Oktober werden wohl dessen Rüstungslieferungen in die Ukraine versiegen. Auch bezüglich der Drohnenangriffe auf europäisches Territorium herrscht keine wirkliche Einigkeit: Während Polen sich in großer Gefahr wähnt, hört man in Rumänien Stimmen, die sagen, dass es sich vielleicht nur um verirrte Droh-

1 *Vorbemerkung*: Eine erste Fassung des vorliegenden Textes war bereits im April 2025 fertiggestellt, musste nun aber im Herbst 2025 grundlegend überarbeitet werden, da die politischen Ereignisse fast «stakkatohaft» die internationalen Beziehungen in unvorhersehbarer Weise beeinflusst haben und weiterhin beeinflussen. Dennoch lassen sich längerfristige Grundzüge der weltweiten Kräfteverhältnisse herausarbeiten, die für eine umfassende strategische Position der europäischen Politik von Bedeutung sind.

nen handelt.[2] Außerdem gibt es Gerüchte (vor allem aus rechtsgerichteten Kreisen, die die ukrainischen Flüchtlinge loswerden wollen), dass die in Polen abgeschossenen Drohnen aus der Ukraine stammen könnten.[3]

Anlässlich des Zusammentreffens zwischen Trump und Putin in Alaska am 14. August 2025 hatten die Europäer die größten Befürchtungen zu ertragen, wurde ihnen doch überdeutlich vor Augen geführt, dass ihre Einflussmöglichkeiten auf entscheidende weltpolitische Entwicklungen – trotz der Vorabgespräche zwischen Trump und den europäischen Staatsoberhäuptern – äußerst gering sind. Zudem mussten sie anerkennen, dass mit der außergewöhnlichen Inszenierung des gesamten Besuchs (roter Teppich, Fahrt gemeinsam mit Trump im besonders gepanzerten Fahrzeug ohne Begleitung etc.) Putin bzw. Russland wieder ein herausgehobener Platz in der Weltpolitik eingeräumt wurde.

Inzwischen ist der schnelle Frieden in der Ukraine, den Donald Trump zu Beginn seiner Amtszeit verkündet hatte, allerdings wieder in weitere Ferne gerückt. Die Vehemenz, mit der er z. B. gegenüber Selenskyj bei dessen erstem Besuch in Washington ukrainische Gebietsabtretungen gefordert hatte, ist einer eher abwartenden Haltung gewichen. Dies lässt sich zum einen dadurch erklären, dass ein Teil der europäischen Staatsoberhäupter Trump zu überzeugen versuchte, dass ukrainische Gebietsabtretungen Putin dazu ermuntern könnten, weitere Eroberungszüge sogar auf NATO-Gebiet zu planen (Verteidigungsminister Pistorius erwartet einen russischen Angriff im Jahre 2029). Ob ein solcher Angriff tatsächlich in Putins politischem Kalkül enthalten ist, wird nicht beleuchtet.[4] Zum anderen ist der amerikanische Präsident zurzeit vollauf damit beschäftigt, das amerikanische Staatsgefüge völlig umzustrukturieren, was sich in allen Bereichen des politischen und sozialen Lebens zeigt. Die Gefahr, dass die USA in eine Autokratie abgleiten, ist groß. Und schließlich überlässt Trump den Europäern «großzügig» den größten Anteil der militärischen und ökonomischen Unterstützung der Ukraine, hält sich jedoch wohl selbst noch im Augenblick mit Waffenlieferungen größerer Reichweite zurück.[5]

Es gibt noch einen weiteren Grund für Trumps «Offerten» gegenüber Putin. Natürlich sind der amerikanischen Administration die engen Beziehungen zwischen Russland und China nicht verborgen geblieben. In diesen Beziehungen spielt Russland zwar die Juniorpartnerrolle, aber so lange Xi Jinping den Krieg in der Ukraine nicht nur nicht verurteilt, sondern die notwendigen Ressourcen zur Verfügung stellt und Russland das Öl und Gas abkauft, entwickeln sich die russisch-chinesischen Beziehungen aufs Beste. Die Administration Trump könnte entweder über aussichtsreiche Zusagen an Russland den Versuch unternehmen, diese enge chi-

2 *Der Standard*, 16. September 2025, Zugriff am: 05.10.25.

3 *Berliner Zeitung*, 1. Oktober 2025, Klaus Bachmann: «Angriff auf die Gehirne».

4 Es wäre für ein realistischeres Strategiekonzept günstiger, von den realen Kriegszielen Russlands auszugehen: keine Aufnahme der Ukraine in die NATO, keine westlichen Stützpunkte in der Ukraine, die Krim und der Donbass bleiben russisches Gebiet. (vgl. *Der Freitag*, 24. Oktober 2025, Nikita Gerasimov / Lutz Herden: «Vorerst keine Tomahawks»).

5 Trump nahm in sehr kurzer Zeit unterschiedliche Positionen ein: Im September schien es, dass er die weitreichenden Tomahawk-Raketen an die Ukraine via europäische Einkäufe liefern wolle, Ende Oktober 2025 scheint er sich von diesem Plan verabschiedet zu haben.

nesisch-russische Beziehung zu unterwandern oder in einer Art Dreiecksgeschäft mit beiden Weltmächten ins Gespräch zu kommen. Für die letzte Variante spricht, dass im Oktober 2025 bekannt wurde, dass es Vereinbarungen zwischen den USA und China bezüglich der Plattform Tiktok gäbe und dass ein mögliches Treffen zwischen Trump und Xi anlässlich der Zusammenkunft der südasiatisch-pazifischen Wirtschaftsgemeinschaft demnächst zustande kommen könnte. Zuvor schienen bereits die Zollstreitigkeiten zwischen beiden Ländern beigelegt zu sein, da «keine Seite an einer Entkoppelung der Volkswirtschaften interessiert sei».[6] Dieses Einverständnis ist jedoch schon wieder überholt; es drohen neue Zollstreitigkeiten zwischen beiden Ländern, da China die Ausfuhr seltener Erden in die USA und Europa reglementiert. Hier wird überdeutlich, wie groß die Abhängigkeiten der USA und Europa von China sind, d. h. China hat damit eine wirksame geopolitische Waffe in der Hand.

Selbst wenn sich die europäischen Politiker inzwischen rühmen, Trump über die «wahren Absichten» von Putin aufgeklärt und ihn wieder stärker in das Lager der EU und der NATO eingebunden zu haben, sind sie in all diesen Verhandlungen und Gesprächskanälen nur Zaungäste. Zudem müssen sie erkennen, dass – selbst wenn sie mit höchstem Druck militärisch und technologisch versuchen aufzuholen – die USA mit ihren Tech-Giganten nicht nur auf politischem, sondern vor allem auf technologischem Gebiet haushoch überlegen sind. Bereits jetzt durchweben die großen Techfirmen die gesamte westliche Welt[7] mit ihren ökonomischen Machtansprüchen und treiben in den USA die völlige Umstrukturierung des Staates voran – hin zu einem Gebilde, das wie ein Unternehmen lediglich nach Gewinn strebt. Dem Präsidenten soll dann uneingeschränkte Macht eingeräumt werden, d. h. der Weg in die Autokratie ist klar vorgezeichnet und wird auch bereits umgesetzt – siehe die Verlegung der Nationalgarde in verschiedene amerikanische Städte, in denen es zu zumeist friedlichen Demonstrationen gegen die jeweiligen Abschiebungsinstitutionen ICE gekommen ist, was jedoch Trump als terroristische Aktivitäten verurteilt und dementsprechend handelt.

Eine präzise Analyse der langfristigen politischen Strategie der USA ergibt, dass sie – unter der Hand – immer darauf ausgerichtet war, die Einheit der EU zu untergraben (vgl. z. B. die infolge der Bankenkrise ausgelöste Euro-Krise 2009) und jegliche Entwicklung zu einer euro-asiatischen Entwicklung (vgl. «Europäisches Haus») zu stoppen. Darüber hinaus müssten die europäischen Politiker angesichts der aktuellen inneramerikanischen autoritären Entwicklungstendenzen zu einer ganz anderen Lageeinschätzung gelangen. Es steht die Erkenntnis aus, dass die «Make America Great Again-Bewegung» das Ziel hat, die hegemoniale Stellung der USA in der Welt zu bewahren. Diese Position droht – trotz anderem Anschein[8] – verloren zu gehen. Denn obwohl auch China mit wirtschaftlichen Problemen zu kämpfen hat (Immobilienkrise, Jugendarbeitslosigkeit, Überalterung der Gesellschaft), ist das «Reich der Mitte» dabei, die USA ökonomisch, technologisch sowie geopolitisch zu überholen. In dem

6 «Durchbruch im Zollstreit zwischen USA und China», in: DW, 12.05.2025.

7 Simone Lück-Hildebrandt / Reinhard Hildebrandt: *Die globalen Machtverhältnisse*, Kohlhammer, 2022, S. 66/67.

8 Vgl. den 20-Punkte-Plan zur Lösung des Gaza-Konflikts.

neuen Fünfjahresplan strebt China «eine größere Unabhängigkeit von Importen, Auslandstechnologien und westlichen Märkten an [... sowie die Intensivierung] in zentralen Feldern Weltmarktführer zu werden, sofern das Ziel – wie in der Batteriefertigung – nicht schon erreicht ist».[9]

Trumps Ambitionen (Vereinnahmung von Grönland, Umbenennung des Golfs von Mexiko, vorübergehende Übernahme des Gazastreifens etc.), seine disruptiven, gefährlichen zollpolitischen Maßnahmen haben möglicherweise das Ziel, die beteiligten Staaten zu unüberlegten Reaktionen zu reizen oder ihre Unterwerfung zu erreichen, um so die weltpolitischen Zügel in der Hand zu behalten. Inwieweit dies wirklich gelingt, ist im Augenblick noch nicht abzusehen. Andererseits muss auch eine gewisse Kontinuität in der amerikanischen Politik hervorgehoben werden – ganz egal, ob Republikaner oder Demokraten an der Macht sind. So hatte z. B. Trump am Ende seiner ersten Amtsperiode verfügt, die US-Truppen aus Afghanistan abzuziehen; der demokratische Nachfolger Biden hatte keine Probleme damit, diesen Plan – trotz aller Warnungen der Europäer – umzusetzen. Ähnliches gilt für die Wirtschaftspolitik, die darauf abzielt, möglichst viele ausländische Investitionen in die USA zu locken. Dies ist bereits unter Biden 2021 mit dem 1,9 Billionen Dollar schweren «Rescue Plan» geschehen, und jetzt verfolgen viele Unternehmen angesichts der unübersichtlichen Zollpolitik den Plan, ihre Produktion in die USA zu verlagern, um mögliche Zollerhöhungen von vornherein zu umgehen.

Eine strategische Komponente wird bei all diesen schwer überschaubaren amerikanischen Maßnahmen deutlich: Die USA verfolgen zielgerichtet ihre machtpolitischen Ambitionen, versuchen ihre Einflusssphären – möglicherweise mit der geschickten Einbeziehung Russlands – zu sichern bzw. zu erweitern. In jedem Falle ist eine Einbeziehung der Europäer in diese Planungen überhaupt nicht vorgesehen. Im Gegenteil: Der von Trump vorgelegte 20-Punkte-Plan zur Beendigung des Gaza-Krieges ist nicht auf Druck der Europäer entstanden (höchstens indirekt durch die Anerkennung von Palästina durch einige europäische Staaten), sondern weil u. a. die Mehrheit der jüdischen Bevölkerung in den USA sich von dem völkerrechtswidrigen Vorgehen der israelischen Regierung abgewandt hat und damit ein Teil der Wählerbasis Trumps drohte, verloren zu gehen. Darüber hinaus war und ist Israel absolut von der militärischen Unterstützung der USA abhängig, und somit war allein der amerikanische Präsident in Lage, diesen maximalen Druck auf Israel auszuüben. Allerdings haben es die Europäer, die ebenfalls Israel militärisch zu unterstützen, auch nie versucht, einen ähnlichen Druck wirksam werden zu lassen. Alle diese Entwicklungen zeigen überdeutlich, dass sich die viel beschworenen transatlantischen Beziehungen, auf die die Europäer und insbesondere die Deutschen so sehr vertraut haben, nun endgültig in Luft aufgelöst haben.[10] Wobei eigentlich immer klar war, dass diese Beziehungen nie auf Augenhöhe funktioniert haben.

Ohne die ganze Geschichte der transatlantischen Beziehungen nach 1945 nachzuzeichnen, soll hier nur auf einige markante Daten als Beweis für diese Strategie der vermeintlichen Partnerschaft eingegangen werden.

9 *Der Tagesspiegel*, 22. Oktober 2025, «Chinas neue Industriepolitik».

10 Nolan, Mary: «Alles absurd, aber die Realität», in: *Der Tagesspiegel*, 30. April 2025.

- 1960/61 auf dem Höhepunkt der Fluchtbewegung aus der DDR nach Berlin (West) und damit in die Bundesrepublik äußerte der US-Senator Fulbright die Überlegung, warum die Russen die Grenze zwischen Ost- und West-Berlin nicht schlössen. Es würde kein Vertrag verletzt, wenn sie es nicht auf dem unmittelbaren Grenzstreifen täten, sondern einige Meter dahinter. Fünf Tage vor dem Mauerbau bekräftigten die Außenminister der USA, Großbritanniens und Frankreichs, dass sie die Schließung dieser Grenze mit «Eifer und Dankbarkeit» begrüßten und als beste Lösung für die Bedrohungen des Friedens ansähen. Da die USA eine kriegerische Auseinandersetzung mit der Sowjetunion zu vermeiden suchte, stellte sich für beide Weltmächte die Errichtung einer Mauer – trotz der damit für die deutsche Bevölkerung verbundenen negativen Konsequenzen – als die «beste» Lösung des Fluchtproblems dar. Die Politiker der Bundesrepublik waren, wie es schien, in die Entscheidungen nicht eingebunden. Sie hofften vergeblich auf den Eingriff der amerikanischen Truppen, um die drohende endgültige Teilung der Stadt zu verhindern.
- Die im März 2003 von den USA angeführte «Koalition der Willigen» löste den Krieg gegen den Irak mit der Behauptung aus, dass dieses Land Massenvernichtungswaffen besäße und mit Al-Quaida – den Verursachern des 11. September – zusammenarbeite. Dass die von den USA vorgebrachten Gründe für die Invasion alle auf falschen Tatsachen beruhten und damit das Völkerrecht verletzt wurde, ist hinlänglich bekannt. Über die Hintergründe dieses völkerrechtswidrigen Vorgehens gibt es verschiedene Gedankenansätze, die Sicherung der Ölreserven sowie geopolitische Überlegungen spielten wohl eine Rolle. Betrachtet man die bereits 1991 mit Großbritannien gemeinsam begonnenen geheimdienstlichen «Vorbereitungen» der USA, um die Weltöffentlichkeit von der Notwendigkeit des Irak-Krieges zu überzeugen, wird deutlich, welche machtpolitischen, manipulativen «Werkzeuge» die USA bereit sind, einzusetzen, um ihre Strategien wirksam werden zu lassen. Dass seit diesem Krieg die gesamte Region nie wieder zur Ruhe gekommen ist, muss mit Bitternis als Kollateralschaden betrachtet werden.
- 2014 beschlossen die Außenminister Deutschlands, Frankreichs und Polens zusammen mit dem damaligen ukrainischen Präsidenten Janukowitsch, dass in der Ukraine nach den tödlichen Schüssen auf die Demonstranten des Maidan innerhalb kürzester Zeit Wahlen stattfinden sollten. Mit diesen Wahlen hätte sich die ukrainische Bevölkerung u.a. dazu äußern können, ob sie enge Kooperationsbeziehungen mit der EU einzugehen bereit ist und dafür sämtliche wirtschaftlichen Bindungen an Russland aufgeben will (nachzulesen im Assoziierungsabkommen zwischen der EU und der Ukraine). Zu diesen Wahlen ist es jedoch nie gekommen: Janukowitsch wurde durch einen Putsch abgesetzt und musste nach Russland fliehen. Zeitgleich starteten die USA – ohne Rücksprache mit ihren europäischen Verbündeten – erste Sanktionen gegen Russland. Damit liefen die diplomatischen Ergebnisse, die die drei europäischen Außenminister soeben erzielt hatten, ins Leere.
- 2019 wurde Selenskyj zum Präsidenten der Ukraine gewählt. Zu seinem ursprünglichen Regierungsprogramm gehörte, den östlichen Provinzen des Donbass Autono-

mie einzuräumen, was bereits im Minsker Abkommen vereinbart worden war. Die ukrainischen Eliten, die vorwiegend im westlichen Teil der Ukraine leben, drohten mit massiven Gegenmaßnahmen. Dies führte dazu, dass Selenskyj von seinem Vorhaben abrückte und damit aber auch jegliche Verhandlungsbasis zu Russland aufgab. Damit waren wesentliche Punkte der Minsker Abkommen von 2014/15 nicht mehr existent, obgleich die Gespräche im Normandie-Format (Deutschland, Frankreich, Russland und Ukraine) bis kurz vor Kriegsbeginn im Februar 2022 noch weitergeführt wurden.

- Bereits 2017 haben die USA in der Ukraine am Ufer des Schwarzen Meeres einen Militärhafen sowie einen Luftwaffenstützpunkt errichtet. Mindestens seit diesem Zeitpunkt sind amerikanische und britische Militärangehörige in der Ukraine als Berater des ukrainischen Militärs tätig.
- Auf deutschem Boden, jedoch auf exterritorialem Gebiet des amerikanischen Luftwaffenstützpunktes Ramstein bei Kaiserslautern, hatte im April 2022 der amerikanische Verteidigungsminister erstmals 50 Staaten zur Koordinierung der militärischen Unterstützung der Ukraine eingeladen und forderte dort insbesondere die deutschen Politiker auf, diesem Anliegen ohne Umschweife Folge zu leisten. Damit verwarf die amerikanische Seite alle Positionen, die vielleicht realistischere Verhandlungen mit der russischen Seite möglich gemacht hätten. Die Wahl von Ramstein als Verhandlungsort (und nicht z. B. Washington) wirft auch die Frage auf, wie weit die Souveränität der Bundesrepublik reicht, wenn nicht der Bundeskanzler bzw. der deutsche Verteidigungsminister, und zwar auf deutschem Boden, zu solch einer Runde einlädt.
- Ebenfalls im April 2022 ergab sich auf der Konferenz in Istanbul die Möglichkeit eines Friedensschlusses zwischen Russland und der Ukraine. Eine entscheidende Voraussetzung war, dass die Ukraine weiterhin neutral bleibt und nicht in die NATO eintritt. Diese Voraussetzung wurde auch von der Ukraine akzeptiert, jedoch von der amerikanischen wie britischen Seite verworfen. Ein weiteres Mal war es den Europäern nicht gelungen, sich in irgendeiner Weise diplomatisch einzuschalten (vgl. die Rede von Jeffrey Sachs vor dem Europäischen Parlament am 19. Februar 2025[11]).

Dieses strategische Muster der USA, den europäischen «Partnern» zu keinem Zeitpunkt wirkliche Verhandlungsautonomie zuzubilligen, lässt sich durch eine Vielzahl weiterer weltpolitischer Ereignisse untermauern. Warum auch sollten die USA mit ihren Partnern auf Augenhöhe verhandeln? Solange europäische Politiker ständig auf eine vermeintliche Wertegemeinschaft mit den USA setzten, anerkannten sie den hegemonialen Anspruch der USA und «verurteilten» gemeinsam mit ihnen Russland und China als bösartige Diktaturen, die es unbedingt zu bekämpfen gelte. Durch dieses moralisch verzerrte Weltbild quasi abgeschirmt, vollzogen sich jedoch hinter dem Rücken europäischer Politiker internationale Prozesse, die eine Wende zu wirklich multipolaren Beziehungen einläuten könnten und für die die Entstehung der BRICS-plus-Staaten nur einer von vielen Indikatoren darstellt. Die Tatsache, dass diese Staa-

11 *Le Monde Diplomatique*, April 2025, p. 14.

tengemeinschaft bereits mit über 35,8 % am globalen Bruttoinlandsprodukt über einen höheren Anteil als die G-7-Staaten verfügt, findet nach wie vor nicht genügend Berücksichtigung durch die europäischen Politiker.

Vor allem ist die in den USA angebrochene «Zeitenwende», mit der die zügige Umgestaltung des Landes in ein autokratisches Regime voranschreitet, noch wenig ganz in den Köpfen europäischer Politiker verankert. Sie glauben immer noch, entweder durch geschicktes Einwirken auf Trump oder durch Unterwerfung die alten transatlantischen Bande wieder neu beleben zu können. Angesichts der Tatsache, dass die erste Phase des amerikanischen 20-Punkte-Plans zum Waffenstillstand zwischen Israel und der Hamas und der Freilassung der verbliebenen Geiseln sowie von Palästinensern aus den israelischen Gefängnissen gelungen ist, «verfallen» europäische Politiker wieder in Hochachtung gegenüber dem «Deal-Maker» Trump.[12]

In jedem Fall verkennen sie, dass die vermeintliche Wertegemeinschaft, die Europa mit den USA verbände, nicht mehr existiert – wenn sie denn je wirklich existiert hat. Passt es denn zu den Werten der Europäischen Union, dass in einigen Staaten der USA Todesurteile auf der Tagesordnung stehen – selbst auf die Gefahr hin, dass dadurch Unschuldige umkommen –, oder wenn die Migrationspolizei Jagd auf teilweise geduldete Migranten macht, um sie auszuweisen, ohne dass sie eine Chance haben, sich juristisch zu verteidigen.

Ausgehend von dem bisher Dargestellten muss man sich die Frage stellen, warum die europäischen Politiker ihre wenig komfortable Lage zwischen den drei Mächten USA, China und Russland nicht erkennen, dass sie nicht wahrnehmen, wie gering ihr machtpolitischer Handlungsspielraum ist. So lassen sie sich zu finanziellen Opfern für ihre Aufrüstung, für die finanzielle und ökonomische Unterstützung der Ukraine, für den anstehenden Wiederaufbau des Gazastreifens heranziehen[13], ohne zu versuchen, daraus diplomatisches Kapital zu schlagen.

Seit seinem ersten Amtsantritt 2017 hat der französische Präsident Macron in verschiedenen Reden eine größere Unabhängigkeit der EU von den USA gefordert und die Bundesrepublik eingeladen, als deutsch-französisches Tandem diese Strategie voranzutreiben. Deutschland hat sich gegenüber diesen Angeboten immer wieder weggeduckt und gemeinsame militärische Projekte – den deutsch-französischen Kampfhubschrauber z. B. – auf die lange Bank geschoben, oder ökonomische Maßnahmen – die Einführung einer einheitlichen europäischen Steuergesetzgebung gegenüber den US-Tech-Giganten – hintertrieben.

Es stellt sich nun die Frage, wie die Europäische Union aus dieser fatalen Lage herauskommen könnte. Was kann getan werden, damit Europa nicht weiterhin am «Katzentisch» der politischen Weltbühne platziert ist?[14] Dabei hat es durchaus in der unmittelbaren Vergangenheit Versuche gegeben, diese Isolation zu durchbrechen. Der

12 Die Anwesenheit von 20 Staatschefs, darunter der deutsche Bundeskanzler, der französische Staatspräsident und der britische Premierminister anlässlich der Unterzeichnung des Friedensplans in Sharm el Sheikh sollte zwar bekunden, dass diese Staaten das Abkommen unterstützen und begleiten, war aber in erster Linie eine schöne Kulisse für Trump.

13 , Vgl. *Der Tagesspiegel*, 14. Oktober 2025.

14 Besonders deutlich wurde die untergeordnete Rolle, die der deutsche Bundeskanzler anlässlich der Unterzeichnung des 20-Punkte-Friedensplans in Sharm el Sheikh spielte. *Berliner Zeitung*, 13. Oktober 2025.

ehemalige Fraktionsvorsitzende der SPD Mützenich hatte im März 2024 die Idee ins Spiel gebracht, den Ukraine-Konflikt einzufrieren. Im Juni 2025 verfasste die SPD-Friedensgruppe ein Manifest über einen Ausweg aus der Eskalationsspirale und formulierte, «dass das Konzept der gemeinsamen Sicherheit der einzige verantwortungsbewusste Weg ist, über alle ideologischen Unterschiede und Interessen-Gegensätze hinweg Krieg durch Konfrontation und Hochrüstung zu verhindern». Die Schelte auf solche Gedankenansätze war groß – auch von der eigenen SPD-Fraktion. Verteidigungsminister Pistorius warf den Verfassern «Realitätsverlust» vor. Noch radikaler ist die Kritik, die auf große Friedensdemonstrationen folgt. Hier werden die Organisatoren gleich mit rechts- und linksradikalen Kräften in einen Topf geworfen. In der offiziellen deutschen Medienlandschaft haben Analysen und Positionen, die nicht dem «Mainstream» entsprechen, kaum Platz. Anstatt sich mit alternativen Perspektiven in Bezug auf diese bisher unlösbare Konfliktlage auseinanderzusetzen, werden z.B. viele «Gedankenspiele» bezüglich der Drohnenüberflüge über kritische Infrastruktur angestellt, und vor allem wird Angst unter der Bevölkerung vor dem drohenden russischen Angriffskrieg gesät. Zugleich wird in etwas ausgedehnteren Interviews mit Militärexperten sowie mit Verteidigungsminister Pistorius deutlich, dass eine gezielte Überwachung über die Herkunft der Drohnen sowie über ihre Bekämpfung noch in einiger zeitlicher Ferne liegt, da die entsprechenden technischen Möglichkeiten erst aufgebaut werden müssen.

Wirksamere Mittel gegen diese vermeintlichen Kriegsängste, gegen die finanzielle Überstrapazierung der Haushalte durch immer weiter steigende Militärausgaben, gegen einen industriellen Niedergang der Bundesrepublik oder eine Überschuldung Frankreichs, gegen den europaweiten Abbau des Sozialstaats wäre ein intensives Überdenken der internationalen Umbrüche mindestens seit dem Angriff Russlands (einschließlich der Vorgeschichte) auf die Ukraine. Würde man nachzeichnen, dass es den USA unter der Regentschaft von Biden zunächst darum ging, mit allen Mitteln die militärische und ökonomische Unterstützung der Ukraine – ohne Wenn und Aber – durchzusetzen (vgl. Ramstein-Konferenz April 2022), mit der Amtsübernahme von Trump sich jedoch die Dinge z. T. ins Gegenteil verwandelt haben (vgl. den Plan, die Ukraine zu drängen, die an Russland verlorenen Ostgebiete endgültig abzutreten, den Trump sicher noch nicht aufgegeben hat), müsste es strategisch denkenden Politikern wie Schuppen von den Augen fallen: Die EU wird von den USA für ihre ureigensten Interessen benutzt. Erscheint es für sie sinnvoll, die Europäer in einen Krieg hineinzuziehen, wird großer Druck aufgebaut und mit allen Mitteln gearbeitet, widerspricht es ihren Interessen – wie es im Augenblick scheint – lässt man die Europäer buchstäblich «im Regen stehen» und überantwortet ihnen alle Kosten, die z. B. für die weitere Unterstützung der Ukraine notwendig sind.[15] Dennoch

15 «Der EU-weit erreichbare kleinste gemeinsame Nenner war stets zu winzig, um weltpolitisches Gewicht zu entfalten. [...] So war es kein Wunder, dass die EU zum Werkzeug der US-Geostrategen wurde. Widerspruchslos ließ sie sich der NATO als deren politisch-wirtschaftlicher Arm anflanschen. Seitdem und bis zur zweiten Präsidentschaft Trump diente sie dem gemeinsamen Großziel: der Osterweiterung des Westens. In dieser dienenden Funktion ging jede europäische Eigenständigkeit verloren.» In: *Berliner Zeitung*, 20. Oktober 2025, Thomas Fasbender: «Instinktsicher im Chaos der neuen Weltunordnung».

geben die Europäer die Hoffnung weiterhin nicht auf, den US-Präsidenten von (moralisch) besseren Zielsetzungen gegenüber Putin zu überzeugen. Man «jubelt», wenn Trump die großen russischen Erdöl-Konzerne sanktioniert, ohne jedoch zu wissen, ob das wirklich so realisiert wird oder ob nicht Trump wieder eine neue Volte schlägt, weil den US-Interessen mit solch einer Maßnahme nicht gedient ist.[16]

Der aufmerksame Beobachter der internationalen Beziehungen fragt sich also, *warum*

- die wirklichkeitsverzerrenden Darstellungen der militärischen Ambitionen Russlands (Angriff auf das Gebiet der NATO) weiterhin Bestand haben und nicht einer kritischen Analyse unterzogen werden,
- weitere gigantische Aufrüstungsszenarien sowie Waffenlieferungen an die Ukraine zulasten der europäischen Haushalte getätigt werden,
- umfangreiche Waffeneinkäufe sowie Einkäufe des umweltschädlichen Fracking-Gases aus den USA (um drohenden Handelszöllen zu entgehen) getätigt werden,
- weiterhin die Diabolisierung der russischen wie chinesischen Führung betrieben und zugleich jegliches strategisches Handeln unmöglich gemacht wird.

Mit bitterer Ironie müsste man jetzt Ende 2025 auf das von Selenskyj im April 2022 gemachte Angebot schauen, dass die Ukraine neutral bleibt und nicht der NATO beitritt, dass die Krim russisches Gebiet bleibt[17] und der Bevölkerung der östlichen Landesteile freie Wahlen zugestanden werden, ob sie zur Ukraine oder zu Russland gehören wollen bzw. ihnen auf jeden Fall Autonomie eingeräumt wird. Da die USA zu jenem Zeitpunkt unbedingt noch die Strategie der Ausweitung des Westens Richtung Ukraine verfolgten, hatten sich die Europäer ein weiteres Mal den amerikanischen Interessen gebeugt mit der Konsequenz, dass viele Menschenleben auf beiden Seiten geopfert wurden und weiterhin werden. Die Hardliner unter den europäischen Politikern halten jedoch an ihrem fatalen Kurs fest, verstricken sich immer tiefer in den Abnutzungskampf der Ukraine und sind zu immer höheren militärischen und ökonomischen Ausgaben gezwungen, ohne zu wissen, ob nicht doch der amerikanische und russische Präsident zu einer Übereinkunft zulasten der Ukraine und der Europäer kommen. An eine die Wiederaufnahme der Verhandlungen im Normandie-Format, d. h. zwischen der Ukraine, Russland, Deutschland und Frankreich (Ausgangspunkt könnten die Regelungen gemäß des Minsker Abkommens sein) sowie der Aushandlungen von Sicherheitsgarantien gegenüber der Ukraine wie auch gegenüber Russland (möglicherweise durch UN-Truppen kontrolliert) denkt im Augenblick keiner der politisch Verantwortlichen in Europa. Obwohl

16 Christian Lammert erörtert im *Tagesspiegel*, 25. Oktober 2025, dass Trump die Sanktionen als nur vorübergehend bezeichnet hat. «Es geht ihm nicht um eine dauerhafte Verschärfung der Russland-Politik, sondern um symbolische Stärke, die sowohl seine Wählerschaft als auch die internationalen Partner beruhigen soll – ohne die Beziehungen zu Putin endgültig zu belasten».

17 In allen Diskussionen um die Krim wird immer vergessen, dass 1954 Chruschtschow die Krim unter der Voraussetzung ewiger Freundschaft der damals zur Sowjetunion gehörigen Ukraine geschenkt hatte. Die eindeutige Aufkündigung dieses Freundschaftsversprechens seitens der Ukraine mit dem Bekenntnis zur EU und zur NATO bedeutete für Russland, dass die Krim nun wieder Russland zuzuordnen ist, zumal der Standort der russischen Schwarzmeerflotte sich in Sewastopol befindet (vgl. Lück-Hildebrandt/Hildebrandt: *Die globalen Machtverhältnisse*, Stuttgart, 2022, S. 118).

dies die einzige Chance für die EU wäre, wieder international an Gewicht zu gewinnen. Würde man dazu noch die schrittweise Aufhebung der Sanktionen gegen Russland und China auf den Weg bringen, könnten ehemalige Absatzmärkte zurückgewonnen und die weltweiten Handelsbeziehungen wieder in ein größeres Gleichgewicht gebracht werden.[18]

Eine solche Entwicklung würde auf eine wirkliche Anerkennung der multipolaren weltweiten Kräfteverhältnisse hinauslaufen und könnte dabei auch die aufstrebenden Kräfte des globalen Südens überzeugen und mit in diese multipolaren Beziehungen integrieren. Den Versuchen der USA, mit China und Russland eine Mächtedreieckskonstellation mit den USA an der Spitze aufzubauen, um damit ihre hegemoniale Stellung zu behaupten, könnte auf diese Weise ein Riegel vorgeschoben werden. Zugleich wäre auch die denkbare Kriegsgefahr, die entstünde, wenn die USA ihre hegemoniale Position zu verlieren droht, zwischen den USA einerseits und Russland und China andererseits gebannt. ■

18 Zwar bemüht sich die EU mit anderen Drittstaaten, vor allem im globalen Süden, Handelsbeziehungen aufzubauen. Die Erfolgsquote ist jedoch überschaubar, da gerade die Länder des globalen Südens nicht gut auf die Europäer zu sprechen sind und in vielen Fällen China bereits erfolgreich das Terrain besetzt hat. Oder das seit 25 Jahren verhandelte Mercosur-Abkommen gelingt nicht zum Abschluss, da z. B. Frankreich um seine Landwirtschaft bangt.

Ronja Kölpin

Sozialdemokratische Perspektive und Traumfabrik

Beteiligung im Lausitzer Strukturwandel

Als die Kinder in unserer Traumreise ihre Lausitz der Zukunft malten, entstanden Bilder voller Seen, Roboter und manchmal auch Krieg. In wenigen Minuten spannten sie Horizonte zwischen Hoffnung und Angst, zwischen technischer Vision und existenzieller Bedrohung. Diese Zeichnungen erzählen mehr als nur bunte Fantasie. Sie sind Momentaufnahmen eines Gefühls, das tief in der Lausitz verwurzelt ist: Unsicherheit über die Zukunft.

Die Frage, wie unsere Städte und Regionen künftig aussehen sollen, wird bislang zu selten demokratisch verhandelt. Gerade die Nachwendegeneration in der Lausitz ist von den Folgen dieser ungelösten Fragen besonders betroffen – sie erlebt Transformation nicht als Mitgestaltung, sondern als Zumutung. Der Strukturwandel greift tief in die Identität einer Region ein, die schon einmal den radikalen Umbau ihrer Lebensverhältnisse erfahren hat.

Die Lausitz ist deshalb mehr als ein Energieraum im Umbruch. Sie ist ein Brennglas der Demokratiefrage in Ostdeutschland. Wer entscheidet über ihre Zukunft? Und wie kann Beteiligung so gestaltet werden, dass sie nicht nur informiert, sondern befähigt? Der folgende Beitrag diskutiert auf Grundlage eines Workshops mit Kindern die Chancen und Grenzen demokratischer Teilhabe im Strukturwandel – und fragt, was daraus für eine sozialdemokratische Zukunftspolitik zu lernen ist.

Strukturwandel in der Lausitz

Die Lausitz ist eine trinationale Region, die sich über den Südosten Brandenburgs, den Nordosten Sachsens sowie Teile Polens und Tschechiens erstreckt. Damit ist sie die östlichste Region Deutschlands. Hier leben knapp 1,3 Millionen Menschen, darunter etwa 60.000 Angehörige der sorbischen Minderheit. Nach dem Mauerfall und der folgenden «Wiedervereinigung» kam es in den ostdeutschen Bundesländern zu einem tiefgreifenden Strukturwandel. Durch die Privatisierung der vormals staatlichen Betriebe verloren Hunderttausende ihre Arbeit, ganze Industriezweige brachen weg. Die Folgen dieser Deindustrialisierung beeinflussen die Region bis heute ökonomisch, sozial und mental. Wirtschaftlich ist die Lausitz stark vom Braunkohleabbau geprägt. Für diesen Industriezweig wurden Arbeiter:innenstädte errichtet, deren Identität eng mit dem Bergbau verbunden blieb. Der Kohleausstieg ist daher mehr als eine Frage des Klimas: Er berührt das Selbstverständnis der Region. Der zweite Strukturwandel nach der Wende trifft auf eine Bevölkerung, die in vielen Fällen bereits einmal den Verlust von Arbeit, Zugehörigkeit und Perspektive erfahren hat.

Gleichzeitig vollzieht sich dieser Wandel parallel zu weiteren tiefgreifenden Transformationen – Digitalisierung, demografischer Wandel, Klimaanpassung, Mobilitätswende. Der Strukturwandel ist damit Teil eines umfassenden gesellschaftlichen Umbruchs, in dem sich die Frage stellt, wie Zukunft demokratisch gestaltet werden kann.

Im brandenburgischen Landtag wurde 2022 die Gesetzesvorlage «Beteiligung von Kindern und Jugendlichen am Strukturwandel in der Lausitz stärken» (Drucksache 7/5532) verabschiedet. In mehreren Städten gibt es inzwischen Kinder- und Jugendbeiräte. Doch trotz dieser Fortschritte fühlen sich junge Menschen weiterhin unzureichend eingebunden. Gerade weil der Strukturwandel tief in das Leben der Menschen eingreift, stellt sich die Frage, wie Kinder und Jugendliche beteiligt werden können – nicht symbolisch, sondern wirksam.

Das Workshopsformat «Traumfabrik Lausitz»

Ausgangspunkt für unser Forschungsprojekt[1] war eine Befragung des Projekts *Revierwende – Team Lausitz* im Jahr 2024, bei der über 1.100 junge Menschen teilnahmen. 79,6 Prozent gaben an, zu wenig über den Strukturwandel informiert zu sein. Nur 10,7 Prozent fühlten sich gut eingebunden. Diese Ergebnisse waren Anlass für uns, einen Workshop mit Kindern zu konzipieren. Ziel war es, mit ihnen über die Lausitz zu sprechen, Impulse für eigenes Nachdenken zu geben und zu erkunden, welche Vorstellungen sie mit der Zukunft ihrer Region verbinden. Daraus entstand das Format *«Traumfabrik Lausitz»*, das wir mit Kindern im Alter von acht bis zwölf Jahren in einem geschützten Rahmen

1 Das Workshopformat «Traumfabrik Lausitz» wurde im Seminar *Visionen Urbaner Zukünfte* im Masterstudiengang *Urbane Zukunft* an der Fachhochschule Potsdam konzipiert und durchgeführt. Die folgenden Personen waren an dieser Gruppenarbeit beteiligt: Lilli Berlin, Enrico Bischoff, Hanna-Greta Kulik und Ronja Kölpin.

mit pädagogischer Begleitung durchführten. Nach einem kurzen Input über den Strukturwandel begann die eigentliche «Traumreise»: Die Kinder malten ihre Vision einer Lausitz in 15 Jahren. Die Ergebnisse reichten von Seen und Windrädern bis hin zu Robotern, die helfen, das Leben leichter zu machen. Andere Bilder zeigten Krieg, Umweltzerstörung oder verlassene Orte – Ausdruck von Sorgen, die schon in jungen Jahren präsent sind.

Auffällig waren auch Unterschiede zwischen den Geschlechtern. Während Jungen häufiger Konflikte und Bedrohungen zeichneten, entwarfen Mädchen eher lebensnahe, soziale Szenarien. Zudem schienen sie weniger über technische Aspekte des Strukturwandels informiert. Dies könnte darauf zurückzuführen sein, dass Eltern mit ihren Töchtern seltener über Themen wie Tagebau oder Energie sprechen, weil sie diese als zu technisch für ihre Töchter empfinden.

Das Ziel des Workshops war nicht die Formulierung konkreter politischer Forderungen, sondern die Förderung von Imagination als Form der Selbstermächtigung. Visionen bilden Werte und Ziele ab, sie geben Richtung und Sinn. Ohne Vision bleibt Handlung reaktiv – mit ihr wird sie gestaltend. Der Workshop sollte als Impuls dienen.

Beteiligung und Ostdeutschland

Träumen als Methode öffnet Perspektiven. Kinder, die sich eine Zukunft vorstellen dürfen, beginnen, über ihre Umgebung nachzudenken, Zusammenhänge zu erkennen und Fragen zu stellen. Doch Beteiligung braucht mehr als Träume – sie verlangt die Auseinandersetzung mit Bedürfnissen, Interessen und Grenzen. Denn wer Partizipation verspricht, ohne über ihre Reichweite zu sprechen, riskiert Enttäuschung.

Die Ergebnisse von *Revierwende* zeigen, dass junge Menschen in der Lausitz sich kaum informiert und selten gehört fühlen. Sie erleben Transformation als etwas, das über sie hinwegrollt. Diese Erfahrung steht exemplarisch für ein größeres Demokratiedilemma: Viele Ostdeutsche verbinden mit Demokratie bis heute die Erwartung direkter Erfüllung ihrer Anliegen.

Der Historiker Ilko-Sascha Kowalczuk beschreibt dies in seinem Buch *Freiheitsschock* (2024) als Missverständnis über repräsentative Demokratie. Nach 1990 hofften viele Menschen auf unmittelbare Mitsprache, nicht auf das mühsame Aushandeln von Kompromissen. Doch Demokratie bedeutet genau das: Ein Ringen um Lösungen, die nicht alle, aber viele tragen.

Auch die Studie des *ifo Instituts* verweist auf bleibende Mentalitätsunterschiede zwischen Ost und West. Menschen in Ostdeutschland orientieren sich stärker am Staat, suchen Verantwortung seltener bei sich selbst und zeigen häufiger konformes Verhalten. Diese Haltung ist erklärbar – sie wurzelt in den Brüchen der Transformationsjahre und im autoritären Erbe der DDR, in der selbstorganisierte Strukturen unerwünscht waren. Aber sie stellt heute ein Hindernis dar, wenn Demokratie auf Mitgestaltung angewiesen ist. Gerade deshalb braucht es Formate, die Eigenverantwortung und Selbstwirksamkeit fördern. Kinder und Jugendliche müssen erleben, dass ihre Ideen zählen. Wenn sie Visionen entwickeln, lernen sie, was Demokratie im besten Sinne ist: kein Wunschkonzert, sondern das gemeinsame Entwerfen von Zukunft.

Der Soziologe Steffen Mau weist in seinem Buch *Ungleich vereint* (2024) darauf hin, dass neue Formen direkter Demokratie – etwa Bürgerräte – Beteiligung erweitern, zugleich aber die repräsentative Demokratie unter Druck setzen. Wer zu viel verspricht, verliert Vertrauen, wenn nichts geschieht. Für die Kinder- und Jugendbeteiligung bedeutet das: Erwartungen müssen realistisch bleiben. Demokratie muss nicht alles können, aber sie muss für das Gespräch über das Mögliche offenbleiben.

Sozialdemokratische Perspektive

Kinder in ihren Visionen zu bestärken, bedeutet mehr, als Kreativität zu fördern. Visionen sind auch ein erster Schritt zur Politisierung: Sie eröffnen Räume, in denen Kinder beginnen, Interessen zu artikulieren, über ihre Lebensumwelt nachzudenken und Ansprüche an die Gesellschaft zu formulieren. Gerade im ostdeutschen Kontext, der von Konformitätserfahrungen und einem stark verankerten Gleichheitsideal geprägt ist, kann diese frühe Ermutigung zu eigenständigen Vorstellungen einen emanzipatorischen Charakter haben.

Damit wird auch eine Leerstelle in Beteiligungsdebatten sichtbar. Kinder und Jugendliche brauchen geschützte Räume, in denen sie ohne institutionelle Zwänge und festgelegte Verfahren Visionen entwickeln können. Gleichzeitig zeigt Kowalczuks Konzept des «Freiheitsschocks», dass Demokratie nicht mit unmittelbarer Erfüllung von Forderungen verwechselt werden darf. Visionen sind wichtig, um Zukunftsbilder zu öffnen – sie müssen aber pädagogisch und politisch so gerahmt werden, dass sie nicht zu falschen Erwartungen an Demokratie führen, sondern deren Aushandlungscharakter verdeutlichen.

Eine sozialdemokratische Perspektive auf den Strukturwandel muss diese Spannung aufnehmen. Jahrzehntelang stand der Ausgleich ökonomischer Verluste im Mittelpunkt – Arbeitsplätze sichern, Einkommen stabilisieren, Härten abfedern. Diese Konflikte sind nicht überwunden, müssen aber mit anderen Kämpfen gerahmt werden. Heute geht es auch darum, die Transformation demokratisch zu gestalten. Nicht nur Arbeit, sondern auch Mitbestimmung muss gerecht verteilt werden. In vielen ostdeutschen Kommunen sind die finanziellen Spielräume eng. Aufgaben der Daseinsvorsorge werden zunehmend in Public-Private-Partnerships (PPP) ausgelagert – mit der Folge, dass demokratische Kontrolle schwindet. Eine sozialdemokratische Lösung müsste hier ansetzen: Statt öffentliche Verantwortung zu privatisieren, gilt es, neue Allianzen zwischen Staat, Kommune und Zivilgesellschaft zu schaffen. Public-Common-Partnerships (PCP) können ein Weg sein, demokratische Kontrolle zu sichern und bürgerschaftliches Engagement zu stärken. Damit wird die Daseinsvorsorge nicht nur gesichert, sondern auch demokratischer – im Sinne eines Sozialstaats, der nicht nur schützt, sondern befähigt.

Um den Strukturwandel demokratisch zu gestalten, ohne neue Exklusionserfahrungen hervorzubringen, braucht es dreierlei: *Erstens* müssen Kinder und Jugendliche ernsthaft beteiligt werden – und zwar so, dass ihre Stimmen tatsächlich in Planungen einfließen. *Zweitens* dürfen Kommunen nicht finanziell überfordert werden, wenn sie Beteiligung ermöglichen sollen. *Drittens* muss Beteiligung Erwartungen realistisch rahmen. Demokratie lebt nicht von Erfüllung, sondern von Verständigung.

Zukunftsort Lausitz?

Als die Kinder in unserer Traumreise ihre Lausitz der Zukunft malten, schwankten die Bilder zwischen Hoffnung und Angst: Seen und Roboter neben Krieg und Zerstörung. Diese Ambivalenz verweist auf die zentrale Aufgabe des Strukturwandels: Er darf nicht erneut zum Schauplatz von Enttäuschungen werden.

Vielmehr kann er zum Ausgangspunkt einer neuen demokratischen Kultur werden – wenn Kinder und Jugendliche ernsthaft beteiligt, Kommunen finanziell gestärkt und Erwartungen an Demokratie realistisch gerahmt werden. Der Strukturwandel ist damit mehr als ein ökonomischer Prozess. Es ist ein Testfall, ob es gelingt, Teilhabe praktisch zu verankern und die Lausitz von einer Region der Frustration zu einer Region der Selbstermächtigung zu machen. ■

Christoph Meyer

Ein Politiker im Porträt

Das Bild von Herbert Wehner

Wehner – weit, weit weg

Herbert Wehner ist weit weg. Gestorben am 19. Januar 1990, vor mehr als 35 Jahren. Davor sieben Krankheitsjahre, raus aus dem öffentlichen Betrieb, keine Talkshow-Auftritte, keine Memoiren, nicht mal mehr Interviews. Wehner, der am 11. Juli 2026 einhundertzwanzig würde, ist weit weg, für kaum jemanden noch kommunikatives, für manche allerdings kulturelles Gedächtnis.

Ebenfalls weit weg ist die Sozialdemokratie, wie sie seinerzeit Herbert Wehner verkörpert hat wie kaum ein Zweiter. Nicht nur Partei, sondern auch Bewegung, gespeist aus der Tradition und eng verbunden mit der demokratischen Arbeiterinnen- und Arbeiterbewegung Deutschlands. Die gibt es so nicht mehr, und das, was heute SPD ist, hat gerade auch weder Kraft noch Konjunktur.

So ist das Wehnerbild derzeit – und vielleicht auf lange Zeit – im Schatten und nicht im Fokus der Aufmerksamkeit. Es wird dadurch konturlos – schwammig – unscharf. Das Auge, das auf ein solches unvollkommenes Bild stößt, neigt zu Konjekturen: Mutmaßungen, Lücken werden gefüllt durch Vermutungen, das fördert Mythenbildungen. Dagegen hilft: Immer wieder erinnern, erzählen, einordnen. Für ein reelles Bild gibt es einige mögliche Schlüssel. Hier wähle ich einmal einen solchen, der gerade bei Wehner ungewöhnlich erscheinen mag: Kunst und Ästhetik. Und wie sich zeigen wird: Der Schlüssel funktioniert.

Angriffe als Wundspuren

Zu seinem 70. Geburtstag am 11. Juli 1976 machte die SPD-Bundestagsfraktion ihrem Vorsitzenden ein besonderes Geschenk. Sie gab bei dem renommierten Maler Ernst Günter Hansing ein Porträt Herbert Wehners in Auftrag. Entstanden sind damals ein großformatiges Gemälde und mindestens zwei Porträtstudien.

Die erste Studie zeigt, so Hansing im Interview mit dem Journalisten Hermann P. Reiser, «den grüblerischen Wehner, den nachdenklichen, den zuhörenden Wehner». Den «bekannten kämpferischen» Wehner zeigt die zweite Studie. Hansing dazu: «Hier ist der Wehner aufgerichtet zum Gegenangriff. Ein

Wehner, der noch aufnimmt, der Attacken aufnimmt und kurz vor dem Ausbruch ist, diese Attacke abzuwehren oder zu bestehen.»

Gefragt, wie er den Menschen Wehner sehe, antwortete der Künstler mit einem Verweis auf das große Porträt:

> Sie sehen ein stark eruptiertes Bild, das wehnergemäß von unglaublicher Kraft bis an den Rand angefüllt ist. Wehner ist eine ganz große kraftvolle Persönlichkeit. Vielleicht die stärkste in der politischen Landschaft von den Lebenden im Augenblick. Und für mich ist darüber hinaus etwas deutlich geworden: Es gibt große Politiker, die eine harte Schale hatten, die Schale bei Herbert Wehner ist für mich nicht hart. Sie ist sehr empfindsam, sehr sensibel. Wenn er etwas aufnimmt, und es sind zum Beispiel, wie bei Wehner oft, üble Verleumdungen, er ist ja auch nicht gerade zimperlich im Austeilen, er muß damit rechnen, aber er ist ein Mensch, der in seiner Empfindungswelt diese Hiebe auffängt, aber als sensibler Mensch verarbeitet, so daß Sie hier in dem Bild diese Angriffe als Wundspuren wiedererkennen.

Ein «Innenbild» von Herbert Wehner sei das, bestätigte Hansing den Ausdruck eines Kritikers. Genau dieses Innenbild versuche er bei all seinen Porträts zu erforschen. Dabei gebe es zwei Schwierigkeiten für ihn: Erstens die Frage, ob das Modell bereit sei, «für einen dazusein». Dazu sei Wehner bereit gewesen. Die zweite Schwierigkeit für den Maler sei, ob er denn «aus dem Modell oder diesem Porträtvorwand ein interessantes Bild entwickeln» könne. Das sei für ihn gelungen, meinte Hansing:

> Und ich kann nur sagen, dieses Bild hat mir Freude gemacht. Und dazu hat der Mensch Wehner beigetragen, der in mir etwas ausgelöst hat. Mehr kann ich nicht sagen.

Der Mensch Herbert Wehner – sensibel und feinfühlig, mit einem offenen Herzen für Künstler? Kaum vorstellbar für diejenigen, die nur an der Oberfläche kratzen. Der parlamentarische Polterer, der scharfzüngigste aller Sozialdemokraten im Bonner Bundestag, der stand doch für klare Kante, Konflikt und Konfrontation, also alles andere als Zartgefühl? Wer Hansings Porträt von ferne sieht, nimmt zunächst einen von Blitzen Umzuckten wahr, einen Gewittermann, einen ernst dreinschauenden Asketen. Beim näheren Herankommen aber, da verschmelzen die Formen, da bekommen sie etwas Fließendes: Wehner wirkt gar nicht mehr so expressiv und explosiv. Das Bild wird weicher.

Wie auf dem Bild, so im Leben. Herbert Wehner war ein Politiker, der polarisierte, an ihm schieden sich die Geister. Er wirkte zunächst, aus der Ferne, schroff, abweisend, aufbrausend – für Außenstehende war es schwer, mit ihm warm zu werden. Das änderte sich jedoch, wenn es Freunden und Wegbegleitern gelang, die nur scheinbar harte Schale zu überwinden, ihm näher zu kommen. Da trafen sie auf einen solidarischen Denker, einen freundlichen Gastgeber und unermüdlichen Helfer – und auf einen durch und durch musischen und musisch gebildeten Menschen. Um diesen, den Herbert Wehner, der von sich selbst einmal sagte «ich bin ein Musiker», geht es im Folgenden.

Genius loci

Am Anfang war Dresden. Hier wurde er am 11. Juli 1906 geboren, und hier verbrachte er die meisten Jahre seiner – durchaus nicht

Der Porträtierte und sein Maler vor dem Werk

unbeschwerten – Kindheit und Jugend. Und der kleine Herbert Wehner sog sie auf, die Atmosphäre dieser damals wunderschönen, weltoffenen Stadt, Elbflorenz. Die barocken Bauten und Kunstwerke Pöppelmanns und Permosers, Zwinger, Schloss, Hof- und Frauenkirche, die Semperoper und das Albertinum mit der Kunstakademie.

Bildungshunger verspürte das wissbegierige Arbeiterkind. Und Bildung wurde ihm zuteil. Als einer von sechs ausgewählten, begabten Volksschülern durfte er von 1921 bis 1924 an einem Bildungsexperiment teilnehmen: An der Realschule Dresden-Neustadt wurde eine Sonderklasse für angehende Verwaltungsbeamte eingerichtet. Herbert Wehner gehörte zu den ersten Arbeiterkindern, denen hier eine höhere Schulbildung vermittelt wurde. Ein Einstellungsstopp aufgrund von Einsparungen der Regierung machte die Aufstiegschancen jedoch zunichte. Am Ende wurde keiner der erfolgreichen Absolventen in den Staatsdienst übernommen. Gleichwohl: Ein Bildungsaufstieg war es.

Die Zurückweisung durch den Staat trug zur Radikalisierung des jungen Herbert Wehner bei. 1923 noch, mit 16 Jahren, der sozialdemokratischen Arbeiterjugend beigetreten, trat er im Herbst wieder dort aus, nachdem die Reichswehr in Sachsen einmarschiert war und mit brutaler Gewalt eine «rot-rote» Koalitionsregierung aus dem Amt gejagt hatte. Der protestierende Wehner und seine jungen Freunde gründeten eine eigene, eine freie anarchistische Jugendgruppe. Damit befanden sie sich ganz in der Nähe der Dresdner Bohème, von Künstlern und Literaten rund um die Malerei der Neuen Sachlichkeit.

Es begann mit dem Studium der Werke linker Theoretiker. Wehner und seine Freunde lasen die Schriften von Anarchisten wie Proudhon, Stirner, Bakunin und Kropotkin. Hinzu kamen Martin Buber und der Münchner Räterevolutionär Gustav Landauer. Auch die Linkssozialistin Rosa Luxemburg stand auf dem Programm. Die Literatur fand sich in der Volksbuchhandlung Bellmann in der Dresdner Neustadt. Der kleine anarchistische Buchladen war ein beliebter Treffpunkt, weniger zum Kauf von Büchern als vielmehr zur Diskussion unterschiedlicher – und wohl unterschiedlich sektiererischer – Standpunkte.

Hier verkehrten eben auch Angehörige der Kunstszene wie die Maler der Dresdner Schule, «Veristen» wie Otto Dix, Otto Griebel, Lea und Hans Grundig. Und Herbert Wehner. Er berichtete später, er habe neben anderen Dix und Griebel gekannt, und zwar nicht nur «als einer, der ihnen nachlief, sondern wir diskutierten miteinander, wir erlebten verschiedenes miteinander, tranken auch ab und zu miteinander, obwohl der Altersunterschied groß war». Otto Dix war es, der 1954 das erste Plakat des überparteilichen Kuratoriums Unteilbares Deutschland schuf, bei dessen Gründung Herbert Wehner mit Pate stand – möglicherweise ging diese Arbeit auf die alte Dresdner Bekanntschaft zurück.

Nachdem Wehner im Frühjahr 1926 arbeitslos wurde, erreichte ihn ein Angebot des Schriftstellers Erich Mühsam. Dieser hatte sich 1919 an der bayerischen Räterepublik beteiligt, er war verurteilt und erst Ende 1924 aus der Haft entlassen worden. In Mühsam suchte Wehner ein politisches Vorbild. Seine Jugendgruppe lud den Schriftsteller 1925 nach Dresden ein, und er sprach auf einer öffentlichen Versammlung. Es war ein einwöchiger Aufenthalt. Übernachtet hat Mühsam bei Herbert Wehner in Dresden-Striesen.

Im Herbst 1926 ging es dann also nach Berlin. Der 20-jährige Herbert Wehner zog bei Erich Mühsam ein, wurde dessen Privatsekretär und half ihm bei der Herausgabe der Zeitschrift «Fanal». Bei Mühsams muss es damals zugegangen sein wie in einem Taubenschlag. Hier lernte Wehner Traute Hoelz kennen, die zum Schein eine Ehe mit dem inhaftierten vogtländischen Revoluzzer Max Hoelz eingegangen war. Diesen hatten Wehner und seine Freunde schon von Dresden aus bewundert. Bei Erich und Zenzl Mühsam wohnte ebenfalls die Schwester von Traute Hoelz, Lotte Loebinger, später eine bekannte Theater- und DEFA-Schauspielerin. In sie verliebte sich Herbert Wehner. Loebinger war damals schon KPD-Mitglied und Schauspielerin an Erwin Piscators «Volksbühne». Die Piscator-Truppe wirkte bei einer «Befreiungskampagne für die politischen Gefangenen» mit, dabei waren berühmte Schauspieler wie Heinrich George und Alexander Granach. Und Herbert Wehner, welcher die Aufführungen auf dem Klavier begleitete.

Außerdem lernte Wehner bei Mühsam in Berlin die Schriftsteller Kurt Tucholsky, Bertolt Brecht und Carl von Ossietzky kennen. Er traf auf die Anarchisten Silvio Gesell und Gustav Lübeck, den Grafiker John Heartfield und den Journalisten Egon Erwin Kisch.

Aber dauerhaft vermochte der junge Mann sich in Berlin nicht zu halten. Nach einiger Zeit kam es zum Zerwürfnis mit Mühsam. Vor allem, weil dieser ihm nicht genügend Raum zur Entfaltung ließ. Denn alle Artikel fürs *Fanal* schrieb der Schriftsteller selbst; für Wehner blieb nur das Redigieren übrig – zu wenig für einen tatendurstigen jungen Revolutionär.

Etwas aber glaubte er, von Berlin nach Dresden zurück mitnehmen zu können: Lotte Loebinger. Die beiden heirateten am 18. Juni 1927 auf dem Standesamt Dresden, 5. Bezirk, gegen den vorsichtigen Rat von Herbert Wehners Mutter Toni. Aus der «Kinderehe» (Wehner) wurde binnen weniger Wochen eine «Ehe auf dem Papier» (Loebinger). Denn die Schauspielerin ging schon bald fremd. Nachdem sie einen Brief an ihren Geliebten in den falschen Umschlag gesteckt und an Herbert Wehner adressiert hatte, flog die Sache auf. Wehner blieb in Dresden, und Loebinger in Berlin.

Herbert Wehners Weg führte nun in die Politik. Er trat der KPD bei. Über die Rote Hilfe Ostsachsens, eine Gefangenenhilfsorganisation, und die Betriebs- und Gewerkschaftsarbeit ging es schließlich 1930 in den Sächsischen Landtag. Das Parlament, dem er nun angehörte, betrachtete er als Bühne zur Propaganda gegen Nationalsozialisten und Sozialdemokraten. Er machte also weiter Theater – und bekam in sieben Monaten 23 Ordnungsrufe.

Was er im Berliner Agitationstheater gelernt hatte, versuchte er auf den Straßen der sächsischen Landeshauptstadt umzusetzen. Die Straße war damals das bevorzugte Kampffeld der politischen Propaganda. Und die Arbeiterbewegung, insbesondere die kommunistische, geizte nicht mit drastischen Formen des Protests und der öffentlichen Inszenierung, Laientheater, Agitprop. Die sozialdemokratische *Dresdner Volkszeitung* berichtete im Jahr 1930 über die Methoden des Landtagsabgeordneten Wehner. Dieser habe sich ein «neues Verfahren zum Totreiten der Sozialdemokratie» ausgedacht:

> Und das soll so aussehen: Einige Kommunisten stellen sich auf belebten Straßen oder Plätzen auf. Einer davon markiert den ‹sozialdemokratischen› Arbeiter. Die Debatte beginnt. Der ‹Sozialdemokrat› muß die Politik seiner ‹verräterischen› Führer verteidigen. Der Kommunist widerlegt (!) ihm alles. Wenn genügend Zuschauer versammelt sind, erkennt endlich der ‹Sozialdemokrat›, daß ‹er nur am Narrenseil› geführt worden ist. Mit einer großen Geste (…) zerreißt er sein vorher präpariertes Mitgliedsbuch und meldet sich sofort als Mitglied der KPD an.

Doch es war nicht nur und beileibe nicht zuerst die Politik, welche Wehner an das Ästhetische, an Kunst, Kultur, Literatur und Musik heranbrachte. Neben der Stadt war es vor allem die eigene Familie. Der Großvater mütterlicherseits, Schneidermeister Silvester Diener aus Kleinzschachwitz, leitete eine Musikkapelle, die an den Wochenenden in den Dörfern rund um Dresden bei Festen aufspielte. Seinen Enkeln vererbte der Kapellmeister die Instrumente. Herbert, der als Lieblingsenkel galt, erhielt das Klavier. Er lernte schnell, darauf zu spielen, ebenso wie mindestens auf der Gitarre und der Mundharmonika, wahrscheinlich auch Geige und Mandoline. Außerdem sang er als Schüler im Chor der Dresdner Erlöserkirche.

Doch der heraufziehende Nationalsozialismus machte das, was an Idyll im schönen Dresden übrig geblieben war, zunichte. Herbert Wehner ging 1931 nach Berlin, dort ab 1933 in den Untergrund, 1934 ins Saargebiet und ab 1935 ins Ausland, nach Paris, Prag, Moskau, Schweden. Das Klavier blieb in der Wohnung bei seinen Eltern zurück. Als die deutschen Behörden Herbert Wehner im April 1938 die deutsche Staatsbürgerschaft aberkannten, bedeutete das, dass ihm alle seine in Deutschland verbliebenen Besitztümer geraubt wurden. Das Wenige, was sie bei Wehners Mutter noch vorfanden, beschlagnahmten die Nazis. Das Klavier wurde, so der Ausgebürgerte später, «Eigentum anderer».

Dabei muss sein Spiel auf dem Klavier recht anspruchsvoll gewesen sein, immerhin verlangte das Agitationstheater solide Improvisationsfähigkeit – und jedenfalls stellte er einen recht hohen Anspruch an sich selbst. In den 1960er-Jahren, so erinnert sich Greta Wehner, haben Freunde Wehner eine besondere Freude machen wollen und ihm zu einem Geburtstag ein neues Klavier geschenkt. Er setzte sich daran, klappte den Deckel hoch und begann zu spielen. Was er von sich hörte, gefiel ihm nicht. Er konnte seinen eigenen Ansprüchen nicht mehr genügen. Herbert Wehner hat das Klavier nicht wieder angerührt.

Gitarre spielen hörten ihn im Moskau der stalinistischen Säuberungen noch Nachbarn im «Hotel Lux», in einer Atmosphäre der Verzweiflung. Der österreichische Schriftsteller Ernst Fischer erinnerte sich an Wehner:

> Er hatte Fieber. Seine ungemein sympathische Frau und ich gingen in die Küche, um Kaffee zu kochen. Als wir zurückkamen, saß er aufgerichtet auf der Couch mit seiner Gitarre und schrie wilde zusammenhanglose Strophen. Er war wie ein Kessel ohne Ventil, mußte, um sich zu befreien, von Zeit zu Zeit in Sprengstücken auseinanderfliegen. Er schluckte zuviel in sich hinein. Was in Moskau geschah, mißfiel ihm.

Später blieb zum Musizieren nicht mehr viel Zeit. Aber wenn Greta Wehner ihn mit dem Volvo kreuz und quer zu den Terminen übers Land fuhr, hatte er immer seine Mundharmonika dabei und spielte, um sie auf langen Strecken zu unterhalten.

Einfaches Leben

Anderthalb Jahrzehnte, die Zeit von 1927 bis 1942, stand Herbert Wehner im Dienste der Kommunistischen Partei. Es war eine Zeit der Irrwege und Verirrungen. Wehner hat darüber – offen und schonungslos wie kein Zweiter führender Kommunist – berichtet, in seinen *Notizen*, verfasst im Jahr 1946 in Schweden. Er legte «Zeugnis» ab – unter diesem Titel erschienen die Erinnerungen an diese Zeit Anfang der 1980er-Jahre als Buch.

Die 1930er-Jahre verbrachte Wehner gemeinsam mit seiner damaligen Lebensgefährtin Lotte Treuber im Kampf gegen den Faschismus. Er betrachtete sich als Soldat der kommunistischen Bewegung. Als Technischer Sekretär des Politbüros ab 1931/32 organisierte er Wahlkämpfe, Kampagnen gegen die Nationalsozialisten, dann den Gang in die Illegalität und den Erhalt des Verbindungswesens der Partei. Er hatte durchaus Fluchtgedanken, Momente der Verzweiflung. Aber er widerstand ihnen. Im Gespräch mit dem Journalisten Günther Gaus im Jahr 1964 erinnerte er sich an seine damalige Haltung:

> Da hast Du zu stehen, so sagte ich mir, und zwar nicht wegen eines Beschlusses, sondern weil ich nicht feige sein wollte und weil ich nicht braun sein wollte. Ich habe mich später auch davon frei gemacht, rot zu sein, aber nicht, um braun zu werden. Das hat mich auch lange im Kriege daran gehindert, den Schritt zu tun. Ich wollte nie etwas tun, das von denen nicht verstanden wurde, die meine Freunde waren – und ich habe da ja Hunderte gehabt.

Herbert Wehner ist nie emigriert oder ins Exil gegangen. Denn seine zahlreichen, ab 1934 dauerhaften Auslandsaufenthalte während der Nazizeit waren keine Flucht vor den Nazis, sondern stets ging er mit dem Auftrag, die Parteiarbeit, den Widerstand, die Zusammenarbeit gegen den Faschismus zu organisieren. Es sind zahlreiche

Stationen: Saarbrücken, Paris, Prag, Moskau, wieder Paris, kurz nach London – und ab 1937 wieder Moskau, für vier Jahre, dort nun in der Falle sitzend. Auch in dieser Zeit begegnete Herbert Wehner Künstlern und Kulturschaffenden. Gewiss blieb er kulturell interessiert, aber für ihn waren die Begegnungen – etwa mit den Schriftstellern Heinrich Mann und Lion Feuchtwanger in Paris – stets in erster Linie politischer Natur: Es ging darum, Bündnisse aufzubauen, gemeinsam in einer «Volksfront» gegen den Faschismus zu wirken.

Dann kam der Bruch. In Moskau, während der stalinistischen Säuberungen, zeichnete er sich ab. Der «vorletzte» Punkt zur Abkehr vom Kommunismus, erinnerte sich Wehner, war,

> [...] daß ich mich befassen sollte mit einer Interpretation der kommunistischen Auffassung von der Lehre vom Staat. Als ich versucht habe, das zu Papier zu bringen, da habe ich bei der Hälfte Schluß gemacht und gewußt: Das kannst du nicht mehr begründen und verantworten. Das war im Jahre 1939, mitten in den schrecklichen Jahren des deutsch-sowjetischen Paktes, und in Moskau ohne Freunde. Der eine, den ich hatte, war gerade gestorben. Er war 15 Jahre älter als ich. Er war ein persönlicher Freund von Rosa Luxemburg gewesen. Das war der vorletzte Punkt. Der letzte Punkt war meine Erinnerung an das, was ich an Leiden miterlebt und mitgesehen und mitzutragen gehabt habe in den Jahren des Terrors in der Sowjetunion.

Wehners Rettung war Schweden. Anfang 1941 reiste er, illegal, mit falschem Pass und Parteiauftrag, in das neutrale skandinavische Land ein. Hier erlebte er, inzwischen offen für neue Erkenntnisse, ein Land, in dem die Arbeiterbewegung legal und gleichberechtigt politisch wirken konnte. In einer Buchhandlung fiel ihm ein deutscher Roman in die Hand: «Das einfache Leben», geschrieben von Ernst Wiechert, erschienen 1939:

> Es war für mich ein Glücksfall, in Stockholm dieses Buch zu finden. Ich ging immer wieder in die Buchhandlung, obwohl es für mich unklug war, mich dort als ein nicht legaler Mann sehr viel zu bewegen, und habe nach Ähnlichem gesucht und das eine oder andere Ähnliche gefunden. Und dann: Der Begriff ‹Einfaches Leben›. Ich habe ihn so für mich gedeutet: So leben, wie du es wirklich, ohne Umschweife, mit Deinem Gewissen vereinbaren kannst. Und nicht so viele Dinge machen müssen, die immer erst besonders erklärt werden müssen.

Es handelt sich um einen Entwicklungsroman. Der kaiserliche Marineoffizier Thomas von Orla nimmt im Ersten Weltkrieg an der ergebnislosen Seeschlacht am Skagerrak teil. Mitten im Gefecht zögert er, seine Pistole auf einen gegnerischen Soldaten abzufeuern, woran er sich später erinnert:

> Ich bin überzeugt, daß ich geschossen haben würde, trotzdem, aber ich hatte die Sekunde versäumt, die gleichsam blinde Sekunde, vielleicht auch nur den Bruchteil einer Sekunde. Denn als der Abzug zurückwich, schlugen sie von hinten zu. Ich weiß nicht einmal, ob der Schuß noch gefallen ist. Ich griff im Fallen in das Fahnentuch, und dann warfen sie mich über Bord.

Der Romanheld zieht sich auf ein einsames Gehöft auf einer Insel zurück und beschließt dort, mit wenigen Freunden, ein «einfaches Leben» zu führen.

Dieses war Herbert Wehner nun nicht beschieden. Er wurde im Februar 1942 verhaftet und zu einer Gefängnisstrafe verurteilt – wegen angeblicher Spionage für die Sowjetunion. Aber – ganz wie Wiecherts Romanheld – aus der Front herausgefallen war er damit, und er hatte auf seiner Gefängnisinsel reichlich Gelegenheit zum Nachdenken, zu «Selbstbesinnung und Selbstkritik», wie seine posthum erschienene (unvollendete) Niederschrift aus dieser Zeit überschrieben ist.

Während ihn also die in der Sowjetunion verbliebenen Kommunisten um Ulbricht und Pieck unter dem falschen Vorwurf des Verrats aus der Partei ausschlossen, vollzog Wehner, ohne hiervon zu erfahren, seinen Parteiaustritt innerlich. Im Gefängnis schrieb er sich frei. Der Sozialismus, schrieb er 1942, müsse «nach den totalitären Erfahrungen» freigehalten werden von «Beamtenwillkür und Allmacht, Verordnungswesen, Partei-Alleinherrschaft, Partei-‹Rechtswesen›, Mißachtung des Individuums, Propagandaherrschaft (...), KZ als ‹vorbeugende› oder summarische ‹Sicherheits›-Maßnahmen».

Nach dem politischen Bruch kam – ebenso entscheidend für Wehners weiteren Lebensweg – der Umbruch im Privatleben hinzu: Er fand eine neue Familie. Lotte Treuber hatte er in Moskau zurücklassen müssen. In der Illegalität und besonders in der Haft und anschließenden Lagerhaft war er vereinsamt. Dort, in der Internierung, erreichten ihn Briefe und Hilfspakete der deutschen Emigrantin Lotte Burmester. Die beiden lernten sich im Sommer 1944 kennen und wurden ein Paar. Als Wehner dann bald aus dem Lager Smedsbo entlassen wurde, zog er mit der dritten Lotte seines Lebens zusammen.

Lotte Burmester, 1903 geborene Clausen, stammte aus einer Flensburger Arbeiterfamilie. In jungen Jahren erlernte sie den Gärtnerberuf – sie war eines der ersten Mädchen, die in Schleswig-Holstein in diesem Beruf einen Abschluss erwarben. Gemeinsam mit dem Schiffszimmermann Carl Burmester bewegte sie sich Mitte der 1920er-Jahre in lebensreformerisch-sozialistischen Kreisen. Die beiden bekamen Kinder – 1924 die Tochter Greta, 1926 den Sohn Jens-Peter. Die Burmesters waren Mitglieder der Kommunistischen Partei Deutschlands. Aktiv im Widerstand in Hamburg wurden sie verhaftet. Carl kam bei einem Verhör 1934 ums Leben. Seine Witwe wurde zu einer Gefängnisstrafe verurteilt und kam nach über einem Jahr 1936 frei. Vor einer erneuten Verhaftung flüchtete sie mit ihren Kindern nach Dänemark, von dort aus weiter nach Schweden, weil Flüchtlinge dort arbeiten durften.

Bonner Perspektiven

Im Spätsommer 1946 konnte Herbert Wehner nach Deutschland zurückkehren. Allerdings nicht nach Dresden – dort hätten ihm Repressalien, Verhaftung und wahrscheinlich Schlimmeres vonseiten seiner ehemaligen Genossen gedroht. Dank Lotte wurde ihm erlaubt, nach Hamburg zu gehen, in die britische Besatzungszone. Dort trat er der Sozialdemokratischen Partei Deutschlands (SPD) bei.

Keineswegs geradewegs ging es von dort in die deutsche Nachkriegspolitik. Wehner wurde zwar sofort politisch aktiv, betätigte sich als Redner und politischer Bildner, aber seine ersten beruflichen Gehversuche machte er als Lektor bei einem sozialdemokratisch geführten Verlag. Dann wurde er Journalist, und zwar außenpolitischer Redakteur der SPD-Zeitung *Hamburger Echo*. Gemeinsam mit seinem Parteifreund Hellmut Kalbitzer bewarb er sich 1948 um eine Lizenz für eine überparteiliche Zeitung. Doch die besseren Beziehungen zum sozialdemokratischen Bürgermeister Max Brauer hatte ein anderer. So entstand nicht Herbert Wehners *Hamburger Kurier*, sondern Axel Springers *Hamburger Abendblatt*. Ebenfalls erfolglos blieb eine Bewerbung Wehners bei der Wochenzeitung *Die ZEIT*. So wurde Wehner eben kein bedeutender Journalist, sondern er blieb – oder besser: er wurde wieder, was er schon vor seinem Bruch mit dem Kommunismus gewesen war – ein bedeutender Politiker.

1949 holte ihn der SPD-Parteivorsitzende Kurt Schumacher in den Bundestag. Wehner wurde gleich Vorsitzender des gesamtdeutschen (und Berliner) Bundestagsausschusses, kam in den Fraktionsvorstand, wurde 1952 Mitglied des Parteivorstands, 1957 stellvertretender Fraktionsvorsitzender, 1958 stellvertretender Parteivorsitzender, 1966 Bundesminister für gesamtdeutsche Fragen und schließlich 1969 Vorsitzender der SPD-Bundestagsfraktion. In diesem Amt blieb er über 13 Jahre, bis 1983, als ihn Alter und Krankheit nach einem Dritteljahrhundert zum Ausscheiden aus dem Parlament zwangen.

Nun war Herbert Wehner keiner, der ein Amt nur bekleidete, nein, er füllte es aus, mit Haut und Haaren, ganz und gar. In allen seinen Ämtern leistete er Entscheidendes, führte er, insbesondere die SPD und ihre Fraktion: in der Deutschlandpolitik, in der Opposition, in die Regierung und durch die Regierungszeit hindurch. Da blieb keine Zeit für anspruchsvolles Musizieren, für schöngeistiges Schaffen, etwa das Schreiben von Büchern und Memoiren. Da blieb keine Zeit, sich auf den Höhen der zeitgenössischen Kultur zu bewegen. Und da blieb nur sehr wenig Zeit für das, was er seit Schweden so sehr herbeigesehnt hatte: ein «einfaches Leben» führen.

Ebenso war es für ihn kaum möglich, sein Leben als Berufspolitiker von seinem Privatleben strikt zu trennen. Das machte auch insofern keinen Sinn, als ja seine zweite Frau, Lotte Burmester, ebenfalls alles andere als ein unpolitischer Mensch war. Wer den privaten Briefwechsel der Wehners studiert, wird schnell herausfinden: Da geht es um Pflanzen, Blumen, die Entwicklung der Jahreszeiten ebenso wie um die aktuellen Ereignisse der Bonner, der europäischen und der Weltpolitik. Denn davon war die Familie Wehner umfassend betroffen.

Lotte Wehner wäre sicher selbst politisch aktiver geworden, aber ihr Gesundheitszustand machte ihr einen Strich durch die Rechnung. Seit ihrer Haft in der NS-Zeit war sie herzkrank, und das Leiden verschärfte sich nach dem Krieg. Greta Wehner erinnert sich an das Jahr 1953:

> Der Wahlkampf zum Zweiten Deutschen Bundestag stand bevor. Meine Mutter war schwer erkrankt; viele Wochen war nicht sicher, ob sie überleben würde.
>
> Da sagte Herbert zu mir: ‹Greta, nimm dir unbezahlten Urlaub›, nur ich bekam keinen unbezahlten Urlaub. Herbert meinte daraufhin: ‹Dann kündige, neue Arbeit findest du immer.›
>
> So war ich seit dem Sommer 1953 immer an seiner Seite, nachdem ich im Februar 1954 meinen Führerschein erhalten hatte, faktisch zu jeder erforderlichen Tag- und Nachtzeit. Zwölf Jahre habe ich das Bundestagsbüro alleine gemacht, und und und …

Gemeinsam mit ihrer Mutter führte die gelernte Sozialarbeiterin fortan den Haushalt, in dem häufig Gäste begrüßt wurden.

Außerdem führte Greta den Terminkalender von Herbert Wehner, organisierte seine Büros, fuhr und begleitete ihn zu den politischen Terminen. Die Wehner-Burmesters bildeten ihre besondere Form der Kernfamilie heraus – geboren aus der Not und aus den politischen Notwendigkeiten.

Gemeinsam schufen sich die drei in Bonn – zunächst auf dem Venusberg zur Miete, dann ab 1966 auf dem Godesberger Heiderhof im bescheidenen Eigentum im Reihenhaus – ein Heim, welches, ab 1996 verlegt nach Dresden, und hier über 20 Jahre von Greta Wehner allein bewohnt, noch heute Zeugnis ablegt von dieser bemerkenswerten Familie. Nach Gretas Tod 2017 ist die Original-Wehner-Wohnung aus Bonn in Dresden Sitz der Herbert-und-Greta-Wehner-Stiftung geworden. Ein Ort der Demokratiegeschichte, Raum für Raum Atmosphäre.

Wer die Wohnung betritt, dem oder der fallen zuallererst die Tausende von Büchern auf, aus allen Gebieten, Politik natürlich, aber auch Belletristik, Kunst und Theologie, auf Deutsch und auf Schwedisch, welche nahezu jeden Regalzentimeter der Wohnung füllen. Wie für so vieles fehlte Herbert Wehner («weil ich hier eine Art Galeerensklave bin») die Zeit zum Lesen. Dabei mochte er sowohl zeitgenössische als auch klassische Literatur:

> Es handelt sich um Literatur, die ich nachholen muß oder wieder von neuem genießen kann. Ich bin kein Spezialist: Ich lese häufig Biographien, um mich genauer in das Leben anderer zu vertiefen, aber auch alte oder ganz neue belletristische Werke.

Wo Platz ist, hängen Fotos aus dem Familien- und dem politischen Leben, Zeichnungen und Bilder. Bei allen Kunstwerken handelt es sich nicht um gesammelte Stücke, vielmehr gibt es zu jedem Bild eine Geschichte, die mit dem Leben der Wehners verbunden ist. Wenn einmal ein «wertvolleres» Bild darunter ist, so haben sie es nicht gekauft, dann handelt es sich um ein Geschenk, meist von politischen und persönlichen Freunden. Geradezu ein ästhetisch-politisches Bildprogramm beherbergt das «repräsentative» Wohnzimmer. Ein Chagall-Druck kam vom evangelischen Bischof Hermann Kunst – Querverweis hier: Häftlingsfreikäufe, Familienzusammenführung. Ebenso ein «Blaues Wunder» von Heisig – eine Gabe von «DDR-Anwalt» Wolfgang Vogel. Von Kunst kam noch ein Barlach, von Tito ein jugoslawisches Familieninterieur, Bilder des israelischen Malers Arie Ogen und eine Wanduhr aus schwedischem Ölandmarmor.

Einige Skulpturen und Plastiken finden sich ebenfalls in der Wohnung. Tierfiguren etwa, darunter Katzen, welche Wehner auch als lebendige Tiere mochte. Kurz hinter dem Eingang steht auf einem Regal der Abguss der Totenmaske von Kurt Schumacher, und natürlich finden sich Geschenke, die Wehner bei Auftritten von Gewerkschafts- oder Parteigliederungen zuteilwurden. Ein Stück Kohle etwa, mit einem Messingschild daran, eine Gabe von Bergarbeitern. All das dient nicht der Repräsentation, sondern der Erinnerung und Freude der Bewohner und natürlich der Gäste, die in kleinen Gruppen in Dresden willkommen sind.

Eine Schallplattensammlung gibt es ebenfalls. Sie enthält einige Hundert Platten, vor allem klassische Musik. Ein Querschnitt, mit mitteleuropäischem Schwerpunkt. «Bach, Beethoven, Schubert und Schumann» seien, so Wehner, neben anderen seine bevorzugten Komponisten, und unter den herausragenden Interpreten waren für ihn der Cellist (sowie Dirigent und Komponist) Pablo Casals, «dessen Kunst und Interpretationsfähigkeit von Kunst ich liebe» sowie der Violinist David Oistrach, welchen er schon in den 1930er-Jahren in einem Konzert spielen hörte. Leider, so meinte der viel beschäftigte Politiker in einem Interview Ende der 1970er-Jahre, gebe es für ihn nur selten die Gelegenheit, in Konzerte zu gehen. Aber er freute sich, dabei gewesen zu sein, als einmal das Leipziger Gewandhausorchester in Bonn aufgetreten war.

Die Einrichtung der Wehnerschen Wohnung ist einfach, behaglich, möbliert mit einer deutsch-skandinavischen Symbiose vor allem aus den 1950er- und 1960er-Jahren. Kein Gelsenkirchener Barock, sondern eindeutig modern. Immer praktisch, nutzbar und gemütlich. Schnörkellos. Modernität, Volksnähe, Lebensfülle und großes politisches und kulturelles Interesse, Gespür und Geschmack, das verrät diese Wohnung. Sie ist lebendig, so lange die Dresdner Stiftung sie mit Leben erfüllen kann.

Bonn war nicht das einzige Zuhause der Wehners. Bis in die 1980er-Jahre blieb noch die bescheidene Wohnung in der Wahlkreisheimat Hamburg, vor allem aber, von 1962 an, das Haus auf der schwedischen Insel Öland. Für die ganze Familie, zu der auch Gretas mit Frau und Kindern in Hamburg lebender Bruder gehörte, wurde Schweden zu so etwas wie einer zweiten Heimat. Hierhin reisten die Wehners am liebsten. Lotte verbrachte aus gesundheitlichen Gründen fast die Hälfte eines jeden Jahres dort, und Herbert und Greta kamen, wann immer der politische Betrieb es zuließ: zu Ostern, zu Weihnachten und natürlich in den Sommerferien. Hier, nahe der Natur, führten sie dann doch so etwas wie ein «einfaches Leben», nur gelegentlich unterbrochen von Besuchen, etwa des schwedischen Ministerpräsidenten Tage Erlander, aber auch deutscher Politiker und Journalisten.

Einmal, Anfang der 1970er-Jahre, kam ein Schriftsteller zu Besuch. Es war Peter Weiss, der für «Die Ästhetik des Widerstands» recherchierte. Kleine quadratische Farbfotos, wohl von Lotte aufgenommen, zeigen Herbert Wehner und den Autor am einladend gedeckten Kaffeetisch vor dem «Solhem» (Sonnenheim) genannten hölzernen Schwedenhaus in Spjutterum. Es ging, so zeigt der Roman, in den Gesprächen vor allem um Zeitgeschichtliches, um die politische Geschichte des Exils, um Wehners Einschätzung der Situation in Nazideutschland sowie der Rolle der kommunistischen Partei im Widerstand. Natürlich ging es um seine eigenen Erinnerungen an die Volksfrontbemühungen in Paris, die Moskauer Säuberungen, vor allem aber um seine verzweifelten Versuche, von Schweden aus noch einmal etwas zu organisieren und die darauf folgende Verhaftung. Wehners Bruch mit dem Kommunismus wird in der «Ästhetik» in erster Linie als «Verstoßung» gesehen – mit klarem parteiegoistischem Kalkül seitens der Führer der Exil-KPD, die ihn, so eine Romanfigur, fürchten mussten:

> Wehner hätte Sozialdemokraten und Kommunisten zusammenführen, der Sozialdemokratie aber auch Vorteile verschaffen können, die eine kommunistische Hegemonie gefährdeten.

Was Herbert Wehner von dieser Einschätzung hielt, ist nicht überliefert. Greta Wehner erinnert sich aber mit Bestimmtheit daran, dass ihr Mann – die beiden heirateten 1983, vier Jahre nach dem Tod ihrer Mutter – stets gesagt habe, die «Ästhetik des Widerstands» sei für ihn kein politisch-historischer Tatsachenbericht, sondern ein Kunstwerk.

Grundsätzlich war Herbert Wehner keiner von den Politikern, die sich mit Künstlern schmücken, sich mit «Prominenten» umgeben, um selbst in deren Glanze heller zu erstrahlen. Das war ihm, der – was allerdings auch nicht ganz frei von Koketterie ist – als eine seiner Lebensmaximen gerne ausgab: «Mehr sein als scheinen», fremd. Aber für ihre Werke interessierte er sich, und wenn sie interessante Gesprächspartner waren, konnte er ihnen – wie dem Maler Hansing – gut zuhören und unterhielt er sich gerne mit ihnen.

Natürlich war ihm die politische Relevanz von Kunst und Kultur keineswegs fremd. So verlieh Wehner dem Schriftsteller und Literaturwissenschaftler Alfred Kantorowicz – wie er selbst ein ehemaliger Kommunist – im Jahre 1969 den Thomas-Dehler-Preis des Bundesministeriums für gesamtdeutsche Fragen. Und die Initiativen von Günter Grass und anderen Intellektuellen für die Wahl der SPD befürwortete Wehner – auch wenn er persönlich eher Distanz zu diesen Kreisen hielt.

Sehr freundschaftlich entwickelte sich das Verhältnis zu dem Kölner Schriftsteller Heinrich Böll. Dieser wurde im Frühsommer 1972 von konservativer Seite bezichtigt, Sympathien gegenüber den damals aktiven Linksterroristen zu hegen, sah sich einer «Intellektuellenhetze» ausgesetzt und trug sich gar mit Auswanderungsgedanken. Wehner führte daraufhin mit Böll mehrere Gespräche, ein längeres unter Beteiligung von Innenminister Hans-Dietrich Genscher. Wehners Eindruck war, der Schriftsteller sei «zutiefst pessimistisch». Aber die Gespräche zeitigten Wirkung. Böll jedenfalls blieb im Lande, und beide hielten auch in den folgenden Jahren Kontakt.

Schluss

Herbert Wehner hatte am 17. Juni 1972, vor dem Hintergrund der verschiedenen politischen Auseinandersetzungen, auch um Böll, an seine Frau geschrieben:

> Selbstgerechtigkeit (auch Selbstgefälligkeit) rundherum. Mir kommen Gedanken an die Tierfreundlichkeit (besonders für deutsche Schäferhunde) bei exemplarischen KZ-Oberaufsehern und entsprechenden Chargen. Aber dabei darf unsereiner auch nicht hängen bleiben. ‹Überleben› ist ein offenbar alles andre erklärender und entschuldigender Begriff und ‹wir› bezieht selbstherrlich ‹alle› ein, die als normal und vernünftig und gegen ‹Irrlehren› auf Schutz Anspruch habende Menschen gelten gelassen werden sollen oder wollen. – Es ist unmöglich, den Versuch aufzugeben, so steuern zu helfen, daß nicht Ärgstes alltäglich wird. Das gilt nach ‹rechts› und nach ‹links›, soweit diese Richtungsbezeichnungen etwas besagen. Aber es wäre vermessen, anzunehmen, dies könnte voll gelingen. Es kann nur annähernd gelingen. Eine totale Lösung ist nicht zu erreichen. Die Menschen sind nicht so. Mit nur Neugeborenen beginnt nichts. Es wird immer ‹Überlebende› geben.

Herbert Wehner wurde, und jeder konnte das sehen, 1945 nicht «neugeboren». Er war ein «Überlebender». Und dafür wurde er angefeindet. Das zeichnete ihn, und es zeichnete ihn aus, dass er trotz aller Anfeindungen und trotz all seiner Verletzungen weiter arbeitete und nicht verzweifelte. Diesen komplexen, vielseitigen Menschen Herbert Wehner mit seiner Sehnsucht, das «einfache Leben» zu führen, von dem er jedoch wusste, dass er es nicht führen konnte, ihn hat Ernst Günter Hansing porträtiert.

Das Bild hängt heute in Bonn, am Eingang zum Archiv der sozialen Demokratie der Friedrich-Ebert-Stiftung. Wer zur Geschichte der deutschen Sozialdemokratie und Arbeiterbewegung forschen will, muss an Herbert Wehner vorbei. Er oder sie sollte – dafür steht das Bild an diesem Ort, den Jahrhundertpolitiker Herbert Wehner nicht links liegen lassen. Denn ohne Wehner angemessen zu berücksichtigen, ergibt sich kein stimmiges Bild.

Zum Schluss kommt Herbert Wehner selbst zu Wort. Der schon erwähnte Journalist Reiser interviewte ihn im Jahr 1978 für ein Fernsehporträt und fragte:

Herr Wehner, dieses Hansing-Gemälde, als Sie es zuerst sahen, wie fanden Sie sich da?

Brauch ich nur zu wiederholen, was ich damals gesagt habe: Ich erkenne mich darin wieder.

Einige Leute haben gesagt, dies ist der Wehner als eine Art Explosion. Kann man das sagen?

Ich habe mich nicht zu beurteilen, und ich hab anderen nicht reinzureden in ihre Fähigkeiten, künstlerische Erzeugnisse zu beurteilen.

Was hat Ihre Frau denn zu dem Bild gesagt?

Wenn es wichtig sein sollte, sag ich Ihnen, daß sie mich damals umarmt hat und sonst nichts gesagt hat.

Literaturhinweise

Als wesentliche Grundlage für diesen Essay fungiert hat und zum Nachlesen und Vertiefen empfohlen sei meine Biografie *Herbert Wehner*, erschienen 2006 im dtv-Verlag München, derzeit nur über das Antiquariat der Herbert-und-Greta-Wehner-Stiftung in Dresden (www.hgwst.de) zu beziehen. Das Buch basiert auf zahlreichen Archivbeständen und veröffentlichten Quellen. Darunter die Erinnerungen Greta Wehners welche außerdem in die 2024 zu ihrem 100. Geburtstag erschienene Biografie *Eine Frau tritt aus dem Schatten* eingeflossen sind. Einige Zitate kommen aus dem Interview Zur Person, welches Günther Gaus 1964 für das ZDF mit Herbert Wehner geführt hat, sowie aus anderen Interviews in den 1970er-Jahren. Die Passage zu Heinrich Böll fußt auf verschiedenen Briefen und Zeitungsartikeln, welche sich im Herbert-Wehner-Archiv im Archiv der sozialen Demokratie in Bonn sowie im Archiv der Herbert-und-Greta-Wehner-Stiftung in Dresden befinden. Die Unterlagen zur Fernsehsendung von Hermann P. Reiser mit den beiden Interviews mit Hansing und Wehner stammen aus dem Herbert-Wehner-Archiv, die Signatur lautet 1/HWAA004297. ■

Armin Pfahl-Traughber

Anlässlich seines 100. Geburtstags

Robert F. Kennedy – sozialer Linksliberaler oder demokratischer Sozialist?

Am 20. November 2025 jährte sich zum hundertsten Mal der Geburtstag von Robert Francis Kennedy, der auch als «Bobby» oder RFK in den Medien und dem Umfeld tituliert wurde. Er war Ende der 1960er-Jahre nicht nur in den USA ein politischer Hoffnungsträger, wollte RFK doch sowohl die Diskriminierung der Schwarzen wie den Krieg in Vietnam beenden. Seine Kandidatur um das Präsidentenamt wurde aber durch seine Ermordung 1968 verhindert. Sie stand für ein erstes Ende progressiver Signale aus den USA. Die Erinnerung an RFK wurde und wird durch die Erinnerung an seinen Bruder überlagert. John F. Kennedy galt als Hoffnungsträger und fiel ebenfalls einem Mord zum Opfer. Gleichwohl sollte dadurch der jüngere Bruder nicht in Vergessenheit geraten. Denn seine persönliche Entwicklung ist von großem Interesse dafür, dass sich Menschen auch in besondere politische Richtungen hin entwickeln können. Es stellt sich darüber hinaus die Frage der politischen Einordnung, nämlich ob er eher ein sozialer Linksliberaler oder ein demokratischer Sozialist war.

Um Antworten auf diese Frage zu geben, muss das Leben von RFK problemorientiert rekonstruiert werden. Geboren wurde er am 20. November 1925 in eine wohlhabende Familie hinein. Sein Vater gehörte zu den Unterstützern von Franklin D. Roosevelt, der als Präsident eine keynesianisch geprägte Wirtschaftspolitik vorantrieb. Dabei kam der sozialpolitischen Ausrichtung für die Kennedy-Familie aber keine große Relevanz zu. Angesichts der materiellen Absicherung durch seine soziale Herkunft wurde RFK auch nicht mit derartigen Fragen konfrontiert, Armut oder Benachteiligungen spielten für sein politisches Denken zunächst keine große Rolle. Er ging dann erwartbare persönliche Wege und studierte an Eliteuniversitäten Jura. Der vom Katholizismus stark geprägte RFK nahm dabei eine Diskriminierung von entsprechenden Glaubensangehörigen wahr, was eines der ersten Anzeichen für das spätere Engagement für andere ethnische oder religiöse Minderheiten sein sollte. Aber noch ging RFK ganz andere politische wie soziale Wege.

Er wurde zunächst Mitarbeiter von Joseph McCarthy, dem als «Kommunistenjäger» bekannt gewordenen US-Senator, der mit manipulativen Behauptungen überall einschlägige Verschwörungen vermutete. RFK bemerkte dessen unseriöse Praktiken dann aber, beschränkte sich doch die Kooperation 1953 auf ein wenig mehr als ein halbes Jahr. Bekannt wurde er danach Ende der 1950er-Jahre durch sein Engagement gegen kriminelle Machenschaften, die es in der Transportarbeitergewerkschaft gab. Bei der Anhörung von deren Vorsitzendem Jimmy Hoffa fiel RFK durch scharfe Nachfragen auf. Er hatte für sich ein neues Handlungsfeld entdeckt, nämlich die Bekämpfung der organisierten Kriminalität der US-Mafia. Dazu äußerte sich RFK auch in ersten Buchpublikationen, die ihn sogar in Deutschland bekannt machten. 1959 führte ein familiärer Bezug zu einem erneuten Engagementwechsel: Sein Bruder John F. Kennedy kandidierte zu den Präsidentschaftswahlen – und RFK unterstützte ihn als Wahlkampfmanager.

Nach dem entsprechenden Erfolg von 1960 wurde er dessen Justizminister, was in der breiteren Öffentlichkeit zu Vorwürfen von Vetternwirtschaft führte. Beide Brüder arbeiteten fortan eng zusammen, auch weit über justizielle Fragen hinaus. RFK wurde zum engsten Berater und Vertrauten des neuen Präsidenten. Auch bei der Gestaltung der Außenpolitik kam ihm große Bedeutung zu, etwa während der mit einer Kriegsgefahr verbundenen Kuba-Krise. Die Ermordung des Bruders 1963 löste bei RFK einen tiefen Schock aus. Hinzu kamen große persönliche Differenzen, die mit Lyndon B. Johnson als neuem Präsidenten und ehemaligen Vize-Präsidenten bestanden. RFK zog sich 1964 endgültig aus der Regierung zurück und kandidierte für das Amt des Senators für New York, das er von 1965 bis zu seinem Tod 1968 innehatte. In diesen wenigen Jahren vollzog sich eine persönliche und politische Veränderung. Sie machte RFK zu jenem Hoffnungsträger, der er in der zweiten Hälfte der 1960er-Jahre auch durch die eigene Kandidatur zur Präsidentschaft werden sollte.

Bei unterschiedlichen politischen Fragen nahm er eine dezidiert progressive Position ein, durchaus im Gegensatz zur Johnson-Regierung. Gleichwohl wollte RFK nicht gegen den Präsidenten parteiintern antreten, erst nach Johnsons Bekundung gegen eine weitere Kandidatur entschloss er sich dazu. Folgende Auffassungen machten einschlägige Differenzen deutlich: Er kritisierte die Armutsentwicklung im Land, forderte mehr Gleichberechtigung für die Schwarzen und lehnte mit Entschiedenheit den Vietnam-Krieg ab. Seine Anhänger setzten sich fortan aus den damit verbundenen sozialen Gruppen zusammen: Aus den Gewerkschaften kam große Unterstützung für RFK, aus ärmeren Regionen erhielt er viel Zustimmung, Angehörige unterschiedlicher ethnischer Minderheiten sahen in ihm einen erwünschten Präsidenten, gleiches galt nicht nur für die jüngeren Gegner des Vietnam-Kriegs. Sein persönliches Charisma und die familiäre Herkunft beförderten noch die Zustimmung. RFK kündigte auch für seine Präsidentschaft viele grundsätzliche Veränderungen an.

Durch seine Ermordung konnte die Frage nicht beantwortet werden, ob er die Kandidatur zur Präsidentschaft und dann auch die anschließenden Wahlen gewonnen hätte. Gleiches gilt für die Frage, wie seine Präsidentschaft verlaufen wäre. Darüber können lediglich Spekulationen angestellt werden, sie führen aber nicht zu bedeutsamen Erkenntnissen. RFK hätte sich zunächst parteiintern durchsetzen müssen, einerseits gegen einen anderen Vietnamkriegsgegner Eugene McCarthy, andererseits gegen den damaligen Vizepräsidenten Hubert H. Humphry. Und dann erst wäre es zu einer Abstimmung gegen den Kandidaten der Republikaner gekommen, den später unrühmlich aus dem Amt geschiedenen Richard Nixon. Aber auch ein Idealist im Präsidentenamt kann bekanntlich nicht alle seine Vorstellungen so einfach umsetzen, wie das Beispiel des späteren Barack Obama veranschaulicht. Gleichwohl ging es um eine überaus progressive Agenda bei RFK, bezogen auf die Außen-, wie die Sozial- und Wirtschaftspolitik. Gleiches gilt für die Bürgerrechte von Schwarzen.

Dazu sei hier zu einem Detail noch eine klarstellende Erläuterung vorgenommen, gibt es doch einen dunklen Fleck in seiner Haltung. Als Justizminister unterzeichnete RFK 1962 eine Ermächtigung, wonach das FBI

Martin Luther King überwachen durfte. Spätere Erkenntnisse über diesen Vorgang veranschaulichen folgenden Zusammenhang: Seinerzeit hatte der FBI-Direktor J. Edgar Hoover unterstellt, dass die Bürgerrechtsbewegung von Kommunisten unterwandert sei. Es kam daraufhin zu einem Konflikt mit RFK als dessen formalem Vorgesetzten. Ein Einzelfall diente hierbei zu einer unangemessenen Verallgemeinerung. Um über die gemeinte Frage interne Klarheit zu erlangen, gestattete der Justizminister die Überwachung für einen begrenzten Zeitraum. An die damit einhergehenden Einschränkungen hielt sich Hoover indessen nicht, folgte er doch seiner eigenen Agenda gegen die Bürgerrechtsbewegung. Deren Anliegen hatte RFK vor und nach der genannten Entscheidung aber durchgängig und glaubwürdig auch in Kooperation mit King unterstützt.

Abschließend soll die oben erwähnte Frage hinsichtlich der politischen Einordnung noch einmal erörtert werden: War er eher ein sozialer Linksliberaler oder mehr ein demokratischer Sozialist? Auch wenn RFK zu sozialen Fragen ein immer stärkeres Problembewusstsein offenbarte, so kann er in der bilanzierenden Gesamtschau doch eher der erstgenannten Kategorie zugeordnet werden. Es gibt in seiner Biografie keine Hinweise darauf, dass er sich mit Denkern eines demokratischen Sozialismus beschäftigt hat. Es gibt auch keine Belege zu Kontakten zu einschlägigen Organisationen oder Vordenkern. Und die Fachliteratur zur politischen Linken in den USA nennt seine Person als Repräsentanten nicht. Allein von daher wäre die erstgenannte Kategorie des sozialen Linksliberalen angemessener. Die Betonung liegt dabei auf der sozialen Dimension, empörte ihn doch die erkennbare Armut in vielen randständigen Gebieten, wogegen er gesetzliche Maßnahmen und staatliche Projekte forderte. Die Arbeitsbeschaffung sollte dabei wichtiger als die Wohlfahrt sein.

Das öffentliche Agieren von RFK war von einem ausgeprägten Idealismus geprägt, mitunter fehlte es aber auch an einer größeren Klarheit bei seinen konkreten Positionierungen. Gleichwohl fand er in wichtigen Konfliktsituationen immer die richtigen Worte. Anlässlich der Ermordung von Martin Luther King hielt er am 4. April 1968 eine spontane Rede, womit er insbesondere die aufgebrachte schwarze Bevölkerung in Indianapolis zur Mäßigung motivieren wollte. Während es in der Nacht in vielen anderen Städten zu Krawallen kam, blieben sie in Indianapolis aus. Dieser Auftritt machte nicht nur seine rhetorischen Fähigkeiten, sondern auch seine persönliche Glaubwürdigkeit und soziale Integrationsfähigkeit deutlich. RFK betonte auch immer die Möglichkeit, mit Hoffnung andere politische Wege zu gehen. Häufig zitierte er George Bernard Shaw in Wahlkampfreden: «Manche Menschen sehen die Dinge, so wie sie sind – und fragen: Warum? Ich sehe Dinge, die es noch nie gegeben hat, und frage: Warum nicht?»

Literatur

Einige Bücher von RFK erschienen in den 1960er-Jahren auch in deutscher Sprache: *Gangster drängen zur Macht*, Bern – München 1964; *Bekenntnisse zur Gerechtigkeit*, Wien – Düsseldorf 1966; *Freiheit und Verantwortung in der Demokratie. 38 Reden*, Reinbek 1967; *Suche nach einer neuen Welt*, Gütersloh 1968. Eine Biografie über RFK in deutscher Sprache liegt nicht vor. Eine kurze englischsprachige Lebensbeschreibung ist: Joseph A. Palermo: *Robert F. Kennedy And the Death of American Idealism*, New York 2008. Ausführlichere englischsprachige Darstellungen sind: John R. Bohrer: *Revolution of Robert Kennedy. From Power to Pro-*

test After JFK, London 2017; Chris Matthews: *Bobby Kennedy. A Raging Spirit*, New York 2017; Joseph A. Palermo: *In His Owen Words. The Political Odyssey of Senator Robert F. Kennedy*, New York 2001; Arthur M. Schlesinger: *Robert Kennedy and his Times*, Boston 1978; Larry Tye: *Bobby Kennedy. The Making of a Liberal Icon*, New York 2016; Evan Thomas: *Robert Kennedy. His Life*, New York 2002. ■

Petra Hoffmann Zschocher

Mein unbekannter Großvater, meine unbekannte Großmutter

Ich kannte meinen Großeltern, die Eltern meines Vaters, nicht. Alles, was ich über sie weiß, erfuhr ich aus dem Buch meines Vaters *Zeichen aus dem Zuchthaus*, das im Jahr 2000 im Verlag am Park, Berlin, erschien, und den unveröffentlichten Tagebüchern von Richards Schwester, meiner Großtante Hanna, einer Leipziger Lehrerin. Die Tagebücher waren im Besitz meines Vaters. Er hatte aus ihnen in seinem Buch zitiert, und diese Zitate machten das Buch für mich lesenswert, da Hanna einen sehr lebendigen und fast literarischen Stil auszeichnet. Nach dem Tod meines Vaters im Mai 2012 erhielt ich Hannas Tagebücher von meinem Halbbruder. Eine Freundin transkribierte diese aus den beiden Schriften Kurrent und Sütterlin, und ich machte daraus ein Buch, das aber bisher nicht veröffentlicht wurde.

Mein Großvater wird am 19. Dezember 1883 in Neustadt bei Leipzig als ältestes von drei Kindern geboren. Er und seine beiden Schwestern Hanna und Doris verlieren früh ihren Vater. Als dieser im September 1895 starb, sind Richard knapp zwölf, Hanna zehn und Doris sechs Jahre alt. Richard beginnt nach der Volksschule eine Lehre als Tapezierer und geht nach Ende der Lehre im Mai 1903 auf Wanderschaft, weil er in Leipzig keine Arbeit findet, schickt, so er hat, Geld an die Familie in Leipzig.

Seine Schwester Hanna schreibt am 10. Mai 2003 in ihr Tagebuch:

> ... Gerade jetzt drängt die Not; denn heute ist Richard nach Pößneck in Thüringen abgereist, weil er in Leipzig keine Arbeit finden konnte. Es ist das erste Mal, dass ein Familienmitglied uns auf unbestimmte Zeit verlässt. Der Abschied war nicht leicht, denn mit ihm geht die einzige Stütze der Mutter. Ich hoffe, dass das Leben in der kleinen Stadt einen heilsamen Einfluss auf ihn ausübt.
>
> Lieber, himmlischer Vater! Segne und beschütze Richard auch in der Fremde und führe ihn gesund an Leib und Seele wieder zu uns zurück!

In ihrem nächsten Eintrag, am 5. Juni 1903, schreibt sie:

> Die Pfingsttage sind nun vorüber, aber Festtage sind sie für uns nicht gewesen! Seit Richard uns verlassen hat, geht es uns recht schlecht. Die Not ist bei uns einge-

kehrt, und Frau Sorge, die graue, verschleierte Frau, kauert im Winkel und segnet uns mit ihren Gaben; Hunger und Krankheit.

Die Geschwister schreiben sich während Richards Wanderschaft Briefe, wobei nur die Briefe Richards erhalten sind. Am 11. Juni 1903 schreibt er aus Pößneck an die Familie:

Beinahe 14 Tage sind es nun dass ich geschrieben habe und bis heute noch keine Antwort, ist denn jemand krank oder ist sonst etwas vorgefallen? Bitte schreibt doch bald! Hat denn jemand mal nach mir gefragt...? Mir ist es bisher ganz gut gegangen, was kommt, weiß ich nicht, mache mir auch keine Kopfschmerzen. Ihr hoffentlich noch viel weniger, wenn ihr hört, dass ich Pößneck verlasse. Am letzten Sonnabend teilte mit Herr Jauk unter großem Bedauern mit, dass er leider nichts mehr zu tun habe, da er darauf bedacht sein müsse, für sich und seinen Lehrling Arbeit zu behalten. Er hat damit auch Recht. Es wird hier sehr sauber gearbeitet. Wo ich mich hinwende, weiß ich noch nicht genau, wahrscheinlich Saalfeld, Rudolstadt, Orlamünde, Jena, Weimar, Eisenach. In einer oder der anderen Stadt wird sich schon etwas finden....

Richards nächster Brief kommt aus Uslar, wo er auf seiner Wanderschaft angekommen ist.

Am 4. Oktober 1903 schreibt er an seine Familie:

Liebe Mutter, Großmutter und Geschwister!

Heute, zum Sonntag, setze ich mich hin, um Euch zu schreiben, ob ich fertig werde, weiß ich nicht. Der Sonntag ist nämlich der einzige Tag in der Woche, der mir zum Teil gehört. Wenn man so beim Krauter wohnt, steht man frühmorgens auf und geht in die Werkstube und arbeitet. Bekommt Kaffee, Frühstück (viele Fettbemmen), Mittagbrot (viele Kartoffeln und Bohnen), Kaffee, Abendbrot. Während des Tages hat man also keine Zeit. Und abends? Nun, da geht man in sein Zimmer, macht das Bett, und soll man sich dann an die Kiste setzen, die auch noch zu hoch ist als Tisch, und schreiben, nimmermehr. Ich gehe auf die Straße, in die Kneipe bis ½ 10 Uhr oder setze mich in des Meisters Stube und lese die Zeitung.

...Die Goethegesellschaft muss doch auch seit dem 28. August wieder tagen. Wart Ihr schon dort? Mir fehlt jeder literarische Verkehr. Was ich für Pläne habe? Nun zunächst will ich den Winter über ausbleiben und im Frühjahr wiederkommen. Doch wer weiß, wie bald schon? Ich bin überhaupt kein Plänemacher, wo ich stehe, suche ich meinen Platz auszufüllen und überlasse alles andere dem Schicksal. ...

Euer Richard

Einen weiteren Brief schreibt Richard aus Köln-Deutz Ende Februar 1905 an seine Schwester Hanna, als Antwort auf einen Brief seiner Schwester, der in ihrem Tagebuch aber nicht erwähnt wird. In diesem Brief erklärt der angehende Sozialdemokrat Richard der nationalliberalen und kaisertreuen, angehenden Lehrerin Hanna seine Weltanschauung. Ich war überrascht, dabei das Wort Sozialismus und andere Gedanken zu lesen, die ich 60 Jahre später in ähnlicher Weise im Geschichtsunterricht an einer Leipziger Erweiterten Oberschule hörte:

Köln-Deutz, d. 27.2.1905

Liebe Schwester!

Hiermit schicke ich mich an, Deinen langen Brief zu beantworten. Besten Dank! Als ich ihn zum ersten Male gelesen hatte, war ich erstaunt. Deine Beweisführung und deine Argumente kamen mir beinahe zwingend vor.

Als ich ihn jetzt zum zweiten Mal las, ja dann erschienen mir Deine gegen den Sozialismus gerichteten Ausführungen immer fadenscheiniger. So leicht, wie Du Dir das denkst, ist es dann doch nicht, eine Lehre, die sich aus dem ganzen Wesen der Menschheitsentwicklung mit unabweisbarer Selbstverständlichkeit ergibt, kurzer Hand abzuweisen. ...

Nun zu Deinen Ausführungen selbst.

Du kommst gleich am Anfang auf die Bergarbeiterbewegung zu sprechen. Hier zeigt sich mit erschreckender Deutlichkeit die ganze Unsinnigkeit unserer heutigen Wirtschaftsverhältnisse.

Findest du es vernünftig, dass 300 Menschen, die dadurch, dass sie ihre Mitmenschen um einen Teil ihres Lohnes bestehlen, Haufen Geldes angehäuft haben und infolge dessen Hunderttausende knechten und noch mehr bestehlen können.

Wäre es nicht vernünftiger, wenn das, was sich im Laufe von Jahrhunderten entwickelt hat (so lernte ich ja in der Naturgeschichtskunde im Gegensatz zur Religion), Gemeingut aller wäre. Stattdessen kann sich einer der 300 Drohnen hinstellen und sagen: Ich kann mit meinem Eigentum machen, was ich will, ohne dass einer sagte: Freund, das ist nicht so, und ihn zurecht gewiesen hätte.

Du findest den Gedanken von der Gleichberechtigung aller schön und gut, aber nicht durchführbar und führst dazu eine ganze Reihe von Vernunftgründen an, um seine Hinfälligkeit zu beweisen.

Gewiss ist es nötig, dass sich die Anschauungen der Menschen ändern müssen. Es wird und muss auch eine gewisse Gleichheit entstehen. Die Allgemeinbildung wird um ein Bedeutendes steigen. Dazu müssen vor allem die Bildungsmittel jedermann zugängig sein.

Du erscheinst mir in Ausübung Deines Berufes als einer mit von den Pionieren des Sozialismus, denn mit der steigenden Bildung der Masse gewinnt auch der Sozialismus immer mehr an Boden. ...

Um auch von mir ein paar Worte zu machen, so kann ich Dir und Euch nur mitteilen, dass es mir nicht schlecht geht. Gegen die Verrücktheiten des Karnevals habe ich mich ganz passiv gehalten, und ich werde sicherlich auch während der Fastnachtstage meine Ruhe und meinen klaren Kopf nicht verlieren. Ich bin aber doch nichts weniger als ein Sauertopf, Griesgram oder Philister.

So viel freie Zeit, wie du denkst, habe ich nicht. Man hat mich zum Vorsitzenden meiner Gewerkschaft des Tapezier-, Täschner- und Portefeuille-Verband, Filiale Köln am Rhein gewählt, und da habe ich wirklich nicht viel freie Zeit für mich übrig. Lorbeeren werde ich auf diesem Posten unter den hiesigen Umständen wohl kaum ernten. Ich muss mir bald einen Anzug zulegen.

Am 2. März war ich zur Musterung, man hat mich zur Ersatzreserve Infanterie geschrieben. Ich brauche also nicht zu dienen. Nun muss ich noch zur Generalmusterung; hoffen wir, dass ich zum Landsturm komme.

Ich bin am Schluss. Ich hoffe, dass Du mit diesem Brief zufrieden bist und in allen wesentlichen Punkten übereinstimmst.

Mit herzlichen Grüßen bin ich Dein lieber Bruder Richard.

Vermutlich ist Richard von Köln-Deutz aus im Frühjahr 1905 nach Leipzig zurückgekommen.

Er wird Mitglied der SPD und übernimmt darin wichtige Funktionen. Er lernt seine Frau Frida Wittig kennen, deren Brüder wie er Sozialdemokraten und im Tapeziererverband Leipzig aktiv sind, dessen Vorsitzender Richard 1910 wird. Am 3. Dezember 1910 werden Richard und Frida in der St. Lukaskirche in Leipzig-Volkmarsdorf getraut, sie beziehen eine Wohnung in der Margaretenstraße 1 in Leipzig-Reudnitz. Im April 1911 wird ihr Sohn Richard geboren, im April 1912 der zweite Sohn Helmut und im Januar 1914 der dritte Sohn Gerhart, mein Vater.

Am 10. August 1914 schreibt Hanna in ihr Tagebuch:

> Etwas ganz Neues ist in die Welt getreten: ein europäischer Krieg. Furchtbarer als alle vergangenen, durch die Riesenzahl der Kämpfer und die aufs höchste vollendeten Waffen, besser Mordmaschinen zu nennen.
>
> Auch Richard ist seit dem 30. Oktober Soldat, mit den letzten Jahrgängen der Ersatzreserve eingezogen. Er, als Sozialdemokrat und Kriegsgegner, ging anfangs nicht gern, aber er hat sich gut hineingefunden, und bei seinem Besuche am Sonntag leuchtete ihm schon die Freude am Soldatenhandwerk aus den Augen. Er wohnt in der «Thalia» in der Elsterstraße. Anfangs schlief er nicht gut auf dem stacheligen Strohlager, aber der anstrengende Dienst macht müde. Ich bin überzeugt, dass die nähere Bekanntschaft mit dem Militär seine allzu dogmatisch einseitigen Ansichten in vielen Dingen korrigieren wird. Auch sonst ist ihm die körperliche Betätigung sehr gesund, und er wird ja hoffentlich nicht gleich zur Front abrücken müssen. …
>
> 1. März 1915
>
> Seit dem 18. Februar ist auch Richard im Felde. Er steht bei der siegreichen Ostarmee, Landwehr-Inf. Reg. 104, und liegt jetzt im Schützengraben vor Warschau, auf weit vorgeschobenem Posten. Es war ein schöner Abschied, bei dem wir noch einmal fühlten, wie lieb wir uns haben. Schon hat er die Feuertaufe erhalten. Unsere heißesten Wünsche sind immer um ihn. …

Mein Vater, im Januar 1914 geboren, war da gerade ein Jahr, seine Brüder Helmut knapp drei und Richard knapp vier Jahre alt.

> 23. Juni 1915
>
> … Weil unsere Blicke so nach Osten gerichtet sind, übersehen wir fast die furchtbare Lage der Truppen, die die Wacht im Westen halten. Um die Lage der Russen zu erleichtern, und um endlich die feindlichen Reihen zu durchbrechen, die doch jetzt geschwächt sein müssen, stürmt Tag um Tag, Nacht um Nacht die vereinte Macht der Franzosen und Engländer gegen die deutschen Schützengräben. Ein Grauen überlief uns schon bei der Erwähnung des Todes von Ypern. Jetzt ist die Lorettohöhe der Gipfel des Schreckens. «In sechs Wochen 46 feindliche Infanterieangriffe. Die Lorettohöhe war tagelang eine einzige feuerzuckende Qualmwolke.» Es ist ein Wunder, dass die wenigen, die aus den im Granatfeuer zusammenbrechenden Schützengräben herauskommen, nicht alle wahnsinnig werden.
>
> In dieser Hölle ist auch Richard, seit 18. Mai ist er wieder an der Front. Er wurde der 2. Kompanie des 106. Regiments zugeteilt, von deren im vergangenen August ausgerückten Mannschaften noch zwei dabei waren: ein Vizefeldwebel und ein

> Unteroffizier, die beide hinter der Front beschäftigt waren. Alle anderen sind tot oder verwundet. Seit 8. Juni haben wir keine Nachricht mehr von Richard. Wir hoffen immer, dass wegen der starken Truppenzusammenziehungen die Beförderung der Feldpost unterbrochen worden ist. Aber es sind schwere Tage. ...

Am 27. September 2016 schreibt Hanna in ihr Tagebuch:

> Richard ist seit dem 17. September vermisst. Seine letzte Karte ist vom 14. September an uns gerichtet, sehr ernst, denn er hat sie schon unter dem Geschützdonner der Somme-Schlacht geschrieben, der größten Schlacht der Welt, wie man sagt. ...
>
> Richards Feldwebel hat es Frida gemeldet, dass er seit dem 17. September vermisst wird. Ist er tot, verschüttet, gefangen? Man ist durch das viele Grauen schon so betäubt, dass man die großen, furchtbaren Worte fast gleichgültig denkt.

Am 17. Oktober 2016 schreibt Hanna:

> Was sind das für Wochen! Wie bangt man in dem Auf und Ab von Furcht und Hoffnung! Frida hatte an mehrere Kameraden Richards geschrieben, ich an Georg Zschocher und Ernst Strauß. Fast alle haben geantwortet, aber aus keinem Briefe klingt ein heller Ton. Alle sagen, dass die Schrecknisse der Somme-Schlacht nicht zu überbieten seien. Wahrscheinlich haben sie auch unseren geliebten Bruder verschlungen.
>
> Nie hat Richard davon gesprochen, aber aus den Briefen der Kameraden erfahren wir, dass er von ihnen geliebt worden, ihnen wohl auch ein geistiger Führer gewesen war. Soldat Deike schreibt: «Er war mir ein lieber Kamerad, der liebste und aufrichtigste, den ich je hatte.» «Leider will es das Schicksal, dass stets die Besten verloren gehen», schreibt Unteroffizier Hildebrandt.
>
> Er ist nicht gern Soldat geworden, weil der Krieg seinen fest verankerten Idealen von Menschenliebe und Brüderlichkeit zu sehr widersprach, aber er hat seine Pflicht getan bis zuletzt.
>
> Vizefeldwebel Hoffmann schreibt, dass er am 16. September eine Botschaft aus der vordersten Linie nach hinten, zum Kompanieführer hat bringen sollen. Diesen Auftrag hat er auch ausgeführt, doch seitdem fehlt jede Spur von ihm. Ist er auf dem Rückweg im Trommelfeuer zusammengebrochen? Hat er Schutz gesucht bei den Kameraden seiner Gruppe, denen furchtbares, feindliches Minenfeuer den Unterstand zertrümmerte und allen acht den Tod brachte?
>
> Vielleicht, oder wahrscheinlich wird sich nie mehr der Schleier über seine letzten Stunden heben. Und wir werden nie erfahren, ob er schmerzlos und schnell in das graue Schattenreich hinüberglitt, oder noch einmal die Disharmonie eines unvollendeten, nicht ausgeschöpften Daseins empfand. Ich habe es anfangs nicht glauben wollen, habe lange gehofft, dass er in Gefangenschaft geraten sei, denn zu deutlich steht mir noch das Bild vor Augen, als er sich am 13. August zum letzten Male über das Krankenbett der auch von ihm so geliebten Mutter beugte und sich dann auf dem Bahnhof ... von uns verabschiedete.
>
> Deshalb habe ich mich auch gescheut, das als letztes Zeichen von ihm anzusehen, was ich jetzt mehr und mehr als ein solches empfinde: Am 17. September

abends, neun Uhr fünfzehn, ist plötzlich meine Taschenuhr stehen geblieben, die bis dahin immer tadellos gegangen war. Sie ließ sich auch nicht wieder aufziehen, so dass ich glaubte, die Feder sei gesprungen, aber der Uhrmacher fand nichts außer der unwiderlegbaren Weisheit, sie sei verstaubt.

Ich glaube aber doch, dass es ein Zeichen von Richard gewesen ist. Früher hätte ich diese Auffassung als Aberglauben bezeichnet, aber ich bin auch darin nachdenklicher geworden. Seit ich mehrere Male zu meinem tiefsten Erstaunen die späte Erfüllung bedeutungsvoller Träume erlebte, weiß ich, dass es metaphysische Strömungen gibt, die für uns noch unwägbar und unmessbar sind, die aber als ein Wirkliches, nicht nur durch unsere Fantasie Erzeugtes bestehen.

Und ich weiß auch, was mir Richard noch einmal hat sagen wollen: Seine Kinder hat er mir ans Herz legen wollen, die armen lieben «Jungchen», wie die Mutter immer sagt, die nun so früh schon des natürlichen Schutzes, der väterlichen Fürsorge entbehren sollen. Frida ist ihnen keine schlechte Mutter, aber ich weiß es von uns, wie traurig es ist, ein armes Witwenkind zu sein. Lieber, teurer Bruder, wenn alle die recht behalten, die meinen, du seiest verschüttet oder zerschmettert, dann sollen mir deine Kinder ein heiliges Vermächtnis sein! Wenn du nicht wiederkehrst, will ich, soviel ich kann, darüber wachen, dass dein Gedächtnis nicht aus ihrem Herzen schwinde, dass dein Vorbild eines Menschen von einfachen, aber edlen und großen Linien in ihnen lebendig bleibe, und sie zur Nacheiferung anspornen. Soviel ich kann, will ich ihnen die Wege im Leben ebnen. Das gelobe ich. …

Die Familie hat nie wieder etwas von Richard gehört; er blieb verschollen. So verlor ich meinen Großvater dreißig Jahre vor meiner Geburt. Erst durch die Aufzeichnungen über ihn im Buch meines Vaters und in Hannas Tagebüchern wurde er lebendig für mich, und ich fühlte, dass er mir mein Leben lang gefehlt hat. Gerade weil nie jemand etwas von ihm erzählte und nirgendwo ein Bild von ihm zu sehen war.

Nachdem mein Großvater Richard seit dem 17. September 1916 als vermisst galt, blieb meine Großmutter Frida mit den drei Söhnen allein. Richard war fünf, Helmut vier, mein Vater Gerhart zwei Jahre alt. Da Frida die Hoffnung nicht aufgeben wollte, ihren Mann doch noch wiederzusehen, ließ sie ihn auch Jahre nach der Vermisstenmeldung nicht für tot erklären. Deshalb hatten ihre Söhne auch keinen Vormund von Amts wegen, und Frida unterschrieb amtliche Schreiben immer als gesetzlicher Vertreter ihres Mannes.

Wohl auch in dessen Gedenken wurde sie 1918 erst Mitglied der USPD und wechselte danach zur SPD. Dort fand sie Freunde und engagierte sich, bis auch die SPD 1933 verboten wurde. Die Kriegswitwenrente besserte die dreifache Mutter mit Weiß- und Schürzennähen auf, nähte später privat auch Kleider und Blusen. Außerdem arbeitete sie als Einlegerin von Werbeschriften für große Kaufhäuser und für die einmal wöchentlich in der Leipziger Volkszeitung erscheinende Illustrierten Beilage.

Mein Vater schreibt über seine Mutter und sich in dieser Zeit:

> Mit diesem Arbeitspensum konnte sie absichern, dass wir in dieser Zeit nie direkt Hunger litten, wenn auch der Brotaufstrich aus Margarine und Fett bestand und die Bemme (eine Scheibe Brot)

für nachmittags größtenteils unter den Wasserhahn gehalten und dann mit Zucker bestreut wurde. Erst als meine Brüder in der Lehre waren, leisteten wir uns wöchentlich ein Stück Butter.

Blutarm, wie es damals hieß, waren wir Kinder trotzdem alle, und ich war dazu noch sehr nervös, was sich gelegentlich bis zu Krämpfen steigerte. Das brachte mir während meiner Schulzeit dreimal eine Verschickung durch das Ortsamt für Kriegerfürsorge für jeweils vier Wochen ein. ...

Unsere Wohnung in Leipzig-Reudnitz befand sich in der Margaretenstraße. Das war und ist eine kleine Querstraße mit sieben Häusern und den entsprechenden Hinterhäusern. Wir wohnten «dem lieben Gott» am nächsten, oberhalb der Dachrinne in einer Mansardenwohnung, also mit schräger Fensterfront. Aber wir hatten schon eine Wasserleitung mit Ausguss in der Küche und Gas zum Kochen und für die Beleuchtung. Elektrische Beleuchtung wurde etwa 1924 nach der Inflation verlegt, wobei die Mieter die Anschlüsse in die Wohnung selbst bezahlen mussten. Die Toilette, als Plumpsklosett, war eine halbe Treppe tiefer im Treppenhaus.

Über den Beginn seiner politischen Tätigkeiten schreibt mein Vater:

Ich hatte das Glück, die ersten Schritte in der Arbeiterbewegung nicht allein gehen zu müssen, da ich durch meine Mutter an die sozialistische Kinderbewegung herangeführt wurde. ...

Nicht nur die Genossen um die Mutter, sondern auch ihre Brüder, die ebenfalls Mitglieder der SPD waren, übten durch ihr bewusstes Einstehen für die sozialistische Entwicklung einen starken gefühlsmäßigen Einfluss auf mich aus. ...

Die großen Bewegungen und Vorbilder, an denen wir Jugendlichen uns begeisterten, waren die Kämpfe, die die Sozialdemokraten unter Führung von August Bebel und Wilhelm Liebknecht unter dem Sozialistengesetz ausgetragen hatten, sowie der Aufbau der großen Vorkriegssozialdemokratie. ...

Über Frida erfahre ich erst wieder etwas 1934. Im Kapitel «Verhaftet und verurteilt» schreibt mein Vater über den Moment seiner Verhaftung am 12. Juli 1934:

Viele Male hatte ich mich damit beschäftigt, wie ich mich einer eventuellen Verhaftung entziehen könnte. Fluchtwege waren besprochen, Ausweichquartiere festgelegt. Ich besaß Schlüssel von mehreren Haustüren, die es ermöglicht hätten, von einer anderen Straße aus die Gegend zu verlassen. Aber auf das Normalste von der Welt, dass ich gegen fünf Uhr durch Schläge gegen die Korridortür von der Gestapo aus tiefstem Jugendschlaf geweckt würde, und dass, beim Blick aus dem Fenster, auch der Fluchtweg über die Dachrinne aussichtslos war, weil auf der gegenüberliegenden Straßenseite ein offener Überfallwagen stand, war ich nicht vorbereitet. ...

Inzwischen standen meinen zwei Brüdern, meiner Mutter und mir die drei Gestapobeamten gegenüber. «Wer ist Gerhart Zschocher? Zieh dich an, du gehst mit.»

Auf meine Frage, weshalb ich verhaftet werden soll, antworteten sie: «Wegen deiner kommunistischen Betätigung.» Da ich daraufhin die Schultern zuckte, fügten sie hinzu: «Na warte, du Schwein, wenn wir dich erst drin haben, zuckst du nicht mehr mit den Schultern.»

«Wo hast du geschlafen?» Und schon stürzte ein Gestapomann auf mein Bett zu. Ein überraschter und freudiger Ton des Gestapomannes: «Na, da haben wir's ja schon», und er hielt einen mir unbekannten Briefumschlag in der Hand, aus dem er Druckschriften auf Dünndruckpapier entnahm. Meine Erklärung, «das ist nicht von mir», quittierte er mit dem Hinweis, dass ich noch etwas erleben werde, wenn ich ihn beschuldigen würde, er hätte das hingelegt.

Die Blicke meiner Mutter ließen mich verstummen, und ich suchte nach einer glaubhaften Erklärung, wieso mir diese Schriften nicht bekannt sind, obwohl sie in meinem Bett gefunden wurden. ...

Noch in der Wohnung erfuhr ich durch meine Mutter in einem unbewachten Augenblick, dass sie diesen Umschlag bei sich getragen hatte und mir zum Verstecken geben wollte. «Hier, nimm das mit», hatte sie gesagt, aber ich hätte es nicht gehört. ...

Während ich mich in der Wohnstube anzog, durchstöberten die Gestapoleute noch unseren Bücherschrank, in dem nun wirklich keine marxistisch-leninistische Literatur mehr war. Trotzdem musste ich einen Stoß Bücher zusammenpacken und dann bei meinem Abtransport bis ins Auto tragen. ...

Am 14. Mai 1935 wurde gegen meinen Vater vor dem I. Strafsenat des Oberlandesgerichts Dresden das Urteil verkündet. Wegen Vorbereitung zum Hochverrat wurde er zu fünf Jahren Zuchthaus, unter Anrechnung der erlittenen Untersuchungshaft, sowie 5 Jahre Ehrverlust verurteilt.

Die Haft trat er kurz nach der Urteilsverkündung im Zuchthaus Waldheim an. Seine dortigen Erlebnisse beschreibt er im Kapitel 50 Monate in Waldheim. Am 14. Juli 1939 wurde er aus Waldheim entlassen und war bis zum 31. August 1939 in Leipzig in Freiheit, mit täglicher Meldepflicht bei der Polizei.

Am 1. September 1939 wurden allein in Leipzig 28 Männer mit einer kommunistischen Vorgeschichte verhaftet, darunter auch mein Vater und mein Großvater, die sich damals nicht kannten. Die Verhafteten wurden in das Leipziger Polizeigefängnis gebracht, und dort warteten sie tagelang darauf, dass ihnen mitgeteilt wurde, warum sie hier waren und was man mit ihnen vorhatte.

In einem Lagebericht der Gestapo hieß es zu den Verhaftungen, die noch Tage anhielten, dass bei Beginn der Kriegshandlungen in Polen im Rahmen der Sicherheitsvorkehrungen alle kommunistischen Elemente in Schutzhaft genommen wurden, bei denen aufgrund ihrer besonderen Schulung und Haltung eine aktive staatspolitische Betätigung befürchtet werden musste.

Meine Großtante Hanna schreibt am 29. Dezember 1939:

Kriegsweihnachten mit spärlichen Geschenken und wenig Lichtern! Für viele mit Bangen im Herzen oder voll tiefer Trauer.

Mit Frida, Richard, Helmut, Marianne, Else und Suse hatten wir Vorweihnachten am 17. Dezember gefeiert. Der arme Gerhart konnte wieder nicht dabei sein. Wie mag es ihm gehen? Nie werde ich verstehen, warum man ihm wegen einer Jugendtorheit das ganze Leben verpfuscht. ...

Aus Hannas Tagebuch erfahre ich erst 1943 wieder etwas über Frida:

23. September 1943
Ewige Wiederkehr! 1916, am 10. August, als auch die deutschen Truppen vor Verdun und an der Somme verbluteten, brach-

ten wir die Mutter ins Krankenhaus, und viele Wochen lang schwebte sie zwischen Leben und Tod. Richard stand als Soldat an ihrem Bett und grüßte sie zum letzten Mal. Mutter genas, aber er kam nicht wieder.

Am 31. August dieses Jahres wurde Frida ins Krankenhaus eingeliefert und noch am selben Abend wegen eines Darmverschlusses operiert. Es stand auf des Messers Schneide, ob sie durchkommen würde oder nicht, da das Herz zu versagen drohte und eine Lungenentzündung dazu kam.

Keiner von ihren drei Söhnen konnte ihr in den ersten schweren Tagen nahe sein. Dann kam Richard aus Berlin auf Urlaub. Auf Helmut, der irgendwo in der großen Rückzugsbewegung im Osten steckt, warten wir noch immer. Dass Gerhart kommt, der seine Mutter nun vier Jahre nicht gesehen hat, ist kaum zu hoffen.

Gott sei Dank scheint Frida die Krise nun überwunden zu haben! Sie hat keine Schmerzen mehr, und die Kräfte nehmen langsam zu.

Am 15. November 1943 schreibt Hanna in ihr Tagebuch:

Die traurige Zeit hatte auch einige freundliche Stunden für uns. Am 25. Oktober wurde Frida aus dem Krankenhaus entlassen. Wir hatten sehr um sie gebangt, und sie ist nach ihrer Operation und der kaum überstandenen Lungenentzündung noch sehr schwach, aber durch ihren festen Willen zum Leben und Gesundwerden wird sie sicherlich noch alle Rückstände überwinden.

27. Dezember 1943
Es war ein stilles Weihnachten. Am Heiligen Abend hatten wir die ausgebombte Eva Stake eingeladen. Am ersten Feiertag besuchten wir Frida und Else in Holzhausen, wohin wir nur auf großen Umwegen gelangten.

1. September 1944
Fünf Jahr Krieg! Ein beispielloses Unglück für die abendländische Menschheit! Fünf Jahre lang tägliches Morden mit immer raffinierter ausgeklügelten Waffen. Seit fünf Jahren sinnen die klügsten Köpfe der Erde nur auf Vervollkommnung der Mord- und Zerstörungsmaschinen. Ich denke an die Worte von Daladier, einem weisen Prophet: «Siegen werden die Zerstörung und die Barbarei!».

Noch kein Jahrestag war so düster für Deutschland wie dieser. ...

12. September 1944
Frida schrieb mir, dass Helmut in Aachen ist. Er hat ein Telegramm an Else geschickt. So ist er wenigstens nicht in Frankreich oder Belgien verloren gegangen! Aber die Sorge geht weiter, denn der Krieg hat sich an die deutsche Grenze gewälzt.

19. April 1945
Die Amerikaner sind da! Gestern Abend wurde es ruhig und wir legten uns angezogen hin. Heute früh rief uns die Nachbarin und sagte, die Amerikaner seien da. Mehrere amerikanische Wagen seien schon vorbeigefahren. In aller Frühe, während wir noch schliefen, hatten die Feinde von unserem Gohlis Besitz ergriffen, ohne dass ein Schuss gefallen war.

Wir machten uns bald auf, um die Eindringlinge zu betrachten, und wir brauchten nicht weit zu gehen. Im Vorgarten des Schlösschens und auf dem freien Platz in der Menckestraße waren eine Menge amerikanischer Wagen aufgefahren, leichte

Tanks, Mannschaftswagen und Offiziersautos, auch Krafträder. ...

Die Leipziger hatten fast alle frohe, entspannte Gesichter. «Gottseidank, dass nun der Bombenterror aufhört!» hörte man allgemein. An einigen Fenstern hingen weiße Fahnen. Unsere Nachbarin, die nervöse Frau Beger, umarmte mich: «Heute Abend ziehe ich mich zum ersten Mal seit dem 4. Dezember ‹43 ordentlich aus. Wie freue ich mich, dass ich nun endlich wieder in ein sauberes Nachthemd schlüpfen kann!»

28. April 1945
Diese Woche machten wir mehrere Besuche, um zu sehen, wie Freunde und Verwandte die ereignisreichen Tage überstanden haben, und was sie zum völligen Zusammenbruch des Dritten Reiches sagen. ...

Frida war sehr in Sorge um ihre drei Söhne, und die Qual, nichts von Gerhart zu wissen, verzehrte sie fast. Es gibt einander widersprechende Gerüchte. Die einen sagen, die Buchenwalder Häftlinge seien nach Dachau gebracht und unterwegs zum größten Teil erschossen worden, nach anderen Aussagen sind sie noch in Buchenwald unter dem Schutz der Amerikaner. Amtliche Auskunft ist nicht zu erhalten. Es wäre für uns alle unerträglich, wenn man unserem tapferen Jungen nach den langen, geduldig ertragenen Jahren noch etwas angetan hätte.

30. April 1945
Heute war ein großer Freudentag für uns! Früh brachte Sonja, Doris' Lehrling, eine Zeitung mit, die «Hessische Post». In dieser wurde vom raschen Vorrücken der Alliierten berichtet. Auch der Großkampf um Berlin scheint sich dem Ende zu nähern. Die Russen kämpfen bereits im Stadtkern, nicht weit von «Unter den Linden». Die letzte Seite der Zeitung war den Greueln in den Konzentrationslagern gewidmet, und ein paar grässliche Bilder zeigten Haufen geschichteter Leichen in gestreifter Häftlingskleidung, wie sie die Amerikaner beim Einzug in das KZ Ohrdruf vorgefunden haben. Ängstlich musterten wir die Gesichtszüge, soweit sie erkennbar waren, und die bange Frage nach dem Schicksal Gerharts stand wieder auf. Niedergedrückt ging ich in die Schule, wo jemand erzählte, das Radio habe die Meldung verbreitet, Hitler läge im Sterben. Wo bleibt nun das «Heil»?

Als ich nach Hause kam, kam mir ein Junge auf der Treppe entgegen: «Sind Sie Frau Zschocher?» – «Ja.» – Ich soll einen Gruß bestellen von Frau Zschocher aus der Margaretenstraße, und sie lässt Ihnen sagen, Gerhart lebt!»

Gerhart lebt! Weiter hörte ich nichts. Kaum konnte ich dem Freudenboten danken. Die Knie zitterten mir, dass ich mich setzen musste, und Freudentränen liefen mir über die Wangen. Erlösung von dem Druck zehn langer Jahre! Möge er nun auch so viel Kraft haben, dass er sich ein neues Leben aufbauen kann! Kaum konnte ich es erwarten, dass Doris nach Hause kam und mit mir die Freude teilte. Wir tranken ein Glas Wein auf Gerharts Wohl.

1. Mai 1945
Weltfeiertag! Die Geschäfte sind geschlossen. Doris und ich gingen am Nachmittag nach Neustadt, um im Haus Miete zu kassieren. In einem Geschäft in der Nordstraße war ein mit Blumen umranktes Bild Bebels aufgestellt. Er hat ein kluges und feines Gesicht, aber zwölf Jahre lang hätte niemand wagen dürfen, das Bild zur Schau

zu stellen. In der Humboldtstraße hingen zwei rote Fahnen aus den Fenstern, mit einem inneren Kreis von frischerem Rot, Spuren des abgetrennten weißen Feldes mit dem Hakenkreuz! ...

Wir gingen dann zu Frida, um Näheres von Gerhart zu erfahren. Auch sie war befreit vom kaum noch erträglichen Druck. Gerhart hat einen Brief durch einen Mann mitgeschickt, der im Auftrag des Lagers in Leipzig zu tun hatte. Er schreibt: «Nach bangen und schweren Wochen schlug uns die Stunde der Erlösung am Mittwoch dem 11. April nachmittags 16.30 Uhr. Der Bote hat einen Brief von Frida mitgenommen. Gerhart hofft, in zwei bis drei Wochen aus dem Lager entlassen zu werden.

8. Mai 1945
Heute feiert die angelsächsische Welt den Victory Day, den Tag des Sieges. Um 15 Uhr erklärte Churchill im Unterhaus den Krieg für beendet: «The End of the German War», um 20 Uhr sprach König Georg VI zu den Völkern des Britischen Empires. Ich hörte beide und war angenehm berührt von dem Ton der Mäßigung, in dem sie beide sprachen. Welch ein Feuerwerk hätte man in Deutschland bei einer solchen Gelegenheit abgebrannt! Die Engländer dankten den tapferen Truppen, vor allem «those who never return», und sie dankten Gott. «Wir wollen nicht die Hüte in die Höhe werfen, sondern die Herzen zu Gott erheben», erklärte ein Engländer schon vor einigen Tagen.

29. Mai 1945
Heute war Gerhart da! Er ist nun aus Buchenwald entlassen. Er hat sich nicht sehr verändert, ist straff und gebräunt, männlicher geworden. Aber immer noch mit einem Zuge von Kindlichkeit im Freuen und Danken, der ihm gut steht. Die bronzefarbene Jünglingsmähne, die mir an ihm so gut gefiel, hat sich etwas gelichtet. Mit dem Frohmut des Siegers, der einen schweren Kampf überstanden hat, hofft er auf die Zukunft. Es war eine große Freude für Doris und mich, ihn wiederzusehen. Wir schenkten ihm Geld und ein paar Kleinigkeiten. Auch gab ich ihm drei Gedichte von mir: «An einen Schutzhäftling», «Deutsche, denkt daran!» und «Leipzig».

Gerhart erzählte Einzelheiten aus Buchenwald, die uns schaudern machten, und sagte, die Berichte aus den Konzentrationslagern seien nicht übertrieben.

In den letzten Wochen ist Gerhart in Buchenwald Leiter des Kraftwagenparks gewesen und hat seine Sache so gut gemacht, dass der amerikanische Offizier, dem er unterstellt war, ihm ein glänzendes Zeugnis mitgegeben hat, das ich sogleich für ihn abgetippt habe. Er will damit zum Military Gouvernement in Leipzig gehen in der Hoffnung, dort vielleicht einen geeigneten Arbeitsplatz zu finden. Ich wünsche ihm so sehr eine Stellung, in der er seine Fähigkeiten entfalten und gebrauchen kann! ...

13. September 1945
Gestern Abend besuchten uns Frida und Gerhart. Frida kam aus Taucha von Marianne. Sie war etwas müde und stiller, als man es an ihr gewöhnt ist. Gerhart kam von Robert Häßler, mit dem er wegen der Gartenübernahme verhandelt hatte. Er hat jetzt eine Stellung, die ihn anscheinend sehr befriedigt. In der Prüfstelle des Antifaschistischen Ausschusses stellt er Ermittlungen über die an, die ein Gesuch um Rehabilitierung einreichen. Er war lebhaft, anregend, charmant und erinnerte

mich in manchen Dingen an meinen Vater. Möchte er nur dessen Vorzüge geerbt haben! Als Gegengewicht gegen die Fehler seines Großvaters werden das Mäkersche und das Wittigsche Erbe und Gerharts eigene schwere Erlebnisse wirken!

26. September 1945
Zwei Wochen lang war die Leipziger Lehrerschaft zu Schulungsvorträgen ins «Capitol» eingeladen. Die Vorträge waren anregend und hatten Niveau. Es sprachen u. a. Oberbürgermeister Dr. Zeigner, der sehr warme Worte für die Lehrerschaft fand, Bürgermeister Roßberg, Fritz Selbmann, der Führer der Leipziger Kommunisten, die Ministerialräte Dr. Strecker und Dr. Breker und die Schulrätin. Zum kleineren Teil wurde über die Sünden des Naziregimes gesprochen, zum größeren über die Aufgaben der Gegenwart und Zukunft, vor allem auf dem Gebiete der Schule. Kampf dem faschistischen und militaristischen Geist ist auch hier die Parole!

Leider war in der zweiten Woche mein inneres Mitgehen abgeschwächt durch die Sorge um Frida. Ich habe sie am 12. September das letzte Mal als Lebende gesehen. Am Sonntag, den 16. September war sie bei Else in Holzhausen. Dort bekam sie Leibschmerzen und wurde von Else mit Mühe nach Hause gebracht. Ein Anfall von Fridas altem Darmleiden, an dem sie vor zwei Jahren operiert worden ist (Darmverschluss), stellte sich ein. Gerhart und die Ärztin veranlassten die Überführung ins Krankenhaus. Eine zweite Operation war notwendig, aber der durch die Unterernährung geschwächte Körper hielt diesen Eingriff nicht aus.

Am Freitag, dem 21. September, früh 4 Uhr ist Frida ruhig eingeschlafen. Eine tapfere Kämpferin, eine vorbildliche Mutter! Gestern früh nahmen wir von ihr Abschied, ehe ihr Leib nach einer würdigen Trauerfeier den Flammen übergeben wurde. Sie lag in vielen Blumen. Das Gesicht und die Hände waren sehr abgezehrt. Ihr feines braunes Haar hatte sie mit in den Sarg genommen. Gerhart tut mir sehr leid, der so lange das mütterliche Umsorgtsein vermissen musste und nun wieder allein ist. Und wenn die beiden anderen wiederkommen, finden sie keine Mutter mehr – wenn sie wiederkommen!

So konnte ich meine Großmutter Frida nicht mehr kennenlernen. Sie starb 15 Monate vor meiner Geburt. Auf dem Porträt im Zimmer meines Vaters, das ich mir bei Besuchen oft angesehen habe, sah sie freundlich und vertrauensvoll aus und hatte schöne braune Haare.

Das Ende des Zweiten Weltkriegs jährte sich 2025 zum achtzigsten Mal. Ganz gleich, in welchem Teil Deutschlands wir bis 1990 lebten, eines war uns vergönnt, wir lebten weitestgehend im Frieden. Diese friedliche Zeit in Europa ist spätestens seit dem Überfall von Putins Russland auf die Ukraine vorbei. Die Welt ist anfälliger für Kriege geworden. Ob durch Putin und seine Regierung in Russland, Trump und seine Regierung in den USA, durch den Krieg in Nahost und die Kriege in Afrika: Wir erfahren derzeit, dass die Weltfriedensordnung ins Wanken gerät und wir uns in Europa und der EU auf diese veränderte Weltlage viel stärker einstellen müssen. Das bedeutet auch für jeden einzelnen Menschen, umzudenken und mit dieser veränderten Weltsituation umzugehen. ■

Klaus Wettig

Historische Würdigungen
Heinrich Peus, Hugo Sinzheimer, Arnold Bode

Ein Retter des Bauhauses: Heinrich Peus

Am Anfang stand Karriereförderung

Politische Karrieren waren im Kaiserreich etwas völlig anderes als in der nachfolgenden Weimarer Republik und schon gar nicht sind sie mit heutigen Verhältnissen zu vergleichen. Die politische Repräsentanz der 1863 bzw. 1869 gegründeten Arbeiterparteien vollzog sich mühsam, stets von staatlichen Behörden behindert. Freilich mit Unterschieden, aber auch die vermeintlich liberalen Staaten legten Stolpersteine. Wer für die Arbeiterparteien kandidierte, musste mit Nachteilen rechnen. Kein Verfassungsrecht, kein Arbeitsrecht schützte, und selbst Versammlungsräume wurden immer wieder von den Gastwirten verweigert, weil diese wirtschaftlichen Nachteile durch staatliche Repressionen oder bürgerliche Kunden fürchteten. Eigene Medien existierten nur in geringer Zahl. Die bürgerlichen Zeitungen beschwiegen oder bekämpften die neuen Konkurrenten. Die Schwierigkeiten des Parteiaufbaus verschärften sich unter dem Sozialistengesetz ab 1878 um ein Vielfaches, weil nun mit harten Verboten, mit Verhaftungen, mit Vernichtung der wirtschaftlichen Existenz, mit Ausweisungen gearbeitet werden konnte. Dass die 1875 durch Zusammenschluss der Gründungsparteien entstandene *Sozialistische Arbeiterpartei* diese Phase überstehen konnte, verdankte sie einer Besonderheit des Reichstagswahlrechts, das einer Partei trotz Verbotes erlaubte, vor einer Reichstagswahl als Wahlverein wiederaufzuleben.

Um bestehen zu können, mussten die Arbeiterparteien eine Gegenökonomie entwickeln, die ihren Kandidaten eine von politischen Pressionen unabhängige Existenz sicherte, und die im Falle der Wahl ein Einkommen garantierte, denn Diäten existierten viele Jahrzehnte nicht. Für den Reichstag gab es sie erst ab 1906. Um eine möglichst hohe politische Präsenz zu erreichen, mussten deshalb die wenigen vom politischen Gegner wirtschaftlich nicht angreifbaren Kandidaten in mehreren Wahlkreisen kandidieren. *August Bebel* kandidierte bei einer Wahl in 56 Wahlkreisen. Nur mit dieser Taktik konnte die Partei Präsenz zeigen. Selbst 1912, als die SPD stärkste Fraktion im Reichstag wurde, und nach fast 50-jähriger Existenz ein breites Fundament besaß, trat Bebel außer in seinem Stammwahlkreis Hamburg noch in drei weiteren Wahlkreisen an.

Diese Praxis und die dabei gewonnenen Erfahrungen intensivierte die wieder offen auftretende Partei, die sich nun in *Sozialdemokratische Partei Deutschlands* umbenannte, nach dem Fall des Sozialistengesetzes ab 1890. Sie förderte ihre Nachwuchspolitiker, setzte sie in Entwicklungsgebieten ein und verschaffte ihnen eine wirtschaftliche Existenz.

So geschah es auch im Fall *Heinrich Peus*, der nicht dem sozialdemokratischen Milieu zuzurechnen ist. Sein Vater war Tischlermeister, und er muss ein gutes Einkommen erwirtschaftet haben, um Sohn Heinrich Gymnasiumbesuch und Studium zu ermöglichen, was die Erträge eines durchschnittlichen Handwerksbetriebs kaum ermöglicht hätten. Das Studium des Sohnes deutet an, dass sozialer Aufstieg beabsichtigt war und nicht die Übernahme des väterlichen Betriebes. Nach dem Abitur begann er das Studium 1883 in Berlin. Für den evangelischen Elberfelder kam ein Studium an den katholisch geprägten Universitäten Bonn und Münster nicht in Betracht, denn weitere Universitäten existierten damals im Rheinland oder Westfalen nicht. Sein Studium war mit Theologie, Nationalökonomie und Geschichte breit angelegt.

Es endete 1889 ohne Abschluss – dazwischen leistete er den Militärdienst 1886–87 als Einjähriger – und ab 1890 arbeitete er als Schriftsteller. Was er genau belegt hat, welcher Hochschullehrer ihn besonders beeinflusst hat, wissen wir nicht. *Heinrich Peus* verbindet sich ab 1891 mit der SPD. Wie seine Kontakte zur SPD vorher waren, ist unbekannt. Sie dürften nicht offen gewesen sein, denn im Kaiserreich – besonders in Preußen – hätten sie das sichere Ende für jede Berufslaufbahn bedeutet. Die nach dem Ende des Sozialistengesetzes offen auftretende SPD konnte, da sie ihre Gegenökonomie systematisch ausbaute, nun hoffnungsvollen Mitstreitern mit akademischem Hintergrund eine Existenz anbieten: in ihrem wachsenden Zeitungs- und Verlagswesen, bei den Genossenschaften, weniger in den eigenen Sekretariaten oder bei den sozialistischen Gewerkschaften.

Man musste nicht mehr – wie in der Gründungszeit – Gastwirt werden, um für die Partei arbeiten zu können, sondern man wurde Redakteur einer Parteizeitung. Über *Heinrich Peus* heißt es, er habe für seinen Einsatz im *Herzogtum Anhalt* die Gründung einer Parteizeitung gefordert. Jedenfalls erscheint ab 1891 das *Volksblatt für Anhalt* in Dessau, dessen erster Redakteur er wurde.

Das *Herzogtum Anhalt* war für die SPD Entwicklungsgebiet. Im Landtag, der nach einem gemäßigten Zensuswahlrecht gewählt wurde, war die SPD 1891 nicht vertreten. Dafür kandidierte sie erstmals 1902, nachdem der SPD-Parteitag in Mainz 1900 die Partei verpflichtete, auch in deutschen Staaten mit einem Klassen-Wahlsystem anzutreten. Im ersten Jahrzehnt Tätigkeit von Peus' stand der Reichstag im Zentrum. Wenigstens ein Wahlkreis von den zwei Reichstagswahlkreisen des Herzogtums sollte erobert werden. Den Erfolg der Arbeit von Heinrich Peus sehen wir an den Wahlergebnissen.

Heinrich Peus' zentrales Aktionsfeld war in den ersten Jahren zunächst der Aufbau der sozialdemokratischen Presse. Nach dem Start des sozialdemokratischen *Volksblatts für Anhalt* in Dessau 1891 kamen in den folgenden Jahren Kopfblätter in Bernburg, Köthen und Zerbst hinzu, sodass die SPD des Herzogtums bald über Sprachrohre verfügte, mit denen sie ihre politischen Vorstellungen verbreiten konnte. Erste Erfolge ließen nicht lange auf sich warten. Schon zur Reichstagswahl 1893 war der SPD-Anteil auf 34,1 % gegenüber 1890 mit 23,2 % gestiegen. In dieser Zeit war *Heinrich Peus* immer wieder Kandidat, der das sozialdemokratische Banner hochzuhalten hatte. 1893 kandidierte er erfolglos im Reichstagswahlkreis Anhalt I: *Dessau-Zerbst*. Kam sogar in die Stichwahl, unterlag aber mit beachtlichen 42,6 %. *Dessau-Zerbst* fiel erneut an einen nationalliberalen Kandidaten.

Peus' Reichstagskarriere vollzog sich nach seiner erfolglosen Kandidatur 1893 außerhalb des Herzogtums im Reichstagswahlkreis Potsdam 8 (Westhavelland-Brandenburg), wo er 1896 bei einer Ersatzwahl erfolgreich war, jedoch 1898 verlor. Wiederum erfolgreich war er dort bei einer Ersatzwahl 1900, er hielt den Wahlkreis 1903 und verlor ihn 1907. Mit dem großen Wahlsieg 1912 kehrte er zurück. Also ein durchaus lebhaftes Hin und Her in Westhavelland. Sein wichtigster Gegner war dort zweimal der Erzkonservative *Friedrich Wilhelm von Loebell*, Landrat in Rathenow und von 1914–1917 preußischer Innenminister, 1898 unterlag er von Loebell, 1900 konnte er ihn besiegen.

Kandidaturen außerhalb der heimischen Parteiregion folgten der Kandidaturlogik der früheren Sozialdemokratie: wirtschaftlich unabhängige Kandidaten ins Rennen zu schicken, die der bis 1918 üblichen Unterdrückung und Verfolgung ausweichen konnten. Auch das Problem der Wahlkreisarbeit stellte sich damals anders als in der Weimarer Republik oder in unseren Zeiten. Agitation fand entlang der Bahnstrecken statt, ansonsten befanden sich die Parteien noch im Kutschen-Zeitalter. Die normale Agitation – Parteiwerbung/Wahlkampfwerbung sagen wir heute – übernahm die Parteiorganisation und ihr Umfeld.

Die sozialdemokratische Gegenökonomie

Im Herzogtum Anhalt war *Heinrich Peus* der Motor der Parteiarbeit, was sich im Aufschwung der Zeitungen zeigte. Hatte er zu Anfang noch ein Darlehen des SPD-Vorstands in Höhe von 1.200 Mark erhalten, arbeiteten die Zeitungen bald profitabel. An diesem Erfolg hatte ein vergessener anhaltischer Sozialdemokrat großen Anteil: *Heinrich Deist*. Aus der alten Bundesrepublik stammende Sozialdemokraten verwechseln ihn mit dem bedeutenden Wirtschaftspolitiker Heinrich Deist, der die Reform der wirtschaftspolitischen Auffassungen der SPD im Godesberger Programm prägte, dieser Heinrich Deist war der Sohn. *Heinrich Deist* trug als Geschäftsführer des Zeitungsverlages mit Druckerei ab 1903 wesentlich zum wirtschaftlichen Erfolg bei, da der gelernte Schriftsetzer Deist betriebswirtschaftlicher dachte als der studierte Nationalökonom Peus.

Heinrich Peus verfolgte die Ideen sozialdemokratischer Gegenökonomie auf mehreren Feldern. Mit der Gründung des Konsumvereins sollte den Arbeiterfamilien eine preisgünstige Versorgung des täglichen Bedarfs ermöglicht werden und sie sollten sich aus der Verschuldung vom damals üblichen *Anschreiben* lösen können. Viele Arbeiterfamilien kamen ab Mitte der Woche mit dem Wochenlohn nicht mehr aus und mussten auf Pump leben: anschreiben. Das Anschreiben brachte die Arbeiterfamilien in eine doppelte Abhängigkeit: Sie waren an den kreditgebenden Händler gebunden und sie mussten höhere Preise akzeptieren, seltener sogar die Verzinsung des Kredites. Der Gründung des Konsumvereins 1901 folgte die Mitwirkung in der entstehenden Genossenschaftsbewegung, die mit der Gründung des *Zentralverbandes deutscher Konsumvereine*, mit Sitz in Hamburg, eine zentrale Organisation erhielt. *Heinrich Peus* war Mitglied der Gründungskommission. Anzumerken ist dazu, dass der Zentralverband als sozialdemokratischer Verband gegründet werden musste, nachdem der bürgerlich bestimmte Genossenschaftsverband 1902 die sozialdemokratischen Genossenschaften ausgeschlossen hatte.

Die wirtschaftlichen Aktivitäten der SPD im Herzogtum, die der politische Führer *Heinrich Peus* absicherte und der betriebswirtschaftliche Kopf *Heinrich Deist* organisierte, stützten den politischen Aufschwung im ersten Jahrzehnt des 20. Jahrhunderts außerordentlich. Das *Volksblatt* expandierte, erhielt für die wachsende Auflage sogar eine Rotation und weitere Zeitungen entwickelten sich gut: In Bernburg die *Volkswacht*, in Köthen der *Volkswille* und in Zerbst der *Volksfreund*. Ähnlich erfolgreich war der Konsumverein, der sich mit seinen Produktionsbetrieben und seinen Filialen zu einem Mittelbetrieb entwickelte. Freilich, wie Peus 1907 nüchtern feststellte, auch zur Verdrängung von zahlreichen Kleinbetrieben führte. Er weiß sich aber im Einklang mit dem sozialdemokratischen Programm, denn die Zentralisierung von Produktion und Distribution führte zur preisgünstigeren Versorgung der Arbeiterfamilien und zu besseren Arbeitsbedingungen für die Beschäftigten.

1910 gelang Peus und Deist ein politischer Triumph in Dessau mit dem Erwerb des bürgerlichen Vergnügungslokals *Tivoli*. Es war eine gewaltige finanzielle Anstrengung der anhaltischen Arbeiterbewegung und ihrer Unternehmen notwendig, um diesen Kauf zu stemmen. Die bürgerlichen Parteien, die die Stadtverordnetenversammlung und den Landtag beherrschten, empfanden diese Aktion als schwere Niederlage. Das *Tivoli* wird nach dem Beispiel schon existierender Volkshäuser zum kulturellen und politischen Zentrum der Sozialdemokratie in Anhalt ausgebaut und bis 1933 gepflegt.

Wirtschaftlicher und politischer Erfolg scheinen hier in enger Verbindung zu stehen, denn die anhaltische Sozialdemokratie wuchs bis 1912 auf 46,2 % an. Auch bei den Landtagswahlen zeigten sich erste Erfolge, wenn auch das Klassen-Wahlrecht die Mandate gering hielt. Von den 36 Sitzen wurde wenigstens einer gewonnen. Dieses Mandat gewann 1902 *Heinrich Peus*, musste es 1908 jedoch wieder abgeben.

Dass *Heinrich Peus* in diesen Jahren des politischen Aufstiegs nichts geschenkt wurde, zeigen die konservativen Angriffe auf ihn. Am härtesten traf ihn die Anklage wegen *Majestätsbeleidigung* und *Aufforderung zum Hochverrat* durch den Magdeburger Staatsanwalt *Maizier*, der als Sozialistenverfolger bekannt wurde. Nach einer unwürdigen Untersuchungshaft hieß das erste Urteil zwei Jahre Gefängnis und fünf Jahre Ehrverlust, was die politische Arbeit von Peus deutlich blockiert hätte. Das Reichsgericht korrigierte dieses Schandurteil: Die Aberkennung der Ehrenrechte wurde aufgehoben und in erneuter Verhandlung entschied das Stendaler Gericht auf ein Jahr Gefängnis.

Die in zwei Jahrzehnten erarbeitete Zustimmung zur sozialdemokratischen Politik drückte sich 1912 im Gewinn der beiden Reichstagswahlkreise aus, dagegen blieb durch das Klassen-Wahlrecht der Sozialdemokratie die Mitgestaltung der Kommunal- und Landespolitik verwehrt. Der Erste Weltkrieg blockierte dann für vier Jahre jeden Fortschritt, bis die Revolution von 1918 das alte System beseitigte.

Eine neue Chance im republikanischen Staat

Für *Heinrich Peus* eröffnete sich mit der Republik, mit der Umwandlung des Herzogtums in den *Freistaat Anhalt* im fortgeschrittenen Alter eine kaum noch erwartete politische Perspektive. Der fast 60-jährige Peus erhielt nach beinahe 30 Jahren politischer Kärrnerarbeit eine neue Chance für die Realisierung seiner politischen Ideen.

Die Novemberrevolution von 1918 beseitigte im Reich und in den Ländern nicht nur die Monarchien, auch das diskriminierende

Klassen-Wahlrecht fiel, und das Frauenwahlrecht wurde eingeführt. Für die Wahlen im Freistaat Anhalt bedeutete dieses, dass die Sozialdemokratie in der Kommunalpolitik und in der Landespolitik zur dominierenden Kraft wurde. Zwar konnte die SPD die im Dezember 1918 gewonnene absolute Mehrheit im 36 Sitze zählenden Landtag nicht halten, doch blieb sie bis 1932 die dominierende Partei im Landtag und in der Stadtverordnetenversammlung von Dessau.

Heinrich Peus erlangte dadurch im letzten Jahrzehnt seiner politischen Tätigkeit zwei einflussreiche Ämter. Er wurde Vorsitzender der Stadtverordnetenversammlung und Präsident des Landtages von Anhalt. Im Freistaat Anhalt konnte er nun die Politik gemeinsam mit seinem langjährigen Mitstreiter *Heinrich Deist* gestalten, der Ministerpräsident wurde und dieses bis 1932 blieb. In Dessau trat mit *Fritz Hesse* ein neuer linksliberaler Oberbürgermeister aus der Deutschen Demokratischen Partei an, für dessen fortschrittliche Politik Peus zum Inspirator, vor allem zum Mehrheitsbeschaffer in der Stadtverordnetenversammlung wurde.

Der Wohnungspolitiker

Peus griff nun das Wohnungsproblem auf. Die fehlende staatliche Wohnungsbaupolitik im Kaiserreich, der durch Krieg und Inflation entstandene Kapitalmangel traf zusammen mit der Wohnungsnachfrage geburtenstarker Jahrgänge, sodass die ohnehin miserable Wohnungssituation der Arbeiterschaft sich nach dem Krieg deutlich verschärfte. In Dessau sorgte zudem das Wachstum der Industrien für eine anwachsende Nachfrage. Heinrich Peus hatte schon vor dem Ersten Weltkrieg das Wohnungsproblem angehen wollen, war aber über Anfangsüberlegungen nicht hinausgelangt. Für ihn war das Erreichen eines sozialen und kulturellen Wohnstandards eine zentrale Forderung, sie war für ihn Voraussetzung für die Entwicklung der angestrebten neuen Gesellschaft, in der Selbstorganisation und Selbsthilfe das Leben bestimmen sollten. In dieses als utopisch bezeichnete Denken von Heinrich Peus gingen vielfältige Strömungen der Lebensreformbewegung des endenden 19. Jahrhunderts und des frühen 20. Jahrhunderts ein. Dieser Einfluss war gewissermaßen ein Nebenstrom zum Hauptstrom der deutschen Sozialdemokratie, der in der Weimarer Republik immer breiter floss und beachtliche Teile der Sozialdemokratie beeinflusste. Jedenfalls sah Peus in der Lösung der Wohnungsfrage nicht nur eine soziale Frage.

Die wohnungsbaupolitischen Aktivitäten führten zur Gründung von mehreren Gesellschaften, auch eine von Dessauer Unternehmern getragene Gesellschaft wird gegründet, die unterschiedliche Konzepte verfolgten. Sie waren alle dem *Neuen Bauen* verpflichtet, sie wollten alle durch Rationalisierung die Baukosten senken, jedoch unterschieden sie sich in einem wesentlichen Punkt: *Mietwohnungsbau* oder *Eigenheimbau*. In beiden Konzepten wurde die Realisierung als Gartenstadt angestrebt, doch Peus war für den Eigenheimbau, mit größerem Nutzgarten für die Selbstversorgung. Das erklärt auch, weshalb er die Ideen des Bodenreformers *Adolf Damaschke* übernahm, eines wirkungsmächtigen nationalliberalen Politikers, der in der Beseitigung der Bodensperre ein zentrales gesellschaftliches Reformprojekt sah. Preiswerter Grund und Boden, das war eine Voraussetzung für preisgünstiges Bauen, deshalb engagierte sich Peus für Damaschkes Ideen.

In diesen Debatten, die die anhaltische Sozialdemokratie durchaus in Flügel teilte, war die zentrale Aussage von Peus: «*Baut nicht wie in Wien.*» Dort hatte die Sozialdemokratie in den 1920er-Jahren begonnen, ihre Vorstellungen vom Arbeiterwohnungsbau zu realisieren. Wohnburgen, wie den *Karl-Marx-Bau*, der uns immer noch beeindruckt, lehnte Peus ab. Während die österreichische Sozialdemokratie die Wohnung im öffentlichen Eigentum favorisierte und dafür auch in der deutschen Sozialdemokratie viele Anhänger fand, blieb Peus bei seiner Auffassung, dass die Familie Eigentümerin ihrer Heimstätte mit Garten sein solle. Hinter dieser Auseinandersetzung stand auch, dass die Mehrheit der Sozialdemokraten diese Form von privater Eigentumsbildung ablehnte und öffentliches Eigentum vorzog. Die Differenzen über diese Fragen durchzogen auch die neuen Träger der Wohnungswirtschaft in Anhalt.

Das Bauhaus wechselt nach Dessau

Einen neuen Akzent im Wohnungsbau in Dessau und im Freistaat setzte ab 1925 die Umsiedlung des Bauhauses von Weimar nach Dessau. Das Ansehen des 1919 im als liberal angesehenen, aber deutlich konservativen Weimar gegründeten Bauhauses war dort bald heftig umstritten. Die Wendung des Bauhauses gegen deutsche Gestaltungstraditionen, die Entwicklung neuer rationaler Gestaltungsprinzipien, das Bekenntnis zur künstlerischen Moderne, vor allem zur Abstraktion, provozierten Widerspruch, den das unkonventionelle Auftreten der Ausbilder, der Bauhaus-Meister und der Studenten noch beförderten. Obwohl politisch ganz und gar nicht *rot* geprägt, war es das *rote Bauhaus*. Der Begriff des *Kulturbolschewismus* wurde von dem NS-Ideologen *Alfred Rosenberg* gezielt auf das Weimarer Bauhaus gerichtet. Eine thüringische Kampfschrift gegen das Bauhaus trug den Titel: *Staatliche Müllzufuhr. Das staatliche Bauhaus in Weimar*. Und als *jüdisch* wurde manches bezeichnet, was dort entwickelt wurde, z.B. das Flachdach. Als 1923 die sozialdemokratisch geführte Landesregierung Thüringens durch eine Notverordnung Friedrich Eberts gestürzt wurde und ab 1924 eine rechte Regierung die Politik Thüringens fortan bestimmte, blieb für die Arbeit des Bauhauses kein Platz. Es hätte aufgeben müssen oder ein neuer Träger musste gefunden werden.

Der Verfolgung aus Weimar folgte die Rettung des Bauhauses in *Dessau*. Was wie ein normaler Umzug klingt, war in der Realität der mittleren Jahre der Weimarer Republik ein politischer Drahtseilakt. Das ästhetische Programm des Bauhauses blieb weiterhin umstritten, auch in Dessau verschwanden die Angriffe nicht, die wirtschaftlichen Probleme waren nach dem Ende der Inflation 1923 geringer geworden, aber längst nicht verschwunden. Kommunal- und landespolitisch hätte man durchaus sagen können, dass drängendere Fragen zu bearbeiten waren, als die Ansiedlung einer umstrittenen Kunsthochschule, für deren Wünsche beachtliche Finanzmittel mobilisiert werden mussten.

Heinrich Peus und *Fritz Hesse* erkannten das Potenzial des Bauhauses für Dessau und Anhalt und sie sahen die Chancen, die ihnen das Bauhaus für ihre politischen Vorstellungen bot. Im Wettbewerb mit Frankfurt a.M., wo gesellschaftliches Klima und Stadtverwaltung den Bauhaus-Ideen ebenfalls aufgeschlossen begegneten, akzeptierte *Walter Gropius* das Dessau-Angebot. Während Hesse die Verwaltungskraft der Stadt Dessau einbringen konnte, sorgte Peus für die politischen Mehrheiten im Rat und im Landtag, was durchaus nicht selbstverständlich war. Dem weltoffenen kosmopolitischen Verständnis von Peus bereitete es keine Schwierigkeiten, sich mit der neuen Ästhetik des Bauhauses zu identifizieren, sie schien auch zu dem Menschenbild, zu der von ihm angestrebten Gesellschaft besser zu passen als der Traditionalismus der Kaiserzeit, den er überwinden wollte. In seiner Partei wurde dieses nicht durchgängig so gesehen, sodass er während der Bauhausjahre in Dessau immer wieder als Vermittler und Erklärer gegen Indifferenz und Ablehnung auftreten musste.

Ein wichtiger Punkt für sein Engagement war sicherlich, dass die Ideen des Bauhauses für die Rationalisierung des Bauens namentlich des Wohnungsbaus, ihm eine Lösung für die Beseitigung des Wohnungsmangels anbot. Tatsächlich gelang mit der Siedlung *Dessau-Törten* ein beachtlicher Durchbruch für Peus' Vorstellungen einer Heimstätte mithilfe des Bauhauses, der weitere Erfolge nicht folgen konnten, weil 1929 der Beginn der Weltwirtschaftskrise die wirtschaftlichen Grundlagen zerstörte.

Mit der entscheidenden Abstimmung am 23. März 1925 im Rat von Dessau begannen also die Blütejahre des Bauhauses. Der Beschluss war nicht einstimmig, wie der Oberbürgermeister gehofft hatte, aber 26 Stadtverordnete – eine frühe sozialliberale Koalition – aus SPD und DDP stimmten zu, 15 Stimmen gab es dagegen – das vereinte rechtsbürgerliche Lager. Diese Koalition halten Hesse und Peus bis 1932 zusammen, wobei Peus stets der politisch wichtigere Partner war, denn ohne seine Position in der SPD hätte die Koalition wanken können. Und in der Landespolitik war er mit *Heinrich Deist* der entscheidende Politiker für die Förderung des Bauhauses.

Nicht übersehen werden darf, dass Hesse und Peus auch Unterstützung aus der anhaltischen Wirtschaft einwarben. Ohne die besondere Förderung durch *Hugo Junkers* wären die Bauhaus-Pläne zur seriellen Fertigung im Wohnungsbau nicht realisiert worden.

Die Sozialdemokratie als Auftraggeber

Peus war für das Bauhaus auch als Auftraggeber von Nutzen. Bei aller Zustimmung, die die Bauhaus-Ästhetik in späteren Jahrzehnten erfahren sollte, blieb die Aufnahme der Bauhauskonzeption bei Auftraggebern in den Jahren der realen Existenz des Bauhauses zurückhaltend. So bleibt festzuhalten, dass Aufträge der SPD-Unternehmen in Dessau und Köthen an Bauhaus-Architekten gingen, dass *Hannes Meyer* in Bernau für den sozialdemokratischen *Allgemeinen Deutschen Gewerkschaftsbund* (ADGB) die Bundesschule in *Bernau* bauen konnte. Und die sozialdemokratischen Verlage beauftragten Bauhaus-Typografen mit Gestaltungen, öffneten sich der neuen Typografie. Was durchaus keine Selbstverständlichkeit war und ihnen im Vergleich mit grafischen Produktionen ihrer Konkurrenten eine Alleinstellung verschaffte.

Mit der Eroberung von Mehrheiten in den Räten, den Landtagen und im Reichstag durch die Nationalsozialisten zeichnete sich mit dem beginnenden Untergang der Weimarer Demokratie auch das Ende der glücklichen Jahre in Dessau ab. Mit der Stärke der SPD war es 1932 in Dessau und im Freistaat vorbei, sodass in den folgenden Abstimmungen die politische Rechte das Ende des Bauhauses beschloss. Der Nachruhm der SPD und von *Heinrich Peus* würde stärker glänzen, wenn sie sich 1932 nicht der Stimme enthalten, sondern gegen die Schließung gestimmt hätte. Die mangelhafte Verankerung der Bauhaus-Ästhetik unter den SPD-Mitgliedern und ihren Anhängern beeinflusste auch die unentschlossene Reaktion der SPD-Fraktion.

Trotzdem bleibt festzuhalten, dass nur das persönliche Kraftfeld Peus-Hesse-Sozialdemokratie die Blütezeit des Bauhauses in Dessau ermöglichte. Der Nachruhm des Bauhauses, das wie «keine andere Kunst- und Geschmacksschule des zwanzigsten Jahrhunderts einen Mythen-, Legenden- und Allmachtstatus» erreicht hat, wurde erst durch diesen politischen Einsatz in schwieriger Zeit möglich.

Heinrich Peus und der Nationalsozialismus

In den Jahren 1932/33 näherte sich der politische Lebensweg *Heinrich Peus'* seinem Ende. Schon 1928 hatte mit *Gerhart Seger* ein jüngerer Sozialdemokrat – damals 33 Jahre alt – die Chefredaktion des *Volksblatts* übernommen und als Vorsitzender der SPD folgte er Peus ebenfalls nach, sodass Peus zu Beginn der 1930er-Jahre die Rolle des *Elder Statesman* übernahm, weiterhin durch seine Mandate einflussreich, aber nicht mehr allein der politische Kopf der SPD und schon gar nicht der Anführer im Kampf gegen die anwachsende NSDAP. Diese Aufgabe füllte *Gerhart Seger* aus, der mit Klarsicht die drohende Gefahr erkannte und eine deutliche Sprache gegen die nationalsozialistische Agitation führte, während Peus der verbreiteten SPD-Auffassung zuneigte, dass die Nazis nach kurzer Zeit «wieder versacken» würden. Für seine mutigen Attacken zahlte Seger in den letzten Monaten der Weimarer Republik seinen Preis, er wurde mehrfach wegen Beleidigung verurteilt. Segers nationalsozialistische Gegner vergaßen dessen Angriffe nicht: Im März 1933 wurde er verhaftet und in das Konzentrationslager Oranienburg eingeliefert, aus dem er fliehen konnte. Sein 1934 in der Tschechoslowakei veröffentlichter Erlebnisbericht wurde zu einem Weltbestseller und er lieferte Basis-Material für *Anna Seghers* Roman *Das siebte Kreuz*. Gerhart Seger kehrte aus dem Exil in den Vereinigten Staaten nicht nach Deutschland zurück. Er starb 1967.

Heinrich Peus politische Laufbahn endete mit der Gleichschaltung der Parlamente nach dem Beschluss des Ermächtigungsgesetzes am 23. März 1933 und dem Verbot der SPD am 22. Juni. Vierzig Jahre war er der politische Kopf und der Motor der anhaltischen Sozialdemokratie gewesen, nun stand er vor den Trümmern seines Lebenswerkes. Das Fortwirken der Bauhaus-Ideen sollte er nicht mehr erleben. Dem inzwischen fast 71-jährigen Peus blieben Verfolgung und Haft erspart. Er starb 1937 in Dessau.

Das politische Umfeld der Bauhaus-Geschichtsschreibung

Wenn an *Heinrich Peus* erinnert wird, dann dürfen wir nicht übersehen, dass weder zu seinem 100. Geburtstag – 1962 – noch zu seinem 50. Todestag – 1987 – Erinnerungsveranstaltungen stattfanden. *Heinrich Peus* blieb durch die Teilung der Welt in zwei Lager nach dem Zweiten Weltkrieg ein Vergessener. Die von *Walter Gropius* beeinflusste Bauhaus-Geschichtsschreibung konnte in den Vereinigten Staaten der McCarthy-Ära mit ihrer Kommunisten- und Linken-Hatz einen Sozialdemokraten als Organisator und Retter nicht würdigen. Im einfachen Verständnis McCarthys und seiner Unterstützer war ein Sozialdemokrat einem Kommunisten gleichzusetzen, und zudem hätten dadurch die am Bauhaus durchaus vorhandenen kommunistischen Tendenzen – man denke nur an *Hannes Meyer* – in den USA öffentlich werden können. Das hätte das berufliche, mindestens das geschäftliche Aus für Gropius und weitere US-Emigranten aus dem Bauhaus zur Folge haben können. Also musste dem liberalen *Fritz Hesse* die gesamte politische Aktion für das Bauhaus zugeschrieben werden. Dieser Verfälschung sind leider viele Autoren gefolgt.

Dass die Arbeit eines Sozialdemokraten im Nachkriegsdeutschland vergessen blieb, war ebenfalls Folge des politischen Klimas. In der kulturellen Enge der frühen Bundesrepublik wurde das Bauhaus-Erbe nur langsam angenommen, zu stark wirkte die Nazi-Zeit nach. Als in den 1960er-Jahren die Beschäftigung intensiver wurde, prägte die Gropius-Interpretation die Darstellungen über das Bauhaus, und die Quellen in der DDR waren nicht zugänglich. Dass die SED und damit die DDR an der Würdigung eines Sozialdemokraten kein Interesse hatte, bedarf keiner besonderen Erläuterung. Erst die Arbeit von Walter Scheiffele (*Bauhaus-Junkers-Sozialdemokratie. Ein Kraftfeld der Moderne, Berlin 2003*) entdeckte einen herausragenden Politiker. Die kommunal- und landespolitischen Leistungen im Freistaat Anhalt machen *Heinrich Peus* zu einer erinnernswerten Figur. Tatsächlich ist er durch seine Leistungen für das Bauhaus, für die gesamte Sozialdemokratie – über Deutschland hinaus – von überragender Bedeutung.

*

Von den Nazis verfolgt: Hugo Sinzheimer starb am 16. September 1945

Als «Vater des Arbeitsrechts» wird Hugo Sinzheimer häufig bezeichnet. Genauer betrachtet müsste ihm diese Ehrung gemeinsam mit *Arthur Stadthagen* (1857–1917) zugesprochen werden, der zunächst als einziger Jurist der SPD-Reichstagsfraktion die Last des sozialdemokratischen Kampfes gegen das arbeitnehmerfeindliche Bürgerliche Gesetzbuch (BGB) trug. Ein Arbeitsrecht existierte bis dahin nur rudimentär, geprägt von der Benachteiligung der Arbeitenden. Auch das BGB änderte daran wenig, trotz des Kampfes von Stadthagen. Gegen Stadthagen richtete sich in dieser Zeit die volle Wucht der angegriffenen monarchistischen-bürgerlichen Gesellschaft. Stadthagen wurde die Anwaltslizenz entzogen, seinen Lebensunterhalt bestritt er mit Vorträgen, erst ab 1906 erhielt er die neu eingeführte Abgeordnetenentschädigung. Trotz heftiger antisemitischer Angriffe verteidigte er stets seinen Reichstagswahlkreis gegen die bürgerlichen Konkurrenten, die vor keiner antisemitischen Schmähung zurückschreckten. Durch seinen Tod 1917 konnte er an der Entwicklung des Arbeitsrechts in der Weimarer Republik nicht mehr mitwirken. Sein Erbe wurde *Hugo Sinzheimer.*

Hugo Sinzheimers Weg zur SPD

Hugo Sinzheimer wurde am 11. April 1875 in Worms geboren. Er stammte aus einer wohlhabenden Unternehmerfamilie, sodass ihm der Gymnasialbesuch und das Studium der Rechtswissenschaften möglich waren. An der liberalen Universität Heidelberg wurde er zum Doktor der Rechte promoviert. Nach abgeschlossener juristischer Ausbildung richtete sich sein Interesse nicht auf die Wissenschaft oder die öffentliche Verwaltung, sondern er gründete eine Anwaltskanzlei im liberalen Frankfurt a.M. Die materielle Lage seiner Familie erlaubte ihm einen prominenten Standort in der Goethestraße.

Die strenge Verfolgung sozialdemokratischer Politik – Umtriebe genannt – im Königreich Preußen, zu dem Frankfurt a. M. seit 1866 gehörte, ließen Sinzheimer offiziell Abstand zur SPD halten. Erst als 1914 mit Beginn des Ersten Weltkrieges, als Folge der *Burgfriedenspolitik* der Verfolgungsdruck der preußischen Behörden auf die SPD nachlässt, erschließt er sich zum Parteieintritt.

Der Politiker Hugo Sinzheimer

Mit der Novemberrevolution 1918 wurde Hugo Sinzheimer provisorischer Polizeipräsident von Frankfurt a. M. Bald darauf stellte ihn die SPD für die Wahl der Nationalversammlung auf.

In der Nationalversammlung wurde er dann zu einer prägenden Figur bei der Ausarbeitung der Weimarer Reichsverfassung (WRV). Die Wirtschafts- und Sozialartikel der WRV tragen seine Handschrift. Sein wichtigster Beitrag wurde die Verankerung des Rätewesens im Artikel 165. Auf dem SPD-Parteitag 1919 in Weimar verteidigte er diese Regelung.

Die Weimarer Republik eröffnete ihm ein breites Arbeitsfeld: Er erhielt eine Professur für Arbeitsrecht und Rechtssoziologie der Universität Frankfurt. Die *Akademie für Arbeit* verdankt ihm ihre Gründung. Er engagierte sich im *Republikanischen Richterbund,* dessen justizkritische Zeitschrift *Die Justiz* er mit dem sozialdemokratischen Rechtspolitiker *Gustav Radbruch* herausgab. Er war als Schlichter in zahlreichen Tarifkonflikten gefragt. Einen besonderen Beitrag leistete er in der vom sozialdemokratische ADGB berufenen Kommission, die ein Modell für eine *Wirtschaftsdemokratie* ausarbeitete. Diese Überlegungen gingen in der Bundesrepublik in die wirtschaftspolitischen Vorstellungen der SPD und der Gewerkschaften ein.

Daneben entfaltete Hugo Sinzheimer eine reiche Lehr- und Vortragstätigkeit und seine Schriften beeinflussten Gesetzgebung und Auslegung des sich in der Weimarer Republik zügig entwickelnden Arbeitsrechts. Einflussreich wurde sein Lehrbuch *Grundzüge des Arbeitsrechts* von 1921, das mehrere Auflagen erlebte.

Nationalsozialistische Verfolgung

Die *Machtergreifung* 1933 unterbrach brutal die politische und wissenschaftliche Arbeit Hugo Sinzheimers. Schon im Februar 1933 wurde der bekennende Jude und bekannte Sozialdemokrat in Schutzhaft genommen. Weiterer Verfolgung entzog er sich durch die Flucht in die Niederlande, wo er sehr bald eine Professur für Rechtssoziologie erhielt. Im Deutschen Reich verlor er die Lehrbefugnis im September 1933. Die Nazi-Politik gegen jüdische Staatsbürger führte 1937 dazu, dass die Universität Heidelberg ihm den Doktortitel aberkannte.

Hugo Sinzheimer zögerte zu lange bei der Flucht nach England, sodass er 1940 nach der Besetzung der Niederlande durch die Wehrmacht erneut Verfolgungen angesetzt war. Aus der Professur wurde er entlassen. Nach mehrfacher Verhaftung gelang ihm ab 1942 ein Leben im Untergrund. Die Befreiung der Niederlande erlebte er noch, doch das Leben im Untergrund an wechselnden Orten hatte ihn entkräftet. Hugo Sinzheimer starb am 16. September 1945.

Das Andenken an Hugo Sinzheimer

In Worms und Frankfurt a. M. erinnern Gedenktafeln und Straßennamen an diesen bedeutenden Politiker und Rechtswissenschaftler. Der Bundestag erinnert an ihn auf den Gedenktafeln am Reichstag in Berlin. Dort werden 96 Reichstagsabgeordneten geehrt, die von den Nazis ermordet wurden. Die Universität Amsterdam benannte ein Institut nach ihm.

Seit 2010 existiert das *Hugo Sinzheimer Institut für Arbeitsrecht* (HSI) in Frankfurt a.M., das die *Otto-Brunner-Stiftung* fördert. Das HSI verleiht den *Hugo-Sinzheimer-Preis* für herausragende Dissertationen auf dem Gebiet des Arbeitsrechts. Seit 2010 sind 12 Preisträger ausgezeichnet worden.

*

Vor 70 Jahren: Arnold Bode und der Start der *documenta* 1955 in Kassel

Als die *documenta* am 18. September 1955 nach 100 Tagen endete, konnten die Organisatoren einen Besucherrekord für eine Ausstellung *moderner Kunst* feststellen. Immerhin hatten für die documenta 130.000 Besucher den Weg nach Kassel gefunden, damals nicht gerade als Magnet für Kunstausstellungen bekannt. Nur kunsthistorisch Bewanderte wussten, dass Kassel vor dem Zweiten Weltkrieg eine von den hessischen Landgrafen begründete bedeutende Sammlung barocker Malerei besaß. Wegen der außerordentlichen Zerstörungen durch den Bombenkrieg, denn Kassel war als Rüstungsschmiede ein zentraler Ort für die Angriffe der Alliierten gewesen, war diese Sammlung noch nicht zugänglich, der historische Ort, das *Fridericianum*, war zerstört, nur die Außenmauern standen noch.

Die documenta korrigiert die Nazi-Kunstpolitik

Dass die *documenta* ein Erfolg werden würde, darauf hatten die Organisatoren gehofft. Nicht erwartet hatten sie die überwältigende Zustimmung zu dieser Präsentation der modernen bildenden Kunst, genauer der schon *klassischen Moderne*, die sich in der Besucherzahl und im Presseecho ausdrückte.

Tatsächlich zeigte die *documenta* die aus Deutschland nach 1933 von den Nazis vertriebene, zu Billigpreisen verkaufte und sogar zerstörte Kunst. Ab 1937 war diese Kunst in der Ausstellung *Entartete Kunst* vielerorts in diffamierender Absicht gezeigt worden, eingeleitet von einer Hitler-Rede, die vor der Bedrohung von Leib und Leben der Künstler nicht zurückschreckte. Zahlreiche Künstler waren vor diesem Angriff aus Deutschland geflohen, nur wenige konnten in die innere Emigration ausweichen. Die Werke verschwanden aus den Museen, wurden im Ausland verkauft, Reste zerstört; die Künstler mit Ausstellungsverbot belegt.

Die Kunstpolitik der Nazis und der nachfolgende Zweite Weltkrieg zerstörten nicht nur Künstlerlaufbahnen und beseitigten ihre Werke in deutschen Museen, sie veränderten auch Sehgewohnheiten. Die zwölfjährige Nazizeit und die Kriegszerstörungen der meisten Museen verschleppten die Rückkehr der klassischen Moderne. Es gab keine Sammelausstellungen, schon gar nicht gab es Retrospektiven.

Kassel wurde deshalb für Zehntausende zum ersten Ort der Begegnung mit Franz Marc, August Macke, Paul Klee, Lyonel Feininger, George Grosz, Ernst Ludwig Kirchner, Karl Schmidt-Rottluff, Emil Nolde, Max Beckmann u.v.a. Kassel machte deutlich, welchen Schaden der Vernichtungsfeldzug der Nazis der deutschen Kultur zugefügt hatte. Zum ersten Mal sah 1955 die Kriegs- und Nachkriegsgeneration bildende Kunst, die ihnen die Nazizeit verweigert hatte. Dabei zeigte die *documenta* nur den deutschen Anteil an der klassischen Moderne bis 1933, nicht den internationalen Anteil in seinen weiteren Ausprägungen, die in Nazi-Deutschland verboten waren.

Die Beschäftigung mit der *documenta* und ihren Nachfolgern, zunächst 1959 und danach im Fünf-Jahres-Turnus, übersieht regelmäßig die politischen Voraussetzungen für die *documenta*. Genannt wird nur der erste Organisator *Arnold Bode*.

Inspirator und Organisator

Doch wer war *Arnold Bode*? 1912 geboren, hatte Bode eine Ausbildung für Malerei und Grafik absolviert und danach als Raumgestalter in einem Architekturbüro gearbeitet. Der Moderne in der bildenden Kunst begegnete er 1925 bei einer Frankreichreise. Die Eindrücke aus dieser Reise setzte in den Folgejahren in eigenen Arbeiten und als Organisator von internationalen Kunstausstellungen um. Ab 1930 unterrichtete er am Städtischen Werklehrer-Seminar in Berlin.

Der SPD hatte er sich 1929 angeschlossen. Nach eigener Aussage blieb er zeit seines Lebens *Sozialdemokrat mit Leib und Seele*. Sein politisches Engagement und seine künstlerischen Auffassungen führten schon zum 1. Mai 1933 zur Entlassung, später erhielt er Berufsverbot, da seine Arbeiten als *entartet* galten.

Nach 1945 wurde er Professor an der Werkkunstschule in Kassel, und er suchte als Organisator nach einer Chance für die Rückkehr der vertriebenen Moderne, einer großen Präsentation, was aber unter den Bedingungen der ersten Nachkriegsjahre unmöglich war. Es fehlte an Ausstellungsorten, es fehlte auch an einer Sichtung der noch in Deutschland vorhandeneren, nicht vertriebenen Moderne.

Für *Arnold Bode* war es ein Glücksfall, dass die sozialdemokratische Stadtpolitik in Kassel unter Oberbürgermeister *Lauritz Lauritzen* nach Ansätzen suchte, die kriegsgezeichnete Stadt wieder zu beleben. Eine Kunstausstellung mit überörtlicher Ausstrahlung konnte dabei nur helfen. Außerdem fühlte sie sich der von den Nazis verfolgten Moderne und ihren Künstlern verbunden, deren Geschichte war auch ihre Geschichte.

Neben der Stadt Kassel leistete die SPD-geführte hessische Landesregierung eine beachtliche finanzielle Hilfe, ohne diesen Zuschuss wäre die *documenta* nicht zu schaffen gewesen. Wichtig war dabei der legendäre hessische Ministerpräsident *Georg-August Zinn*, der als Kasselaner Landtagsabgeordneter ein besonderes Interesse am Wiederentstehen Kassels hatte.

Trotz dieser politischen Unterstützung und der Zusage von Finanzmitteln blieb der Start schwierig. Mit der ihm eigenen Hartnäckigkeit setzte Arnold Bode durch, dass das kriegszerstörte *Fridericianum* als Ausstellungsort hergerichtet wurde. Mit seinen Beschädigungen und seiner Einfachheit ein Symbol für die Verletzungen, die die Nazis der Kultur zugefügt hatten und die Situation der Nachkriegszeit. Arnold Bode, der sich bei dieser *documenta* und ihren Nachfolgerinnen bis 1964 um jedes Detail kümmerte, auch die Grundzüge ihres bis heute gültiges Design lieferte, musste bei der Zuarbeit ein Zugeständnis machen. Er brauchte für das anwachsende Projekt, vor allem für die Nachfolgen, die Hilfe eines kenntnisreichen Kunsthistorikers, den er mit *Werner Haftmann* fand. Haftmann war der einflussreichste Interpret der bildnerischen Moderne in den 1950 und 1960er-Jahren. Vor allem sein Bekenntnis zur konkreten, abstrakten Malerei prägte das Kunstverständnis dieser Jahrzehnte. Dass er tiefverstrickt in die NS-Kunstpolitik war, entdeckte als späte Enthüllung, die Arnold Bode wohl unbekannt blieb.

Die Entwicklung zum Welt-Ausstellungsort

Die documenta entwickelte sich Schritt für Schritt über ein deutsches Ereignis hinaus, war sie als *documenta I* und *II* ein Ort der Wiederbegegnung mit der vertriebenen und vernichteten Moderne, öffnete sie sich ab 1959 für die Strömungen der Moderne, die die Kunstpolitik der Nazis aus Deutschland ferngehalten hatte. Picasso, Matisse und Braque waren zu sehen; die Skulpturen von Henry Moore, Ossip Zadkine und Giacometti. Pop Art, Informel und Environments. Schließlich auch der sozialistische Realismus der DDR mit Heisig, Sitte und Tübke, und die Fotografie fand ihren Einzug. Alle fünf Jahre ist nun die *documenta* ein Welt-Ausstellungsort der bildenden Kunst.

Auch Kassel wurde verwandelt. Jede *documenta* hinterließ ein Objekt in der Stadt. Am nachhaltigsten wirkte *Joseph Beuys* mit seinem Projekt *Stadtverwaldung*, mit dem er 5.000 durch Basaltblöcke geschützte Eichen in der Stadt pflanzte. Damit entstand eine *soziale Plastik*, die ganz praktisch dem Klima in der Stadt dient. ■

BEITRÄGE UND DISKUSSION

Benno Haunhorst

Abendland

Kritik einer politischen Theologie

Beginnen wir vor achtzig Jahren, um zu verstehen, wie sich eine Idee entwickelt hat, die heute wieder an Aktualität zu gewinnen scheint. Unmittelbar nach dem Ende der Nazi-Herrschaft und dem Zweiten Weltkrieg nahm am 6. Oktober 1945 die Theologische Fakultät der Universität Innsbruck ihren akademischen Betrieb wieder auf. Als Dekan hielt Hugo Rahner SJ auf der Feier zur Wiedereröffnung seine Rede «Christlicher Humanismus und Theologie». Gemeinsam mit anderen Reden und Aufsätzen wurde sie 1966 unter dem Buchtitel *Abendland* veröffentlicht.[1] Als er sein Vorwort dazu verfasste, war das Zweite Vatikanische Konzil gerade einen Monat vorher beendet worden.

Abendländischer Humanismus

Hugo Rahner beginnt seine Dekanatsrede mit der Bitte, die «Macht des Ungeistes» möge jetzt in der Vergangenheit ruhen. Für die «Menschen eines abendländischen Humanismus» gelte als abschließendes Wort auf das Vergangene: Liebet eure Feinde! Man müsse, so Rahner, zurückkehren zu den unvergänglichen Idealen des abendländischen Menschen. Zurückkehren in die Gemeinschaft eines christlichen Humanismus, der aus der Mater ecclesia lebt.

Der Mensch des Abendlandes, so fährt Pater Rahner fort, ist ein «Mensch der Geschichte», der mit der griechischen und der römischen Welt über die Kirche verbunden ist. Der abendländische Mensch ist der «Mensch der Einheit», denn die europäischen Völker sind eine Familie mit Rom als Mittelpunkt. Als drittes Merkmal führt Rahner schließlich an, der abendländische Mensch sei der «Mensch der schönen Mitte». Es erinnert schon sehr an das ideale Leben in der Rautenklause am Rande der Marmorklippen, wenn er die «schöne Mitte» mit diesen Worten illustriert: «Wie ferne und unrettbar verloren scheint uns doch die stille Zeit zu sein, wo Beethoven seine Musik schrieb im Schatten niederösterreichischer Weinranken, wo Stifter die lauterste Wort-

1 Hugo Rahner: *Abendland. Reden und Aufsätze*, Freiburg 1966, S. 11 – 23.

kunst formte und wo der Mensch noch leben konnte, wie es seine Seele verlangte.»[2] Ist das jetzt kultureller Kitsch als politische Verharmlosung? Vieles deutet darauf hin, wenn Hugo Rahner gleich anschließend vom «Menschen der schönen Mitte» als dem österreichischen Menschen spricht, «den wir heute, nach der Überrumpelung durch einen Ungeist, neu entdecken und neu verwirklichen müssen.»[3]

Man darf zurückfragen: Was waren die Bedingungen der Möglichkeit dieser «Überrumpelung»? Stammten sie vielleicht aus einem antimodernen, autoritären Denken? War dies nicht selbst verursacht, wenn man im Menschen ein weltentrücktes Idealwesen sieht? Und wenn es ein Zurück zu den alten humanistischen Werten und Idealen geben soll, müsste man sich dann nicht zuerst fragen, warum diese nicht immun gemacht haben gegen die Übernahme von Diktatur, Terror und Zerstörung? Und war der von den Nazis propagierte «arische Mensch» nicht auch ein Mensch der Geschichte, der Einheit, der schönen Mitte?

Hugo Rahner scheint auf solche Anfragen eingehen zu wollen, wenn er ein gutes halbes Jahr nach der Wiedereröffnung der Theologischen Fakultät in Innsbruck zwei Reden unter der Überschrift «Abendländischer Humanismus und katholische Theologie» folgen lässt.[4] Darin versucht er unter ausführlichem Rückgriff auf die Kirchenväter die nach seiner Meinung wesentlichen drei Irrtümer der Moderne zu widerlegen: Das bloß rationale Weltbild, die Leugnung des geschichtlichen Zusammenhangs mit dem Erbe der Vergangenheit sowie die Überzeugung von der naturhaften Güte des Menschen. Ein abendländisches Welt-, Geschichts- und Menschenbild legt er dann in Konvergenz von christlicher Offenbarung und griechisch-römischer Antike dar.

Eine christliche Idee des Politischen

Walter Dirks war der erste katholische Publizist, der die Ausführungen von Hugo Rahner kritisch einordnete und hinterfragte. Bereits im Juni 1946 formulierte er in einem seiner Leitartikel des ersten Jahrgangs der *Frankfurter Hefte* seine Beobachtung, «aus den Sakristeien und Katakomben» werde das Abendland als christliche Idee des Politischen wieder hergeholt.[5] Mit großer Achtung vor Rang und Qualität von Rahners Dekanatsrede hält Dirks es dennoch für das falsche Signal, mit abendländischer Bildung die verloren gegangene Einheit und Sicherheit wieder zu gewinnen. «Man kann nicht in aller Gemütsruhe bei elektrischem Licht Plato und Pascal lesen und die Geistigkeit absolut verwerfen, die das elektrische Licht möglich gemacht hat.»[6] Zum abendländischen Geist gehöre auch das naturwissenschaftlich-technische Denken. Das sei nicht einfach nur Wegbereiter von Materialismus, Säkularismus und Liberalismus. Walter Dirks sieht zwei große Probleme in der Forderung nach einer Berufung auf das christlich-humanistische Abendland. Damit sei immer nur die Berufung auf das vergangene Ideal verbunden, der ständige Blick nach rück-

2 Ebd. S. 20.

3 Ebd. S. 20 f.

4 Ebd. S. 24 – 55.

5 Walter Dirks: «Das Abendland und der Sozialismus», in: *Frankfurter Hefte* 1(1946), Heft 3, S. 67–76.

6 Ebd. S. 69.

wärts. Werte lassen sich aber nur bewahren, wenn man sich in den Nöten der Gegenwart entscheidet, das rettende Neue zu tun. Mit diesem falschen Blick nach rückwärts hängt – so kritisiert Walter Dirks – zusammen eine rein ideengeschichtliche Betrachtung. Es fehlt die Reflexion auf die lebensgeschichtlichen Umstände der Menschen, auf den Grad ihrer politischen Emanzipation und ihre ökonomischen Krisen. Gegen Rahner hebt Dirks hervor, die Naziherrschaft beruhe nicht auf einer Bildungskrise des Humanismus, sondern auf einer Umwertung der Werte. Ihr Ergebnis sei jetzt eine gänzlich veränderte Welt. Und er fragt die abendländisch-bürgerlichen Kreise: «Vorlesungen in Tübingen und Heidelberg, Klubgespräche in München, schöne Bücher in Wiesbaden und in Freiburg, besinnliche Zeitschriften in Augsburg und Stuttgart, – wird das alles in einen wirklichen Kontakt kommen mit den Bergarbeitern im Ruhrgebiet, der Steinwüste in Köln, den Nissen-Hütten in Hamburg oder gar den gärenden Großstädten der russischen Zone?»[7]

Gefährliche Zeitströmungen

Hugo Rahner wird gewusst haben, in welchem Kontext er vom Abendland und dessen christlich-humanistischen Idealen spricht. Er hat die ideengeschichtlichen und politischen Auseinandersetzungen mitverfolgen können. *Das neue Reich*, *Schönere Zukunft* und *Der Gral* verbreiten schon in den 1920er-Jahren von Österreich aus eine katholisch-reaktionäre Botschaft vom Abendland.

Die politische Theologie vom Abendland soll drei mächtige säkulare Zeitströmungen abwehren helfen. Die erste ist der atheistische Kommunismus, von dem sich seit dem Ende des Ersten Weltkrieges Christen bedroht fühlen. Da diese Bedrohung aus dem Osten kommt, passt sie in die alte Frontstellung eines westlich verstandenen Abendlandes. Die zweite bestimmende Zeitströmung ist der Kapitalismus, der als säkularer und materialistischer Liberalismus verbindliche Werte und Gemeinschaften aufzulösen begann. Tradition und Autorität verlieren an Bedeutung, wodurch das Modell des Abendlandes – ein Kaiser, eine Kirche, eine Kultur – negiert wird. Das Abendland als Wertegemeinschaft steht damit vor der Gefahr des Untergangs.

Eine dritte Zeitströmung wird dann sehr gefährlich, weil sie die Begrifflichkeiten der Rede vom Abendland übernimmt: Die völkische Reichsideologie propagiert die Volksgemeinschaft in dem einen Reich. Und das ist nicht mehr romantisch-idealistisch gemeint, sondern machtpolitisch und nationalistisch. Auf den ersten Blick entspricht das zwar dem christlichen Bedürfnis nach Abwehr von Kommunismus und Kapitalismus. Schließlich betet das «Volk» Gottes: dein «Reich» komme – also gibt es doch religiöse Anknüpfungen. Aber schon auf dem zweiten Blick hätte man erkennen müssen, dass der diktatorische, militaristische und rassistische Ansatz der Ideologie von Volk und Reich nicht den christlich-humanistischen Idealen eines gedachten Abendlandes entspricht. Es sind die politisch-ideologisch rechten, die antidemokratischen Kreise – auch im Katholizismus –, die hier die Zeichen der Zeit setzen.

Das alles wird Hugo Rahner gewusst haben. Aber er setzt sich über die politischen und ideologischen Implikationen seiner

7 Ebd. S. 76.

Gegenwart hinweg und entwirft ein zeitloses Menschenbild als christlich-humanistischen Wertehorizont für das Abendland. Das ist falsche politische Theologie, weil sie nämlich die Bedingungen der Möglichkeit ihrer Herkunft wie ihrer Geltung nicht mitdenkt.

Abendland und Europa

Spätestens seit den gescheiterten Friedensbemühungen Papst Benedikts XV. zur Beendigung des Ersten Weltkrieges hätte jedem Europäer klar sein müssen, dass die Appelle an ein gemeinsames christliches Abendland bloße idealistische Beschwörungen einer Zeit vor tausend Jahren darstellten. Aber noch 1937 beginnt das von Erzbischof Gröber herausgegebene *Handbuch der religiösen Gegenwartsfragen* mit dem Artikel «Abendland»[8]. Das ist nicht allein der alphabetischen Abfolge geschuldet, sondern öffnet auch inhaltlich die Klammer vor den dann folgenden Stichworten zur Überwindung der «religiösen Not der Gegenwart», wie Conrad Gröber in seinem Vorwort schreibt. Neben der Bekehrung zu Jesus Christus fordert er die Besinnung auf die germanischen Kräfte.[9] Sic!

1954 formuliert die Bischofskonferenz in einer Stellungnahme zur Wiederbewaffnung der Bundesrepublik: «Die Wiederbewaffnung der deutschen Heimat ist eine notwendige Forderung eines jeden Christen, denn es muß das christliche Abendland beschützt werden gegen die Gefahr des Bolschewismus, gegen jene teuflische Ideologie, welche Christentum und Kirche mit allen Mitteln ausrotten will.»[10] Und ein Jahr später macht Papst Pius XII. noch einmal deutlich, dass das christliche Abendland lediglich Westeuropa umfasst, denn er erinnert an die Schlacht auf dem Lechfeld in gemeinsamer Linie mit Tours/Poitier und Wien.[11]

Hugo Rahner geht es um die Grundlegung einer politischen Ethik und zweifellos nicht um ideengeschichtliche Nachweise bestimmter außen- und innenpolitischer Optionen. Aber die Gefahren des Missbrauchs hätte er sehen können. Erst nachdem die Christdemokraten in Westeuropa im Laufe der 1950er-Jahre mit ihren katholischen Führungspersönlichkeiten den Aussöhnungs- und Reinigungsprozess vorantreiben, wird die Parole ‹Abendland› durch ‹Europa› ersetzt. Ein in vielerlei Hinsicht bedeutsames Ergebnis dieses Prozesses stellt ein Beitrag dar, den Karl Rahner SJ für ein Buch verfasst hat, das er gemeinsam mit Kardinal König 1983 herausbringt.[12]

Zur Heilsgeschichte Europas

Anders als sein Bruder Hugo Rahner verwendet Karl Rahner das Wort ‹Abendland› nicht mehr, sondern erklärt eingangs, dass

8 Conrad Gröber (Hg.): *Handbuch religiöser Gegenwartsfragen*, Freiburg 1937, Seite 1 – 9.

9 Ebd. S. 8.

10 Zit. nach: Ben van Onna: «Der Katholizismus in der spätkapitalistischen Gesellschaft», in: Ders./ Martin Stankowski (Hg.): *Kritischer Katholizismus. Argumente gegen die Kirchengesellschaft*, Frankfurt/M. 1969, S. 8–43, hier: S. 18.

11 Vgl.: Richard Faber: *Abendland. Ein politischer Kampfbegriff*, Hamburg 3. Aufl.2020, S. 41.

12 Karl Rahner: «Die Frage nach der Zukunft Europas», in: F. König / K. Rahner (Hg.): *Europa – Horizonte der Hoffnung*, Graz 1983. Hier zitiert aus: Karl Rahner: *Schriften zur Theologie.* Band XVI, Zürich/Einsiedeln/Köln 1984, S. 63–90.

er in die Diskussion über die Differenzierung von Abendland und Europa nicht eintreten möchte. Aber etwa in der Mitte seiner Ausführungen formuliert er den entscheidenden Gedanken, der auch in der Abendlandstheologie seines Bruders so hätte stehen können: «Das Heil der Welt für seine Geschichte nach Jesus Christus ging – ausgehend von Israel – von Europa aus … Diese geschichtliche Einmaligkeit Europas innerhalb der Heilsgeschichte berechtigt durchaus, Europa als eines jener auch eschatologisch immer vor Gott gültigen Völker zu betrachten …»[13] Europa ist geschichtstheologisch bedeutsam, so fährt Karl Rahner fort, weil «die Vereinheitlichung der vorher weithin regional voneinander getrennten Einzelgeschichten der Völker und Kulturen in eine einzige Menschheitsgeschichte»[14] von hier ausgeht. Und zwar als Prozess der Zivilisation und der Ausbildung höherer sittlicher Werte. Europa und Israel – so Karl Rahner – sind heilsgeschichtlich analog zu bewerten! Auf den europäischen Erkenntnissen und Errungenschaften bauen die zivilisatorischen Entwicklungen weltweit auf. Tatsächlich hat Karl Rahner diese metaphysische Bewertung Europas erstmals im *Lexikon für Theologie und Kirche* 1957 unter der Überschrift «Theologie des Abendlandes» publiziert und sie war auch bereits zwanzig Jahre zuvor in Gröbers Handbuch zu lesen gewesen.

Diese heilsgeschichtliche Deutung Europas ist sehr gefährlich. Sie grenzt die Orthodoxie Griechenlands und Russlands sowie die alten orientalischen Kirchen aus. Sie lässt sich offensichtlich auch nicht beeindrucken von den damaligen Stimmen aus den katholischen Ländern Portugal und Spanien, die Europa als Hort von Reformation, Revolution, Liberalismus und Kommunismus und damit als Abfall vom Christentum bewerten. Dass von diesem Europa die Zivilisierung der Menschheit ausgegangen sein soll, kann ja nur bedeuten, dass Imperialismus und Kolonialismus, dass die Missachtung, Ausbeutung und Zerstörung anderer menschlicher Kulturen im Auftrag Gottes geschehen sein sollen. Und dann die Parallelisierung Israels und Europas in der Verkündigungsgeschichte! Der Messias Gottes entstammt dem jüdischen Volk. Die Juden gehörten aber nicht zur Gemeinschaft des christlichen Europas. Der Antisemitismus wurde hier bis zur planmäßigen Vernichtung des auserwählten Volkes getrieben.

Hier erkennt man noch einmal, was eine falsche politische Theologie ausmacht: Sie geht über alle immanenten Widersprüche hinweg und führt so letztlich die herrschende Sache weiter. Pater Karl Rahner war nun aber mit Sicherheit kein Ideologe, Antidemokrat oder Antisemit, aber seine transzendental-idealistische Theologie ließ ihn die konkreten gesellschaftlichen Deformationen und die historischen Fehlurteile nicht erkennen.

Populismus und Machtpolitik

«Nationale Identität», «westliche Wertegemeinschaft», «deutsche Leitkultur» sind Begriffe, die seit mehreren Jahren in den öffentlichen Diskussionen unseres Landes immer wieder zu hören sind. So entwickelte sich die antikommunistische Beschwörung

13 Ebd. S. 74 f.

14 Ebd. S. 75.

des Abendlandes bis heute hin zu antidemokratischen Parolen.[15] In der rechten populistischen Szene ist «Europa» ein Schimpfwort. Es wird mit Bürokratie, Aufgabe der eigenen Souveränität und Minderheitenrechte assoziiert. Deshalb ist von dort aus «Abendland» der propagandistische Begriff, der zugleich auch noch Antiislamismus und Antisemitismus transportiert. «Morgenland» wird mit Islam und Judentum verbunden. Aber in der heutigen Rechten wird «Abendland» nicht mehr mit Christentum gleichgesetzt, das als rückwärtig und wirkungslos gilt. Bestenfalls werden noch das katholische Familien- und Ehebild sowie die Ablehnung von Abtreibung und die Funktion männlicher Autorität in der Kirche als säkulare Formen überkommener Christlichkeit wahrgenommen.

Den Populisten geht es allein um den Kampf gegen liberale und demokratische Gesellschaften nach innen: Abendland statt Europa, Identität statt Liberalismus, Zugehörigkeit statt Multikulturalität, Abwehr statt offener Grenzen. Bezeichnenderweise trifft man bei diesen Leuten keine antirussischen Einstellungen an. Das war bei den Stichwortgebern vor zwei Generationen noch anders. Nur die autoritäre Weltanschauung, die Berufung auf eine – vorgeblich – einheitliche heile Welt im Gestern und das Bewusstsein von einer Verfallsgeschichte sind geblieben. Übrigens trifft das alles auch zu auf die Linkspopulisten: Elitäres Sendungsbewusstsein, Freund – Feind – Denken, Antisemitismus, Ablehnung der parlamentarischen Demokratie, Ablehnung Europas als ein hegemoniales Kulturimperium.

Wenn man über das heutige Europa hinaus blickt, fällt auf, dass sich die grundlegende Idee des Abendlandes, nämlich das Bewusstsein von einer Sendung in der Einheit von Religion, Kultur und Politik, offensichtlich sehr erfolgreich in der Welt verbreitet hat: Der Islamische Staat, das Großrussische Reich Putins und die USA als *God's Own Country* unter der Parole «Make America Great Again» sowie das von Mao zum «langen Marsch» herausgerufene China. Die Kritik einer bestimmten politischen Theologie wird aus diesem Blickwinkel noch einmal einsichtiger: Zum Merkmal einer falschen politischen Theologie gehört nämlich, dass sie mit Gott nicht mehr rechnet, sondern exklusiv auf die eigenen Machthaber setzt. ■

15 Siehe auch weiterführend: Volker Weiß: *Die autoritäre Revolte. Die neue Rechte und der Untergang des Abendlandes*, Stuttgart 2. Auflage 2020; Ursula Nothelle-Wildfeuer / Magnus Striet (Hg.): *Katholischer Rechtspopulismus. Die Kirche zwischen Antiliberalismus und Verteidigung der Demokratie*, Freiburg 2022; Sonja Angelika Strube: *Rechte Versuchung. Bekenntnisfall für das Christentum*, Freiburg 2024.

Konrad Lindner

100 Jahre Quantenmechanik

Erinnerungen von Friedrich Hund

In Symmetrien pflegt Hund zu graben /
und scheint auch Glück dabei zu haben.
(Reim von Carl Friedrich von Weizsäcker, der Friedrich Hund noch 1995 im hundertsten Lebensjahr auswendig konnte.)

1 Hund 1922 in Göttingen: «Das ist die Wissenschaft der Zukunft!»

Erinnerung kann täuschen, doch Erinnerung kann auch vergangene Sternstunden in Gesellschaft, Kunst und Wissenschaft neu beleuchten und mit Gehalt in die Gegenwart holen. Als ich im Juni 1991 den Physiker und Historiker der Physik Friedrich Hund von Leipzig aus im Seniorenstift zu Göttingen besuchte, war er bereits 95 Jahre alt. Mit meinen 39 Jahren war ich viel jünger, aber da mein Vater ein Kind des Jahres 1883 war, hatte ich vor einem Angehörigen des Jahrgangs 1896 keine Furcht. Obwohl die Stimme des Gelehrten in Göttingen, der von 1929 bis 1946 an der Universität Leipzig in der Linnéstraße an der Seite des Nobelpreisträgers Werner Heisenberg theoretische Physik gelehrt hatte, das Alter durchaus anzuhören war, staunte ich nicht wenig über meinen Interviewpartner. Professor Hund wanderte im Gespräch mit jugendlicher Freude zurück in seine Schul- und Studienzeit sowie in die Zeit der Weimarer Republik. Er analysierte aber auch mit analytischer Schärfe die NS-Diktatur in Deutschland. Friedrich Hund sprach klar, kritisch und vor allem aufrichtig über die Situation der Naturforscher der Universität Leipzig inmitten von Hitlers Diktatur und Krieg. Wir redeten bei unserem Treffen nicht nur über Schönes, sondern auch über Trauriges. Besonders prekär für die Leipziger Schule der Quantentheorie war der 1933 einsetzende Verlust der jüdischen Meisterschüler; unter ihnen so hervorragende Naturforscher wie: Felix Bloch, Edward Teller und Arnold Siegert. Auch über die Bombardierung von Leipzig und über die Besetzung der Stadt erst durch amerikanische und dann sowjetische Truppen berichtete der Leipziger Nachfolger Heisenbergs aus erster Hand. In Göttingen, wo Friedrich Hund seinen Lebensabend verbrachte, war er im Jahr 1922 Assistent von Max Born geworden. Als wir in unserem Gespräch bei der Frage nach seinem Erleben der Vorträge des dänischen Atomforschers Niels Bohr vom Juni 1922 in Göttingen angekommen waren, wurde es quicklebendig. Friedrich Hund, der im Verlauf der 1920er-Jahre als Erforscher der Regeln hervortrat, nach denen sich im Periodensystem der Elemente die Elektronenschalen der Atome aufbauen, rief nach nun fast 70 Jahren immer noch lebhaft aus: «Es war klar geworden, dass die bisherige Physik nicht ausreichte, um das Atom zu verstehen. In der Quantentheorie sah man ein Mittel dieses Verstehens. Vor allem Niels Bohr gab der Quantentheorie die Wendung zu einer Theorie des Atoms. Die Vorträge, die er in Göttingen hielt, zeigten uns seinen besonderen Zugriff. Wir jungen Leute, aber auch Franck und Born, waren begeistert. Wir hatten den Eindruck: ‹Das ist die Wissenschaft der Zukunft! Da wollen wir mitmachen!›» (04; S. 143.)

2 Schritte über Grenzen: Quantenmechanik 1925

Im Verlauf der 1920er-Jahre wurde von einer größeren Schar sehr junger Forscher um Wolfgang Pauli und Werner Heisenberg im Dialog mit den bereits etablierten Größen ihres Faches wie Max Planck und vor allem Albert Einstein und Niels Bohr mit erstaunlicher Energie um die *gültige* Formulierung der Quantenmechanik gerungen. Es war dies eine gemeinschaftliche, eine vielstimmige und eine durchaus kooperative Anstrengung und nicht der Akt eines einsamen Einspänners. Die Geburt der Quantenmechanik der modernen Physik hat *viele* Helden und *unterschiedliche* Denkorte zur Voraussetzung. Den vielleicht Tüchtigsten in diesem Netzwerk des Weiterfragens lernte Friedrich Hund im Juni 1922 in Göttingen kennen. Im Interview für Sachsen Radio – den bürgerbewegten Vorläufersender von MDR Kultur – gab der prominente Zeitzeuge im Juni 1991 zum Besten: «Ich erinnere mich noch genau an die erste Begegnung. Zu diesen Bohrfestspielen kamen die Physiker von weit her. Ehrenfest aus Leiden. Sommerfeld aus München. Landé aus Tübingen. Das kam hier zusammen. Sommerfeld brachte da einen Jungen mit, der aussah wie ein Schulbub: Heisenberg. Er war 20 Jahre alt. Der redete auf einmal in der Diskussion mit. Bohr merkte sofort, was dahinterstak und machte mit ihm einen großen Spaziergang. Das steht alles bei Heisenberg in seinen Lebenserinnerungen geschrieben. Auch Born sagte mir hinterher: ‹Diesen Heisenberg müssen wir nach Göttingen kriegen!›» (04; S. 142.) Was auch gelang. Heisenberg kam zum Wintersemester 1922/23 nach Göttingen. Wie gut er sich einlebte, geht aus einem Brief vom 5. Juni 1924 an die Eltern hervor. Der 22-jährige Heisenberg schreibt: «Heut war für mich ein sehr ereignisreicher Tag; Nils Bohr kam um 12 Uhr und war wieder sehr nett. Um 5 Uhr hatte ich alle, Bohr Born, Rossland, Hund zum Kaffee in meiner Bude, meine Hauswirtin hatte einen wunderschönen Tisch aufgebaut und es war wirklich sehr nett. Dann gingen wir spazieren und haben überhaupt viel wissenschaftlich diskutiert». (02; S. 74.) Unübersehbar: Es ging nun von Göttingen aus Schlag um Schlag voran mit dem Projekt, der klassischen Mechanik des Isaac Newton eine Quantenmechanik der vielen Köpfe rund um Heisenberg an die Seite zu stellen. Friedrich Hund immer mittendrin. Nicht schon im Juni 1925 auf Helgoland, wie von Heisenberg später in der Rückschau behauptet worden ist, sondern erst drei Monate später gelang dem Theoriestar aus den Schulen von Arnold Sommerfeld in München, Max Born in Göttingen sowie Niels Bohr in Kopenhagen der geistige Durchbruch. Über den entscheidenden Schritt zur gültigen Gestalt der Quantenmechanik im Verlauf des Jahres 1925 schreibt Thomas de Padova in seinem Buch *Quantenlicht* (2025), das sich über die Physik von 1919 bis 1929 wie ein Krimi liest: «Heisenbergs ‹Umdeutung kinematischer und mechanischer Beziehungen›, die im September 1925 in der *Zeitschrift für Physik* gedruckt wird, ist ein Meilenstein auf dem Weg zur modernen Physik. Sie birgt wesentliche Grundzüge einer neuen Quantentheorie. Am Beispiel einfacher physikalischer Modellsysteme legt Heisenberg dar, wie das von ihm ersonnene Schema eine Berechnung der Intensitäten von Spektrallinien gestattet.» (01; S. 243.)

3 Elektron: Wie mit einem zarten Pinsel in den Raum getupft

Als ich im Juni 1991 zu dem Senior der Quantentheorie nach Göttingen zum Interview fuhr, war ich durch einen zweijährigen Forschungsauftrag zum jungen Friedrich Wilhelm Schelling noch am Philosophischen Institut der Universität Leipzig tätig. Das Franz-Mehring-Institut, an dem ich von 1981 bis 1990 als Assistent und als Dozent des dialektischen und historischen Materialismus gearbeitet hatte, war gerade aufgelöst worden. Die knappe Verweildauer an der Universität war für mich lang genug, um ernsthaft über eine Philosophie in Alternative zum marxistischen Szientismus nachzudenken. Die ersten beiden Seminare, die ich frei von staatlichen Vorgaben festlegen durfte, befassten sich 1991/92 mit den *Ideen zu einer Philosophie der Natur* (1797) von Schelling und mit dem Leipziger Philosophie-Manuskript *Ordnung der Wirklichkeit* (1942/43) von Heisenberg. Meine Hypothese war die, dass sich zwischen Schellings Idee einer höheren Physik und der Denkweise Heisenbergs bei der Analyse der Schichten des Wirklichen in seinem *geistigen Testament* oder philosophischem *Vermächtnis*, wie Elisabeth Heisenberg am 9. November 1991 im Interview in Göttingen formulierte, eine Konvergenz finden lassen dürfte. Der junge Heisenberg wie der junge Schelling formulierten ihre ontologischen Überlegungen angeregt von Platons Dialog *Timaios* und beide Philosophen der Natur verabschiedeten sich davon, sich die Atome als Kugeln mit Haken und Ösen vorzustellen. Während seiner Schaffensphase in Leipzig trat Heisenberg von 1927 bis 1942/43 nicht nur als Physiker, sondern auch als Philosoph in Erscheinung. Ich finde es schade, dass sich Thomas de Padova in seinem Bestseller *Quantenlicht* nicht für Heisenbergs *Philosophie* in Anschluss an Goethes *Schichten des Wirklichen* interessiert. Aber ausgerechnet in dem Buch *Quantenlicht* wird das seinslogische Grundlagenproblem sehr schön erarbeitet, auf das es Heisenberg im Manuskript *Ordnung der Wirklichkeit* ankam. Bei Heisenberg erwuchs der Impuls, wie einst Hegel im Jahr 1812 in Nürnberg, nun von etwa 1941 bis 1943 in Leipzig und Berlin eine neue Seinslogik zu schreiben, aus einer Dialogerfahrung, die für ihn in den Juni 1922 nach Göttingen zurückführt und die vor allem durch den intensiven Austausch mit Niels Bohr ausgelöst war. An seine Frau Elisabeth schrieb Heisenberg am 10. Juli 1941 aus Berlin über das Motiv seines naturphilosophischen Schreibens zu den Schichten des Wirklichen: «Aber da Bohr seine Gedanken wohl nicht aufschreiben wird, ist es gut, dass irgendeiner, der sie kennt, das aufschreibt, was er draus macht.» (03; S. 175/176.) In seinen Text weihte Heisenberg seine Frau Elisabeth ein, aber weder den Physiker-Kollegen Friedrich Hund noch den Philosophen-Kollegen Hans-Georg Gadamer und auch nicht seinen Schüler Carl Friedrich von Weizsäcker. Diesbezüglich war Heisenberg nicht sehr gesprächig. Er selber schrieb auch in den Briefen an seine Frau immer von einer *Privatphilosophie*. Umso beharrlicher arbeitete er aber trotz der Verpflichtungen im Uranverein noch 1942/43 entschieden daran, den Wirklichkeitsschock in Worte zu fassen, den er als theoretischer Physiker während der Mitte der 1920er-Jahre beim Durchbruch zur Quantenmechanik durchlebt hatte. Ich denke, dass Thomas de Padova den Nerv von Heisenbergs dynamisch verfasster Ontologie sehr gut trifft, auch wenn er das Ordnungsmanuskript nicht bespricht. Der Autor von *Quantenlicht* arbeitet präzis und quellenkritisch belegt heraus, dass sich durch die Geburt der Quantenmechanik ein tiefer logischer Wechsel vom *Kugelelektron* zum *Quantenelektron* vollzogen hat: «Nachdem die Quantentheorie die Physik durcheinandergewirbelt hat, liegt im Herbst 1927 ein anderes Elektron auf dem Präsentierteller der Wissenschaft: ein Quantenteilchen. Dieses Elektron hat nichts mehr mit Kugeln und der gewöhnlichen Materie gemein. Es scheint wie mit einem zarten Pinsel in den Raum getupft worden sein.» (01; S. 327.)

4 Physik-Recherche im Karl-Marx-Haus

Wie konnte ich es nun aber 1991 wagen, einen Fachmann wie Friedrich Hund in Göttingen zu besuchen und für den Sender Sachsen Radio zu befragen? Vielleicht sollte ich die folgende Frage aus dem Abstand von 34 Jahren etwas ausführlicher beantworten: Was hatte ich in der DDR gelernt, das den Zusammenbruch des Systems überdauerte? Es trifft zu, dass ich wie viele meiner Kollegen im Jahr 1990 als Dozent des dialektischen und historischen Materialismus abberufen worden bin. Doch meine B-Dissertation von 1984 über «Die philosophische Diskussion zur Physik in der deutschen Sozialdemokratie (1875–1925)» ist nach der Wende als Habilitationsschrift anerkannt worden. In dieser Studie ist trotz der Lenin-Gläubigkeit in Fragen der Seinslehre etwas Wichtiges zu lernen. In der Arbeit wird empirisch belegt, dass in der Presse der deutschen Sozialdemokratie im ersten Drittel des 20. Jahrhunderts gehaltvoll über die Entwicklungen in den Naturwissenschaften berichtet worden ist. Nicht nur über die Biologie, sondern auch über die Physik und vor allem über die Technik. Zu den Ideen von Heinrich Hertz und Max Planck bis zu Albert Einstein, Niels Bohr und Werner Heisenberg finden sich in den Journalen der Sozialdemokratie kluge, informative und wichtige Beiträge. Ihre Lektüre war für mich eine gute Schulung für den späteren Sprung in den Wissenschaftsjournalismus. Auch Thomas de Padova schaut in seinem Buch über *Das Jahrzehnt der Physik 1919–1929* einmal kurz in die sozialdemokratische Parteizeitung *Vorwärts* vom 15. November 1919 rein, um das Echo auf die Verleihung des Nobelpreises an Max Planck und an weitere deutsche Naturforscher zu dokumentieren. (01; S. 49.) Aber ansonsten lässt er die starke Quanten-Information in den sozialdemokratischen Journalen sowie in dem Buch von Bruno Borchardt über *Wandlungen der Atomvorstellung* (1928) aus dem Verlag J.H.W. Dietz Nachfolger in Berlin leider links liegen. Das ist wirklich schade. Immerhin identifizierten sich während der Weimarer Republik tüchtige Physiker mit dem Geist und mit der Kultur der Sozialdemokratie, wie es viele Sozialdemokraten gab, die sich über das Neue in Naturwissenschaft und Technik nicht zuletzt in der Parteipresse informieren wollten. Erzählte Friedrich Hund im Juni 1991 in Göttingen davon, dass Alfred Landé im Juni 1922 aus Tübingen zu den Bohrfestspielen anreiste, läuteten bei mir die Glocken. Der Physiker Alfred Landé, der aus einer sozialdemokratischen jüdischen Familie in Elberfeld stammt und der als junger Mann mit den Physikerschulen von Max Born und Arnold Sommerfeld vertraut wurde, war mir 1980 im Karl-Marx-Haus als ein Autor der *Sozialistischen Monatshefte* aufgefallen. Dazu ein kleiner Abstecher zurück in die DDR und dann aber hinter den Eisernen Vorhang nach Trier. Im Frühjahr 1980 hatte ich die Chance, gemeinsam mit meinem Doktorvater und Kollegen Kurt Reiprich zwei Wochen durch die Bundesrepublik zu reisen. Zu diesem Zeitpunkt war ich noch an der Bergakademie Freiberg als Assistent der Philosophie tätig, während mein Chef bereits nach Leipzig an das Franz-Mehring-Institut der Universität Leipzig gewechselt war. Unsere Reise führte von Berlin aus nicht gleich nach Frankfurt a. M. und Bremen, sondern zunächst einmal arbeiteten wir eine Woche lang im Karl-Marx-Haus. Ich saß in der Bibliothek des Geburtshauses von Marx und holte mir Jahrgang für Jahrgang die *Sozialistischen Monatshefte* aus dem Regal und machte mir in kleinen Rechenheften Notizen. Dabei konnte ich nur staunen, wie systematisch und wie gut sowohl über die Relativitätstheorien von Einstein als auch über die Quantentheorien von Planck und Einstein sowie von Bohr und Heisenberg berichtet wird. In meinen Notizen aus dem Karl-Marx-Haus kann ich heute noch nachlesen, dass Alfred Landé im 25. Jahrgang der *Sozialistischen Monatshefte* (1919) über *Atombau* und Niels Bohr sowie über *Massenverteilung im Weltall* und über Einsteins Studie *Kosmologische Betrachtungen zur allgemeinen Relativitätstheorie* geschrieben hat. Im Jubiläumsjahr *100 Jahre Quantenmechanik* lässt sich am Computer bequem die digitale Version der *Monatshefte* aufschlagen. Gleich Anfang 1919 findet sich Schwarz auf Weiß von Ernst Landé eine frühe Arbeitsvision zur Quantentheorie: «Die Atome verdienen ihren Namen als unteilbare letzte Bausteine der Materie nicht mehr, seit dem sie als Planetensysteme bewegter Elektronen erkannt wurden. Der theoretischen Physik erwächst die Aufgabe, diese Planetensysteme elektrischer Massen im Einzelnen genauso zu ergründen, wie das von den Astronomen in ihrem Gebiet gemacht wird, um dann aus dem so gewonnenen Bild alle Atomäußerungen verstehen zu können. Die Erfolge, die Niels Bohr bei der Erklärung des Wasserstoffserienspektrums erzielt hat, und die von Arnold Sommerfeld bis in die äußersten Feinheiten vorausberechneten optischen und Röntgenspektren haben bereits vielversprechende Aufschlüsse über die Gesetze der Atomastronomie ergeben.» (06; Heft vom 20. Januar 1919, S. 46.) Auch wenn die Hypothese einer Atomastronomie nicht ganz so aufging, wie Landé sich das 1919 vorgestellt hat, ist sie erwähnenswert. Im Jahr darauf war er, wie in dem Buch *Quantenlicht* bei Thomas de Padova zu erfahren ist, dann auch «im Herbst 1920 einige Zeit bei Niels Bohr in Kopenhagen». (01; S. 117.) Das Steckenpferd von Landé wurde es, die Aufspaltung der Spektrallinien zu berechnen, die durch ein Magnetfeld hervorgerufen wird. «Bravo, Sie können hexen!», schrieb ihm Sommerfeld im Februar 1921 voller Anerkennung. (01; S. 117.) Gleich im ersten Semester seines Studiums in München bei Sommerfeld stürzte sich auch Heisenberg im Winter 1920/21 auf eben dieses Thema der Erklärung des «Zeeman-Effektes». Beim Deutschen Physikertag vom September 1921 in Jena traf er mit Landé aus Frankfurt nun auch persönlich zusammen. Über das Ergebnis der Aussprache berichtete Heisenberg am 19. September 1921 an die Eltern im Ton des Triumphs: «Und eben habe ich in der Diskussion mit Landé und Pauli einen vollen Sieg auf der ganzen Linie gewonnen.» (01; S. 118.)

5 Quanten-Information in der sozialdemokratischen Presse

Unterdessen ging die Information zur Atomphysik und speziell zur Quantentheorie in den Spalten der *Sozialistischen Monatshefte* munter weiter. Sowohl über die Verleihung des Nobelpreises an Einstein für das Jahr 1921 «wegen seiner Entdeckung des

Gesetzes des photoelektrischen Effektes» als auch über die Preisverleihung an Bohr für das Jahr 1922 «wegen seiner Verdienste um die Erforschung der Struktur der Atome und der von ihnen ausgehenden Strahlung» wird gleich im Heft vom 16. Januar 1923 berichtet. Der Autor war Ernst Lau. Im 35. Jahrgang der *Monatshefte* von 1929 informierte schließlich Juda Leman unter dem Stichwort *Mikroprozesse* über den Welle-Teilchen-Dualismus und über die Unschärfe-Relation, wobei nun auch Heisenberg als ein neuer Stern am Himmel der Naturforschung erwähnt wird. Heisenberg war bereits im Herbst 1927 Professor an der Universität Leipzig geworden und hatte sich 1929 Friedrich Hund an seine Seite geholt. Im altehrwürdigen Geburtshaus von Karl Marx konnte ich im Frühjahr 1980 während der Wochen vor Ostern durch Artikel und Notizen von Alfred Landé, Bruno Borchardt, Ernst Lau und Juda Leman auf eine nachhaltige Weise lernen, dass die Quantentheorie während der Weimarer Republik heftig in Fluss kam und daher auch ein öffentliches Ereignis bis in die Kreise einer an Bildung interessierten Sozialdemokratie wurde. Der Autor, der in den *Monatsheften* am kontinuierlichsten über die Berliner Physik sowie am besten über die Theorien Einsteins und ebenfalls über den «genialen dänischen Forscher Niels Bohr» (Siehe das Buch: *Wandlungen der Atomvorstellungen*) berichtet hat, war der Physiker und Sozialdemokrat Bruno Borchardt. Nicht Lenin, sondern Bruno Borchardt war der eigentliche Held meiner Habilschrift, die ich Ende 1984 an der Universität Leipzig verteidigt habe, deren Buchstaben aber inzwischen völlig verblasst sind. Der jüdische Intellektuelle Bruno Borchardt wurde – wie in seinem Wikipedia-Artikel zu erfahren ist – im November 1938 in Falkensee im Alter von 79 Jahren von SA-Leuten derart geschlagen, dass er an den Folgen verstarb. Wer nur ein wenig in den *Sozialistischen Monatsheften* blättert und die vielen soliden Notizen über *Atombau* zu Beginn der 1920er-Jahre nachliest, der erfährt aus dieser gewichtigen, aber leider vergessenen und unterschätzten Originalquelle der Weimarer Republik, dass Friedrich Hund im Juni 1922 in Göttingen den Nerv der Zeit traf, als ihm durch den Auftritt von Niels Bohr zur Quantentheorie aufging: «Das ist die Wissenschaft der Zukunft».

6 Stimme von Friedrich Hund 1991 ins Radio gebracht

Der Wiedergewinn der deutschen Einheit war noch frisch: Da wurde von dem Sender *Sachsen Radio* das Zeitzeugeninterview mit Professor Hund am Mittwoch, den 30. Oktober 1991 – am Vorabend des Reformationstages – zur besten Sendezeit ab 20:05 Uhr in einer Länge von 110 Minuten ausgestrahlt. Mein Redakteur war Hansdieter Hoyer, der schon in den bewegten Zeiten des Rufs nach «Glasnost» und «Perestroika» beim Sender Leipzig leitend tätig war. Es ging uns darum, einem Naturforscher in der Nachwendeordnung eine Stimme zu geben, der mit seiner Frau in Göttingen seinen Lebensabend verbringt, der mit seiner Familie Ende 1951 von Jena aus in die Bundesrepublik nach Frankfurt a. M. und dann wieder nach Göttingen ging, der aber 1945 Prorektor der Universität Leipzig und 1948 Rektor der Universität Jena war. Dieser weltläufige Mann, der im Frühjahr 1929 an der Harvard-Universität und anderen amerikanischen Universitäten Quantenphysik gelehrt hat, aber im Jahr 1915 in Naumburg sein Abitur gemacht hatte, war bis ins Alter von einem Geist der Wachheit, der Freiheit und der Unvoreingenommenheit beseelt, der auf dem Weg zu einer demokratisch verfassten Gesellschaft und zu einer freiheitlich geordneten Wissenschaftslandschaft in Sachsen durchaus ins Radio gehörte. Das vollständige Gespräch findet in dem Buch *Friedrich Hunds langer Weg nach Göttingen* einen publizistischen Ort. Die Studie über ein hervorragendes Physikerleben entstand auf Initiative des Alumnivereins der Physikalisch-Astronomischen Fakultät e.V. an der Friedrich Schiller Universität Jena. Zu meiner Freude hat mich am 8. September 2023 der Tieftemperaturphysiker Paul Seidel – der Vorsitzende des Vereins – eingeladen, an diesem Projekt mitzuwirken und den Dialog über das quantenbewegte Physikerschaffen von Friedrich Hund im Wechsel von Frage und Antwort zugänglich zu machen. Gerald Wiemers und Helmut Rechenberg haben ihr Porträt für die *Sächsischen Lebensbilder* (2003) mit einem Satz beendet, der auch als Extrakt des Zeitzeugeninterviews angesehen werden kann, das von Sachsen Radio am 30. Oktober 1991 ausgestrahlt worden ist. Wiemers und Rechenberg konstatieren: «Der persönlich immer bescheiden auftretende Friedrich Hund muß zu den großen Gelehrten gezählt werden, die im 20. Jahrhundert für die Menschen die Welt der Atome aufgeschlossen haben.» (05; S. 288.)

Literatur

(1) Thomas de Padova: *Quantenlicht. Das Jahrzehnt der Physik 1919–1929.* Carl Hanser Verlag GmbH & Co. K.G., München 2024.

(2) Werner Heisenberg: *Liebe Eltern. Briefe aus kritischer Zeit 1918 bis 1945.* Herausgegeben von Anna Maria Hirsch-Heisenberg. Langen Müller in der F.A. Herbig Verlagsbuchhandlung GmbH, München 2003.

(3) Werner Heisenberg / Elisabeth Heisenberg: *«Meine liebe Li!» Der Briefwechsel 1937–1946.* Herausgegeben von Anna Maria Hirsch-Heisenberg. Residenz Verlag, St. Pölten – Salzburg 2011.

(4) *Friedrich Hunds langer Weg nach Göttingen. Wanderjahre und Grenzgänge eines Physikers in Leipzig und Jena 1945–1951.* Herausgegeben von Wolfgang Ziegler, Paul Seidel, Ralf Hahn. GNT Publishing, Berlin 2026. (Erscheint voraussichtlich Ende September 2025.)

(5) *Sächsische Lebensbilder. Band 5.* Herausgegeben von Gerald Wiemers. Porträt: Friedrich Hund (1896–1997) von Helmut Rechenberg und Gerald Wiemers. Verlag der Sächsischen Akademie der Wissenschaften zu Leipzig. In Kommission bei Franz Steiner Verlag Stuttgart, 2003. S. 271–288.

(6) *Sozialistische Monatshefte* (1897–1933). Online-Edition der Bibliothek der Friedrich-Ebert-Stiftung. ■

Michael Brie

Vernunft oder Macht

Der Verbleib der Bundesrepublik in der NATO 1990 und der Weg in neue Unmündigkeit

Die Europäische Union sieht sich als Friedensprojekt, doch die Tatsachen sprechen eine andere Sprache. Seit Ende des Kalten Krieges 1990 waren Staaten der Europäischen Union an einer Vielzahl von Kriegen in der eigenen Nachbarschaft beteiligt, haben sie teilweise mitverursacht oder nicht zu verhindern vermocht. Nicht Asien, nicht Afrika oder Lateinamerika, sondern Europa und die Länder in seiner unmittelbaren geopolitischen Nachbarschaft waren das weltweite Zentrum von Kriegen. Anstelle eines Kontinents universeller Sicherheit, wie er in Helsinki 1975 und Paris 1990 proklamiert wurde, ist Europa zu einem Kontinent der Unsicherheit, Aufrüstung und militärischen Konfrontation geworden.

Wie aber konnte es dazu kommen? Am Ende der 1980er-Jahre schien alles in Bewegung, um die aufgestauten Probleme von Kaltem Krieg, wachsender Umweltzerstörung und globaler Unterentwicklung zu lösen. Mit den Berichten von Olof Palme (Unabhängige Kommission für Abrüstung und Sicherheit 1982), Gro Harlem Brundtland (Hauff 1987) und Willy Brandt (Brandt 1982) und dem Neuen Denken von Michail Gorbatschow (Gorbatschow 1988) gab es endlich eine gemeinsame Plattform in Ost und West. Die demokratischen und weitgehend friedlichen Umbrüche in Ostmitteleuropa und in der Sowjetunion boten eine große Chance. Im Westen Europas gab es starke Reformkräfte für eine Agenda des Friedens, des globalen sozialen Ausgleichs und der ökologischen Transformation. Liest man heute die programmatischen Erklärungen jener Parteien und Bewegungen, die sich in der DDR Ende 1989 gründeten, so zielten auch sie alle in diese Richtung. Macht und Vernunft schienen bei den Treffen von Michail Gorbatschow und Ronald Reagan 1986 in Reykjavík, beim Aufstieg demokratischer Volksbewegungen und Regierungen, die sich auf die Werte von Freiheit und Gleichheit beriefen, versöhnt.

Doch es kam anders. Es gibt welthistorisch Momente, bei denen große Bewegungen, in denen Regierung wie Völker zur Vernunft kommen, sich in Nichts auflösen. Die Götter brechen dann in homerisches Gelächter aus, den Zeitgenossen bleibt es im Halse stecken. Misst man die Ereignisse von 1989/90 an den in den genannten internationale Berichten formulierten Kriterien, so hätte es zu dieser Zeit der Einleitung von drei Umbrüchen bedurft – erstens einer sozialökologischen Transformation im Westen mit globaler Ausstrahlung, zweitens einer doppelten Transformation im Osten, die die Erfolge des Staatssozialismus bewahrt, Errungenschaften des Westens aufgreift und auch den ökologischen Umbau einleitet (Klein 1992) sowie drittens des Übergangs zu einer neuen globalen Wirtschaftsordnung, die die Überwindung von Armut global ins Zentrum stellt. Durchgesetzt aber hat sich damals ein neoliberales und imperiales Weiter-So unter unilateraler Vorherrschaft der USA. Dies gilt auch für den Bereich der Friedens- und Sicherheitspolitik in Europa. Macht und Vernunft gingen wieder getrennt Wege, weil die Vernünftigen machtlos waren.

Am 21. November 1990 wurde durch die Mitgliedsstaaten der Konferenz für Sicherheit und Zusammenarbeit in Europa (KSZE) die «Charta von Paris für ein neues Europa» verabschiedet. In der Präambel hieß es: «Wir, die Staats- und Regierungschefs der Teilnehmerstaaten der Konferenz über Sicherheit und Zusammenarbeit in Europa, sind in einer Zeit tiefgreifenden Wandels und historischer Erwartungen in Paris zusammengetreten. Das Zeitalter der Konfrontation und der Teilung Europas ist zu Ende gegangen. Wir erklären, dass sich unsere Beziehungen künftig auf Achtung und Zusammenarbeit gründen werden. Europa befreit sich vom Erbe der Vergangenheit. Durch den Mut von Männern und Frauen, die Willensstärke der Völker und die Kraft der Ideen der Schlussakte von Helsinki bricht in Europa ein neues Zeitalter der Demokratie, des Friedens und der Einheit an.» (KSZE 1990) Heute aber, 35 Jahre später, kann von einer den Kontinent umspannenden Zone der Demokratie, des Friedens und der Einheit nicht mehr gesprochen werden. Im Gegenteil: Eine Welle enthemmter Aufrüstung auf der Basis modernster und gefährlichster Waffensysteme ist entfacht, während die Verträge der Rüstungskontrolle beendet wurden. In der Ukraine tobt nach dem Angriff Russlands schon über drei Jahre der größte konventionelle Krieg in Europa seit 1945 mit Hunderttausenden Toten auf beiden Seiten. Er ist seinen Ursachen und Charakter nach vor allem ein Stellvertreterkrieg (Bierbaum/Brie 2024a, 2024b) und keinesfalls unprovoziert (Horton 2024; Sarotte 2024). Die Ära der Entspannung ist durch eine Ära neuer Konfrontation abgelöst, die lange dauern wird. Für Jahrzehnte sind die Chancen auf gemeinsame Sicherheit *mit* Russland zerstört.

Sicherheitspolitisch gab es 1990 zwei Prozesse: Zum einen gab es einen laut hörbaren Prozess der Hoffnung, der durch eine Vielzahl von Erklärungen in Ost und West genährt wurde. Es wurde das Ende der Feindschaft erklärt, die Sowjetunion und die USA schlossen eine ganze Reihe von Rüstungskontroll- und Abrüstungsabkommen, der Warschauer Vertrag befand sich in Auflösung. Wie schon nach 1945 erschienen denen, die in das neue Zeitalter eintraten, am Eingang die Worte Schillers von 1785: «Freude, schöner Götterfunken,/ Tochter aus Elysium,/ Wir betreten feuertrunken/ Himmlische, dein Heiligtum. [...] Alle Menschen werden Brüder,/ Wo Dein sanfter Zauber weilt». Das Tor zu einem neuen Zeitalter der Hoffnung auf die Durchsetzung der Vernunft schien weit geöffnet.

Es gab aber einen anderen Prozess, weit weniger hörbar. Dies war der Prozess des Umbruchs der Machtverhältnisse in Europa und der Welt und seiner Ausnutzung durch die, die sich als Sieger im Kalten Krieg nach 1945 sahen. Dieser Prozess öffnete eine ganz andere Tür. Nachdem am 9. November 1989 die Regierung der DDR Reisefreiheit zuließ, wurde aus der inneren Reform und dem Umbruch in der DDR in kurzer Zeit eine Entwicklung, die auf den Beitritt der DDR zur Bundesrepublik hinauslief. Dies aber stellte die Präsenz der Streitkräfte der Sowjetunion und der USA in Mitteleuropa und mehr noch die zentrale Stellung beider Mächte im gesamteuropäischen Sicherheitssystem in Frage. Zur gleichen Zeit votierten die Bürgerbewegung der DDR und die neu gebildeten oder sich neu orientierenden

Parteien der DDR im Herbst unisono für ein entmilitarisiertes und blockfreies Land. Bevor der am 19. April 1990 nach freien Wahlen durch die Volkskammer gewählte Ministerpräsident der DDR, de Maizière, durch die westdeutsche Seite auf deren Linie gebracht wurde, vertrat er die Position, dass «eine NATO-Zugehörigkeit eines geeinten Deutschlands nur für eine Übergangsperiode bis zur Bildung eines gesamteuropäischen Sicherheitssystems hinzunehmen» (Gehler 2024: 60) sei. Bei einem Gespräch mit Gorbatschow am 29. April formulierte de Maizière die Position der gerade erst gewählten Regierung der DDR so: «Wir sind für eine Politik, die sich auf eine Auflösung der Blöcke, natürlich auch der NATO, zubewegt.» (Galkin/Tschernjajew 2011a: 386) Eine vollständige Integration des vereinten Deutschlands in die NATO könne er sich nicht vorstellen.

Dieses gegen Militärbündnisse und Atomwaffen gerichtete Erbe der Bürgerrechtsbewegung der DDR und der Reformkräfte in der SED, dem sich auch die im März 1990 frei gewählte Regierung der DDR verpflichtet sah, schlug die Regierung der Bundesrepublik aus. Sie sah die Machtlosigkeit dieser Positionen und konnte und wollte sie ignorieren. Wolfgang Schäuble, der die Verhandlungen zwischen der Bundesrepublik und der DDR seitens Westdeutschlands führte, machte von Anfang an klar, was dieser Beitritt bedeutete. Seine «stehende Rede», so erinnerte er, sei gewesen: «Liebe Leute, es handelt sich um einen Beitritt der DDR zur Bundesrepublik, nicht um die umgekehrte Veranstaltung. Wir haben ein gutes Grundgesetz, das sich bewährt hat. Wir tun alles für euch. Ihr seid herzlich willkommen. Wir wollen nicht kaltschnäuzig über eure Wünsche und Interessen hinweggehen. Aber hier findet nicht die Vereinigung zweier gleicher Staaten statt. Wir fangen nicht ganz von vorn bei gleichberechtigten Ausgangspositionen an. Es gibt das Grundgesetz, und es gibt die Bundesrepublik Deutschland. Lasst uns von der Voraussetzung ausgehen, dass ihr vierzig Jahre lang von beiden ausgeschlossen wart.» (Schäuble 1991: 131) Dazu gehörten auch die Mitgliedschaft der Bundesrepublik in der NATO und die Präsenz von Truppen der USA auf deutschem Boden. Beides sollte nicht angetastet werden.

Schon im Januar 1990 wurde klar, dass die Sowjetunion sich einer Vereinigung der beiden deutschen Staaten nicht in den Weg stellen könne und wolle. In einer internen Beratung am 26. Januar stellte Gorbatschow fest: «Es gibt keine wirklichen Kräfte in der DDR. Folglich können wir auf den Prozess nur über die BRD einwirken.» Er fügte hinzu: «Das Wichtigste ist, dass niemand damit rechnen sollte, dass ein vereinigtes Deutschland in die NATO eintritt. Die Anwesenheit unserer Streitkräfte wird das nicht zulassen. Und abziehen können wir sie, wenn die Amerikaner ihre Streitkräfte ebenfalls abziehen.» So düster wie prophetisch war seine Warnung: «Es gab den Frieden von Brest Nr. 1[1], jetzt sind wir in der Situation des «Friedens von Brest» Nr. 2. Wenn wir das nicht in den Griff bekommen, dann droht uns [...], dass man uns wieder das halbe Land absäbelt.» (Galkin/Tschernjajew 2011b: 286, 287, 289)

1 Der Friedensvertrag von Brest-Litowsk wurde am 3. März 1918 zwischen der sowjetischen Regierung und dem Deutschen Reich, Österreich-Ungarn und dem Osmanischen Reich geschlossen: «Russland verlor durch diesen Friedensvertrag 26 % des damaligen europäischen Territoriums, 27 % des anbaufähigen Landes, 26 % des Eisenbahnnetzes, 33 % der Textil- und 73 % der Eisenindustrie sowie 73 % der Kohlegruben. Die Randvölker des ehemaligen russischen Kaiserreiches tauschten die russische Herrschaft mit dem Protektorat der Mit-

Am 9. Februar 1990 war der Außenminister der USA, James Baker, in Moskau und traf Gorbatschow. In dem Gespräch begründete er, wieso das vereinigte Deutschland in der NATO bleiben müsse. Einerseits ginge es darum, Deutschland unter Kontrolle zu behalten: «Wenn Deutschland neutral wird, wird es nicht unbedingt nicht militaristisch sein. Im Gegenteil, es kann durchaus die Entscheidung treffen, sein eigenes atomares Potenzial zu schaffen, statt sich auf die amerikanische nukleare Abschreckung zu verlassen. Alle unsere westeuropäischen Bündnispartner und eine Reihe osteuropäischer Länder haben uns zur Kenntnis gebracht, dass die militärische Präsenz der Vereinigten Staaten in Europa erhalten bleiben soll.» (Galkin/Tschernjajew 2011c: 312) Ohne Verbleib Deutschlands in der NATO aber müsse die USA aus Europa abziehen. Dies aber, so Condoleezza Rice in einem Gespräch mit einem engen Berater Gorbatschows, habe die USA nicht vor (Galkin/Tschernjajew 2011d: 341). Dies implizierte, ohne dass es ausgeführt werden musste, dass die USA damit den Anspruch erhoben, unilateral, also ohne die Sowjetunion, Deutschland und damit die Mitte Europas militärisch zu kontrollieren, während die Sowjetunion sich aus Mitteleuropa verabschieden müsse.

Angesichts dieser Gefahr eines Kleineuropas ohne Russland setzte die sowjetische Führung alle ihr möglichen Anstrengungen darauf, zu bindenden Vereinbarungen über neue *gesamteuropäische* Sicherheitsstrukturen unter Einschluss der USA wie der Sowjetunion zu kommen, die zur Auflösung nicht nur des Warschauer Vertrages, sondern auch der NATO führen sollten. Die US-Regierung sah darin vor allem den Versuch, «ein Deutschland nach ihren [den sowjetischen – M.B.] Interessen zu schaffen» (Teltschik 2024: 285), verfolgte aber umgekehrt die Unterordnung des Vereinigungsprozesses Deutschlands unter die Steigerung der eigenen Macht mit aller Entschiedenheit und Härte. Während die Vorschläge der Sowjetunion auf eine inklusive Lösung der europäischen Sicherheitsprobleme unter Einbeziehung der USA hinausliefen, zielten die der USA genau umgekehrt auf den Ausschluss der Sowjetunion aus einer künftigen Sicherheitsstruktur. Vorschläge, die schon im April 1989 aus der Sowjetunion gekommen waren, mit dem Westen eng zusammenzugehen, auch im Rahmen einer gemeinsamen Sicherheitsstruktur, wurden zu keinem Zeitpunkt ernsthaft erörtert (Horton 2024: 47). Vorstöße der Sowjetunion und Russlands, selbst der NATO beizutreten, stießen auf taube Ohren.

In dem schon genannten Gespräch zwischen Gorbatschow und Baker fiel am 9. Februar 1990 eine für die Sowjetunion entscheidende Zusicherung der USA, an die sich deren Führung im Weiteren klammerte, auch wenn es zu keiner schriftlichen Vereinbarung kam. Baker versicherte: «Wir verstehen, dass es nicht nur für die Sowjetunion, sondern auch für die anderen europäischen Länder wichtig ist, Garantien dafür zu haben, dass – wenn die Vereinigten Staaten ihre Anwesenheit in Deutschland im Rahmen der NATO aufrechterhalten – die Jurisdiktion oder militärische Präsenz der NATO in östlicher Richtung um keinen einzigen Zoll ausgedehnt wird. Wir sind der Meinung, dass die Konsultationen und Beratungen

telmächte. Alle abzutretenden Gebiete umfassten insgesamt 1,42 Millionen km², auf denen rund 60 Millionen Menschen, mehr als ein Drittel der Gesamtbevölkerung des einstigen Russischen Reiches, lebten.» (Wikipedia 2025a) im Rahmen des ‹2+4›-Mechanismus Garantien dafür geben müssen, dass die Vereinigung Deutschlands nicht zu einer Ausdehnung der militärischen Organisation der NATO nach Osten führt.» (Galkin/Tschernjajew 2011c: 312)

Zwei Wochen nach seiner Reise in die Sowjetunion flog Helmut Kohl in die USA. Präsident George W. Bush hatte ihn nach Camp David eingeladen, eine Premiere für einen Kanzler der Bundesrepublik. In vertraulicher Atmosphäre wollte Bush seine Position zur Frage der Vereinigung der beiden deutschen Staaten und zur NATO klar machen. Bewusst wurde Dietrich Genscher, westdeutscher Außenminister, zu diesem Treffen nicht eingeladen (siehe Gehler 2024: 50).[2] In seinem Tagebuch hielt Teltschik als Ergebnis der Gespräche in Camp David fest: «Einvernehmen, dass Gorbatschow genau wissen müsse, dass NATO-Mitgliedschaft eines geeinten Deutschlands unvermeidlich sei, welche Sicherheitsgarantien er erhalte und was mit den sowjetischen Truppen in Deutschland geschehen werde. Baker zieht seine Aussage von der Nichtausweitung der NATO-Jurisdiktion auf erneute Anfrage des BK [Bundeskanzlers – M.B.] zurück. […] Es müsse verhindert werden, dass Sowjetunion die DDR-Bevölkerung als Hebel gegen NATO-Mitgliedschaft benutze. 11.00 Uhr: Gemeinsame Pressekonferenz BK – Bush. Der Präsident versichert den Journalisten, dass sich die Ansichten in den grundlegenden Fragen gleichen. Er spricht sich für die deutsche Einheit, beginnend mit der Währungsunion, aus. Besonders stellt er die Übereinstimmung heraus, dass ein geeintes Deutschland ‹Vollmitglied der NATO und auch Teil des militärischen Verbundes der NATO› bleiben müsse und die US-Streitkräfte dort weiter verbleiben sollen.» (Teltschik 2024: 286) Von diesem Zeitpunkt an hatten die USA die Garantie, dass das vereinigte Deutschland mit Helmut Kohl als Kanzler in der NATO bleiben würde und die weitere militärische Präsenz der USA in Mitteleuropa gewährleistet sei. Umgekehrt konnte sich Kohl der uneingeschränkten Unterstützung der USA für eine schnelle Herstellung der Einheit der beiden deutschen Staaten sicher sein, solange nur die Mitgliedschaft des vereinten Deutschlands in der NATO gesichert wird.

Die Reaktion des sowjetischen Präsidenten Gorbatschow kam umgehend. In einem Interview gegenüber der Zeitung *Pravda* erklärte er am 7. März zur Mitgliedschaft des vereinten Deutschlands in der NATO: «Dem können wir nicht zustimmen. Dies ist absolut ausgeschlossen.» (Galkin/Tschernjajew 2011e: 354) Es kam aber völlig anders. Die Sowjetunion verfügte im Sommer 1990 nicht mehr über eine Vetomacht, mit der sie den Beitritt der DDR zur Bundesrepublik mit Verweis auf die NATO-Frage hätte aufhalten können. Zudem hatte der Leiter der politischen Abteilung der westdeutschen Botschaft in Moskau, Achim von Arnim, recht: «Wir können uns die Einheit kaufen, und zwar mit Geld. Sicherheitspolitische Konzessionen würden wahrscheinlich gar nicht nötig sein.» (Gehler 2024: 51 f.) Insgesamt zahlte die Bundesrepublik über 20 Mrd. DM.

Am 18. April 1990 übergab der führende Deutschland-Experte der sowjetischen Regierung, Valentin Falin, Gorbatschow ein

2 In einer Rede in Tutzing hatte Genscher die Ausdehnung der NATO auf das Territorium der DDR und auf Staaten im östlichen Mitteleuropa abgelehnt. Er sprach sich dafür aus, der Sowjetunion dafür feste Garantien zu geben. Am 23. März unterbreitete Genscher Vorschläge, die auf einen «gemeinsamen Wandel» von NATO und Warschauer Vertrag hinausliefen, die in einem gemeinsamen europäischen Sicherheitssystem aufgehen sollten, was Kohl «wutentbrannt» in einem Brief an Genscher rügte (Gehler 2024: 53).

Memorandum. Ausgangsprämisse war die Erkenntnis: «Der Handlungsspielraum der Sowjetunion ist derzeit aufs Höchste eingeschränkt, und der Westen ist in der Lage, ohne das Risiko einer ernsthaften Konfrontation seine alten Ansprüche maximal zu verwirklichen.» (Galkin/Tschernjajew 2011f: 368) Ausgehend davon sei der Westen in der Frage des «militärischen Status» des vereinigten Deutschlands dazu übergegangen, «eine Entscheidungsschlacht zu führen» (Galkin/Tschernjajew 2011f: 371) Falin kam zu dem Schluss, dass sich das strategische Ziel der Sowjetunion – die Schaffung einer gesamteuropäischen Sicherheitsstruktur – in Luft aufgelöst habe: «Zieht man eine Zwischenbilanz für das vergangene Halbjahr, dann muss man feststellen, dass sich das ‹gesamteuropäische Haus› von einer konkreten Aufgabe, mit deren Verwirklichung die Länder des Kontinents schon fast beschäftigt waren, in eine Fata Morgana verwandelt.» (Galkin/Tschernjajew 2011f: 374) Realpolitisch waren die Entscheidungen zu diesem Zeitpunkt gefallen und die Weichenstellungen in Richtung der NATO-Osterweiterung bei gleichzeitigem Ausschluss der Sowjetunion gestellt. Baker brachte es gegenüber Gorbatschow am 18. Mai 1990 so auf den Punkt: «Natürlich ist es gut, über gesamteuropäische Sicherheitsstrukturen zu reden, über die Rolle der KSZE. Das ist ein herrlicher Traum, jedoch nur ein Traum. Die NATO aber existiert.» Und diese NATO ließ letztlich auch den Traum vom gesamteuropäischen Haus platzen, da sich die Staaten Ostmitteleuropas unter das Haus der NATO flüchteten. Aus den Hoffnungen wurden Illusionen, weil die handlungsfähigen Akteure ihre Vormacht nutzten, um einseitige Vorteile aus der Situation zu ziehen.

Für den Verbleib des vereinigten Deutschlands in der NATO wurden gute Gründe angeführt: Erstens versicherten die USA der Sowjetunion immer wieder, nun würden sie allein Deutschland unter Kontrolle halten. Dies leuchtete auch den Franzosen, Briten, Polen ein: Wer sonst hätte Deutschland von Vormachtstreben abhalten können? Zweitens bedurfte es keiner großen Veränderungen der von den USA dominierten westlichen Strukturen. Sie mussten nur ausgedehnt werden. Es gab einen dritten, aus Sicht der USA machtpolitisch entscheidenden Grund: Ohne den Verbleib Deutschlands in der NATO hätte die NATO keine Existenzberechtigung mehr und die USA hätten wie die Sowjetunion aus Mitteleuropa abziehen müssen. Sie hätten die Kontrolle über West- und Mitteleuropa verloren. Es wurde alles getan, um zu verhindern, dass das deutsche Volk gefragt wird, ob es in der NATO bleiben will. Es wurde auch verhindert, dass bindende organisatorische und zeitliche Festlegungen getroffen werden, die die Schaffung eines gesamteuropäischen Sicherheitssystems zu einem Projekt gemacht hätten, an dem ernsthaft gearbeitet werden würde. Mit dem Verbleib des vereinigten Deutschlands in der NATO und der Auflösung des Warschauer Vertrags gab es in Europa ab 1991 nur noch ein handlungsfähiges militärisches Bündnis. In der Folge wurde es zum Anziehungspunkt aller, die in Europa der Zone der Unsicherheit entgehen wollten und konnten.

Die USA sahen sich 1989/90 als klarer Sieger des vierzigjährigen Kalten Krieges. Wie George W. Bush gegenüber Kohl bei dem Treffen in Camp David im Februar 1990 klar machte: «Die Sowjets sind nicht in der Lage, die Beziehungen Deutschlands zur NATO zu diktieren. Was mich beunruhigt, ist das Gerede, Deutschland dürfe nicht in der NATO bleiben. Zum Teufel damit! Wir haben uns durchgesetzt, sie nicht. Wir können nicht zulassen, dass die Sowjets uns aus den Krallen der Niederlage den Sieg entreißen.» (Bush/Scowcroft 1998: 253) In der Vorstellung, Sieger im Kalten Krieg gewesen zu sein, nutzten die USA die ihnen zuwachsende Rolle nicht etwa, um den Hoffnungen auf eine Ordnung gemeinsamer Sicherheit, auf die Einleitung der anstehend sozialökologischen Transformation und eine neue solidarische Weltwirtschaftsordnung die notwendige Machtgrundlage zu verschaffen. Sie hatten ein anderes Ziel. Entfesselt von den Zwängen, die ihnen der Wettstreit mit der Sowjetunion auferlegt hatte, gingen sie daran, ihre eigene weltweite Vormacht unilateral auszubauen und dem westlichen liberal-kapitalistischen Modell zum globalen Durchbruch zu verhelfen. Vernunft und Macht gingen damit getrennte Wege. Die Hoffnung verblasst in dem Maße, wie die Hybris der USA erstrahlte. Der Fehler des Versailler Vertrages von 1919 gegenüber Deutschland wurde nach 1990 in anderer Form gegenüber der Sowjetunion und Russland wiederholt. Wiederholt hat sich auch, dass der Gedemütigte auf Revanche sinnt. Wer auf diese Weise Frieden schließt, sät den Keim neuer Kriege.

Mit dem Krieg gegen den Irak von 1991, in dem die USA die größte Kriegskoalition seit dem Zweiten Weltkrieg gebildet hatten, demonstrierten die USA ihren unilateralen Anspruch auf die Durchsetzung der regelbasierten Ordnung, an die sie selbst aber nicht gebunden sein sollten. Die Lüge, dass irakische Soldaten kuweitische Frühgeborene aus ihren Brutkästen gerissen hätten und sie sterben ließen, wurde durch die amerikanische PR-Agentur Hill & Knowlton (Wikipedia 2025b) fabriziert, um die Dringlichkeit eines Großangriffs zu legitimieren. Wie ein absoluter Monarch sahen die USA sich über dem Gesetz, das sie der Welt verordneten. 1992 wurde unter Führung neokonservativer Falken (vor allem Paul Wolfowitz und Zalmay Khalilzad) der Entwurf für eine Defense Planning Guidance (DPG) vorgelegt, in dem es einleitend hieß: «Unser erstes Ziel ist es, das Wiederauftauchen eines neuen Rivalen auf dem Gebiet der ehemaligen Sowjetunion oder anderswo zu verhindern, der eine ähnliche Bedrohung darstellt, wie sie früher von der Sowjetunion ausging. Dies ist eine der wichtigsten Überlegungen, die der neuen regionalen Verteidigungsstrategie zugrunde liegen, und erfordert, dass wir uns bemühen, jede feindliche Macht daran zu hindern, eine Region zu dominieren, deren Ressourcen unter konsolidierter Kontrolle ausreichen würden, um globale Macht zu erzeugen.» (Defense Planning Guidance 2023: 67) Mit Blick auf Europa wurde auf eine schnelle Osterweiterung der NATO orientiert. Es dürfe nicht zugelassen werden, dass es zum «Entstehen von rein europäischen Sicherheitsvereinbarungen» komme, «die die NATO und insbesondere die integrierte Kommandostruktur des Bündnisses aushöhlen würden» (Defense Planning Guidance 2023: 70). Die sicherheitspolitische Abhängigkeit der Staaten der EU, damit auch Deutschlands, von den USA wurde folglich für die nächsten Jahrzehnte festgeschrieben. Fast gleichlautend hieß es 1998 erneut: «Es ist wichtig, dass die NATO nicht durch die Europäische Union ersetzt wird, wodurch die Vereinigten Staaten in europäischen Sicherheitsangelegenheiten kein Mitspracherecht hätten.» (zitiert in Horton 2024: 49)

Aus der Organisationstheorie ist bekannt, dass Organisationen sich nicht den Problemen anpassen, sondern im Gegenteil die Probleme an sich anpassen. Sicherheit für die Mitgliedsstaaten der NATO war und ist nur zu haben, wenn sie sich der Logik der

NATO unterwerfen. Der erste Generalsekretär der NATO, Lord Ismay, beschrieb diese Logik der NATO kurz und treffend: «Keep the Russians out, the Americans in, and the Germans down!» Nach 1990 wurde die NATO entgegen allen öffentlichen Beteuerungen zu einem Mittel der Ausdehnung der Vorherrschaft der USA nicht nur über Deutschland, sondern das gesamte Europa westlich von Russland. Die NATO-Truppen wurden jenseits des Verteidigungsauftrags gegen Serbien eingesetzt. Die Osterweiterung der NATO als Militärbündnis vernichtete jede Chance auf die Entstehung eines Systems *gemeinsamer* Sicherheit in Europa unter Einschluss Russlands. Die Strategie, die Ukraine in das USA-geführte westliche Bündnis einzugliedern und dadurch zugleich die Kontrolle Europas durch Russland perfekt zu machen, schuf folgerichtig westlicherseits die Bedingungen für eine Konfrontation mit Russland, die in den Ukraine-Krieg gipfelte. In Russland entstanden komplementär dazu die eigenen Bedingungen für diesen Krieg.

1945 war Deutschland durch die Siegermächte des Zweiten Weltkriegs für unmündig erklärt worden. Zugleich gerieten die Staaten Westeuropas wie Osteuropas unter die Kontrolle der USA bzw. der Sowjetunion. Nach zwei verheerenden Weltkriegen war diese von den Siegermächten verhängte Unmündigkeit Europas selbst verschuldet. 1990 hatte die Möglichkeit bestanden, den Ausgang aus dieser selbst verschuldeten Unmündigkeit zu finden. Aber selbst verschuldet hat die Regierung der Bundesrepublik unter Helmut Kohl mit Verweis auf das Selbstbestimmungsrecht der Deutschen die Bundesrepublik und mit ihr große Teile Europas zu weiterer Unmündigkeit gegenüber den USA und Abhängigkeit von deren Sicherheitsversprechen verurteilt. Der Verbleib in der Unmündigkeit war einfach. Weder war der Wille noch das Selbstbewusstsein und Vertrauen da, den komplizierten Suchprozess nach einer gesamteuropäischen Sicherheitsordnung unter Einschluss der Sowjetunion und später Russlands eigenständig zu gehen.

Der Preis ist hoch: Erstens ist die EU nicht in der Lage, ihre militärische Sicherheit ohne die USA selbst zu garantieren. Sie ist deshalb in der wichtigsten aller Fragen nicht souverän. Zweitens hat die Erweiterung der NATO dazu geführt, dass die vermeintliche Sicherheit der einen, der NATO-Mitglieder, zum Grund für die Unsicherheit aller anderen geworden ist, die nicht in der NATO sind bzw. sich von ihr bedroht sehen. Damit wurde die oberste Maxime der UN-Charta, die Pflicht der Suche nach Wegen gemeinsamer Sicherheit, verletzt. Kriege sind die Folge. Drittens werden damit jene Ressourcen für Rüstung und Krieg ausgegeben, die für den sozialen Zusammenhalt der Gesellschaften und die sozialökologische Transformation dringend gebraucht werden. «Kanonen statt Butter» wird wieder Alltagsrealität. Viertens zeigt sich, dass die Lösung solcher Konflikte wie dem zwischen Russland und der Ukraine nicht durch die Staaten Europas und in ihrem gemeinsamen Interesse erfolgen wird, sondern im hohen Maße von den USA abhängig ist, die sich im Vorgriff schon die Kontrolle über die Ressourcen der Ukraine gesichert haben. Fünftens ist es zu einem ideologischen Krieg des Westens gegen Russland, China und andere Staaten gekommen, anstelle sich auf die Basis der Interessen der Schicksalsgemeinschaft der Menschheit zu stellen. Es wurde der Weg der Konfrontation statt des Wegs der Kooperation beschritten.

Man muss sich fragen, ob nicht auch dann, wenn die USA und die Bundesrepublik 1990 einen anderen Weg eingeschlagen haben, sich nicht trotzdem, schon aufgrund der inneren Entwicklung in der Russischen Föderation in den nachfolgenden Jahrzehnten, so oder so eine neue Spaltung herausgebildet hätte. Es ist unklar, wie sich das Selbstverständnis der staatstragenden Klasse Russlands unter anderen geopolitischen Bedingungen entwickelt hätte. Längere Zeit gab es Kooperation mit den USA, nicht zuletzt nach dem 9. September 2001. Die heutige Konfrontation zwischen den USA und China, der Kampf von USA und EU einerseits und Russland andererseits nicht nur um die Ukraine, der Bürgerkrieg in der Ukraine und der Angriffskrieg Russlands auf die Ukraine, der zum größten konventionellen Krieg nach 1945 überhaupt geworden ist, um nur einiges zu nennen, haben eine neue Lage in Europa und weit darüber hinaus geschaffen.

***

Immanuel Kant hat die Maxime hinterlassen: «Habe den Mut, Dich Deines eigenen Verstandes zu bedienen!» Die Regierung der Bundesrepublik hat 1990 mit dem Verbleib in der NATO diesen Mut nicht gezeigt. Sie hat die Bundesrepublik und die Mehrheit der anderen Staaten Europas der hegemonialen Politik dem Verstand der jeweiligen Präsidenten der USA ausgeliefert. Mit Entsetzen und tief geschockt haben die Regierungen der EU am Beginn der zweiten Präsidentschaft von Trump feststellen müssen, dass es Gründe gibt, an der Bündnisverlässlichkeit dieses Präsidenten zu zweifeln. Ihnen wurde klar gemacht, dass die Interessen der EU und die der USA zwei völlig verschiedene Dinge sind. In einer Talkshow konstatierte Friedrich Merz, bekennender Transatlantiker: «Die Interventionen aus Washington waren nicht weniger dramatisch, drastisch und letztlich unverschämt als die Interventionen, die wir von Moskau gesehen haben». Es sei klar, «dass den Amerikanern, jedenfalls diesem Teil der Amerikaner dieser Regierung, das Schicksal Europas weitgehend gleichgültig ist. [...] Ich hätte nicht geglaubt, dass ich so etwas mal in einer Fernsehsendung sagen muss.» (zitiert in Spang 2025)

Erneut aber wird der falsche Weg beschritten und Unmündigkeit fortgeschrieben: Anstelle nun endlich mit dem Aufbau eines universellen Systems gesamteuropäischer Sicherheit zu beginnen und zugleich zu prüfen, welche eigenständigen militärischen Fähigkeiten wirklich gebraucht werden, um verteidigungsfähig zu sein, wird der Weg von entfesselter Hochrüstung gewählt. Dieser Weg wird einerseits die Abhängigkeit von den USA sogar weiter erhöhen und andererseits die Gefahren bis hin zum Atomkrieg auf europäischen Boden steigern. Der Verbleib des vereinigten Deutschlands in der NATO war die einfache Lösung. Auch Hochrüstung und Konfrontation sind viel zu einfach. Denn das Richtige ist niemals einfach. Mut, sich des eigenen Verstandes zu bedienen, haben die, die die schwierigen Wege gehen. Defensiv ausgerichtete Verteidigungsfähigkeit und Wege hin zu gemeinsamer Sicherheit auf dem eurasischen Kontinent gehören zusammen und sind ohne Russland, China und viele neue Regionalmächte nicht zu haben. Doch diese Hoffnungen werden sich nur einlösen, wenn Vernunft und Macht wieder zusammenfinden. Wenn nicht, dann betreten wir eine finstere Epoche und über deren Eingang steht: «Lasst alle Hoffnung fahren». Dann bleibt nur ein neuer Kampf, damit die Vernunft doch noch Macht wird.

Literatur

Bierbaum, Heinz / Brie, Michael (2024a): «Wider den interimperialen Krieg!», in: Brie, Michael (Hrsg.), *Linksliberal oder dezidiert sozialistisch*. Hamburg: VSA, 62–67.

Bierbaum, Heinz / Brie, Michael (2024b): «Die Linke und der Ukraine-Krieg», in: Brie (Hrsg.): *Linksliberal oder dezidiert sozialistisch*. Hamburg: VSA, 68–72.

Brandt, Willy (Hrsg.) (1982): *Das Überleben sichern. Bericht der Nord-Süd-Kommission. Gemeinsame Interessen der Industrie- und Entwicklungsländer.* Köln: Kiepenheuer und Witsch.

Bush, George H. W./Scowcroft, Brent (1998): *A World Transformed*. New York: A. Knopf.

Defense Planning Guidance (2023): «Excerpts from US Department of Defense, FY 1994–1999 Defense Planning Guidance», in: Anderson, Grey (Hrsg.): *Natopolitanism. The Atlantic Alliance since the Cold War* (eBook). London / New York: Verso.

Galkin, Aleksandr / Tschernjajew, Anatolij (Hrsg.) (2011a): «Nr. 88 Gespräch Gorbačevs mit dem DDR-Ministerpräsidenten de Maizière am 29. April 1990», in: *Michail Gorbatschow und die deutsche Frage. Sowjetische Dokumente 1986–1991.* Deutsche Ausgabe herausgegeben von Helmut Altrichter, Horst Möller und Jürgen Zarusky, kommentiert von Andreas Hilger. München: De Gruyter Oldenbourg, 378–393.

Galkin, Aleksandr / Tschernjajew, Anatolij (Hrsg.), (2011b): «Diskussion der deutschen Frage im Beraterstab von Generalsekretär Gorbačev am 26. Januar 1990. Erörterung der deutschen Frage im kleinen Kreis im Arbeitszimmer des Generalsekretärs des ZK der KPdSU, 26. Januar 1990», in: *Michail Gorbatschow und die deutsche Frage. Sowjetische Dokumente 1986–1991.* Deutsche Ausgabe herausgegeben von Helmut Altrichter, Horst Möller und Jürgen Zarusky, kommentiert von Andreas Hilger. München: De Gruyter Oldenbourg, 286–291.

Galkin, Aleksandr / Tschernjajew, Anatolij (Hrsg.), (2011c): «Gespräch Gorbačevs mit dem amerikanischen Außenminister, Baker, am 9. Februar 1990», in: *Michail Gorbatschow und die deutsche Frage. Sowjetische Dokumente 1986–1991.* Deutsche Ausgabe herausgegeben von Helmut Altrichter, Horst Möller und Jürgen Zarusky, kommentiert von Andreas Hilger. München: De Gruyter Oldenbourg, 310–316.

Galkin, Aleksandr / Tschernjajew, Anatolij (Hrsg.), (2011d): «Nr. 75 Vermerk Zagladins über ein Gespräch mit US-Beraterin C. Rice am 12. Februar 1990», in: *Michail Gorbatschow und die deutsche Frage. Sowjetische Dokumente 1986–1991.* Deutsche Ausgabe herausgegeben von Helmut Altrichter, Horst Möller und Jürgen Zarusky, kommentiert von Andreas Hilger. München: De Gruyter Oldenbourg, 317–333.

Galkin, Aleksandr / Tschernjajew, Anatolij (Hrsg.), (2011e): «Nr. 81 Interview Gorbacˇevs mit der Pravda am 7. März 1990», in: *Michail Gorbatschow und die deutsche Frage. Sowjetische Dokumente 1986–1991.* Deutsche Ausgabe herausgegeben von Helmut Altrichter, Horst Möller und Jürgen Zarusky, kommentiert von Andreas Hilger. München: De Gruyter Oldenbourg, 354–357.

Galkin, Aleksandr / Tschernjajew, Anatolij (Hrsg.), (2011f): «Nr. 87 Aufzeichnung Falins vom 18. April 1990 für Gorbačev zu Fragen der Deutschlandpolitik», in: *Michail Gorbatschow und die deutsche Frage. Sowjetische Dokumente 1986–1991.* Deutsche Ausgabe herausgegeben von Helmut Altrichter, Horst Möller und Jürgen Zarusky, kommentiert von Andreas Hilger. München: De Gruyter Oldenbourg, 368–378.

Gehler, Michael (2024): «Horst Teltschik – Begleiter und Ratgeber des ‹Kanzlers der Einheit›», in: Gehler, Michael (Hrsg.): *Die 329 Tage zur deutschen Einigung: Das vollständige Tagebuch mit Nachbetrachtungen, Rückblenden und Ausblicken.* Erste Ausgabe Edition. Göttingen: Vandenhoeck & Ruprecht, 13–79.

Gorbatschow, Michail S. (1988): *Umgestaltung und*

neues Denken für unser Land und für die ganze Welt. Berlin: Dietz.

Hauff, Volker (Hrsg.) (1987): *Unsere gemeinsame Zukunft. Der Brundtland-Bericht der Weltkommission für Umwelt und Entwicklung*. Greven: Eggenkamp.

Horton, Scott (2024): *Provoked. How Washington Started the New Cold War with Russia and the Catastrophe in Ukraine*. Austin: The Libertarian Institute. Epub.

Klein, Dieter (1992): «Doppelte Modernisierung im Osten. Illusion oder Option der Geschichte», in: Brie, Michael / Klein, Dieter (Hrsg.): *Umbruch zur Moderne? Kritische Beiträge*. Hamburg: VSA-Verl., 9–34.

KSZE (1990): *Charta von Paris für ein neues Europa*.

Sarotte, Mary Elise (2024): *Nicht einen Schritt weiter nach Osten. Amerika, Russland und die wahre Geschichte der Nato-Osterweiterung*. München: C.H.Beck.

Schäuble, Wolfgang (1991): *Der Vertrag. Wie ich über die deutsche Einheit verhandelte*. Stuttgart: dva.

Spang, Thomas (2025): «Unabhängigkeitsklärung von Trumps Amerika: Äußerungen von Merz schlagen hohe Wellen in den USA», in: *RP ONLINE*. Text abrufbar unter: rp-online.de: https://is.gd/DWDoUt (Zugriff am 2.6.2025).

Teltschik, Horst (2024): *Die 329 Tage zur deutschen Einigung: Das vollständige Tagebuch mit Nachbetrachtungen, Rückblenden und Ausblicken*. Erste Ausgabe Edition. Göttingen: Vandenhoeck & Ruprecht.

Unabhängige Kommission für Abrüstung und Sicherheit (1982): *Der Palme-Bericht*. Berlin: Severin und Siedler.

Wikipedia (2025a): «Friedensvertrag von Brest-Litowsk». *Wikipedia*, Page Version ID: 255282658.

Wikipedia (2025b): «Brutkastenlüge». *Wikipedia*, Page Version ID: 255954559. ■

HOCHSCHULPERSPEKTIVEN

Kira Ludwig / Ralf Ludwig

Bedrohte Wissenschaft: Angriffe erkennen und abwehren

Prolog: Der Unterschied zwischen Meinungsfreiheit und Wissenschaftsfreiheit

Als Physikochemiker freue ich mich auf die nächste Bunsen-Tagung 2026 in Dresden. Zum Thema Properties and Processes under Confinement werden wir aufregende Sprecher:innen erleben, Vorträge von Doktorand:innen und Postdocs diskutieren und lebhafte Gespräche in Postersitzungen führen. Es ist ein Thema unserer Wahl, bearbeitet mit den von uns ausgesuchten Methoden und frei kommuniziert auf einer Konferenz: ein Ausweis der Wissenschaftsfreiheit. Die Wissenschaftsfreiheit ist in Deutschland im Grundgesetz (Art. 5 Abs. 3, Satz 1 GG) verankert und bildet eine zentrale Säule für unabhängige Forschung. Sie ermöglicht es Wissenschaftlerinnen und Wissenschaftlern, ohne äußeren Druck zu forschen, zu lehren und ihre Ergebnisse öffentlich zu verbreiten. Die Wissenschaftsfreiheit («academic freedom») bedeutet also das Recht auf freie Wahl der Themen und eingesetzten Methoden in der Forschung ebenso wie die freie Wahl der Mitteilung der Forschungsergebnisse in der Lehre und darüber hinaus.

Sie unterscheidet sich von der bürgerlichen Meinungsfreiheit («freedom of speech»), das als Recht auf freie Meinungsäußerung (Art. 5 Abs. 1, Satz 1 GG) ebenfalls grundgesetzlich geschützt ist. Die renommierte Historikerin Joan Scott bringt den Unterschied auf den Punkt: «Free speech makes no distinction about quality. Academic freedom does.»[1] Gemeint ist damit, dass nicht jede Meinungsäußerung unter der Flagge der Wissenschaftsfreiheit segeln darf. Vielmehr gelten Mindestanforderungen der «Ernsthaftigkeit, Rationalität und hinreichenden Objektivierung» ebenso wie ein «Mäßigungsgebot», wie Klaus Ferdinand Gärditz, Professor für Öffentliches Recht an der Universität zu Bonn, bekräftigt.[2]

1 Scott, J.W. (2019): *Knowledge, Power, and Academic Freedom*, New York: Columbia University Press.

2 Gärditz, K.F. (2022): «Wehrhafte Hochschulen und Wissenschaftsfreiheit» (23.10.2022), verfassungsblog.de: https://is.gd/ugf74c (08.11.2022).

Angriffe auf Wissenschaft und Forschung weltweit

In den Vereinigten Staaten von Amerika hat die «freedom of speech» Verfassungsrang, eine geschützte Wissenschaftsfreiheit gibt es nicht. Die Konsequenzen sind bekannt: Bereits bewilligte Forschungsmittel werden zurückgezogen, Forscherinnen dürfen nicht mehr reisen, um ihre Ergebnisse auf internationalen Konferenzen zu präsentieren. Sie dürfen ihre Resultate nicht mehr in renommierten Zeitschriften ihrer Wahl veröffentlichen. Forschungsförderung wird als politisches Instrument eingesetzt. Mittel werden gestrichen und erst dann wieder freigegeben, wenn sich die Universitäten der rechtsgerichteten Agenda der Trump-Administration anpassen und insgesamt ein freundliches akademisches Umfeld für «konservative Ideen» schaffen.[3]

Auch in Europa ist die Wissenschaftsfreiheit in Gefahr. Die Finanzierung von Universitäten wurde aus ideologischen Gründen gekürzt, regimekritische Professoren wurden entlassen, akademische Gremien wurden mit politischen Vertretern neu besetzt, und in Ungarn wurde eine ganze Universität geschlossen.

Angriffe auf Wissenschaft und Forschung (durch die AfD)

In Deutschland drohen ebenfalls Angriffe auf Wissenschaft und Forschung. Wegen ihres systematischen, objektiven, nachvollziehbaren und kritischen Strebens nach Erkenntnis und Verständnis sind sie strategische Angriffsziele einer «gesichert rechtsextremistischen» Partei, der AfD. Die Partei greift Wissenschaft und Forschung insgesamt an, vor allem Institutionen, die gesellschaftlich sensible oder politisch relevante Forschung betreiben – Klima, Gender, Demokratie, Erinnerungskultur, Pandemieforschung. Ziel ist es, die Dysfunktionalität der Forschung aufzuzeigen, deren Legitimität infrage zu stellen, Vertrauen in wissenschaftliche Autorität zu untergraben. Der offene Feldzug gegen die Zivilgesellschaft, Kultur, freie Medien und nicht zuletzt die Wissenschaftsfreiheit in den Vereinigten Staaten wirft die Frage auf, ob eine solche Entwicklung im Falle eines Wahlerfolgs und einer Regierungsbeteiligung der AfD auch in Deutschland möglich ist? Die Frage ist klar mit ja zu beantworten.

Dieser Beitrag gliedert sich in drei Kapitel. *Erstens* identifiziert er eine Auswertung von AfD-Programmen, Anträgen und Kleinen Anfragen in Parlamenten sowie öffentlichen Äußerungen von Meinungsführern, besonders angegriffene Themen, Disziplinen, Institutionen und Persönlichkeiten.

Zweitens: Auch ohne direkt an Regierungen in Bund oder Land beteiligt zu sein, beeinflusst die AfD den Diskurs in Wissenschaft und Forschung, etwa in der Gender-Politik, der Medizin oder auch der Klimaforschung. Wo wird die AfD als erstes angreifen, sobald sie an Regierungsverantwortung beteiligt ist? Die Auswertung von Programmen, Anträgen und Äußerungen lässt durchaus Schlüsse darauf zu.

Drittens wird ein Zehn-Punkte-Plan vorgeschlagen, um gut vorbereitet zu sein und die Angriffe auf Wissenschaft und Forschung abwehren zu können.

3 Ash, M. G.: «Welche Art Freiheit gebührt der Wissenschaft und welche tut ihr gut?», in: *Forschung: Politik – Strategie – Management*, 15 (2022), Heft 3+4, S. 94–100. Ludwig, Ralf / Ludwig, Kira: «Angriff auf Bildung, Wissenschaft und Forschung in den USA», in: *perspektivends* 1/2025.

Themen, Disziplinen, Institutionen und Persönlichkeiten

Klimaforschung

Die AfD bestreitet den menschengemachten Klimawandel und bezeichnet ihn häufig als «Klimahysterie» oder «Klimareligion». Forschende und Institutionen wie das Potsdam-Institut für Klimafolgenforschung (PIK) werden gezielt diskreditiert. Die Rolle des ehemaligen Direktors Hans Joachim Schellnhuber als Berater der Bundesregierung wurde infrage gestellt. Der Klimaforscher Mojib Latif vom GEOMAR in Kiel wurde als «Untergangsprophet» diffamiert. Die Klimaberichte des Deutschen Wetterdienstes (DWD) werden als politisch motiviert bezeichnet. Die AfD fordert die Streichung von Fördermitteln für Klimaforschung und den Stopp des Ausbaus erneuerbarer Energien. Internationale Abkommen wie der Pariser Vertrag sollen gekündigt werden.

Sozial- und Geisteswissenschaften

Die AfD diffamiert Gender Studies, Migrations- oder Demokratieforschung regelmäßig als «ideologisierte Pseudowissenschaften». Fördergelder für diese Bereiche sollen gestrichen oder Lehrstühle abgeschafft werden. Einzelne Forschende werden durch parlamentarische Anfragen und öffentliche Kampagnen persönlich angegriffen – was einen Einschüchterungseffekt erzeugen soll.

Geschichte und Erinnerungskultur

Die AfD versucht, die historische Forschung zur NS-Zeit umzudeuten oder zu relativieren («Vogelschiss»-Rhetorik). Gedenkstättenarbeit und historische Bildungsprojekte, die sich mit den Themen Nationalsozialismus, Antisemitismus und Rechtsextremismus befassen, geraten ins Visier. Die Arbeit der Stiftung Gedenkstätten Buchenwald und Mittelbau-Dora wird als «einseitig» kritisiert. Die wissenschaftlich fundierte Aufarbeitung durch die zentrale Gedenkstätte Deutscher Widerstand oder das Ausschwitz-Komitees wird als «Schuldkult» diffamiert.

Sozial- und Kulturforschung

Angegriffen werden Forschungsprojekte zu den Themen Rassismus, Migration, Rechtsextremismus und Demokratiefeindlichkeit. In kleinen Anfragen stellt die AfD diese Forschung infrage und bezeichnet sie als «linke Ideologie». Besonders Wissenschaftler:innen, die zum Thema Rechtsextremismus arbeiten, werden öffentlich angegriffen. So etwa Andreas Zick vom Bielefelder Institut für Interdisziplinäre Konflikt- und Gewaltforschung, der Rechtsextremismus, Rassismus und Antisemitismus erforscht. Oder Michael Butler von der Universität Tübingen, der für seine Forschung zu Fake News und Verschwörungstheorien als «Propagandist» beschimpft wird.

Demokratieforschung

Der Demokratieforschung werden «Einseitigkeit» und «linke Ideologisierung» unterstellt. Dies gilt besonders für Projekte des Göttinger Instituts für Demokratieforschung, des Zentrums für Antisemitismusforschung an der TU Berlin und des Instituts für Zeitgeschichte München-Berlin (IfZ).

Medizin/Virologie/Epidemiologie

Während und nach der Corona-Pandemie schürte die AfD Misstrauen gegenüber epidemiologischer und virologischer Forschung.

So wurde trotz anderslautender wissenschaftlicher Empfehlungen die sofortige Aufhebung von Corona-Maßnahmen gefordert. Das Robert Koch-Institut (RKI) wurde während der Corona-Pandemie als «Regierungsinstitut» angegriffen oder politisch gesteuert diffamiert. Mehrfach wurde gefordert, das Institut zu reformieren und Leitungspositionen («Wieler muss weg») neu zu besetzen. Experten wie Christian Drosten von der Charité Berlin wurden als «Panikmacher» bezeichnet und die Seriosität abgesprochen.

Gender Studies und Geschlechterforschung, Bildungswissenschaften

Die AfD bezeichnet Gender Studies und Geschlechterforschung als «ideologische Pseudowissenschaft». In Landesparlamenten fordert sie die Abschaffung von Lehrstühlen und Professuren sowie die Streichung von Forschungsprojekten, die als «ideologische Geldverschwendung» bezeichnet werden. Der Einfluss auf Hochschulen und Forschungspolitik soll beendet werden. Zudem fordert die AfD die Rückkehr zu einem «traditionellen» Rollen- und Familienbild und äußert Kritik an Bildungsträgern, die beispielsweise Antidiskriminierungsprojekte durchführen.

Anti-Eliten- und Anti-Experten-Rhetorik

Wissenschaftler:innen werden als «abgehobene Elite» dargestellt, die «am Volk vorbeiforscht». Die AfD spricht von einer korrupten und verschwenderischen «Machtelite». Expertise wird durch sogenannten «gesunden Menschenverstand» ersetzt – besonders sichtbar während der Corona-Pandemie, als AfD-Abgeordnete Virolog:innen und Epidemiolog:innen massiv angriffen.

Ausländische Studierende

Direkt nachdem in den USA die Visa-Bedingungen für ausländische Studierende verschärft wurden, zog die AfD in kleinen Anfragen an die Landesregierungen nach. Im sachsen-anhaltinischen Landtag hinterfragt die AfD die steigenden Zahlen ausländischer Studierender und die rechtlichen Grundlagen der Aufenthaltstitel ausländischer Studierender in Deutschland. Mit Fragen nach der Rolle des Studienfortschritts und der Sprachkenntnisse sollen Kriterien herausgefunden werden, die Aufenthaltsgenehmigung zu entziehen oder zumindest die Aufenthaltserlaubnis einzuschränken. Gefragt wird konkret, unter welchen Voraussetzungen ausländische Studierende in Sachsen-Anhalt abgeschoben werden können. Die Antwort dient dann quasi als eine juristische Blaupause. Eine katastrophale Entwicklung für die Internationalisierung der Universitäten und den Kampf um die besten Köpfe weltweit.

II Mögliche AfD-Agenda bei einer Regierungsbeteiligung in Bund und Ländern

Die Auswertung von AfD-Programmen, Anträgen und Kleinen Anfragen in Parlamenten, sowie öffentlichen Äußerungen von Meinungsführern lässt auf eine klare AfD-Agenda bei einer Regierungsbeteiligung in Bund und Ländern schließen. Sie folgt im Wesentlichen dem Vorgehen der Trump-Administration, die zum Sturm auf Bildung, Wissenschaft und Forschung geblasen hat. Waren es anfänglich die unliebsamen Programme für mehr Diversität, Gleichstellung und Inklusion (Diversity-Equity-Inclusion, DEI), sind heute sämtliche wissenschaftliche Disziplinen und Fächer von der systematischen Torpedierung der US-Regierung betroffen. Trump spart an der Forschung, die er für überflüssig hält, etwa beim Klima, der Demokratie oder den Armutskrankheiten. Was also wird passieren, wenn die AfD mitentscheidet?

Kürzungen und Abschaffung ganzer Forschungsfelder

In den Gender Studies würden Professuren nicht mehr nachbesetzt und Projekte abrupt beendet. Bereits jetzt wirbt die AfD damit, dass so viel Geld eingespart werden könne. Bewusst werden dabei die Beträge zu hoch angesiedelt.

Klimaforschung: Streichung staatlicher Förderungen für Forschung zu Klimawandel und Energiewende. In den USA sehen wir bereits das Ausmaß der Katastrophe, wenn Messeinrichtungen geschlossen und Klimadaten nicht mehr zuverlässig erhoben werden. Stellenstreichungen bei den Wetterdiensten führen bereits dazu, dass die Bevölkerung nicht ausreichend schnell vor Naturkatastrophen geschützt werden kann.

Rassismus- und Demokratieforschung könnten gekappt werden: Es droht der Stopp der Finanzierung kritischer Gesellschaftsforschung.

Politische Einflussnahme auf Förderinstitutionen

Ein Marsch durch die Institutionen, wie wir ihn bereits in allen gesellschaftlichen und öffentlichen Einrichtungen sehen können, wird auch vor der Wissenschaft nicht halt machen. Man muss die Einflussnahme bei der Deutschen Forschungsgemeinschaft, in Stiftungen und bei der Projektförderung allgemein befürchten. Politische Kriterien statt wissenschaftlicher Exzellenz könnten dann über die Mittelvergabe entscheiden (nach Lesart der AfD angeblich «ideologiefrei»). Zentrale Einrichtungen wie das RKI oder die PIK könnten personell neu besetzt werden.

Umdeutung von Geschichtswissenschaft und Erinnerungskultur

Die Trump-Administration macht weder vor geografischen Umbenennungen halt (Golf von Mexiko wurde zum Golf von USA), noch vor der Umdeutung der eigenen Geschichte (Sklaverei, Bürgerkrieg). In Deutschland wird es der AfD vor allem um die Neubewertung der Hitler-Diktatur und des Holocaust gehen. Einschränkungen oder Umgestaltungen von Gedenkstättenarbeit und Forschungsprojekten zur NS-Zeit deuten sich an. Schon jetzt erleben wir eine stärkere Betonung nationaler Narrative. Es besteht die Gefahr der Relativierung oder der politisch motivierten Umdeutung historischer Forschung.

Neuausrichtung der Bildungspolitik

Die AfD will die Rückkehr zu Diplom/Magister anstelle von Bologna-Strukturen (Bachelor/Master). Weniger der Qualität der Ausbildung wegen, sondern aufgrund der internationalen Durchlässigkeit der Studiengänge, die mehr internationale Studierende an die Universitäten bringt. Wir müssen weiterhin Einschränkungen in Schul- und Hochschullehre befürchten: z. B. das Verbot externer Vereine bei Sexualpädagogik oder die Abschaffung von Diversity-Programmen.

Das Deutsche als verbindliche Wissenschaftssprache soll nach AfD-Meinung gestärkt werden, die internationale Ausrichtung hingegen geschwächt.

Schwächung internationaler Wissenschaftskooperationen

Abgesehen davon, dass die Klimapolitik weltweit an einem Tiefpunkt angekommen zu sein scheint, wird eine von der AfD geführte Regierung den Ausstieg aus Klimaabkommen (Pariser Vertrag) umsetzen. EU-Forschungsprogramme (Horizon Europe) würden stärker national ausgerichtet und Austauschprogramme reduziert.

Angriffe auf wissenschaftliche Selbstverwaltung

Mit der Beteiligung der AfD an Landesregierungen könnten Universitäten und Forschungseinrichtungen stärker politisch kontrolliert werden. In Gremien, Ausschüssen und Kommissionen würde die AfD ständig versuchen, die Dysfunktionalität der Forschung aufzuzeigen und deren Legitimität infrage zu stellen. Die Freiheit von Forschung und Lehre wäre in Gefahr. Intuition und gesunder Menschenverstand werden an die Stelle wissenschaftlicher Kompetenz und Evidenz gesetzt.

III Zehn Punkte für mehr Resilienz in der Wissenschaft

Für uns Wissenschaftlerinnen und Wissenschaftler ergibt sich daraus ein enormer Handlungsbedarf. Wir sehen jetzt schon, dass die Universität in ihrer Struktur und Beschaffenheit und die Wissenschaft als ein größtenteils öffentlich finanziertes, auf Kooperation, aber auch auf Konkurrenz basierendes System extrem angreifbar erscheinen. In ihrer eigenen Unsicherheit über die Rolle im politisch-gesellschaftlichen Gefüge bietet die Wissenschaft eine große Angriffsfläche. In der jetzigen Situation sollte unbedingt mehr Augenmerk auf die realen und anstehenden Bedrohungen der Wissenschaftsfreiheit gelegt werden. Dazu machen wir zehn Vorschläge, um die Angriffe auf Wissenschaft und Forschung besser abwehren zu können.

1. Die Wissenschaft sollte Angreifer und deren Motivation genau kennen und sich mit möglichen Bedrohungen frühzeitig auseinandersetzen. Dazu gehört eine innere Kultur der Offenheit und des Diskurses.
2. Hochschulen und wissenschaftliche Institutionen sollten sich gut vernetzen und eine solidarische Gemeinschaft bilden. Handlungskompetenzen können entwickelt, Handlungsspielräume geschaffen und so Angriffe auf Wissenschaft und Forschung abgewehrt werden.
3. Die Wissenschaft sollte eine finanzielle Ausstattung fordern, die eine Verteidigung von Demokratie, Rechtsstaatlichkeit und Menschenwürde erlaubt. Besonders die Hochschulen benötigen eine ausreichende Grundfinanzierung, um resilienter zu werden.
4. In den wissenschaftlichen Einrichtungen sollten verstärkt etablierte Wissenschaftler:innen zu aktuellen Entwicklungen deutlich Stellung beziehen und den Widerspruch und Protest nicht allein den Studierenden und dem akademischen Mittelbau überlassen.
5. Wissenschaft ist nicht parteipolitisch, wohl aber politisch. Wir sollten uns in den politisch-gesellschaftlichen Raum vorwagen, vor allem dort deutlich und laut sprechen, wo Fakten geleugnet werden oder falsch aufbereitet werden. Wir sollten unsere Ideen und Erkenntnisse dorthin tragen, wo gesellschaftlich debattiert wird und wo politische Entscheidungen getroffen werden.
6. Wissenschaft muss ein klares Bekenntnis

der Politik zur Freiheit der Wissenschaft einfordern. Dazu gehört eine ausreichende und verlässlich planbare Grundausstattung.

7. Die Wissenschaftskommunikation muss entscheidend verbessert werden. Was heißt das? Motive und Ziele der Arbeit werden erläutert, akademische Kontroversen aufgezeigt und auf Grenzen der Fächer hingewiesen. Es wird ehrlich und authentisch kommuniziert, Sackgassen werden eingestanden und Negativergebnisse diskutiert.
8. Der Schlüssel für das Vertrauen in die Wissenschaft sind ihre gelebten Werte: Eindeutigkeit, Transparenz, Objektivität, Überprüfbarkeit, Verlässlichkeit, Offenheit und Redlichkeit und nicht zuletzt die Neuigkeit.
9. Wir sollten das Selbstverständnis von Wissenschaft und Forschung besser erläutern. Dazu gehören etwa die Ergebnisoffenheit, die Vorläufigkeit von Ergebnissen oder die Rolle von Modellannahmen.
10. Für die Spitzenforschung brauchen wir die besten Forscherinnen aus der ganzen Welt. Internationalität sollte deshalb großgeschrieben werden. Internationale Studierende und Wissenschaftlerinnen müssen eine offene Gesellschaft und zugewandtes Umfeld vorfinden.

Fazit

Die AfD verfolgt das Ziel, die Dysfunktionalität von Wissenschaft und Forschung aufzuzeigen und deren Legitimität infrage zu stellen. Das Vertrauen in wissenschaftliche Evidenz und Autorität soll untergraben werden. Dafür sammelt die AfD systematisch Informationen, um Disziplinen, Einrichtungen und Persönlichkeiten zu diskreditieren. Wir sind gut beraten, Wissenschaftsfreiheit und Demokratie aktiv zu verteidigen. Wissenschaft ist nicht parteipolitisch, wohl aber politisch. Wir sollten uns in den politisch-gesellschaftlichen Raum vorwagen, vor allem dort deutlich und laut sprechen, wo Fakten geleugnet werden oder falsch aufbereitet werden. Wir sollten unsere Ideen und Erkenntnisse dorthin tragen, wo gesellschaftlich debattiert wird und wo politische Entscheidungen getroffen werden.

Natürlich gilt das Überwältigungsverbot, Lehrende dürfen Schülern nicht ihre Meinung aufzwingen. Der von der AfD gerne benutzte Kampfbegriff «Neutralitätsgebot» hingegen existiert nicht. Im Gegenteil: Wir sind aufgerufen, unser Grundgesetz zu leben und zu verteidigen. Nicht nur für die Wissenschaftsfreiheit.

Literatur

projekt-gerdea.de: https://is.gd/AURRMB [23.09.2025].

Gözen, Jiré Emine (2021): «Identitätspolitik mit anderen Mitteln. Wessen Freiheit soll geschützt werden?» – Essay, in: *Aus Politik und Zeitgeschichte, 46.* bpb.de: https://is.gd/u7OLvD.

Haker, C. / Otterspeer, L. (2023): «Wissenschaftsbezogener Rechtspopulismus/-extremismus an Hochschulen – Perspektiven von Betroffenen», in: *ZRex – Zeitschrift für Rechtsextremismusforschung,* 3(1), 102–117. doi.org: https://is.gd/0tma9c.

Haraway, Donna (1996): «Situiertes Wissen. Die Wissenschaftsfrage im Feminismus und das Privileg einer partialen Perspektive» in: E. Scheich (Hrsg.): *Vermittelte Weiblichkeit. Feministische Wissenschafts- und Gesellschaftstheorie* (S. 217–248). Hamburger Edition.

Leidinger, C. / Radvan, H. (2019): «Rechtsextremismus und völkischer Autoritarismus an Hochschulen», in: *FEMINA POLITICA – Zeitschrift für feministische Politikwissenschaft*, 28 (1–2019), 142–147. doi.org: https://is.gd/fhdZ1X.

Mignolo, W. D. (2012): *Epistemischer Ungehorsam: Rhetorik der Moderne, Logik der Kolonialität und Grammatik der Dekolonialität.* Verlag Turia + Kant.

Schilk, Felix. (2022): «Rechte Hegemoniestrategien in Theorie und Praxis», in: M. Trömmer / W. Schroeder: *Rechtspopulismus. Zivilgesellschaft. Demokratie*, (S. 97–112). Dietz.

Theiding, Leonie (2024): «Kontroverse um freie Wissenschaft: Interview mit Katharina Völsch», in: *Philipp. Studentisches Magazin um Stadt und Uni Marburg.* philippmag.de: https://is.gd/ARlrmi.

Zick, A. / Küpper, B. / Mokros, N. 8 Achour, S. (2023): Die distanzierte Mitte: Rechtsextreme und demokratiegefährdende Einstellungen in Deutschland 2022/23 (F. Schröter, Hrsg.; 2. korr. Auflage). Dietz.

JUNGE PERSPEKTIVEN

Lina-Marie Eilers / Hendrik Küpper / Laura Clarissa Loew / Carl Julius Reim / Lukas Thum

Editorial

Zwischen den Sicherheiten. Linke Perspektiven im Spannungsfeld zwischen Militarisierung und internationaler Solidarität

Drohnen über europäischen Flughäfen, Cyberangriffe, Verletzungen des NATO-Luftraums – kaum ein Thema ist aktuell so präsent wie die Frage von Krieg und Frieden. Was seit dem russischen Angriffskrieg auf die Ukraine klar wurde, verschärft sich seither immer weiter: Die alte internationale Ordnung zerbröckelt. Auch ohne Kriegserklärung und Feldschlachten zwischen der NATO und Russland wirkt der Frieden zunehmend brüchig. In dieser unklaren Situation haben es linke, emanzipatorische Positionen schwer: Auf der einen Seite scharen sich Linke um die Fahne. Ganz in der Tradition der «patriotischen» SPD-Zustimmung zu den Kriegskrediten 1914 überbieten sie sich mit Forderungen nach Aufrüstung und Wehrpflicht. Was daran überhaupt noch emanzipatorisch, kritisch und links sein soll, gerät völlig ins Hintertreffen. Ihnen stellen sich «pazifistische» Linke entgegen. Mit Verweis auf menschliches Leid und die Profite von Rüstungskonzernen verweigern sie sich der Realität eines nach neuer Expansion strebenden Russlands und anderer globaler Akteure. Dass die Errungenschaften der liberalen Demokratie nicht identisch mit dem Ziel einer befreiten Gesellschaft sind (und deshalb kritisiert werden müssen), bedeutet für viele «pazifistische» Linke, es gäbe nichts Verteidigenswertes in diesem System. Zwischen beiden, in ihrer fehlenden Nuancierung falschen, Positionen wollen wir nach linken Antworten suchen.

Die wieder aufgewärmten Slogans beider Lager können auf die Gegenwart nicht reagieren. Zwischen «patriotischer» Wagenburg-Mentalität und «pazifistischem» Augenzuhalten tut sich eine Lücke auf. Besonders in Deutschland wurde diese Lücke lange akzeptiert, die Debatte nicht geführt. Nach Jahrhunderten imperialer, kolonialer und militärischer Ausdehnung Europas glaubten viele (West-)Europäer:innen spätestens seit dem Ende der Systemkonkurrenz, das eigene Militär würde in Zukunft nur noch in weiter Ferne zum Einsatz kommen. Diese Geisteshaltung kann in der Rückschau leicht naiv wirken. Doch eine solche Einschätzung wäre einerseits zu bequem, eine «Wir haben es schon immer gewusst»-Haltung ist ohnehin selten produktiv. Andererseits würde es auch die Hoffnungen und Utopien verhöhnen, die mit der Vernachlässigung des Nachdenkens über Waffengewalt einhergegangen waren. Ein Europa ohne Waffen schien in greifbarer Nähe, auch ohne Revolution und Sozialismus.

Nun kratzt militärische Gewalt allerdings wieder mit großer Brutalität an den Grenzen des sogenannten «Westens», terroristische Gewalt findet in seinem Innersten statt und die innenpolitischen Debatten greifen immer unverhohlener auf martialische Lösungen zurück. Die Europäische Union, gestern noch als zivilisatorische Errungenschaft hochgehalten, schottet sich mit rigider Gewalt vom Elend auf der anderen Seite des Zauns ab. Und im Zeichen der Sicherheit bauen europäische Regierungen den liberalen Rechtsstaat ab. Sicherheit, Abwehr, Verteidigungsfähigkeit sind längst im Zentrum der politischen und gesellschaftlichen Debatten angekommen. Die Begriffe zirkulieren nicht nur im Vokabular von Konservativen und Liberalen. Auch als Linke können wir uns diesen Diskussionen nicht verschließen, wenn wir den Anspruch nicht aufgeben wollen, unsere politischen Analysen stets an den aktuellen Ausgangslagen auszurichten.

«Zwischen den Sicherheiten», der Titel unserer Ausgabe, meint zweierlei: Wir möchten einerseits über Themen der Sicherheits-, Verteidigungs- und Außenpolitik nachdenken. Gleichzeitig möchten wir aber auch die Räume zwischen (vermeintlich) sicheren Überzeugungen ausloten. Eine materialistische, emanzipatorische Perspektive bedeutet auch, die eigene Analyse an den konkreten, sich stetig verändernden, politischen Grundbedingungen auszurichten. Wir wollen es uns nicht auf einem Ticket bequem machen, das trotz veränderter Realitäten als Lösungsschablone angewendet wird. Gegenwärtige Fragen brauchen gegenwärtige Antworten. Die Autor:innen dieser Ausgabe suchen sie – mal im Einklang, mal kontrovers. Damit soll diese Ausgabe auch ein Anstoß sein, weiterzudenken. Linke Positionen zu Sicherheits- und Verteidigungspolitik fehlen, doch sie sind nicht unmöglich. In dieser Ausgabe wollen wir sie suchen – und dabei nicht so tun, als hätten wir sie schon gefunden. Aus diesem Grund haben wir uns gegen eine feste Redaktionslinie entschieden. Manche Beiträge sind näher an unseren Überzeugungen gelagert, andere weiter davon entfernt. Auch innerhalb des Redaktionsteams gehen die Meinungen zu einigen Themen auseinander. Uns eint die Entschlossenheit, neue Perspektiven zu finden. Dorthin führt nur die Kontroverse.[1]

Es wäre vermessen, dieses Thema ausschließlich vor einem bundesdeutschen Hintergrund zu diskutieren. Deshalb freuen wir uns besonders, dass wir für diese Ausgabe viele Perspektiven aus dem Osten Europas gewinnen konnten. *A. K.* ist eine aus der Ostukraine stammende Soziologin, die inzwischen in Deutschland promoviert. Ihr Artikel zeigt eine Position auf, die in der ukrainischen linken Szene kontrovers diskutiert wird: Vermeintlich kriegsnotwendige Prozesse des sich verteidigenden Staates brächten in demselben Freiheit und Demokratie in Gefahr. Linke, so ihr Plädoyer, müssten sich dieser Entwicklung entgegen-

1 Natürlich ist unser Debattenaufschlag nicht vollständig. Wir bedauern besonders, dass es uns in dieser Ausgabe nicht gelungen ist, feministische Perspektiven auf die Komplexe Sicherheit und Militarisierung angemessen zu präsentieren. Von dem Einsatz von sexueller Gewalt als Kriegswaffe bis zur Rolle von Militarisierung in der Konstruktion von Männlichkeit würfe diese Perspektive viele wichtige Debatten auf.

stellen. Eine andere Facette der Debatte der (ukrainischen) Linken Positionierung zum russischen Angriffskrieg stellt der Text von *Olha Lushankina* und *Taras Salamaniuk*, die im *Netzwerk Ukrainische Linke* aktiv sind, dar. Sie plädieren für eine umfangreiche linke Solidarität mit dem ukrainischen Abwehrkampf. Zugleich sollten Linke die Rüstungsindustrie nicht grundsätzlich als falsch brandmarken, sondern auf einen antikapitalistischen Umbau drängen.

Nach diesen beiden Texten, die explizit um eine linke Position zum Krieg in der Ukraine ringen, sind die weiteren Texte unserer Ausgabe als ein Dialog von Theorie und konkreter Analyse der Gegenwart gereiht. Je ein theoretischer Zugang ist einem oder zwei konkreteren Texten gegenübergestellt. Der Frage, was Militarisierung und Pazifismus heute bedeuten (können), widmet sich der erste inhaltliche Block. *Moses Dries* zeigt auf, welche Bedeutung der Philosophin Simone Weil für einen «militanten Pazifismus» zukommen kann. *Domas Lavrukaitis* entwickelt die Frage am Beispiel der litauischen Linken. In einem «Land des Wehrhaftigkeitskonsens'» sucht die linke Bewegung nach Antworten. Anschließend argumentieren *Lisa Heidenreich* und *Maurice Schiller*, warum sie aus linker Perspektive einen Wehrdienst in Deutschland aktuell für geboten halten.

Immer wieder drehen sich linke Debatten um die Frage, mit wem Solidarität geübt werden sollte. Den zweiten Block eröffnet *Leon Karas* mit einer Kritik der internationalen Solidarität. Der wiedergekehrte Antiimperialismus schlage dabei in einen linken Nationalismus um, konstatiert Karas und setzt damit auch seine Auseinandersetzung mit den Roten Gruppen fort (vgl. *perspektivends* 1/2025). *Paweł Matusz* greift die Frage nach der Solidarität auf und beschreibt die Spannungsfelder, in denen sich queere Solidaritäten im Ukraine-Krieg befinden. *Alexander Neuber* fragt, worin die Unterschiede in den linken Reaktionen auf den Krieg in der Ukraine und die Auseinandersetzung um Westsahara bestehen.

Die verschiedenen Formen, die (politische) Gewalt nehmen kann, thematisiert der dritte Block. *Lukas Thum* entwickelt in der Auseinandersetzung mit Walter Benjamin eine Antwort auf die Frage, ob es emanzipatorische Gewalt geben könne. Daran schließt *Pierre Harder* mit einer Kritik am Ideal der Gewaltfreiheit an. Revolutionäre Gewalt und Tyrannenmord könnten in Extremsituationen demokratisierend wirken, so das Argument.

Besonders bei grundsätzlichen Fragen wird in der Gegenwart oft die Geschichte mitverhandelt. *Carl Julius Reim* entwickelt im vierten Block eine Kritik der historischen Argumentationsweise. Zwar könne diese erklären, wie die Gegenwart entstanden sei. Auf heutige Fragen müssten allerdings heutige Antworten gefunden werden. *Andrei Botorog* hingegen verweist auf die Auseinandersetzung von Karl Marx und Friedrich Engels mit dem russischen Imperialismus ihrer Zeit. Daraus könnten auch die heutige Linke Impulse für die Auseinandersetzung mit der Gegenwart empfangen.

Der letzte Block setzt sich aus zwei stärker an gegenwärtigen Policy-Debatten orientierten Texten zusammen. *Jan Hillgruber* skizziert eine moderne sozialdemokratische Sicherheitspolitik und verbindet dies mit dem Plädoyer für eine europäische Armee. *Marian Bartz* wendet sich dem Weltraum als Ort gegenwärtiger, auch militärischer Konflikte zu.

Ole Nymoens Buch *Warum ich niemals für mein Land kämpfen würde* hat viele Debatten ausgelöst, besonders in der Linken. Warum das Buch zugleich besser und schlechter als sein Ruf ist, beschreibt *Carl Julius Reim* in seiner Rezension. Ohne den Begriff des «Globalen Südens» wiederum kommt dieser Tage kaum eine linke Debatte aus. *Hannah Helbig* und *Emil Kostenzer* berichten von einer Tagung, die sich diesem Begriff näherte. Beide Beiträge gehören ebenfalls zu dieser Ausgabe der *jungen perspektiven.* ■

A. K. (übersetzt von Laura Clarissa Loew)

Sicherheit für wen?

Die Ukraine im Krieg und die Normalisierung des Ausnahmezustands

Krieg beginnt immer mit einem Sicherheitsversprechen: Der Angreifer behauptet, sich selbst zu verteidigen; der Angegriffene kämpft, um sich zu verteidigen. Sobald der Krieg jedoch einmal beginnt – so das Paradox eines jeden Krieges – bricht die Sicherheit auf beiden Seiten zusammen. Nicht nur Leben sind in Gefahr, sondern das gesamtgesellschaftliche Gewebe beginnt, sich aufzulösen: Kritische Infrastruktur, soziale Institutionen und das alltägliche Leben geraten in Bedrohung. Gleichzeitig fordert der Staat gesellschaftliche Mobilisierung und Konsolidierung: Prozesse, die als kriegsnotwendig dargestellt werden, aber häufig Freiheit und Demokratie unterminieren. Diese Tendenzen zeichnen sich auch seit der russischen Vollinvasion in der Ukraine ab: zehn-, gar hunderttausend Tote, eine am Boden liegende Wirtschaft, deren Wiederaufbau wohl ein Jahrhundert dauern wird, und eine Bevölkerung, die nach demografischen Prognosen bis 2100 um die Hälfte schrumpfen könnte.[1] Doch über das unermessliche menschliche Leid hinaus bedroht der Krieg auch die Demokratie in der Ukraine.

In der klassischen Politikwissenschaft wird üblicherweise zwischen zwei Sichtweisen auf die Beziehung zwischen Krieg und Demokratie unterschieden.[2] Während die eine Krieg als «Hebamme der Demokratie» versteht, und die Geburt von Freiheit aus dem militärischen Kampf annimmt, betont die zweite die Beschränkung von Freiheiten während kriegerischer Auseinandersetzungen und zeichnet diese als Wegbereiter autoritärer Regime. Auch wenn die ukrainische Führungselite und ihre westlichen Partner:innen den Krieg als Kampf um die «Werte von Freiheit und Demokratie»[3] verstehen wollen, erzählt ein Blick hinter die Kulissen der vergangenen vier Jahre

1 UN World Population Prospects 2024.

2 Edward D. Mansfield / Jack Snyder: «Does War Influence Democratization?,» in: *In War's Wake: International Conflict and the Fate of Liberal Democracy*, hg. von Elizabeth Kier und Ronald R. Krebs (Cambridge: Cambridge University Press, 2010), 23–49.

3 Büro des Präsidenten der Ukraine, «Ukraine Fights for the Values of Freedom and Democracy, and Thus Counts

eine andere Geschichte: Die Kriegslogik hat sich in der Ukraine weit über die Schützengräben hinaus ausgeweitet, sie durchdringt jede Ebene des gesellschaftlichen Lebens, verändert sie, und unterwirft sie ihren Zwängen. Bildung und Wissenschaft sind inzwischen eng mit militärischen Zielen verknüpft: In Schulen und Universitäten werden Workshops organisiert, in denen Tarnnetze geflochten oder Drohnen zusammengeschraubt werden, und Wehrübungen sind zu einem verpflichtenden Teil des Curriculums geworden. In der Kulturindustrie hingegen wird der Krieg romantisiert, Darstellungen in Musik und bildender Kunst zelebrieren nationales Heldentum und entmenschlichen den Feind. Die gesamte kulturelle Sphäre präsentiert sich als kulturelle *Front*. Selbst Modemarken geben Kollektionen mit Slogans wie «Töte alles Russische in Dir»[4] heraus, Magazine lassen Soldaten auf ihren Covern posen[5] und publizieren Fotoserien mit militärischem Flair.[6]

Militarisierung, als «Durchdringung von sozialen Beziehungen [...] durch militärische Beziehungen»[7], verwandelt alle gesellschaftlichen Sphären zu verlängerten Schlachtfeldern, dominiert durch ihr Handlungsmuster: Freund und Feind zu unterscheiden sowie Bedrohungen und die Instrumente, von denen diese ausgehen können, zu erkennen. In dieser Logik wird Krieg allzeit präsent, Gefahr durchwebt jede Sprache, Kultur und Erinnerung, die mit dem «Feind» verknüpft ist. Die existenzielle Bedrohung und ihre angenommenen Wurzeln werden herangezogen, um außergewöhnliche Maßnahmen zu ihrer Bekämpfung zu rechtfertigen.[8] So funktioniert die Logik der Versicherheitlichung.

Die russische Sprache etwa, die in den Großstädten Charkow/Charkiw und Odessa/Odesa von einer Mehrheit gesprochen wird,[9] wird von öffentlichen Figuren und politischen Akteur:innen immer stärker als Bedrohung dargestellt. Der ehemalige Regierungsbeauftragte für den «Schutz der Staatssprache» beschrieb Ukrainisch als «Sicherheitsfaktor» und Zugehörigkeitsmarker, an dem sich ablesen lasse, wer «zu uns» gehöre, und wer zu «den Anderen».[10] Auch kulturelle Akteur:innen bedienen sich dieser Rhetorik, wenn beispielsweise ein berühmter Schauspieler vorschlug, Kinder zu

on the Support of the Civilized World», *President of Ukraine* (March 1, 2022), https://is.gd/odrh3V, eingesehen am 01.10.2025.

4 Vika Hrynenko: «Вбийте все російське в собі». Бренд german. та «ебаут» випустили дроп, присвячений пам'яті Юрія Феліпенка», *The Village* Україна, July 31, 2025, https://is.gd/UEXCtG, eingesehen am 01.10.2025.

5 *BBC News*: Україна, »Новий скандал через *Vogue*: На обкладинці «не військова, а усміхнена цивільна», дорікають українці», March 2, 2025, https://is.gd/H1b7f0, eingesehen am 01.10.2025.

6 Рылев Константин: «Фотосессия Зеленских вызвала скандал. Но там, где снимает Лейбовиц – делается история», July 29, 2022, https://is.gd/IPyEOp, eingesehen am 01.10.2025.

7 Martin Shaw: «Twenty-First Century Militarism: A Historical-Sociological Framework», in: *Militarism and International Relations: Political Economy, Security, Theory*, hg. von Anna Stavrianakis und Jan Selby (London and New York: Routledge, 2013), 20.

8 Barry Buzan / Ole Wæver / Jaap de Wilde, *Security: A New Framework for Analysis* (Boulder, CO: Lynne Rienner Publishers, 1998).

9 Rating Sociological Group: *Eighth All-Ukrainian Municipal Survey, April–May 2023* (Kyiv: Center for Insights in Survey Research, 2023), 154, https://is.gd/Ku7VqS, eingesehen am 25.09.2025.

10 Ірина Львова: «Немає такого терміну: мовний омбудсмен пояснив, що таке російськомовність в Україні», *Informator.ua*, https://is.gd/8ElEwj, eingesehen am 10.09.2025.

schlagen, wenn diese Russisch sprächen,[11] oder eine Autorin dazu aufrief, Eltern russisch sprechender Kinder zum Beispiel auf Spielplätzen zu tadeln.[12]

Neben der russischen Sprache ist auch die russische Kultur in ihren unterschiedlichen Ausprägungen zu einem Sicherheitsrisiko erklärt worden. Auch dabei spielen öffentliche Intellektuelle eine Rolle: Der Autor Volodymyr Rafeienko behauptete, dass «tote russische Kultur Ukrainer:innen töte»[13] und die Schauspielerin Irena Karpa sprach von der russischen Kultur als einer von «Vergewaltigern und Dieben»[14]. Die Konsequenzen sind im Alltag fühlbar: Im Jahr 2022 wurden etwa elf Millionen russischsprachige Bücher aus Bibliotheken entfernt[15] und Lehrer:innen, die in Schulen die russische Sprache verwenden, wurden mit Strafgebühren belegt.[16] Auch die Rechte der ukrainisch-orthodoxen Kirche, die als «Agentennetzwerk des Kremls» dargestellt wurde, wurden gesetzgeberisch begrenzt.[17] Darüber hinaus erklärte das Ukrainische Institut für Nationale Erinnerung, dass es eine «Angelegenheit nationaler Sicherheit» sei, russische und sowjetische Symbole aus dem öffentlichen Raum zu entfernen und dieser Prozess ein «essentieller Teil unseres mentalen Widerstands gegen den Aggressor» sei.[18]

Die Vergangenheit selbst wurde zu einer Sicherheitsfrage gemacht. Die ukrainische Gesetzgebung zur «Entkommunisierung»[19] stuft positive Bezüge auf die sowjetische Vergangenheit als Propaganda des kommunistischen Regimes ein, die rechtliche Konsequenzen nach sich ziehen kann. In einem anderen Regierungsdokument[20] wird festgestellt: «Die nostalgische Erinnerung an die Sowjetunion[21] hat den Weg bereitet für die russische Aggression auf die Krim und den Donbass [...] [und] die Vollinvasion

11 Діана Могилєвич: «Відомий український актор Богдан Бенюк закликав бити дітей за російську мову», УНІАН, 29 квітня 2025 року, https://is.gd/t0SdTO, eingesehen am 14.10.2025.

12 Дар'я Бережна: «‹Шикувати батьків зросійщених дітей›: Ніцой закликала робити зауваження, якщо діти спілкуються російською», *Focus.ua*, 21 червня 2025 року, https://is.gd/JHSIP3, eingesehen am 14.10.2025.

13 Володимир Рафєєнко: «Як мертва російська культура вбиває українців», Критика, https://is.gd/DnyGud, eingesehen am 14.10.2025.

14 *BBC Україна*: «Ірена Карпа про російську культуру: ‹Це культура ґвалтівників і крадіїв, і жодним Толстоєвським це не припудриш›», *BBC* Україна, https://is.gd/oXb4Ph, eingesehen am 14.10.2025.

15 Євгенія Кравчук, »Україна у цивілізований спосіб оновлює бібліотечні фонди й позбувається пропагандистської літератури та книг, що прославляють тоталітарний радянський режим», Верховна Рада України, 10.02.2023, https://is.gd/ntcaAt, eingesehen am 14.10.2025.

16 Марія Волошин: «В вузах контролируют соблюдение языкового закона: что грозит нарушителям», *24tv.ua*, January 18, 2023, https://is.gd/7DFjPx, eingesehen am 14.10.2025.

17 Лилия Ржеутская: «УПЦ в Украине теперь под запретом? Что предусматривает закон», *DW.com*, August 21, 2024, https://is.gd/5RFSHl, accessed October 14, 2025.

18 Марія Тахтаулова, ред.: Збірник матеріалів, рекомендацій і документів щодо виконання вимог Закону України «Про засудження та заборону пропаганди російської імперської політики в Україні і деколонізацію топонімії» (Київ: Смолоскип, 2023), eingesehen am 14.10.2025.

19 Закон України: «Про засудження комуністичного та націонал-соціалістичного (нацистського) тоталітарних режимів в Україні та заборону пропаганди їхньої символіки», Відомості Верховної Ради України 26 (2015), https://is.gd/3BpolY, eingesehen am 10.09.2025.

20 Пояснювальна записка до проекту Закону України: «Про внесення змін до Закону України ‹Про географічні назви› щодо деколонізації топонімії та впорядкування використання географічних назв у населених пунктах України» (2022), https://is.gd/qBMSic, eingesehen am 10.09.2025.

21 Im Original «совок», abwertender Begriff für die Sowjetunion und damit Verbundenes [Anm.d. Übers.].

wäre praktisch unmöglich gewesen, wenn die Bewohner:innen dieser Regionen nicht dem giftigen Gas der sowjetischen Weltanschauung ausgesetzt gewesen wären.»

In dieser Lesart ist die Ukraine nicht nur durch Bomben und Geschütze, wirtschaftliche Krisen und die russische Besatzung bedroht. Eine Gefahr besteht darin auch in Sprache, Kultur, Symbole und Erinnerungen eines nicht zu unterschätzenden Anteils der *eigenen Bevölkerung*. Indem diese Fragen zu Sicherheitsproblemen stilisiert werden, erzeugen die Behörden eine Atmosphäre der andauernden Bedrohung, die sich auch aus nicht militärischen Phänomenen speist. Gleichzeitig marginalisieren sie damit Ukrainer:innen, die Träger:innen dieser vermeintlichen Bedrohungen sind und stellen so eine interne Hierarchie der ukrainischen Gesellschaft her.

Ausnahmezustand als Begründung für alltägliche Zwangsmaßnahmen

Der Krieg in der Ukraine stellt einen besonderen Fall des *Ausnahmezustands* dar, in dem unter dem Vorwand einer existenziellen Krise und der Überwindung (empfundener) Bedrohungen außerordentliche Maßnahmen legitimiert werden.[22] Im April 2022 informierte die Ukraine den Europarat, dass sie im Zuge des Kriegsrechtes mehrere Klauseln der Europäischen Erklärung für Menschenrechte ausgesetzt hatte.[23] Dazu gehörte das Recht auf Unverletzlichkeit der Wohnung, das Briefgeheimnis, das Recht auf Achtung des Privatlebens, die Bewegungsfreiheit sowie das Recht auf Eigentum. Eine weitere Bestimmung begrenzte das Recht von im Ausland lebenden ukrainischen Männern ohne aktuelle militärische Registrierungsdokumente auf konsularische Dienstleistungen[24].

Im Laufe des Krieges sind aus diesen Beschränkungen tatsächliche Rechtsbrüche geworden. Seit den ersten Tagen der Invasion hat die Ukraine ihre Grenzen für Männer im wehrfähigen Alter geschlossen. Diese Regelung ließ einen florierenden Schwarzmarkt für illegale Grenzübertritte entstehen. Hunderttausende Männer, die einer Kriegsteilnahme entgehen wollen, bezahlen Schmuggler, um das Land zu verlassen. Diejenigen, die sich das nicht leisten können, versuchen, sich über gefährliche Routen durch Flüsse, Wälder und über die Berge durchzuschlagen. Bis Mai 2025 hatte der ukrainische Grenzschutz[25] etwa 49 Tausend Männer abgefangen, die einen illegalen Grenzübertritt gewagt hatten, und über 900 Schmugglerbanden ertappt. Bis Ende 2024 waren etwa fünfzig Menschen beim Versuch, die Ukraine über den Fluss Theiß (ukr. Tysa) ins angrenzende Rumänien oder Ungarn zu überqueren, ums Leben gekommen[26]. Im Laufe der Zeit sind auch die Methoden brutaler geworden, mit denen solche Fluchtversuche ver-

22 Carl Schmitt: *Politische Theologie: Vier Kapitel zur Lehre von der Souveränität*, 11. korrigierte Ausgabe (Berlin: Duncker & Humblot, 2021).

23 «Ukraine Expands Martial Law in a Bid to Boost Defences Near Occupied Areas», *Euronews*, April 29, 2024, https://is.gd/b6UX69, eingesehen am 14.10.2025.

24 Ibid.

25 Ольга Лебедева: «Украина с начала войны предотвратила выезд 49 тысяч мужчин», *DW.com*, May 21, 2025, https://is.gd/cHuGV5, eingesehen am 14.10.2025.

26 Олександр Шосталь: «ДПСУ розповіла, тіла скількох чоловіків виявили у Тисі з лютого 2022 року,» *112.ua*, 24.12.2024, https://is.gd/GlrX5w, eingesehen am 14.10.2025.

hindert werden sollen – im September 2025 wurde ein 23-jähriger Mann während eines versuchten Grenzübertritts erschossen[27].

Während die Kräfte und Ressourcen der ukrainischen Armee immer weiter schwinden, dokumentieren Videos vermehrt die Brutalität, mit der Rekrutierungsprozesse in Städten inzwischen ablaufen. Aufnahmen zeigen Männer, die durch die Straßen gejagt, in Autos gezerrt, verprügelt und gedemütigt werden, bevor sie in Rekrutierungszentren transportiert werden. Die Festgesetzten sind fatalen Bedingungen ausgesetzt, und UN-Beobachter:innen dokumentierten bereits Fälle von Folter und Misshandlung.[28] Auch über Todesfälle[29] und Selbstmordversuche[30] unter den Zwangsrekrutierten wurde berichtet. Bei inzwischen geschätzt über 200.000 desertierten Soldaten seit Kriegsbeginn[31] wird Zwangsrekrutierung verstärkt als Mittel zur Disziplinierung der Gesellschaft genutzt; gerade Kritiker des Militärs oder des Handelns der Behörden werden demonstrativ an die Front geschickt.

Auch politische Verfolgung hat unter dem Kriegsrecht zugenommen und trifft unterschiedliche Gruppen, sowohl in den Gebieten hinter der Front, als auch in den von Russland zurückeroberten. Bis August 2024 hatten die ukrainischen Behörden 8.464 Anklagen wegen «Kollaboration» und 1.302 wegen «Hilfe für den Angreifer» initiiert.[32] Die Vereinten Nationen zeigten sich besorgt darüber und merkten an, dass es sich bei vielen dieser Fälle um Selbstschutzmaßnahmen gehandelt haben könnte, die durch das Völkerrecht garantiert seien.[33] Darüber hinaus werden jeden Monat Dutzende Menschen dafür verurteilt, dass sie Social-Media-Posts gelikt haben, in denen kommunistische Symbole zu sehen sein sollen[34], und es wurden bereits über 700 Äußerungen im Netz als «Unterstützung des Angreifers» verurteilt.[35] Ebenso wurde Widerspruch gegen die Zwangsmobilisierung kriminalisiert: In der Stadt Winnyzja droht drei Frauen, die gegen die Rekrutierung ihrer Ehemänner protestiert haben, bis zu acht Jahren Gefängnis.[36]

27 «В Одесской области погиб мужчина при попытке незаконного пересечения границы», *NV.ua*, September 3, 2025, https://is.gd/oWwy7z, eingesehen am 14.10.2025.

28 *42nd Periodic Report on the Human Rights Situation in Ukraine (1 December 2024–31 May 2025)*, https://is.gd/8Cc1Dt, June 30, 2025.

29 Олексій Арунян: «Чому відбуваються і як розслідують смерті військовозобов'язаних у ТЦК – розповідаємо про проблему в п'яти історіях», Суспільне, August 26, 2025, eingesehen am 14.10.2025.

30 «В ТЦК на Полтавщині чоловіки намагалися покінчити з собою», *Novyny.live*, M'ry 15, 2025, https://is.gd/AX4zFC, eingesehen am 14.10.2025.

31 Олександр Шумілін: «За час повномасштабного вторгнення відкрили більше 250 тисяч справ про СЗЧ і дезертирство», Українська правда, August 26, 2025, https://is.gd/iwkezi, eingesehen am 14.10.2025.

32 Олексій Арунян: «В Україні вже більше 8 тисяч справ про колабораціонізм: що з ними не так?», Ґрати, August 2, 2024, https://is.gd/nbzMUS, eingesehen am 14.10.2025.

33 *42nd Periodic Report on the Human Rights Situation in Ukraine*

34 Beispielsweise wurde zwischen Dezember 2024 und Februar 2025 gemäß des Artikels 436–1 des ukrainischen Strafgesetzes zur «Erstellung und Verbreitung von kommunistischer oder nationalsozialistischer Symbolik und Propaganda kommunistischer und nationalsozialistischer totalitärer Regime» Urteile gesprochen über Likes und Posts in sozialen Medien, die kommunistische Symbolen enthalten hätten (Latysh, 2025).

35 «Prison for ‹likes› in the social networks? How people are punished for ‹justifying› Russia's aggression», *Kharkiv Human Rights Protection Group*, January 29, 2024, https://is.gd/hGB1GK, eingesehen am 14.10.2025.

36 Дмитро Гулійчук: «В Вінниці трьом жінкам повідомили про підозру через штурм стадіону з мобілізованими: їм загрожує суворе покарання», ТСН, 8 вересня 2025 р., https://is.gd/HVMeR4, eingesehen am 14.10.2025.

Rechtfertigt der Zweck die Mittel?

Carl Schmitt definierte Souveränität als die Fähigkeit, über den Ausnahmezustand zu entscheiden.[37] Giorgio Agamben hingegen warnte davor, dass ein andauernder Ausnahmezustand Gefahr läuft, zeitweilige Aufhebungen von Rechten zu dauerhaften Herrschaftsmaßnahmen zu machen, und somit von einer einmaligen Entscheidung zu einer strukturellen Bedingung wird.[38] Was in der Ukraine 2022 als Notfallmaßnahmen begann – Ausgangssperren, Grenzschließungen für Männer, Zwangsrekrutierungen, die Kriminalisierung von Widerspruch und die Versicherheitlichung von Sprache und Kultur – hat sich allmählich als systematischer Mechanismus des Alltags etabliert. Der Abbau rechtlicher Standards ist kein zeitweiliges Opfer zum Zwecke des Überlebens mehr, sondern eine neue Realität.

Während der russische Angriffskrieg weiterhin täglich die Leben von Ukrainer:innen bedroht, fahren die ukrainischen politischen Eliten und diverse aktivistische Kreise eine ethnonationalistische Agenda und konzentrieren sich darauf, die russische Kultur und Sprache auszulöschen. Dies, sowie die allumfassenden Militarisierung der ukrainischen Gesellschaft, ergänzen die durch den russischen Krieg hervorgerufene Gefahrenlage nur weiter: Menschen, die in Rekrutierungszentren zusammengeschlagen werden, bei Grenzübertritten sterben oder für ein Like auf den sozialen Medien ins Gefängnis kommen. Diese Maßnahmen treffen die Ärmsten der Gesellschaft überproportional. Diejenigen, die es sich leisten können, das Land zu verlassen oder sich aus der Rekrutierung herauszukaufen, sind größtenteils sicher: Familienmitglieder von Parlamentarier:innen, lokalen Amtsträger:innen oder Wirtschaftseliten finden sich nur selten an der Front wieder, genauso wenig wie Kulturschaffende oder Aktivist:innen, die sich als Vorkämpfer:innen an der «kulturellen Front» gerieren. In der Ukraine ist Sicherheit zu einem Privileg für diejenigen geworden, die es sich leisten können.

Deshalb muss der Ausgangspunkt von Debatten über Sicherheit sein, dass Krieg fundamental unvereinbar mit einer tatsächlichen Sicherheit ist. Das Beispiel der Ukraine zeigt, dass nicht nur Drohnen und Geschütze, sondern beinahe alles zu einer Bedrohung der nationalen Sicherheit erklärt werden kann und auf dieser Basis Repressionen und Menschenrechtsverletzungen gerechtfertigt werden können. Es zeigt auch, dass Krieg nicht nur Sicherheit und Demokratie zerstört, sondern Menschen auch die Möglichkeit raubt, das öffentliche Leben und ihr eigenes Schicksal aktiv zu gestalten. Indem sie Individuen ihrer Handlungsmacht berauben, entmenschlichen die ukrainischen Eliten nicht nur den Feind, sondern auch ihre eigenen Bürger:innen. Anstatt ihnen die Fähigkeit und Freiheit zuzutrauen, freiwillig das zu verteidigen, was ihnen wichtig ist, werden sie zu einer «mobilisierbaren Ressource» ohne Wahlmöglichkeit, Würde und Repräsentation. Dies ruft schwierige Fragen auf: Kann eine Demokratie überleben, wenn die führenden Klassen die Staatsbürger:innen nicht mehr als Menschen sehen? Kann ein Krieg im Namen von «Freiheit und Demokratie» mit Methoden gekämpft werden, die ebendiese Ideale verraten? In einer Gesellschaft, die durch solche Antagonismen gekennzeichnet ist, wird es schwer sein, zu Solidarität oder gar Versöhnung zu kommen.

37 Schmitt 2021.

38 Agamben G.: *State of Exception*. Chicago: University of Chicago Press, 2005.

Analog dazu garantiert auch die wachsende Militarisierung Europas nicht den Bestand der Demokratie, sondern ist vielmehr ein Weg dazu, sie zu zerstören – zuerst werdet ihr eure soziale Sicherheit opfern, dann eure Leben. In solch einer Zeit darf die Devise nicht sein, sich zu bewaffnen und sich darauf vorzubereiten, für den Staat zu sterben, sondern mit allen Mitteln zu verhindern, dass es so weit kommt. Wahre Sicherheit kann nicht durch einige weitere Jahre Frieden erkauft werden – sie muss auf langfristigen Strukturen aufbauen, die nachhaltigen Frieden sichern und zukünftige Kriege verhindern können. Solche Strukturen müssen global aufgebaut werden und alle gesellschaftlichen Gruppen, besonders die schwächsten, schützen.

Eben solche Strukturen aufzubauen, ist die Aufgabe linker Kräfte, die erkannt haben, dass die Lösung der globalen Sicherheitskrise außerhalb des Systems liegt, das seit Jahrhunderten Kriege hervorbringt. Eine Lösung, die nicht bedeutet, sich in Kriegen auf eine «Seite»zu schlagen, sondern solidarisch zu sein mit allen seinen Opfern. Dafür müssen wir die Gesellschaften auf beiden Seiten des Konflikts ernst nehmen und nicht über Gewalt hinwegsehen, die unter dem Deckmantel des Kriegszustands verübt wird. Wir dürfen uns nicht dazu verleiten lassen, den Gegner zu entmenschlichen oder uns selbst und unsere Verbündeten zu überhöhen, sondern vielmehr in den Blick nehmen, welche Interessen die regierenden Eliten einer Gesellschaft im Vergleich zur allgemeinen Bevölkerung haben. Eine solche kritische Analyse erfordert die Auseinandersetzung mit den Dynamiken, die zu diesem blutigen Krieg geführt haben, und den Mut, sich mit seinen tiefer liegenden strukturellen Gründen zu beschäftigen. ■

Olha Lushankina / Taras Salamaniuk

Vom Pazifismus zur Verantwortung

Warum die politische Linke eine neue Sicherheitspolitik braucht

Der russische imperialistische Angriff auf die Ukraine, sprich eine der größten politischen Krisen Europas, hat viele Arenen (wieder)eröffnet, in denen um Diskurse und Deutungsmuster gestritten wird.[1] Unter anderem hat das Thema von Sicherheit und Verteidigung an Bedeutung gewonnen, und insbesondere dem deutschen linken Spektrum ist es schwergefallen, dieses außenpolitische Handlungsfeld aus wirklich antiimperialistischer Sicht anzugehen. Die herrschende pazifistische, methodologisch-nationalistische Moralökonomie und deren Unfähigkeit, die daraus entstehende soziale sowie transnationale ökonomische Konsequenzen zu reflektieren, widersprechen dem gleichzeitig

1 Mau, S. / Lux, T. / Westheuser, L. (2023): *Triggerpunkte: Konsens und Konflikt in der Gegenwartsgesellschaft.*

geäußerten Wunsch, sich mit der angegriffenen ukrainischen Zivilbevölkerung effektiv zu solidarisieren. Antiimperialistische und antikapitalistische Auswirkungen des ukrainischen Widerstandes zeigen aber deutlich, dass dieses Dilemma nur scheinbar ist.

Katastrophen-Kapitalismus, Imperien und linke Fehler

Dass die Unterstützung der Ukraine antiimperialistisch im ursprünglichen Wortsinn ist, muss hier nicht weiter ausgeführt werden. Wie diese Unterstützung ebenso antikapitalistische Auswirkungen haben kann, mag jedoch weniger deutlich sein. Es wird hier aber nicht um den argumentativen Pfad gehen, der auf der Logik Lenins[2] oder Rosa Luxemburgs[3] basiert, demzufolge Imperialismus als direkte Folge kapitalistischer Entwicklung konzeptualisiert wird. Es hat sich in der Debatte gezeigt, dass dieser Gedankenweg Kausalzusammenhänge vereinfacht und empirische Beobachtungen zu idealtypischen Vorstellungen reduziert, die an sich immer der tatsächlichen Realität nicht gerecht werden.[4] Schnell fallen unter den Befürwortern dieser Analyseschemata Begriffe wie *Stellvertreterkrieg* oder der antiimperialistische Kampf der Ukraine gegen Russland wird nur als Klassenkampf betrachtet. Das heißt, diese klassischen Texte werden oft so interpretiert, als ob Imperialismen an sich gar nicht gesondert verstanden werden müssen, da der Zusammenbruch von imperialen Bestrebungen direkt aus dem Zusammenbruch des Kapitalismus folgt. Die empirischen Beobachtungen des russisch-ukrainischen Krieges heben diese Problematik deutlich hervor und zeigen, dass die transnationalen Wechselwirkungen von Imperialismus und Kapitalismus vielschichtiger sind als üblicherweise dargestellt.

So zeigt Naomi Klein[5] am Beispiel der jüngsten Weltgeschichte, wie die ökonomisch neoliberalen und sozial konservativen Kräfte die Schwächen ihres eigenen Systems geschickt ausnutzen, um in Zeiten der Krise (oder in ihrer Terminologie «Schocks») durch weitere Privatisierung und Deregulierung die Oberhand zu behalten. Laut Klein ist es von besonderer Bedeutung, dass diese Politik aufgrund der gesamtgesellschaftlichen Krisensituation ohne spürbaren Widerstand durchgesetzt werden kann, da genau in diesem Moment die progressiven Gegenkräfte ihre Ressourcen auf eigenes Schockmanagement fokussieren. Ein ganzes Cluster solcher Ausnutzungsstrategien der kapitalistischen Akteure – da auch diese kontextabhängig unterschiedliche Formen annehmen – bezeichnet sie in ihrem gefeierten Buch *Die Schock-Strategie* als «Katastrophen-Kapitalismus». Dieses Phänomen dient auch den neoimperialistischen Kräften und erlaubt ihnen, ihre Softpower imperialistisch auszuüben.

Dies zeigt sich am besten am Zustand des Militärisch-Industriellen Komplex' (MIK), vor allem in der Zusammenarbeit zwischen den mitte-rechten Mainstreampolitiker:innen und der Rüstungsindustrie der Bundesrepu-

2 Lenin, V.I. (1999): *Imperialism: The Highest Stage of Capitalism.* Resistance Books (Im Original publiziert im Jahr 1916).

3 Luxemburg, R. (2015): *The Accumulation of Capital.* Routledge Classics (Im Original publiziert im Jahr 1914).

4 Weber, M. (2017): *Methodology of Social Sciences.* doi.org: https://is.gd/dOONCk (Im Original publiziert im Jahr 1949).

5 Klein, N. (2008): *The Shock Doctrine: The Rise of Disaster Capitalism.* Penguin Books.

blik. Beispielsweise verzeichnet Rheinmetall «Rekordgewinne» und liegt laut den neuesten Daten «auf Milliardenkurs».[6] Der Konzern profitiert in erster Reihe von Exporten in den Ukraine-Krieg und Gewinne gehen nicht selten an private Investoren aus dem Ausland,[7] obgleich die Entscheidungen über die Militärexporte seitens des Staates initiiert werden müssen. Sicherheit und Verteidigung im Sinne von Aufrüstung besitzen aus dieser Perspektive eine lückenhafte Legitimierung: Sie sind faktisch ein Vorrecht privater Marktakteure, die gleichzeitig stärker denn je in der Politik angesiedelt sind, ohne Pflicht zu direkten Re-Investitionen in das Soziale.

So ein katastrophen-kapitalistisches Bild wirkt auf viele linke Bewegungen abschreckend, weshalb sie den anti-imperialistischen Kampf lieber vermeiden oder leugnen. Statt produktiver Transformationen und anti-kapitalistischer Auseinandersetzungen spricht man über Aufgeben, Exklusion und Entfremdung der Gesamtindustrie.[8] Dies ist aber genau das, was die Besitzer und Involvierten der MIK gerne in Krisen sehen – ein unumstrittener Platz für ihre Macht; eine heuristische Assoziation, die wie beabsichtigt im Diskurs verfestigt ist, weit bevor Alternativen einen Platz am Tisch bekommen. Die Rüstungsindustrie aus linker Perspektive aufzugeben heißt, die Verteidigung in den Händen der Rechten zu lassen, eigene Mittel zur Unterstützung anti-imperialistischer Kämpfen aufzugeben und gleichzeitig neoliberalen Akteuren zu signalisieren, dass nicht die Gesellschaft als Zusammensetzung von gleichberechtigten Individuen ein Recht auf Sicherheit und damit verbundene Entscheidungsmacht besitzt, sondern sie, die Kapitalbesitzer.

Dies ist aus vielerlei Sicht für die politische Linke inakzeptabel. So eine Position ignoriert nicht nur die eigentliche Krise – also den Angriffskrieg gegen die ukrainische Bevölkerung – und ihre Ursachen – die russisch-imperialen Bestrebungen. Vielmehr zeigen solche Positionen die völlige Inkompetenz, gegen den Katastrophen-Kapitalismus vorzugehen und stattdessen weltfremde Krisenleugnung zu betreiben, was dem MIK den Platz als das einzige ernsthafte Schockmanagement hinterlässt. Es ist also höchste Zeit für eine neue linke Verteidigungspolitik, die sowohl anti-imperialistisch als auch anti-kapitalistisch auf aktuelle Krisenherausforderungen reagiert.

Was nun?

Logischerweise entsteht die Frage, wie genau eine solche linke Verteidigungspoli-

6 Hinsberger, N. T. (2025, November 7): «Rüstungskonzern Rheinmetall auf Milliardenkurs: ‹Werden ein globaler Champion›», https://is.gd/0IZ1Nd.

7 Die von Rheinmetall angegebenen Zahlen sollten in diesem Zusammenhang mit Vorsicht interpretiert werden. Obgleich die institutionellen Anleger tatsächlich mehr als die Hälfte der Aktionärsstruktur bilden (59,6%), ist die Spitze der stimmberechtigten Konzerne wie Goldman Sachs, BlackRock und Morgan Stanley privat unterwegs. Darüber hinaus ist der Anteil institutioneller Anleger zugunsten privater Anleger im Zeitraum zwischen 2020–2024 gesunken, sowohl aus Nordamerika (von 40% auf 28%) als auch aus Europa (hier ist eine schwächere Senkung von 22% auf 20% zu beobachten). Eine detaillierte Differenzierung nach Herkunftsregion der privaten Anleger ist in dieser offenen Quelle übrigens nicht angeboten. Siehe Rheinmetall AG (2025a): «AKTIONÄRSMITTEILUNG GEMÄß GESETZLICHER MELDEPFLICHTEN». https://is.gd/BIMQ9L, Rheinmetall AG. (2025b): «AKTIONÄRSSTRUKTUR», https://is.gd/0OONWy.

8 Die Linke Mecklenburg-Vorpommern: «Abrüstung und strukturelle Nichtangriffsfähigkeit», https://is.gd/UZTfmg.

tik die Rüstungsindustrie weg vom Profitzwang hin zur Gemeinwohlorientierung umbauen kann. Existierende Forschung aus demokratischen planwirtschaftlichen Alternativen deutet auf einige mögliche Strategien in Richtung Nationalisierung und gesellschaftlicher Kontrolle des MIK hin, die zur Effizienz wie auch zur Legitimität der Branche beitragen können.

So beleuchten Paul Cockshott und Allin Cottrell[9] die Unvereinbarkeit von Rüstungsindustrie und Marktlogik. Im Gegensatz zu den Erwartungen vieler linker Kritiker des MIK als ein reines kapitalistisches Unternehmen demonstrieren die Autoren mit historischen Beispielen aus keynsianischen und staatssozialistischen Nachkriegszeitländern, dass der von der öffentlichen Hand dominierte MIK eine von wenigen wirklich innovativen Branchen war. Die aus öffentlich finanzierter Forschung und Entwicklung entstandenen Innovationen in der Rüstungsindustrie waren so erfolgreich, dass sie für zahlreiche Innovationen im Zivilbereich eine maßgebliche Rolle spielten. Bemerkenswerterweise waren fortgeschrittene kybernetische Planungstechniken eine von diesen Innovationen. Wie James Bernes[10] zeigt, entstanden sie aus öffentlichen Investitionen in militärische Forschung in der Nachkriegszeit für einen effizienten Umgang mit Ressourcen in riesigen Institutionen.[11]

Natürlich wäre eine reine Nachahmung der Nachkriegszeiten für ein modernes emanzipatorisches Projekt der linken Verteidigungspolitik ziemlich einseitig. Wie Cockshott und Cottrell[12] zugleich demonstrieren, zementierte die staatsgesteuerte Militärindustrie mit durchaus effizientem Ressourcenmanagement in zentralisierten Strukturen die Überlegenheit ihrer nicht gewählten, technokratischen Kaste vor der zivilen Kontrolle, was größtenteils zum Zusammenbruch der keynesianischen Regime im Westen und der staatssozialistischen Regime im Osten führte.

Zum Glück ist das Problem der demokratischen Legitimität in der Forschung planwirtschaftlicher Alternativen heutzutage weitgehend bekannt. So verbinden David Laibman und seine Kolleg:innen[13] demokratietheoretische Ansätze der Input-Legitimität mit Überlegungen über planwirtschaftliche Entscheidungsprozesse. Ihr Fokus liegt auf der Rückkopplung zwischen Zentrum und Peripherie bei der politischen Entscheidungsfindung, was sie im Begriff mehrstufige demokratische Koordination verbinden. Demzufolge soll der MIK wie jede andere vergesellschaftete Branche einen Input in Form eines zentralen demokratischen Mandates auf die Herstellung von Waren bekommen, das auf Verteidigungspläne lokaler Gemeinschaften gekoppelt und mit anderen Verbrauchsplänen abgestimmt ist. Im Rahmen des festgestellten Mandates dürfen aber Rüstungsunternehmen maximal autonom wirtschaften, obgleich ihre Ergebnisse als ein Input auf das Zentrum rückgekoppelt sind und somit zur künftigen Änderung des Mandates beitragen können.

9 Cockshott, W. P. / Cottrell, A. (1993): *Towards a new socialism*. Spokesman Press, S. 64.

10 Bernes, J. (2020): Planning and anarchy. South Atlantic Quarterly, 119(1), 53–73.

11 Nach Bernes (2020) war genau die staatliche Finanzierung durch das Verteidigungsministerium des Vereinigten Königreichs die größte Antriebskraft der Entwicklung und Forschung im IKT-Bereich in der Nachkriegszeit.

12 Cockshott, W. P. / Cottrell, A. (1993): *Towards a new socialism*. Spokesman Press, S. 51.

13 Laibman, D. / Campbell, A. / Kotz, D. M. (2003): «Democratic Coordination: Towards a Working Socialism for the New Century», in: *Science & Society*, *66*(1), 116–136. https://is.gd/FFPwN5.

Dieser demokratietheoretische Rahmen lässt sich gut durch die multi-kriteriale Wirtschaft von Aaron Benanav[14] ergänzen, die konkrete Kriterien für die demokratische Rückkopplung zwischen Zentrum und Peripherie anbietet. Benanav kritisiert die Vorstellung, dass sich alle gesellschaftlichen Ziele in eine einzige Planungsgröße überführen lassen. In seiner multi-kriterialen Wirtschaft können Ziele wie gute Arbeit, nachhaltige Wirtschaft oder soziale Sicherheit nicht auf einen Gesamtwert reduziert werden. Somit kommen solche Kriterien wie Arbeitsbedingungen, Umweltverträglichkeit oder internationale Solidarität ins Spiel, die gleichberechtigt mit reiner Produktivität, aber auch mit Pazifismus abgewogen werden müssen. Im Endeffekt ist die gemeinwohlorientierte Rüstungsindustrie keine eindimensionale Struktur, sondern ist tief im gesellschaftlichen Kontext eingebettet und muss dort als solche durch multi-kriteriale politische Aushandlungen mitbestimmt werden.

Gleichzeitig darf ein emanzipatorisches Projekt der linken Verteidigungspolitik nicht im methodologisch-nationalistischen Rahmen verbleiben. Denn reine Betrachtung der Komplexität internationaler Betrachtung nur als einen der Inputs in die – wenn auch gemeinwohlorientierte, aber nationale – Wirtschaft birgt die Gefahr, dass diese irgendwann auch imperialistisch ausgenutzt wird, obgleich mit besten solidarischen Intentionen gerechtfertigt.[15] Der weitgehende Konsens in internationalen Studien demonstriert schon längst, dass diese Gefahr durch ökonomische und politische Interdependenzen zwischen den Nationalstaaten erheblich reduziert werden kann.[16] Mit anderen Worten: Es braucht internationale Bündnisse.

Dennoch stellt das größte internationale Verteidigungsbündnis – NATO – bekanntermaßen keine Wertegemeinschaft dar und vereint imperialistische Opfer mit eigentlichen Imperialisten selbst.[17] Zugleich weist die EU, die häufig als eine wertorientierte Alternative zu NATO präsentiert wird, eigene Probleme auf – mit fehlender demokratischer Kopplung fragmentierter nationaler Institutionen.[18] Ein Aufbau des erstrebenswerten EU-Militärs unter solchen Bedingungen ohne parlamentarische Kontrolle und Ombudsmechanismen,[19] von Profitorientierung ganz zu schweigen, würde demokratische Prinzipien nur verletzen. Daher ist klar, dass ein echtes solidarisches paneuropäisches Verteidigungsbündnis nur durch eine weitreichende sukzessive politische Integration wie auch generelle Gemeinwohlorientierung der EU erreicht werden kann.

Dies bedeutet aber nicht, dass zwischenzeitlich nichts anderes zu unternehmen wäre. Schon jetzt trägt Deutschland am

14 Benanav, A. (2025): «Beyond capitalism—1. New Left Review», 153. doi.org: https://is.gd/WiCGV0.

15 Etwa wie der Fall sowjetischer Intervention in Afghanistan: When humanitarianism became imperialism. (2016, September). Jacobin, https://is.gd/aSdh8b.

16 Blavoukos, S. / Politis Lamprou, P. (2025, Oktober): «From an archipelago of alliances to a Brussels nexus: The role of military agreements between EU member-states to the evolution of EU defence. Hellenic Foundation for European and Foreign Policy», https://is.gd/uaT9Kp.

17 Van Aken, J. (9. Juli 2024): «Ein reines Militärbündnis zur Durchsetzung von Machtinteressen». nd-aktuell, https://is.gd/34dfe4.

18 Bergmann, M. / Lamond, J. / Cicarelli, S. (2021, June 1): «The case for EU defense. Center for American Progress», https://is.gd/jJW9Nc.

19 European Organisation of Military Associations (2017, November 2): «Democratic control of armed forces – From national to European oversight», https://is.gd/4CDJpH.

meisten in Europa zur militärischen Unterstützung der Ukraine[20] und einiger anderer osteuropäischer Nachbarn[21] bei. Ein linksregiertes Deutschland könnte angesichts seiner besonderen historischen Verantwortung vor Osteuropa[22] diese Unterstützungsrolle noch mehr stärken und auf ein Militärbündnis mit ihren Ostnachbarn eingehen, wo die solidarische Verteidigung zusammen mit dem gemeinwohlorientierten MIK verankert ist. So könnten ohne langes Warten auf EU-Reformen neue emanzipatorische Interdependenzen entstehen, wo Antiimperialismus mit Antikapitalismus Hand in Hand gehen.

Ausblick

Trotz aller von Klein gegebenen Beispiele, die die Weltlage eher als dürftig darstellen, blieb sie in ihrem Ausblick hoffnungsvoll. So nennt sie auch Instanzen, in denen ausbeuterische Strukturen geändert werden können, wie infolge der Argentinien-Krise (1998–2002). Als Linke ist es uns eigen, auch hoffnungsvoll zu bleiben und uns nicht von anstrengender Arbeit abschrecken lassen, sondern uns proaktiv mit Alternativen zur existierenden Weltordnung zu beschäftigen. So soll auch die Argumentation dieses Essays zeigen, dass scheinbar monolithische Diskurse nicht suggerieren dürfen, die Linke habe hier – in diesem Fall in Sicherheit und Verteidigung – nichts zu tun. Im Gegenteil braucht es besonders hier unsere Ansätze, um emanzipatorische Ziele durchsetzbar zu machen. Ob wirtschaftlich (Einführung von Elementen der modernisierten Planwirtschaft), demokratietheoretisch (mithilfe von Input-Legitimität und Multi-Kriterialität) oder transnational (mittels neuer regionaler Bündnisse oder der Verbesserung der bestehenden EU-Strukturen) – es besteht genug Spielraum, um den anti-imperialistischen und anti-kapitalistischen Widerstand und somit auch die Unterstützung der Ukraine nicht aufgeben zu müssen. ■

20 Kraemer, C. (2025, November 4): «Germany set to boost Ukraine aid by 3 billion euros in 2026», Reuters, https://is.gd/JvlbdT.

21 Vor allem ist hier die sogenannte Litauen-Brigade der Bundeswehr gemeint, https://is.gd/Ll6z6G.

22 Davies, F. (10. April 2022): «Deutschland, die Ukraine, Russland und das Erbe des deutschen Kolonialismus in Osteuropa. Ukraine-Analysen», https://is.gd/wsQmAi.

Moses Dries

Militanter Pazifismus

Zum Beitrag Simone Weils zur antimilitaristischen Linken

Die «militäraverse Grundhaltung»[1] der bundesrepublikanischen Gesellschaft hadert mit dem geordneten Rückzug. Der Versuch ihrer Auflösung in neuerlicher Kriegserwartung und den fieberhaften Anstrengungen zur Herstellung wahlweise nationaler oder supranationaler «Verteidigungsfähigkeit», begleitet von Zeitenwende-Rhetorik und der Beschwörung geteilter Werte, ist in vollem Gange. Die Linkspartei, vorausschauend in Stellung gebracht, um die erwartbare Unzufriedenheit mit dem neuen sicherheitspolitischen Konsens aufzufangen, betont zwar bei jeder Gelegenheit diplomatische Alternativen zu Abschreckung und Aufrüstung, liefert das pflichtschuldige Bekenntnis zur Bundeswehr aber ebenso zuverlässig immer gleich mit. Unrecht erscheinen dabei einzig die Zwecke, die die Politiker der Rüstungsindustrie und dem Militärapparat zuführen, nie aber die Mittel selbst.[2]

Dass die politische Linke überhaupt eine Partei des Antimilitarismus und Gewaltverzichts, der Kriegsdienstverweigerung und Friedensdiplomatie sein sollte, ist keineswegs eine besonders naheliegende Verknüpfung. Es ist dem Urteil der französischen Philosophin Simone Weil (1909–1943) wohl zuzustimmen, dass «die marxistische Tradition in der Frage des Krieges weder einheitlich noch klar»[3] gewesen ist, wie sie im Essay *Gedanken über den Krieg* von 1933 schreibt. Einigkeit habe unter Marxisten vor allem in der Weigerung bestanden, den Krieg kategorisch abzulehnen. Von diesem traditionsbeladenen Minimalkonsens weicht auch Weil nicht ab, wenn sie die Verdammung der Anwendung kriegerischer Gewalt einige Passagen darauf unter einen, im weiteren Sinne, historisch-materialistischen Vorbehalt stellt. Historisch durch die Wendung gegen einen abstrakt-allgemeinen Begriff des Krieges, der vielmehr in jeder Epoche eine besondere Form der Gewalt darstelle. Und materialistisch aufgrund ihres Beharrens auf der Notwendigkeit einer Analyse derjenigen gesellschaftlichen Verhältnisse, die der militärische Kampf «unter bestimmten technischen, ökonomischen und sozialen Bedingungen»[4] impliziere, als Voraussetzung der Formulierung oder gar Lösung eines mit dem Krieg zusammenhängenden Problems. Krieg und Gewalt seien nicht anhand der mit ihnen verfolgten Zwecke, sondern anhand des spezifischen Charakters der angewandten Mittel zu beurteilen.

1 Christoph Möllers: «Unsere Werte», in: *Merkur* 883, 2022.

2 «DIE LINKE. stellt demgegenüber fest: Auch wir wollen, dass die Bundeswehr angemessen ausgestattet ist. [...] Die Bundeswehr braucht nicht mehr Geld, sondern den Abschied ihrer politischen Führung von globalen Ambitionen, Auslandseinsätzen und Osteuropapräsenz sowie ein Ende der massiven Förderung der Profite deutscher Rüstungsschmieden.» https://is.gd/99XuJw (03.11.2025)

3 Simone Weil: *Krieg und Gewalt. Essays und Aufzeichnungen*, Zürich 2011, S. 9.

4 Ebd., 11.

Gegen Mensch, Maschine und Gehorsamspflicht

Weil sieht den Soldaten analog zum Arbeiter im Kontext moderner Konkurrenzgesellschaften einer doppelten Herrschaft ausgesetzt: Er ist seinen Arbeitsinstrumenten, den Kampfmitteln, untergeordnet, über deren und seinen Einsatz diejenigen entscheiden, die nicht arbeiten bzw. kämpfen. Der wirtschaftliche Wettbewerb erfordert die fortwährende Steigerung der Ausbeutung der Arbeitskraft, die kriegerische Auseinandersetzung verlangt das endgültige Menschenopfer. Der Klassenkonflikt verlängert sich in den Bereich des Heeres, der General gleicht dem Bourgeois, der Soldat dem Proletarier. Die Subordination des Arbeiters unter die Maschine, die sich zwischen ihn und sein Arbeitsprodukt schiebt und an deren Rhythmus er sich anpassen muss, ist das Leitmotiv von Weils unorthodoxer Rezeption des Marxschen Denkens. Auf dem Schlachtfeld steigert sich das Abhängigkeitsverhältnis von Mensch und Werkzeug ins Extrem. Dass über Drohnen dieser Tage so oft in einem Tonfall gesprochen wird, der gleichsam höchste Bewunderung und äußersten Schrecken ausdrückt, ist kein Zufall. Die Rüstungsgeräte als «eigentliche Helden der modernen Kriege»[5] entscheiden über Leben und Tod, Sieg oder Niederlage, sie sind der maßgebliche Faktor im Gefecht. Das wirft die Frage auf, welche sozialen Notwendigkeiten mit ihrer technischen Entwicklung verbunden sind.

Im Zentrum der Betrachtung dieses frühen Essays Weils steht nicht die kriegerische Gewalt selbst, sondern der Führungsapparat, der dem Soldaten seine Selbstständigkeit nimmt, ihn zur passiven «Manövriermasse»[6] degradiert und voller Absicht in den Tod schickt. An der Fundamentalkritik staatlicher Gewaltapparate lassen sich sämtliche Versuche ihrer Verbindung mit emanzipatorischen Zielsetzungen des Widersinns überführen: «Der Revolutionskrieg ist der Tod jeder Revolution»[7], «Waffen, die von einem souveränen Staatsapparat eingesetzt werden, können niemandem die Freiheit bringen»[8], und die enge Verbindung zwischen Krieg und Faschismus verdeutlicht die «Absurdität eines antifaschistischen Kampfes, der sich des Krieges als Mittel der Politik bedient»[9]. Die eingesetzten Mittel verkehren ihre Zwecke ins Gegenteil, sie sind, was sie bekämpfen sollen.

Unruhiges Gewissen

Weils Leben wird oft als Geschichte einer zwischenzeitlich bis zur Realitätsverkennung idealistischen Pazifistin erzählt, die unter dem Eindruck konkreter Kriegsgefahr und des militärischen Zusammenbruchs Frankreichs 1940 gerade noch rechtzeitig zu Sinnen kam, um zur überzeugten Widerstandskämpferin gegen Hitler zu werden.[10] Auf ausgetretenen Pfaden marschiert es sich am besten. Tatsächlich aber

5 Weil 2011, 12.

6 Ebd., 13.

7 Ebd., 16.

8 Ebd., 13.

9 Ebd., 17.

10 Vgl. Heinz Abosch: *Simone Weil. Zur Einführung*. Hamburg 1990; Wolfgang Matz: «Rückblick auf den Pazifismus», in: *FAZ* (2025); Marie Cabaud Meaney: «Gnadenlos. Simone Weils Kriegsverständnis im Lichte der ‹Ilias›», in: *Internationale katholische Zeitschrift Communio* 43, 2014.

verwehrt sich die Vielschichtigkeit dessen, was man im Falle Weils unter die Kategorie des «Pazifismus» subsumiert, der Geradlinigkeit dieses Narrativs. Es ist die Zerrissenheit zwischen der Geltung eines pazifistischen Imperativs und der Faktizität des Krieges, die ihr Denken bewegt. Diese Problemstellung kann schwerlich unvermittelt in die immerhin stabile ideologische Position eines reinen Pazifismus unter Inkaufnahme sämtlicher realpolitischer Konsequenzen übergehen, sondern bedeutet zuerst einmal unglückliches Bewusstsein von Gerechtigkeit, Freiheit und Gnade inmitten des Gemetzels als «radikalste Form der Unterdrückung»[11]. Der verzweifelte Versuch, den absoluten und unentrinnbaren Zusammenhang von Krieg und Gewalt mit Unterdrückung, Ungleichheit und Erniedrigung zu durchbrechen, stiftet einen übergreifenden Zusammenhang ihrer theoretischen Entwicklung.

Im Sommer 1936 reist Weil nach Spanien aus und schließt sich kurz nach ihrer Ankunft der Kolonne Durruti, einer anarchistischen Miliz, an. In ihren ersten Tagebuchaufzeichnungen aus Barcelona wähnt sie sich im Herzen einer Revolution, in historischer Verbindung mit den Unglücklichen von 1792, 1871 und 1917. Ihre eigene kommt ohne die Dramatik und Größe der Vorbilder aus. Alles sieht noch aus wie vorher, verändert habe sich nur ein entscheidendes Detail: Die Übertragung der Autorität auf diejenigen, «die immer gehorcht haben»[12]. In den anderthalb Monaten, die sie in ihrem Verband verbringt, nimmt sie an einigen kleineren Expeditionen teil, gibt bei einem Luftangriff durch die Nationalisten ein paar Schüsse auf ein Flugzeug ab und erfährt nur ein einziges Mal, wie sie nachdrücklich betont, Todesangst, bis sie sich an heißem Öl verbrüht und ins Lazarett eingeliefert wird. Einen bleibenden Eindruck hinterlassen ihrem Brief an den Schriftsteller Georges Bernanos zufolge vor allem die vielen Berichte über willkürliche Exekutionen, die ihr zugetragen werden, die Leichtherzigkeit, mit der ihre Kameraden über das Töten sprechen, sowie die unüberbrückbare Distanz zwischen der bewaffneten und der unbewaffneten Bevölkerung. Desillusioniert entscheidet sie sich gegen die Rückkehr in einen «Krieg von Söldnern»[13], der die anarchistischen Ideale mit Arbeitszwang, militärischem und polizeilichem Zwang besudelt.

Metaphysik der Gewalt

1940/41 verfasste Weil den Essay *Die Ilias und das Poem der Gewalt*, eine radikale Neuinterpretation des Gründungsdokuments der europäischen Literatur. Der Text ist durchzogen von längeren Zitaten aus der *Ilias*, bei deren Übersetzung sie sich einige Freiheiten zur Steigerung der Gewaltsamkeit des Originals genommen haben soll, mit dem Resultat, dass die Gewalt selbst zum wichtigsten Protagonisten des Heldenepos wird. Die Unterscheidung von Helden und Tyrannen, Starken und Schwachen, Siegern und Besiegten wird überflüssig. Alle Figuren der Dichtung eint als Subjekte der Gewalt das gemeinsame Schicksal, durch sie, wenn auch auf unterschiedliche Weise, zu Dingen gemacht zu werden. Die Unterlegenen werden entweder zu Leichen oder er-

11 Weil 2011, 13.

12 Ebd., 25.

13 Weil 2011, 63.

starren unter der permanenten Bedrohung tödlicher Gewalt, unfähig zu einer inneren Regung oder äußeren Handlung, die ihre neuen Herrscher zu irritieren vermag. Die Überlegenen verfallen dagegen in einen Rauschzustand, in dem sie fälschlicherweise dem Glauben erliegen, die Gewalt selbst beherrschen zu können und der jede Mäßigung ausschließt. Sie wollen «alles oder nichts»[14] und überlassen ihr Schicksal dadurch dem Zufall, denn die Selbstüberschätzung trügt und was erst wie ein Sieg aussieht, ist jederzeit im Begriff, sich zur Niederlage zu wenden. Die Kämpfenden charakterisiert eine zutiefst unnatürliche doppelte Todessehnsucht, einerseits den gefallenen Gefährten im Tod beitreten und andererseits den Feind vernichten zu wollen, die sie ausschließlich zwischen Zuständen «lebloser Materie» und «bloße[m] Vorwärtsdrang»[15] wechseln lässt. Mit «geometrischer Strenge»[16] transformiert die Gewalt jede dem Krieg unterworfene Seele und der Gedanke an den Tod bestimmt das Bewusstsein derart, dass die ganze Zukunft nur noch als Tod denkbar ist. Krieger sind außerstande Krieg, zu beenden. Weil lobt die schonungslose und ausgewogene Darstellung der Gewalt in der *Ilias*, die sie auf eine Kombination von Schuldgefühl und eigener Untergangserfahrung der Griechen zurückführt. Durch die Kontrastierung der Gewalt mit verschiedenen Beispielen von Liebe und Gnade erhalte die Dichtung einen Zug von Bitternis, der ihren Verfall in Kälte und Monotonie verhindere.

Das Problem des Krieges besteht für Weil in der Frage, wie er zu navigieren ist, ohne sich von der Gewalt beherrschen zu lassen. Das Martyrium als Verabsolutierung der Gnade kommt dafür ebenso wenig infrage wie bedingungslose Parteilichkeit. Man kann sich des Eindrucks nicht erwehren, dass sie den Mechanismus der kriegerischen Unterdrückung so gut erklärt, dass man sich kaum vorstellen kann, wie er aufhören könnte zu funktionieren (um einen Vorwurf Weils an Marx abzuwandeln). Zeitlebens versuchte sie (in Ignoranz der von ihr selbst aufgeworfenen Problemstellung) als Agentin einer ebenso blinden wie präzisen Gerechtigkeit zu wirken, die sie zuerst in der *Ilias* und zuletzt im Evangelium beschrieben sieht, stets bemüht durch die Parteiergreifung für die Leidenden, bis hin zur Selbstaufopferung, verloren gegangenes Gleichgewicht wiederherzustellen. Weils aporetische Fragestellung, formuliert in äußerster Klarheit, ist unabhängig von den Antworten festzuhalten, die sie selbst darauf zu geben vermochte. ■

14 Ebd., 172.

15 Ebd., 181.

16 Ebd., 171.

Domas Lavrukaitis

Vom Los in den Krieg – und dennoch glücklich?

Holzwege der litauischen Linken in einem Land des Wehrhaftigkeitskonsens

Paulius – Mitte zwanzig – ist Friseur in der barocken Altstadt von Vilnius. In seinem kleinen Salon lassen sich die *cool kids* der Hauptstadt die Haare schneiden. Aus den Lautsprechern läuft «NTS Radio», die Frisuren – Mullets, Wolf Cuts, Shags – könnten genauso gut in Berlin-Kreuzberg geschnitten werden.

Paulius selbst macht experimentelle elektronische Musik. Hin und wieder verschwindet er für ein paar Monate in ein anderes Land – als Nomade, um sein Handwerk zu verfeinern, neue Leute und Orte kennenzulernen. Ein freier Geist; einer, der die Bewegung braucht.

Man würde nicht unbedingt denken, dass er Wehrdienst geleistet hat. «Es hat mir gutgetan», sagt er, während die Schere klappert. «Vor allem wegen der Disziplin. Ich bin von Natur aus ein bisschen zerstreut, der Dienst hat mir geholfen, mich zu fokussieren, wenn es nötig ist.» Ob die neun Monate sein Leben aus der Bahn geworfen hätten? «Nein, gar nicht.»

Dass das Leben in Litauen gut ist, findet nicht nur Paulius. Im *World Happiness Report 2024* belegte das Land den ersten Platz unter den unter 30-Jährigen. Litauens Gen-Z und Millennials bewerteten ihr Lebensglück im Schnitt mit 7,76 von 10 Punkten. Für Deutschland sah das Bild weniger rosig aus: Im Ranking rutschte die Bundesrepublik auf Platz 47 ab. Hier fiel der Generationenunterschied besonders stark aus – die ältere Bevölkerung zählte laut Bericht zu den glücklichsten, die Jüngeren dagegen zu den unzufriedensten weltweit.[1]

Wie also kann es sein, dass das Lebensgefühl in Litauen so ungetrübt bleibt, trotz des Kriegs gleich nebenan und all seiner Begleiterscheinungen auch im alltäglichen Leben?

Litauen – ein einvernehmlich wehrhaftes Land

Heute gibt Litauen vier Prozent seines Bruttoinlandsprodukts für Verteidigung aus; im kommenden Jahr sollen es bis zu 5,5 Prozent sein. Zusammengerechnet beläuft sich die litauische Unterstützung für die Ukraine, militärisch wie zivil, auf mehr als 1,5 Milliarden Euro, rund ein Viertelprozent der nationalen Wirtschaftsleistung.

Die Wehrpflicht wurde nach ihrer Aussetzung im Jahr 2008 vor zehn Jahren wieder eingeführt, als Methode wurde das in Deutschland im Herbst 2025 kontrovers diskutierte Losverfahren gewählt: Zunächst traf es 3.000 junge Männer, heute fast 4.000 pro Jahr. Zwei Drittel dieses Kontingents melden sich freiwillig, der Rest wird

1 John F. Helliwell / Haifang Huang / Hugh Shiplett / Shun Wang: «Happiness of the younger, the older, and those in between», in: *World Happiness Report*, doi.org: https://is.gd/cgjjJJ.

aus einer Liste «prioritär wählbarer» Kandidaten gezogen. Eingezogen werden Männer zwischen 18 und 23 Jahren; Studenten konnten den Dienst bislang bis zum Studienabschluss aufschieben. Eine geplante Reform sieht vor, künftig alle Schulabgänger zwischen 18 und 21 Jahren ohne Aufschubmöglichkeit einzuziehen. So sollen jährlich bis zu 5.000 Rekruten gewonnen und die Grundlage für eine allgemeine Wehrpflicht geschaffen werden.[2]

Doch Litauen war nicht immer ein Musterbeispiel wehrtüchtiger Entschlossenheit: Trotz der NATO-Verpflichtung, zwei Prozent des BIP für Verteidigung bereitzustellen, lag der Etat 2012 unter einer konservativen Regierung bei knapp unter einem Prozent – Ausgaben für öffentliche Sicherheit und Grenzschutz mit eingerechnet. Nur Luxemburg gab damals anteilig weniger für Verteidigung aus.[3] Eine Art Friedensdividende also – litauischer Prägung.

Im Jahr 2015 befand sich also Litauen in einer Lage, die jener Deutschlands heute nicht unähnlich war: eine über Jahre vernachlässigte Verteidigungsinfrastruktur, chronischer Geldmangel, zugleich hoher Zeitdruck, die eigene Wehrfähigkeit wegen der veränderten Sicherheitslage zu stärken und den Verpflichtungen gegenüber den Alliierten gerecht zu werden. Nur gab es einen entscheidenden Unterschied: Die Gesellschaft stand geschlossen hinter dem (Wieder-)Aufbau der Wehrfähigkeit.

Und das tut sie, zehn Jahre später, immer noch. 90 Prozent der Litauer:innen bewerten aktuell die NATO-Mitgliedschaft positiv, 71 Prozent befürworten die militärische Unterstützung der Ukraine. 85 Prozent glauben, dass die Stationierung einer deutschen Brigade die Sicherheit des Landes erhöht, 79 Prozent vertrauen der litauischen Armee.[4]

Und was denkt die Jugend, die Generation von Paulius? Der litauische Studierendenverband (LSS) unterstützt grundsätzlich die Einführung einer allgemeinen Wehrpflicht direkt nach dem Schulabschluss. Seine einzige Forderung: Studenten, die sich bereits im Studium befinden, sollen das Recht behalten, ihre Ausbildung ununterbrochen fortzusetzen.[5] Ähnlich äußert sich der Rat der litauischen Jugendorganisationen (LiJOT). In seinem Positionspapier im Herbst 2024 plädiert er für eine allgemeine Wehrpflicht unmittelbar nach der Schule – und zwar für beide Geschlechter. Zugleich spricht sich der Rat für die Einführung eines alternativen Zivildienstes aus.[6]

Es überrascht daher nicht, dass es in Litauen kaum Debatten gab, als vor zehn Jahren die sicherheitspolitische Kehrtwende vollzogen wurde. Während in Deutschland die Feuilletons derzeit seitenweise versuchen, eine «breite Diskussion» über die Wehrpflicht anzustoßen, ganz in der Tradition der endlosen Hin-und-her-Debatten

2 Lietuvos Respublikos Krašto apsaugos ministerija: *Šaukimo sistemos pertvarkymas*, 13.06.2024, https://is.gd/5nudqL.

3 Kęstutis Girnius: «Kokios kariuomenės mums reikia?», in: *Delfi*, 2018.02.19, https://is.gd/2YvkPz.

4 Lietuvos Respublikos Krašto apsaugos ministerija: *Krašto apsaugos sistema: skaičiai ir pokyčiai*, 2024, https://is.gd/hy1AUF.

5 Litauischer Studierendenbund: *Dėl Lietuvos Respublikos Karo prievolės įstatymo Nr. I-1593 pakeitimo įstatymo*, 06.02.2024, https://is.gd/lrVqFG.

6 Rat der litauischen Jugendorganisationen: *Siūlymai politinių partijų programoms artėjantiems 2024 metų seimo rinkimams*, 20.04.2024, https://is.gd/2rMxH1.

des Kabinetts Scholz, blieb eine litauische Diskussion über den Wehrdienst aus.[7] Allen war klar: Die Zeit ist knapp – und ebenso kostbar wie das Geld.

Der gesellschaftliche Konsens übertrug sich nahtlos in die Politik. 2014 unterzeichneten alle im Parlament vertretenen Parteien ein Sicherheits- und Verteidigungsabkommen. Darin verpflichteten sie sich, die Verteidigungsausgaben bis 2020 schrittweise auf zwei Prozent des BIP zu erhöhen. Die Abhängigkeit von Energieimporten galt als eine der größten Gefahren für die nationale Sicherheit. Litauen sollte sich rasch in den europäischen Energiemarkt integrieren, etwa mit dem LNG-Terminal in Klaipėda, neuen Stromverbindungen nach Schweden und Polen. Auch die Informationssicherheit wurde Teil des Sicherheitskonzepts: Geheimdienste sollten gestärkt und die Bevölkerung regelmäßig über Risiken informiert werden, um Desinformation frühzeitig abzuwehren.[8]

Militärische Stärke war also nur ein Element dieser neuen Sicherheitsarchitektur – aber mit jeder Eskalationsstufe der vergangenen Dekade blieb Litauen konsequent auf Kurs: nach der Annexion der Krim, während der ersten Trump-Amtszeit, angesichts der belarussischen hybriden Kriegsführung durch die Schaffung von Flüchtlingsrouten an die polnische und litauische Grenze, nach der russischen Vollinvasion in die Ukraine – und nun, da Donald Trump in Washington eine zweite Amtszeit angetreten ist.

Litauische Lektionen: Wie man keine linke Debatte über Militarisierung führt

Die Positionierung der litauischen außerparlamentarischen Linken zum Thema Militarisierung musste sich daher in einem Klima breiter gesellschaftlicher Zustimmung zur Verteidigungsfähigkeit entfalten. Eine Episode aus dem Jahr nach der Wiedereinführung der Wehrpflicht zeigt, wie heftig ein abweichender Blick im Land sanktioniert werden konnte.

Während die Wiedereinführung der Wehrpflicht kaum Debatten ausgelöst hatte, entbrannte im ersten Rekrutierungsjahr eine Kontroverse rund um die Fotoserie «Jie laimėjo loteriją» («Sie haben die Lotterie gewonnen»). Eine Politikwissenschaftsstudentin der Universität Vilnius bildete junge Männer in Uniform ab – im grellen Licht weinend, begleitet von kurzen, teils pathetischen Reflexionen über Männlichkeit, Pflicht und Zwang.[9]

Obwohl das Projekt vor allem Geschlechterrollen thematisierte, wurde es im aufgeladenen, kaum moderierten öffentlichen Raum als Angriff auf die Wehrhaftigkeit des Landes gelesen. Rasch folgte in sozialen Netzwerken eine Spottkampagne mit dem Titel «Verktiniai», ein Wortspiel aus ‹verkti› (weinen) und ‹šauktiniai› (Rekruten).[10]

Die linke Szene hat aus dieser frühen Auseinandersetzung allerdings kaum Schlüsse gezogen. Ihre Strategie: Statt der öffentlichen Meinung entgegenzukommen, suchte man ihr mit ritualisierten Floskeln über Mi-

7 Vgl. Hauke Friederichs: «Wollt ihr Null-Bock-Rekruten?», in: *Die ZEIT*, 15.10.2025, https://is.gd/RzjLLa.

8 Parlamentinės partijos pasirašė saugumo ir gynybos politikos susitarimą, in: *Bernardinai*, 29.03.2014, https://is.gd/zeqagq.

9 Beata Tiškevič-Hasanova und Neringa Rekašiūtė: «Fotoprojektas «Jie laimėjo loteriją», in: *Mano teisės*, 02.06.2015, https://is.gd/Xatqfm.

10 Rūta Pukenė, «Plinta atsakas verkiantiems šauktiniams – susipažinkite su verktiniais», in: *Delfi*, 03.06.2015, https://is.gd/sYpNvL.

litarisierung, Imperialismus und Abschreckung zu begegnen – Phrasen, die nur eine eingeschworene Stammlinke ansprechen. Wieder einmal zeigte sich: Die Linke in Litauen bleibt ein außerparlamentarisches Randphänomen. Und das offenbar ganz freiwillig.

An Einsicht mangelte es dabei keineswegs. In einem 2024 erschienenen Text der Online-Zeitung *GPB* – dem linken Leitmedium des Landes, das sich als Sammelbecken für linke Kritik versteht und unabhängig über Spenden finanziert wird – lag die Diagnose klar auf dem Tisch. Autor Robertas Kriščiukaitis konstatierte, dass es «in der Öffentlichkeit keine kohärente Opposition gegen die allgemeine Wehrpflicht mehr gibt». Die Ursachen dafür suchte er aber ausschließlich in politischer Manipulation: Die Konservativen hätten in den vergangenen fünfzehn Jahren durch Politik und Medien einen «neuen Menschen» geschaffen – einen «westlichen Patrioten», der die USA bewundere, Russland misstraue und in der Verteidigungsfrage fest geschlossen hinter dem Staat stehe. Dass die litauischen Bürger:innen selbst zu dieser Haltung gelangt sein könnten, kommt in dieser Analyse nicht vor. Damit knüpft sie an ein vertrautes *westlinkes* Erklärungsmuster an, das diesen Teil Europas vor allem als Spielfeld zwischen NATO und Russland denkt, aber selten als handlungsfähigen Akteur. Auch die Kritik an anderen progressiven Akteuren fällt in diesem Text scharf aus. So wird etwa der Versuch von linken LGBT-Organisationen, die Armee inklusiver zu machen, als naiv abgetan, flankiert jedoch von keinen eigenen, praktikablen Vorschlägen.[11]

Noch weniger Anknüpfungspunkte finden sich im von der Rosa-Luxemburg-Stiftung geförderten Magazin *Lūžis*, das personell eng mit der Bewegung «Kairiųjų aljansas. KArtu», auf Deutsch Linksbündnis «Zusammen», verflochten ist. In einem Text vom Juni 2022 beklagte der Autor Ignas Karvelis, «über die litauische Politik sei eine Welle des Chauvinismus hinweggefegt». Das gesamte politische Spektrum – von Rechtsintellektuellen bis Mitte-Links-Sozialdemokraten – versuche, das Vertrauen der Gesellschaft zu kapitalisieren, indem es sich mit immer schrilleren sicherheitspolitischen Vorschlägen überbiete. Diese Diagnose endet in der Totalanklage: Die gesamte Logik der Wehrhaftigkeit sei schuld an allem – am Sozialabbau, am Rassismus, an der drohenden Gefahr eines Dritten Weltkriegs und sogar am Elend russischer Zivilist:innen.[12] Kritik ist hier nicht die Kunst, das Wesentliche vom Beliebigen zu trennen, sondern verkehrt sich zum Versuch, alles an einen einzigen Nagel zu hängen.

Was die litauischen außerparlamentarischen Linken an Nuance und Praktikabilität in innenpolitischen Debatten verfehlte, machte sie im Blick auf die Außenpolitik wett. In beiden Magazinen ist der Versuch, eine eigene Position zu finden, erkennbar. Das führt zwar zu heterogenen, mitunter widersprüchlichen Stellungnahmen, doch angesichts der Komplexität der Lage – wer wollte da einfache Antworten erwarten.

Ein Strang der Auseinandersetzung besteht im Versuch, sich von jeglichen *Westplainern* abzugrenzen. In *Lūžis* heißt es dazu: «Die litauische Linke weiß genau, was es heißt, als ‹Kreml-Propagandisten› abge-

11 Robertas Krisikaitis: «Kaip nustojome jaudintis ir išmokome mylėti šauktinių kariuomenę», in: *GPB*, 17.07.2024, https://is.gd/TZucCF.

12 Ignas Karvelis: «Veidmainystė, šovinizmas ir vienybė», in: *Lūžis*, Juni 2022, https://is.gd/plfyjo.

stempelt zu werden – umso ironischer, dass sie nun selbst darauf hinweisen muss, wie westliche Genossinnen und Genossen Putins Rhetorik übernehmen». Gemeint sind unter anderen die DSA in den USA, Corbyn-nahe Labour-Gruppen in Großbritannien oder auch die deutsche Linkspartei.[13]

Eine andere Strategie besteht darin, den Ukrainer:innen selbst das Wort zu geben. Besonders in *GPB* erscheinen regelmäßig Briefe aus der Ukraine.[14] «Ich bin Sozialist aus der Ukraine. Deshalb widersetze ich mich der russischen Invasion», schreibt etwa Taras Bilous. Auch Oksana Dutchaks viel zitierter Essay «Zehn schlechte linke Argumente gegen den ukrainischen Widerstand» wurde bei *GPB* nachgedruckt.[15]

Erwähnenswert ist auch, was bei diesen linken Auseinandersetzungen fehlt: Selbst in dezidiert NATO-kritischen Texten fehlen die üblichen Floskeln des Kalten Krieges. Die Stationierung deutscher Truppen in Litauen wird nicht problematisiert, historische Anspielungen auf die deutsche Besatzung bleiben aus. Zu groß ist das Bewusstsein, dass solche Argumente allzu leicht an sowjetische Narrative erinnern würden. Die litauische Linke versucht hier immerhin, ihre eigene Stimme zu finden. Wie gut das gelingt, ist eine andere Frage.

Bekleidet als dunkle Gestalt tanzt Paulius. Unter ihm die Plattenbauten von Vilnius, darüber der klare Winterhimmel. Seine Bewegungen sind so ruckartig wie die Kameraführung. Zum Minimal-Elektro-Beat erklingen die Zeilen: «shout out loud / make your parents proud / put that plastic thing in your mouth». Auf der einen Seite jugendliche Unbekümmertheit, auf der anderen Pflichtbewusstsein – beides zu verbinden scheint für die litauische Jugend heute kein Widerspruch mehr, zumindest nicht für «vecera», wie sich Paulius als Künstler nennt.

Was aber eine Linke unter solchen Umständen dieser Generation noch anzubieten hat, bleibt offen. ■

13 Severija Bielskytė: «Vakarų kairėje nieko naujo», in: *Lūžis*, Juni 2022, https://is.gd/BTKkIC.

14 Taras Bilous: «Laiškas vakarų kairiesiems iš Kijevo», in: *GPB*, 01.03.2022, https://is.gd/vyIVZR.

15 Ramunė Motiejūnaitė-Pekkinen: «Aš esu socialistas iš Ukrainos. Štai kodėl aš priešinuosi Rusijos invazijai», in: *GPB*, 21.08.2022, https://is.gd/cvshte/; Oksana Dutchak: «10 nevykusių karių̜jų argumentų prieš Ukrainos pasipriešinimą», *GPB*, 24.07.2022, https://is.gd/QpY1Vt.

Lisa Heidenreich / Maurice Schiller

Verantwortung in einer veränderten Welt

Unser Plädoyer für einen Wehrdienst

Der Angriff Russlands auf die Ukraine im Februar 2022 stellte eine Zäsur dar: In erster Linie natürlich für das Leben der Menschen in der Ukraine, aber im Rahmen der «Zeitenwende» auch für den europäischen Sicherheitsraum. Über die «Zeitenwende» wird dabei vielfach als etwas gesprochen, das Olaf Scholz ausgerufen hätte und womit ein gewollter Wandel einherginge. Richtigerweise sprach der damalige Bundeskanzler jedoch davon, dass wir diese Zeitenwende vor allem *erleben* und dass sie Europa *trifft*. Weder Deutschland noch Europa wollten diese Wende, noch haben sie sie selbst herbeigeführt. Spätestens mit der Vollinvasion der Ukraine 2022 hat Russland einseitig eine regelbasierte europäische Sicherheitsordnung aufgekündigt, die auf Zusammenarbeit und der Souveränität von Grenzen aufbaute. Hierauf musste Europa reagieren. Seitdem wird in Deutschland nicht nur über Waffenlieferungen und Aufrüstung diskutiert, sondern auch über die Frage, wie gesellschaftliche Resilienz und Verteidigungsfähigkeit künftig gesichert werden können. In diesem Kontext erscheint auch die 2011 ausgesetzte Wehrpflicht wieder auf der politischen Agenda.

So greifen wir nicht zur Waffe

Aus einer progressiven und staatskritischen Haltung heraus wird der Wehrdienst häufig grundsätzlich kritisch gesehen. Was aus dieser Haltung heraus übersehen wird, ist, unter welchen Bedingungen ein Wehrdienst auch als demokratisches und solidarisches Projekt verstanden werden kann. Der erste Reflex der Abwehrhaltung gegenüber diesem ist dabei mehr als verständlich: Für das Land der Täter an der Front zu sterben, wird zu Recht abgelehnt. Neben der moralisch-historischen Dimension treten sowohl bei einem massiv ausgeweiteten Wehrdienst als auch bei einer möglichen Reaktivierung der Wehrpflicht zahlreiche praktische und gesellschaftliche Schwierigkeiten zutage.

Erstens ist das die Frage der Generationengerechtigkeit. Dabei wäre es jedoch zu kurz gegriffen, aus dem Wehrdienst einen klassischen Generationenkonflikt zu machen. Seit der Aussetzung der Wehrpflicht im Jahr 2011 sind mittlerweile 14 Jahre vergangen. Wehr- oder Zivildienst geleistet haben also alle männlichen deutschen Staatsbürger, die 33 Jahre oder älter sind. Der Vorwurf junger Menschen, eine ältere Generation würde etwas einfordern, was sie selbst nie geleistet hat, ist also kaum gerechtfertigt. Im Gegenteil ist es zeitlich gesehen ein junges Privileg, das als Teil der sogenannten Friedensdividende Sicherheit im militärischen Sinne von einer Aufgabe der Gesamtgesellschaft zu einer für Berufssoldat:innen wurde.

Aus einer anderen Perspektive heraus ist der Wehrdienst aber sehr wohl eine Generationenfrage: Die Generation, die heute zum Wehrdienst motiviert werden soll, ist dieselbe, der man in den vergangenen Jahren weder ausreichende soziale Sicherheit noch echte ökologische Perspektiven geboten hat. Nun soll sie die Last der Landesverteidigung tragen, obwohl sie die Folgen früherer politischer Versäumnisse bereits spürt. Weil es beim Wehrdienst um Leben oder Tod geht, stellt man sich als potenziell betroffene Person natürlich die Frage: Will ich *dafür* sterben? Wenn einem bei *dafür* die marode Infrastruktur, Nazis in den Parlamenten und die fehlende staatliche Unterstützung in eigenen Krisensituationen in den Sinn kommen, ist die Antwort wahrscheinlich Nein. Wenn wir nicht wollen, dass junge Menschen aus nationalistischem Antrieb zur Bundeswehr gehen, muss glaubhaft gemacht werden, dass es um einen Kampf für Demokratie und Menschenrechte – nicht für einen Nationalstaat – geht.

Zweitens ist die Sinnhaftigkeit einer personell deutlich größeren Bundeswehr in der modernen Kriegsführung zumindest fraglich. Zwar sehen wir anhand des russischen Angriffskriegs gegen die Ukraine, dass klassische Abnutzungskriege mit Massen an Fußsoldat:innen und entsprechend hohen Verlusten weiterhin stattfinden, doch das muss nicht zwingend in anderen Szenarien auch der Fall sein. Obwohl die europäischen Staaten die Ukraine enorm unterstützen, könnte man das eigene Staatsgebiet weitaus besser und vor allem auf eine andere Art verteidigen. Die Bundeswehr hat sich nach der Wiedervereinigung und dem Ende des Kalten Kriegs von einer nationalen Verteidigungs- hin zu einer international orientierten Einsatzarmee gewandelt, die vor allem einen Bedarf an modernsten Technologien und gut ausgebildeten Spezialist:innen hat.[1] Eine schlecht ausgebildete Masse an Rekrut:innen, die aufgrund von Zwang mit geringer Motivation ihre Ausbildung durchlaufen, hätte in einem Verteidigungsfall des 21. Jahrhunderts vermutlich kaum einen Nutzen.

Drittens bestehen strukturelle Probleme innerhalb der Bundeswehr selbst. Viele Expert:innen weisen zurecht darauf hin, dass die aktuelle Infrastruktur kaum geeignet ist, um Wehrdienst-Leistende im fünfstelligen Bereich aufzunehmen. Für einen attraktiven Wehrdienst und motivierte Soldat:innen müssen die Kasernen und Übungsplätze qualitativ und quantitativ passend ausgerüstet werden, erst dann sollte man tatsächlich über eine massenhafte Rekrutierung sprechen. Daneben stellen rechtsextreme Netzwerke innerhalb der Bundeswehr ein bedeutendes Problem dar. Eine Wehrpflicht kann zwar dafür sorgen, dass die Soldat:innen aus breiteren Teilen der Gesellschaft kommen als bisher, jedoch muss auch sichergestellt sein, dass gegen rechtsextreme Tendenzen konsequent vorgegangen wird und Hinweisgeber:innen nicht als Denunziant:innen verunglimpft werden. Zu einer Öffnung für die breite Gesellschaft sollte es zusätzlich dazu gehören, sich auch hinsichtlich der Führungskultur weiterzuentwickeln. Eine Parlamentsarmee, die Demokratie und Menschenrechte verteidigen soll, muss diese Werte auch im Inneren leben.

Wie ein progressives Verständnis von Sicherheit und Militär aussehen kann

Neben den konkreten Umsetzungsproblemen liegt der Ablehnung eines Wehrdienstes oft das Verständnis zugrunde, dass die Bundeswehr eine Armee zur Durchsetzung nationalistischer Interessen sei. Tat-

1 https://is.gd/KAxLHu.

sächlich setzte historisch die Verpflichtung des Bürgers, seinen Staat zu verteidigen, eine Identifikation mit diesem und ein Nationalgefühl voraus.[2] Und auch die Betrachtung vergangener, innereuropäischer Kriege sind Zeugnisse von der Ausnutzung der Bürger:innen durch die Herrschenden für ihre Interessen. Deutlich wird das vor allem anhand der Kriege gegen die Besatzung durch Frankreich unter Napoleon, die in vielen europäischen Ländern bis heute als Befreiungskriege bezeichnet werden. Wovon sollte aber die Bevölkerung der besetzten Länder befreit werden? Die Besatzung und die Einführung des *Code Civil* waren für den Großteil der Menschen in Europa – vor allem die volljährigen Männer – ein Zugewinn an persönlichen, politischen und wirtschaftlichen Freiheiten. Die Leibeigenschaft sowie ständische Privilegien wurden abgeschafft, Staat und Kirche getrennt. In der Folge der Befreiungskriege sowie der Karlsbader Beschlüsse 1819 wurde ein Großteil der Liberalisierungen zurückgenommen, die Fürsten stellten die Monarchie wieder her. Was wurde also befreit? Nicht die breite Bevölkerung, sie verlor durch die Befreiungskriege zahlreiche Rechte und Freiheiten. Einzig die Herrschaft über sie lag nun nicht mehr bei einer fremden Besatzungsmacht, sondern bei den heimischen Fürsten. Die alten Herrscher erhielten ihre Freiheit zum Herrschen zurück, gekleidet in das Bild einer Befreiung von Volk und Nation. Eine solche Verteidigung, bei der es nicht um die Menschen, sondern die Rechte der Herrschenden geht, muss selbstverständlich abgelehnt werden.

Wenn zur Unterstützung der Ukraine aufgerufen wird, weil dort in großer geografischer Nähe auch deutsche Sicherheit verteidigt wird, dann ist das noch eine nationalistische Motivlage. Genauso nationalistisch und egoistisch muss eigentlich die Nichtunterstützung der Ukraine begriffen werden. Denn dafür ist das Argument oft der von Sanktionen bedingte Schaden der deutschen Wirtschaft und die damit einhergehende Angst, der eigene Wohlstand könnte bedroht sein oder die vermutete Gefahr, dass Deutschland selbst Ziel russischer Angriffe werden könnte. Doch unserer Argumentation geht es im Kontext einer Verteidigung vor Russland um eine Verteidigung von Werten, vor allem von Demokratie und Menschenrechten. Es geht nicht darum, ob Merz oder Putin herrschen. Es geht darum, ob Parlamente frei gewählt werden, ob queere Paare verfolgt werden oder Frauen frei über ihren Körper entscheiden dürfen. Die Absage an die Unterstützung mit eigenen Soldat:innen vor Ort ist entsprechend nicht nur eine Frage der Sorge um Eskalation, sondern auch eine Grenze der Solidarität: Wir geben Geld und Waffen, Leben aber nicht. Aus einer internationalistischen und universalistischen Haltung heraus müsste man sogar noch weiter gehen.

Ziehen wir jetzt doch für Deutschland in den Krieg?

Man muss aus einer staatskritischen und progressiven Perspektive nicht gegen einen Wehrdienst sein, ein solcher kann ein demokratischer und solidarischer Akt sein. Dafür muss jedoch einerseits tatsächlich etwas Schützenswertes verteidigt werden: Freiheit, Demokratie, die Rechte von Minderheiten. Jungen Menschen muss dafür aber ge-

2 Haass, F. / Ansorg, N. (2018): «Better peacekeepers, better protection? Troop quality of United Nations peace operations and violence against civilians», in: *Journal of Peace Research*, 55(6), 742–758. https://is.gd/1XwuXO.

zeigt werden, dass diese Demokratie auch nach innen gegenüber Rechtsextremen wehrhaft ist, dass ihnen Perspektiven gegeben werden. Andererseits muss sich auch die Bundeswehr an die Menschen anpassen, die zu ihr kommen sollen. Ihr Konzept von «nnerer Führung» muss an die demokratischen Prinzipien einer Parlamentsarmee geknüpft werden und ein Schutzversprechen für marginalisierte Gruppen beinhalten. In Zeiten, in denen autoritäre Machthaber wie Putin eine auf Demokratie und Menschenrechten beruhende Ordnung mit militärischen Mitteln angreifen, führt um eine eigene militärische Wehrhaftigkeit kein Weg vorbei.

Gleichzeitig muss das Denken in Nationalstaaten grundsätzlich überwunden werden: Solange die Logik nationaler Interessen dominiert, bleibt ein Wehrdienst problematisch, weil Menschen vor allem dazu genutzt würden, die Interessen eines einzelnen Staates zu wahren – unabhängig davon, ob diese mit demokratischen, solidarischen oder menschenrechtlichen Prinzipien übereinstimmen. Eine demokratische und solidarische Wehrpflicht ist nur möglich, wenn sie sich nicht an der Zugehörigkeit zu einem bestimmten Staat orientiert, sondern an gemeinsamen Werten wie Freiheit, Gleichheit, Demokratie und Menschenrechten – über nationale Grenzen hinweg. Verteidigung muss damit von einem staatsübergreifenden Verantwortungsbewusstsein getragen werden, das sowohl die eigene Gesellschaft als auch die Rechte und das Wohlergehen anderer Menschen einbezieht. Einer solidarischen, von allen getragenen Herstellung dieser Wehrhaftigkeit sollten wir uns nicht verschließen, solange diese wertegeleitet ist und einem internationalistischen Anspruch entsprechend nicht nur uns selbst, sondern auch andere Menschen schützt. Auch wenn wir einige Argumente in der Debatte um die Wehrpflicht hier kritisch einordnen, muss jedoch festgestellt werden: Das Vertrauen hierin gibt es noch nicht. Es muss erst noch hergestellt werden über das politische Versprechen, dass die Demokratie, die Freiheit und der Sozialstaat, die verteidigt werden sollen, auch eine Perspektive haben. ■

Leon Karas

Gott und Vaterland?

Die Linke und der Nationale Widerstand

Die Haltung zu Staat und Nation – sei dies nun die ‹Eigene›, der ‹Nachbar› oder eine allgemeine Kategorie – treibt Linke schon seit Jahrhunderten um. Die Marxsche Weisheit, dass die «Arbeiter (...) kein Vaterland»[1] hätten, wird heute kaum mehr wörtlich genommen. Erst nach Marx' Ableben ist die Nation vollumfänglich in ihre Rolle als ideologische Leitinstanz hineingewachsen und mit dem 20. Jahrhundert zur Kategorisierungsgrundlage für den Wert von Menschen avanciert.[2] Die Empirie über Rassismus und Fremdenfeindlichkeit in ‹der Arbeiterklasse› hat längst auch eine nationalistische Grundhaltung offengelegt, die dem ‹revolutionären Subjekt› den Blick auf die ‹Klassengeschwister› verklärt. In Deutschland wurde ein diesbezügliches Misstrauen offenbar schon länger gehegt, da bereits in den 1930ern das Institut für Sozialforschung ressentimentgeladene Vorstellungen in der Arbeiterklasse konstatierte, während das Bewusstsein für den eigenen Klassenstandpunkt schwach ausgeprägt war.[3] Nichtsdestotrotz (und zu Recht) blieb der Internationalismus immer ein Grundbestandteil der marxistischen und kommunistischen Weltsicht, inklusive des formulierten Anspruchs jenseits von Nationen zu denken, wenngleich dies in der Regel misslang.

Die Linke und die Befreiung

Thorsten Mense hat in seinem Buch *Kritik des Nationalismus* herausgearbeitet, wie der Umgang mit der Nation in der Entwicklung der Linken teils ambivalenten Charakter annahm, da auch die Nation selbst sehr unterschiedliche Rollen im Ringen um die befreite Gesellschaft spielte. Während die großen bürgerlichen Revolutionen in Frankreich und den USA auf einem republikanischen Nationenkonzept aufbauten und zumindest prinzipiell Gleichheit und Staatsbürgerrechte versprachen, verfolgten andere nationale Zusammenschlüsse einen völkischen rassistischen Charakter, mit dem sie Ausgrenzung und Ungleichheit verteidigten. Auch wurde etwa nationalistischer Wahn von der Opposition zum Ersten Weltkrieg als Ursache der Katastrophe identifiziert und das Denken in nationalen Zusammenhängen etwa von Rosa Luxemburg grundsätzlich abgelehnt.[4] In vielen Teilen der Welt, etwa Osteuropa, blieb die Erlangung der nationalen Unabhängigkeit aber das angestrebte Ziel, um sich aus der imperialen Fremdherrschaft zu befreien.

Der Vietnamkrieg und die Jahrzehnte der antikolonialen Kämpfe führten dann auch

1 Karl Marx / Friedrich Engels: «Manifest der Kommunistischen Partei», in: Dies.» *MEW* 4, Berlin 1974, S. 459–493, hier S. 479.

2 Der Vollständigkeit halber ist das Geschlecht als zentrale Differenzkategorie, die noch fundamentaler zwischen Menschen scheidet, dem beizustellen.

3 Vgl. Erich Fromm: *Arbeiter und Angestellte am Vorabend des Dritten Reiches. Eine sozialpsychologische Untersuchung*, Gießen 2019.

4 Vgl. Thorsten Mense: *Kritik des Nationalismus*, Stuttgart 2023^{2}.

in der westlichen Welt zu einem generellen Aufschwung und einer eindeutigeren Positivbesetzung des Nationalismus, der als Teil der nationalen Befreiung verstanden wurde.[5] Zugleich scheiterten Ansätze wie die «Randgruppenstrategie» der deutschen Linken der 1960er-Jahre. Damals hatten linke Aktivist:innen in der Hoffnung auf ein neues revolutionäres Subjekt versucht, die Unterstützung von stark marginalisierten Gruppen – etwa mit der Befreiung von Heimkindern – zu gewinnen, um diese für die Revolution zu rekrutieren. Auch Proletarisierung zwecks Betriebseroberung in den frühen 1970ern, als Hunderte, wenn nicht Tausende linker Studierender ihr Studium abbrachen und in der Industrie versuchten, das Proletariat zu agitieren, brachte kein revolutionäres Subjekt für die postnazistische Bundesrepublik hervor. Damit blieb nur noch der sehnsuchtsvolle Blick über den geografischen Tellerrand. Die antikolonialen Befreiungsbewegungen und die damit verbundenen antiimperialistischen Kämpfe boten eine ideale Projektionsfläche für die eigenen ausbleibenden Erfolge westlicher Linker. Die Vorstellung war, dass sich die revolutionäre Bewegung im Zuge der nationalen Befreiung des unterdrückten Volkes in einer sozialen Befreiung fortsetzen würde. Die klare Gut-Böse-Dichotomie der Auseinandersetzung bot eine einfache Möglichkeit, Partei zu ergreifen. Die USA nahmen dabei die klare Antagonistenrolle als Interventionskraft in Teilen Afrikas und Südamerikas ein – die Sowjetunion, besonders aber China unterstützten dagegen die entsprechenden Widerstandsgruppen.[6]

Mit dem Ende der Sowjetunion fiel auch die sozialistische Fassade verschiedener Unabhängigkeits- und Widerstandsbewegungen. Zudem war der Großteil der ehemals kolonisierten Gebiete mittlerweile unabhängig geworden – neokoloniale Abhängigkeitsverhältnisse luden durch die komplexeren und indirekten Unterdrückungsstrukturen weit weniger zu polemischen Solidaritätsadressen ein. Aber auch inhaltlich wurde die zuvor relativ einheitlich vertretene antiimperialistische Haltung in dieser Zeit kritisch hinterfragt.

Gegen Volk und Nation

Der wichtigste Reflexionsmoment innerhalb der radikalen Linken der Bundesrepublik ergab sich, als die *Revolutionären Zellen*, eine militante Gruppe vergleichbar mit der *RAF*, im Jahr 1991 ihren Text *Gerd Albartus ist tot* veröffentlichte. In diesem schildern sie ihre Entfremdung gegenüber einem internationalistisch verstandenen Antiimperialismus, ausgelöst durch die Katastrophen der fehlgeschlagenen Flugzeugentführung in Entebbe und die Ermordung ihres ehemaligen Genossen Gerd Albartus durch eine palästinensische Widerstandsgruppe, sei es wegen eines Spitzelvorwurfes oder dessen offener Homosexualität. Bei der Entführung der Passagiermaschine zur Freipressung gefangener Mitglieder hatten sich RZ-Terrorist:innen dadurch hervorgetan, dass sie die Geiseln in jüdische und nichtjüdische aufgeteilt und nur die jüdischen in ihrer Gewalt behalten hatten. Bei der Geiselbefreiung wurden mehrere der Terrorist:innen erschos-

5 Vgl. zu diesem Abschnitt Jan Gerber: *Nie wieder Deutschland? Die Linke im Zusammenbruch des «realen Sozialismus»*, Freiburg im Breisgau 2010, 258 ff.

6 Durch die Rolle der USA im Kalten Krieg waren nun die ehemaligen Alliierten die Gegner, denen man nun in Verdrehung der Geschichte Faschismus unterstellen konnte.

sen. Verbleibende Angehörige der RZ haben im Nachgang erstmals Antisemitismus innerhalb der eigenen Reihen problematisiert und sich von einem Antiimperialismusverständnis, welches «soziale Befreiung unmittelbar an die Erlangung staatlicher Souveränität koppelte»[7] distanziert.[8]

> Die Beendigung der Fremdherrschaft, so dachten wir, sei gleichbedeutend mit dem Beginn der sozialen Revolution.[9]

Entgegen dieser Hoffnungen hätte die nationale Befreiung, wo immer sie erfolgreich gewesen sei, jedoch nur zu neuer Unterdrückung geführt:

> Erst in dem Maße, wie nach vollzogener Nationwerdung neue Kämpfe ausbrachen, (...) deren antagonistischer Kontrahent der Komplex von Gewalt und Verwertung war, den jener Staat verkörperte, waren wir imstande, den Mythos nationaler Unabhängigkeit und den ihm immanenten, alle Differenzen homogenisierenden Volksbegriff zu relativieren.[10]

Entscheidend wurde für die entstehende antinationale Strömung in der deutschen Linken die Feststellung, dass Nation und Nationalismus sich nicht trennen ließen. Nicht der Nationalismus war eine Extremform der Nation, sondern die Nation selbst als gesellschaftliches Konstrukt Ergebnis von Nationalismus. Das negierte zwar nicht den progressiven Charakter, den einige Nationenkonzepte trugen, ließ aber ein unkritisches Anknüpfen an nationale Befreiungsbewegungen oder gar eigenen Nationalstolz nicht zu. Letztlich drohte das Umschlagen «vom revolutionären Prinzip zur reaktionären Ausgrenzungsideologie».[11]

Im Zuge der Wiedervereinigung Deutschlands und dem quasi zeitgleichen Auseinanderbrechen mehrerer Vielvölkerstaaten entlang ethnischer Grenzen verloren nationale Befreiungsbewegungen in der allgemeinen Wahrnehmung den progressiven Charakter der antikolonialen Bestrebungen und die radikale Linke ihren *real existierenden* Gegenentwurf.[12] Die Hoffnungen auf eine Demokratisierung der DDR oder eine Verwirklichung emanzipativer Ideale wurden von der Wiedervereinigungseuphorie überrollt. Diese ging mit einem neuen Volksbewusstsein der Deutschen, verbunden mit verstärkter Fremd- und Feindidentifikation einher.[13] Die antinationale und die sich dann abspaltende antideutsche Strömung innerhalb der Linken versuchten sich dem entgegenzustellen. Unter dem Motto *Nie wieder Deutschland!* liefen am 12. Mai 1990 20.000 Menschen durch Frankfurt a.M. Während diese Mobilisierung die Wieder-

---

7 Revolutionäre Zellen: «Gerd Albartus ist tot», in: *Zum historischen Verhältnis der radikalen Linken zum Zionismus* 2024³, S. 42–49, hier S. 46.

8 Auch vorher haben bereits Intellektuelle wie Jean Améry oder Wolfgang Pohrt Antisemitismus in der Linken angeprangert. Ihre Kritik konnte aber erst durch die Umbrüche der 1990er-Jahre wirklich Relevanz entfalten.

9 Revolutionäre Zellen (Anm. 7), S. 46.

10 Ebd.

11 Mense (Anm. 4), S. 34.

12 Zwar bildeten DDR und Sowjetunion für die meisten Strömungen (mit Ausnahme der DKP) keinen direkten ideologischen Anknüpfungspunkt, dennoch dienten die Systeme in gewissem Sinne als eine politische Rückversicherung, die Bestätigung, dass das radikal Andere möglich wäre.

13 Vgl. Joachim Bruhn: *Was deutsch ist. Zur kritischen Theorie der Nation*, Freiburg–Wien 2019.

vereinigung und auch folgende rassistische Gewalteskalation nicht verhindern konnte, sensibilisierten die neuen Strömungen doch für den Umgang mit Begriffen wie Volk und Nation.

Umbrüche

Diese Ausdifferenzierung innerhalb der linksradikalen Szene schwächte ihr Interesse an antiimperialistischen Kämpfen. In den 2000ern hatten sich neben dem Nahostkonflikt als Langzeitproblem lediglich die *Zapatistas* in Mexiko und die kurdische Widerstandsbewegung als internationale Bezugsgrößen gehalten.[14] Daneben sammelten maoistische Kleingruppen zwar Gelder für die «Volkskriege» in Nepal und andernorts, doch prägten diese Aktivitäten weit weniger das Gesamtbild der radikalen Linken. Insgesamt bestand in der Szene eine antinationale Dominanz, wobei die Position zu Israel einen fortgesetzten Streitpunkt bildete.[15] In Ansätzen hat sich diese Haltung bis heute gehalten: Deutschlandflaggen sucht man auf Demonstrationen vergeblich, die Nationalhymne klingt befremdlich und auch die Debatten um Wehrpflicht und Aufrüstung zeugen nicht von frisch entflammten patriotischen Anwandlungen innerhalb der Linken.[16]

Im aktuellen Aufflammen des Nahostkonflikts, der viele junge Menschen neu politisiert hat, deutet sich allerdings ein Rückfall in der Auseinandersetzung um Nation und das Potenzial von nationalen Befreiungsbewegungen und ein Comeback des klassischen Antiimperialismus an. Die nationale Befreiung der Palästinenser:innen soll die eigene Erlösung bringen: *No one is free until Palestine is free*. Stephan Grigat bezeichnete dies als «Erlösungsantizionismus».[17]

Neue alte Feindbilder

Wenn dann der *Free Palestine*-Forderung ein *Free Kongo* und *Free Sudan* angehängt werden zeigt sich die analytische Schwäche des wiederauferstandenen Antiimperialismus. Im Falle des Sudans kann (und sollte) zwar durchaus der Einfluss von Staaten wie den Vereinigten Arabischen Emiraten kritisiert werden.[18] Die *Free*-Forderung fokussiert aber die Befreiung von ‹Fremd›-Herrschaft und versucht die Konflikte einzig als Resultat imperialer Intervention durch die USA oder ihre Verbündeten zu erklären. Diese Simplifizierung der Kritik findet sich

14 Sowohl Zapatistas als auch die kurdische PKK vertraten allerdings weitaus differenziertere Positionen zu Volk und Nation.

15 Selbstverständlich überdauerte auch der klassische manichäische Antiimperialismus mit völkischer Färbung, war aber mit DKP und anderen eher auf ein Randphänomen im Gesamtgefüge reduziert.

16 Nichtsdestotrotz regt sich bei allzu harscher Kritik an Heimatkitsch und Deutschtümelei auch in der deutschen Linken weiterhin Empörung, so etwa geschehen bei einem heimatkritischen Artikel von Thorsten Mense im *nd*, dem in Leserbriefen unter anderem *Kosmopolitentum* vorgeworfen wurde. Mit dem Team Wagenknecht ist der Versuch, linkssozialdemokratische Positionen mit Nationalismus rückzukoppeln auch im parlamentarischen Spektrum wieder vertreten.

17 Stephan Grigat: «Vom Nationalsozialismus zum Hass auf Israel», Vortrag an der Freien Universität Berlin, 19.02.2023, https://is.gd/z9VHU5.

18 Auch die Rolle der Bundesrepublik in dem afrikanischen Land würde ein erhebliches Kritikpotenzial bieten und wenig Linke würden die in der Vergangenheit erfolgten Waffenlieferungen an die aktuellen Kriegsparteien verteidigen oder gar gutheißen. Es ist bezeichnend, dass diese Waffenlieferungen bis auf einige Presseberichte wenig bis kein Interesse in der Linken hervorgerufen haben.

auch im Beschluss der *Linksjugend ['solid]* mit dem Titel *Nie wieder zu einem Völkermord schweigen*, wo die «Unterdrückung des palästinensischen Volkes durch Israel» Teil des Plans zur Aufrechterhaltung «des undemokratischen Status quo [ist], der von imperialistischen Mächten wie den USA und Deutschland in der ganzen Region aufrechterhalten wird.» Auch der Bundesrepublik wird die Beteiligung am «Genozid in Gaza (...) motiviert durch imperiale Interessen in der Region» unterstellt, wie auch immer diese ausgeprägt sein mögen.[19]

Ähnlich wie bereits vor einem halben Jahrhundert schaut man zugunsten der Feindkonstellation nicht zu genau auf die vermeintlichen Befreier. So wurden etwa in der Sahelregion die in der Regel korrupten und illegitimen Regierungen nicht von kommunistischen Widerstandsgruppen, sondern vom Militär gestürzt. Die neuen Führungen der subsaharischen Putschstaaten ersetzten lediglich die Einflussnahme Frankreichs durch diejenige Russlands, während progressive Reformen in der Regel ausblieben. Dennoch wird die Revolte von einigen antiimperialistischen Gruppen wie der *Kommunistischen Organisation* zu einer Befreiung verklärt, zu einem notwendigen Schritt in der Entwicklung zu einem sozialistischen System.[20] Derweil verbietet Ibrahim Traoré, neuer Machthaber Burkina Fasos, der sich als Wiedergänger Thomas Sankaras feiern lässt, Homosexualität in seinem Land.[21]

Das aufmerksamkeitsökonomische Ungleichgewicht offenbart zudem, dass es weniger um tatsächliche humanitäre Krisen und Menschenrechte geht, sondern eher um symbolisch aufgeladene Konflikte, die das eigene Revolutionsbedürfnis befriedigen sollen. Inhaltlich führt diese Haltung in eine Sackgasse. So ist es kaum mehr möglich, die verschiedenen Aspekte und Besonderheiten von Konflikten einzuordnen und zu beurteilen. Stattdessen wird nur eine rudimentäre Machtverteilung untersucht, bei der die USA als der internationale Hegemon oder ihre Verbündeten der Feind sind und jede Macht, die sich dem entgegenstellt – ob nun der Iran, Afghanistan oder die Huthis im Jemen – jedes moralische und juristische Recht besitzen, Widerstand zu leisten. Sie führen den vermeintlichen antiimperialistischen Kampf. Internationale Konflikte und humanitäre Katastrophen werden in der Folge auf mediale Ereignisse reduziert, ähnlich Teamsportevents, bei denen jeder Schlag gegen die richtige Seite mit Jubel quittiert wird. Die ‹Friedensaktivistin› Yasemin Acar hat dies vorgemacht, indem sie «die Raketenangriffe des iranischen Mullah-Regimes auf Israel mit einem Freudentanz»[22] gefeiert hat. Der Anspruch, Menschenleben vor zwischenstaatlichen Aggressionen in Schutz zu nehmen, tritt zurück für ein *wir-gegen-die*, das durch die eigene Un-Involviertheit zu einem Spektakel stilisiert wird.

19 Linksjugend ['solid] Bundeskongress: «Nie wieder zu einem Völkermord schweigen», 2025, https://is.gd/PtKKPp (Zugriff: 04.11.2025), S. 1.

20 Vgl. Redaktion der Kommunistischen Organisation: «Der Sahel strebt nach Souveränität», 2025, https://is.gd/B7jFV9 (Zugriff: 04.11.2025).

21 Vgl. Philipp Sandner / Ibrahim Traoré: «Held in den sozialen Medien, Autokrat daheim», in: *DW*, 8.9.2025.

22 Annabel Wahba / Yasemin Acar: «Sie sagt, sie sei gewaltfrei – aber feierte Bomben», in: *Die ZEIT*, 24.10.2025 Die mediale Rolle solcher Aktivist:innen wird deutlich, wenn man ihre Reichweite in den sozialen Medien einbezieht. Über 450.000 Nutzer:innen folgen Acar etwa auf *instagram*.

Volk und Nation von links

Die grundsätzliche Diffusion, die sich hier im neuen Aufwind erfahrenden antiimperialistischen Jugendblock breitmacht, geht aber weitaus tiefer. So findet auch eine Re-Essenzialisierung von Ethnie und Kultur statt. Die Debatten um kulturelle Aneignung zeugen etwa von einer festen Vorstellung, welche kulturellen Besitztümer welchen Menschengruppen von Geburt her zustehen. Passend werden (besonders prägnant im Nahostkonflikt) ethnisierten Menschengruppen ihre natürlichen ursprünglichen Gebiete zugewiesen. Im Glauben an eine Verbindung von Volk und Boden schwingen völkische Konzepte offen mit, auch wenn sie hinter dem Vorwand der Kulturgemeinschaft verborgen werden. Es bleibt abzuwarten, wie sich diese Haltung und ihre offene Flanke in Richtung eines Ethnopluralismus weiterentwickelt.

Das Feld von Nationalismus und Antiimperialismus wird spätestens seit dem 7. Oktober 2023 weltweit wieder verstärkt von links bespielt. Fraglich ist, ob sich dieses Verhältnis mittelfristig entwickelt, ob es als eigenes Kampfgebiet auch ohne Israel als Feindbild massenwirksam bleiben kann und ob es neben Nahost auch andere Konfliktregionen berücksichtigen wird.

Vorerst scheint aber Palästina als Sehnsuchtsort westlicher Erlösungsfantasien herhalten zu müssen. Stimmen kritischer Palästinenser:innen sind dabei eher störend. So wurde etwa der Friedens- und Demokratieaktivist Hamza Howidy bereits mehrfach des Verrats denunziert. «Mein Blut ist palästinensisch»[23] heißt es auf Arabisch in einem beliebten Demolied der Protestbewegung, das auf TikTok starke Verbreitung fand. Ob sich die jungen Demonstrierenden mit den entsprechenden Implikationen tatsächlich identifizieren, oder man sich über die Bedeutung gar nicht so viele Gedanken macht, muss die Zukunft erweisen. ■

23 Mohammed Assaf / Dammi Falastini (2014).

Paweł Matusz

Queere Kämpfe in Zeiten des Krieges

Zwischen Radikalität, Liberalismus und Autoritarismus

Erinnert ihr euch an das Video, in dem Wolodymyr Selenskyj «oben ohne» und in High Heels in der ukrainischen Version von DANCING WITH THE STARS tanzt?[1] Die Aufnahme begeisterte westliche Liberale und auch Linksliberale zutiefst, denn sie dekonstruierte Putins absurde Propaganda über eine faschistische Regierung in der Ukraine. Denn aus der Geschichte und Forschung zum Faschismus wissen wir, dass die Beziehungen dieser Bewegung zur Homosexualität recht komplex sind: Männerbünde, Röhm, der Kult des männlichen, weißen, durchtrainierten Körpers. Kraft, Kontrolle, Belastbarkeit.[2] Das Bild von Selenskyj, der in einer Fernsehsendung tanzt, durchbrach dieses Schema für einen Moment und machte den ukrainischen Präsidenten letztlich immun gegen die von der russischen Propaganda gesäten Vorwürfe, die Ukraine würde von Faschisten regiert. Denn Faschisten tolerieren keine Exzesse, Transgressionen oder Sexualität, die über das Private hinausgehen.

Die Figur Selenskyjs, der später die High Heels ablegte und gegen praktische, paramilitärische Kleidung austauschte, in der er die Salons westlicher Staatsoberhäupter besuchte, fiel auch autoritären Führern im Weißen Haus auf. Der jüdischstämmige Politiker aus Osteuropas brach ästhetische und geschlechtsspezifische Konventionen. Er ließ sich weder von US-Präsident Donald Trump, noch von seinem Stellvertreter, J.D. Vance, demütigen, die ihn anlässlich seines *Outfits* – Militärsweater statt Anzug – herunterputzten.[3] Eine antisemitische und misogyne Tradition, bekannt aus den Schriften Otto Weiningers, klopfte an Washingtons Türen. Weiniger beschrieb in seinem 1903 in Wien erschienenen Buch *Geschlecht und Charakter* den Juden als schwach, materialistisch, passiv und weiblich, was den frauen- und judenfeindlichen Diskurs zu Beginn des Jahrhunderts zusammenschweißte.[4] War die Maßregelung der obersten Republikaner eine Reaktion auf die queere Potenzialität des ukrainischen Präsidenten?

Von Strauß bis Stalin: Queere Erfahrungen in Krisenzeiten

«Lieber ein warmer Bruder als ein kalter Krieger.» Mit diesem Satz reagierten schwule Aktivisten Anfang der 1970er-Jahre auf eine polemische Bemerkung des bayerischen Ministerpräsidenten Franz Josef Strauß. Dieser hatte 1971 erklärt, er sei «lieber ein kalter Krieger als ein warmer Bruder»; er verhöhnte damit Homosexuelle und unterstrich gleichzeitig seine antikommunistische Haltung. Die queere Bewegung

1 https://is.gd/sFgElc (zuletzt besucht am: 08.11.2025).

2 Theweleit, Klaus: *Männerphantasien*. Frankfurt a.M.: Roter Stern, 1977–1978.

3 https://is.gd/BXmBBs (zuletzt besucht am: 08.11.2025).

4 Otto Weininger: *Geschlecht und Charakter. Eine prinzipielle Untersuchung*, Wien: Wilhelm Braumüller, 1903.

griff diesen Ausspruch auf, kehrte ihn ins Gegenteil und verwandelte ihn in ein Symbol der Selbstbehauptung gegen Krieg, Moralismus und staatliche Kontrolle.[5]

Dieser Text verfolgt zwei Ziele: Erstens soll er zeigen, wie eine queere Perspektive das Denken über Krieg und Geopolitik beeinflusst. Zweitens möchte ich als queerer Akademiker und linker Aktivist meine Überlegungen zu Sicherheit und Solidarität seit der Eskalation des russischen Angriffs auf die Ukraine im Jahr 2022 reflektieren. Ich beginne aber mit einem kurzen historisch-queeren Überblick über die wichtigsten Kriegserlebnisse des 20. Jahrhunderts.

Krieg und allgemeiner – Zustände militärischer Mobilisierung – bedeuten für nicht heteronormative Personen immer eine doppelte Bedrohung: zum einen die physische Gefahr des Krieges, zum anderen die politische und moralische Verschärfung, die in Krisenzeiten stets zu einer Einschränkung sexueller und geschlechtlicher Freiheiten führt. Die Geschichte zeigt, dass solche Mechanismen nicht neu sind. Der Paragraf 175 wurde 1871 in das Strafgesetzbuch des Deutschen Reiches aufgenommen und stellte sexuelle Handlungen zwischen Männern als «widernatürliche Unzucht» unter Strafe. Im Dritten Reich wurde der Paragraf verschärft, Homosexualität kriminalisiert und insbesondere schwule Männer und trans Frauen als Bedrohung für die «Volksgemeinschaft» verfolgt. Darunter fielen nicht nur Deutsche, sondern auch Angehörige der von Deutschland besetzten Gebiete.[6]

In den Vereinigten Staaten kam es während des Kalten Krieges zur «Lavender Scare», eine mccarthyistische Kampagne gegen queere Personen, die analog zur «Red Scare» im Klima eines irrationalen Antikommunismus und Antisemitismus wurzelte.[7] Die Prozesse gegen Julius und Ethel Rosenberg, die 1953 hingerichtet wurden, verdeutlichen, wie eng sich in dieser Zeit antikommunistische Hysterie und antisemitische Untertöne verbanden. In dieser Atmosphäre galten Homosexuelle als Sicherheitsrisiko, da man befürchtete, sie könnten von feindlichen Geheimdiensten erpresst werden. Diese Verfolgung führte zugleich zu den ersten Versuchen, eine homophile Bewegung als Antwort auf staatliche Repression institutionell zu organisieren.

Auch in der Sowjetunion und ihren Satellitenstaaten wurde Homosexualität kriminalisiert. Nach einer kurzen Phase des sogenannten Antikriegskommunismus, in der Homosexualität nach der Revolution vorübergehend entkriminalisiert war, führte Stalin 1934 erneut ein Verbot ein. Homosexualität wurde als «bürgerliche Perversion» und als Gefahr für die sozialistische Moral dargestellt. So wurde Queerness selbst zu einer politischen Kategorie, die den vermeintlichen «inneren Feind» markierte.[8]

5 Teresa Tammer: *‹Warme Brüder› im Kalten Krieg. Die DDR-Schwulenbewegung und das geteilte Deutschland in den 1970er und 1980er Jahren*, Berlin: De Gruyter, 2023.

6 Joanna Ostrowska: *Jene. Homosexuelle während des Zweiten Weltkriegs*, Berlin: Metropol Verlag, 2023. Die Opfer dieses Gesetzes erhielten im Jahr 2017 endlich das Recht auf Entschädigung, https://is.gd/N2JBF7 (zuletzt besucht am: 08.11.2025).

7 David K. Johnson: *The Lavender Scare: The Cold War Persecution of Gays and Lesbians in the Federal Government*, New York / London: Duke University Press, 2011.

8 Dan Healey: *Homosexual Desire in Revolutionary Russia: The Regulation of Sexual and Gender Dissent*, Ithaca/London: Cornell University Press, 2001.

Krieg als Geschlechterordnung

Krieg ist ein Bestandteil des männlichen Genders – des sozialen Geschlechts. Die Kritik und letztlich die Überwindung ebendieser sozialer Geschlechterrollen war hingegen stets eine Kernforderung moderner emanzipatorischer Strömungen. Beispielhaft dafür stehen die Schriften von Rosa Luxemburg,[9] Clara Zetkin[10] oder der Essay von Friedrich Engels über Familie, Kapitalismus und Privateigentum.[11] Der aktuelle globale, beinahe permanente Kriegszustand tritt während einer tiefen Krise auf, in der sich eben diese emanzipatorischen, linken Bewegungen seit Jahren befinden. Die toxische geopolitische Männlichkeit gewinnt an Stärke. Autoritäre Regime und konservative Weltanschauungen – vom christlichen Orbán über Putin bis hin zu den Ajatollahs und der Hamas – und verschärfen Konflikte weltweit. ein. Unter dem Einfluss der Innenpolitik Russlands und Chinas führen die zentralasiatischen Staaten wie beispielsweise Kasachstan, die historisch Opfer des russischen Kolonialismus waren,[12] Gesetze zur Regulierung von Drogenkonsum und Sexarbeit/Prostitution ein,[13] von denen Migrant:innen, queere Personen, Frauen und Menschen, deren Biografien mehrere dieser Identitäten verbinden, überproportional betroffen sind. Dies ist nur eines von vielen Beispielen dafür, wie die wachsende Macht autoritärer Regime das Leben queerer Personen beeinflusst. Aber auch viele weitere weltpolitische Momente der vergangenen Jahre, die Queerness, Krieg und Sicherheit verknüpfen, symbolisieren diese Tendenz für mich.

In unvollständiger Assoziation folgt ein Palimpsest dieser Ereignisse: Russland greift die Ukraine 2022 mit einer groß angelegten Invasion an, deren Vorzeichen die Annexion der Krim 2014 war. Die ukrainische Regierung führt ein Gesetz ein, wonach Männer über 18 Jahren die Ukraine nicht verlassen dürfen. Dies betrifft auch schwule Männer und Transfrauen. Viele von ihnen fürchten Zwangsrekrutierung, homo- und transfeindliche Gewalt im Militär und den Tod an der Front. Gleichzeitig dienen in der ukrainischen Armee viele weibliche queere Soldat:innen.[14] Antifaschistische und antiautoritäre Aktivist:innen aus der Ukraine versuchen, ihre Genoss:innen im Westen auf den Boden der Tatsachen zurückzuholen. Die Kritik an der NATO ist für sie ein westliches Privileg, die Realität ist die Produktion von Drohnen zur Verteidigung gegen Angriffe der russischen Armee. Sergey Movchan vom

9 Rosa Luxemburg: «*Narodowość i autonomia*» *(Nationalität und Autonomie)*, in: *Przegląd Socjaldemokratyczny (Sozialdemokratische Rundschau)*, 1908, Nr. 10, S. 795–818. Luxemburg setzt sich in diesem Text nicht nur, wie in vielen ihrer Schriften, mit den Rechten der Frauen auseinander, sondern stellt hier in bemerkenswerter Weise das Recht der Frauen auf Selbstbestimmung dem Recht der Nationen auf Selbstbestimmung gegenüber, was diesen Aufsatz im Zusammenhang mit dem Thema meines Artikels besonders erwähnenswert macht.

10 Clara Zetkin: *Erinnerungen an Lenin: Gespräche über die Frauenfrage* (Januar 1925), https://is.gd/UN6Ho3 (zuletzt besucht am: 14.11.2025).

11 Friedrich Engels: «Der Ursprung der Familie, des Privateigenthums und des Staats (im Anschluss an Lewis H. Morgans Forschungen)», in: *Marx-Engels Werke*, Band 21, Dietz Verlag, 1884, https://is.gd/y495HF (zuletzt besucht am: 14.11.2025).

12 Andreas Kappeler: *The Russian Empire: A Multi-ethnic History*, London: Routledge, 2001, S. 21–58.

13 https://is.gd/vxXGIY, https://is.gd/p1UmIj (zuletzt besucht am: 08.11.2025).

14 https://is.gd/hnSfux (zuletzt besucht am: 08.11.2025).

ukrainischen anarchistischen *Solidarity Collectives*, das Menschen an der Front unterstützt und humanitäre Hilfe für die Zivilbevölkerung leistet, sagt mir in einem Podcast, dass der Neoliberalismus besser sei als der Putinismus.[15] Kurz darauf tritt er selbst der Armee bei und berichtet darüber auf Instagram.

Weiter: Die ukrainische Regierung erwägt einige Monate nach der Invasion die Legalisierung gleichgeschlechtlicher Partnerschaften.[16] Schließlich lockert die Regierung im Jahr 2025 auch ihre Ausreiseregelungen für Männer im «wehrfähigen» Alter.[17] Gleichzeitig nimmt das Interesse des Westens an Unterstützung für die Ukraine ab und anti-ukrainische Stimmungen, etwa in Polen, wachsen. In Russland mobilisiert Putin die Armee vor allem unter Armen und ethnischen Minderheiten. 2023 erklärt die russische Duma die internationale LGBT-Bewegung für «extremistisch».[18] Unabhängige Journalistinnen, Aktivistinnen und queere Personen verlassen Russland massenhaft. Viele von ihnen kommen nach Deutschland. Menschenrechtsorganisationen berichten über verfolgte queere Personen aus Tschetschenien, die zwangsweise an die Front im Krieg gegen die Ukraine geschickt werden.[19] Ein anderer befreundeter Aktivist, der queere Menschen in Russland unterstützt, sagte mir, dass dies für sie einem sicheren Tod gleichkommt.

Außerdem: Gleichzeitig spitzt sich die Lage im Nahen Osten erneut zu: Am 7. Oktober 2023 verübt die Hamas einen immensen Terroranschlag in Israel. Darauf folgte eine sehr brutale Antwort seitens des jüdischen Staates. Die (Nicht-)Reaktionen eines großen Teils der westlichen Linken umfassen unter anderem Zweifel an den Berichten über die sexualisierte Gewalt, die Hamas-Mitglieder während des Angriffs verübten. Einige Zeit später kursiert im Internet ein Foto eines IDF-Soldaten mit einer Regenbogenflagge vor den Ruinen von Gaza. Ich frage mich, ob es echt war. *Queerer Befreiungsanspruch vermischte sich mit der Kriegsrealität.*

Die oben genannten Momente waren für mich entscheidend oder beeinflussten, rückblickend auf die letzten Jahre, meine Reflexion über die weltweite geopolitische Lage aus der Perspektive der von mir begonnenen Forschungen zur queeren Geschichte in Osteuropa. Als ich die Entwicklung der Kriegsereignisse aus einer emanzipatorischen Perspektive verfolgte, befürchtete ich, dass die queere Perspektive in den Hintergrund treten und von Kriegsdiskursen verdrängt werden würde. Ich wurde von Gayle Rubins Gedanken und ihrem 1984 verfassten Essay «Thinking Sex: Notes for a Radical Theory of the Politics of Sexuality»[20] geleitet, der als einer der grundlegenden Texte zu Queer Studies und Sexualitäts-

15 https://is.gd/2s1AKk (zuletzt besucht am: 08.11.2025).

16 https://is.gd/HETSWV (zuletzt besucht am: 08.11.2025).

17 https://is.gd/PNfRQa (zuletzt besucht am: 08.11.2025).

18 https://is.gd/na4pqX (zuletzt besucht am: 08.11.2025).

19 https://is.gd/0DKqAU (zuletzt besucht am: 08.11.2025).

20 Ich bin mir bewusst, dass Gayle Rubins Essay Inhalte enthält, die pädosexuelle Verhaltensweisen unterstützen. Dennoch habe ich mich entschieden, ihre Präsenz in der Geschichte der Queer-Theorie nicht zu ignorieren, da ein solches Auslöschen auch die Gewalt unsichtbar machen würde. Gleichzeitig möchte ich die Bedeutung von Aufarbeitungsinitiativen wie der Ausstellung *Aufarbeiten: Sexualisierte Gewalt gegen Kinder und Jugendliche im Zeichen von Emanzipation* im Schwulen Museum im Jahr 2024 betonen. https://is.gd/jBLCuq (zuletzt besucht am: 08.11.2025).

theorie gilt. Darin ruft sie auf, Sexualität und Sex auch in Zeiten nuklearer Bedrohung nicht als frivole und nebensächliche Angelegenheit zu behandeln:

> [...] precisely at times such as these, when we live with the possibility of unthinkable destruction, that people are likely to become dangerously crazy about sexuality.[21]

Widersprüche aushalten

Die Antwort auf die Frage, wie man eine politische Position schaffen kann, welche die Lebensrealität queerer Menschen berücksichtigt, scheint einfach zu sein: die Unterstützung demokratischer Staaten, die sexuellen Minderheiten und Transmenschen Grundrechte garantieren (oder dabei sind, diese Rechte anzuerkennen), und die Ablehnung queerfeindlicher autoritärer Tendenzen innerhalb sozialer und politischer Bewegungen. Der Schaffung einer internationalen solidarischen und emanzipatorischen politischen Positionierung stehen jedoch die patriarchale Logik des Krieges und verschiedene Tendenzen innerhalb der globalen Linken im Weg.

Das drängendste Problem ist die Zwangsrekrutierung. Sie widerspricht den Prinzipien der Freiheit und Selbstbestimmung. Viele in Osteuropa lebende schwule Männer und Transfrauen oder, allgemeiner gesagt, queere Menschen mit männlichem Geschlechtseintrag in ihren Dokumenten, fürchten sich vor dem Zwangswehrdienst. Militärische Strukturen basieren sehr oft auf Hierarchien und Unterdrückung dieser Menschen. Doch die Angst vor Gewalt und Diskriminierung *im* Militär kommt gleichzeitig die Furcht vor der russischen militärischen Bedrohung. Ist es möglich, sich gegen diesen Autoritarismus oder (wie er von vielen in Osteuropa genannt wird) russischen Faschismus zu wehren, ohne die Prinzipien von Freiwilligkeit und individueller Freiheit aufzugeben? Die Geschichte zeigt, dass einmal verlorene Freiheiten nur schwer wiederzugewinnen sind. Dieses Prinzip leitet alle, die sich gegen diktatorische Regierungen und ihre Herrschaft auflehnen.

Diese Frage wird auch in Deutschland viel diskutiert. Als die Abgeordnete der Linken Clara Bünger ihre Priorität gegen die Wehrpflicht deutlich machte, wurde sie vom Satiriker Fabian Köster in der HEUTE SHOW belächelt und gleichzeitig von Ole Nymoen, Kolumnist des deutschen *Jacobin*, kritisiert.[22] Ihre klare Ablehnung von Militarisierung und Zwang ist jedoch die Grundlage demokratischen, emanzipatorischen und freiheitlichen Denkens. Wenn wir darauf verzichten, verlieren wir die Grundlagen von Freiheit und Gleichheit. Autoritäre Regime müssen unbestreitbar bekämpft werden, auch mit militärischen Mitteln. Gleichzeitig wäre das Fehlen von Widerstand und Reflexion gegenüber Zwang ein ideologischer Schritt in Richtung der Ideologie des Putinismus. Die Integration dieses Widerspruchs ist ein politisches und kritisches «must-have».

Auf praktischer Ebene kann man die Antwort unter anderem in einer vom Kollektiv linXXnet aus Leipzig organisierten Diskussion suchen, an der linke Personen aus Deutschland und der Ukraine teilnahmen.[23]

21 Rubin, Gayle S.: «Thinking Sex: Notes for a Radical Theory of the Politics of Sexuality», in: C. Vance (Hrsg.): *Culture, Society and Sexuality*, London: Routledge & Kegan Paul, 1984, S. 143–178.

22 https://is.gd/Toc3FQ (zuletzt besucht am: 08.11.2025).

23 https://is.gd/I5BO5z (zuletzt besucht am: 08.11.2025).

Dabei wurden sehr konkrete Argumente vorgebracht: Die Verachtung des Liberalismus muss überwunden werden, um eine emanzipatorische Front aufzubauen. Ebenso verdiene der Pazifismus im Kampf gegen den russischen Aggressor eine Pause. Die Frage der Militarisierung und Waffenlieferungen müsse hingegen neu formuliert und präzisiert werden: Wir sollten nicht darüber diskutieren, *ob* Waffen geliefert werden sollen, sondern *welche* Ausrüstung dabei helfen könne, einerseits die Zivilbevölkerung zu schützen und andererseits den Konflikt nicht unnötig zu eskalieren. Schließlich würde eine bessere Ausrüstung der ukrainischen Armee auch die Anzahl an Todesfällen unter Soldat:innen reduzieren. Umso wichtiger scheint die Frage danach, mit *welcher* Ausrüstung wir die sich verteidigende Ukraine unterstützen, wenn man bedenkt, dass Polen, Lettland, Litauen, Finnland und Estland beschlossen haben, aus dem Ottawa-Abkommen von 1997 über das Verbot des Einsatzes, der Lagerung, der Herstellung und der Weitergabe von Antipersonenminen und über deren Vernichtung auszutreten.[24]

Praktische und konkrete Lösungen führen natürlich zu neuen Fragen, Zweifeln und Hindernissen, wenn die Vorschläge in die Tat umgesetzt werden sollen. In der deutschen und globalen Linken herrscht ein großes Unverständnis über den russischen Imperialismus. Als Antwort darauf haben einige osteuropäische Linksparteien *Central-Eastern European Green Left Alliance*[25] gegründet und sich damit von europäischen Linken wie Yanis Varoufakis distanziert. Unter die Fittiche der in Deutschland wie Pilze aus dem Boden schießenden kommunistisch-autoritären politischen Gruppen gelangen immer mehr Ideen, in denen Antizionismus, Antiimperialismus und Antisemitismus zu einem zentralen politischen Postulat verschmelzen, in die linke Debatte. Oft romantisieren sie die Geschichte der Sowjetunion oder glorifizieren sogar den Stalinismus mit seinen schlimmsten antisemitischen Traditionen. Sie sind daher ein schwieriger Partner im Kampf für queere Freiheit aus globaler Perspektive,[26] aber können sie mit ihrem queerfeministischen Programm große Erfolge bei jungen Menschen erzielen.

Die Übernahme des queeren und antikapitalistischen Ideenpakets durch solche autoritäre Gruppierungen ist gefährlich. Es führt zu einer Spaltung der kapitalismuskritischen Front. Aus der Perspektive der zuvor erwähnten Notwendigkeit einer stärkeren Öffnung gegenüber liberalen Akteuren im Kampf gegen den Autoritarismus sind der queere Marxismus und die Gewinne des sogenannten «materialist turn»[27] in der Queer-Theorie von unschätzbarem Wert. Ihr Verlust auf der Ebene der Praxis aufgrund einer autoritären Vereinnahmung ist deshalb schmerzhaft und wirkt sich auf queere Kriegsopfer, Geflüchtete und vulnerable Menschen ohne Migrations- oder Fluchterfahrung in westlichen Gesellschaften aus.

24 https://is.gd/VwxVxh (zuletzt besucht am: 08.11.2025).

25 https://ceegla.org/ (zuletzt besucht am: 08.11.2025).

26 https://is.gd/20HRDI (zuletzt besucht am: 08.11.2025).

27 Beispielhafte Lektüren, die den materialistischen Turn in der Queer-Theorie thematisieren, sind u. a. Gleeson, Jules Joanne / O'Rourke, Elle (Hrsg.): *Transgender Marxism*, London: Pluto Press, 2021; Liu, Petrus: *The Specter of Materialism*, Durham: Duke University Press, 2023; Floyd, Kevin: *Reification of Desire: Toward a Queer Marxism, New York: Routledge, 2009.*; sowie Hark, Sabine / Keller, Paula-Irene (Hrsg.): *Materialistischer Queerfeminismus: Geschlecht – Sexualität – Kapitalismus, Bielefeld: Transcript Verlag, 2022.*

Für diese Menschen sind materielle Grundlagen wie ein Dach über dem Kopf, Sozialleistungen, Nahrung und Gesundheitsversorgung weit mehr als nur Theorie. Deshalb muss die linke und internationale Position ihre queere und antikapitalistische Basis im Kampf gegen den russischen und anderen Faschismen bewahren. ■

Alexander Neuber

Internationale Solidarität zwischen Theorie und Praxis

Lektionen aus Westsahara und Ukraine

Kaum ein Lied hat in der Geschichte der internationalen Arbeiterbewegung so viel Bedeutung erlangt wie *Die Internationale*.[1] Hannes Waders deutschsprachige Aufnahme[2] hat auch heute noch eine beeindruckende Kraft, Menschen politisch zu berühren und zum Nachdenken über Solidarität und internationale Verantwortung anzuregen. Die Botschaft dieses Liedes geht weit über musikalischen Ausdruck hinaus: Es ist ein Aufruf, sich über nationale Grenzen hinweg zu solidarisieren und sich für die Rechte von Menschen einzusetzen, die unterdrückt, benachteiligt oder in Kriegen Opfer von Gewalt werden.

Der Begriff der «Internationalen» symbolisiert historisch die Idee von Einigkeit unter Arbeiter:innen weltweit. Er steht für das Streben nach gemeinsamen Zielen, nach Gerechtigkeit und nach gegenseitiger Unterstützung über nationale und kulturelle Grenzen hinaus. Doch in der Praxis zeigt sich, dass gerade innerhalb der heutigen linken Bewegungen diese Einheit alles andere als selbstverständlich ist. Dies gilt für Deutschland, Europa und auch weltweit, wobei sich in diesem Artikel auf Ersteres fokussiert wird. Unterschiedliche Strömungen interpretieren Solidarität unterschiedlich: Man kann sie als moralische Verpflichtung oder als politische Notwendigkeit sehen. Ob dies dann in konkretes Handeln mündet, welches auch materielle Unterstützung einschließt, wird unterschiedlich interpretiert.

Gerade heute, in einer Welt, die durch politische Spannungen, regional begrenzte Kriege und globale Ungleichheiten geprägt ist, ist es umso relevanter, über die konkrete Bedeutung internationaler Solidarität nachzudenken. Die Frage lautet nicht nur: Sollten wir Solidarität zeigen?, sondern auch: Mit wem und in welcher Form ist Solidarität möglich? Diese Frage gewinnt zusätzliche Brisanz, wenn man die unterschiedlichen Konflikte betrachtet, die in der internationalen Politik aktuell besonders sichtbar sind. Anhand zweier Konflikte soll diese Fragestellung in diesem Artikel scheinwer-

1 Klaus Wettig: «150 Jahre «Internationale»: Ein Lied erobert die Welt», in: *Vorwärts*, 02.06.2021.

2 genius.com: https://is.gd/TdX7pW (15.10.2025).

ferartig untersucht werden: Die Westsahara und die Ukraine. Dies sind zwei Konflikte, die mit Blick auf ihre Länge, ihre Öffentlichkeitswirksamkeit und – wie sich zeigen soll – auch hinsichtlich der Solidaritätsausübungen kaum unterschiedlicher sein könnten. Das macht den Vergleich umso produktiver.

Die Westsahara – die vergessene Kolonie

Die Westsahara gilt als die letzte Kolonie Afrikas.[3] Nach dem Rückzug der spanischen Kolonialmacht im Jahr 1975 hätte das Gebiet die Chance auf vollständige Unabhängigkeit gehabt. Doch diese Möglichkeit wurde praktisch sofort durch die marokkanische Besetzung verhindert. Seitdem kämpfen die saharauische Bevölkerung und insbesondere die Polisario-Front[4], die aus der Tradition des afrikanischen Befreiungsnationalismus und sozialistischer Antiimperialismus-Bewegungen hervorging, unermüdlich für Selbstbestimmung.

Linke Akteure haben im Laufe der Jahrzehnte wiederholt ihre Solidarität bekundet, allerdings auf durchaus unterschiedliche Weise. Auffällig dabei ist, dass selbst innerhalb von Parteien und Gruppen häufig keine einheitliche Kommunikationsstrategie umgesetzt wird. Einige – darunter die Partei Die Linke[5], Landesparteien der SPD[6] aber auch die DKP[7] – setzen sich offen für die Westsahara ein, ob durch eine offene Unterstützung der Polisario-Front oder in Form von Delegationsreisen. Andere, wie die Bundestagsfraktionen von SPD[8] und Grünen[9], beschränken sich auf primär symbolische Gesten wie allgemeine Appelle an internationale Institutionen. Was sich dabei durchzieht, ist die insgesamt geringe Beachtung des Konflikts.

Doch selbst diese symbolische Unterstützung wird durch die geopolitische Realität stark eingeschränkt. Materielle Hilfe ist kaum vorhanden, militärische Unterstützung findet praktisch nicht statt, und humanitäre Initiativen sind oft nur klein und punktuell. Ein besonders deutliches Beispiel für diese begrenzte Wirkung zeigt sich beim UN-Sicherheitsrat: Vor Kurzem bezog er erneut Stellung zur Westsahara.[10] Doch diese Stellungnahme fiel nicht zugunsten der Unabhängigkeitsbewegung aus. Vielmehr wurde faktisch die marokkanische Forderung unterstützt, das saharauische Gebiet in das marokkanische Staatsgebiet einzubetten. Ein Vertreter der Polisario-Front, Mohamed El Mamun Ahmed, bezeichnete dies treffend als «Annexion»[11], um das Ausmaß dieser Entscheidung zu verdeutlichen. Dieses Beispiel zeigt einmal mehr, wie selbst lang eingefrorene Konflikte auf diplomatischer Ebene überraschend volatil werden können und wie symbolische Solidaritätsbekundungen nicht automatisch zu politischen Veränderungen führen.

3 Deutsche Gesellschaft für die Vereinten Nationen e. V.: https://is.gd/2TEbY8 (20.10.2025).

4 https://fpolisario.org/ (29.10.2025).

5 die-linke.de: https://is.gd/hjr09V (12.10.2025).

6 spd-land-bremen.de: https://is.gd/mnCsle (14.10.2025).

7 Leo Zayyad: «Die EU verlängert die Besatzung», in: *uz – unsere Zeit*, 06.12.2024.

8 spdfraktion.de: https://is.gd/4SosSB (14.10.2025).

9 bundestag.de: https://is.gd/XelnHd (17.10.2025).

10 press.un.org: https://is.gd/ttTPDr (31.10.2025).

11 Tobias Bachmann: «Das wäre Annexion – Sahraui über Westsahara-Resolution», in: *taz*, 2.11.2025.

Die Ukraine – Kriegsrealität und moralische Dilemmata

Die Situation in der Ukraine zeigt ein anderes Bild. Seit dem russischen Angriffskrieg 2022 – und bereits seit der Annexion der Krim 2014 – wird innerhalb der Linken intensiv darüber diskutiert, wie Solidarität gelebt werden kann, ohne dabei Grundprinzipien zu verletzen oder den eigenen politischen Ansprüchen untreu zu werden.

Ein Teil der Linken – insbesondere SPD[12] und die Grünen[13] auf Bundesebene – betont das Selbstbestimmungsrecht der ukrainischen Bevölkerung und sieht darin die Pflicht, die Angegriffenen aktiv zu unterstützen. Für diese Perspektive ist Solidarität nicht nur eine moralische Geste, sondern eine praktische Notwendigkeit, die gerade in Zeiten von Aggression und Gewalt besondere Relevanz erhält. Andere (auch innerhalb der SPD) wiederum lehnen jede Form von Unterstützung ab, die als militärisch interpretiert werden könnte, und verweisen auf die vermeintliche pazifistische Tradition der Arbeiterbewegung, die Gewalt grundsätzlich ablehnt. Zu nennen sind hier insbesondere die Partei Die Linke[14], aber auch kleinere linke Gruppierungen.

Diese Debatten verdeutlichen ein zentrales Spannungsfeld: Kann Solidarität mit einem angegriffenen Volk vereinbar sein mit Antimilitarismus? Es lässt sich gut begründet vertreten, dass die Leidtragenden von Kriegen nicht die Regierungen, sondern die Zivilbevölkerung, Arbeiter:innen und Soldat:innen sind. Dem folgend müsste Solidarität in erster Linie humanitär, sozial und zivil gedacht werden – etwa durch Unterstützung für Geflüchtete, Hilfstransporte oder die Förderung von Friedensinitiativen. Doch dagegen ließe sich ebenfalls gut begründet argumentieren, dass ein rein moralischer Pazifismus zu Untätigkeit führen könnte: Es kann also notwendig sein, das Recht auf Verteidigung anzuerkennen, um die Bevölkerung vor Aggression zu schützen.

So zeigt sich, dass die Linke in einem Spannungsfeld operiert: zwischen einem internationalistischen Pazifismus, der Gewalt generell ablehnt, und einem wehrhaften Internationalismus, der Verteidigungsrechte als legitimen Ausdruck der Selbstbestimmung begreift.

Zwischen Wort und Wirkung

Ein Blick auf die konkreten Formen zeigt, wie unterschiedlich Solidarität tatsächlich umgesetzt wird. Im Fall der Westsahara bleibt sie weitgehend auf einer symbolischen Ebene, selbst bei radikaleren Akteur:innen. Materielle Unterstützung vor Ort ist kaum vorhanden, militärische Hilfe wird praktisch nicht geleistet, und humanitäre Solidarität bleibt punktuell. Diese geringe materielle Unterstützung sollte nicht allein darauf zurückgeführt werden, dass es sich – anders als etwa in der Ukraine – nicht um einen voll anerkannten Staat mit klaren Grenzen und funktionsfähigen Institutionen handelt. Zwar erschwert der Status des Territoriums als umstrittene Region eine eindeutige außenpolitische Positionierung, doch zugleich existieren seit Jahrzehnten diplomatische und institutionelle Strukturen, die den Konflikt klar interna-

12 spdfraktion.de: https://is.gd/spRRQc (07.10.2025).

13 gruene-bundestag.de: https://is.gd/3fYc1p (08.10.2025).

14 die-linke.de: https://is.gd/UcAvmt (08.10.2025).

tional verorten. Die von der Polisario-Front ausgerufene Sahrauische Arabische Demokratische Republik war bis vor wenigen Jahren Mitglied der Afrikanischen Union, und mit MINURSO besteht eine eigene UN-Mission, die die Westsahara als eigenständigen Konfliktfall behandelt. Diese anhaltende politische und administrative Präsenz relativiert die Vorstellung, es handle sich um einen konfliktpolitischen «blinden Fleck». Umso auffälliger bleibt daher, dass internationale Solidarität – trotz dieser etablierten Rahmen – weitgehend symbolisch bleibt und kaum in kontinuierliche Unterstützung, geschweige denn in substanzielle materielle Hilfen übersetzt wird. Die jüngste Entscheidung des UN-Sicherheitsrats hat wieder einmal überdeutlich gezeigt, dass selbst eingefrorene Konflikte jederzeit wieder in Bewegung geraten können. Eine internationale Solidarität, die sich oft nur punktuell und *pro forma* zeigt, ist auf solche Veränderungen ganz offenkundig nicht vorbereitet.

Im Fall der Ukraine hingegen zeigen sich Solidaritätsmaßnahmen sowohl symbolisch als auch praktisch. Die Rückeroberung besetzter Gebiete ist ein dynamischer Prozess, und Hilfsmaßnahmen entstehen noch während der laufenden Kampfhandlungen. Unterstützung richtet sich gegen den Aggressor Russland und umfasst humanitäre Hilfe, medizinische Transporte, politische und diplomatische Unterstützung. Gleichzeitig bleiben die ethischen Fragen innerhalb der Linken offen: Welche Maßnahmen sind legitim, wie weit darf Solidarität gehen, ohne eigene Prinzipien zu verletzen?

Doch auch hier verläuft die Trennlinie deutlich: Während humanitäre Solidarität weithin akzeptiert ist, bleibt jede Form der militärischen Unterstützung innerhalb der politischen Linken höchst umstritten. Insgesamt zeigt sich: Solidarität ist schnell gefordert, aber schwer umzusetzen. Sie bleibt oft symbolisch, solange sie nicht materiell unterfüttert wird – also solange sie nicht spürbar in die Lebenswirklichkeit der Betroffenen eingreift. Echte internationale Solidarität müsste daher über moralische Gesten hinausgehen: Sie müsste sich in konkreter politischer, sozialer und materieller Unterstützung zeigen, die die Machtverhältnisse nicht nur beschreibt, sondern aktiv verändert.

Wenn Solidarität geprüft wird

Ob in der Westsahara oder in der Ukraine – beide Konflikte führen die Grenzen linker Solidarität eindrücklich vor Augen. Sie zeigen, dass internationale Solidarität nicht einfach ein abstraktes Ideal ist, sondern ein komplexes Zusammenspiel aus politischen Möglichkeiten, ethischen Überlegungen und materiellen Ressourcen. Zwischen Theorie und Praxis, zwischen Völkerrecht und geopolitischen Interessen, zwischen Pazifismus und Verteidigungsrecht bleibt internationale Solidarität ein schwieriger, oft widersprüchlicher Begriff.

Während die Westsahara die Grenzen einer Solidarität aufzeigt, die kaum über diplomatische Formeln hinausgeht, macht die Ukraine sichtbar, was möglich wird, wenn Unterstützung auch praktisch und materiell erfolgt – und wie schnell dadurch neue ethische Fragen entstehen. Die beiden Konflikte markieren damit die beiden Pole, zwischen denen internationale Solidarität heute navigieren muss: dem Risiko der Bedeutungslosigkeit und der Herausforderung ihrer eigenen Konsequenzen.

Diese beiden Beispiele verdeutlichen: Solidarität darf nicht nur als moralischer Imperativ verstanden werden. Sie muss konkret, materiell, politisch und sozial erfahrbar sein, um tatsächlich Wirkung zu entfalten. Sie ist kein abstraktes Konzept, das sich durch Worte oder rhetorische Gesten definiert, sondern ein praktischer Ausdruck von Verantwortung und Engagement für andere Menschen.

Darüber hinaus zeigt sich, dass Solidarität immer in einem Spannungsfeld existiert: zwischen individuellen moralischen Verpflichtungen und strukturellen Machtverhältnissen, zwischen kurzfristiger Unterstützung und langfristiger politischer Strategie, zwischen lokaler Wirksamkeit und globaler Aufmerksamkeit. Jede Form von Solidarität erfordert also Abwägungen und Entscheidungen – und sie kann niemals vollkommen konfliktfrei oder universell gerecht sein. Dennoch muss Letzteres als Ziel richtungsweisend bleiben: Menschen sind als gesellschaftliches Kollektiv verbunden, und im Idealfall ist Solidarität ein Schritt hin zu einer sozialistischen Welt, in der universelle Gerechtigkeit möglich wird. Dadurch wird das Wohl der einen im Kontext des Wohls aller gesichert, und das Gute Leben für Alle kann Wirklichkeit werden.

Gerade in diesen Spannungen zeigt sich die politische Bedeutung internationaler Solidarität: Sie ist nie einfach, nie vollständig planbar, aber notwendig. Sie orientiert sich an grundlegenden Prinzipien wie dem völkerrechtlich verankerten Selbstbestimmungsrecht, den Menschenrechten und sozialen Rechten, die kollektive Teilhabe und Organisierung ermöglichen – geht aber darüber hinaus, indem sie Ungleichheiten, koloniale Kontinuitäten und strukturelle Machtverhältnisse kritisch hinterfragt. Solidarität heißt, Partei zu ergreifen, wo Menschen ausgegrenzt, entrechtet oder systematisch benachteiligt werden, und politische Überzeugungen nicht im Symbolischen zu belassen, sondern in konkrete Praxis umzusetzen, die tatsächliche Veränderungen bewirkt.

Denn am Ende bleibt es dabei: «Die Internationale erkämpft das Menschenrecht.» ■

Lukas Thum

Emanzipation und Gewalt

Zwischen Mythos und Unterbrechung

Die Pariser Kommune von 1870 ist nur ein besonders blutiges Beispiel dafür, wie sich der Versuch der Befreiung, der Emanzipation in der Moderne, mit Gewalt verwebt. Die Gewalt, die Emanzipationsversuche begleitet, ist dabei nicht nur ein historisches Faktum, sondern stellt die Idee der Emanzipation selbst vor Schwierigkeiten. Denn wann ist Gewalt wirklich emanzipativ? Und wann schlägt Gewalt wieder in die Herrschaft der Anderen um? Kurzum: Kann sich Emanzipation gewaltsam erreichen lassen? Kann Gewalt befreiend sein?

Die mythisch, bestimmende Seite der Gewalt

Um sich der Frage nach der möglichen Rolle von Gewalt in emanzipativen Bewegungen zu nähern, ist es notwendig, die negativen Seiten der Gewalt genau herauszuarbeiten. Eine solche *Kritik der Gewalt* (GS II, 179–203) hat Walter Benjamin 1921 geschrieben und die mythisch bestimmende Seite der Gewalt im modernen Recht herausgearbeitet.

Benjamin geht es in seiner Kritik der Gewalt nicht darum, wann Gewalt sich aus bestimmten gerechten Zwecken rechtfertigen lassen kann, sondern «ob Gewalt überhaupt, als Prinzip, selbst als Mittel zu gerechten Zwecken sittlich sei» (GS II, 179). Er sucht also in Abgrenzung zu naturrechtlichen und rechtspositivistischen Bezugnahmen auf die Rechtfertigung der Zweck-Mittel Relation aus dem jeweiligen Anderen dieser Relation, von dieser Relation unabhängige Kriterien zur Beurteilung der Mittel, insbesondere der Gewalt (vgl. GS II, 181).

Dabei setzt Benjamin beim Rechtspositivismus mit seiner Kritik an, der immerhin – im Gegensatz zur Naturrechtslehre – Gewalt als Mittel in rechtlich sanktioniert und nicht sanktioniert einteilt, statt sich rein auf die vermeintliche Gerechtigkeit der Zwecke zu berufen.[1] Verfolgt man also bestimmte Zwecke, kann man dabei Gewalt anwenden. Doch dort, wo das Rechtssystem diese nicht als «Rechtszwecke» anerkennt, bleibt sie sanktioniert. Für die Durchsetzung von Rechtszwecken habe man dagegen das Gewaltmonopol des Staates an seiner Seite (GS II, 183). Daran anschließend macht Benjamin eine zentrale Unterscheidung auf:

> Alle Gewalt ist als Mittel entweder rechtsetzend oder rechtserhaltend. Wenn sie auf keines dieser beiden Prädikate Anspruch erhebt, so verzichtet sie damit selbst auf jede Geltung. Daraus aber folgt, daß jede Gewalt als Mittel selbst im günstigsten Falle an der Problematik des Rechts überhaupt teilhat. (GS II, 190)[2]

1 Vgl. zu der Rekonstruktion Benjamins *Kritik der Gewalt* auch: Axel Honneth: «Zur Kritik der Gewalt», in: Burkhard Lindner u. a. (Hrsg.): *Benjamin-Handbuch: Leben – Werk – Wirkung, Stuttgart.* Weimar, 2011. Burkhard Lindner: «Zur Kritik der Gewalt, Derrida, Holocaust», in: Jessica Nitsche, Nadine Werner (Hrsg.): *Studien zu Benjamin.* Berlin 2016.

2 Vgl. auch Lindner, S. 69.

Die Problematik des Rechts überhaupt ist dabei die grundlegend gewaltvolle Hervorbringung jeder Rechtsordnung. Gewalt – ist sie nicht rein (dazu später mehr) – wohnt also immer ein rechtssetzender oder rechtserhaltender Charakter inne. Gewalt setzt oder erhält eine bestimmte Ordnung.

Der entscheidende Punkt von Benjamins Kritik der Gewalt ist nun nicht einfach, dass jede Gewalt neues Recht setzen oder erhalten will. Indem sich Benjamin weiter von der rechtspositivistischen Perspektive löst, macht er den im Gewaltzusammenhang des Rechts angelegten *mythischen Charakter* des Rechts und damit der setzenden oder bestimmenden Gewalt deutlich.[3]

Durch Gewalt wird also nicht einfach eine Rechtsordnung gesetzt, vielmehr richtet ein Gewaltakt eine bestimmte Welt auf, oder setzt diese fort. Eine durch Gewalt gesetzte Welt ist für Benjamin eine mythische. Die mythische Welt ist eine «interpretierte Welt, eine Symbolwelt.»[4] Die mythischen Symbole überformen dabei dasjenige, für welches sie einstehen. Der Mythos ist die «Zurichtung [der sinnlich erfahrbaren Welt] durch eine abstrakte und virtuell tödliche (Rechts)-Ordnung»,[5] die dabei jedoch die Symbole, die sie voraussetzt, selber erst setzt. Diese nachträgliche Setzung des Vorausgehenden ist das Zentrum des mythischen Charakters des durch Gewalt gesetzten Rechts.

> Die Funktion der Gewalt in der Rechtsetzung ist nämlich zweifach in dem Sinne, daß die Rechtsetzung zwar dasjenige, was als Recht eingesetzt wird, als ihren Zweck mit der Gewalt als Mittel erstrebt, im Augenblick der Einsetzung des Bezweckten als Recht aber die Gewalt nicht abdankt, sondern sie nun erst im strengen Sinne und zwar unmittelbar zur rechtsetzenden macht, indem sie nicht einen von Gewalt freien und unabhängigen, sondern notwendig und innig an sie gebundenen Zweck als Recht unter dem Namen der Macht einsetzt. Rechtsetzung ist Machtsetzung und insofern ein Akt von unmittelbarer Manifestation der Gewalt.
>
> (GS II, 197)

Benjamin begann seine Kritik der Gewalt mit der Problematisierung der Zweck-Mittel-Relation. In der zweifachen Funktion des Rechts wird diese Relation vollkommen aufgesprengt. Nicht nur wird Gewalt als Mittel zu Zwecken gebilligt, sondern indem eine mythisch bestimmte Gewalt das Recht als symbolische Ordnung aufrichtet, setzt es auch die eigentlich primären Zwecke zur Begründung der Ordnung gleich mit.[6] Die mythische Symbolwelt des Rechts legt sich gewaltvoll über die Welt und zeigt die «furchtbare […] Ursprünglichkeit» (GS II, 198) dieser Setzung an.

Dieser Punkt lässt sich an einer anderen Sphäre eines gewaltvoll bestimmenden Mythos verständlich machen: dem patriarchalen Verhältnis von Mann und Frau.

> Once incarnated, male superiority tends to be reaffirmed and reinforced in what

3 Vgl. zum Kontext des Begriffs «Mythos» bei Benjamin u. a.: Winfried Menninghaus: *Schwellenkunde*. Frankfurt a. M. 1986; Rolf-Peter Janz: «Mythos und Moderne bei Walter Benjamin», in: Karl Heinz Bohrer (Hrsg.): *Mythos und Moderne: Begriff und Bild einer Rekonstruktion*. Frankfurt a. M. 1983; Günter Hartung: «Mythos», in: Michael Opitz, Erdmut Wizisla (Hrsg.): *Benjamins Begriffe*. Frankfurt a. M. 2000.

4 Menninghaus, S. 26.

5 Menninghaus, S. 80.

6 Vgl. dazu auch Lindner, S. 90 f.

> can be seen as well as in what can be done. So male power both is and is not illusory. As it justifies itself, namely as natural, universal, unchangeable, given, and morally correct, it is illusory; but the fact that it is powerful is no illusion. Power is a social relation.[7]

Männliche Herrschaft ist in ihrer Begründung eine Illusion, so Catharine MacKinnon. Doch gerade in ihrer Realisation als gesellschaftliche Macht ist sie sehr real. MacKinnon sieht in dem patriarchalen Herrschaftsverhältnis – was immer auch ein Gewaltverhältnis mit einschließt – die Grundbedingung für die Kategorien Mann und Frau.[8] Wir können diesen Punkt auch im Vokabular Benjamins wie folgt formulieren:

Die gewaltvolle[9] Einsetzung dieser männlichen patriarchalen Macht begründet nicht nur die Mittel, die eingesetzt werden dürfen, um bestimmte Zwecke zu erreichen. Es setzt vielmehr die zu erreichende Zwecke erst selbst, indem die Setzung des Mythos des Patriarchats selbst seine Symbole, Mann und Frau, etabliert. Anders ausgedrückt: Mann und Frau, ihre zugeschriebenen Rollenbilder und die mit ihnen verbundenen Zwecke[10] sind nicht die Begründung patriarchaler Macht, sondern werden von dieser erst erzeugt. Dabei kommt dieser Setzung eine bestimmte Form von Ursprünglichkeit zu. Die Symbole Mann und Frau werden als ewig verstanden und zum Ursprung der patriarchalen Verhältnisse erklärt, auch wenn es eigentlich genau andersherum wäre.

Die einzelnen Individuen werden als Symbole zugerichtet. Ihnen wird eine Identität gewaltsam aufgedrängt, in der die Einzelnen nie aufgehen. Ähnliche Punkte können für die Phänomene des Antisemitismus[11] und des Rassismus gemacht werden.

Mit Benjamins Erkenntniskritik gekoppelt kann ein allgemeiner Punkt in Bezug auf die Gewalt gemacht werden. In der Vorrede seines Buches über den *Ursprung des deutschen Trauerspiels* (GS I, 203–430) bemerkt Benjamin Folgendes:

> Die Wahrheit, vergegenwärtigt im Reigen der dargestellten Ideen, entgeht jeder wie immer gearteten Projektion in den Erkenntnisbereich. Erkenntnis ist ein Haben. Ihr Gegenstand selbst bestimmt sich dadurch, daß er im Bewußtsein – und sei es transzendental – innegehabt werden muß. Ihm bleibt der Besitzcharakter. Diesem Besitztum ist Darstellung sekundär. Es existiert nicht bereits als ein Sich-Darstellendes. Gerade dies aber gilt von der Wahrheit. (GS I, 209)

Die Unterscheidung von Wahrheit und Erkenntnis führt Benjamin erstmals im Aufsatz *Über Sprache überhaupt und über die Sprache des Menschen* (GS II, 140–157) ein. Dabei ist es entscheidend, dass Erkenntnis als etwas gedacht wird, was vom Menschen als Urteil über die Dinge gesprochen wird. Die Erkenntnis wird der Dinge habhaft, sie ordnet sie in ein bestimmendes System ein. Die mythischen Symbole werden gewaltvoll

7 Catharine A. MacKinnon: *Toward a feminist theory of the state*, Cambridge 1991, S. 99 f.

8 Vgl. MacKinnon, S. 38.

9 Vgl. dazu MacKinnon, Kapitel 9 *Rape: On Coercion and Consent*, 171–183.

10 Handlungsmöglichkeiten, akzeptierte Zwecke in der Lebensgestaltung etc.

11 Vgl. dazu die *falsche Projektion* des Antisemiten in: Max Horkheimer / Theodor W. Adorno: *Dialektik der Aufklärung: philosophische Fragmente*. Franfurt am Main 1988, S. 196–209.

gesetzt, sie fundieren eine Ordnung, die ihr eigenes Fundament erst erzeugt.

Jede Bestimmung, jedes Aufrichten einer Ordnung ist damit in zweifacher Hinsicht gewaltvoll. Zum einen legitimiert es die eigene Gewalt zur Erreichung von Zwecken, setzt dabei diese Zwecke, die Identität seiner Symbole nachträglich erst selbst. Jeder Gewaltakt läuft Gefahr, einen neuen Mythos, eine neue Ordnung aufzurichten.

Emanzipative Gewalt als Unterbrechung der Ursprünglichkeit

Gewalt erzeugt also wiederum Gewalt. Eine Revolution baut nur wieder einen neuen Mythos auf. In seiner Auseinandersetzung mit dem Surrealismus bringt Benjamin diese Gefahr der Gewalt auf den Punkt. Er fragt in diesem Essay explizit nach der anderen Seite der Revolution:

> Aber gelingt es ihnen [den Surrealisten], diese Erfahrung von Freiheit mit der anderen revolutionären Erfahrung zu verschweißen, die wir doch anerkennen müssen, weil wir sie hatten: mit dem Konstruktiven, Diktatorischen der Revolution? (GS II, 307)

Der Revolution, als Destruktion des Alten, ist ein Moment der Emanzipation eigen. Wird daraus jedoch wiederum ein neuer Mythos gesponnen, dann dringt die zweite, die beherrschende Seite der Revolution wieder in die Welt.

Wenn wir die Überlegungen hier enden lassen würden, dann müsste die Antwort auf die Frage nach der Rolle von Gewalt für emanzipative Bewegungen eine negative sein. Sobald Gewalt im Spiel wäre, würde der emanzipative Charakter verloren gehen und statt der Befreiung aus der Herrschaft würden einfach nur die Herrschenden ausgetauscht.

Doch geht Benjamin selbst in seiner *Kritik der Gewalt* noch einen Schritt weiter und eröffnet uns einen Begriff von *reiner* oder, wie Benjamin 1921 noch theologisch formuliert, *göttlicher* Gewalt, die durchaus emanzipativen Charakter hat. Diese reine Gewalt ist eine, die sich der mystischen entgegensetzen kann

> Ist die mythische Gewalt rechtsetzend, so die göttliche rechtsvernichtend, setzt jene Grenzen, so vernichtet diese grenzenlos, ist die mythische verschuldend und sühnend zugleich, so die göttliche entsühnend, ist jene drohend, so diese schlagend, jene blutig, so diese auf unblutige Weise letal. (GS II, 199)

Die reine Gewalt ist ein Einspruch gegen den mythischen Lauf der Dinge. Sie ist vernichtend, weil sie die Symbolwelt zerbricht, jedoch darf sie nie eine neue aufzubauen erstreben. Die reine Gewalt muss aus den Symbolen des Mythos Allegorien machen, die ihre Vergänglichkeit, ihre Natürlichkeit in ihrer Zerstörung preisgeben.[12] Die reine Gewalt ist eine rein unterbrechende Gewalt.[13] Sie entlarvt den Ursprung, den die mythische Gewalt erst selbst eingesetzt hat, setzt jedoch keinen neuen Ursprung als Allgemeines ein.

12 Siehe hierzu den Begriff der *Naturgeschichte* bspw. in René Buchholz: «Verschränkung von Natur und Geschichte. Zur Idee der ‹Naturgeschichte› bei Benjamin und Adorno», in: Joseph A. Kruse / René Buchholz (Hrsg.): *Magnetisches Hingezogensein oder schaudernde Abwehr: Walter Benjamin 1892–1940*. Stuttgart 1994.

13 Das Motiv des Unterbrechens eines Gewaltzusammenhanges hat Philipp Hogh ins Zentrum eines *Ethischer Materialismus* gesetzt. Vgl. Philipp Hogh: *Ethischer Materialismus*. Hamburg 2025.

Ist die reine Gewalt damit eine emanzipatorische Gewalt? Ja und Nein. Benjamin betont zum Ende seiner *Kritik der Gewalt*, wie mit dieser reinen Gewalt umgegangen werden muss. Denn das Gebot *Du sollst nicht töten* bleibt auch hier intakt (vgl. GS II, 200). Doch Benjamin will dieses Gebot nicht als *ex post*-Verurteilung einer Tat verstanden wissen. Dann würde das göttliche Gebot wiederum nur ein göttliches Recht setzen. Vielmehr ergeht das Gebot *ex ante* zur Tat und «steht nicht als Maßstab des Urteils, sondern als Richtschnur des Handelns» (ebd.).

Die reine Gewalt zeichnet sich dadurch aus, dass sie sich als Verstoß gegen das Gebot des *Du sollst nicht töten* begreift. Sie versucht sich gerade nicht zu rechtfertigen, da sie weiß, dass sie nicht zu rechtfertigen ist. Daher müssen die, die sie als Unterbrechung der mythischen Gewalt anwenden, auch mit dem Bruch des Gebotes sich «in ihrer Einsamkeit auseinandersetzen und in ungeheuren Fällen die Verantwortung von [dem Gebot] abzusehen auf sich [nehmen]» (GS II, 201).

Anmerkungen zur Gegenwart

An die Idee der reinen Gewalt Benjamins und seine Kritik an der mythischen Gewalt und ihrer Funktionsweise möchte ich ein paar nicht abschließende Anmerkungen zur Gegenwart anschließen.

Die Aporie des Linkspopulismus kann in dieser Weise als grundlegend gewaltvoll verstanden werden. Soll in der Idee des Populismus ein Populus, ein Volk, zu seinem Recht kommen, also von der Herrschaft der Wenigen befreit werden, tappt die linkspopulistische Vorstellung damit in eine Falle. Denn jedes bestimmte Volk ist an sich ein Mythos. Damit dient sich der Linkspopulismus entweder einem bestehenden Volk an, welches Symbol des aktuellen mythischen Gewaltzusammenhanges ist, oder sie setzen ein neues Volk als mythisches Symbol ein. So oder so ist der Linkspopulismus die Fortführung der bestehenden oder das Einsetzen eines neuen Gewaltzusammenhanges. Aus ihm kann keine befreite Welt hervorgehen.

Heroismus und Verklärung; Gewalt darf nie Mittel zur Befreiung sein. Dort, wo sie es dennoch sein muss, muss man sich des Verbrechens, welches sie darstellt, bewusst sein. Das ist gerade dort eine Herausforderung, wo an jene gedacht werden soll, die versucht haben, mit Gewalt Unrecht zu unterbrechen. Die Heroisierung des Tötens, wie es in unterschiedlichen, auch emanzipativen Bewegungen vorkommt, ist damit grundsätzlich antiemanzipatorisch. Statt diejenigen, die Gewalt zur Befreiung angewendet haben, zu Helden zu verklären, bedarf es stattdessen des Bewusstseins und der Fürsorge, für jene, die diese Verantwortung auf sich genommen haben.

Gewalt zur Verteidigung bleibt ein Phänomen, welches im Anschluss an die hier dargelegten Überlegungen genauer betrachtet werden muss. Zum einen ist das, was verteidigt wird, immer auch etwas Symbolhaftes, Mythisches (etwa die eigene Nation), gleichzeitig ist die Verteidigung auch immer das Abwehren einer neuen Bestimmung oder der Fortsetzung einer alten Bestimmung. Verteidigung – zumindest im Bestehenden – benötigt daher ein Bewusstsein für die Ambivalenz, zwischen zwei unfreien Zuständen zu stehen, ohne ihre Legitimation als Schutz der Möglichkeit der Befreiung zu leugnen. Gewaltsame Verteidigung in dem Bewusstsein ihrer Nichtrechtfertigbarkeit schützt jedoch auch davor, die Verantwortung für den gewaltsamen Bruch des Gebotes *Du sollst nicht Töten* zu entschuldigen und die eigene Verteidigung als Legitimation für Gewalt zu missbrauchen.

Grundsätzlich ist die Frage nach der Rolle von Gewalt in emanzipativen Bewegungen eine, die sich der allgemeinen Antwort entzieht. Denn die allgemeine Antwort ist das Verbot der Gewalt, welches jedoch nicht als Urteil fungiert. Eines jedoch muss für alle emanzipatorischen Bewegungen gelten, sonst sind sie keine: Sie dürfen Gewalt nie als legitim, als Fundament für eine neue Welt verstehen. Eine befreite Welt kann sich nicht auf Gewalt gründen. ■

Pierre Harder

Das Ideal des gewaltfreien Widerstands

«Jede Form von politischer Gewalt lehnt der Bundeskanzler, aber lehnt auch die Bundesregierung insgesamt ab. Das gehört nicht zur demokratischen Auseinandersetzung. [...] Wir halten politische Gewalt für nicht tolerierbar.»[1] So ließ die Bundesregierung auf einer Pressekonferenz nach einem Anschlag an einem bekannten Rechtsextremen in den USA verlautbaren. «Politische Gewalt ist nicht der richtige Weg»,[2] stimmte im selben Kontext auch Oppositionspolitikerin und Linkspartei-Vorsitzende Ines Schwerdtner in die Kritik ein. Das Ideal der Gewaltfreiheit ist in der Bundesrepublik parteiübergreifend ein hohes Gut. Gewalt und Deutschland, das passt in Anbetracht der nationalsozialistischen Herrschaft und der Schoah nicht zusammen. Viel angenehmer ist es, sich auf den gewaltfreien Protest in der DDR zu beziehen. 1989 brachten, so das Narrativ, friedliche Demonstranten das Regime im Osten zu Fall, ohne dass ein Schuss abgegeben werden musste. «Keine Gewalt» war neben dem Ausspruch «Wir sind das Volk» der wichtigste Sprechchor auf den Leipziger Montagsdemonstrationen. Die Gewaltfreiheit scheint das moralisch überlegene Prinzip zu sein, die deutsche Obrigkeitshörigkeit in gewisser Hinsicht und die Zahmheit von Protesten in der Bundesrepublik reihen sich da gut ein. Selbstverständlich sind die Anerkennung des staatlichen Gewaltmonopols und der gewaltfreien politischen Auseinandersetzung Grundpfeiler einer jeden Demokratie. Ohne die rechtsstaatliche Regulierung von Gewalt gibt es keine demokratische Deliberation, keine auf moralischen Prinzipien beruhende Herrschaft der Vernunft. Gibt es also überhaupt noch einen Grund, Gewaltfreiheit einer Demokratie infrage zu stellen?

Effektivität und Konsens

Zuletzt erhielt in den sozialen Netzwerken und Nachrichten die 2011 entstandene Stu-

1 bundesregierung.de: https://is.gd/nJyKxx (08.11.2025).
2 welt.de: https://is.gd/GObA08 (06.11.2025).

die von Maria J. Stephan und Erica Chenoweth *Why Civil Restistance Works. The strategic logic of conflict* Aufmerksamkeit, die auf Kacheln und in Kurznachrichten mit der Botschaft zusammengefasst wurde, dass gewaltfreie Protestbewegungen erfolgreicher seien als bewaffneter Widerstand. Zudem sei jede Protestbewegung erfolgreich, die mindestens 3,5 % der Gesamtbevölkerung auf die Straße bringe. Die Autorinnen dieser Studie betrachteten Hunderte von Bewegungen und Aufständen seit 1900, teilten diese in gewaltfrei oder gewaltvoll ein und beurteilten den Erfolg an den Zielen und Ergebnissen. Ob das Untersuchungsdesign einen tautologischen Charakter hat oder ob der empirische Ansatz der Studie sowieso keine Auswirkung auf eine normative Betrachtung der Gewaltfreiheit haben sollte; auf den ersten Blick scheint diese Studie die romantisierte Vorstellung der ‹Friedlichen Revolution› geradezu zu befeuern. Die ‹Friedliche Revolution› 1989 selbst wurde in der Studie nicht untersucht, aber in Leipzig, Ost-Berlin und vielen weiteren Orten gingen so viele Menschen auf die Straße, dass man die 3,5 %-Regel als erfüllt ansehen könnte. Auf der Gedenkveranstaltung des Bundespräsidenten zum 35-jährigen Jubiläum des Mauerfalls kritisiert der Autor Marko Martin zu Recht, dass über die Rolle der osteuropäischen Protestbewegungen, insbesondere in Polen, zu wenig gesprochen und die Friedliche Revolution zu national betrachtet wird. Diese Kritik könnte ein wichtiger Baustein an der Entromantisierung der Ereignisse von 1989 sein, die in gewisser Weise auch zu einem nationalistischen Befreiungsmythos Ostdeutschlands beitragen.

Und auch wenn Bundespräsident Steinmeier am 9. November 2025 eine wehrhafte Demokratie beschwor und die Prüfung eines AfD-Verbots forderte, stimmte er in den anfangs zitierten Tenor der bundesdeutschen Politik ein: «Politische Gewalt, egal in welcher Form, müssen wir nicht nur strafrechtlich hart verfolgen, wir müssen sie alle gemeinsam ächten.»[3] Interessant ist hier, dass diese Ächtung gar kein ganzjähriger Konsens der republikanischen Praxis ist. Jedes Jahr werden die frisch gebackenen Soldat:innen der Bundeswehr im Bendlerblock auf die Verfassung der Bundesrepublik eingeschworen, an jenem Ort, an dem die Attentäter des 20. Juli 1944 hingerichtet wurden. Nicht zufällig wird dieser Ort gewählt, die dort redenden Vertreter:innen des Staates beziehen sich alle auf die Attentäter und deren Taten. Die Gedenkfeier und das öffentliche Gelöbnis werden direkt miteinander verbunden. Politische Gewalt war hier also offensichtlich in Ordnung, staatlich genehmigt und gern gesehen. Der Öffentlichkeit würde ein Diskurs darüber guttun, unter welchen Bedingungen politische Gewalt, wie sie 1944 ausgeübt wurde, gerechtfertigt ist. Aus wissenschaftlicher Perspektive mögen Chenoweth und Stephan argumentieren, dass Gewaltfreiheit das statistisch zuverlässigste Mittel der Wahl zur Durchsetzung einer Demokratie sei, doch in keiner der untersuchten Fälle geht es um die Bedrohung einer existierenden Demokratie durch Faschismus. Spätestens dies sollte die Gewissheit, dass sämtliche demokratiefeindliche Entwicklungen sich erfolgreich wegmoderieren lassen, infrage stellen.

Tyrannenmord und demokratische Gewalt

Die Überlegungen über den gerechtfertigten Einsatz von politischer Gewalt müs-

3 bundespraesident.de: https://is.gd/cQP3Vj (08.11.2025).

sen jedoch nicht neu angestellt werden. Bereits in der Antike diskutierten die großen Namen der Philosophie das Für und Wider des Tyrannenmords; Platon eher skeptisch, Cicero etwas offener. Und viel später gab es auch im Kontext des Nationalsozialismus Beiträge, die das menschliche Dilemma des Störens der Rechtsordnung durch einen normativ notwendigen Akt diskutieren. Der evangelische Pfarrer und Theologe Dietrich Bonhoeffer, der wegen seiner Mitverschwörung um die Attentate auf Adolf Hitler ermordet wurde, erklärt in post mortem zusammengestellten Manuskripten seine *Ethik*. Bonhoeffer sieht den christlichen Glauben, in protestantischer Tradition, als einen in der echten Welt, im Diesseits, gelebten Glauben und nicht als selbstzweckhafte Sakralität.[4] Aus dem Glauben an Gott ergäbe sich auch der Auftrag der Arbeit an der Welt Gottes und aus dem Vorbild Jesus leitet sich der Auftrag für den Menschen ab, selbstlos verantwortlich für die Menschheit zu handeln.[5]

Gemeinsam ist den Debatten der Antike und bei Bonhoeffer die moralische Ambivalenz der Tat. Selbst wenn sie notwendig ist, schädigt sie die Ordnung, die sie wiederherzustellen versucht. Doch jede normative Rechtfertigung politischer Gewalt in diesen Texten geht auch stets mit strengen Einschränkungen einher. Durch «die Absolutsetzung des eigenen Ich wie durch die Absolutsetzung des anderen Menschen [...] entsteht eine Willkür des Handelns»[6] schreibt Bonhoeffer. Sein Argument erinnert an Kant, der die rechtliche Unsicherheit der Folgen der Widerstandsaktionen Einzelner kritisiert: «[...] aller Aufstand, der in Rebellion ausbricht, das höchste und strafbarste Verbrechen im gemeinen Wesen ist, weil es dessen Grundfeste zerstört. [...] wer soll entscheiden, auf welcher Seite das Recht sei?»[7] Diese theoretische Kritik, die den Verlust der Rechtsordnung und eine noch größere Willkürherrschaft antizipiert, findet in Kants Zeit sogar ein Beispiel. Der Verlauf der Französischen Revolution nach 1789 bietet gute Beispiele dafür, wie politische Gewalt, die (vermeintlich) im Sinne demokratischer Anliegen angewandt wurde, zu einer Gewaltspirale führen kann. Gerüchte und Falschinformationen führten im Laufe der Revolution immer wieder zu gewaltvollen Exzessen, die öffentliche Bereitschaft zur Gewalt konnte von verschiedensten Anführer:innen missbraucht werden. Anstelle einer *Ultima ratio* wurde Gewalt, symbolisiert durch die Guillotine, zum ersten Mittel der politischen Auseinandersetzung. Der Höhepunkt des ungehemmten Einsatzes politischer Gewalt ist die Zeit des Terrors oder *la terreur*. In nur wenigen Monaten wurden in ganz Frankreich circa 16 Tausend Menschen hingerichtet. Verdächtig waren alle, die sich angeblich gegen die Ziele der Revolution stellten. Der ‹Geist der Moderation›[8] wurde als schädlich bezeichnet und so führte die entgrenzte Gewalt zu einem vorläufigen Ende politischer Deliberation.

4 Dietrich Bonhoeffer: *Ethik*, 1943/1949, S. 8.

5 Ebd. Vgl. S. 58.

6 Ebd.

7 Immanuel Kant: *Über den Gemeinspruch*, Königsberg 1793, Absatz 255.

8 Die Entschlossenheit der Nation werde von diesem Geist der Moderation in der Nationalversammlung unterminiert, so der damals einflussreiche Journalist Leclerc, weswegen er eine (weitere) Säuberung der Versammlung forderte. William Doyle: *The Oxford History of the French Revolution*, New York 1989, S. 250.

Gewalt heute

Dieses ausgewählte historische Beispiel der Französischen Revolution zeigt nicht nur das Eskalationspotenzial von (normativ gerechtfertigter) Gewalt, sondern bietet auch Anknüpfungspunkte für heutige Gefahren. Der Dritte Artikel der Erklärung der Menschen- und Bürgerrechte durch die französische Nationalversammlung 1789 besagt: «Der Ursprung jeder Souveränität ruht letztlich in der Nation». Der Begriff der Souveränität wurde in den letzten Jahren zu einem taktgebenden Begriff der rechtsextremen Szene, da er eine ideologische Brücke zwischen den rechtsextremen identitären Gesellschaftsvorstellungen und den freiheitlichen Idealen der Demokratie darstellt. Der ideologische Weg von einer identitären Umdeutung von Jean-Jacques Rousseaus ‹volonté générale› zu Carl Schmitts *legitimen Volkswillen* ist kurz[9], das Instrument der politischen Gewalt liegt potenziell in der Hand jedes Menschen und Rechtsextreme zeigen sich in sämtlichen aktuellen Studien als gewaltbereiteste politische Gruppierung. Das vollständige Ausblenden der Möglichkeit der politischen Gewalt in einer krisengeprägten Zeit ist realitätsfern. Wir sollten darüber diskutieren, ab wann Gewalt legitim ist und wann sie es nicht ist. Die politische Kultur in der Bundesrepublik sollte diese Aspekte nicht verdrängen, da die Debatte um die Hürden und Kriterien für die Anwendung politischer Gewalt direkt zur Stärkung des Diskurses um den Sinn unserer demokratischen Ordnung beiträgt. ■

9 Felix Schilk: *Souveränität statt Komplexität. Wie das Querfront-Magazin Compact die politische Legitimationskrise bearbeitet*, Münster 2017, S. 18, S. 37.

Carl Julius Reim

Schattenboxen mit der Vergangenheit

> Wir brauchen keine Hoffnung, wir brauchen einfach die Wahrheit. (Albert Camus)[1]

Es ist schon zur Plattitüde geworden, dass wir in krisenhaften, umstürzlerischen Zeiten leben. Das macht es aber nicht weniger wahr: Vermeintliche politische Gewissheiten fallen in sich zusammen, während die Welt unübersichtlicher wird. Politische Prioritäten verschieben sich. Sicher geglaubte Allianzen werden brüchig. Auf dem internationalen Parkett genauso wie in lokalen linken Szenen und überall dazwischen, auf allen Ebenen ist der Umbruch spürbar. So undurchsichtig die weitere Entwicklung ist, scheint doch klar: Kaum eine dieser Entwicklungen gibt Anlass zur Hoffnung, emanzipatorische Gedanken und Gruppierungen sind in Ab-

1 Albert Camus: «Brief an eine:n unbekannte:n Empfänger:in». Zit. nach Olivier Todd: *Albert Camus. Une vie*. Paris 1999, S. 751. Übers. CJR.

wehrkämpfen gefangen. Was läge da näher, als sich auf historische Beispiele zu beziehen? Wir kennen die großen Linien, in denen sich Dinge in der Vergangenheit entwickelt haben. Dieses Wissen auf die Gegenwart zu übertragen und erprobte Strategien erneut zu nutzen, scheint ein Weg aus der Unsicherheit zu sein. Doch dieser Schein trügt: Gegenwärtige Probleme brauchen gegenwärtige Antworten.

Es war einmal …

Die Kritik an ritualisiertem Gedenk- und «Versöhnungstheater»[2] hat in den letzten Jahren publizistisch Karriere gemacht. Der «Erinnerungsweltmeister Deutschland» mache es sich zu einfach, so das Argument: Vor lauter Gedenken an den Holocaust verschwänden Fragen des gegenwärtigen Antisemitismus aus dem Blick. Deutschland spräche lieber über tote als über lebendige Juden und Jüdinnen. In diesem Sinn sei «Erinnern die höchste Form des Vergessens».[3] Auch in der Geschichtswissenschaft werden diese Fragen kontrovers diskutiert.[4] Diese Kritik ist wichtig, spricht sie doch einen wunden Punkt im Selbstverständnis des vermeintlich «wieder gut gewordenen Deutschlands» an. Zugleich greift sie aber zu kurz.

Historische Bezugnahmen sind aus dem politischen Diskurs der Gegenwart nicht wegzudenken. Diese geschichtspolitische Marotte geht weiter als der Fokus auf Holocaust, Antisemitismus und das Nachwirken des Nationalsozialismus nahelegt. In den vermeintlich übersichtlichen Gleisen historischer Assoziationen fahren weite Teile der öffentlichen Diskussion. Dieses Phänomen ist nicht neu, schon 1987 schrieb Dan Diner: «Man bedient sich der Geschichte, um sich einer national identifikationsfähigen Zukunft zu versichern.»[5] Und es reicht quer durch die politischen Lager: Rechte fantasieren sich eine ruhmreiche deutsche Geschichte herbei, in der sie die Blaupause für die Befreiung des Volkes aus vermeintlicher Knechtschaft auszumachen meinen. Liberalere Konservative zitieren das «Wirtschaftswunder» und die sogenannte «Soziale Marktwirtschaft», um Wege aus der ökonomischen Krise zu weisen. Linke beziehen sich je nach Ausrichtung besonders gern auf die Oktoberrevolution, das Ende der Weimarer Republik und/oder die militärische Niederschlagung des Nationalsozialismus. Auf die Spitze treibt diese historischen Bezugnahmen regelmäßig die älteste Partei Deutschlands: Ob staatstragendes Pathos, soziale Wahlkampfparole oder Widerspruch gegen die radikale Rechte, ohne «seit über 150 Jahren» geht in der SPD nichts. Egal, worum es geht – der historische Krempelladen hat für jede markige Bierzeltrede das passend bedruckte Glas bereit.

All diese Bezugnahmen mögen erklären, wie wir an den Punkt gelangt sind, an dem wir uns heute befinden. Sie helfen zu

2 Max Czollek: «Versöhnungstheater. Anmerkungen zur deutschen Erinnerungskultur», in: *bpb*, 2021. https://is.gd/hpmsMU (13.09.2025).

3 Stephan Grigat et al. (Hrsg.): *Erinnern als höchste Form des Vergessens? (Um-)Deutungen des Holocaust und der «Historikerstreit 2.0»*. Berlin 2025.

4 Etwa Christina Morina (Hrsg.): *Die Zukunft des NS-Gedenkens. Geschichte als gesellschaftliche Selbstverständigung*. Göttingen 2025; Jan Gerber: *Das Verschwinden des Holocaust. Zum Wandel der Erinnerung*. Berlin 2025.

5 Dan Diner: «Einleitung», in: Ders. (Hrsg.), *Ist der Nationalsozialismus Geschichte? Zu Historisierung und Historikerstreit*. Frankfurt a. M. 1987.

verstehen, warum die Welt so schlecht ist. Diese Frage zu klären und nachzuvollziehen, wie vergangene Entscheidungen die Welt von heute prägen, bleibt enorm wichtig. Historisches Bewusstsein ist Bestandteil einer jeden Gruppenidentität und zeigt zugleich, dass die Gegenwart etwas Gewordenes ist. Damit ist ein emanzipatorischer Anspruch verbunden: Nichts *muss* so sein, wie es ist, denn die Geschichte wurde von Menschen gemacht. Diese Geschichte ist nicht eindeutig, sondern widersprüchlich und verworren. Aufgabe einer ernsthaften Auseinandersetzung damit ist es, «Differenzen auszuhalten und Ambivalenzen einzuordnen, nicht, diese aufzulösen.»[6]

Doch aus dieser vergangenen Entwicklung lässt sich nicht ableiten, wie gegenwärtige Entscheidungen getroffen werden sollten. Wie soll dem Expansionsstreben des russischen Regimes unter Putin begegnet werden, wenn sich die Debatte um sowjetische Großmachtansprüche dreht? Wie soll der Krieg in Gaza langfristig beendet werden, wenn die einzig verfügbaren Deutungsschablonen entweder der Holocaust und seine Beendigung mit militärischer Gewalt oder antikoloniale Befreiungsbewegungen sind? Wie kann eine kluge Position zur Wehrpflicht gefunden werden, wenn Pazifist:innen argumentieren als ginge es gegen den kriegslüsternen Imperialismus des Kaiserreiches?[7] Wie kann die AfD wirksam bekämpft werden, wenn ihr Aufstieg mit jenem der NSDAP gleichgesetzt wird?

Zu viele dieser historisch begründeten Positionen haben ihre Gegner:innen verloren. Sie argumentieren nicht gegen Vorschläge, die sich an der heutigen Realität orientieren. Stattdessen werden die Schatten historischer Debatten gejagt, als wären sie gegenwärtig. Eine echte Debatte wird nicht erst unmöglich, wenn sich verschiedene Positionen zu einem ideologischen Ticket zusammenschließen («Wenn ich Position A unterstütze, muss ich auch B glauben.»). Das Problem beginnt früher: Wenn allein historische Beispiele die Deutung bestimmen, werden innovative Gedanken unmöglich. Statt sich den Problemen von 2025 nüchtern zuzuwenden, sollen die Probleme von 1956, 1933 oder 1914 gelöst werden. Zu einer klugen Debatte würde es gehören, die Dunkelheit unserer Zeit zuzulassen, statt sie vorübergehend durch das grell leuchtende Feuer vergangener Debatten auszuleuchten.

Lehren aus der Geschichte?

Aus der Geschichte zu lernen, ist nicht im Detail möglich – zu unterschiedlich sind die Kontexte und Einflüsse. Die oft herangezogenen «Lehren aus der Geschichte» sind wiederum so allgemein, dass sie eher moralischen Grundsätzen als historischen und politischen Einsichten gleichen. «Antisemitismus und Rassismus töten und müssen bekämpft werden» ist vollkommen richtig, doch lässt sich die Brutalität dieser Ideologien der Ungleichwertigkeit auch an aktuellen Entwicklungen ablesen. Gleiches gilt für «Mit Nazis redet man nicht» oder «Menschen sollten nicht hungern müssen». Die

6 Stefanie Middendorf: «Ein Raum eigenen Rechts. Zeitgeschichte und Vergangenheitsfähigkeit», in: Morina 2025, S. 127.

7 Um ein Gefühl dafür zu bekommen, wie weit die kriegsbejahenden Debatten jener Zeit von den Auseinandersetzungen der Gegenwart entfernt sind, lohnt ein Blick in Domenico Losurdo: *Die Gemeinschaft, der Tod und das Abendland. Heidegger und die Kriegsideologie.* Übers. Erdmuthe Brielmayer. Stuttgart/Weimar 1995. Siehe dazu auch meine Rezension zu Ole Nymoen in dieser Ausgabe.

alten Gewissheiten greifen nicht mehr, doch die neue Welt ist noch nicht geboren. Je weiter sich die Gegenwart von den gewohnten Strukturen entfernt, desto leerer erscheinen die alten Begriffe. Wir befinden uns mitten in einem Veränderungsprozess, für den die passenden Begriffe erst entstehen. Wie können wir mit dem Dazwischen umgehen?

Geschichte ernstzunehmen heißt, den je eigenen Kontext historischer Ereignisse anzuerkennen. Dieser Kontext ist für jedes Ereignis spezifisch und lässt sich nicht generalisieren, ohne die konkreten Umstände aus dem Blick zu verlieren. Das soll nicht heißen, dass die Beschäftigung mit der Vergangenheit sinnlos sei. Das Gegenteil ist richtig: In der Auseinandersetzung mit vermeintlichen historischen Gewissheiten wird erst deutlich, wie sehr vergangenes Denken und Handeln seinem jeweiligen Kontext verpflichtet war. Zugleich kann die Geschichte zeigen, welche schwer fassbaren Tiefpunkte im Bereich des Menschenmöglichen liegen. Beides kann in einem dialektischen Umschlag auch politisch wieder relevant werden. Der Ideenhistoriker Quentin Skinner argumentierte etwa, dass in der Auseinandersetzung mit politischen Ideen der Vergangenheit gerade jene Denkwege interessant seien, die uns Heutigen zunächst unverständlich oder kontraintuitiv erschienen.[8]

Wenn uns Ideen direkt einleuchten, laufen wir Gefahr, sie zu schnell ins Heute zu übertragen. Das tut nicht nur den Gedanken unrecht – wer im 19. Jahrhundert von Freiheit schrieb, meinte damit tendenziell etwas anderes als wir im 21. Jahrhundert. Dieses Bestehen auf historischer Gerechtigkeit ließe sich vielleicht ignorieren, wenn damit nicht auch ein politischer Fehlschluss verbunden wäre: Die differenzierten und klugen Gedanken der Vergangenheit verlieren ihre politische und intellektuelle Schärfe, wenn sie unverblümt in einen anderen Kontext verpflanzt werden. Der Literaturwissenschaftler Edward Said nannte dies «das Reisen der Theorie»[9] und plädierte dafür, den Einfluss des neuen Kontextes mitzureflektieren. Es mutet ironisch an, dass Said selbst in seinem Grundlagenwerk des postkolonialen Denkens, *Orientalismus*, das Denken ausgewählter europäischer Orient-Forscher entkontextualisiert und daraus politische Schlüsse ableitet.[10] Doch das Plädoyer für Kontext-Reflexion verliert deshalb nicht seine Gültigkeit.

Skinner betont dagegen, dass die Auseinandersetzung mit weniger aktuell scheinenden Konzepten eine intellektuell anregende Fundgrube sein kann. Auch im (politischen) Denken wird die Geschichte von den Sieger:innen geschrieben. In der öffentlichen Arena geraten Gedanken mitunter aus Gründen ins Hintertreffen, die nichts mit ihrer Qualität oder Überzeugungskraft zu tun haben. Die verlorenen Ideen aus dem Schutt der intellektuellen Kämpfe auszugraben und in ihrem Kontext zu verstehen, kann neue Perspektiven auf die Fragen der Gegenwart eröffnen. In diesem Sinn kann die Beschäftigung mit Geschichte uns die Gegenwart weniger vertraut erscheinen lassen – und damit kritisches Denken anregen.

Das bedeutet allerdings nicht, dass die Antworten auf heutige Fragen im Schutt

8 Quentin Skinner: «Political Philosophy and the Uses of History», in: Ders. / Richard Bourke (Hrsg.): *History in the Humanities and Social Sciences*. Cambridge/UK 2022, S. 194–210.

9 Edward Said: «Traveling Theory», in: Ders.: *The World, the Text, and the Critic*. Cambridge/MA 1983, S. 226–247.

10 Zur Kritik an Saids *Orientalismus* vgl. Joshua Teitelbaum / Meir Litvak: Edward Said und seine Schüler. Eine Bestandsaufnahme des «Orientalismus», in: Ingo Elbe et al. (Hrsg.): *Probleme des Antirassismus. Postkoloniale Studien, Critical Whiteness und Intersektionalitätsforschung in der Kritik*. Berlin 2022, S. 119–154.

der Vergangenheit versteckt lägen, und dieser Schatz nur darauf warte, gehoben zu werden. Dies anzunehmen hieße, sich einem Geschichtsbild zu verschreiben, das von überzeitlichen Menschheitsfragen ausgeht. In dieser Logik sind die Probleme, denen sich Menschen gegenübergestellt finden, zu jedem historischen Zeitpunkt weitgehend ähnlich. Diese Art des Denkens über Geschichte wird viel diskutiert, wie nicht zuletzt die Popularität der vielen publizierten «Geschichten der Menschheit» zeigt.[11] Doch sie geht fehl. Herbert Marcuse kritisierte Jean-Paul Sartres Existenzialismus dafür, dass dessen Philosophie sich auch im Angesicht von Totalitarismus, Weltkrieg und Holocaust nicht geändert habe. Damit tue sich eine Kluft zwischen der Philosophie und der gelebten Realität von Menschen auf.[12] Diese Kritik trifft auch das Heranziehen historischer Schablonen für das Basteln politischer Antworten auf gegenwärtige Fragen: Nie passt es so richtig.

Sprung in den Abgrund

Es ist höchste Zeit, dass sich kritisches Denken gegen die verkrusteten Strukturen der formelhaften Auseinandersetzung mit den vielen Problemen der Gegenwart richtet. Überkommene Denkmuster abzulehnen reicht allein nicht aus, aber es ist ein wichtiger erster Schritt. Vielleicht ist es sogar der Wichtigste. Denn die festgefahrenen Denkstrukturen als falsch und nicht hilfreich zu erkennen, lässt im Negativbild die Vision eines freien, gegenwärtigen Denkens erkennen. Was für Gesellschaftsanalyse allgemein gilt, behält auch im Besonderen des politischen Denkens seine Gültigkeit: dass «die Erfahrung des Negativen *als* Negativen die Erkenntnis des Guten ist.»[13]

Manchmal reicht ein kräftiger Schubser, um das brüchig gewordene Alte zum Einsturz zu bringen. Die Musikgeschichte hält eine Parallele bereit, die auch für politisches Denken produktiv ist: Vor gut einhundert Jahren war das tonale Komponieren an seine Grenzen gelangt. Nach den harmonischen Ausuferungen in Riesenbesetzung, die sich zum Beispiel in den späten Sinfonien Gustav Mahlers fanden, schien die Entwicklung der Musik an ihr Ende gekommen. Arnold Schönberg reagierte darauf, indem er die Tonalität insgesamt für erledigt erklärte – und auf einmal war musikalisch wieder alles möglich. In Werken wie Schönbergs *Pierrot lunaire* oder *Erwartung* brach sich die Emotion wuchtig Bahn, ohne in das Korsett des tonalen Komponierens eingeschnürt zu sein. Mit dem radikalen Schnitt war plötzlich eine vorher unvorstellbare Freiheit des Denkens erreicht.

An einer ähnlichen Stelle scheint das politische Denken heute zu stehen. Die Tonalität der Erfahrungen aus dem 20. Jahrhundert ist wieder einmal an ihre Grenzen gelangt. Heute ist es unsere Aufgabe, den Sprung in den Abgrund zu wagen, in die freie Atonalität des Denkens. Es reicht nicht, alte Gewissheiten aufzuwärmen, sondern wir müssen die schmerzhafte und uneindeutige Offen-

11 Als ein Beispiel unter vielen sei verwiesen auf Yuval Noah Harari: *Eine kurze Geschichte der Menschheit*. München 2013.

12 Herbert Marcuse: «Existenzialismus [1948]», in: Ders.: *Kultur und Gesellschaft 2*. Frankfurt a.M. 1968, S. 49–84; hier S. 52, 83.

13 Max Horkheimer in Ders. / Theodor W. Adorno / Eugen Kogon: «Die verwaltete Welt oder: Die Krisis des Individuums», in: Gunzelin Schmid Noerr (Hrsg.): *Max Horkheimer, Gesammelte Schriften*. Frankfurt a.M. 1996, Bd. 13, S. 121–42, hier: S. 139.

heit zulassen. Deshalb möchte ich in diesem Text auch nicht konkrete Lösungen vorschlagen, sondern kritisches Nachdenken anregen. Es bringt nichts, so zu tun, als hätten wir die Antworten schon parat.

Sich diesen Mangel an Antworten einzugestehen, macht keinen Spaß. Doch die Alternative wäre, an der Realität vorbeizudenken und damit zuzulassen, dass unsere Antworten falsch werden. Hannah Arendt beschrieb ihren Selbstanspruch einmal als «Denken ohne Geländer».[14] Sie wollte sich nicht in vorgefertigten Bahnen bewegen, sondern selbst den Weg durch das Dickicht ihrer Gegenwart finden. Um aus der Sackgasse unserer Gegenwart herauszukommen, müssen auch wir die Geländer zertrümmern, die unser Denken einpferchen.

Der als «Nazijäger» bekannte Serge Klarsfeld wurde 2024 in einem Interview gefragt, was er sich von der heutigen jungen Generation wünsche. Er antwortete:

> Wir sind die Nachkriegsgeneration. Ihre Generation ist die Vorkriegsgeneration, deswegen können wir Ihnen nicht viele Ratschläge geben.[15]

Klarsfelds Blick auf die politische Gegenwart taugt nicht zum Vorbild: Im Kampf gegen linken Antisemitismus lieber die radikale Rechte zu wählen, verkennt die reale Gefahr, die von Parteien wie dem Rassemblement National ausgeht.[16] Die falsche Schlussfolgerung untergräbt aber nicht seine richtige Analyse: Noch ist nicht entschieden, ob wir tatsächlich vor dem nächsten großen Krieg stehen. Doch das Schlimmste zu verhindern «können wir nur selber tun»[17]: Wir müssen selbst denken – und selbst handeln. ■

14 Hannah Arendt: «Denken ohne Geländer», in: *Deutschlandfunk Kultur* 2020 [1972]. https://is.gd/ZdhBRr (13.09.2025).

15 Benjamin Hindrichs: «Wie man den Rechtsruck aufhält. Interview mit Serge und Beate Klarsfeld», in: *Krautreporter* 2024. https://is.gd/F4h8vB (21.09.2025).

16 hej/AFP: «Serge Klarsfeld würde ‹ohne zu Zögern› Rechtspopulisten in Stichwahl wählen», in: *Der Spiegel* 2024. https://is.gd/tglMpz (15.11.2025).

17 Eugène Pottier / Emil Luckhardt: *Die Internationale* (1910). https://is.gd/NWjHwe (21.09.2025).

Andrei Botorog

Von Marx zu den Critical Security Studies

Plädoyer für eine Neubestimmung linker Positionen zu Außen- und Sicherheitspolitik

Timemachine heißt das Online-Archiv der 1851 gegründeten New York Times. Scrollt man durch die ersten Jahrgänge, fühlt es sicher eher wie eine Zeitreise[1] ins Hier und Jetzt an. So berichten Korrespondenten unter Schlagzeilen wie «Military Movements in the Crimea»[2] oder «The War in Crimea»[3] über die Besatzung des Donaudeltas und die Bombardierung Odessas durch russländische[4] Truppen im damaligen Krimkrieg.[5] In diesem «unvollendeten Weltkrieg» mit seinen zahlreichen Nebenschauplätzen (Donau, Kaukasus, Ostsee und Pazifik) kumulierten die russländischen Vorstellungen über eine imperiale (Neu-)Ordnung der angrenzenden Gebiete im 19. Jahrhundert.[6] Hierbei weisen die religiös-imperial begründeten Gebietsansprüche des Zarenreiches und seine selbstzugeschriebene Schutzmachtrolle weitere Parallelen zum aktuellen russländischen Vorgehen auf.[7]

Für die Bevölkerung Osteuropas[8] bedeute dieser Krieg wiederum eine weitere Episode Fremdbestimmung seitens imperialer Mächte wie des russländischen Zarenreichs, des osmanischen Sultanats oder der westeuropäischen Monarchien.[9] Auch wenn der Krimkrieg von vor 150 Jahren uns für

1 Alle Ausgaben lassen sich digitalisiert hier finden: https://is.gd/wcoV75.

2 «Military Movements in the Crimea-The Theatre of the War», in: *The New York Times*, 8. November 1855.

3 «The War in the Crimea-The Prospect of Its Continuance», in: *The New York Times*, 3. Juli 1855.

4 «Russisch» bezeichnet in der Regel alles, was sich auf die ethnischen Russen oder auf die russische Kultur und Sprache bezieht (also das Pendant zum russischen *russkij*). «Russländisch» versucht demgegenüber, das Adjektiv für den Staat Russland / die Russische Föderation als politisches Gebilde abzubilden (entspricht dem russischen *rossijskij*), also inkl. nicht-russischer Nationalitäten.

5 Winfried Baumgart: *The Crimean War: 1853–1856*, 2nd edition (London 2020).

6 Orlando Figes: *Crimea: The Last Crusade* (London 2011), 16–21.

7 Martin Schulze Wessel: *Der Fluch des Imperiums: Die Ukraine, Polen und der Irrweg in der russischen Geschichte* (München 2023), 7–8, 94–148.

8 In den Sozial- und Geschichtswissenschaften gilt «Osteuropa» heute weniger als klar umrissene geografische Region, sondern als historisch und diskursiv konstruiertes Deutungsmuster, das seit der Aufklärung eine vermeintliche Grenze zwischen einem «zivilisierten» Westeuropa und einem als rückständig markierten Osten zieht. Diese Ost-West-Unterscheidung im 18. Jahrhundert wurde von westeuropäischen Intellektuellen als kulturelle und zivilisatorische Hierarchie «erfunden», nicht als neutrale Raumkategorie, siehe Larry Wolff: *Inventing Eastern Europe: The Map of Civilization on the Mind of the Enlightenment* (Stanford University Press, 1994). Ich verwende «Osteuropa» pragmatisch für den Raum von den baltischen Staaten bis zum Balkan (etwa Estland bis Griechenland), weisen aber zugleich darauf hin, dass der Begriff politisch umkämpft ist und eine sehr heterogene Region künstlich homogenisiert; siehe Thomas Grob: «The Concept of ‹Eastern Europe› in Past and Present», in: *UNI NOVA*, Februar 2015, https://is.gd/Pxku1P.

9 Auf diesen historischen Aspekt kann ich nicht weiter eingehen, aber wer Interesse hat findet in den folgenden drei Beiträge eine exzellente Übersicht: Ilan D. Armour: *A History of Eastern Europe 1740–1918: Empires, Nati-*

eine Analyse der Gegenwart weit hergeholt scheint, so lohnt sich doch ein Blick auf dessen Betrachtung durch zwei alte Bekannte – Karl Marx und Friedrich Engels. Zwar zeige ich mit den ausgewählten Textbeispielen erstaunliche Parallelen zum heutigen russländischen Vorgehen und der Begründungrhetorik, wie auch der westlichen Antworten und den Ergebnissen von Friedensverhandlungen auf.[10] Doch sind diese Parallelen kein Beweis einer Pfadabhängigkeit oder eines historischen Determinismus, durch welchen die damalige russländische Außenpolitik die heutige bedingt.[11]

Marx und Engels gegen den russländischen Imperialismus

Marx und Engels waren vehemente Kritiker der unterdrückerischen und imperialistischen Politik des russischen Zarenreiches.[12] Als *New York Tribune*-Korrespondent berichtete Marx über Russlands Okkupationen der rumänischen Fürstentümer (1828), die weitere Eingrenzung der Autonomie Kongresspolens (1831/32), militärische Angriffe auf das revolutionäre Ungarn (1848), Kriege auf der Krim (1853), dem Balkan und in Griechenland (1877) gegen das Osmanische Reich sowie die Kolonialisierung des Kaukasus (1829), der Mandschurei (1858) und der zentralasiatischen Gebiete (ab 1865). Ökonomische Motive für diese Kriege negierte Marx. Stattdessen sah er als zaristisches Ziel die Eroberung des osmanisch kontrollierten Konstantinopel, um sich als Befreier und Schutzmacht der östlichen, orthodoxen Kirchengemeinschaft darzustellen.[13] Jedoch stießen diese Vorhaben sowohl beim griechischen Klerus als auch bei der armenischen Bevölkerung auf Ablehnung.[14] In seiner historischen Auswertung entdeckt Marx eine historische Kontinuität der Annexion angrenzender Republiken (Nowgorod, Kosaken, Polen) seit dem 16. Jahrhundert.[15] Dabei kam er mittels Texten ukrainischer Autoren zum Schluss, dass es keine Kontinuität zwischen dem der Kyjiwer Rus' und dem Moskauer Fürstentum als Vorläufer des Zarenreichs gäbe.[16]

Ebenfalls analysierten Marx und Engels die Reaktionen der westlichen Großmächte und kritisierten deren geringe Unterstützung für die Angegriffenen. So ließen Frankreich und Großbritannien unterstützende Worte nur zögerlich Taten folgen. Stattdessen übten die Großmächte gar Druck aus,

ons, and Modernisation (Bloomsbury USA, 2006); Robert Bideleux / Ian Jeffries: *A History of Eastern Europe: Crisis and Change*, 2nd edition (Routledge, 2007); Alfred J. Rieber: *The Struggle for the Eurasian Borderlands: From the Rise of Early Modern Empires to the End of the First World War* (Cambridge University Press, 2014).

10 Für eine detaillierte Analyse der Beiträge von Marx und Engels lohnt sich das kürzlich erschienene Buch von Timm Graßmann: *Marx gegen Moskau: Zur Außenpolitik der Arbeiterklasse* (Schmetterling Verlag, 2024).

11 Eine ausführliche Diskussion der Einordnung des historischen Material findet sich in der Rezension von Timm Grassmanns Buch durch Ingo Stützle: «Rezension: Mit Marx gegen Moskau?», in: *soziopolis*, 10. Januar 2025, https://is.gd/mcUFOz.

12 Ihre Kritik lässt sich in Berichten, Exzerpten und Briefen in der Marx-Engels Gesamtausgabe finden «Projektbeschreibung – Marx-Engels-Gesamtausgabe (MEGA) », Berlin-Brandenburgische Akademie der Wissenschaft, zugegriffen 20. Oktober 2025, https://is.gd/7VxUmO.

13 *MEGA I/12* (Dietz Verlag, 1984), 83.

14 *MEGA I/12*, 145, 178.

15 Karl Marx: *Enthüllungen zur Geschichte der Diplomatie im 18. Jahrhundert* (Suhrkamp, 1981), 121.

16 Graßmann: *Marx gegen Moskau*, 184.

Friedensverträge einzugehen.[17] Doch vermeintlich friedensschaffende Maßnahmen wie die Entmilitarisierung des Schwarzen Meeres nutzte das russländische Reich zum Flottenwiederaufbau und begann einen erneuten Angriffskrieg (1877).[18] Marx These war, dass Neutralität oder Appeasement bloß das Eskalationsrisiko erhöhten.[19] Als Gründe für diese Politik vermutete er, die «peacemongering Bourgeoisie»[20] wolle weiterhin ungestört Geschäfte mit Russland tätigen, Korruption, generelle Zustimmung zu einem aristokratischen Imperium über Osteuropa und Angst vor erneuten Revolutionen im Nachgang der gesellschaftspolitischen Umbrüche 1848/49.[21] Marx und Engels hingegen plädierten für eine aktive Unterstützung und Waffenlieferungen an die Angegriffenen, da nur eine Niederlage Russlands zu einem dauerhaften Frieden führen[22] und möglicherweise «die soziale Umwälzung in Rußland, [...] und damit den Umschwung in ganz Europa» einleiten würde.[23]

Neben der russischen Niederlage erachtete Marx das Recht auf Selbstbestimmung der osteuropäischen Bevölkerung als zentral. Die Wiederherstellung einer demokratischen Republik Polen könne die Demokratisierung des Deutschen Reiches vereinfachen[24] und die Emanzipation der Arbeiterklasse in Europa beschleunigen.[25] Jedoch beschäftigte Marx und Engels die Multikulturalität des östlichen Europas, die einfache nationale Lösungen schwierig machte: Eine Restauration Polens hätte beispielsweise das baltische und ukrainische Volk erneut der Herrschaft des polnischen Adels unterworfen.[26] Trotz der Komplexität sprachen sich Marx und Engels dafür aus, dass die Arbeiterklasse eine Außenpolitik entwickeln müsse, welche konsequent pro-republikanisch, pro-demokratisch, anti-imperial und solidarisch mit der Bevölkerung Osteuropas sei. Doch damaligen Erfahrungen und daraus resultierenden Prämissen lassen sich nicht einfach auf die heutige Zeit übertragen. Um eine aktuelle Vorstellung einer progressiven Außenpolitik entwickeln zu können, umreiße ich im Folgenden die Situation der Bevölkerung in Osteuropa.

Unsicherheit revised – Jüngste Entwicklungen in Osteuropa

Die jüngste, post-realsozialistische Geschichte der Bevölkerung ist von ineinander verschränkten ökonomischen, gesellschaftlichen und politischen Unsicherheiten geprägt. Ökonomisch bedeutete der Zusammenbruch der Planwirtschaft eine Erosion der Alltagssicherheiten durch massi-

17 Graßmann: *Marx gegen Moskau*, 24–27.

18 Dietrich Geyer: *Der russische Imperialismus: Studien über den Zusammenhang von innerer und auswärtiger Politik 1860–1914* (Vandenhoeck & Ruprecht, 1977), 66.

19 *MEGA I/12*, 261.

20 Marx schreibt in einem Artikel 1853, dass die friedensliebende Bourgeoisie eine Regierung voller Oligarchen unterstützt, welche Europe ohne zu zögern dem Zaren überlassen würde; siehe *MEGA I/12*, 346.

21 Graßmann: *Marx gegen Moskau*, 41–46.

22 *MEGA I/13* (Dietz Verlag, 1985), 5.

23 *MEGA I/25* (Dietz Verlag, 1985), 123.

24 *MEGA I/7* (De Gruyter Akademie Forschung, 2016), 531.

25 *MEW 34* (Dietz Verlag, 1966), 174.

26 *MEGA III/6* (Dietz Verlag, 1987), 151.

ven Arbeitsplatzverlust, Prekarisierung und groß angelegte Arbeitsmigration gen Westen. Gesellschaftlich wirkten innere Fliehkräfte: Kämpfe um Demokratie und Rechtsstaatlichkeit oder ethnische Spannungen, welche in Ex-Jugoslawien zu Krieg und Genozid führten, verwoben sich zu einem dauerhaften Gefühl des Nicht-Sicherseins. Politisch stand der starke Wunsch nach Zugehörigkeit zur Europäischen Union immer neben den Erfahrungen verschobener Beitritte und einer Mitgliedschaft zweiter Klasse aufgrund rassistischer Ausgrenzungserfahrungen. Zugleich blieb (und bleibt) die Bedrohung nationaler Selbstbestimmung durch Russland von separatistisch befeuerten Konflikten in der Republik Moldau seit den frühen 1990er-Jahren und der Annexion der Krim und der Besetzung von Teilen des Donbass ab 2014, welche sich ins kollektive Bewusstsein brennen. Diese kumulierten Alltags-, Gesellschafts- und Staatlichkeitsunsicherheiten in Verbindung mit den historischen Erfahrungen russländischer und sowjetischer Gewaltpolitik erklären das Gefühl einer permanenten existenziellen Bedrohung.

What's Left? – Die west-europäische Linke und ihre (Nicht-)Position

Doch diese Unsicherheiten und Unterdrückungserfahrungen spielen häufig keine Rolle in der west-europäischen Linken. Allgemein besteht kaum Interesse an den aktuellen gesellschaftlichen oder politischen Umbrüchen, an linken Positionen und Kämpfen in Osteuropa bzw. Diaspora aus den osteuropäischen Ländern in Westeuropa. Ebenfalls mangelt es an historischen linken Analysen, welche die marxschen Ausführungen zum zaristischen Imperialismus kontextualisieren und sich mit möglichen historischen Kontinuitäten theoretisch auseinandersetzen. Einzig die russländische Vollinvasion 2022 in die Ukraine zwang die westeuropäische Linke, sich mit den Entwicklungen in Region zu beschäftigen, und führte zu verschiedenen Positionierungen, wobei sich viele Gruppen und Strukturen mit einer solidarischen Haltung schwertaten.[27]

Seit der russischen Teilinvasion 2014 befand sich die Ukraine in einem Verteidigungskrieg, welcher seit 2022 alle Teile der Gesellschaft umfasst. Während Erhebungen[28] in der Ostukraine von 2014 zeigen, dass weder eine Sezession noch der Anschluss an Russland von einer Mehrheit gewünscht wird, resultierten die jüngsten Erfahrungen von Krieg und Besatzung in eine hohe Ablehnung Russlands und hohe Pro-EU-Orientierung.[29] Währenddessen richten sich linke, ukrainische und belarussische Gruppen an die west-europäische Linke und fordern, sie in ihrem antiimperialistischen Kampf gegen die russländischen Truppen solidarisch zu unterstützen. Die ukrainische *Feminist Initiative Group* sieht diesen Kampf als feministische Selbstverteidigung, um queere Personen vor russischer Verfolgung zu schützen.[30] Ähnlich betont *For the Right*

27 AK Geschichte sozialer Bewegungen Ost-West, «Welchen Charakter hat der Krieg in der Ukraine», in: *AK Geschichte sozialer Bewegungen Ost-West*, 14. September 2022, https://is.gd/JZeflu.

28 Kyiv International Institute of Sociology, «The views and opinions of South-Eastern regions residents of Ukraine: April 2014», 20. April 2014, https://is.gd/BiKy6x.

29 Oleksandr Gladunov / Nataliia Bohdanets: *The State of Public Opinion in the De-Occupied Territory of Ukraine: Analytical Report* (Friedrich-Ebert-Stiftung, 2023).

30 The Feminist Initiative Group: «The Right to Resist. A Feminist Manifesto», in: *Commons*, 7. Juli 2022, https://

to Resist, dass sie für die Bevölkerung kämpfen, welcher unter russischer Herrschaft Folter, Unterdrückung oder Vertreibung drohen würde, so wie es bereits die tschetschenische, abchasische und syrische Bevölkerung erfahren hätten. Damit weisen sie die Behauptung zurück, man würde bloß für die Herrschenden des jeweiligen Staates kämpfen.[31] Ebenfalls kritisieren sie die Haltung, dass Linke gegen Waffenlieferungen sein müssten, da dies die Profite der Waffenkonzerne steigern würden. Schließlich seien linke Gruppen auch nicht prinzipiell gegen Medikamentenlieferungen, nur weil dadurch Pharmakonzerne Gewinne erwirtschaften.

Obwohl die russische Führung kein Interesse an einem Frieden zeige, beharren Teile der west-europäischen Linken auf einem tradierten Pazifismus, ohne wahrhaben zu wollen, dass es sich längst um einen Krieg gegen sie als Linke handelt.[32] Zugespitzt formuliert verhindert die Fixierung auf den westlichen Imperialismus der USA, NATO und EU – welche die Ukraine vermeintlich einen Stellvertreterkrieg aufdrängt – die Solidarität mit dem ukrainischen Verteidigungs- und Befreiungskampf.[33]

Trotz des aktuellen russischen Imperialismus und der immer wiederkehrenden Annexionen sei es durch die Sowjetunion oder das Zarenreiches, beruhen die Analysen und Ratschläge in Teilen der west-europäischen Linken auf Denkschablonen aus Zeiten des Kalten Krieges.[34] Gleichzeitig unterstützen andere Teile der west-europäischen Linken mittels klassischer Aktionen der internationalen Solidarität – Delegationsreisen, Informationsveranstaltungen und konkreten Hilfsnetzwerken – den Kampf der ukrainischen Bevölkerung.[35] Doch die west-europäische Linke darf nicht bei Solidaritätsaktionen verharren, sondern muss eine neue, progressive außenpolitische Position erarbeiten.[36]

Aussichten auf eine emanzipatorische Außen- und Sicherheitspolitik

Mithilfe der Ausführungen von Marx und Engels und der *Critical Security Studies* skizziere ich eine emanzipatorische Außen- und Sicherheitspolitik. Basierend auf den Erfahrungen der niedergeschlagenen Aufstände um 1848 entwickeln Marx und Engels die Prämissen einer emanzipatorischen Außenpolitik für die Arbeiterklasse. Hierbei sahen sie die Repräsentativdemokratie als Voraussetzung, damit die Arbeiterklasse den Klassenkampf organisieren kann.[37] Da sich das Proletariat nur in der bürgerlichen Gesell-

is.gd/duuZhW.

31 For The Right To Resist: «For the Right to Resist – Linke Ukraine-Solidarität Berlin», Right to Resist, 18. Februar 2023, https://is.gd/sHIDRv.

32 Murray Smith: «Russia's War on Ukraine and the European Lefts», in: *LINKS Interational Journal of Socialist Renewal*, 16. Juli 2023, https://is.gd/4rkNHD.

33 Murray Smith: «Nicht einmal ein Hauch von Solidarität Europäische Linke zur Ukraine», in: *emanzipation* 8, Nr. 1 (2024): 17–52.

34 Heinz Bierbaum / Michael Brie: «Die Linke und der interimperiale Krieg», in: *die-zukunft.eu*, 19. Juli 2023, https://is.gd/SbQtyj.

35 Mark Gärtner: «Wenn Frieden neu gedacht werden muss», in: *Rosa-Luxemburg-Stiftung*, 22. Februar 2023, https://is.gd/5gNFM5.

36 linxxnet: «Ukraine und Russland: Einwurf zur notwendigen Neujustierung der außenpolitischen Position der LINKEN», in: *interim by linxxnet*, 22. Oktober 2022, https://is.gd/7bcTXq.

37 Graßmann: *Marx gegen Moskau*, 120.

schaft als kämpfende Klasse organisieren könne, müsse dieses auch darauf hinwirken, in allen Orten die Bedingungen für den Klassenkampf zu organisieren.[38] Darum plädierten sie für eine Außenpolitik, die sich solidarisch mit den Kämpfen nationaler Arbeiterklassen, die von Eroberung bedroht sind, zeigt, anstatt einem falschen Pazifismus anzuhängen.

Von diesen Prämissen ausgehend hinterfragen die *Critical Security Studies*, was gesichert wird und wie Praktiken Sicherheit herstellen oder verfehlen. Darauf aufbauend gilt: «Emancipation, not power or order, produces true security.»[39] Diese Verständnis bedeutet eine Umgestaltung der Institutionen, um Sicherheit als gesellschaftliches Verhältnis demokratisch zu binden, sozial zu unterfüttern und zivil zu organisieren. Kritische Sicherheit verlangt, Menschen und ihre Lebensgrundlagen, anstatt den Staat und seine Streitkräfte in Zentrum der Betrachtung zu rücken.

Essenzielle Handlungsfelder und Forderungen einer emanzipatorischen Sicherheitspolitik sind die Versorgungssicherheit bei Wohnen, Energie und Gesundheit im Kontext gesellschaftlicher Ausnahmesituationen wie Naturkatastrophen und inner- oder intrastaatlicher bewaffneter Konflikte. Dabei zeigen Studien, dass im Fallen von militärischer Bedrohung die Zustimmung der Bevölkerung für Solidarität und Unterstützung für Sozialausgaben steigen.[40] Diese erhöhte Zustimmung sollte für Forderungen nach Investitionen genutzt werden, um sozialen Schutz, kommunale Infrastruktur und Katastrophenschutz auszubauen. Die historischen Ausführungen von Marx und Engels, wie auch die Realität in der Ukraine zeigen, dass demokratische Wehrhaftigkeit und militärische Handlungsmacht unter strikter zivil-demokratischer Aufsicht benötigt wird: starke Parlamentskontrolle, Rechtsstaatsgarantien, soziale Bindung des Verteidigungshaushaltes[41] und Friedensdiplomatie.[42]

Des Weiteren beinhaltet eine emanzipatorische Sicherheitspolitik folgende Forderungen: Oligopole bei sicherheitstechnischen Gütern müssen aufgebrochen und die Rüstungsproduktion muss unter öffentlicher Kontrolle gestellt werden. Konsequent muss Solidarität auf europäischer Ebene institutionalisiert werden. Dies beinhaltet die Lastenverteilung bei Schocks in der Energieversorgung, einen fairen Mechanismus zur Aufnahme und Versorgung von Geflüchteten und eine ehrliche Aufnahmeperspektive für osteuropäische EU-Beitrittskandidaten unter Durchsetzung rechtsstaatlicher und demokratischer Normen. Ebenfalls müssen Sanktions-, Wiederaufbau- und Rüstungspolitik konsequent sozial organisiert werden. Schlupflöcher für Oligarchen und Firmen müssen geschlossen werden. Eine Re-

38 *MEGA I/20* (Dietz Verlag, 1992), 25.

39 Ken Booth: «Security and Emancipation», in: *Review of International Studies* 17, Nr. 4 (1991): 319.

40 Jakob Frizell u. a.: «War, solidarity and welfare attitudes: Survey evidence from the war in Ukraine», in: *Journal of European Public Policy* 0, Nr. 0 (2025): 1–29, https://is.gd/4NjAot.

41 Unter der sozialen Bindung des Verteidigungshaushaltes versteht man in der Regel, dass ein erheblicher Teil der Verteidigungsausgaben faktisch an soziale Strukturen gebunden ist – etwa an Arbeitsplätze in Rüstungsbetrieben, Einkommen von Soldat:innen und zivilen Beschäftigten, regionale Wirtschaftsstrukturen und Pensionslasten.

42 Adam Tooze: «Europa braucht Verteidigung ohne Militarismus», *Surplus – Das Wirtschaftsmagazin*, 24. April 2025, https://is.gd/9w7kPJ.

gulierung der Sanktionen und Industrie mittels Sozialkompass würden Preisbremsen und Kostenumverteilung beinhalten, ebenso wie verbesserten Arbeiter:innenschutz in verstaatlichten Rüstungsindustrien, die öffentliche Kontrolle von *Dual-Use*-Technologien und das Re-Investieren der Abrüstungsdividende – etwa in steuerliche Begünstigungen für diejenigen, die Wehr- und Zivildienst geleistet haben.

Um den erweiterten Sicherheitsbegriff praktisch zu verankern, muss der Schutz derer, die am meisten verwundbar sind, wie Care-Arbeitende, prekär Beschäftigte, Angehörige von Minderheiten, und Geflüchtete das Ziel sein. Zu einem inklusiven Sicherheitsbegriff gehört das Zurückdrängen privater Sicherheitsfirmen durch eine Rekommunalisierung zentraler Sicherheitsaufgaben. Öffentliche Orte und Infrastruktur müssen wieder für alle sicher gemacht werden. Das bedeutet Unterstützen statt Sanktionieren im öffentlichen Raum und die Versorgung gesellschaftlich ausgeschlossener Gruppen durch Ansätze wie *Housing First*.

Ein emanzipatorischer Ansatz von Sicherheit muss sich auf lokaler wie auf nationaler Ebene gegen den autoritären Umbau stellen und demokratische Partizipation erkämpfen. Schlussendlich muss internationale Solidarität bedeuten, die Unterstützung progressiver Befreiung zu unterstützen, welche reaktionäre Imperien schwächt und demokratische Räume öffnet. ■

Jan Hillgruber

Eigenständig, aber doch zusammen!

Ansätze einer modernen sozialdemokratischen Sicherheitspolitik

Wer die deutsche Außen- und Sicherheitspolitik verstehen möchte, dem genügt ein Besuch am Berliner Hauptbahnhof. Schon beim Einfahren in die gläserne Haupthalle sieht man zwei zentrale politische Orte Deutschlands: den Deutschen Bundestag sowie das Bundeskanzleramt. Nach dem Ausstieg aus dem Zug hat man zwei Möglichkeiten, den Bahnhof zu verlassen. In nördliche Richtung weist ein Schild den «Europaplatz» aus, während der «Washingtonplatz» in die südliche Richtung zeigt. Europa oder Washington – in diesem Spannungsfeld verkehrte historisch die deutsche Außen- und Sicherheitspolitik. Trotz des Voranschreitens der Europäischen Integration, ab 1993 auch mit Gemeinsamer Außen- und Sicherheitspolitik, betonte Deutschland stets die Kompatibilität dieser mit der besonderen Partnerschaft zu den USA. So ist es nur folgerichtig, dass demjenigen, der die Machtzentralen der Bundesrepublik vom Berliner Hauptbahnhof erreichen möchte, bis heute nur eine Wahl bleibt: der Ausgang «Washingtonplatz». Angesichts der zunehmenden Einigkeit über das Ende der alten internationalen und sicherheitspolitischen Ordnung stellt sich jedoch die alte Frage, wie Sicherheit inmitten von Europa gedacht werden muss, neu.

Außenpolitische Realitäten

Wer sich mit dem Thema Sicherheit auseinandersetzt, der muss zunächst nach den Gefahren fragen. Bei der Suche nach Sicherheitsrisiken für unser freiheitlich-demokratisches Zusammenleben wird schnell deutlich, dass Sicherheit multidimensional ist.

Die klassische Perspektive auf Sicherheit ist eine der äußeren Gefahren. Dabei müssen heute zwei Realitäten anerkannt werden. Zunächst sind mit der russischen Vollinvasion der Ukraine am 24. Februar 2022 jegliche Hoffnungen auf eine friedliche Zusammenarbeit und Koexistenz mit Russland auf absehbare Zukunft im anhaltenden russischen Drohnen- und Bombenhagel auf ukrainische Städte zerschellt. Der Aggressor Russland ist die größte Gefahr für Deutschlands Sicherheit, ein Fakt, den jüngst alle Chefs der drei deutschen Nachrichtendienste bestätigten. Diese «Zeitenwende» wird von einer anderen Entwicklung, die angesichts jüngster Dramatik ebenfalls diesen Begriff verdient hätte, noch verschärft. Die bereits länger absehbare Tendenz, dass die USA sich von der konventionellen Verteidigung Europas zurückziehen und ihren Fokus auf den Pazifik verlegen, wird durch die aktuelle US-Regierung rasant vorangetrieben. Ob und in welchem Rahmen die USA unter Trump überhaupt noch bereit sind, Europas Sicherheit zu garantieren, ist ungewisser denn je. Mit Russlands Aggression auf der einen und der schwindenden Unterstützung der USA auf der anderen Seite ist Deutschlands äußere Sicherheit in Gefahr.

Auf der anderen Seite steht die innere Dimension von Sicherheit. Sie umfasst nicht nur die Bekämpfung von Kriminalität und Abwendung von Terrorismus, sondern auch die Eindämmung des rasanten Aufstiegs antidemokratischer und populistischer Kräfte, die das Grundgesetz der Bundesrepublik Deutschland missachten. Die Grundlagen ihres Erfolgs zu lösen, fällt ebenso unter die Kategorie ‹Sicherheitspolitik›.

Eine demokratische Gesellschaft ist also nur wirklich sicher, wenn sowohl die militärischen Bedrohungen von außen als auch innere Gefahren für die freiheitlich-demokratische Ordnung minimiert sind. Eine moderne Sicherheitspolitik muss daher beide Dimensionen von Sicherheit – außen wie innen – erkennen und adressieren.

Handlungsrahmen sozialdemokratischer Sicherheitspolitik im 21. Jahrhundert

Auch aus einem sozialdemokratischen Verständnis heraus ergibt sich die Notwendigkeit eines breiten Sicherheitsverständnisses. Angelehnt an die theoretische Konzeption des positiven Friedens, wonach nicht nur die Abwesenheit von Krieg, sondern auch die Existenz sozialer Gerechtigkeit, nachhaltigen Frieden schafft, sollte eine sozialdemokratische Sicherheitspolitik darauf abzielen, Konditionen für Frieden zu wahren. Sie ist folglich als ein Zusammenspiel klassischer Sicherheits- bzw. Verteidigungspolitik mit Wirtschafts- und Sozialpolitik in einem demokratischen Staats- und Gesellschaftsgefüge zu verstehen.

Die deutsche Sozialdemokratie bekennt sich außerdem zum Internationalismus in ihren Grundwerten. Ihre politischen Ziele nach Frieden und einer gerechteren Gesellschaft enden nicht an der deutschen Grenze und werden weltweit in enger Zusammenarbeit mit ihren internationalen Partnern verfolgt. Es ist daher nur sozialdemokratisch, Sicherheit nicht nationalstaatlich zu denken, sondern im engen Verbund mit seinen Partnern. Dieser sozialdemokratische Gedanke der internationalen Zusammenarbeit deckt sich mit der Notwendigkeit der Realität. Deutsche Sicherheit ist europäische Sicherheit. Unsere europäischen Partner teilen die Erfahrung der russischen Bedrohung von außen sowie weitgehend auch der antidemokratischen Bedrohung von innen. Das langfristige gemeinsame europäische Interesse muss daher in einer europäischen Sicherheitspolitik berücksichtigt werden. Die Europäische Union (EU) bietet dazu einen guten Handlungsrahmen. Ihre Kompetenzen können genutzt werden, die sozialdemokratischen Säulen von Sicherheit in weiten Teilen Europas einheitlich umzusetzen und damit dem Ideal vom positiven Frieden näher zu kommen. Die (Neu-) Gestaltung der EU muss also im Zentrum einer sozialdemokratischen Sicherheitspolitik stehen.

Äußere Sicherheit – Strategische Autonomie Europas

An erster Stelle gehört natürlich die Abwesenheit von Krieg zu einer sicheren Gesellschaft. Historisch ist die NATO die Institution, die mit kollektiver Abschreckung Europas Frieden wahrte und es bleibt sicherheitspolitisch richtig, weiterhin am transatlantischen Bündnis festzuhalten. Jedoch muss Europa auf alle Eventualitäten vorbereitet sein. Die europäische Säule der NATO auszubauen und mehr Last zu übernehmen, war überfällig, nicht nur angesichts der akuten russischen Bedrohung, sondern auch, um die sicherheitspolitische Abhängigkeit Europas von den USA, die die aktuelle US-Regierung politisch ausnutzt, zu reduzieren. Die im Rahmen der NATO angestrebte Aufrüstung der nationalen Armeen ist also kurzfristig ein notwendiges Mittel. Jedoch hat auch die Verlässlichkeit der Beistandsklausel angesichts der US-amerikanischen Außenpolitik und Rhetorik Schaden genommen. Deshalb ist eine verstärkt europäische Koordination ein politischer Imperativ. Im Rahmen der Europäischen Union sollten daher die Fundamente einer künftigen verteidigungspolitischen Integration gelegt werden.

Ein zentrales Element dabei ist der stufenweise Ausbau eines gemeinsamen Beschaffungswesens, der von einer Harmonisierung der Soldatenausbildung begleitet werden könnte. Als langfristiges Ziel stellt das vergangene Europawahlprogramm der SPD eine Europäische Armee auf, die als Zusammenfassung einer Vielzahl nationaler Armeen einen Effizienzgewinn bringen würde. Sie wäre nicht nur eine robustere Abschreckung, sondern auch kostengünstiger. Aus sozialdemokratischer Perspektive wäre die Integration nationaler Armeen in eine Europäische Armee daher gelebte Abrüstungspolitik bei gleichzeitigem Gewinn an Sicherheit und Autonomie. Bis dahin sollte ernsthaft über die kontroverse Frage der Entscheidungshoheit einer solchen Armee diskutiert werden.

Zu einer sicheren Gesellschaft gehört auch eine aktive Wirtschaftspolitik. In Zeiten, in denen wirtschaftliche Interdependenzen als militärisches und außenpolitisches Druckmittel genutzt werden, muss die EU wirtschaftliche Abhängigkeiten diversifizieren und den eigenen Binnenmarkt stärken. Der Draghi-Report von 2024 zur Zukunft der europäischen Wettbewerbsfähigkeit sollte hierfür als Richtschnur dienen. Dazu gehört sowohl die Schaffung eines europäischen Binnenmarktes der Verteidigung als auch die der Energieunion, die die Verfügbarkeit sauberer Energie – also erneuerbare Energien und sauberer Wasserstoff – sicherstellt und somit das Fundament für den wirtschaftlichen Aufschwung bildet. Zuletzt muss die EU ihre Innovationslücke bei Zukunftstechnologien zu China und den USA schließen, um nicht in neue Abhängigkeiten zu fallen.

Innere Sicherheit in einer sozialeren und demokratischeren EU

Die Abwesenheit innerer Feinde der demokratischen Ordnung zeichnet ebenso eine sichere Gesellschaft aus. Dazu gehört die Bekämpfung demokratiefeindlicher Akteure und der Ursachen ihres Erfolgs. Neben einer Stärkung von Polizei und Justiz muss aus sozialdemokratischer Perspektive auch eine aktive Sozialpolitik die Antwort auf die sozioökonomischen Beweggründe der Unterstützung antidemokratischer Kräfte sein. Da sich das Phänomen erstarkender antidemokratischer und populistischer Kräfte nicht nur auf Deutschland beschränkt, scheint auch hier der europäische Handlungsrahmen nur logisch.

Daher bedarf es der Etablierung einer EU-Sozialunion, die mit einer europäischen Wirtschaftspolitik ineinandergreift. Investitionen in strategisch bedeutsame Wirtschaftszweige müssen fair verteilt und in einen sozialpolitischen Rahmen gegossen werden. Ein Grundstein wurde hierfür 2022 mit der europäischen Mindestlohnrichtlinie, die die Tarifbindung in den Mitgliedstaaten auf 80 % steigern soll, gelegt und jüngst vom EuGH bestätigt. Darüber hinaus sollten weitere Mindeststandards für Arbeitsmärkte und Sozialpolitik, wie die Verstetigung der während der Pandemie temporär eingeführten europäischen Arbeitslosenversicherung SURE, definiert werden.

Teilhabe an einem demokratischen System bedingt Sicherheit. Die EU wird häufig dafür kritisiert, sie besäße zu wenig demokratische Legitimation. Zentraler Kritikpunkt ist hierbei die Schwäche des direkt-gewählten Europäischen Parlaments und die Stärke indirekt-legitimierter EU-Institutionen. Das Europawahlprogramm der SPD von 2024 stellt daher eine Reform der bestehenden EU-Institutionen in Aussicht, um dadurch die EU als Ganzes nicht nur demokratischer, sondern auch handlungsfähiger zu gestalten. Hierfür soll der Europäische Rat, künftig in allen Politikfeldern mit Mehrheit entscheiden. Momentan herrscht beispielsweise in der Außen- und Sicherheitspolitik noch das Einstimmigkeitsprinzip, wodurch Entscheidungen häufig zu lange dauern und zu unpräzise sind. Darüber hinaus wird vorgeschlagen, die Rolle des Europäischen Parlaments zu stärken. So soll es ein Initiativrecht für Gesetzgebungsprozesse erhalten, das bisher nur die Europäische Kommission innehat. Auch die Besetzung des Präsidentenamts der Kommission soll aus dem Parlament heraus erfolgen. Hierzu präsentiert jede europäische Partei vor der Wahl ihre transnationale, also europaweit einheitliche Kandidierendenliste mit einem klaren Spitzenkandidierenden für das Präsidentenamt.

Fazit

Dieser Text ist ein Diskussionsbeitrag für eine umfassende sozialdemokratische Sicherheitspolitik im 21. Jahrhundert. Konzeptionell muss eine moderne Sicherheitspolitik zwei Faktoren bedenken:

Zunächst müssen die sicherheitspolitischen Realitäten dieser Zeit anerkannt werden. Unsere Sicherheit wird gleich doppelt bedroht: Von außen bedroht Russlands aggressives und revisionistisches Auftreten unser freiheitlich-demokratisches Zusammenleben. Das russische Handeln in der Ukraine, die hybride Einflussnahme auf unsere Gesellschaft und Wirtschaft sowie die Rhetorik der russischen Elite lassen keinen Zweifel an ihrer feindlichen Einstellung übrig. Gleichzeitig schwindet der Willen und die Verlässlichkeit der USA, unsere Sicherheit zu garantieren. Von innen gefährdet der Aufstieg extremistischer und antidemokratischer Kräfte unsere Demokratie. Beide Dimensionen von Sicherheit müssen Teil einer sozialdemokratischen Sicherheitspolitik sein.

Zweitens muss sich die Sozialdemokratie als internationalistische Bewegung von dem nationalen Blick auf Sicherheit lösen. Deutsche Sicherheit ist europäische Sicherheit. Unsere europäischen Nachbarn sehen sich denselben Sicherheitsrisiken ausgesetzt wie Deutschland. Demzufolge bedarf es europäischer Antworten. Das individuelle Hochrüsten der europäischen Staaten ist kurzfristig zwar notwendig, langfristig aber eine kostspielige und ineffektive Sackgasse, die künftige bedrohliche Lagen wie die heutige nicht vorbeugt. Es gilt also, vorausschauend das Fundament einer gemeinsamen europäischen Verteidigung zu legen. Eine sozialdemokratische Sicherheitspolitik für Deutschland muss also eine Sicherheitspolitik für Europa sein.

Darüber hinaus hat der Text Vorschläge zur inhaltlichen Ausgestaltung einer modernen sozialdemokratischen Sicherheitspolitik vorgetragen. Dabei wurde deutlich, dass die deutsche Sozialdemokratie inhaltlich bereits viele der notwendigen Reformen erkannt hat und adressiert. Nun kommt es darauf an, diese Forderungen mutig als kohärente Vision zu kommunizieren sowie entsprechende Taten folgen zu lassen. Für Kritiker, die eine weitere europäische Integration aufgrund des Einstimmigkeitsprinzips im Europäischen Rat für unmöglich halten, empfiehlt sich ein Blick in die Geschichte der Europäischen Integration, die eine Geschichte der unterschiedlich schnellen Integration ist. So unterzeichneten im Jahr 1985 fünf Mitgliedstaaten das Schengener Abkommen, um Grenzkontrollen untereinander abzuschaffen. Heute sind 29 Staaten, mehr als die EU Mitglieder hat, Teil des Schengenraums, der trotz Herausforderungen ein Kernbestandteil von Europas Stärke geworden ist. Wem das nicht genügt, sollte das derzeit gültige Grundsatzprogramm der SPD von 2007 heranziehen. Dieses besagt, dass bei Blockadesituationen einzelner Länder die weitere europäische Integration im Zweifelsfall in einer «Koalition der Willigen» fortgeführt werden sollte. Die Sozialdemokratie sollte also entgegen der Beschilderung am Berliner Hauptbahnhof «mehr Europa wagen», um die außen- und sicherheitspolitischen Herausforderungen unserer Zeit zu meistern. ■

Marian Bartz

Zwischen Sicherheit und Souveränität

Der Weltraum als Austragungsort moderner Konflikte

Technischer Fortschritt und wissenschaftliche Errungenschaften sind in der Geschichte der Menschheit stets auch mit gewissen Kehrseiten verbunden gewesen. Dass die Erschließung neuer Territorien zugleich neue Austragungsorte geopolitischer Konflikte mit sich brachte, ausgestattet mit jeweils neuen Waffensystemen und Strategien, verwundert kaum. Die Entwicklung der Seefahrt führte zum Bau von Kriegsschiffen, der Beginn der Luftfahrt zum Einsatz von Jagd- und Bombenflugzeugen, und auch in der Raumfahrt zeigt sich ein ähnliches Muster. Welche Technologien und Systeme das All künftig in militärische Auseinandersetzungen einbinden werden, hat sich in den vergangenen Jahrzehnten allmählich abgezeichnet und wird sich in Zukunft weiter konkretisieren. Doch schon früh wurde deutlich, dass der Weltraum politisch von erheblicher Bedeutung sein würde. Die beiden Großmächte des Kalten Krieges lieferten sich ein Wettrennen um technologische Meilensteine. Der Weltraum brachte zentrale Impulse für moderne Militäreinsätze hervor, welche ohne satellitengestützte Systeme für Kommunikation, präzise Positionsbestimmung, Navigation und Aufklärung heute undenkbar wären. Die Abhängigkeit von weltraumgestützten Infrastrukturen hat den Weltraum längst zu einem sicherheitspolitischen Schlüsselraum gemacht. Wer seine Systeme nicht selbst betreibt und schützt, verliert im Ernstfall nicht nur technologische, sondern auch politische Souveränität.

Politische Akteure in Deutschland und Europa verschlossen sich diesem Aspekt lange Zeit und konzentrierten sich überwiegend auf wissenschaftliche und zivile Bereiche der Raumfahrt. Diese Zurückhaltung führte zu erheblichen Abhängigkeiten, die nicht nur den militärischen Handlungsspielraum, sondern auch die Sicherheit alltäglicher Systeme betreffen. Wie die Dialektik zwischen wehrtechnischer Zurückhaltung und systemischer Eigenständigkeit in Zeiten globaler Konflikte aufgelöst werden kann, soll im Folgenden erörtert werden.

Technischer Fortschritt und geopolitische Folgen

Von Beginn an war der Weltraum ein Spiegel geopolitischer Machtkämpfe – von Kriegsschiffen über Jagdflugzeuge bis hin zu Satelliten. Der Weltraum bildet da keine Ausnahme: Schon früh erkannten Staaten sein strategisches Potenzial. Im Kalten Krieg wurde das All zum Symbol globaler Rivalität. Mit dem Start von Sputnik 1 begann ein technologisches Wettrennen zwischen den USA und der Sowjetunion, das militärische Nutzung, Spionagesatelliten und Antisatellitenwaffen einschloss. Zwischen 1957 und 1989 brachten beide Großmächte über 3.000 Objekte in den Orbit – drei Viertel davon zu militärischen Zwecken.[1] Der Orbit

1 Torben Schäfer: «Technology and Strategy: the Changing Security Environment in Space Demands New Di-

wurde in wenigen Jahrzehnten zum unsichtbaren Fundament militärischer Führungs- und Einsatzfähigkeit. Europa nahm diese Entwicklung zwar wahr, entschied sich aber bewusst für einen zivilen, kooperationsorientierten Pfad und verzichtete lange auf eigene sicherheitspolitische Fähigkeiten im Weltraum. Diese Haltung entsprach der Logik der europäischen Integration und einer Politik der Entspannung – sie führte jedoch dazu, dass Europa heute in zentralen Bereichen auf externe Systeme angewiesen ist. In einer Zeit wachsender geopolitischer Unsicherheit zeigt sich, wie sehr diese historisch gewachsene Abhängigkeit die strategischen Optionen der EU und ihrer Mitgliedstaaten begrenzt.

Europas Zurückhaltung

Rückblickend haben sich Deutschland und Europa aufgrund weniger eigener Großprojekte wie dem Erdbeobachtungsprogramm Copernicus und einer stark kooperationsorientierten Raumfahrtpolitik in erhebliche Abhängigkeiten begeben. Dadurch verfügen sie nur über begrenzten Einfluss auf die Bereitstellung und Kontrolle kritischer Technologien wie Navigationssysteme, Kommunikationsinfrastrukturen oder Aufklärungskapazitäten gerade im Krisen- oder Konfliktfall. Diese Abhängigkeit wird umso bedenklicher, wenn man die geopolitische Lage und die zunehmende Unberechenbarkeit der USA als zentralem Kooperationspartner betrachtet, die lange Zeit als verlässlichster Akteur und Verbündeter galten.

Die zurückhaltende Haltung der EU-Staaten, insbesondere Deutschlands und Frankreichs, war dabei keineswegs unbegründet. Einerseits sollte damit vermieden werden, den Wettstreit zwischen den beiden Großmächten weiter anzuheizen. Die wirtschaftlichen Mittel und Ressourcen, um an der Entwicklung neuer Raketen mitzuwirken, standen den europäischen Staaten lange Zeit nur begrenzt zur Verfügung. Es lag daher nahe, eine Rolle als Dritter einzunehmen und auf Verhandlungen Einfluss zu nehmen. In der Anfangszeit gab ihnen diese Strategie recht: Zwar wurden Satelliten zunehmend zur Unterstützung militärischer Einsätze auf der Erde genutzt, doch direkte Konflikte oder Aggressionen im All selbst blieben aus. Ein sichtbares Ergebnis dieser Politik war die Installation der Internationalen Raumstation im Jahr 1998, ursprünglich als Militärstation der USA geplant, die schließlich zusammen mit Russland und 15 weiteren Staaten realisiert wurde. Bis heute ist sie das größte künstliche Objekt im Orbit und dient der Erforschung grundlegender naturwissenschaftlicher Fragestellungen sowie dem Austausch von Wissenschaftlern verschiedener Nationen. Andererseits war Europa nicht ohne Grund bereit, diese Abhängigkeit einzugehen: Geleitet von der Weite und Komplexität des Weltraums, waren viele Regierungen überzeugt, dass Fortschritte in diesem Bereich nur durch Kooperation und nicht allein erreicht werden konnten. Die europäische Raumfahrtpolitik war eng mit der frühen Idee der europäischen Integration verbunden. Die Gründung der European Space Agency im Jahr 1975 stand im Zeichen eines transnationalen Selbstverständnisses, nationale Konkurrenzen zugunsten von gemeinsamen Errungenschaften zu überwinden.[2]

plomatic and Military Answers», in: *DGAPkompakt*. Berlin 2019.

2 vgl. Andrea Rotter: «Geopolitik im Weltraum», in: *Internationale Politik*. Berlin 2022.

Das größtenteils defensive Auftreten und die fehlenden wirtschaftlichen Mittel Europas haben bis zuletzt dazu beigetragen, dass wissenschaftliche Projekte ein wichtiger Faktor der Nutzung des Weltraums geblieben sind und direkte Angriffe auf Geräte im All eine Seltenheit geblieben sind.

Globale Abhängigkeiten

Wie sich jedoch die technologische Abhängigkeit sowie Abgehängtheit in einem bewaffneten Konflikt auswirken können, zeigt sich im Krieg in der Ukraine. Die Relevanz von weltraumgestützten Technologien für moderne Gesellschaften ist inzwischen so tiefgreifend, dass sie kaum noch bewusst wahrgenommen wird. Satelliten ermöglichen GPS-Navigation, Telekommunikation, Wettervorhersage, Erdbeobachtung und stützen zentrale Prozesse globaler Logistik, Finanztransaktionen oder Notfallmanagementsysteme. Ihre Präsenz durchdringt die Infrastruktur des Alltags derart, dass ein Ausfall einzelner Systeme sofort spürbare Folgen für das Leben vieler Menschen hat. Neben diesem zivilen Gebrauch werden oft dieselben Satelliten auch für militärische Zwecke genutzt. Satelliten, die für Erdbeobachtungs- oder Wetterdienste genutzt werden, können nicht nur Landwirtschaft, Transport oder Katastrophenmanagement unterstützen, sondern auch strategische Planung, Aufklärung und Zielbestimmung in Konfliktsituationen ermöglichen. Kommunikationssatelliten, die den globalen Informationsfluss sichern, können im Ernstfall für militärische Steuerung, verschlüsselte Kommunikation oder elektronische Kriegsführung eingesetzt werden.

Da die Ukraine keine eigenen Satelliten besitzt, ist sie für ihre militärischen Bodenoperationen in hohem Masse von westlichen kommerziellen Raumfahrtunternehmen abhängig. Als einen der ersten Dienste nahm die Ukraine das Satellitennetzwerk *Starlink* des amerikanischen Unternehmens *SpaceX in Anspruch. Starlink* gibt in Echtzeit Zugriff auf die Messengerdienste und ermöglicht den ukrainischen Kommandeuren, mit den Einheiten an der Front zu kommunizieren. Zudem liefert *Starlink* hochauflösende Drohnenbilder, die für die Aufklärung und für Angriffe auf feindliche Stellungen eingesetzt werden. Im Februar 2023 entschied *SpaceX* plötzlich, dass die Nutzung von *Starlink* nie als Waffe gedacht war und kündigte an, dass das Unternehmen Maßnahmen ergriffen habe, die verhindern, dass das ukrainische Militär es zur Drohnensteuerung nutzt.[3] Dadurch kam es beim ukrainischen Militär an der Front und in russisch besetzten Gebieten zu erheblichen Internetausfällen. Neben der Satellitenkommunikation profitiert die Ukraine auch von den Satellitenbildern verschiedener führender Unternehmen für die Erdbeobachtung. Dazu gehörten zum Beispiel Satellitenbilder des US-Unternehmens *Maxar Technologies*, die den Zusammenzug des russischen Militärs entlang der ukrainischen Grenze dokumentierten.

Die Ukraine konnte die Nutzung dieses Pools verfügbarer Daten von Unternehmen und staatlichen Weltraumorganisationen weiter ausbauen. Jedoch hängt diese Unterstützung massiv von der Konfliktdynamik und vom Kontext ab. So können sich die politischen Ansichten der Unternehmen ändern und auch finanzielle Erwägungen ihre Entscheidungen beeinflussen.

3 W.J. Hennigan: «The Warning», in: *The New York Times*. 5. Dezember 2024.

Neben sicherheitspolitischer Zurückhaltung hat die besondere Kostenintensität der Verbesserung von Weltraumtechnologien dazu geführt, dass heute nur wenige staatliche und unternehmerische Akteure über einen eigenständigen Zugang zum Weltraum und eigenständige Systeme verfügen. Dies lag insbesondere an hohen Produktions- sowie Entwicklungskosten und großen Ausfallrisiken. Durch die fortschreitende Technologisierung wird diese Abhängigkeit von weltraumgestützten Systemen an der Nutzung des Weltraums voraussichtlich weiter zunehmen. Da sich der Zugang zu diesen Technologien wesentlich auf den Ausgang von politischen Konflikten auf der Erde auswirkt, wird sich der Austragungsort von geopolitischen Spannungen entsprechend verlagern. Sicherheitspolitische Experten gehen davon aus, dass die Erhaltung dieser machtpolitischen Stellung zu einer weiteren Militarisierung des Weltraums etwa in Form von elektronischen und physischen Angriffen auf Satellitennetzwerke führen wird.[4] Dem entgegenstehende Bestrebungen werden sich in den nächsten Jahren, gerade aufgrund der starken Kontrolle von einzelnen Akteuren, nur schwer durchsetzen können.

Eine klare Haltung

In den vergangenen Monaten konnte man dabei zusehen, wie Donald Trump und Vladimir Putin den Ton der Auseinandersetzung öffentlich und diplomatisch verändert haben. Dass Verhandlungen abgebrochen oder gar nicht erst angenommen werden, wird wohl zukünftig nicht weniger werden. Das hat dazu geführt, dass durch militärische Einsätze vermehrt geopolitische Macht austariert wurde. Es braucht deshalb eine klare Ausrichtung in der deutschen Raumfahrtpolitik. Wenn die EU-Staaten den Weltraum weiterhin vor allem als wissenschaftliches oder wirtschaftliches Projekt betrachtet, riskiert es, im geopolitischen Wettbewerb dauerhaft zum Nutzer fremder Systeme zu werden.

Bei der Höhe der in der Zukunft erforderlichen Investitionen für neue Technologien sind Kooperationen und Wissensaustausch mit der EU auf der einen Seite sowie der NATO und den USA auf der anderen Seite. Diplomatisch sollte sich die Bundesregierung weiterhin für Normen und Prinzipien verantwortungsvollen Verhaltens im All einsetzen, um Konflikte zu verhindern. Dies darf in Zukunft jedoch nicht ausschließen, dass die EU in besonders essenziellen und vulnerablen Bereichen eigene Systeme entwickelt, um im Falle eines Konfliktes nicht von Dritten abhängig zu sein.

Welche Richtung diese Entwicklungen nehmen werden, hängt maßgeblich davon ab, wie sich progressive Akteure in diesen sicherheitspolitischen Fragen positionieren. Wehrtechnische Diskussions- und Handlungsspielräume dürfen nicht mehr anderen politischen Beteiligten überlassen werden. Aus progressiver Perspektive ergibt sich daraus ein doppelter Auftrag: Einerseits braucht Europa die Fähigkeit, eigene kritische Infrastrukturen im All zu betreiben und zu schützen, um demokratische Souveränität, Resilienz und technologische Unabhängigkeit zu gewährleisten. Andererseits darf eine solche Rückgewinnung von Handlungsfähigkeit nicht in eine ungebremste Militarisierungslogik münden. Progressive

4 Sarah Wiedemar: «Neue Dimensionen der Weltraummilitarisierung», in: *CSS Analysen zur Sicherheitspolitik*. Zürich 2023.

Politik muss deshalb auf eine europäische Raumfahrtstrategie drängen, die Sicherheit, Kooperation und Gemeinwohlorientierung zusammenführt: durch Investitionen in öffentlich kontrollierte Satellitensysteme, durch strikte Transparenz- und Kontrollmechanismen für private Anbieter, durch gemeinsame europäische Forschungsprogramme und durch internationale Regulierungs- und Verhaltensnormen für den Weltraum. Ziel muss ein sicherer, nachhaltiger und friedlicher Orbit sein, in dem demokratische Staaten nicht erpressbar sind und in dem technologische Innovation nicht den Interessen weniger, sondern der Sicherheit und dem Wohl vieler dient. Eine progressive europäische Raumfahrtpolitik sollte auf gemeinschaftliche Souveränität setzen, nicht als Konkurrenz zwischen den Nationalstaaten, sondern als kooperatives Projekt, das Kräfte bündelt und Ressourcen effizient nutzt. ■

REZENSIONEN UND BERICHTE

Carl Julius Reim

Ein Pazifismus ohne Gegner

Ole Nymoen: *Warum ich niemals für mein Land kämpfen würde. Gegen die Kriegstüchtigkeit.* Hamburg: Rowohlt 2025, 144 S., 16,00 €

Ole Nymoens Essay ist zugleich besser und schlechter als seine aufgeregte Rezeption nahelegt. Seine Argumente sind in sich stimmig und komplexer, als es die platte Diskussion in den Sozialen Medien vermuten lässt. Doch vor lauter Abstraktion kommt ihm der konkrete Gegenstand im Heute abhanden. Die fehlerbehaftete, längst nicht ideale Realität der liberalen Demokratie wird ihm identisch mit autoritären Systemen. Darin liegt die Schwäche dieses Buchs.

Schon im Juli 2024 machte Nymoen mit einem Artikel in der *Zeit* von sich reden.[1] Direkt im Anschluss, so erinnert sich Nymoen im Dankeswort, ermunterte ihn sein Verleger, diese Gedanken weiter auszuführen. Auf gut einhundert Seiten widmet sich der Publizist (*Influencer. Die Ideologie der Werbekörper*, 2019 mit Wolfgang M. Schmitt) und Podcaster (*Wohlstand für Alle*) diesem Vorhaben. Es gelingt: Gut lesbar stellt er seine Position dar. In einer polemisch gefärbten Einleitung zeichnet Nymoen die Reaktionen auf seinen *Zeit*-Artikel und die gegenwärtige Debatte um die «Kriegstüchtigkeit» der Bundesrepublik nach. Die Werbekampagnen der «sogenannte[n] Parlamentsarmee» (S. 12) werden ebenso kritisiert wie die Widersprüche einer Politik, die zugleich «Demagogie gegen Erwerbsarme» (S. 17) betreibe und an das wehrhafte Kollektiv appelliere. Als Ausgangspunkt seiner Argumentation stellt Nymoen fest: «Die Unterordnung unter Staat und Kapital wird so vehement gefordert wie lange nicht mehr» (S. 15). Dem stellt sich Nymoen entgegen und versteht sich dabei zugleich als Kämpfer für die Wahrheit und für die unterdrückte Mehrheit. Diesem moralischen Anspruch folgt der Rest des Buches.

Auf knapp 90 Seiten stellt Nymoen Sinn und Unsinn des Krieges dar. Staaten seien Gebilde, die gewaltsam entstanden seien und daher immer wieder Gewalt hervorbringen müssten. Konkret beschränkt er sich auf «konventionell geführte Kriege zwischen zwei Staatsgewalten», da «diese Form der Kriegsführung die wahrscheinlichste für mich als Autor wie für Sie als Leserin und Leser ist» (S. 32). Schon diese Auswahl weist die Richtung: Auf eine Vielzahl der mit Waffengewalt geführten Konflikte treffen Nymoens Argumente bewusst nicht zu. Das ist einerseits verständlich – militärisches Vorgehen gegen koloniale Unterdrückung oder Terrorgruppen ist oft in den Grauzonen zwischen innerstaatlicher und kriegerischer Gewalt angesiedelt. Es lässt sich moralisch

1 Ole Nymoen: «Ich, für Deutschland kämpfen? Never!», in: *Die ZEIT*, 25.7.2024.

schwerer fassen. Andererseits versäumt Nymoen mit dieser Entscheidung auch, eine grundlegende Perspektive auf Gewalt zu formulieren. Eine Ausnahme macht Nymoen für Vernichtungskriege wie jenen des nationalsozialistischen Deutschlands. Nicht zuletzt daran wird deutlich, dass die plumpe Kritik an seinem Buch ins Leere läuft: Gegen die Nazis hätte selbst Ole Nymoen gekämpft – so schreibt er zumindest.

Zunächst zieht Nyomen sich auf eine abstrakte Perspektive zurück. In seiner Analyse erscheinen «Untertanen» stets als Werkzeuge mächtiger Staatenlenker, deren subjektive Motivation vollkommen irrelevant erscheint. Das ist nicht falsch, aber auch nicht ganz richtig. Unzählige Philosophien haben in den letzten Jahrzehnten versucht, die Beziehung zwischen freien Individuen und der weltlichen Realität von Zwang und Verweigerung auszuloten. Diese Komplexität fehlt bei Nymoen, für ihn gibt es nur Lenker und Gelenkte. Damit stellt er sich argumentativ in die Reihe vulgärmarxistischer Denktraditionen.

Mit Bezügen auf den Ersten Weltkrieg und den Dreißigjährigen Krieg argumentiert Nyomen richtigerweise gegen Kriegslust und die Unterwerfung unter willkürliche Herrscher. Dabei entkräftet er linke Binsenweisheiten über den Krieg als Profitmaschine (S. 48–54). Doch diesem Pazifismus ist sein Gegner abhandengekommen. Auch ohne in eine fröhliche Hurra-Apologie des Bestehenden zu verfallen, sollte klar sein: Die soziale und rechtliche Realität in der Bundesrepublik 2025 ist eine völlig andere als im Kaiserreich oder kurz nach der Reformation. Stärker noch als in diesen historischen Beispielen macht es heute einen konkreten Unterschied, welches politische System und welche (Un-)Freiheit das Leben bestimmen.

Seine stärksten Momente hat *Warum ich niemals für mein Land kämpfen würde* im abschließenden dritten Teil. Dort argumentiert Ole Nymoen auf Grundlage einer gegenwärtigen Analyse für die persönliche Entscheidung, sich einem möglichen Krieg zu entziehen. Doch auch in diesen Passagen ignoriert er, dass heutige Kriege nicht (allein) aufgrund nationalistischer Argumentationen geführt werden. Mit Bezug auf einen Leserbrief stellt Nymoen die freie Meinungsäußerung dem Straflager gegenüber und schreibt, er würde lieber auf die Freiheit verzichten als zu sterben. Dabei ist dieses Argument mehr als der rhetorische Kniff, als den Nymoen ihn darstellt: Die realen Missstände, die er zu Recht kritisiert, verwischen nicht den fundamentalen Unterschied zwischen Demokratie und Diktatur, zwischen Rechtsstaat und Willkür. Anders formuliert: Die gegenwärtige Realität ist nicht gut, aber es könnte noch sehr viel schlimmer sein.

Das aktuelle politische System «für eine veritable Lebensbedingung zu halten» (S. 46) ist nicht, wie Nymoen suggeriert, einer nationalistischen Erziehung geschuldet. Die absurde Aufteilung der Menschheit in Nationalstaaten zu kritisieren hat nichts mit der Feststellung zu tun, dass ein Mehr an Freiheit es wert ist, verteidigt zu werden. Freiheit funktioniert nicht in Absoluten, wie Ole Nymoens falsche Dichotomie nahelegt. Er argumentiert, die Verteidigung liberaler Demokratien lohne nicht, weil sie weit vom Ideal der größtmöglichen Freiheit und Solidarität entfernt seien. Die «Wertepredigten» des «Imperialismus des guten Gewissens» seien nicht mehr als «Lügenmärchen» (S. 99 f.), solange Menschen in Armut und Ausbeutung lebten. Dabei ist doch beides wahr: Zum Ideal einer befreiten Gesellschaft ist der Weg unbegreiflich weit. Es gibt wenig Hoffnung, dass dieses Ideal in absehbarer Zeit verwirklicht wird. Diese Kritik Nymoens ist richtig, auch in ihrer Schärfe. Doch viele Alternativen sind noch repressiver, was Nymoen verkennt.

Dabei argumentiert er (auch) in der Logik von Haupt- und Nebenwidersprüchen: Solange das Joch von Armut und kapitalistischer Ausbeutung nicht überwunden sei, lohne der Kampf für das Bestehende nicht. Feministische Bewegungen haben schon vor Jahrzehnten gezeigt, dass diese Argumentation nicht stimmig ist: Auch nach einer zukünftigen sozialistischen Revolution werden nicht alle Probleme gelöst sein. Umgekehrt bedeutet das auch: Es reicht nicht, die Hände in den Schoß zu legen, bis die bestehende Herrschaftsordnung umgestürzt wurde. Auf dem Weg zur grundlegenden Umgestaltung der Gesellschaft gibt es auch ohne Revolution viel zu tun.

Das lässt sich auch auf den Unterschied zwischen Demokratie und Diktatur im Krieg anwenden. In einer Demokratie ist der autoritäre Kriegszustand eine Ausnahme auf begrenzte Zeit, deren Aufhebung eingepreist ist. Diese Aufhebung muss zu gegebener Zeit wieder politisch erkämpft werden und ist nicht selbstverständlich. In einer Diktatur hingegen ist der Autoritarismus dauerhaft und von zeitlich begrenzten Abschnitten unabhängig – sofern das autoritäre System nicht politisch gestürzt wird. Für das Individuum ist das ein Unterschied ums Ganze. Unbenommen: Es ist kein lustiger Ferienausflug, in den Krieg zu ziehen. Es ist nicht schön oder erstrebenswert, Freiheiten mit Waffengewalt zu verteidigen. Jede Person, die sich dieser Situation entziehen möchte, kann dafür sehr gute individuelle Gründe vorbringen. Als allgemeines politisches Argument taugt diese individuelle Verweigerung jedoch nicht.

Als Anregung zur Debatte – nicht zuletzt in dieser Ausgabe der *jungen perspektiven* – hat Ole Nymoens Essay fraglos sein Ziel erreicht. Einmal mehr wird daran deutlich, wie sehr eine zugleich emanzipatorische und differenzierte Position in der gegenwärtigen Diskussion fehlt. Wer eine solche Position in Buchform sucht, sollte allerdings lieber zu einem anderen Text greifen. ■

Wolfgang Kowalsky

Ein Angebot Europa zu verstehen

Peter Sloterdijk: *Der Kontinent ohne Eigenschaften. Lesezeichen im Buch Europa*
Berlin: Suhrkamp Verlag 2024, 296 S., 28,00 €

Der Band versammelt die Vorträge – zwei Eröffnungsreden und sieben Lektionen –, die Sloterdijk in Paris am *Collège de France* 2024 auf Französisch gehalten hat. Der erste Beitrag ist seine Antrittsvorlesung vom 4. April 2024 unter der titelgebenden Überschrift «Der Kontinent ohne Eigenschaften», frei nach Robert Musils Roman *Der Mann ohne Eigenschaften*. Sloterdijk nimmt sich vor, einige Kapitel aus dem *Buch Europa* aufzublättern. Er beginnt leichtfüßig mit dem Kissinger zugeschriebenen Bonmot, er wisse nicht, welche Nummer wählen, wenn er Europa anrufen möchte.

Sloterdijk distanziert sich von der in Europa «einheimischen Europaphobie», die unter dem Banner «Dekadenz» ihr Unwesen trieb von Oswald Spengler über Henryk M. Broder, Michel Houellebecq, allesamt bekannt als Redner am Grab Europas. Er kritisiert sowohl «die subtile Europaverachtung» eines Agamben als auch die «dunklen

Töne» und das Diktum, «die weiße Rasse» sei der Krebs der Menschheit, das sich zu einem «stabilen Axiom der Leukophobie», des Hasses gegen Weiß(e) verfestigt habe (15f). Derrida zufolge erheben wir uns schon im Morgengrauen alt, müde, erschöpft. Das kann es nicht sein.

Dagegen Sloterdijk: Europa sei «ein Novum, ein Kontinent ohne Eigenschaften», eine halbe Milliarde Menschen, mit der EU, einer Improvisation, die in den Drehbüchern der Weltgeschichte nicht vorgesehen war. Europa sei ein tendenziell in Berufseuropäer und Europagleichgültige gespaltenes Großkonstrukt. Der durchschnittliche Europäer mit seinem Groll gegen Brüssel und Straßburg sei die «Inkarnation der Undankbarkeit», und Sloterdijk nimmt sich vor, der Undankbarkeit ein wenig Wasser abzugraben. Die Berufseuropäer bzw. Europa-Optimisten lässt er links liegen.

Im Parforceritt geht es durch die Jahrhunderte, vom Römischen Reich zur Bildung der Nationalstaaten über die Französische Revolution von 1789 bis zu Moskaus Zwangsrussifizierung und zum dunkelsten Kapitel europäischer Kolonialgeschichte, nämlich dem brutalen belgischen Kolonialkapitel im Kongo. Während Europa nach dem 2. Weltkrieg die imperialen Charakteristika ablegte, gingen aus einem Seitenspross britischer Herrschaft die USA hervor, die mit Westausdehnung beschäftigt waren, bevor sie im 20. Jahrhundert imperialistische Züge annahmen, sich also in die gegenteilige Richtung entwickelten. Sloterdijk sieht Charme und Vorzug Europas zu Beginn des 21. Jahrhunderts, dass es weder Mittel noch Willen zur Ausübung welthegemonialer Funktion besaß (167). Er moniert, der antikisierende Begriff ‹Westen› bzw. ‹Okzident› werde gerne gewählt, um die Suggestion zu stützen, Europa sei weiterhin eine Regie führende Größe.

Der Name Putin steht für die Wiederkehr eines re-russifizierten Nationalimperialismus, der in erbitterter Gegnerschaft zur post-imperialen Staatengemeinschaft Europas steht. Kommen wir zu Lektion 1: Europa sei ein sieben Jahrhunderte übergreifender Lernzusammenhang und dies mache diese Weltregion einzigartig. Bereits 1341 wurde Petrarca zum «poetus laureatus» gekrönt und seither existiert neben dem Adel eine weitere Zelebrität, die Auszeichnung durch Werke, Schriften, Taten. Die Überlieferung kognitiver, technischer, artistischer Kompetenz ist seit dem frühen Mittelalter nie abgerissen, konstatiert Sloterdijk: Weder in China noch in Indien sei eine vergleichbare «permanente Revolution des kritischen Geistes» (72) entstanden. Doch neben den «guten Schülern Europas» gab es schreckliche, niederträchtige Abkömmlinge, deren Untaten nur vom muslimischen Sklavenhandel übertroffen wurden, der in der westlichen Hemisphäre kaum bekannt sei (74).

Zum Verständnis der Europagenese gehöre es, dass Europa die «ungläubigste» Region der Welt geworden ist (93). Europas bedeutendste Leistung bestehe darin, die Einzelnen aus der «totalen Mitgliedschaft in geschlossenen Kult- und Glaubensgemeinschaften entlassen zu haben» (95). Die Funktion des Zusammenhalts wurde außerreligiösen Agenturen übertragen wie staatliche Schulen, freie Presse, Rechtssystem, Universitäten, Vereinen, Clubs. Der wichtigste Gewinn der Aufklärung bestehe im Verlernen der Unterwürfigkeit (99); die neuzeitliche staatliche Sphäre zeichne sich aus durch «überproportional wachsende Ausdehnung» und ein «selbstbedienend verfestigtes Parteiensystem» mit «korrumpierender Wirkung» (89). Hinter manche verallgemeinernde und apodiktische Aussage lässt sich trefflich ein Fragezeichen setzen.

Lektion 2 bezieht sich vor allem auf Eugen Rosenstock-Huessy, der «die große Erzählung von der Wanderung des Geistes der Revolution durch die Länder Europas» schrieb (128): von der deutschen Reformation über die englische Revolution, die französische und die russische. Seine Fehlurteile waren zugegebenermaßen zahlreich (121). Lektion 3 zufolge wurde der 1. Weltkrieg zum Schlüsselereignis für das Aufkommen von Fragen zur Zukunft Europas. Im Frühjahr 1918 forderte eine Pandemie höhere Opferzahlen als der Krieg selbst (141). Oswald Spenglers *Der Untergang des Abendlandes* entfaltete 1918 umgehend hohe Wirksamkeit und fehlte in keinem Lesehaushalt. Spengler plädierte für «dezidierten Militarismus», da ein Endkampf um die Weltherrschaft unmittelbar bevorstehe (159), und beharrte darauf, dass die Deutschen sich mit «schicksalhafter Notwendigkeit» zu einem Griff nach der ungeteilten Weltmacht aufrichten müssten (162).

Spenglers lebensphilosophischer Fatalismus kehrt wieder «im Gewand der berüchtigten Analogie mit spätrömischen Zuständen (169), die seit einiger Zeit Furore macht. Als Politikberater gehöre Spengler ins Lager «nationalkonservativer Falken» und für ein Gebilde wie die EU hätte er keine Ratschläge parat – zweifelsohne hätte er das neue Konstrukt verachtet. Spengler war «stählerner Verkünder quasi-endzeitlicher Kriege» (176). Sloterdijk empfiehlt, sich vor Rettern zu hüten, deren Abhilfen schlimmer wären als die Probleme, zu deren Bewältigung sie ihre Rezepte vorlegen. In Lektion 4 konstatiert Sloterdijk die «fast simultane Machtergreifungen» der roten, schwarzen und braunen Faschismen (173). Damit stellt er sich in die Traditionslinie der Totalitarismustheorien, die auf die Gemeinsamkeiten zwischen Kommunismus und verschiedenen Faschismusspielarten abheben, aber das können wir hier nicht thematisieren.

Europa als Kontinent zeichne sich durch die Neigung aus, «seine Verirrungen zu gestehen» (204). Das *mea culpa*-Bußritual der mittelalterlichen Kirche sieht Sloterdijk verwandelt in die Riten der «Selbstkritik» in der KP Russlands mit der entsprechenden (erzwungenen) Geständnisfreudigkeit (178). Lektion 5 konzentriert sich auf das Motiv der Ausdehnung, Erschließung, Inbesitznahme des Globus, die Dynamik missionarischer, insbes. jesuitischer Mobilität. Die kolonisierenden Instanzen hatten ein großes Interesse an suspekten und empörenden Sitten, um desto überzeugender auf die Missionsbedürftigkeit der «Wilden» hinweisen zu können. Sie hätten gerne geglaubt, der Missionar sei die Botschaft, doch die wirkliche war der Bringer der Unterdrückung. Bereits 1803 fällte Alexander von Humboldt ein vernichtendes Urteil über den Kolonialismus. Kritisieren lässt sich an Sloterdijk, dass er den Kolonialismus nur als Diskursproblem betrachtet und die kolonialen Genozide übergeht. Er bescheinigt den afrikanischen Ländern einen selbstverursachten Schlamassel und Korruption der Eliten, übersieht aber jovial die westliche Verstrickung, beispielsweise die Ermordung populärer Führer wie Lumumba. Die postkoloniale Theorie verkürzt das westliche System auf Imperialismus, was überspitzt ist, aber seine Gründe hat.

Lektion 6: Es folgt das Zeitalter der Entkolonialisierung. Im System der «Entwicklungshilfe», die man «kaum anders als ein Stipendienwesen für politisch-ökonomisch Heranwachsende interpretieren kann», setzte sich die Kolonialpädagogik fort (241). Ein Lesezeichen wird eingelegt bei Cecil Rhodes, der die weiße Rasse an die Spitze der anthropologischen Pyramide gestellt sah.

Zum Buch der Ausdehnungen und Expansion gehörte die rigorose Unterdrückung jeglicher Form der Geburtenkontrolle, um eine ausufernde Vermehrung durchzusetzen, aus religiösen u. a. Motiven.

In Lektion 7 wird die Autorenschaft des *Buch Europa* an Nicht-Europäer übergeben. In der 2. Hälfte des 20. Jahrhunderts gab es eine Welle der Entkolonialisierung und zugleich eine Zunahme der Reklamation politischer und kultureller Souveränität. Heute schallt Europa ein Konzert von Gegenstimmen entgegen – es hatte beansprucht, das Vornehmste zu verbreiten, hat aber oft das Niederträchtigste exportiert, insbesondere die gewalttätige Unterwerfung der Anderen unter das Regime der Exporteure (275f). Sloterdijk fügt ein Lesezeichen ein in die europa-kritische oder europa-feindliche Literatur. Den sich artikulierenden anti-okzidentalen Bewegungen sei ein Körnchen Wahrheit nicht abzusprechen.

Widerstand stehe für Gegenangriff, für Unterwerfungsverweigerung, insbesondere in Frankreich: *insoumission, contre-attaque*. Das Lesezeichen kommt in Frantz Fanons *Die Verdammten dieser Erde*: ein antikoloniales Manifest, erschienen 1961, ein Jahr nach der Unabhängigkeitserklärung von 18 afrikanischen Staaten. Entkolonialisierung begreift Fanon als gewaltsam: der Siedler ist der Feind «zum Abschlachten» (278). Sartres Vorwort radikalisierte dessen Ansichten zur schärfsten europäischen Selbstkritik und überhöhte die antikolonialen Revolten zu Bewegungen analog der Französischen Revolution. Johan Galtung zufolge bestand die primäre Eigenschaft Europas in Megalomanie und Paranoia, seine wesentliche Tätigkeit sei seit 1492 der «Genozid» (278).

Der Hauptstoß des Terrors der – als Mutter aller Revolutionen betrachteten – Französischen Revolution richtete sich nicht gegen die Verteidiger des Alten Regimes, sondern gegen Rivalen im Kampf um die Vormacht und gegen unzählige Verdächtige – wie später ebenfalls in der Tochterrevolution, der in Russland: Wiederum ging es um Rivalitäten zwischen politischen Sekten und Denunziationen aus trüben Quellen. Dieses Muster traf auch auf die antikolonialen Revolten zu. Bei den innerafrikanischen Konflikten nach 1960 kamen fast doppelt so viele Menschen um wie durch den Sklavenhandel 1519–1867, bei dem laut Schätzungen 11 Mio. zu Tode kamen (283).

Das letzte Lesezeichen legt Sloterdijk ein in das «Anthropophagen Manifest» des Brasilianers Oswald de Andrade, der Partei nahm für die indigene, anthropophagische (landläufig: kannibalistische) Seite, gegen die Kolonialisatoren (284). Sloterdijk attestiert einem Großteil der postkolonialen Studien «ventriloquistische Qualität» (landläufig: Bauchredner): Es sei die jüngste «Metastase» des Geistes europäischer Selbstkritik zur «Fremdselbstkritik» im Bauchredner-Modus, wiederum vorgeformt von religiöser Geständniskultur (291). Der postkoloniale Diskurs gehe auf die Doktrin vom «Klassenverrat» zurück und führe zu der These, bei westlichen Intellektuellen sei das Gebot der Stunde der «Zivilisationsverrat», ein «Überlaufen ins Lager des Globalen Südens». Das ergebe jedoch keinen Sinn, da im Lager des Südens niemand wartet, «der dich als Kombattanten willkommen hieße» (292). Man könne Europa nicht bekämpfen, «ohne es zu zitieren» und kaum zitieren, «ohne auf das weite Feld der Parodie» zu geraten (293). Es gebe auch keine gemeinsame Sache, bloß Parodie.

In diesem Punkt wird Sloterdijk ziemlich konkret, doch ansonsten hütet er sich trotz der brisanten globalen Lage vor konkreten europapolitischen Aussagen. In diesem Zusammenhang mutet es kleinlich an, dass er die zahlreichen Interventionen von Habermas nicht erwähnt und lieber den Stoßseufzer von Enzensberger erwähnt. Gerade in Zeiten, in denen Europa – ohne großes Zutun der europäischen Institutionen, vielmehr durch die Veränderungen der geopolitischen Weltlage – stärker zusammenrückt, wären einige konkretere Reflexionen über die Zukunft Europas jenseits der Distanzierung von dem groben Dualismus von Europhobie und Europhilie angebracht gewesen. Doch die meisten Hinweise bleiben abstrakt. Keine Anmerkung zu den EU-Institutionen, die offenbar die Zeitenwende nicht mitbekommen haben, sondern in alten Gleisen verharren und beträchtliche Schwierigkeiten haben, sich in der neuen Situation mit überzeugenden Positionen und Strategien einzubringen. Die EU wirkt derzeit noch mehr als zum Zeitpunkt der Niederschrift wie ein unbeteiligter Zuschauer und da hat Sloterdijk recht: «ohne Eigenschaften». Ein lesenswerter Band für alle, die an einem philosophischen Blick interessiert bleiben. Trotzdem noch das kleine Desiderat, dass der Verlag leider weder ein Sach- noch ein Personenregister beigefügt hat. ■

Gert Weißkirchen

Ana Blandiana, rumänische Dichter-Königin ‹von unten›

Ana Blandiana: *Der Wille des Menschen ist antastbar. Von der Allgegenwart der Manipulation*
Ludwigsburg: Pop Verlag, 2024, 634 S., 33,00 €

Am Himmel der europäischen Literatur strahlt ein neuer, ein femininer Stern. Ana Blandiana hat in den 1960er-Jahren des letzten Jahrhunderts die Kraft ihrer Poesie erprobt, die seither durchgekämpften Konflikte aufgestaut und ihre Erfahrungen jüngst in ein leuchtendes Panorama ihrer Schreibkunst strömen lassen.

In den ersten Zeilen schlägt sie den Grundton an, der durch sechshundert Seiten klingt. «Wie viel von all dem, was ich erlebt habe, ist ein Ergebnis meines Willens, und wie viel geht auf Einflüsse, Zwänge und Manipulationen zurück, denen ich ausgesetzt war?» (S. 11) Das ist die zentrale Frage, die sie sich selbst stellt. Und sie beantwortet sie mit der Kraft ihrer Poesie. In den Läufen ihres Lebens wird sie immerwährend geprüft. Das Buch gibt Rechenschaft, selbstkritisch und selbstzweifelnd.

Der Grundton wird zerlegt im Fortgang des Geschehens. Die Tonsequenzen bilden ab, wer in den jeweiligen Zeitabschnitten Regie führte: Wer hat leiden müssen, wer war Triumphator. Schrill wird es, wenn nicht legitimierte Gewalt dominiert. Sobald Hoffnung naht, wird es sanft.

In den letzten Zeilen schreibt die Autorin «die Zeit, durch die ich gegangen bin: eine Zeit am Siedepunkt unter Sturmböen aus immer wieder anderer Richtung der Geschichte, unter denen einem die Sinne schwinden, nicht aber auch mein Beharren darauf, sie zu begreifen.» Ana Blandiana anverwandelt sich selbst in den abschließenden Worten ihres Buches in das Bild eines ihrer Gedichte, in den Zeiger einer Uhr. Der Zeiger einer Uhr mag sich «verzweifelt abmühen, verfallene, verdorbene, vergessene, verworrene, verflossene Stunden anzuzeigen. Was sie nicht davon abhält, sich aller Erschöpfung zum Trotz weiter zu drehen und etwas zu zeigen, was nicht zu sehen ist. So wird der wahnsinnige Ehrgeiz, die Ewigkeit zu manipulieren und zu zwingen, die genaue Zeit anzuzeigen, zunichte, in sich selbst zermahlen.

> Völlig verstört taucht dann und wann /
> der Kuckuck auf und kündigt an
> mit Rufen, was die Kehle hält: / Es ist nun
> da, das Ende der Welt. (S. 616)

Ihr erstes Gedicht veröffentlichte sie im Alter von 17 Jahren. Bis heute will sie nicht aufgeben, unbeugsam gegen die Sinnlosigkeit der Gegenwart anzuschreiben. Sie versucht «in der Wahrheit zu leben», wie Vaclav Havel auch, der kongeniale Dichterkollege. Beide sind Geschwister reflexiven Denkens, glänzenden Schreibens, widerständigen Handelns: selbstbestimmte Akteure für das möglich machen realer Demokratie, ins humane Zusammenleben verliebt. In die Dissidenz sind sie hineingewachsen, gereift in den gewaltfreien Kämpfen für die Freiheit in den Kulturen ihrer Länder, sich für immer bindend an den Anspruch der universal geltenden Menschenrechte.

In ihrer Dankrede anlässlich der Verleihung des Prinzessin-von-Asturien-Preises 2024 bezieht sich Ana Blandiana auf «unsere Latinität, ins Exil ans andere Ende des Kontinents verschlagen, hat uns vereinzelt und uns mit dem Bewusstsein, dass wir anders sind als jene um uns, auch die Empfindung der Einsamkeit in der Geschichte vermittelt» (in: *MATRIX, Zeitschrift für Literatur und Kunst*, 3/2024(77), aus dem Rumänischen von Georg Aescht). Die europäischen Kulturen sind in ihren Austauschprozessen horizontal miteinander verbunden. Gemeinsam ist ihnen – erkennbar seit den beiden Epochenbrüchen des vergangenen Jahrhunderts, hervorgerufen durch den Ersten Weltkrieg und, schrecklicher noch, durch den Zusammenbruch, ausgelöst von der deutschen Nazi-Diktatur – das Wissen um die tödliche Selbst-Gefährdung der europäischen Zivilisation. Kunst und Literatur haben diese historischen Erfahrungen umgeformt und eingearbeitet in mögliche Handlungsräume für den Aufbau einer gemeinsam verantworteten humanen Zukunft. So kann durch Dichtung eine Architektur entworfen werden, deren Teilstücke sich an die «klaffende Leerstelle ... setzen», sagt Ana Blandiana in ihrer Dankrede.

Diese Hoffnung hat einen festen Grund: in der Dichtung ist die Freiheit geborgen und sie vermag es, die Zivilisation vor dem Untergang zu retten. Freiheit aber war, spätestens zu lesen im literarischen Werk von Franz Kafka, gebunden an Gefühle der Entfremdung, hervorgerufen durch sich beschleunigende Modernisierungsprozesse. Ist die Dichtkunst «Anker in den Tiefen der Zeit», wie sie in ihrer Dankrede sagt? Hatte nicht Theodor W. Adorno vermerkt, nach Auschwitz wäre es barbarisch, ein Gedicht zu schreiben? Dichtung kann erschüttern. Wenn nicht legitimierte Gewalt in die Gegenwart einbricht und Literatur das hervorgerufene Leid darstellt, vermag sie existenziell zu verstören. Das kann den Willen hervorrufen, das Gegenbild zu Hass und zum Bösen erscheinen zu lassen: die Schönheit und das Gute. Darin liegt das Geheimnis der Dichtung. Sie zu entdecken, braucht es die Gemeinschaft der Schreibenden und der Lesenden. Daraus entstehen Bilder für andere Zukünfte.

Ihr Buch teilt die Autorin in 96 Passagen. Sie folgen einer Struktur der inneren, mehrfach angelegten Fähigkeit zum Trialog zwischen ihrem autonomen Selbst, der nächsten Person, mit der sie sich unmittelbar austauscht und dem öffentlichen Raum. In die Passagen hinein streut sie, was sie von ihrer Kindheit bis in die Jetztzeit gesehen hat, worüber sie sich freute und woran sie litt. Die Fülle der Ereignisse schärft ihr Wissen darum, welche Gefahren ihrem Land drohen. Der Sturz in den Abgrund ist immer möglich. Der Wille des Menschen kann immer angetastet werden. Die Freiheit kann, soweit sie nicht immerwährend an die Solidarität gebunden bleibt, zum Einfallstor des Missbrauchs werden. Manipulation ist in jeder Gegenwart möglich, solange sie nicht von den Institutionen der Demokratie eingehegt und von bürgerlicher Zivilcourage aufgedeckt und gestoppt wird.

Ihr Buch ist aufmerksam rezensiert worden. Die *Zeitschrift für Literatur und Kunst, MATRIX* aus Ludwigsburg porträtiert die Autorin auf ihrer Frontseite und ihrer Schlussseite. Fast ein Drittel ihrer jüngsten Ausgabe 3/2024 (77) ist ihrem Buch gewidmet. Traian Pop, ihr Verleger und Herausgeber der Zeitschrift, notiert im Editorial, sie könnte die nächste Nobelpreisträgerin sein. Die Dankrede für die Verleihung des Prinzessin-von Asturien-Preises 2024 der Preisträgerin schließt sich an. Ihr folgt das Geleitwort des Übersetzers Georg Aescht, an das Texte aus dem Buch der Autorin angefügt sind. Anton Sterbling, Harald Gröhler und Widmar Puhl legen erste eindrucksvolle Spuren, wie der Sinn des Buches verstanden werden kann, welche Motive zu erkennen und welche Gründe Ana Blandiana bewogen haben, ungeschminkt zu auszuleuchten, was hinter den Schleiern der Manipulation verborgen ist. In der *Allgemeinen Deutschen Zeitung* hat Anton Sterbling am 17.01.2025 seine Interpretation zugespitzt und ihre «konsequente intellektuell-moralische Haltung» herausgehoben. Mit ihrem Charisma hat sie vorbildhaft «in historischen Umbruchszeiten notwendige Alternativen, Visionen, ... Auswege» aufgezeigt, als ‹nichtpolitische Politikerin›, wie der Prager Schriftstellerkollege Vaclav Havel und der Philosoph Jan Sokol auch. Jan Koneffke hatte zuvor bereits am 17.12.2024 in der *Neuen Zürcher Zeitung* in seiner Besprechung notiert, ihre Poesie sei nie «engagiert», «eher könnte man sie onirisch nennen: visionär, mal metaphysisch, mal realistisch. ... Was sie umtreibt, ist die Idee der Existenz als Geheimnis.» Sie ist eine «zeitgeschichtliche und moralische Instanz.» Mit Romulus Rusan, ihrem Mann, hat sie in Sighet das erste Memorial für die Opfer des Kommunismus ins Leben gerufen. Elmar Schenkel hat diese Initiative in der *FAZ* vom 29.1.2025 ebenfalls aufgegriffen und darauf verwiesen, dass diese Gedenkstätte in Grenznähe zur Ukraine liegt. «Eher pessimistisch» sei der Grundzug ihres ‹Lebensberichts› ausgefallen, «was die Zukunft der Demokratie vor allem in Rumänien angeht.» Er spiegele «Absurditäten aus dem Reich der toten Seelen» wider: «diese Autobiographie (führt) in ein Sumpfgebiet, wie wir es uns nur in schlechten Träumen ausmalen können. Und doch habe Ana Blandiana «Wegweiser gesetzt, die nicht nur in die Vergangenheit weisen.»

Aufrecht geht Ana Blandiana durch die Jahre der kommunistischen Diktatur. Mit dem Schicksal ihres Vaters, der als ‹Volksfeind› verhaftet wurde, begegnet sie einer Erfahrung, die sie fortan nicht mehr loslässt: Nicht legitimierte Gewalt zerreißt humanes Zusammenleben und kann Menschen vernichten. Die «erste Manipulation» (S. 20) ist das frühe Leid, das auf sie zustößt. Handlanger der Macht durchsuchen die Wohnräume ihrer Eltern und finden, was sie zuvor dort als Lüge illegal hinterlegt haben, damit sie als Waffe gegen die Wahrheit missbraucht wird. Das hat in Ana «ein Leben lang den Abscheu vor der Macht» geweckt, zugleich die Kraft, sich ihr in jedweder Form zu verweigern und die Mühe hervorgerufen, frei von Angst «das Wesen der Macht zu verändern, ohne sie zu berühren» (S. 31).

In die 96 Passagen hat die Autorin hineingelegt, was sie erlebt und was sich ereignet hat. Sie hebt sie sie aus ihrer Erinnerung heraus, verschließt sie literarisch und präsentiert sie dem Lesenden. Wie Perlen holt der Lesende sie ins Licht, betrachtet sie, indem er sich in das Auge der Schreibenden versetzt. Sind es zunächst eher Fragmente, so können sie später umgeformt werden. Sie können sich zusammenfügen für den Bau des kulturellen Gedächtnisses. Die Autorin regt den Lesenden dazu an, vergleichbare Bilder in seinem Inneren hervorzurufen. Die Fragmente setzen sich neu zusammen. Sie vervollständigen am Ende des Buches, worauf es der Autorin ankommt. Scharf blickt sie auf eine Zeit, in der das Böse triumphierte. Die Gier nach Macht hatte versucht, die Sehnsucht nach Schönheit zu vernichten. Sie behindert die Möglichkeit zum Guten. Dagegen aufzubegehren, anzuschreiben und Kunst dagegen zu setzen, sind Zeichen für eine andere Wirklichkeit.

Das Böse versuchte, Menschen gegeneinander zu hetzen, sie einander zu entfremden, Vertrauen zu zersetzen, schöpferische Fähigkeiten zu zerbrechen, den öffentlichen Zugang zu Kunstwerken zu verhindern. Die Techniker der Macht wurden mobilisiert, damit die Ungeheuerlichkeit ihrer Macht im Dunkel der Arkaden verschwindet. So pflasterte die Macht sich selbst den Weg, der Ende Dezember des Jahres 1989 in den Untergang und zur Hinrichtung der beiden Ceausescus führte. Die nicht legitimierte Macht, Abkömmling der Schreckensherrschaft, deren grausames Regime im Foltergefängnis Pitesti erprobt wurde und deren allgegenwärtige Gewaltbereitschaft, hatte viele Tausende aus Rumänien getrieben. Nicht aber Ana Blandiana. Sie hatte an der entfremdeten Einsamkeit Emil Ciolans im Pariser Exil schmerzhaft erkannt, dass ihr Schicksal für immer solidarisch mit Rumänien verbunden bleibt. Als am 16. Dezember 1989 Laszlo Tökes in Temeswar verhaftet wurde, brach der Sturm los. Die Wellen der Revolution überschlugen sich, erfassten die Städte und zerschlugen in Bukarest die Zitadelle der Macht. Am 25. Dezember wurde der Diktator und eine Frau ermordet. In diesem Mord deckt Ana Blandiana die Widersprüche auf, von deren historischer Last sich Rumänien bislang nicht hat rückhaltlos ablösen können. «Die Revolution und die Hinrichtung», schreibt sie, «hatten die beiden Parteifunktionäre ... Ceausescu und Iliescu ... zum Opfer des anderen» (S. 334) gemacht. Und sie setzt fort: «seinen Vorgänger hinzurichten, ... war ... Iliescus Machthunger gewesen, der nicht anders gestillt werden konnte, als indem er sich der Kraftlinie der Geschichte anbequemte» (S. 335), die der Revolution. Das Böse kann jedoch nicht aus der Welt geschafft werden, wenn «das Böse in Person eines einzigen Menschen oder eines Menschenpaares» bestraft wird (S. 585) zumal dann nicht, wenn «damit zugleich die Schuld derer ausgeräumt wird, die den zum Tode Verurteilten unterstützt haben.» (S. 586)

Die Autorin schont sich selbst nicht und auch nicht Rumänien. Eine ihrer Schlüsselfragen zielt auf den Kern des nationalen Selbstverständnisses. Nach den Morden an amtierenden Ministerpräsidenten fragt sie: «Ist das nicht zu viel für ein Volk, das sich eine Aura der Sanftheit zugute zu halten pflegt? Und ist es nicht zu viel für ein Volk, das stets ein Opfer anderer gewesen ist, widerstandslos zum Opfer seiner selbst zu werden?» (S. 586) Eine Antwort hat sie ihrem Land gegeben. Die Bürgerallianz war ein Versuch, Freiheit und Demokratie, Solidarität und Rechtsstaat mit der Suche nach der Wahrheit miteinander zu verbinden. Wenngleich Ana Blandiana diesen Versuch selbstkritisch bewertet, hat sie doch mit ihrem Buch ein literarisches Denkmal geschrieben. In ihm ist versammelt, was aus Rumänien werden kann, wenn Menschen den Mut haben, die Universalität der europäischen Werte zu achten und sie stets zu verteidigen. Wenn sie daran festhalten, das Gute zu lieben und das Böse zu verwerfen, dann haben sie eine humane Zukunft vor ihren Augen.

Ana Blandiana mag als eine späte Schwester Ossip Mandelstam gelten, der geschrieben hat, «Poesie ist der Pflug, der die Zeit umkehrt.» ■

Peter Steinbach

Von der politischen Fehlsteuerung zur kommunalen Erfolgsmaximierung

Peter Kurz: *Gute Politik. Was wir dafür brauchen*
Frankfurt a.M.: Fischer Verlag 2024, 112 S.,
20,00 €

Wahlergebnisse werden in der Regel schön geredet. Sie werden, etwa nach den Kommunalwahlen vom 14. September 2025, gern mit anderen Wahlen verglichen, ohne zu bedenken, dass verschiedene Systemebenen ganz verschiedene Herausforderungen, Versäumnisse und Probleme spiegeln. Wahltage können Abrechnungen bringen, aber auch Projektionen. Deshalb reicht es nicht, Wahlergebnisse zu beschönigen, sie zu kumulieren und zu relativieren. Bedenklich ist es, wenn im schlimmsten Fall die Strategen und Taktiker sich damit trösten, dass die Misserfolge eindeutiger hätten ausfallen können. 7,5 Punkte über dem letzten Bundestagswahlergebnis, noch einmal davon gekommen?

Eigentlich müsste der Schock der nordrhein-westfälischen Kommunalwahlen nicht nur tief sitzen, sondern ein Anlass sein, etwa über die Niederlagen der SPD in den Städten des Ruhrgebiets nachzudenken, die einst als Hochburgen galten. Erosionsprozesse verlaufen mittel-, oft langfristig. Die Entstehung des Vielparteiensystems, die Veränderung der Lebensstile, die Unsicherheiten der Gegenwart sind das eine, die Verengung der kommunalpolitischen Daseinsvorsorge und Leistungsverwaltung etwas anderes. Wahlergebnisse können auch Anlass bieten, über die Funktion der kommunalen Selbstverwaltung und zugleich über die «großen Fragen unserer Zeit» nachzudenken. Dies verspricht ein kleiner Essay des Mannheimer Oberbürgermeisters Peter Kurz. Er stellt sich nicht nur der klassischen Frage nach der «guten Politik», sondern reflektiert Erfahrungen einer zwanzigjährigen Arbeit in der kommunalen Selbstverwaltung. So kommt sein Buch nach den Kommunalwahlen in NRW und vor den Wahlen zur Berliner Stadtverordnetenversammlung zur rechten Zeit.

Berlin war in den 1960er-Jahren eine sozialdemokratische Hochburg, geprägt durch die Konfrontation des Kalten Krieges, durch die Vernetzung von lokaler und nationaler Politik. Als «Herzkammer» der Sozialdemokratie aber galt das Ruhrgebiet. Es hilft nicht, Niedergänge als Rhythmus-Störungen zu diagnostizieren, sondern Erfahrungen, Entwicklungen und Eindrücke zu analysieren. War doch das Ruhrgebiet stets mehr als eine Hochburg der Sozialdemokratie, mehr als eine Bastion, vielleicht wirklich die viel zitierte sozialdemokratische «Herzkammer» der politischen Arbeiterbewegung. Hier zeichneten sich Erfolge, Trends und Zäsuren ab. Ihre Position behauptete die SPD sogar mit Ministerpräsidenten wie Kühn und Rau im Zuge der Krisen der 1960er-Jahre. Auf den Ruhrpott und seine «Malocher» konnten sich Sozialdemokraten verlassen. Im Pott glichen sie die Stärke der CDU im Münsterland und im Bistum Paderborn aus.

Als es die erste Strukturkrise im Ruhrgebiet zu bewältigen galt, profilierte sich die Sozialdemokratie als Partei mit ausgeprägter Anpassungskompetenz und gewann Vertrauen, generierte Zustimmung. Regionaler Strukturwandel war möglich, weil er als Herausforderung von nationaler Bedeutung begriffen wurde. Politikebenen wurden verschränkt, bezogen sich aufeinander, zeitigten Kooperationsmuster. Der erste fundamentale Strukturwandel nach dem «Wirtschaftswunder», der seit den 1960er-Jahren einsetzte, äußerte sich zunächst als Bildungskrise, mündete in die Ölkrise, wurde kompliziert durch die Nachrüstungsdebatte und wurde abgefedert durch Steuerungselemente, in der Großen Koalition mit der mittelfristigen Finanzplanung, der Steuerpolitik in der Ära Brandt und durch die institutionalisierte Kooperation von Kommunen, Ländern und Bund. Die SPD wurde nicht gewählt, weil es immer schon so gewesen sei, weil politische Milieus stabil und Wahlkreise, Städte des Ruhrpotts politisch betoniert schienen, so sicher wie einst die konservativ geprägten Riviera-Wahlkreise des Kaiserreiches, deren Abgeordnete auch in Wahlkampfzeiten ihren Urlaub in Südfrankreich verleben konnten und doch ihren «Sitz» mühe- und einsatzlos behaupteten.

Seit den 1980er-Jahren verschoben sich die Kooperationsmuster, wurden die Kommunen zu Erfüllungsgehilfen nationaler Politik. Das bedeutet, dass örtliche Probleme den Kommunalverwaltungen angelastet wurden, dass sich überdies das Gefühl nachgeordneter Relevanz der Selbstverwaltung einstellte, die ja oft unmittelbare Selbstregierung war, also die Elemente direkter Beteiligung aufgriff. Viele Zeichen der Zeit wurden nicht erkannt, als die Sozialdemokratie Stimme um Stimme verlor. Und zugleich die Forderung einer direkten Demokratie immer unüberhörbarer wurde. Die geschah vielleicht, weil zu wenig deutlich geworden war, was «Stadt so besonders macht» (11).

Die SPD konnte zunächst zumindest in der großstädtischen Kommunalpolitik wichtige Stellungen behaupten. Eine dieser sozialdemokratischen Hochburgen war, zumindest bis 2023, Mannheim mit dem Oberbürgermeister Peter Kurz, überzeugt von der zentralen Bedeutung der demokratischen Lokalpolitik. Die Zeit seit seinem Ausscheiden aus der aktiven Kommunalpolitik nutzte er zum Nachdenken über den politischen Strukturwandel, über Formwechsel, Kommunikationsveränderungen. Damit steht er in einer Tradition, die weitgehend verschüttet ist und doch, wie Wolfgang Abendroth in seiner Geschichte der Sozialdemokratie betonte, die Sozialdemokratie als Gestalterin und nicht nur als eine Verwalterin der Gegenwart und der kommenden Veränderungen befähigte und ermutigte, Gesamtverantwortung zu übernehmen, ihre Gestaltungsfähigkeit unter Beweis zu stellen.

Das setzte eine klare Analyse der politischen Kräfteverhältnisse, der Strukturen und der Möglichkeiten einer Verbesserung der Lebensverhältnisse voraus. Nicht Amboss, sondern Hammer wollte die Sozialdemokratie sein. Politik war für die Sozialdemokratie keine Dienstleistung, sondern Gestaltung. Es ging nicht darum, dass Politik «geliefert würde», nicht darum, dass Politiker «liefern müssten», dass man Politik oder Führung bestellen könne, sondern dass Voraussetzungen für die Mitbeteiligung an Herrschaft, Gestaltung und Zukunft in einer demokratisch legitimierten, Interessen berücksichtigenden Partizipation vorlagen.

Die SPD wuchs unter den Bedingungen des Dreiklassenwahlrechts in den Ländern des Deutschen Kaiserreichs und des wilhelminischen Obrigkeitsstaates im Laufe der Jahrzehnte in diese kommunale Praxis hinein, indem sie sich artikulierte, Interessen aggregierte, protestierte. Integration erfolgte im Betrieb und in der Gemeinde, die die SPD als Grundlage ihrer praktischen, reformorientierten Handlungs- und Gestaltungsmöglichkeiten bereits im Kaiserreich entdeckte sowie mit der Zeitschrift *Kommunale Praxis* propagierte und substanziell prägte. Diese Zeitschrift erschien in Konkurrenz zu den *Kommunalpolitischen Blättern* der Zentrumspartei. Nach der Befreiung von der nationalsozialistischen Herrschaft konnte die Sozialdemokratie ihre kommunalpolitische Kompetenz zeigen.

Im Jahr 1971 fand das kommunalpolitische Programm der Jungsozialisten[1] nicht nur Anerkennung, sondern regte die Intensivierung einer Verschränkung von politischen Handlungsebenen an und bewies, dass sich mit Kommunalpolitik Stimmen gewinnen ließen. Peter Kurz kann, geboren 1962, durch die damaligen Diskussionen der Jungsozialisten nicht beeinflusst worden sein. Sie waren Ausdruck einer neuen politischen Mündigkeit und des Willens, die Lebensverhältnisse vor Ort zu verbessern. Kommunalpolitik war immer auch Sozialpolitik, stellte sich der Wohnungs- ebenso wie der Schulfrage, der Krankenversorgung und der Verbesserung der Verkehrsinfrastruktur.

Manche der Argumente, die Kurz entwickelt, erinnern an dieses Programm, das nicht zuletzt Willy Brandts Erklärung ernst nahm, Demokratie zu wagen und so den «CDU-Staat» zu verändern. In den 1980er-Jahren engagierte er sich bei den Jungsozialisten, in der Mannheimer Kommunalpolitik, wurde er Bildungsbürgermeister, 2007 bis 2023 folgte er dem Sozialdemokraten Widder als Mannheimer Oberbürgermeister, verzichtete auf eine erneute Kandidatur und verarbeitete 2024 mit der Skizzierung «Guter Politik» positive wie negative Erfahrungen. Bezugspunkt seiner kritischen Bemerkungen bleibt die Stadt.

Stadt ist die eine, der Nationalstaat die andere Ebene. Im Grundgesetz werden Länder und Gemeinden im Art. 28 zusammengedacht, in der Praxis aber fallen sie auseinander, werden die Städte faktisch zu nachgeordneten Verwaltungsbereichen. Kurz folgt dem amerikanischen Politikwissenschaftler Barber, der sich kritisch über den Nationalstaat äußerte, weil er nicht wie die Städte in der Lage sei, die «wechselnden Abhängigkeiten» der Menschen vor Ort wahrzunehmen, die zunehmend die Lebenswirklichkeit mit «Wohnen, Arbeiten, offenen Räumen und kulturellen Angeboren» prägten. Die Folge wäre eine Entfremdung, eine Gleichgültigkeit, ein Gefühl der Fremdbestimmtheit, die sich in den niedrigen Wahlbeteiligungsraten bei nachgeordneten Wahlen niederschlägt. Dies bedeutet zugleich, dass kritischen Stimmen eine Mobilisierung der Wähler gelegen kommt.

Kommunalpolitik ist unmittelbar wirksam. Denn in Gemeinden, Landkreisen und Städten kämen sich Politik und Bevölkerung «näher», zwängen beide Seiten «dialogischer zu agieren». Für Kurz gehört zu den Voraussetzungen eines Kommunalpolitikers, «ganzheitlicher [...] als nationale Politik» zu denken (17). Es geht um Anbindung durch den Verkehr, um schulische und ärztliche Versorgung, um Nachbarschaftlichkeit, um Rücksicht auf Mitbürger und um Verant-

1 *Kommunalpolitik für wen?* Arbeitsprogramm der Jungsozialisten, Frankfurt a.M. 1971.

wortung für Lebensräume, um Krankenversorgung, Sauberkeit und öffentliche Ordnung. Es geht also um unmittelbar fühlbare Lebensumstände, die entscheidend sind für Wohlbefinden und Wohlgefühl, um Zukunftsgestaltung.

Enges Fachdenken steht dem entgegen, denn es hat nur ein Ziel im Auge. Kurz bezeichnet es als «Silo-Denken», weil «isolierte Fachpolitik» anders als Kommunalpolitik sich nicht den komplexen «ganzheitlichen» Herausforderungen der Mehrdeutigkeit, der Gleichzeitigkeit von Differenz und damit der konkreten Probleme eines keineswegs selbstläufig eintretenden gesellschaftlichen Miteinanderseins stellen müsse. Kommunalpolitik verlange mehr als die Regierungspolitik den stadtgesellschaftlichen Dialog, den ständigen Austausch zwischen Wissenschaft und Politik. Dies hätte sich besonders während der Corona-Krise gezeigt, als es darauf ankam, die besonderen Umstände von Vierteln, von Generationen, von Pflegesituationen zu berücksichtigen. Widerspruch entzündete sich an der Akzeptanz von allgemeinen Besonderheiten, nicht berücksichtigen Vorschriften, die zunehmend bezweifelt und bekämpft wurden.

Die Vorstellung der Top-Down-Vorgänge hätte sich gleichsam in Gegenströmungen gebrochen, sei an dem Anspruch «Governance» mit Steuerung und Regierung gleichzusetzen gescheitert. Er plädiert gegen das hierarchische Top-Down-Denken der Regierungsseite für ein kooperatives Modell der «Multi-Level-Governance», unterscheidet dies von der eher stark «deskriptiven» Vorstellung eines zu statisch gedachten politischen Mehrebensystems. Dies versteht Kurz als nicht nur institutionenübergreifendes, institutionelles Lernen, das sich gegen das zentralistische Selbstverständnis wendet, das sich in dem Satz manifestiert: Es könne ja nicht sein, dass die Kommunen dem Bund sagen, was er zu machen hat. (25) Kurz weigert sich, Städte als nationalstaatliche Erfüllungsgehilfen zu verstehen, er will nicht «hinnehmen, wie sehr Nationalstaaten nicht nur ihre eigenen Ziele verfehlen, sondern den Erfolg kommunaler Politik» begrenzen, nicht zuletzt, weil sie sich für übermächtig und allwissend halten.

Kurz wendet sich gegen eine politische Übersteuerung, eine Art Selbstfesselung, die sich allerdings nicht in der pauschalen Forderung des Bürokratieabbaus erschöpft. Ihm geht es um die Klärung der Frage, «ob das, was gewollt ist, auch erreicht wird.» Gegen die zeitgeistige Forderung eines «Rückzug[s] des Staates» setzt er den Anspruch, die an die öffentliche Hand gerichteten Leistungserwartungen nicht durch «Standards» genannte «kleinteilige Regelungen» erfüllen zu können, sondern kritisch die tatsächliche «Zielerreichung» zu validieren, also ständig die «Wirkung» politischer Entscheidungen zu evaluieren. Hier wird der Frust deutlich, der ihn zum Kritiker macht: «Gesteuert wird, wie viel ausgegeben wird». Er fordert mit der Festlegung des «gewünschten Zustandes» die Überprüfung von «Wirkungszielen» im Sinne «angestrebter Zustände» und sieht in diesen Kriterien für die Bestimmung von «Regierungseffektivität» (31). Ihm ist bewusst, dass diese Forderung durchaus einen Bruch mit lieb gewordenen Regierungspraktiken bedeutet. Das floskelhafte Gerede über «Evidenzbasierung» beeindruckt ihn nicht, sieht er darin doch letztlich nur eine deutsche, ihm als perfide erscheinende «Überzeugungsbasierung», eine spezifische Form des «Idealismus», dem der «theoretisch richtige Gedanke» genügt, der aber weit entfernt ist von einer «Wirkungsorientierung», die allein geeignet sei, «Zielwidersprüche», aus dem Glauben an eine oftmals sogar «strafbewehrte» Fixierung auf standardisierte Zielvorgaben zu erklären. «Sind Standards gesetzt, ist niemand berechtigt, Aufwand und Ertrag zu hinterfragen», wird auch nicht mehr bedacht, dass allen Herausforderungen, selbst den globalen, «auf lokaler Ebene» begegnet werden muss.

Die «Wirkungsorientierung» müsse alle übergeordneten Regierungsinstitutionen veranlassen, eine neue Kultur der effizienten Gestaltung der Lebensverhältnisse zu entwickeln und eine Art Selbstbehinderung der Verwaltung durch eine Politik der «Zuschuss- und Förderungspolitik», gleichsam der «goldenen Zügel», überdies durch lähmendes Silodenken oder eine «angstbesetzte Regelbindung», zu vereiteln. Als «Mutter aller Probleme» identifiziert Kurz das «Versäumnis», Zugehörigkeit zur Stadtgesellschaft und Loyalität ihr gegenüber zu betonen und zu leben. Wo dieses nicht möglich ist, gibt es kaum Zukunftsperspektiven. Dies bedeutet, die Differenz zu überbrücken, die einerseits aus der Zugehörigkeit zur Stadtgesellschaft und andererseits aus der Ausgrenzung aus dem überlokalen, dem nationalstaatlichen Zusammenhang folgt.

Es lohnt nicht nur, sondern ist unvermeidlich, über diese Feststellung nachzudenken: Denn aus dieser Differenzierung entstehen «Zumutungen, die für die lokale Gemeinschaft umso größer (werden), je mehr der Staat aus Gründen der Abschreckung irregulärer Zuwanderung die Integration behindert», diese nicht korrigiert, weil er sich nicht in der Lage sieht, reguläre Migration zu organisieren. So entsteht eine Spannung zwischen «nationalstaatlichen Abwehrstrategien» durch verhinderte oder erschwerte Integration und dem lokalen, nachbarschaftlichen «Bedürfnis, soziale Gemeinschaft zu stabilisieren». (49) Die könnte durch eine schnelle Integration in und auch durch den Arbeitsmarkt geschehen. Damit verbindet Kurz «Angebote der Zugehörigkeit» mit der Aufforderung an die Zuwanderung, «Integration wirklich anzustreben».

Zugehörigkeit ist keine Bringeleistung der Zuzugsgesellschaft, sondern bedarf der Akzeptanz der Ordnung der Aufnahmegesellschaft, also der Toleranz, der Anerkennung der verfassungsmäßig definierten Grundwerte, der Menschenrechte, der Anerkennung der freiheitlichen demokratischen und pluralistischen Gesellschaft. Ziel sei gleichsam eine Transnationalgesellschaft, die wiederum eine doppelte Voraussetzung zu erfüllen hat: Anerkennung der Geschichten und die Aufnahme der Migration der Nachkriegszeit in die Stadtgeschichte. Zusammenleben hat mit allen, die in einem Ort leben, zu tun, und setzt Vielfalt, gemeinsame Wertvorstellung und die Bemühung um Regeln, ggf. auch deren Durchsetzung voraus. Loyalität könnte sich so einstellen, gleichsam ergeben. Sie zu fordern markiert hingegen die Grenze des «Nichtdazugehörens» und werde als eine Art von medial vermitteltem Postulat wahrgenommen.

Die Herausforderungen einer sozialdemokratischen Integrationspolitik verweisen auf die Tendenz zu einer öffentlichen Diskussion, die eine Akzeptanz integrativer Institutionen verschiebt und eine Tendenz verstärkt, die Parteien zunehmend weniger zu einer «gestaltenden», sondern zu einer «Kraft», macht, die in wachsendem Maße reaktiv Stimmungen aufgreift. Denn «wo Zustimmung scheinbar kaum noch durch direkte Ansprache erarbeitet werden kann, liegt der Versuch nahe, Zustimmung durch Nähe und Widerspiegelung schon vorhandener Befindlichkeiten zu erreichen» (65). Anstelle einer offensiven Vertretung von politischen Positionen träte eine ausgeprägte Bemühung um «Konfrontations- und Schmerzvermeidung». Die Zurückhaltung reflektiert die Furcht vor einer negativen Medienresonanz. Diese verlangt keine Bereitschaft zur Pressereaktion, zum Leserbrief oder zur Pressekonferenz, sondern den Mut, neue Arenen der politischen Auseinandersetzung zu konstruieren, um so dem fatalen, durch Presse und «Social Media» produzierten Druck entgegenzutreten und einen «Außenpluralismus» durchzusetzen. Medien seien so wenig wie die Politik Dienstleister, kein Leser und kein Wähler ließe sich als «Kunde» instrumentalisieren, gleichsam politisch entmündigen. Ihm sei Debatte und Argumentation nicht nur zuzumuten, sondern er sei mit Information und kritischer Reflexion politisch handlungs- und entscheidungsfähig, im demokratischen Sinne reif zu machen.

Politische Beteiligung bietet Kurz zufolge keine automatisch problemlose Lösung, so sehr Anhänger der direkten Demokratie beanspruchen, den Zustand der «unfertigen» und «minderen», weil «nur» repräsentativen und nicht direkten Demokratie durch Bürgerentscheide verbessern zu können. Er sieht in dieser Kritik den Ausdruck eines fehlenden «gemeinsamen» Demokratieverständnisses. Damit lenkt er den Blick auf eine Demokratievorstellung, die sich aus dem Gefühl einer zivilgesellschaftlich begründeten Überlegenheit speist, die sich manifestiert in dem beinharten und unflexiblen Verständnis unmittelbarer partizipatorischer Interessenartikulation und -durchsetzung. Er spricht aus, was oft verschämt angedeutet wird: das sich Demokratie durch demokratische Forderungen «unterminieren» (85) lässt. Kennzeichen demokratischer Willensbildung ist die Akzeptanz von Divergenz, die sich in unterschiedlichen, aber durch einen Grundkonsens vermittelbaren, politischen Zielen und auch Werten manifestieren kann, aber auf Grundelemente wie Menschenrechte, Minderheitenschutz, Gewaltenteilung, sogar Gemeinwohlorientierung beruht. Wie dieses Miteinander funktioniert, zeigt sich in den Kommunen.

Eine partizipatorische Selbstregierung – und Christian Meier hat einmal Demokratie nicht nur als Isonomie, sondern als die Herrschaft des Volkes über sich selbst beschrieben[2] – erfährt ihre grundlegende Gefährdung, wenn eigene Interessen kompromisslos verabsolutiert werden, also definitiv nicht mehr «anschlussfähig» sind. Das kann bedeuten, dass Partialinteressen unberücksichtigt bleiben und in die Unterstellung einer angeblich manipulierten, «gelenkten» Demokratie münden. Dies kann zu einer Entfremdung im Zuge der Dichotomisierung von Regierten und Regierenden, von Herrschenden und Beherrschten, von Manipulierten und Manipulateuren führen und in die Entfremdung von der Demokratie. Dann kann ein Umschlag erfolgen, der von der Beschwörung der «wahren» Demokratie in eine «gelenkte» oder «illiberale», autoritäre, plebiszitär strukturierte Demokratie mündet.

Kurz bekennt sich zur politischen Selbsttätigkeit. Man solle nicht glauben, «dass es eine Mehrheit der Menschen einfach gemacht bekommen will», dass den Menschen und der Öffentlichkeit «wenig zugemutet» werden könne und dürfe. Die Behauptung von «Zumutungen» als Folge der gemeinsamen, politisch vermittelten Ziele des Zusammenlebens begründet in seinen Augen den «Erfolg des Populismus», verstärkt die Neigung, die Welt «schönzure-

2 Christian Meier: *Die Entstehung des Politischen bei den Griechen*, Frankfurt a. M. 1980.

den», verstärkt den Eindruck, das Entscheidungen und Veränderungen «geliefert» werden, nachdem sie bestellt wurden. Für Kurz ist Populismus nicht ein Reflex der Selbstermächtigung, sondern ein «Angriff von oben»(104), der nur erfolgen kann, weil Demokratie «so selbstverständlich geworden sei», das das Gefühl für ihre Mechanismen und Funktionsweisen verloren ging. Dies alles erinnert daran, dass Parteien und Institutionen lediglich der politischen Mitwirkung sind. Populisten wenden sich nicht nur gegen staatliche Institutionen und Altparteien, sondern verachten sie, indem sie sich überhöhen als Vertreter einer populistischen «Notwehr» (105), angesichts der angeblichen Sprach- und Handlungsunfähigkeit angeblich «Vernachlässigter».

Politik braucht Haltung, gewiss auch Meinungen, vor allem aber Grundpositionen, die sich auf die Verfassung und die Menschenrechte beziehen. Populismus verzichtet hingegen auf «belastbare Positionen», zielt nicht einmal auf Meinung, sondern stellt eine politische «Methode» dar. Sein Kennzeichen ist es, sich «abwertender Muster zu bedienen», gleich, um welches Thema es geht. Moralisierung der Positionen führt zum Verlachen und zum Verächtlichmachen des Gegners, steigert sich zur Herabwürdigung des politischen Kontrahenten und Mitbewerbers im Meinungscamp, der als Person vom Gegner zum Feind stilisiert wird. Kurz ermuntert zur Instrumentalisierung von Argumenten, zum Mut zur Debatte, zugleich warnt er davor, die durch Emotionalisierung gekennzeichnete «Gefühlspolitik» durch eine Betonung der verfassungsmäßig verbrieften Grundwerte zu konterkarieren. In den Wahlergebnissen vom 14.9.2025 lassen sich Ansätze einer demokratischen Erosion nachweisen. Wenig hilfreich ist es, immer wieder die «besorgten Bürger» zu bemühen, die sich in Pegida-Protesten, in «Wir sind das Volk»-Manifestationen oder in der Honorierung der AfD-Ressentiments durch Stimmabgaben gegen Alt- und Systemparteien ausdrücken. Die Offenlegung der Absichten, die Diskussion von Argumentationsmustern bieten Ansätze einer konfliktorientierten Aufklärung, einer «Immunisierung» gegen Tendenzen einer Diskreditierung der «formalen» Demokratie und der «Verachtung von Politik».

Elemente des Kulturkampfes sind Wasser auf die Mühlen demagogischer Populisten, die politische Gegensätze durch kulturelle Konflikte grundieren wollen. Deshalb behaupten sie Einschränkung von Meinungsfreiheit, sprechen von Gesinnungs- und Lügenpresse, behaupten, dass man nicht sagen könne, was man denke. Sie steigern ihr Silo-Denken zum Tunnelblick und setzen sich für die Beschränkung des öffentlichen Diskurses ein.

Deshalb kommt es darauf an, diesen Kampf aufzunehmen, pauschale Diffamierungen, «Schlag-Worte» abzuwehren, der Marginalisierung von Demokratie, Parlamentarismus, Rechtsstaatlichkeit, Medien- und Meinungsfreiheit entgegenzutreten. Nur aus dem Dialog, der Kontroverse, der Prüfung von Argumenten kann ein tragfähiger, politischer Kompromiss entstehen, der Verständigungsbereitschaft voraussetzt. Demokratien, die Kulturkämpfe annehmen, stellen ihre Bauform als «offene Gesellschaft» und damit ihre politische Legitimation infrage. Die Sozialdemokratie hat 175 Jahre lang für Demokratie, Verfassung und Minderheiten gekämpft. Sie hat sich für den «Volksstaat» eingesetzt, das allgemeine, gleiche, geheime und direkte Wahlrecht durchgesetzt und ihren Gegner auf der monarchistischen, deutschnationalen und national-sozialistischen Rechten nicht nur Widerstand geleistet, sondern auf die Kraft des Argumentes gesetzt. Gegen Destruktionen der gemeinsamen Wertvorstellungen vertraute sie auf ihre politisch weiterführende, konstruktive Strategie, verkörperte sie innerparteilich den politischen Pluralismus, der in der Präambel des Godesberger Programms beschworen wurde.

Die Sozialdemokratie setzte sich für das Konzept der kommunalen Demokratie ein, stärkte den Gedanken der Selbstverwaltung und Selbstverantwortung, tolerierte unterschiedliche lebensweltliche Vorstellungen, strebte immer danach, die Lebensbedingungen der Menschen entschlossen zu verbessern, deshalb ist der Verlust der einst satten Mehrheiten in den Hochburgen der Sozialdemokratie nicht hinzunehmen. Demokratie von unten, aus den Kommunen aufzubauen, hat sich mit der Ära Brandt und dem kommunalpolitischen Programm der Jungsozialisten bewährt. Kurz setzt hier an – sein Buch sollte auf dem Tisch jedes sozialdemokratischen Kommunalpolitikers liegen. ■

Benno Haunhorst

Eindimensionalität und Transzendenz. Herbert Marcuse wiedergelesen

Ob heute in den diversen Protestcamps noch Herbert Marcuse gelesen wird, vermag ich nicht zu sagen. Aber wenn es den einen um die Rettung vor der unmittelbar bevorstehenden globalen Katastrophe geht und die anderen nach Respektierung ihrer eigenen Identität hier und jetzt verlangen, dann ließen sich dazu dienliche Gedanken bei Marcuse finden. Wie kann man ein zerstörerisches System überwinden? Eindimensionaler Mensch, repressive Toleranz, Naturrecht auf Widerstand und die Große Weigerung lauten dazu einige Überschriften aus Marcuses Schriften.

Der eindimensionale Mensch

Herbert Marcuse (1898–1979) wurde in den 1960er-Jahren zum Begleiter der aufbegehrenden Studenten in den USA und in der Bundesrepublik. Er nahm die Protestbewegungen gegen Krieg und Unterdrückung sowie für Bürgerrechte und Gerechtigkeit in sein Denken auf. In der Bundesrepublik traf er auf eine junge Generation, die nach Erklärungen suchte für die NS-Diktatur und für den restaurativen Antikommunismus nach dem Krieg. Er sah die Wut und den Veränderungswillen. Aber Marcuse erkannte auch, dass sich viele orientierungslos fühlten zwischen Leistungsideologie, Konsumorientierung, autoritären Strukturen und Positivismus einerseits sowie dem Verlust der alten linken Position einer proletarischen Revolution.

Ein unbeschädigtes Leben mit umfassender Befreiung der Menschen kann es nur jenseits des bestehenden Systems geben. Das war die schonungslose Analyse, die Herbert Marcuse vorlegte. Der alte Kapitalismus hatte sich zu einer modernen Industriegesellschaft mit Sozialstaat entwickelt. Die wichtigsten Merkmale dieser politischen Form sind die Vorherrschaft der Technokratie im Denken und Handeln der Menschen sowie der Verlust des Bedürfnisses nach Überschreiten der bestehenden Verhältnisse. Objektiv liefert zwar der materielle Reichtum des Systems alle Voraussetzungen zur Realisierung eines neuen Zusammenlebens, aber subjektiv verhindert die repressive Organisation der Bedürfnisse jede Veränderung. Marcuses Rezept lautete: Wer nicht zum «eindimensionalen Menschen» werden will, muss die Integration in die bestehende Gesellschaft verweigern. Die marginalisierten Gruppen sollten sich zusammenschließen in der «großen Weigerung». Sie müssen die Utopie der «Negation des Bestehenden» umsetzen. Es gibt ein «Naturrecht auf Widerstand» gegen ein System, das alles zur Ware macht und deshalb immer unmenschlicher wird. Man soll nicht alten politischen Vorbildern nacheifern und nach Mehrheiten suchen, sondern eine Bewegung bleiben, die an vielen Orten und über viele Themen dezentral als Partisan aktiv ist. In der Wirkungslosigkeit dieser Alternativen sah Marcuse keine Schwäche, sondern ein Zeichen ihrer Authentizität. Was zählt, ist nicht allein die richtige Haltung.

Radikale Perspektiven

In einer seiner letzten großen Reden legte Herbert Marcuse 1977 den Beweggrund seiner fundamentalen Kritik dar: «Das Ziel radikaler Veränderung heute ist die Entstehung von Menschen, die weder physisch noch geistig in der Lage sind, ein neues Auschwitz zu erfinden.» Dieses sittlich-politische Bekenntnis ist wichtig, denn die Perspektive seiner Analyse könnte auch totalitär oder reaktionär verstanden werden. Marcuse meinte, der technokratische Kapitalismus schränke das freie Subjekt ein, nivelliere die Lebenswelten und es ließen sich keine randständigen «Eliten» identifizieren, die dagegen hielten. Aber sind das nicht auch Gedankenzüge, die heute der Propaganda der Neonazis entspringen? Kulturelle Identität wird gefordert, das «System» muss weg, Tabubrüche und Grenzüberschreitungen werden aktiviert. Es ist aufschlussreich, dass auch vor 60 Jahren in der neuen Linken nicht erkannt wurde, wie wirklichkeitsfern und vor allem wie autoritär, ja repressiv ihr eigenes Verhalten wurde. Marcuse hingegen sah in der Studentenbewegung einen authentischen Akteur gegen die Ungerechtigkeit. In ihrem Verhalten zeige sich der revolutionäre Impuls darin, dass man alle bisherigen politischen Aktionsformen als systemkonform ablehnte. Ob er auch die heutigen antijüdischen Aktionen an einigen Universitäten so einstufen würde?

Herbert Marcuse sprach vom «Ende der Utopie». Damit meinte er, jetzt sei die Zeit der gesellschaftlichen Verwirklichung der Utopie gekommen. Daraus speise sich auch das «Widerstandsrecht der Marginalisierten gegen das System». Es bleibt nur die «Große Weigerung» für alle oppositionellen Kräfte. Marcuse möchte innerhalb dieser Welt über sie hinaus gelangen, sie und sich selbst transzendieren. Ist das aber nicht jene innerweltliche Eschatologie, die in der Geschichte Europas schon oft zur Katastrophe geführt hat? Und wenn er den unterdrückten Minderheiten ein «Naturrecht auf Widerstand» gewährt, dann darf die Rückfrage erlaubt sein, wie er das begründen will. «Naturrecht» weist doch auf etwas Vorgegebenes hin, aber Marcuse lehnt jede Metaphysik und jedes «Faktum der Vernunft» ab. Schließlich darf auch an ihn die Frage erlaubt sein, wie er denn von dem echten Glück jenseits der herrschenden Verhältnisse wissen kann, wenn er doch dieses System für total hält, auch im Bewusstsein.

Kritische Transzendenz

Politisch denkende Theologen entdeckten Herbert Marcuse in den 1960er-Jahren als eine Bezugsgröße für die Weiterentwicklung ihrer Theologie. Sie lernten von ihm, dass die «anthropologische Wende» der Theologie nicht bei «dem Menschen» stehen bleiben darf, sondern auch die geschichtlichen und gesellschaftlichen Zustände der Menschen einbeziehen muss. Dazu gehörte dann auch, nicht zu selbstsicher von «dem Sinn» des Menschen zu sprechen, sondern immer auch damit zu rechnen, dass dieser Sinn der Gefahr der Vernichtung unterliegt.

Die Transzendenz als das Überschreiten der systemischen Lähmung bildet ein zentrales Motiv im Denken von Herbert Marcuse. Dabei traute er der Religion nichts zu. Sie habe ihren explosiven Antrieb weitgehend aufgegeben und sich der Eindimensionalität unterworfen, indem sie Strategien entwickelt habe, wie sich Menschen ein gutes Gewissen zulegen können angesichts von Schuld und Leid.

Herbert Marcuse wurde auf eigenen Wunsch hin nach jüdischem Ritus bestattet. Es darf wohl behauptet werden, dass ihm seine religiöse Tradition wichtige Impulse vermittelt hat. Das technokratisch-kapitalistische System ist wie das Sklavenhaus Ägypten, aus dem das Volk auszieht, um in Freiheit leben zu können.

Wenn man heute an Marcuse erinnert, dann begreift man wieder, dass man die Entfremdung zwischen der Erfahrung von Geschichte als Leidens- und Unterdrückungsgeschichte und dem davon unberührt bleibenden theologisch-politischen Diskurs durchbrechen muss. Alles Reden von einem Sinn ist dann in höchster Gefahr, wenn er als ungefährdet gedacht wird. Marcuse heute theologisch wahrzunehmen, bedeutet auch, die Aufmerksamkeit zu schärfen für die repressive Religiosität des eindimensionalen Menschen. Die Kirche hat sich zu oft der herrschenden Kultur nur angepasst und nicht auf das radikal Andere, auf das Kritische und das Befreiende, auf die Alternative zum funktionierenden Kapitalismus hingewiesen. Was ist Christen die Transzendenz wert? Und in welchem Verhältnis steht sie zu unserer Wirklichkeit? Bewirkt christliche Transzendenz eine veränderungsfähige Praxis? Und die wichtigste Frage lautet schließlich: Worunter leiden Menschen? Man muss sich die Frage stellen, die Herbert Marcuse uns hinterlassen hat: Wodurch wird verhindert, dass viele Zeitgenossen das Leid ihrer Mitmenschen überhaupt wahrnehmen? Das wäre der Einstieg in eine kritische Transzendenz.

Emanzipatorische Freiheit

Wie kann man unter den Umständen der Eindimensionalität in Freiheit seine Identität leben und dabei die Hoffnung auf die universale Befreiung nicht aufgeben? In *Der eindimensionale Mensch* analysierte Marcuse ein System, dass so perfektioniert wurde, dass kein eigenes Freiheitsbewusstsein mehr entstehen kann. Alle aufkommenden Konflikte können in das System integriert und dort befriedigt werden. Der eindimensionale Mensch lebt, denkt und empfindet nur noch in der Dimension der kapitalistischen Industrie- und Wohlstandsgesellschaft.

Herbert Marcuse dachte aber weiter: Die wahre Emanzipationsbewegung kann nur außerhalb des Systems gegründet werden – also: Transzendenz, Exodus, Messianismus, Ecclesia! – von Menschen, die von der absoluten Freiheit angetrieben werden. Aber wie – so sollte man Marcuse nachfragen – kann sich ein solches Freiheitsbewusstsein entwickeln in einem allumfassenden System der totalen Bedürfnisbefriedigung? Braucht es dafür nicht doch die Verheißungen, Erwartungen und Erfahrungen einer gelebten Religion?

Eine weitere Frage muss sich Marcuse gefallen lassen: Was ist mit den Menschen, die mit ihrem Einsatz für die Emanzipationsbewegung nicht zum Ziel gelangten? Oder auch so formuliert: Eine – möglicherweise – befreite zukünftige Generation wird in dem

Bewusstsein leben, vieles dem Einsatz der vorangegangenen Generationen zu verdanken. Das Glück der Lebenden ruht also auf den Schultern der nicht Durchgekommenen. Lässt sich damit befreit und glücklich leben? Aus einer solchen Situation der Ausbeutung kann man wohl nur dann entfliehen, wenn die Vergangenheit nicht abgeschlossen ist. Der Tod darf nicht das Ende sein. Es muss auch eine Emanzipation nach rückwärts geben. Erst dann wäre die Eindimensionalität des Menschen durchbrochen. Marcuse vertrat allerdings die Meinung, dass jeder, der sich für die Befreiung engagiert, allein dadurch ein sinnerfülltes Leben geführt hat, selbst wenn er den Erfolg seines Einsatzes nicht mehr erlebt. Damit imitierte er allerdings bloß die zweckrationale Denkweise des eindimensionalen Menschen.

Marcuse ging aber der wirklich interessanten Frage nach, welche Ausprägung ein System der Unterdrückung haben muss, damit die Menschen es nicht als Unterdrückung, sondern als Freiheit erleben. Für moderne Theologen ist diese Frage sehr interessant, weil auch sie den Gottesglauben von der Praxis der Freiheit her zu verstehen versuchen. Mit Marcuse könnte man jetzt kritisch anmerken: Wenn man Freiheit als existenzielles Erfahren des unbedingten Herausgerufenseins verstanden wissen möchte, unabhängig von den Weltläufen, wahrgenommen als Begegnung mit dem wahren Gott, dann vertritt man einen verinnerlichten und individualisierten theonomen Liberalismus. Dieser könnte seine Stimme nicht gegen Terror und Diktatur, Missachtung und Ausbeutung erheben. Es reicht nicht, sich einer subjektiv überzeugenden inneren Erfahrung sicher zu sein. Theologisch-politisch muss man Freiheit immer als gelebte Form eines gerechten und solidarischen Zusammenschlusses von Menschen verstehen. ■

Hannah Helbig / Emil Kostenzer

Zwischen Kritik und Konstruktion
Gießener Tagung zum «Globalen Süden»

Um «die politische Semantik einer Himmelsrichtung» sollte es auf der zweitägigen von Claus Leggewie und Lukas Böckmann organisierten Konferenz im September an der Justus-Liebig-Universität Gießen gehen. Gemeint ist damit der Globale Süden, zu dessen Begriffs- und Ideengeschichte sich in der mittelhessischen Provinz ausgetauscht wurde. Der Begriff «Globaler Süden» – auf der Tagung meist in Anführungszeichen gesetzt – beschreibt eine Vielzahl von Ländern, die in irgendeiner Art *unter* dem Globalen Norden zu liegen scheinen: so weit, so zirkulär, und bereits bei dieser Kurzbestimmung tritt das Problem zutage. Als schematisches Hilfskonzept versucht der Begriff, sehr verschiedene ökonomische, politische und historische Gegebenheiten globalen Ausmaßes zu benennen und daraus zwei Lager zu konstruieren.

Dass die Veranstaltung ausgerichtet wurde, um den Begriff des Globalen Süden zu *kritisieren*, schien von Anfang an klar. Etwa wurde auf die Bemerkung eines Tagungsteilnehmers, im Raum säßen vor allem Deutsche mit inhaltlich wie sozioökonomisch ähnlichen Positionen, nur geantwortet, man hätte gerne internationale Gäste eingeladen, doch die Reisekosten seien zu hoch gewesen. Nicht nur vor diesem Hintergrund kam im Laufe der Konferenz die Frage auf, ob es sich bei der Rede vom Globalen Süden nicht eigentlich um ein Selbstgespräch im Globalen Norden handeln könnte. So merkte Lukas Böckmann an, dass der Ausdruck «Global South» zum ersten Mal 1968 von Carl Ogelsby in einer Zeitschrift der US-amerikanischen Linken verwendet wurde. Und David Kuchenbuch wies in seinem Vortrag über die Mediengeschichte der Nord-Süd-Beziehungen darauf hin, dass es ein Bremer Historiker war, der mit der Peters-Projektion bereits 1974 eine alternative Weltkarte vorstellte und damit das eurozentrische Weltbild hinterfragte. Das Reden vom Globalen Süden unter Menschen, die diesem selbst nicht angehören, scheint stets auch eine selbstvergewissernde Note zu enthalten.

Gegen diese These des Selbstgesprächs spricht eine zunehmende Aneignung des Begriffes durch die BRICS-Staaten. So stand das diesjährige Treffen des explizit in Opposition zum Westen[1] gegründeten Bündnisses unter dem Motto «Strengthening Global South Cooperation for a More Inclusive and Sustainable Governance».[2] In Punkt 8 der Abschlusserklärung hieß es dann: «Wir glauben, dass die BRICS-Staaten weiterhin eine zentrale Rolle dabei spielen, die Anliegen und Prioritäten des Globalen Südens zu vertreten und eine gerechtere, nachhaltigere, inklusivere, repräsentativere und stabilere internationale Ordnung auf der Grundlage des Völkerrechts zu fördern.»[3] Dieses Selbstverständnis als Schützer internationalen Rechts mutet angesichts des völkerrechtswidrigen Krieges von BRICS-Mitglied Russland freilich seltsam an – und im Schweigen zur Lage der Ukraine offenbaren die unterzeichnenden Staaten eben jene moralische Selektivität, welche sie ansonsten dem Westen vorwerfen. Aber auch abseits dieser Widersprüche hebt die positive Bezugnahme des BRICS-Bündnisses auf den «Globalen Süden» grundlegende Probleme eben dieses Begriffes hervor. So betonte Ulrike Jureit in ihrer Keynote, dass die zum »Globalen Süden» gezählten Staaten sich in ihrer Historie, ihrem Prokopfeinkommen, ihrem Industrialisierungsgrad und in ihrer geopolitischen Einbettung stark unterscheiden. Subsumiert man sie dennoch unter einen Begriff, leidet nicht nur dessen analytische Schärfe, sondern es werden auch gegenwärtige globale Machtverhältnisse verschleiert: Laut Jureit ergibt sich die Zugehörigkeit zum Globalen Süden vor allem aus einem Selbstverständnis als Opfer des Kolonialismus. Doch wenn das der gemeinsame Nenner sein soll, dann verdeckt die Aneignung des Begriffes durch Staaten wie China deren eigene interessengeleitete – manche würden sagen: neokoloniale – Wirtschaftspolitik in Afrika. Ebenso verkomplizieren Russlands imperialer Expansionismus sowie Chinas territoriale Ansprüche auf umliegende Gebiete das klare Bild des kolonisierenden Nordens und des kolonisierten Südens. Auf Grundlage dieser Beobachtungen kritisierte Jureit die Gegenüberstellung von Globalem Süden und Globalem Norden als verkürzte Freund-Feind-Konstruktion. «Das Koloniale» als Deutungsmuster einer komplizierten Welt fungiere als kultureller Code, der ein transnationales Identifizierungs- und Solidarisierungsangebot mache und so die Zusammengehörigkeit von sehr heterogenen Ländern begründe.[4] Über eine gemeinsam konstruierte Opferidentität schaffe der Begriff des Globalen Südens eine moralische Rechtfertigung für eine interessengeleitete und teils ideologisch ge-

1 Interessanterweise eben zum Westen, nicht zum Norden – wie man an der Mitgliedschaft Russlands sieht.

2 BRICS: *Rio de Janeiro Declaration – Strengthening Global South Cooperation for a More Inclusive and Sustainable Governance*, Rio de Janeiro, 06. Juli 2025.

3 Ebd.; Übersetzung d. Verf.

4 Siehe auch Ulrike Jureit, «Das *Koloniale* als kultureller Code», in: *Historische Zeitschrift* 319/2024. doi.org: https://is.gd/c8HHRn (open access).

färbte Bündnispolitik, wie sie sich in der BRICS-Gruppe manifestiere.

Hoffnungsträger «Dritte Welt»

Im ersten Panel der Tagung bereitete Jan Gerber eine Annäherung an den Begriff des Globalen Südens vor, indem er dessen Vorgänger, den Begriff der Dritten Welt, und seine Rezeption in der westlichen Linken beleuchtete. Gerber zeichnete nach, wie der Begriff der Dritten Welt nach seiner ersten Verwendung von Alfred Sauvy 1952 mit verschiedenen emanzipativen Hoffnungen verbunden wurde. Sauvy selbst lehnte ihn an den Begriff des Dritten Standes aus der Zeit der Französischen Revolution an und verknüpfte ihn so mit ganz ähnlichen revolutionären bis messianischen Hoffnungen. Die revolutionären Erwartungen hatte der Dritte Stand erfüllen können, die erlösenden nicht – und so setzte die Linke mit dem Proletariat auf ein neues Subjekt. Doch angesichts des autoritären Realsozialismus und spätestens nach der despotischen Niederschlagung des Ungarn-Aufstandes 1956 musste ein neuer Hoffnungsträger her. In diesem Zuge – das ist Gerbers These – entwickelte sich die Dritte Welt zum Symbol für die Unterdrückten und Ausgebeuteten dieser Erde. Nicht Erste oder Zweite Welt, nicht kapitalistischer Westen oder realsozialistischer Osten, sondern blockfrei sollte der neue Hoffnungsträger sein. Lagen antikoloniale Befreiungskämpfe zunächst quer zu einem Ost-West-Denken, wurden sie später davon absorbiert und erhielten ihre antiamerikanische Schlagrichtung.[5]

Mit dem Ende der Blockkonfrontation und ohne Kalten Krieg verlor der Begriff der Dritten Welt an Kraft, ohne Zweite Welt die blockfreien Staaten ihren Sinn. Gleichzeitig enttarnte das Umschlagen verschiedener nationaler Befreiungsbewegungen ins Autoritär-Undemokratische die in sie gesetzten Hoffnungen als projektiv. Die Bezeichnung als Dritte Welt schien abgenutzt und ein neuer Begriff wurde nötig. Hier setzte Lukas Böckmann an, die Erfolgsgeschichte des Kompositums «Globaler Süden» kurz zu umreißen. Schon Carl Oglesby erkannte die Teilung der Welt in Nord-Süd als «more explosive» als jene in West und Ost. Der Globale Süden fungierte fortan als Sammelbegriff für Länder des Trikonts. Der Süden als Metapher für ein unterentwickeltes Gebiet wurde dabei erstmals von Antonio Gramsci genutzt, um den inneritalienischen Konflikt zwischen dem industriellen Norden und dem ökonomisch rückständigen Süden zu beschreiben. Im Begriff des Globalen Südens wird diese Gegenüberstellung global verstanden und genutzt, um benachteiligte und mehrheitlich arme Regionen als Peripherie des Nordens zu beschreiben.

Der «Globale Süden» im postkolonialen Weltbild

Ein Schwerpunkt der Tagung war neben empirischer Prüfung und Begriffsgeschichte des Globalen Südens eine Kritik des Postkolonialismus sowie seines Verhältnisses zu Israel und dem Holocaust-Gedenken. Angesichts gegenwärtiger Gedächtniskonkurrenzen – die auch vom rechtskonservativen Kulturstaatsminister Wolfram Weimer angetrieben werden – ist das ein nachvollziehbarer Fokus. Zugleich scheint «der Postkolonialismus» für manche Anwesende zum Feindbild zu taugen, was dem eigentlichen Anlass der Tagung nicht immer zuträglich war. Dennoch überzeugte beispielsweise Monika Albrechts Feststellung, der Postkolonialismus essenzialisiere bestimmte ko-

5 Dazu bereits Jan Gerber: *Das letzte Gefecht. Die Linke im Kalten Krieg*. Berlin 2022.

loniale Wirkweisen, wie die kulturelle Konstruktion des Anderen, als inhärent «westlich» und sei dadurch blind gegenüber anderen Unterdrückern und anti-westlichen Ressentiments.

Zudem behandelten mehrere Referent:innen das Thema der Holocaust-Erinnerung in der postkolonialen Welt. Vor dem Hintergrund des sogenannten zweiten Historikerstreits über die Singularität der Schoah plädierten die Tagungsteilnehmer:innen für ein Festhalten an der Präzedenzlosigkeitsthese. Jureit verwies auf verschiedene Lagertypen während Kolonialismus und Schoah, und Steffen Klävers betonte die besondere Rolle des Vernichtungsantisemitismus, der allein den Völkermord an den europäischen Juden und Jüdinnen kennzeichnet. Das Gleichsetzen von Schoah und Kolonialverbrechen als machtpolitische Strategie im Kampf um Anerkennung entbehrt analytischer Schärfe und birgt realpolitische Gefahren: So ermöglicht es in Kombination mit der – historisch umstrittenen – Einordnung des Staates Israel als Kolonisator die im Kontext des Gaza-Krieges immer wieder auftauchenden Vergleiche zwischen Israel und dem NS-Regime. Israel wird dabei als Vertreter des Globalen Nordens imaginiert und der Nahost-Konflikt zu *dem* entscheidenden Schauplatz des Nord-Süd-Konfliktes stilisiert: Jeder Angriff auf Israel erscheint als dekolonialer Akt und Aufstand gegen den Faschismus. In Annika Padoans Vortrag wurden diese Deutungsmuster historisch beleuchtet; sie zeigte die Paradoxien von Erinnerungskonkurrenzen am Beispiel des Prozesses gegen NS-Verbrecher Klaus Barbie 1987 auf: Die Verteidigungsstrategie seines Anwalts Jacques Vergès bestand darin, die Gräueltaten der Nationalsozialisten gegen koloniale Massenverbrechen auszuspielen. Die Mehrheit der Konferenzteilnehmer:innen stand dabei dem durch Michael Rothberg geprägten Konzept der «multidirektionalen Erinnerung» skeptisch gegenüber.[6] Dieses würde, so die Kritik, die Präzedenzlosigkeit der Schoah in Abrede stellen. Die Hoffnung aber, dass eine Form der multidirektionalen Erinnerung auch ohne die Aufgabe der Präzendenzlosigkeitsthese möglich ist, möchten die Autor:innen dieses Berichts nicht aufgeben. Vielleicht wäre die Ergründung einer solchen Möglichkeit für die Tagung produktiver gewesen als eine doch schnell komfortabel wirkende einseitige Postkolonialismus-Kritik. Bündnispolitik, wie sie sich in der BRICS-Gruppe manifestiere.

Empirischer Gehalt des Begriffes

Doch was tun mit dem Globalen Süden? Könnte trotz aller Probleme mit dem Begriff produktiv gearbeitet werden? Steffen Bauer und Jonas Kreienbaum untersuchten in einem weiteren Panel seinen empirischen Gehalt. Kreienbaum zeigte am Beispiel Sambias einen typischen Prozess ökonomischer Dekolonisierung auf, welcher nach einer Phase des wirtschaftlichen Booms infolge der formalen Unabhängigkeit häufig in Wirtschaftskrisen einen jähen Stopp nahm. Staaten mussten, um Kredite von IWF und Weltbank zu erhalten, deren neoliberale Strukturanpassungsprogramme umsetzen, welche neue Dependenzen förderten. Die wirtschaftliche Dekolonisierung schlägt mittelfristig in ihr Gegenteil um: Statt relativer Autonomie entstehen neokoloniale Abhängigkeiten. Bauer unter-

6 Michael Rothberg: *Multidirektionale Erinnerung. Holocaustgedenken im Zeitalter der Dekolonisierung*. Berlin 2021.

suchte die ökologische Krise und scheint weiteren empirischen Gehalt für den Begriff zu finden. Er stellte fest, dass Staaten, die dem Globalen Süden zugerechnet werden, bei historisch geringen Treibhausgasemissionen oft von der Klimakrise besonders betroffen sind. In der Benennung dieser beiden Faktoren scheint der Begriff also einen Geltungsanspruch stellen zu können. Dagegen spricht, dass nicht alle Staaten gleichermaßen betroffen sind: Die sogenannten »Tigerstaaten» (Südkorea, Taiwan, Hongkong und Singapur) sowie China entgingen größeren Wirtschaftskrisen und damit der neoliberalen Schocktherapie des IWF. Auch sind die ebenfalls dem Globalen Süden zugerechneten OPEC-Mitgliedstaaten heute für einen großen Anteil der weltweiten CO_2-Emissionen verantwortlich und blockieren den internationalen Ausstieg aus fossilen Brennstoffen. Die Rede vom Globalen Süden ersetzt zudem verschiedene andere Begriffe – Dritte Welt, Peripherie, Globalisierungsverlierer, Entwicklungsländer, Länder mit niedrigem und mittlerem Einkommen – und meint zugleich: nicht westlich. Der Begriff soll zu viele Dimensionen auf einmal abdecken. Obwohl er einen gewissen empirischen Gehalt birgt, disqualifiziert er sich, das hat die Tagung gezeigt, für eine wissenschaftliche Anwendung und eine präzise Beschreibung globaler Ungerechtigkeit. Die Phänomene, um die es geht, existieren wirklich. Zu ihrer Beschreibung existieren ebenfalls Begrifflichkeiten, die den jeweils zu beschreibenden Sachverhalt präzise erfassen können. Die Rede vom Globalen Süden aber bietet einen begrifflichen Komfort und steht notwendigen Differenzierungen im Weg.

Für ein abschließendes Resümee der Tagung soll auf den bisher noch nicht genannten Vortrag von Georg Simmerl eingegangen werden: Dieser rekonstruiert den Antisemitismus-Skandal der *documenta fifteen* und analysiert, wie der Globale Süden in der Debatte mal als Akteur, mal als Angriffsziel und mal als Phantasma auftrat. In Bezug auf die Gießener Konferenz könnte man nun sagen: Während die *analytische* Kritik am Globalen Süden als Begriff überzeugt, konstruiert die *moralische* Kritik am Globalen Süden als scheinbar einheitlichem Akteur in der Diskussion um Holocaust-Erinnerung ihn erneut – auch als Angriffsziel und Phantasma. ■

Klaus-Jürgen Scherer

Was bleibt nach 50 Jahren? Kurze Skizze zum Jubiläum

Die Bonner Jubiläumsfeier der Hochschulinitiative Demokratischer Sozialismus im Oktober 2025 war ein Anlass zur Selbstverortung[1], ohne diesmal Eduard Bernstein und den demokratischen Sozialismus in den Mittelpunkt zu rücken:

I Das Fundament

Drei orientierende Zitate scheinen mir schon länger (man könnte noch einiges von Immanuel Kant hinzuziehen) wegweisend:

- Zunächst Artikel 1 des Grundgesetzes: *«Die Würde des Menschen ist unantastbar»*, gemeint ist die Würde aller Menschen, jeder Person, unabhängig von Al-

1 Erst ein Jahr nach Gründung der HDS stieß ich 1976 hinzu, angeregt durch meinen damaligen FES-Vertrauensdozenten Thomas Meyer und durch die Begegnung mit Horst Heimann im Berliner Otto-Suhr-Institut, wo ich das erste Semester Politikwissenschaft absolvierte.

ter, Geschlecht, Klassenzugehörigkeit oder Herkunft.
- Sodann das Karl-Marx-Zitat aus der Kritik der Hegelschen Rechtsphilosophie, den *«kategorischen Imperativ, alle Verhältnisse umzuwerfen, in denen der Mensch ein erniedrigtes, ein geknechtetes, ein verlassenes, ein verächtliches Wesen ist»*.
- Und schließlich das Beste aus dem Erfurter Programm (1891): *«Die Sozialdemokratische Partei Deutschlands kämpft also nicht für neue Klassenprivilegien und Vorrechte, sondern für die Abschaffung der Klassenherrschaft und der Klassen selbst und für gleiche Rechte und gleiche Pflichten aller ohne Unterschied des Geschlechts und der Abstammung. Von diesen Anschauungen ausgehend bekämpft sie in der heutigen Gesellschaft nicht bloß die Ausbeutung und Unterdrückung der Lohnarbeiter, sondern jede Art der Ausbeutung und Unterdrückung, richte sie sich gegen eine Klasse, eine Partei, ein Geschlecht oder eine Rasse.»*

Mit diesen Sätzen ist eine Haltung umrissen, für die Humanismus, Handlungsorientierung, umfassender Gerechtigkeitsbegriff, Hoffnung auf eine neue Gesellschaft und SPD-Bezug einen Bezugsrahmen darstellt. Hinzu kam unsere Debatte um Ökosozialismus[2], das Überleben der Menschheit erwies sich genauso wichtig wie die solidarische Gesellschaft.

|| Zwischen Theorie und Praxis

Was vor 50 Jahren, damals in zweifacher Abgrenzung gegen marxistische Dogmatik und gegen theorielosen Pragmatismus, formuliert wurde, ist nach wie vor relevant. Den reformistisch-revisionistischen demokratischen Sozialismus, wie er etwa in der Gründungserklärung der HDS entworfen wurde[3], erwies sich immer als das Aushalten von *Spannungsverhältnissen*, die nicht einseitig auflösbar sind:
- dazwischen, die sich wandelnden Sozialverhältnisse immer wieder *neu und kritisch* zu analysieren und dennoch an den Sozialismusdebatten der Arbeiterbewegung anzuknüpfen;
- dazwischen, letztlich eine neue Ordnung von Wirtschaft und Gesellschaft *jenseits* des Kapitalismus für nötig zu halten und dennoch bereits jetzt unter den *bestehenden Bedingungen* die Verhältnisse mit demokratischen Mitteln zu verbessern;
- dazwischen, von einer utopisch-visionären Zukunft gleicher Freiheit in Solidarität zu träumen und dennoch die tägliche Realpolitik der kleinen Schritte für entscheidend zu halten;
- dazwischen, sich allen Widersprüchen, Krisen und dystopischen Entwicklungen zu stellen und dennoch Hoffnung und Zuversicht nicht aufzugeben, denn eine praxistaugliche, mehrheitsfähige Politik zum Besseren muss möglich sein;
- dazwischen, alle freiheitsfeindlichen, diktatorischen Wege und Kräfte entschieden zu bekämpfen, und dennoch gleichzeitig in einer multipolaren Welt von den Realitäten auszugehen und verantwortungsvoll zu handeln;
- dazwischen, den Grundwert Freiheit für entscheidend zu halten und dennoch die Notwendigkeit der solidarischen Einbet-

2 Siehe *perspektivends* 1/23, S. 47 ff.

3 Autorenteam der HDS: *Zur Einführung in die Theorie des Demokratischen Sozialismus*, Schriftenreihe der HDS Bd. 1., Köln-Frankfurt a. M. 1977.

tung jeder Freiheit anzuerkennen. Einerseits sollen alle Menschen das Recht und die Möglichkeiten haben, ihr Leben nach eigenen Vorstellungen selbst zu gestalten, andererseits sind Wirtschaft und Gesellschaft so zu transformieren, dass ökologische und soziale Voraussetzungen für ein gutes Leben *für alle* möglich bleiben;

- dazwischen, kritisch-solidarisch die Sozialdemokratie zu stärken und dennoch die notwendige zivilgesellschaftliche Kooperation und parteipolitische Bündnispolitik «links der Mitte» für wichtig zu halten – und zudem eine Kultur des Kompromisses aller Demokraten, gerade gegen Rechtsaußen, zu pflegen.

III Gewandelte Zeiten

Manches, was in der HDS früh formuliert wurde, klingt in der gewandelten Welt aktueller denn je. Wie das Ziel, dass Freiheit und Menschenrechte *für alle* erstritten werden müssen, dass Demokratie der sozialen Fundierung bedarf, dass es hierzu, wie auch immer, der öffentlichen, demokratischen Kontrolle wirtschaftlicher Macht und der Freiheit der Information bedarf. Bedeutende Themen der HDS waren Wirtschaftsdemokratie als dritten Weg zwischen Kapitalismus und Zentralverwaltungswirtschaft, die Demokratisierung aller Lebensverhältnisse, die Zukunft der Arbeit, Gefahren durch neue Technologien, der zentrale Stellenwert der Ökologisierung der Ökonomie, die existenzielle Bedeutung Europas, die Emanzipation der Frau oder die Friedenspolitik – wenn man heute auch manches anders akzentuieren würde, für all dies gilt weiterhin, was einst Klaus Staeck ausrief: «*Nichts ist erledigt*».

Auch der unerwartete Untergang des Leninismus in Europa vor 35 Jahren hat die HDS nicht überflüssig gemacht. Das Demokratische, Soziale und Nachhaltige haben deshalb ja nicht gesiegt, das «Ende der Geschichte» fand nicht statt, die neue Weltunordnung birgt neue Gefahren. Die gewandelten Zeiten bestehen darin, dass das Neoliberale, Diktatorische, Autoritäre, Kulturkämpferische, Nationalistische, Imperialistische, ja Kriegslüsterne unerwartete Renaissance erlebt. Gesellschaftliche Spaltungen, ökonomische Polarisierungen, soziale Verwerfungen nehmen zu, weltweit wachsen brutale (und wirre) Machtpolitik und grenzenlose Kapitalkonzentration zusammen, ökologische Kipppunkte bedrohen immer mehr.

Was wir derzeit erfahren, ist zweierlei: Einmal ein weltweites *Rollback* gegenüber den linksliberalen und weltoffenen Errungenschaften, die mit den Jahreszahlen 1968 und 1989/90 verbunden sind – in diesem Aufbruch für eine bessere Welt der Demokratisierung und Gerechtigkeit war ja auch die HDS entstanden. Zum anderen eine Umkehr der Befindlichkeit: Vor 50 Jahren waren wir *optimistisch* im Hinblick auf die Gestaltbarkeit der polit-ökonomischen Systeme auf der Basis unserer Theorien, Analysen und für richtig gehaltenen Weltsicht. Heute sind nicht nur Zweifel an Vielem gestiegen. Bisher ist es nicht gelungen, den Widerspruch zwischen Wachstumszwängen der kapitalistischen Konsumgesellschaft und den ökologischen Grenzen des nicht nachhaltigen Wachstums wirklich aufzulösen. Derzeit fällt es zunehmend schwerer, an Auswege aus den vielfältigen Krisen und drohenden Katastrophen zu glauben. Aus Fortschrittsoptimismus und utopischem Überschuss wurde viel zu oft Zukunftsangst, ein eher defensives Lebensgefühl der Verteidigung und Resilienz oder gar der Sehnsucht nach vergangenen Zeiten.

IV Vor der Verzwergung?

80 Jahre nach ihrer Neugründung am 5. Oktober 1945 in Wennigsen bei Hannover hat die älteste Partei Deutschlands nur noch rund 350.000 Mitglieder (1990 waren es 940.000) und liegt bei 15 Prozent, wenn an jenem Sonntag Bundestagswahlen gewesen wären.[4]

In einer historischen Perspektive zeigen sich drei grundsätzliche Veränderungen:

1. einer vervielfältigten Parteienlandschaft mit zunehmender Wählerwanderung Richtung AfD;
2. einer verbliebenen Wählerstruktur der SPD, bestehend überproportional aus Rentnern und Angestellten, dem Rückzug der Traditionsklientel aus Arbeitern und Arbeitslosen;
3. der Wähler selbst, die sich weniger denn je an eine Partei gebunden fühlen, für die Politik der Konsumentenlogik folgt (Politik solle «liefern»)[5] und die sich situativer und stark an Personen orientiert entscheiden.

Die Auflösung der industriellen Arbeiterklasse und des traditionellen Mittelstandes, überhaupt die Ausdifferenzierung und Veränderung von der SPD nahestehenden sozialen Milieus haben verunklart, an wen sich die Partei eigentlich wenden soll. Die soziale Frage, Ungleichheiten und Ausbeutung sind alles andere als verschwunden, aber doch anders und komplizierter geworden als im fordistischen Industrialismus.

Hinzu kommt die permanente Regierungsbeteiligung als Grundproblem, in 23 der letzten 27 Jahre hat die SPD im Bund mitregiert. Regierungskompromisse hinterlassen den Eindruck einer Politik, die die eigenen Grundwerte wenig ernst nimmt. Das eigene Narrativ verblasst[6], wird schließlich von führenden Genossen kaum mehr verkörpert. Doch ob die SPD sich besser nach Wahlniederlagen in der Opposition erneuern solle, war schon in der Weimarer Republik umstritten.

Die Krise scheint derzeit besonders massiv und erheblich, wie jüngst auch Dietmar Süß feststellte: Die SPD tue sich schwer, «ein eigenständiges Profil in dieser ja so schmerzhaften und immer wieder so unangenehmen Großen Koalition zu gewinnen, das ist doch eine Art von Sklerotisierungsprozess, ein Auszehrungsprozess, der in den letzten Jahren doch massiv am Selbstwert und auch an der Attraktivität und Ausstrahlungskraft der Sozialdemokratie gezehrt hat».[7]

Kurzum, ob gegen historische Trends – von Pluralisierung, Fragmentierung, Segmentierung, Individualisierung, Singularisierung, Medialisierung etc. – wieder die Stärke einer (nicht nur regional begrenzten) Volkspartei erreicht werden kann, ist fraglich, allzumal die Personalreserve der SPD ziemlich aufgebraucht ist. Wie lässt sich das permanente Schrumpfen hin zu einer bloßen Funktionspartei, einer bloßen Mehrheitsbe-

4 Wo die Grünen und die Linkspartei bei jeweils 11 Prozent liegen, ist die SPD nicht einmal mehr sicher in dieser mittlerweile dreigespaltenen Linken *die* hegemoniale linke Kraft.

5 Vgl. Steven Miles: *Consumerism – as a style of life*, Los Angeles et.al. 1998.

6 Die Krise der SPD wird verstärkt durch das journalistische Herunterschreiben. Es gäbe «eine Orientierungslosigkeit, wie sie längst in weiten Teilen der Sozialdemokratie üblich geworden ist: Was wollen wir überhaupt noch ändern? Wozu sind wir da?» Es zeige sich ein «Mangel an Orientierung. Die SPD, einst die Partei großer Entwürfe und Reformen, hat keinen Plan, keine Vision». So einmal mehr Daniel Friedrich Sturm: «Nicht nur in Berlin. Die SPD demontiert sich selbst», in: *Der Tagesspiegel* 25. November 2025, S. 3.

7 Dietmar Süß, im *Deutschlandfunk* am 5. Oktober 2025.

schafferin der CDU, um die Brandmauer zur AfD aufrechtzuerhalten, aufhalten?

Ungelöst ist der Grundwiderspruch, dass eigentlich eine *linkere Politik* von mehr Gleichheit und Ökologie dringend notwendig wäre, während andererseits die SPD vor allem *nach rechts*, in Richtung CDU und AfD, Stimmen verliert (sowie an die Nichtwähler). Was hilft gegen den Zeitgeist völkischer Uminterpretation, wie können Abwertungen, Unsicherheiten, Zukunftsängste, soziale Spaltungen wieder als Fragen von oben und unten, als Probleme von ökonomischen und politischen Machtstrukturen adressiert werden?

Aus Sicht einer HDS, die stets theoretisch und programmatisch reformpolitische Wege in Richtung sozialer Demokratie suchte, sind besonders Tendenzen des intellektuellen Rückzugs sozialdemokratischer Politik problematisch. Würden Debatten über Regulierung, Bändigung und Überwindung des Kapitalismus tabuisiert, liefere man sich einem fatalen Mainstream aus, dem dies als völlig aus der Zeit gefallen gilt. Dagegen gilt es, Anschluss zu finden an das kritische, nach wie vor lebendige, sozialwissenschaftliche Umfeld, wo nicht nur an den Universitäten, sondern bis in die Spiegel-Bestsellerliste hinein kulturreflexive, kapitalismuskritische und wachstumsskeptische Forschungsergebnisse debattiert werden.

V Die Hoffnung stirbt zuletzt

Dies soll kein Aufruf zur Resignation sein. Geradezu umgekehrt ist es heute wichtiger geworden, sich zu aktivieren, um in gemeinsamen Debatten der Verwirrung, Orientierungslosigkeit und Sprachlosigkeit entgegenzuwirken. Gegen das Einigeln in *Bubbles* des Internets, gegen Spaltungen, die in kulturellen und friedenspolitischen Fragen sogar mitten durch SPD-nahe Milieus hindurchgehen. Denn eine wesentliche Ursache der Stärke der Rechten ist die Schwäche der Linken, die wieder überzeugende Konzepte der Sozialreform entwickeln muss. Mit neuer Programmatik könnte neue Glaubwürdigkeit erlangt werden, damit das «Mehr Zuversicht wagen» (Carsten Brosda) wieder möglich wird.

Nicht von ungefähr, dass derzeit, wo steigender Wohlstand und Sicherheit fragwürdig geworden sind, wieder viel über *Hoffnung* geschrieben wird. Auch angesichts dessen, was Philipp Blom «unsere apokalyptischen Reiter» nennt: Klimawandel, Artensterben und die negativen Seiten von Digitalisierung und Künstlicher Intelligenz.[8]

«Hoffnung findet Blom unter anderem in der Weitung der Perspektive, etwa auf Reisen, oder auch in der Geschichte, wo ihm vor Augen geführt wird, dass Menschen selbst im Angesicht größter Widrigkeiten die Hoffnung nicht verlieren. Vor allem aber findet er sie in der Kultur, in Literatur, Kunst und Musik, in allem, was Menschen hervorbringen, verstehen und fühlen, und von dem sie wissen, dass es sie überdauert – und ihnen so das Gefühl vermittelt, am unvermeidlichen Ende des Lebens doch nicht ganz zu sterben. So möchte Blom auch Camus' Sisyphos verstanden wissen, nicht vordergründig als ein Mensch, der einen Stein sinnlos den Berg hinaufrollt, sondern als eine Geschichte, die Sinn stiftet.»[9] – Dies sind Worte, die einem nach 50 Jahren aus dem Herzen sprechen. ■

8 Philipp Blom: *Hoffnung. Über ein kluges Verhältnis zur Welt*, München 2024.

9 Florian Keisinger: «Rettungsanker in der Absurdität des Lebens. Neue Bücher zum Thema Hoffnung», in: *Neue Gesellschaft / Frankfurter Hefte* 12/2025, S. 79.

AUTORINNEN UND AUTOREN

A.K. (Name ist der Redaktion *junge perspektiven* bekannt) ist Soziologin aus der Ukraine. Seit 2022 lebt sie in Deutschland, wo sie auch promoviert. Ihre Forschungsschwerpunkte liegen in der politischen und historischen Soziologie sowie in den Bereichen Gedächtnis, Ideologie und Hegemonie.

Hermann Adam (*1948), Prof. Dr. rer. pol., lehrte 40 Jahre als Honorarprofessor Politikwissenschaft mit Schwerpunkt Politische Ökonomie am Sozialwissenschaftlichen Institut der Heinrich-Heine-Universität Düsseldorf und am Otto-Suhr-Institut der Freien Universität Berlin. Zahlreiche Buch- und Zeitschriftenveröffentlichungen, u.a. *Wirtschaftspolitik. Eine Einführung,* Wiesbaden 2022. *Finanzpolitik. Eine Einführung,* Stuttgart 2025. Mitherausgeber der *perspektivends.*

Marian Bartz (*2002) hat Rechtswissenschaften an der Universität Leipzig studiert. Er war von 2021 bis 2022 Mitglied im Bundesvorstand der Juso-Hochschulgruppen.

Andrei Botorog (*1996) studiert Politik, Internationale Studien und Economics an der Goethe-Universität Frankfurt a.M. und University of Massachusetts Amherst. Er arbeitete im Bereich quantitative Sozialforschung, in einem Forschungsprojekt zu rumänischen Wanderarbeitern (IfS Frankfurt) und am Lehrstuhl für Internationale Politische Ökonomie. Er ist Teil des AStA Frankfurt a.M.

Michael Brie (*1954), Dr. phil. habil., Sozialphilosoph, Mitglied der Programmkommission der Partei DIE LINKE. Zuletzt erschienen *Projekt Schönes China. Die ökologische Modernisierung der Volksrepublik* (VSA 2024), *Linksliberal oder dezidiert sozialistisch. Strategische Fragen linker Politik in Zeiten von Krieg und Krise* (VSA 2024).

Nikolas Dörr (*1979), Prof. Dr., Magister Artium (Neuere Geschichte, Psychologie, Rechtswissenschaften) und Diplom-Politikwissenschaftler. Seit 2023 Professor für Politikwissenschaft und Leiter des Polizeihistorischen Instituts an der Hochschule für Polizei Baden-Württemberg, Mitglied des Geschichtsforums beim SPD-Parteivorstand. Veröffentlichung zuletzt u.a.: Von Clinton lernen? Die Rezeption der US-amerikanischen Sozial- und Arbeitsmarktpolitik in der Sozialdemokratischen Partei Deutschlands, in: *Vierteljahreshefte für Zeitgeschichte*, 72 (3) 2024.

Moses Dries (*1998) studierte Politikwissenschaft an der Universität Hamburg. Seit Oktober 2023 absolviert er den Masterstudiengang Gesellschaftstheorie in Jena.

Lina-Marie Eilers (*1999) studierte Politikwissenschaft und Soziologie im Bachelor an der Universität Münster. Aktuell studiert sie an der Goethe-Universität Frankfurt a.M. Politische Theorie im Master. Von 2021–2023 war sie Mitglied im Bundesvorstand der Juso-Hochschulgruppen.

Pierre Harder (*1996), studierte in Potsdam Zeitgeschichte mit besonderem Fokus auf Nationalsozialismus und Erinnerungskultur.

Benno Haunhorst (*1953), Studium der Mathematik, Katholische Theologie und Philosophie in Münster. Oberstudiendirektor i. R. des Bischöflichen Gymnasiums Josephinum Hildesheim. Zahlreiche Veröffentlichungen zu Kirche und Sozialdemokratie.

Lisa Heidenreich (*2001) studiert Internationale Studien/Friedens- und Konfliktforschung an der TU Darmstadt, Goethe-Universität Frankfurt a. M. und dem Leibniz-Institut für Friedens- und Konfliktforschung. Derzeit zudem Mitglied im Bundesvorstand der Juso-Hochschulgruppen.

Hannah Helbig (*2001) studiert Angewandte Theaterwissenschaft sowie Philosophie und Sozialwissenschaften an der JLU Gießen. Dort ist sie Mitglied im Arbeitskreis für Kritische Gesellschaftstheorie und arbeitet als Studentische Hilfskraft. Zudem ist Hannah Absolventin der Akademie für Zeitgenössischen Theaterjournalismus und entwickelt eigene Performances. Am Theater wie am journalistischen Schreiben reizt sie in Form verdichtetes Kritisches Denken.

Reinhard Hildebrandt (1951–2025), Dr., Politikwissenschaftler, langjähriger Dozent im Rahmen der Lehrerfortbildung an der FU Berlin, am Goethe-Institut und Senat von Berlin. Zahlreiche Veröffentlichungen besonders zur internationalen und innergesellschaftlichen Herrschaftsanalyse.

Jan Moritz Hillgruber (*2001) ist Student der Internationalen Beziehungen und Sprecher des stipendiatischen Arbeitskreises Europa und Osteuropa der Friedrich-Ebert-Stiftung.

Petra Hoffmann Zschocher (*1946), Dr. rer. nat., 1990 Mitglied des SPD-(DDR)-Vorstandes, 1990–2005 Mitglied der SPD-Kontrollkommission beim PV. Zeitzeugin der Bundesstiftung zur Aufarbeitung der SED-Diktatur. Autorin zahlreicher Bücher, u. a. *Europas gekreuzte Wege* (2002).

Leon Karas (*1995) studierte Soziologie in Gießen und promoviert derzeit zu Herausforderungen des Politischen Aktivismus in der Radikalen Linken.

Ronja Kölpin (*2001) studiert im Master Urbane Zukunft an der Fachhochschule Potsdam. Sie ist Aktive des 4. Jahrgangs der Urbanen Liga, einem Bündnis junger Stadtmacher:innen, das vom BMWSB und BBSR gefördert wird. Ihre Schwerpunkte liegen in den Themen Ostdeutschland, Strukturwandel und Gemeinwohl.

Emil Kostenzer (*2004) studiert Sozialwissenschaften an der JLU Gießen, ist dort studentische Hilfskraft. Seine Forschungsinteressen sind Geschichtsphilosophie und ältere Kritische Theorie. Seit 2023 ist er Mitglied im studentischen Arbeitskreis für Kritische Gesellschaftstheorie an der JLU.

Wolfgang Kowalsky (*1956), Dr., Dipl.-Soz., zuletzt beim Europäischen Gewerkschaftsbund tätig.

Hendrik Küpper (*1997) studierte Politische Bildung und Philosophie/Ethik an der Freien Universität Berlin und ist derzeit Lehrer an einem Gymnasium in Brandenburg. Er ist Vorstandsmitglied des Vereins für Demokratie und Hochschule e. V. und der Hochschulinitiative Demokratischer Sozialismus e. V. sowie Redakteur der *perspektivends*.

Domas Lavrukaitis (*1997) aus dem litauischen Kaunas, studiert Geschichte im Master an der HU Berlin. Seine Abschlussarbeit setzt sich mit dem Krisenbegriff in der politischen Sprache Deutschlands auseinander. Er arbeitet als Projektassistent am ERDAM des Zentrums für Osteuropa- und internationale Studien (ZOiS). Er ist Mitherausgeber des Magazins *Šauksmas* für Politik, Gesellschaft und Kultur.

Konrad Lindner (*1952), Dr. phil. habil., war an der Karl-Marx-Universität in Leipzig 1986–1991 Hochschullehrer des Dialektischen und Historischen Materialismus, 1996–2015 freier Wissenschaftsjournalist für den Hörfunk.

Laura Clarissa Loew (*1999) ist Doktorandin und wissenschaftliche Mitarbeiterin in der osteuropäischen Geschichte an der Justus-Liebig-Universität Gießen. In ihrer Dissertation untersucht sie Versprechen, Prozesse und materielle Untermauerung von sozialer Mobilität in der Volksrepublik Polen. Ihr wissenschaftliches Interesse ist die Geschichte Ostmitteleuropas, insbesondere jüdische Geschichte und die Geschichte von sozialistischen Bewegungen und Systemen.

Simone Lück-Hildebrandt (*1948), Studium der Romanistik und der politischen Wissenschaften in Berlin. Nach dem Lehrerstudium Unterricht in Französisch und Geschichte an Berliner Gymnasien, Tätigkeit in der Lehrerfortbildung und Dozentur an der TU. Veröffentlichung u.a. mit Reinhard Hildebrandt: *Die globalen Machtverhältnisse. Einfluss und Folgen einer Pandemie* (Kohlhammer 2022).

Kira Ludwig (*1965), gelernte Industriekauffrau und studierte Historikerin. SPD-Mitglied in der Rostocker Bürgerschaft, Mitglied im Vorstand der HDS e.V., Redakteurin der *perspektivends*.

Ralf Ludwig (*1961), Prof. Dr. rer. nat., Professor für allgemeine physikalische und theoretische Chemie an der Universität Rostock. Wegweisende Veröffentlichungen seines Faches. War in den Juso-Hochschulgruppen aktiv. 1991–93 Bundesvorsitzender der Jungsozialisten in der SPD, Mitglied im Vorstand der HDS e.V.

Olha Lushankina (*2002), studiert im Master Soziologie an der FU Berlin und forscht zu Themen wie Rechtsradikalismus, Migration und Gender. Sie ist Aktivistin der Ukrainischen Linken Initiative.

Paweł Matusz (*1988) ist Soziologe, Anthropologe und queer Aktivist. Er studierte an der Universität Warschau und arbeitet zu Queer Theory und Migration in Osteuropa. Als Doktorand im Projekt *Light On! Queer Literatures and Cultures under Socialism* an der Universität Regensburg (Lehrstuhl für Slawistik) forscht er zur Biografie und zu den Archiven des frühen polnischen schwulen Aktivisten *Andrzej Selerowicz*. Lebt in Leipzig.

Christoph Meyer (*1966), Prof. Dr., Historiker, Prorektor Bildung an der Hochschule Mittweida und Vorsitzender der Herbert-und-Greta-Wehner-Stiftung in Dresden. Veröffentl. u.a. *Herbert Wehner. Biographie* (dtv 2006), *Greta Wehner: Eine Frau tritt aus dem Schatten* (Langen-Müller 2024).

Thomas Meyer (*1943), Prof. Dr. (em.), einst TU Dortmund, studierte Philosophie, Politikwissenschaft, Psychologie und Deutsche Literatur in Frankfurt a.M. (u.a. bei Adorno,

Horkheimer, Habermas, Apel und Fetscher). 1977–2022 stellv. Vors. der Grundwertekommission der SPD, prägte die Theorie des Demokratischen Sozialismus und der sozialen Demokratie. 2008–2021 Chefredakteur der *Neuen Gesellschaft / Frankfurter Hefte*. Eines seiner Standardwerke: *Theorie der Sozialen Demokratie* (VS 2011²).

Alexander Neuber (*1998), studierte im Bachelor Politikwissenschaft und Philosophie in Bamberg und studiert momentan diese Fächer im Master an der Goethe-Universität Frankfurt a. M.

Armin Pfahl-Traughber (*1963), Prof. Dr. phil., Politikwissenschaftler und Soziologe an der Hochschule des Bundes für öffentliche Verwaltung in Brühl, Lehrbeauftragter an der Universität Bonn für *Politische Theorie*. Forschungsschwerpunkte u. a. politische Ideengeschichte, politischer Extremismus, Terrorismus, Neue Rechte und Antisemitismus. Zuletzt: *Politische «Klassiker» der Neuen Rechten. Antidemokratische Denker aus der Weimarer Republik* (J. H. W. Dietz 2025).

Rolf Reißig (*1940), Prof. Dr. phil. habil, Sozial- und Politikwissenschaftler, Mitbegründer und langjähriger Leiter des Brandenburg-Berliner Instituts für Sozialwissenschaftliche Studien (BISS e. V.). Forschungen zu Theorie und Praxis sowie zur Geschichte, Gegenwart und Zukunft der Transformationen moderner bürgerlicher Gesellschaften; dazu zahlreiche Buch- und Zeitschriftenpublikationen. Mitglied des Willy-Brandt-Kreises.

Dirk Rochtus (*1961), Prof. Dr., studierte Germanistik und Politikwissenschaft an der Universität Antwerpen (Belgien), ist Professor für Deutsche Geschichte, European Politics und Policy und Globalisierung an der KU Leuven Universität. Seine Dissertation über den *Dritten Weg in der DDR* erschien 1999 in Buchform beim Leipziger Universitätsverlag.

Taras Salamaniuk (*1990), absolvierte seinen Master in Soziologie an der TU Berlin und unterrichtet derzeit Politikwissenschaft an Berliner Gymnasien. Er ist Aktivist der Ukrainischen Linken Initiative und Mitglied der Linkspartei.

Klaus-Jürgen Scherer (*1956), Dr. phil., Diplompolitologe, war u. a. langjähriger Geschäftsführer des Wissenschaftsforums und des Kulturforums der Sozialdemokratie. Heute Redakteur *Neue Gesellschaft / Frankfurter Hefte* und Gf. Vorstand der HDS e. V., Verantwortlicher Redakteur der *perspektivends*.

Maurice Schiller (*2001) studiert an der Universität Münster Politik und Recht und ist hier auch hochschulpolitisch aktiv. Er war u. a. AStA-Vorsitzender und hat sich im Senat mit dem Thema Zivilklauseln beschäftigt.

Gesine Schwan (*1943), Prof. Dr. Dr. h. c. mult., Politikwissenschaftlerin der FU Berlin, war zweimal Kandidatin für das Amt der Bundespräsidentin, ist seit 2014 Vorsitzende der Grundwertekommission der SPD, der sie 1977–1984 und dann wieder seit 1996 angehört. 1999–2008 Präsidentin der 1991 gegründeten Europa-Universität Viadrina in Frankfurt (Oder). 2010–2014 Präsidentin der Humboldt-Viadrina School of Governance.

Peter Steinbach (*1948), Prof. Dr. (em.), Historiker und Politikwissenschaftler, lehrte

u. a. in Passau, an der FU Berlin, in Karlsruhe und Mannheim. Wissenschaftlicher Leiter der Gedenkstätte Deutscher Widerstand in Berlin. Zahlreiche Publikationen besonders zum NS-Widerstand und zur sozialdemokratischen Verfassungspolitik.

Lukas Marvin Thum (*1997) studierte im Bachelor Philosophie und Politikwissenschaft in Düsseldorf und im Master Philosophie in Münster. Er war von 2019 bis 2020 im Bundesvorstand der Juso-Hochschulgruppen. Zuletzt erschienen ist von ihm: Lukas Thum: «Gramsci und das ‹Law and Political Economy›-Projekt. Die Dialektik zwischen Geschichte, Philosophie und Politik und die relative Autonomie des Rechts», in: *Kritische Justiz* 58, Nr. 1, 2025: 103–16. doi.org: https://is.gd/t6J1fv.

Thomas Waldvogel (*1985), Prof. Dr., Erstes Staatsexamen für das Lehramt an Gymnasien Baden-Württemberg in Politikwissenschaft, Sportwissenschaft und Evangelische Theologie. 2021 Promotion in Politikwissenschaft über die Wirkung politischer TV-Diskussionen. Seit 2023 Prof. für Politikwissenschaft und Leiter der Fachgruppe an der Hochschule für Polizei Baden-Württemberg. Veröffentlichung zuletzt u. a. (mit N. Dörr): Waldvogel, T., & Dörr, N.: Nothing left? Die Positionierung des Bündnis Sahra Wagenknecht in der deutschen Parteienlandschaft zur Europawahl 2024. *ZfP Zeitschrift für Politik*, 72 (1) 2025.

Gert Weißkirchen (*1944), war Professor für Sozialpädagogik an der FH Wiesbaden, 1976–2009 Mitglied des Deutschen Bundestages, war persönlicher Beauftragter des OSZE-Vorsitzenden zur Bekämpfung des Antisemitismus. Mitglied im Vorstand der HDS e. V. Veröffentl. u. a. mit Peter Brandt, Dieter Segert (Hg.): *Doppelter Geschichtsbruch. Der Wandel in Osteuropa nach der Helsinki-Konferenz 1975 und die Zukunft der europäischen Sicherheit* (J. H. W. Dietz 2024).

Klaus Wettig (*1940), Jurist, Sozialwissenschaftler, Autor, Kulturmanager und ehemaliger MdEP. Hatte viele Funktionen in der SPD; zahlreiche Veröffentlichungen zur Geschichte und Programmatik der Sozialdemokratie.